本书的出版得到

国家重点文物保护专项补助经费资助

金坛薛埠土墩墓群发掘报告

（上）

南　京　博　物　院
常　州　博　物　馆　编著
镇　江　博　物　馆
金　坛　博　物　馆

文物出版社

图书在版编目（CIP）数据

金坛薛埠土墩墓群发掘报告／南京博物院等编著．
－北京：文物出版社，2019.9
ISBN 978-7-5010-6105-1

Ⅰ．①金… Ⅱ．①南… Ⅲ．①墓群－发掘报告－
金坛 Ⅳ．①K878.85

中国版本图书馆CIP数据核字（2019）第053411号

金坛薛埠土墩墓群发掘报告

编　　著：　南京博物院、常州博物馆
　　　　　　镇江博物馆、金坛博物馆

封面设计：秦　彧
责任编辑：秦　彧
英文翻译：黄义军
责任印制：梁秋卉

出版发行：文 物 出 版 社
地　　址：北京市东直门内北小街2号楼
邮　　编：100007
网　　址：http://www.wenwu.com
邮　　箱：web@wenwu.com
制版印刷：北京荣宝艺品印刷有限公司
经　　销：新华书店
开　　本：889mm×1194mm　1/16
印　　张：50.75
版　　次：2019年9月第1版
印　　次：2019年9月第1次印刷
书　　号：ISBN 978-7-5010-6105-1
定　　价：690.00元（全二册）

本书版权独家所有，非经授权，不得复制翻印

Excavation Report on Burial Mounds at Xuebu in Jintan

(I)

by

Nanjing Museum
Changzhou Museum
Zhenjiang Museum
Jintan Museum

Cultural Relics Press

编 委 会

主　任：龚　良

副主任：李民昌　林留根

编　委：（按姓氏笔画多少排序）

王书敏　王奇志　王绍坤　田名利　杨正宏

陈丽华　李民昌　李虎仁　李国平　杭　涛

林留根　唐星良　龚　良　翟中华　缪玉林

本卷编委

主　编：王奇志

副主编：盛之翰　杭　涛　王书敏

内容简介

2005年4～9月，南京博物院考古研究所与镇江博物馆、常州博物馆、金坛博物馆等单位为配合宁常、镇溧高速公路建设，在江苏省金坛市、句容市境内发掘了40座土墩墓，是宁镇地区土墩墓发掘历史上规模最大的一次，发掘者按照考古层位学原理还原土墩墓的营造过程，在土墩墓的形制结构、丧葬习俗等诸多方面取得新的突破，不仅廓清了长期以来学术界对土墩墓的模糊认识，同时也为土墩墓的源流、分期与分区，以及土墩墓的保护和利用等重大课题的深入研究提供了翔实的第一手资料。

报告分为《金坛薛埠土墩墓群发掘报告》《句容浮山果园土墩墓群发掘报告》《句容寨花头土墩墓群发掘报告》三部。

《金坛薛埠土墩墓群发掘报告》介绍了金坛市薛埠镇境内发掘的22座土墩墓，位于茅山东麓的低山、丘陵地带，属于石家山林场、东进、上水、茅东林场、许家沟、裕巷等6个土墩墓群，报告全面反映了考古发掘中发现的遗迹、遗物。

考古发掘采用四分法，即在墩中心设南北和东西两条隔梁，两条隔梁将土墩墓分为4个发掘区域。考古人员按考古层位学原理解析土墩墓，运用科学的发掘方法取得了重要的成果。

第一，发掘显示每个土墩的形制都不相同，多数土墩有多个堆积层次，系多次堆筑而形成，墓葬、器物群也处于不同层次，考古发掘对了解这一区域土墩墓的营造过程提供了重要资料，为土墩墓的研究提供了丰富的材料。

第二，发现墓葬55座、器物群139处。其中14个土墩有2～9座墓葬，证明该地区的土墩墓不仅存在一墩一墓，也存在一墩多墓，且一墩多墓更为普遍。

第三，发掘显示墓葬形式多样，既有平地掩埋类型，也有竖穴土坑类型，进一步证实宁镇地区土墩墓的主要形式为土墩，而非石室土墩。

第四，许家沟D1、D2等多个土墩有一墩多墓的向心结构布局形式，即年代最早的主墓往往位于土墩中央，后代墓葬的墓向均朝向土墩中心，围绕土墩四周封土埋葬。这种独特的墓葬布局为研究江南土著居民的家族结构和社会结构具有重要意义。

第五，出土各类器物1410件，其中夹砂陶器227件、泥质陶器365件、硬陶器461件、原始瓷器345件、石器10件、铜器2件。器物年代从西周晚期至春秋晚期，可分为由早至晚的六期，基本涵盖了这一时期茅山周边地区土墩墓出土器物的所有类型，这些器物组合关系清晰，早晚关系明确，为今后本地区周代器物分期研究提供了极其珍贵的素材。

宁常、镇溧高速公路土墩墓发掘被评为"2005年度全国十大考古新发现"，发掘工作受到社会各界的广泛关注，新闻媒体和网络媒体都进行了大量的宣传报道，提高了公民的文物保护意识。

Abstract

From April to September, 2005, to cooperate with the construction of Ningchang and Zhenli expressway, Institute of Archaeology of Nanjing Museum, Zhenjiang Museum, Changzhou Museum, Jintan Museum carried out a rescue excavation on forty burial mounds in Jintan City and Jurong City, Jiangsu Province. This is the biggest excavation in the history of digging of burial mounds in the Nanjing and Zhenjiang area (Ningzhen Area). Based on the principle of archaeological stratigraphy, the reporter reconstructs the building process of the burial mound and sheds new light on many aspects such as the architecture and burial customs of the burial mound, not only clarifying the former vague understanding, but also providing full and accurate data for the origin, periodation and regional diversity as well as the protection and utilization of the burial mound.

This series of reports contains three monographs, *Excavation Report on Burial Mounds at Xuebu in Jintan*, *Excavation Report on Burial Mounds at Fushan Orchard in Jurong* and *Excavation Report on Burial Mounds at Zhaihuatou in Jurong*.

Excavation Report on Burial Mounds at Xuebu in Jintan give a detailed introduction to the remains and cultural relics from 22 burial mounds excavated in Xuebu Township in Jintan, which are located in the hilly area at the eastern foot of Maoshan. These graves are distributed on six burial mound groups located at Shijiashan Forest Farm, Dongjin, Shangshui, Maodong Forest Farm, Xujiagou and Yuxiang.

Perpendicular to each other at the center of the mound, two baulks were designed for the convenience of observing the layers of earth fill on the mound. And then, from top to bottom, just like peeling the onion, the excavation was carried out reversing to the process of earth filling so that the excavator can understand the construction process of the burial mound as well as exploring different kinds of remains.

First, every burial mound has different type and most mounds have several stack layers formed in different times, thus graves and objects were found in different layers. This excavation provides significant data for the understanding of the construction process of burial mounds in this region.

Second, a total of 55 graves and 139 deposits of objects were found on the excavated 22 burial mounds, illustrating that there are not only the type of mound with a single burial but that with mass burials, and the later is more common in this area.

Third, graves are presented in various types, interred either on the old ground or in a vertical earth pit. Earth pits, instead of the stone chamber, are the dominant type found on the burial mound in Ningzhen Area.

Fourth, it was found on several burial mounds such as No.1 and No.2 Mound of Xujiagou that a centripetal patterned relationship exists among the contained burials in the same mound. The earliest or dominant burial was interred in the center of the mound and other burial were present on the capping of the central burial and oriented to the later. This provides significant data for the research of family clan and social structure of the indigenous people in the south of Yangtze River.

Fifth, the burial goods sum to 1410 pieces, including 277 pieces of sandy clay wares, 365 clay earthwares, 461 hard earthwares, 345 proto porcelains, 10 stone forms and two bronzes. There objects are dated from the late West Zhou to the late Spring and Autumn period, falling into six phases and covering all the categories of burial goods which had been discovered in the peripheral area of Maoshan. With a clear assembly and determined clue of evolution, they will provide very precious data for the study of periodization of Zhou wares in this region.

The excavations of the mounds along Ningchang and Zhenli expressway have attracted extensive attention from all levels of the society. A large amount of publicity and reports have been carried out by the news media and online media, which has improved citizens' awareness of cultural relic protection. Providing rich materials for the study of burial mound, this excavation was rated as one of the Top Ten New Archaeological Discoveries in China in 2005.

序

　　江苏金坛、句容土墩墓群大型考古发掘报告即将出版，这是江南土墩墓考古的重大学术成果。

　　催生这一重大学术成果的契机是江苏宁常、镇溧高速公路建设引发的"江苏金坛、句容土墩墓群"文物保护工程。2004年江苏宁常、镇溧高速公路开工建设，这两条公路穿越茅山东、西两侧句容、金坛土墩墓特别密集的区域。南京博物院考古研究所主持了对高速公路沿线土墩墓的抢救性发掘，从4月11日至9月中旬，历时150余天，共发掘土墩墓群40座。这次共清理墓葬233座、祭祀器物群（坑）229个、丧葬建筑14座，出土文物3800余件（组）。此次抢救性考古发掘取得了重大收获，先被评为中国社会科学院考古论坛"2005年中国考古新发现"，随之又被国家文物局、中国考古学会、中国文物报社评为"2005年度全国十大考古新发现"。2007年又荣获国家文物局"2006—2007年度田野考古奖二等奖"（一等奖空缺），以得票数第一排名二等奖第一名。此次土墩墓考古在方法论、学术研究和文化遗产保护三个方面都具有重要的意义。

一　地层学与埋藏学的结合——"剥洋葱"

　　"2005年江苏金坛、句容土墩墓群"考古发掘过程科学、严谨，出土文物和重要遗迹等阶段性研究成果为解开江南土墩墓之谜提供了第一手科学资料，也为江南土墩墓及青铜时代江南地区社会结构的进一步研究提供了新资料。国家文物局专家组组长黄景略、中国考古学会理事长张忠培先生在考察土墩墓发掘现场后给予高度评价，称之为是我国基本建设工程中考古工作的样板，著名考古学家、"夏商周断代工程"项目首席科学家、北京大学教授李伯谦先生更是称此次土墩墓的发掘是"江南土墩墓考古的里程碑"！

　　一个考古项目得到国内外学术界的高度关注，获得如此多的荣誉，是基于它的重要收获，而取得这些重大收获是基于考古工作思路、理念、方法的创新。这次抢救性发掘是土墩墓考古史上规模最大的一次，是揭开江南土墩墓之谜的一次历史性机遇。

　　首先，根据发掘对象的特殊性，我们抛开以前土墩墓考古的框框，引进了遗址的发掘方法，采用四分法和探方法相结合，即土墩留1米宽的十字形交叉隔梁，将土墩分为四个探方。在发掘过程中，改变以往"切蛋糕式"的解剖，四个探方保持同样的进度，根据土质、土色和其他微现象划分地层和遗迹单位，由晚及早，逐层揭露覆土，严格把握每一层每一堆土的平面范围、立体走向和堆积形成过程及其原因，用逆向操作过程还原土墩的营造过程，收到了良好的效果。这一方法，我将其形象的譬喻为"剥洋葱"。在坚持地层学的基础上，引入了埋藏学，将两者结合，从方法上有效解决了20世纪70年代以来中国南方青铜时代土墩墓考古中的重大谜团，还原了青铜时代江南土墩墓的内涵，取得了重大收获。

其次，坚持强化课题意识，带着学术问题去发掘，在发掘中解决问题，发现新问题，抓住每一条线索、每一个信息，尽最大可能解决土墩墓考古中的诸多学术问题。比方说，困扰学术界多年的，土墩墓是一墩一墓，还是一墩多墓？是平地掩埋还是竖穴挖坑？祭祀器物群与主墓葬到底是什么关系？正是这些工作方法和思路，使我们在这次土墩墓考古中有了一系列新的发现，在土墩墓的形制结构、埋葬方式、祭祀习俗等方面取得了诸多重要的学术收获和重大突破。

二　主要收获与学术突破

（一）一墩一墓与一墩多墓并存

在本次发掘的40座土墩中，除了被破坏而埋葬情况不详外，可以确定的一墩一墓有3座，一墩多墓有28座。一墩一墓的土墩除中心部位的一座墓葬外，在其四周不同层面上一般放置数量不等的祭祀器物群（坑），如东边山D2、薛埠上水D2、薛埠磨盘林场D1等。一墩多墓的土墩除一座中心墓葬外，在其四周不同层面上再埋有多座墓葬，如句容寨花头D2底径约20、高约4.5米，在中心墓葬周围的不同层面上葬有26座墓葬、D4在中心墓葬周围埋有20座墓葬和8组祭祀器物群，东边山D1底径约22、高约2.3米，在中心墓葬周围葬有14座墓葬。而浮山果园D29为一底径约30、高约2.8米的土墩，除中心墓葬外，在周边先后埋有44座墓葬和一组祭祀器物群，这是目前发现的在一座土墩中埋葬墓葬最多的土墩。这次发掘充分说明，江南土墩墓不仅存在一墩一墓，而且存在一墩多墓，本次发掘资料显示，一墩多墓的现象明显较一墩一墓普遍存在。

（二）多种埋葬方式共存

"土墩墓是西周时期江南地区一种特殊的埋葬方式，主要分布在苏南、皖南和浙江、上海等长江下游一带。这种墓有坟丘而无墓穴，利用丘陵地带的山冈或平原上的高地，在地面上安置死者和随葬器物，然后堆积起未经夯打的馒头状土墩。每个墩内埋一墓或埋几座甚至十几座墓……"以往学术界普遍认为，作为先秦时期有别于其他地区的特殊葬俗的江南土墩墓一般没有墓坑，采用平地掩埋、平地起封的特殊方式安葬。后来也发现有土坑现象，但并不普遍，主要集中在一墩一墓的土墩中。本次发掘的40座土墩共清理墓葬233座，埋葬方式主要有四种。

第一种埋葬方式为挖坑埋葬，占绝大多数。墓坑为长方形或梯形，直壁，底近水平，墓坑长3米左右，宽1米左右，坑深浅不一，多数墓坑朝墩心一段较深，如寨花头D2M3。

第二种埋葬方式为堆坑掩埋，仅发现一座。东边山D1M13为中心墓葬，在墩子的基础上用较细腻的灰黄土堆成圆形土包，中部预留一带墓道的近长方形墓坑，在东、西、北三面用红褐土夯实堆出宽约50厘米的土墙，形成与墓道相通类似椁室的空间，在其中垫厚约50厘米土后放置船棺和随葬品，再覆土掩埋。墓坑长4.25、宽2.2～3.3米，船棺长2.12、宽0.8、高0.12～0.15米，方向32°，棺内有明显的人骨腐痕，在脚部放置一陶盂，在棺的周围放置豆、碗、瓿、罐、坛、壶、鼎、石器等随葬品41件。这种埋葬方式在一墩一墓土墩中曾有发现，但在一墩多墓土墩中首次发现。

第三种埋葬方式为堆土掩埋，仅属个别现象。如浮山果园D29M41、许家沟D2M4。浮山果园D29M41位于墩子的东北，将⑥a层面略作平整后，堆土掩埋，平地起小封土，封土平面呈长方形，断面为弧形，封土长3.3、宽约1.45、高0.5米，方向205°，出土人牙一组及碗、豆、瓿、罐、坛、鼎等随葬品28件。

第四种埋葬方式为挖浅坑，其上堆小封土。如浮山果园D29M29、M42、浮山果园D27M2。浮山果园D29M29位于墩子西北侧，开口⑤层面上，挖浅坑，直壁，平底，然后上面封土，封土可分两层，墓坑长2.9、宽1.1、深约0.15米，封土最高点约0.5米，随葬豆、碗、瓿、罐、坛、鼎等器物32件。

在很多墓葬中还发现了人牙和人骨朽痕，从另一个方面佐证这些竖穴土坑就是墓葬。

（三）一墩多墓的向心布局

这次土墩墓发掘表明，一墩多墓土墩的墓葬布局方式多样，其中向心结构的布局方式较为特别，与中原及周边地区的墓地布局有着显著的差别，具有浓郁的江南土著特色，在土墩墓考古中也是首次发现。

向心式布局即在土墩中心墓葬周围的不同层面安葬的多座墓葬，头向均朝向中心墓葬，周围的墓葬常出现复杂的叠压打破关系，但与中心墓葬发生叠压打破关系的现象非常罕见。在40座土墩中明确存在这一布局方式的有14座。东边山D1共清理墓葬15座，开口于②、③层面上的14座墓葬均朝向墩子中心的M13。寨花头D2共清理墓葬27座，中心墓葬为M22，开口于周围的不同层面上的26座墓葬均朝向中心墓葬。浮山果园D29共清理墓葬45座，开口于不同层位的44座墓葬均朝向中心的M45，其中②层面上分布有墓葬14座，④层面上分布有墓葬17座，⑤层面上分布有9座墓葬，⑥b层面上的墓葬共5座，每层所有墓葬都朝向土墩中心的主墓，周围墓葬有较多的复杂的叠压打破关系。

（四）形式多样的丧葬建筑遗存

这次发掘的40座土墩中有9座墩子发现了14座丧葬建筑，包括墓上和墓下两种。

墓上建筑主要指在墩子中心墓葬上的建筑，由基槽、两面坡的棚子、石床等部分组成，有的还有通往墓葬的道路，在棚子上再堆土成丘。如浮山果园D29M45为墩子的中心墓葬，由墓门、基槽、柱子、石床及小路组成，墓葬总长7.2米，其中石床长4.3、宽2.1米，路长2.8、宽约1米。从发掘情况推断，M45在墩子基础层面的中心部位挖弧壁、圜底基槽，在基槽内埋剖开的树木片，搭成人字形两面坡的棚子，在东端立柱留门，门两侧用石块垒砌；门外用黑土堆成通往棚内的斜坡道路；棚内垫20厘米厚的土，其上铺设石床。这类棚子建筑与浙江印山越王墓较为类似，这类建筑遗存实际上就是截面呈三角形的两面坡椁室。

墓下建筑一般位于墩子基础层面的中心，建筑内不见遗物，它在中心墓葬的下一层，与中心墓葬没有直接关系，但上下基本对应，在建造中心墓葬时已经撤除或毁坏，仅存基槽、柱洞等，基槽有的全封闭，有的半封闭，有的在基槽内垫有石块。如寨花头D5F1、寨花头D2M22F1、寨花头D1G1和G2、上水D3F1、上水D4F1等等。寨花头D5F1建在土墩中部的⑥层面上，由基槽和柱洞组成，基槽南、北、西三面环绕形成长条状，东部缺口，基槽内密集分布柱洞32个，柱洞基本向内倾斜。基槽的东西中轴线上还有4个圆形柱洞，推测原为两面坡人字形建筑，中心墓葬的石床与基槽范围基本一致。这类建筑应属营造墓地时的标识性祭祀建筑。

（五）墓地界域

本次发掘中有1座土墩有明显的界墙和护坡，1座土墩有土垄，这在土墩墓发掘中首次发现。

句容东边山D1的界墙平面近方形，建造于墓地土墩的基础层面上，外侧有一周护坡，在西、南两面有两个缺口，土墩的堆积基本在界墙范围内，仅最上一层堆积局部溢出墙外。界墙边长约20、残高0.10~0.70米，墙宽约0.15、护坡宽约0.40米。

金坛薛埠上水D4的土垄平面呈弧形，建造于生土面上，中部有一缺口，墩子的基础和各层堆积均在土垄范围内。

从发掘情况看，界墙和土垄起到确定墓地四至的作用。在另两座土墩中发现护坡堆积，其功用可能与界墙、土垄相似。

没有明显界墙、土垄的土墩，其墓地的界域与墩子的基础范围大体一致，墩子堆积包括墓葬和祭祀器物群等活动基本在基础范围内，除最后覆土外，溢出现象较为罕见。也就是说在墩子基础铺垫完后，墓地的范围也就确定了，尚未见扩大墓地基础的现象，这类土墩的基础间接起到了墓地界域的作用。

这些现象说明土墩作为墓地在建造之初就有了明确的规划。

（六）以瘗埋器物群为主要特征的祭祀习俗

以瘗埋器物群祭祀的土墩墓主要是一墩一墓或一墩几墓的土墩，一墩多墓的土墩鲜见或可见一两组零星的祭祀器物群，大量祭祀器物群（坑）在茅山东侧土墩墓中较为常见。祭祀器物群（坑）放置于中心墓葬周围的封土层面上，有的将斜向层面进行平整，形成簸箕形小龛或浅坑。一个墩子里祭祀器物群（坑）的数量在1到25组之间，放置器物数量1到24件不等，器形包括罐、瓿、坛、鼎、豆、碗、盅、盖等。如金坛薛埠茅东D5呈漫坡馒头状，平面大体呈圆形，南北约33、东西约35.5、高约2.1米，保存较好。堆积分10层，共发现墓葬2座，祭祀器物群25组，其中有两组器物群用小土包覆盖。金坛裕巷D1墓葬3座，发现起自于生土面上的平台，在四周发现10组物群，其中部分器物群有簸箕形坑，如裕巷D1Q6簸箕形坑，开口于②层下，直壁，平底。底部放置器物12件，器形包括硬陶坛、泥质灰陶罐、原始瓷盅和杯等。

（七）还原土墩营造过程

采用"剥洋葱"的方法，通过逆向操作过程还原了土墩的营造过程。从发掘的情况看，本次发掘的多数土墩墓的营造过程：首先平整土地；再在其上铺垫1～3层土，形成土墩的基础，现有资料显示基础完成，也就确定了墩子的范围，即确定了墓地的范围；在基础的中心部位建造中心墓葬及相关建筑，封土形成最早的坟丘。也有在土墩中部生土面或基础面上建造标识性祭祀建筑，后在建筑基础上堆土再建造中心墓葬；以后不同的时期在坟丘上堆土埋墓，或进行祭祀活动；在一定时期后再进行一次封土，停止埋墓和祭祀活动，完成该土墩即墓地的经营过程。

（八）出土了大量有明确层位关系的遗物

这次发掘的40座土墩，共清理墓葬233座、祭祀器物群（坑）229个，出土器物3800余件（组）。墓葬的随葬品组合主要包括原始瓷豆或碗、硬陶瓿、坛、泥质陶罐和夹砂陶鼎等，随葬品一般放置于墓坑的一侧和脚部，其中硬陶坛等高大的器物多放置于脚部，少数墓葬的随葬品仅放置于坑的一侧或脚部，如浮山果园D29M8长4.2、宽约1.2、深0.44～0.8米，方向350°，25件随葬器物沿墓坑一侧放置。随葬品数量少则五六件，多则四十多件，多数在十多件。

无论是墓葬还是器物群都有明确的层位关系，尤其在一墩多墓的土墩中，许多墓葬还存在诸多直接的叠压打破关系，如浮山果园D29仅直接叠压打破关系就有10多组。这在以往土墩墓考古中较为少见。为弥补土墩墓分期中的不足，建立一个更为细化、科学的江南土墩墓分期标尺提供了翔实的第一手资料。

三　土墩墓是见证中华文明一体化进程的重要文化遗产

土墩墓主要分布在江、浙、沪、皖、赣和闽北，它们分布范围大，延续时间长，在中国青铜时代考古当中占据有重要地位。但是，从20世纪70年代江苏句容开始正式发掘并命名，80年代浙江、安徽也发现、发掘土墩墓以来，由于各地发现的土墩结构异常复杂，争议不断，诸多问题遂使土墩墓成为长期以来困扰南方考古学界的谜。土墩墓遗产价值得不到学术的支持。此次发掘使江南土墩墓自20世纪70年代发现以来，首次以其明确、翔实、可靠的田野考古学资料确立了土墩墓在中国青铜时代考古学中的地位，对研究商周时期中原文化和江南土著文化的关系、中华文明的一体化进程等重大课题具有重要意义，同时为推动江南土墩墓的保护提供了最新的价值判断和学术支撑。

"2005年江苏金坛、句容土墩墓群"是江苏大型工程建设中规模最大的考古项目，在江苏考古学史以及文化遗产保护史上都显得尤为重要。这时段恰逢中国考古的目标与任务发生转变的关键时期，也就是说中国考古由"发掘、研究、保护"向"发掘、研究、保护、利用、传承"悄然转变。考古不仅仅是发现，也不仅仅在于研究，更重要的在于保护，在于利用和传承。苏南地区属于城市化进程最为快速发展的地区，土墩墓因为建设而遭到的破坏时有发生，保护的形势也非常严峻，只有充分发掘研究和认识到它的历史价值、文化价值、科学价值，才能引起地方政府对土墩墓的重视，从而做好文物保护工作。土墩墓所蕴含的文化价值与中华文化传统紧密相关，譬如土墩墓的向心结构就具有独特性和唯一性，土墩墓向心结构的布局方式与当时中原地区抑或其他地区的墓地截然不同，它仅仅见于青铜时代的江南地区；土墩墓封土等诸多文化因素也被中原文化所吸纳，成为中国古代陵墓制度和丧葬传统文化中的显著特征。此次土墩墓考古的成果不仅仅是大家所见到的这三部考古报告，还有在茅山东西两侧两个同时被公布为全国重点文物保护单位的春城土墩墓群和薛埠土墩墓群，还有矗立在茅山脚下的江南土墩墓博物馆和南京博物院江南工作站。从文化遗产保护角度看，金坛、句容土墩墓考古成为江苏考古"探索地域文明、保护文化遗产、服务社会公众"的典范。

基于金坛、句容土墩墓群考古重要收获和突破所取得的科学成果廓清了土墩墓自20世纪50年代发现以来的模糊认识，在国内学术界引发了土墩墓源流的讨论，导致了"汉代土墩墓"概念与内涵的大讨论；在东亚范围内，引发了中国土墩墓对朝鲜半岛马韩坟丘墓以及日本古坟影响的讨论。

土墩墓是吴越文化的典型遗存，是江南文脉承前启后的重要物质遗存，是中华文明一体化进程的见证，也是东亚土墩遗存文化圈中具有核心地位的重要文化遗产。江南土墩墓发掘、研究、保护、利用、传承任重道远，还需要我们考古人一如既往的执着与担当，需要我们保持遇到风暴"云娜""麦莎"的那份淡定，面对"极度干旱"和"禽流感"的那份从容——在十四年前句容、金坛土墩墓发掘的夏天。

总领队：林留根

2019年8月26日

前　言

一　缘起与经过

　　宁（南京）常（常州）、镇（镇江）溧（溧阳）高速公路是江苏省建设的大型基础设施工程项目。宁常高速公路为沿江高速公路的组成部分，西起南京溧水，向东经过镇江句容、常州金坛、武进等地，连接常澄高速公路，全长约87.3千米。镇溧高速公路是扬（扬州）溧（溧阳）高速公路的组成部分，北接润扬大桥，通过丹徒枢纽与沪宁高速公路互通，向南经过镇江丹徒、常州金坛、溧阳等地，在溧阳新昌与宁杭高速公路互连，全长约66.2千米。这两条高速公路是上海至洛阳国家重点公路和江苏省"四纵四横四联"高速公路路网中的重要组成部分。建成后进一步完善江苏省高速公路网络，加快推进长三角公路交通一体化进程，为"泛长三角"地区的形成及其公路交通现代化的实现奠定基础；同时，对改善苏南地区西南部，尤其是茅山老区的交通条件，充分发挥禄口国际机场的通行功能，有效缓解沪宁高速公路运输压力，激活沿线地区发展潜力，促进区域共同发展等均将起到积极的作用。镇溧高速公路先导试验段于2003年10月在镇江丹徒开工建设，宁常高速公路也于2003年10月27日在金坛正式动工。

　　2004年7～8月，受江苏省文化厅、文物局委托，南京博物院考古研究所对宁常、镇溧高速公路工程所经地域范围进行先期的考古调查和勘探。调查小组由田名利、杭涛、赵东升、盛之翰、朱国平、周润垦等组成，调查发现高速公路将穿越镇江句容、常州金坛土墩墓特别密集的区域，工程沿线涉及四十多座土墩墓。调查组于8月底完成了"宁常、镇溧高速公路文物保护规划"的编制，江苏省文化厅、文物局以及南京博物院考古研究所与省交通厅、省高速公路建设指挥部随即就两条高速公路涉及的文物保护问题开始磋商和协调，形成了抢救性发掘保护的协议。在获国家文物局批准后，2005年4～9月，江苏省文物局专门成立了宁常、镇溧高速公路文物保护工作领导小组。领导小组组织南京博物院、南京市博物馆、镇江博物馆、常州博物馆、南京大学、南京师范大学以及溧水、句容、金坛和溧阳文管会、博物馆等单位共同参加，并从全省其他地市博物馆和考古队抽调了多名专业人员，总共由80余名专业人员分别组成8支考古队同时对高速公路沿线的土墩墓和其他文物点进行抢救性考古发掘，发掘工作由南京博物院主持。江苏省文物局还成立了专家组，对各工地进行业务检查和指导，专家组成员有邹厚本、张敏、魏正瑾、肖梦龙、陈丽华等。发掘工作开始之前，领导小组根据此次抢救性发掘的对象和具体情况，制定和颁发了"宁常、镇溧高速公路考古发掘田野阶段工作要求"，对田野考古操作规程做了强调和细化，如发掘和测量方法、绘图、摄影以及自然遗物标本采集等。

句容和金坛土墩墓群发掘工作由林留根任总领队，王奇志任副总领队，总体负责有关方面的协调、发掘进程的安排、发掘方案的制定和各考古队人员的组织、经费的安排等工作，并分别管理句容片和金坛片的发掘工作，句容片浮山果园、寨花头土墩墓群的具体发掘分别由李虎仁和田名利领队负责，金坛片薛埠土墩墓群的具体发掘则由王奇志和杭涛领队负责。参加人员有：南京博物院考古研究所周润垦、郝明华、赵东升、盛之翰、周恒明，江苏省文物局吕春华，南京大学黄建秋，镇江博物馆王书敏、何未艾、何汉生、李永军，常州博物馆黄建康、唐星良、李威，句容市博物馆瞿忠华、文茂秀、胡宁，金坛博物馆（现常州市金坛区博物馆）王卫东、丁明宏、李媛媛，徐州博物馆原丰，淮安博物馆胡兵，新沂博物馆张浩林，此外参加发掘的还有南京大学考古专业04级研究生孙名利，南京大学02级本科生，南京师范大学文博专业02级14名本科生等。

考古发掘从4月11日开始，9月中旬结束，历时150余天。发掘过程中，国家文物局专家组组长黄景略、上海博物馆考古部主任宋建以及省内专家组成员察看发掘现场并举行了现场座谈会，对考古队发掘方法及取得的成绩表示了肯定，并对下一步发掘提出了有益的建议。本次调查在高速公路占地范围内发现土墩墓46座，其中被高速公路建设彻底破坏的6座，实际发掘土墩墓40座。共清理墓葬233座、器物群（坑）229个、建筑遗存14座，出土文物3800多件。发掘过程中，各考古队还对高速公路两侧约1千米范围内的先秦遗址、墓葬进行了调查。

2005年9月至2008年9月，考古队进行了考古资料的整理工作。林留根对整理工作做了统筹安排，具体由王奇志、李虎仁和田名利负责，参加人员有：南京博物院考古研究所杭涛、盛之翰、郝明华、顾篢、朱国平、周润垦、赵东升、马永强，镇江博物馆何未艾、何汉生，常州博物馆黄建康、彭辉，句容市博物馆瞿忠华、文茂秀、胡宁，泰州博物馆张长东等。整理期间，南京博物院召开了句容、金坛土墩墓群发掘成果研讨会，国家文物局专家组副组长、故宫博物院原院长张忠培、北京大学中国考古学研究中心主任李伯谦教授、南京博物院邹厚本研究员、中国社会科学院考古研究所副所长白云翔研究员、中国文物报社副总编曹兵武、中国社会科学院考古研究所编辑室主任施劲松研究员、上海博物馆考古部主任宋建研究员、浙江考古研究所所长曹锦炎研究员、副所长陈元甫研究员、陕西考古研究所副所长王占奎研究员、南京大学历史系博士生导师水涛教授、南京师范大学社会发展学院博士生导师裴安平教授，视察了整理工作现场，充分肯定了发掘所取得的成果，对所发现的一些考古现象作了研讨，并对整理工作提出了要求和建议。

二　发掘方法

本次发掘采用探方发掘法，即以墩顶为中心，按正方向将土墩分成4个象限，以1米宽隔梁为间隔形成外侧敞开的4个探方，4个探方按照堆积情况逐层同时下挖，基本保持同步进行，这样既可以通过隔梁的剖面观察封土堆积情况及遗迹现象，又可以控制平面，从而更为清楚地获得土墩堆积各层面以及各层面遗迹的平面关系。

测量则以墩顶为基点，所有测量数据皆采用象限法记录，如：深度为负数，处于第一象限的测点数据皆为正数，处于第三象限的测点数据皆为负数。

关于遗迹的判断，由于学术界对于土墩墓"一墩一墓"和"一墩多墓"存在不同看法，形成不同看法的原因主要是以往土墩墓发掘中很少发现人骨，更未发现过葬具，再加上存在平地掩埋的葬俗，仅靠成组的器物很难作出准确的判断，因而本次发掘时特别关注了土墩墓中成组器物是否有人骨、葬具和石床、器物放置的方式和位置、器物的数量和组合等现象，以期能对其性质作出判断。在未发现人骨、葬具和石床的情况下，发掘中判定墓葬的标准是：一般具有长方形土坑竖穴，少数为平地掩埋但有独自的封土，封土形制较为规整，平面略呈长方形，截面略呈上小下大的梯形，且大多出土有数量较多、器类较为齐全的随葬品，随葬品的放置常沿墓坑壁呈一条直线或"L"形，围绕着埋葬空间排列；也有少数定性为墓葬的器物组器物较少，器类不全，但它们有明显的长方形竖穴土坑，是墓葬的可能性较大；本次发掘对不能明确断定为墓葬的成组器物采用了"器物群"的名称（简称Q），这个名称带有描述性，而非严格的性质判断，其特点器物一般较少，器类不全，多集中成堆分布于土墩外围，多放置于层面或置于地层之中，放置面多倾斜或不平整，少数有较小的土坑，但也有些器物群出土器物较多、器类较全，有的还带有独自的封土，不排除其中有的是墓葬的可能。土墩中堆土（有意而为者，土垄）与一般的封土地层相比有较为规整的形制，同样带有描述性，其性质尚待研究。

土墩的地层堆积根据叠压关系依次编号，有的在同一地层中还划分出小层，以地层名称后加英文字母a、b、c等记录。遗迹则以发现先后为序依次编号。

三　整理与报告编写

1.整理人员

整理期间，主要进行了发掘资料的检查核对、器物修复、统一定名、器物卡片绘制、器物拓片和摄影。参加器物摄影有王奇志、李虎仁、周润垦、盛之翰。参加器物绘图有王奇志、李虎仁、田名利、杭涛、盛之翰、郝明华、何未艾、何汉生、黄健康、顾篔、彭辉、赵东升、朱国平、周润垦、马永强。进行电脑制作有周润垦、盛之翰、张长东、钱春峰。参加器物修复有周恒明、花纯强、齐军、钱松浦、钱发家等。进行器物拓片有花纯强、文茂秀、胡宁、陈长荣、王凤花。

2.整理方法

器物的定名方法：土墩墓出土器物的主要器型有釜、鼎、鬲、罐、坛、瓿、大口器、豆、碗、盂、器盖、纺轮等，以往诸多报告中，经常出现不同报告对部分同类器物的名称不同，不同类器物名称相同的情况，如碗、盂、豆和盅，盘、盆、小盆和钵，坛、罐和瓿。本报告采用以往土墩墓报告惯用的名称，如鼎、釜、鬲、大口器、器盖（有的报告将覆豆形器盖称为豆）、纺轮等，对名称较为混乱的器物作如下区别和界定：

（1）坛、罐和瓿

坛：基本为硬陶，少数火候较低类似泥质陶，与罐相比器型较大，器高明显大于器宽。

罐：多为硬陶和泥质陶，少量为原始瓷，侈口，弧腹或折腹，平底。

瓿：大多为硬陶，少量为泥质陶和原始瓷，与罐相比器型较小，器高明显小于器宽。

（2）豆、碗、盂和盅

器型均较小。

豆：一般为原始瓷，与碗和盂的区别在于有或高或矮的圈足。

碗：多为原始瓷，也有少量质地为泥质陶和硬陶，一般为敞口、直口或侈口，弧腹或弧折腹，饼形底或平底，部分内凹。

盂：以硬陶居多，也有少量原始瓷，敛口或侈口小折沿，弧腹或折腹，平底。

盅：皆为原始瓷，多带盖，直口或略敞，也有子母口的，腹较深，上腹壁直，下腹折内收，平底或有内凹。

（3）盘、盆、小盆和钵

盘：器型较碗、盂等为大。大多为泥质陶，敞口或直口，浅腹，平底。

盆：绝大多数为泥质陶，腹部比盘深。

小盆：陶质、形制与盆相似，但器型明显较小。

钵：器型较小，原始瓷，敛口，腹较深。

器物纹饰的名称也采用以往土墩墓报告惯用的定名方法：主要纹饰有方格纹、席纹、菱形填线纹、回纹、折线纹、窗格纹、变体凤鸟纹、堆饰（辫形、S形、倒U形）、弦纹、水波纹、叶脉纹等。绘图对于印纹的处理大多只是绘制器物中部从口到底的一条，带有示意性质。

3.报告编写

资料整理工作完成后，考古队随即开始了发掘报告的编写。本发掘报告以自然地理单元和土墩墓群的分布为依据分为金坛薛埠土墩墓群、句容浮山果园土墩墓群和句容寨花头土墩墓群三部分。

每一部分按照自然地理单元分成土墩墓群逐个介绍，每个土墩墓群则以土墩为单位逐个介绍，内容包括：

位置和概况：介绍自然位置、在该群中的相对位置、地表情况、土墩形状、保存状况等。

地层堆积：介绍地层、地层中出土遗物、采集（包括盗洞和现代坑中出土的）遗物以及地层与遗迹的关系等。

遗迹和遗物：为了较为全面完整地反映遗迹及其中出土遗物的情况，本报告对发现的所有遗迹逐个介绍，其中的出土遗物也是逐件全部（包括残破的）介绍。

　　小结：大致概括该土墩墓的地层堆积、遗迹、遗物的特点和关系，根据出土遗物大致推测土墩墓形成年代上、下限。

　　本卷报告由王奇志任主编，盛之翰、杭涛、王书敏任副主编。第一章由王奇志执笔；第二章由唐星良、彭辉执笔；第三章由盛之翰执笔；第四章由王奇志、盛之翰、赵东升执笔；第五章由何未艾、何汉生执笔；第六章由盛之翰、杭涛执笔；第七章由王奇志、杭涛、盛之翰执笔。

目　录

（上）

（下）

彩　版

插图目录

第一章　概述

第一节　地理环境与历史沿革

金坛市隶属于江苏省常州市，位于江苏省南部，东邻常州市武进区，西界茅山，与句容市接壤，南濒洮湖，与溧阳、宜兴市依水相望，北与丹阳市、镇江市丹徒区毗邻。全境东西约50、南北约40千米。总面积975.49平方千米，其中陆地约占80%，水面约占20%。

金坛市属北亚热带季风区，四季分明，雨量充沛，日照充足，境内山清水秀，物产丰饶。地势自西向东呈倾斜状态，西部为丘陵山区，最高山峰茅山大茅峰海拔372.5米，向东依次分为西部黄土缓岗、中部冲积湖积平原和东部高亢平原四种地貌。

金坛市早在新石器时代即有先民栖息生存。著名的三星村遗址位于西岗乡三星村，为马家浜文化晚期到崧泽文化晚期遗存。春秋时期，金坛属吴地，战国时期为越、楚所割，秦汉归曲阿县，晋系延陵县金山乡。隋末农民起义中，乡人自立金山县。唐武后垂拱四年（688年）改为金坛县，1993年改为金坛市（县级），境域和隶属关系多有变动。中华人民共和国成立后，1949年11月属常州专区，1953年属镇江专区，1958年属常州专区，1959年复属镇江专区，1983年3月起属常州市。

薛埠镇位于县城西部，距县城21千米，东沿薛埠河与唐王乡分界，西与句容县磨盘乡、茅山镇毗连，南临方麓茶场，北接茅麓镇。境内方山、茅山绵延，地势西高东低，属茅山丘陵区。民国时期设乡，1986年实行建制镇。镇政府驻地薛埠集镇。集镇形成于清代之前，原为薛姓所建码头，清雍正八年（1730年）铺成东西石街，后为山区物资集散地，清末民初米市久负盛名。境内水陆交通便捷，宁常公路东西向穿境而过，薛埠至罗村、薛埠至西旸公路南北贯通，由薛埠河入丹金溧漕河，可与各水路航道衔接。

第二节　发掘概况

金坛市境内的土墩墓多见于茅山以东的低山丘陵区，大多成群分布在丘陵岗地的顶部及坡面上；平原地区土墩墓较少，多单个分布。

宁常、镇溧高速公路在金坛市境内穿过的土墩墓群均位于薛埠镇，该镇属茅山以东的丘陵地区，镇区范围内低山丘陵起伏，土墩墓密集众多，调查显示有土墩墓群20余处，土墩墓数百座。1991年南京博物院、常州市博物馆曾对镇西南约3.5千米的连山土墩墓91JLDⅠ～Ⅲ进行发掘，发现器物群23处、墓葬3座，出土器物262件。

本次发掘的土墩墓群依所处地理位置的最小单位命名，所涉及的土墩墓群由西向东分别为石家山林场、东进、上水、茅东林场、许家沟、裕巷6个（图一、二；彩版一～四）。每个土墩墓群均包

图一　茅山周边地形卫星图

1. 石家山林场土墩墓群　2. 东进土墩墓群　3. 上水土墩墓群　4. 茅东林场土墩墓群　5. 许家沟土墩墓群　6. 裕巷土墩墓群　7. 浮山果园土墩墓群　8. 东边山土墩墓群　9. 寨花头土墩墓群　10. 周岗土墩墓群　11. 谷城土墩墓群

含多座土墩墓，这些土墩墓均坐落于山坡岗地的顶部或两侧的坡面上，地势高敞，本次为抢救性发掘，仅限于道路施工范围内的土墩墓，共计22座。最西侧的石家山林场土墩墓群处于茅山东麓山坡上，地势最高，D1墩底海拔达60余米；向东的各土墩墓群处于茅山向东南延伸的丘陵岗地，岗地基本都呈南北走向，属于茅山向东与苏南平原的过渡地带，土墩底部海拔12~35米。

土墩墓大多明显突出于周边地表，呈馒头形；少数土墩破坏严重，与周边地表分隔不明显，顶面呈漫坡状。土墩平面呈圆形或椭圆形，其中最大的土墩是许家沟D1，底径约34.80米，中心顶部至生土面高约7.60米；而最小的土墩是许家沟D3，其底径约10.50米，中心顶部距生土面高仅0.10米。

发掘采用四分法，即以墩中心为基点按正方向布探方4个（编号T1~T4），探方间保留1米宽"十"字隔梁，按层位逐层发掘，对各层下的遗迹集中清理，遗迹清理完成后再发掘下一层。发掘过程中各探方力求同步在相同层位，在不影响遗迹发掘前提下，尽可能地保留隔梁。

金坛片区土墩墓的发掘工作由南京博物院考古研究所统一安排，常州博物馆、镇江博物馆、淮安博物馆、金坛博物馆指派考古人员参与，南京大学、南京师范大学两所高校多名学生参加。

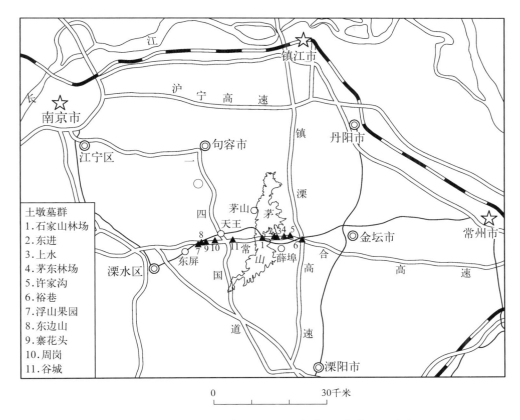

图二　宁常、镇溧高速公路土墩墓群分布平面图

发掘领队为王奇志、杭涛。田野发掘从2005年4月15日起，至7月28日结束，历时105天。

参与发掘的主要人员有：

石家山林场D1：常州博物馆黄建康、唐新良、李威等。

东进D1：常州博物馆黄建康、唐新良、李威等。

上水D1~D4：淮安博物馆胡兵、新沂博物馆张浩林、南京大学考古专业2004级研究生孙名利等。

茅东林场D1~D7：南京博物院考古研究所赵东升、淮安博物馆胡兵、张长东等。

许家沟D1、D2：镇江博物馆王书敏、何未艾、何汉生（D1）、李永军（D2）等。

许家沟D3、D4：南京博物院考古研究所杭涛等。

裕巷D1~D5：南京博物院考古研究所盛之翰等。

考古发现的遗迹有器物群、墓葬、房址、柱洞、土垄、沟、坑、窑等，共计发掘清理器物群139处、墓葬55座、房址（柱洞）6座（组）、土垄4处、沟3条、坑2个、窑2座。

出土遗物以陶瓷类为主，另有少量石器、铜器。共计出土器物1410件，其夹砂陶器227件、泥质陶器365件、硬陶器461件、原始瓷器345件、石器10件、铜器2件。

第二章　石家山林场和东进土墩墓群

第一节　概述

石家山林场土墩墓群位于金坛市薛埠镇石家山林场内，东进土墩墓群地属金坛市薛埠镇东进村。两处土墩墓群为本次发掘的金坛片区土墩墓最西侧的两组，且仅发掘清理了其中的各一座土墩，体量较小，故放在一章内介绍。

第二节　石家山林场土墩墓D1

一　概况

石家山林场土墩墓群位于金坛市薛埠镇石家山林场内，东距薛埠镇约5千米。此处为茅山山脉中段的东部，土墩墓群处于一条东西向的山间谷地中，南北两侧的山峰山势较陡，南侧山峰海拔在100米以上，北侧山峰也超过78米，340省道从两山之间的谷地中穿过，土墩墓群在省道南侧山势较缓的山坡和山麓地带，调查发现土墩墓5座（编号JXSJD1～D5，以下简称D1～D5）。

此次发掘的JXSJD1处于宁常高速公路的主线上，JXSJD1处在无名小山丘的山坡上，中心坐标为北纬31°43.690′，东经119°19.677′。墩底海拔65.6米，位于其下方海拔57.3米的JXSJD2在考古队进入现场时已被施工完全破坏。

JXSJD1外观呈馒头形，平面圆形，保存稍好，但表土层已被施工机械推去。东西底径20.5、南北底径20.6米，墩顶至生土面高约2.1米（图三；彩版五，1）。

二　地层堆积

根据土质、土色的不同，JXSJD1的堆积可分为3层（图四；彩版五，2）。

第①层：黄褐色土，厚0～0.75米。土质较松，斜向堆积，平面略成环形分布于土墩外围一周，不见于土墩顶部。本层下有器物群JXSJD1Q1、Q2、Q6，放置于第②层层面。

第②层：红褐色土，深0～1.70、厚0～1.70米。夹有较多小石粒，土质较硬，边坡倾斜状，分布于土墩中部。本层下有器物群JXSJD1Q3、Q4、Q5、Q7，放置于第③层层面。

第③层：浅红褐色土，深0.15～2.10、厚0～0.70米。内杂灰白色土块，夹有较大石块，特别坚硬，中部较厚，周围较薄，遍布土墩平面。本层下有墓葬JXSJD1M1。

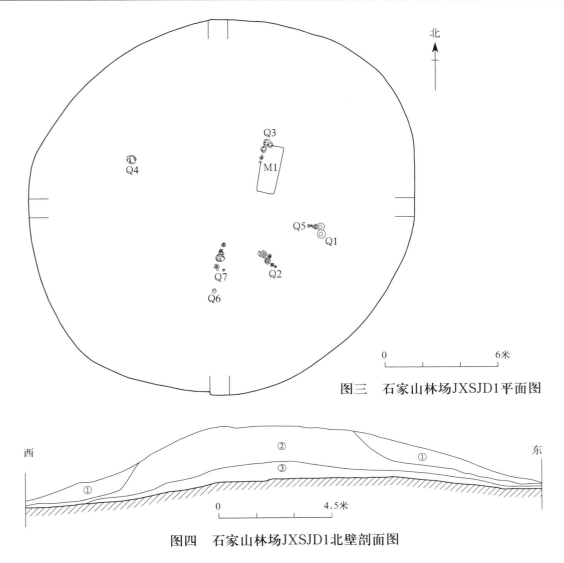

图三　石家山林场JXSJD1平面图

图四　石家山林场JXSJD1北壁剖面图

第③层下为生土，生土为红褐色风化土，表面随山势，南部略高，夹杂较多的小石块，坚硬、纯净。

三　遗迹遗物

D1共发现墓葬1座、器物群7处。

（一）墓葬
JXSJD1发现墓葬1座。

JXSJD1M1
JXSJD1M1是一座竖穴土坑墓，位于土墩中部偏东北，中心坐标2.60×2.10－2.30米。开口在第③层下，打破生土（图五；彩版六，1）。墓坑平面略呈长方形，北部较宽，方向约10°。坑口长

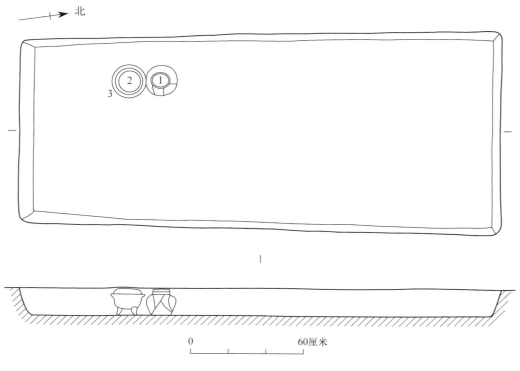

图五　石家山林场JXSJD1M1平、剖面图
1. 原始瓷瓿　2. 陶盘　3. 陶鼎

2.55、宽0.99～1.10米，坑底长2.43、宽0.90～1.01米，墓深约0.15米，斜壁，坑壁规整，平底。墓坑内填土青白色，土质疏松，夹杂带有碎石子的红褐色土。墓坑内未发现人骨和葬具。随葬器物放置于墓坑西南部，鼎、罐正置，盘倒扣于鼎口，作器盖之用。

出土器物3件，其中夹砂陶鼎1件、原始瓷瓿1件、泥质陶盘1件。

鼎　1件。

JXSJD1M1：3，夹砂红陶。侈口，圆唇，折沿，直腹，圆底，腹、底间折，扁锥形足，截面略呈椭圆形。口径17.4、高14.4厘米（图六，1）。

瓿　1件。

JXSJD1M1：1，原始瓷，灰白色胎。直口微侈，尖唇，窄折沿，沿面有两道凹槽被釉填满，溜肩，鼓腹，平底内凹。器内有螺旋纹。器表施黄绿色釉，有流釉现象，局部釉面剥落。口径8.7、高

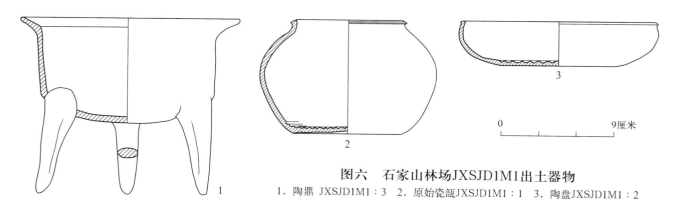

图六　石家山林场JXSJD1M1出土器物
1. 陶鼎 JXSJD1M1：3　2. 原始瓷瓿JXSJD1M1：1　3. 陶盘JXSJD1M1：2

9.5、底径9.0厘米（图六，2；彩版六，2）。

盘　1件。

JXSJD1M1：2，泥质灰陶。敛口，尖唇，浅弧腹，平底。器内有螺旋纹。口径15.6、底径8.8、高3.6厘米（图六，3；彩版六，3）。

（二）器物群

JXSJD1内的器物群主要分布在土墩东南部，西南部则未见。器物群由若干陶、瓷器组成，放置于第②层及第③层层面上。

1．JXSJD1Q1

JXSJD1Q1位于土墩东部略偏南，中心坐标5.00×−1.10−1.30米。器物放置于第②层层面，被第①层叠压（图七；彩版七，1）。器物集中摆放在略有高低的层面上，放置范围长约0.78、宽约0.54米。

出土器物4件。其中夹砂陶鼎1件，硬陶坛2件，泥质陶器盖1件。鼎、坛正置，器盖扣置于鼎内。

鼎　1件。

JXSJD1Q1：4，夹砂红陶。侈口，尖圆唇，折沿，直腹，圜底，腹、底间折，扁锥形足，足截面略呈圆角方形。口径22.5、高19.5厘米（图八，1；彩版七，2）。

坛　2件。

硬陶。侈口，卷沿，束颈，弧肩略折，平底。颈部饰弦纹。

JXSJD1Q1：1，灰色胎。尖圆唇，沿面有一道凹槽，深弧腹。肩及上腹部饰席纹，下腹饰菱形填线纹。口径19.0、底径21.0、高40.0厘米（图八，2；彩版七，3）。

JXSJD1Q1：2，褐色胎。方唇，鼓腹，底略凹。肩部贴附一对竖耳，各用两股泥条捏制而成。肩、腹部饰席纹与方格纹。口径22.0、底径17.4、高44.8厘米（图八，3；彩版七，4）。

器盖　1件。

JXSJD1Q1：3，泥质黑皮陶，灰色胎，器表黑皮局部剥落。整体为覆豆形，喇叭形捉手，顶部略弧，顶、壁间折，敞口，尖圆唇，卷沿，沿面有一道凹槽。捉手径8.8、口径16.6、高5.8厘米（图八，4）。

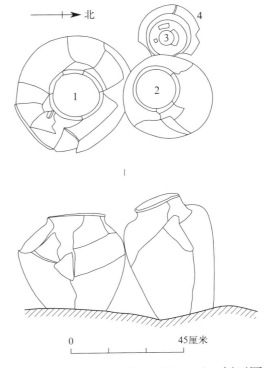

图七　石家山林场JXSJD1Q1平、剖面图

1、2. 硬陶坛　3. 陶器盖　4. 陶鼎

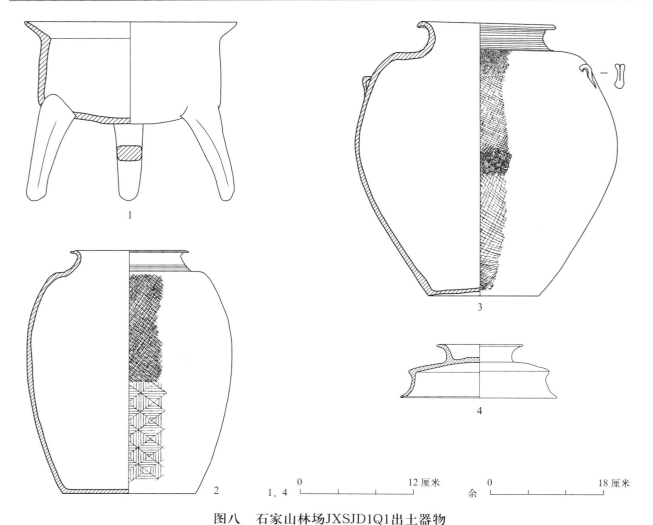

图八　石家山林场JXSJD1Q1出土器物
1. 陶鼎JXSJD1Q1∶4　2、3. 硬陶坛JXSJD1Q1∶1、2　4. 陶器盖JXSJD1Q1∶3

2. JXSJD1Q2

JXSJD1Q2位于D1东南部，中心坐标2.60×−2.90−1.28米。器物放置于第②层层面，被第①层叠压（图九；彩版八，1）。器物略成西北—东南向集中摆放，放置层面西北略低东南略高，放置范围长约1.30、宽约0.65米。出土器盖扣置于鼎JXSJD1Q2∶3腹内，碗倒扣于鼎JXSJD1Q2∶1的口部，作器盖之用，其余器物正置；夹砂陶和泥质陶器破碎较甚。

出土器物8件，其中夹砂陶器2件，泥质陶器2件，硬陶器3件，原始瓷器1件；器形有鼎、坛、罐、盆、碗、器盖等。

鼎　2件。

JXSJD1Q2∶3，夹砂红陶。侈口，圆唇，折沿，直腹，圜底，腹、底间折，扁锥形足，足尖略外撇，足截面略呈圆角梯形。口径22.0、高17.0厘米（图一〇，1；彩版八，2）。

JXSJD1Q2∶1，夹砂红陶。残碎严重，无法复原。足圆锥形，截面较圆。高4.0厘米（图一〇，2）。

坛　2件。

JXSJD1Q2∶6，灰色硬陶。侈口，尖唇，卷沿，束颈，折肩，深弧腹，平底。颈部饰弦纹，肩

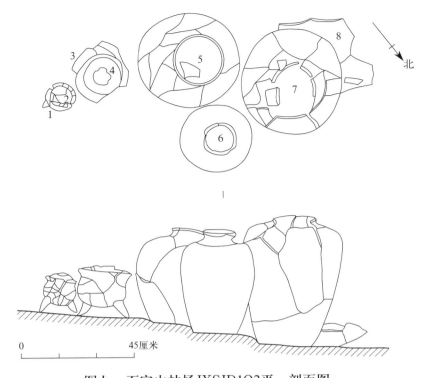

图九　石家山林场JXSJD1Q2平、剖面图
1、3. 陶鼎　2. 原始瓷碗　4. 陶器盖　5. 陶罐　6、7. 硬陶坛　8. 陶盆

及上腹部饰席纹，下腹部饰菱形填线纹。口径15.4、底径17.2、高32.6厘米（图一〇，3；彩版九，1）。

JXSJD1Q2：7，灰色硬陶。侈口，尖唇，卷沿，束颈，折肩，深弧腹，平底。颈部饰弦纹，肩及上腹部饰席纹，下腹部饰菱形填线纹。口径21.4、底径21.5、高46.2厘米（图一〇，4；彩版九，2）。

罐　1件。

JXSJD1Q2：5，灰色硬陶。侈口，尖圆唇，卷沿，束颈，弧肩略折，鼓腹，平底。颈部饰弦纹，肩及上腹部饰席纹，下腹饰菱形填线纹，菱形填线纹拍印杂乱，有重叠现象。口径21.0、底径20.4、高31.2厘米（图一〇，5；彩版八，3）。

盆　1件。

JXSJD1Q2：8，泥质红陶。侈口，圆唇，卷沿，束颈，弧腹，平底。口径30.0、底径14.0、高7.5厘米（图一〇，6；彩版八，4）。

碗　1件。

JXSJD1Q2：2，原始瓷，灰黄色胎。敞口，圆唇，折沿，沿面有两道凹槽，弧腹，平底。器内有螺旋纹。施黄绿色釉。口径11.2、底径6.4、高3.6厘米（图一〇，7；彩版九，3）。

器盖　1件。

JXSJD1Q2：4，泥质黑皮陶，灰褐色胎，黑皮剥落较甚。整体为覆豆形，喇叭形捉手，顶部略弧，顶、壁间折，起脊，敞口，圆唇，卷沿，沿面有一道凹槽。捉手径7.6、口径16.5、高6.6厘米（图一〇，8；彩版九，4）。

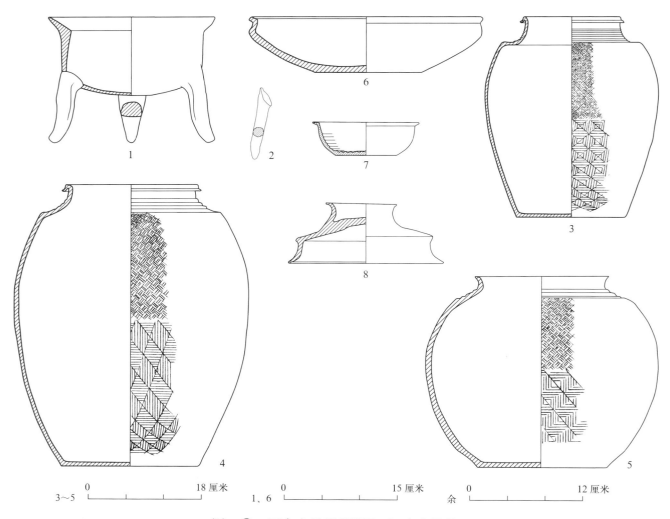

0　　　　　　　　18 厘米
3～5

0　　　　　　　　15 厘米
1、6

0　　　　　　　　12 厘米
余

图一〇　石家山林场JXSJD1Q2出土器物

1. 陶鼎JXSJD1Q2：3　2. 鼎足JXSJD1Q2：1　3、4. 硬陶坛JXSJD1Q2：6、7　5. 硬陶罐JXSJD1Q2：5　6. 陶盆JXSJD1Q2：8
7. 原始瓷碗JXSJD1Q2：2　8. 陶器盖JXSJD1Q2：4

3. JXSJD1Q3

JXSJD1Q3位于土墩东北部，中心坐标2.10×3.20−2.35米。器物放置于第③层层面，被第②层叠压（图一一；彩版一〇，1）。器物放置层面基本水平，分布于长约1.38、宽约0.95米的范围内；器物大致排列成"U"形，大件的坛、罐放置在偏外侧。出土器物多正置，原始瓷碗JXSJD1Q3：3扣置于硬陶瓿JXSJD1Q3：4口上，原始瓷碗JXSJD1Q3：7斜扣在夹砂陶鼎JXSJD1Q3：5的口部，作器盖之用。

出土器物9件，其中夹砂陶器2件，泥质陶器2件，硬陶器1件，原始瓷4件；器形有鼎、罐、瓿、碗等。

鼎　2件。

JXSJD1Q3：6，夹砂红陶。侈口，圆唇，折沿，圆锥形足。口径22.0厘米（图一二，1）。

JXSJD1Q3：5，夹砂红陶。侈口，圆唇，折沿。口径31.0、残高6.8厘米（图一二，2）

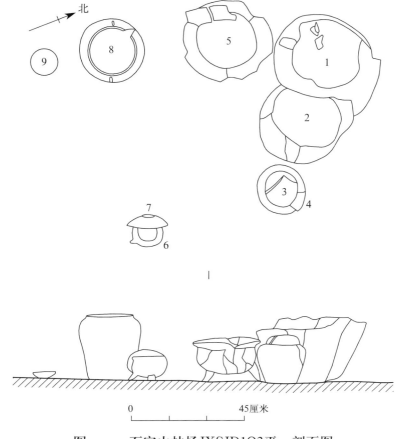

图一一　石家山林场JXSJD1Q3平、剖面图
1、2. 陶罐　3、7、9. 原始瓷碗　4. 硬陶瓿　5、6. 陶鼎　8. 原始瓷罐

罐　2件。

JXSJD1Q3：1，泥质陶，红色胎。侈口，圆唇，卷沿，沿面有一道凹槽。肩部饰方格纹。口径14.0、残高7.4厘米（图一二，3）。

JXSJD1Q3：2，泥质陶，灰色胎。腹部残缺。侈口，尖唇，卷沿，溜肩，弧腹，平底。肩及上腹部饰席纹，下腹部饰菱形填线纹。口径15.5、底径20.6厘米（图一二，4）。

筒形罐　1件。

JXSJD1Q3：8，原始瓷，灰白色胎。敛口，方唇，唇面有两道凹槽，唇缘外突，折肩，筒形腹，平底。肩部堆贴倒"U"形耳状饰，用泥条捏制而成，呈绞索状。腹部饰对称弧线纹。施黄绿色釉。口径21.0、底径18.0、高25.2厘米（图一二，5；彩版一一，1）。

瓿　1件。

JXSJD1Q3：4，褐色硬陶。侈口，圆唇，卷沿，唇面有一道凹槽，束颈，溜肩，扁鼓腹，平底。腹部饰席纹。口径10.8、底径13.5、高12.8厘米（图一二，6；彩版一〇，2）。

碗　3件。

JXSJD1Q3：3，原始瓷，灰白色胎。敞口，尖唇，折沿，沿面有两道凹槽，弧腹，平底。上腹部较直，中部有一道折棱。器内有螺旋纹。施黄绿色釉，釉剥落殆尽。口径14.4、底径9.0、高3.5厘米（图一二，7；彩版一〇，3）。

　　JXSJD1Q3：7，原始瓷，灰白色胎。敞口，尖唇，折沿，沿面有两道凹槽，弧腹，平底略内凹。器内有螺旋纹。施黄绿色釉，釉稀薄。口径15.5、底径7.4、高4.0厘米（图一二，8；彩版一〇，4）。

　　JXSJD1Q3：9，原始瓷，灰白色胎。敞口，尖唇，折沿，沿面有两道凹槽，弧腹，平底内凹。器内有螺旋纹。施黄绿色釉，釉稀薄。口径15.0、底径7.4、高4.6厘米（图一二，9；彩版一〇，5）。

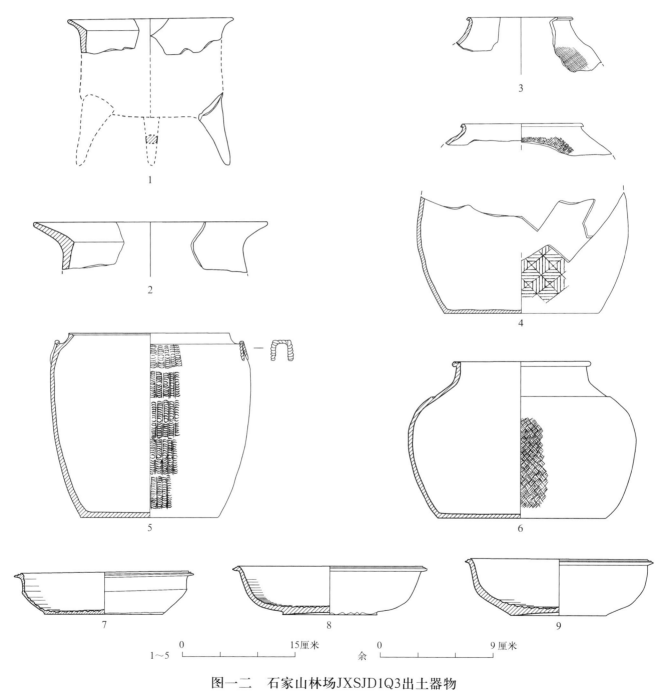

图一二　石家山林场JXSJD1Q3出土器物

1、2.陶鼎JXSJD1Q3：6、5　3、4.陶罐JXSJD1Q3：1、2　5.原始瓷罐JXSJD1Q3：8　6.硬陶瓿JXSJD1Q3：4　7～9.原始瓷碗JXSJD1Q3：3、7、9

4．JXSJD1Q4

JXSJD1Q4位于土墩西北部，中心坐标−4.50×2.30−2.40米。器物放置于第③层层面，被第②层叠压（图一三；彩版一一，3）。器物放置层面东南高西北低。

出土硬陶坛1件，器物残破，顺地势向西侧倒伏。

坛　1件。

JXSJD1Q4：1，砖红色硬陶。侈口，尖唇，卷沿，沿面有两道凹槽，短束颈，弧肩，深弧腹，平底。肩、腹部饰叶脉纹和席纹的组合纹饰。口径24.0、底径22.2、高46.0厘米（图一三，1；彩版一一，2）。

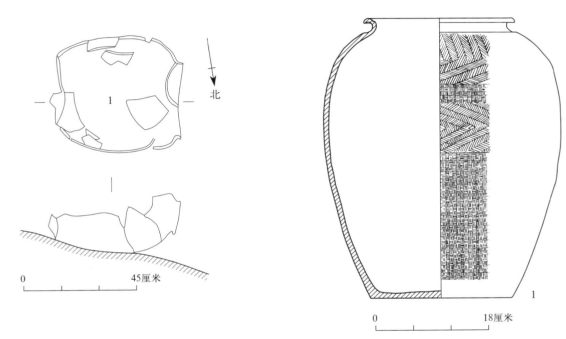

图一三　石家山林场JXSJD1Q4及出土器物
1. 硬陶坛JXSJD1Q4：1

5．JXSJD1Q5

JXSJD1Q5位于土墩东部略偏南，中心坐标4.70×−1.00−1.85米。器物放置于第③层层面，被第②层叠压（图一四；彩版一二，1）。器物放置层面西高东低，正置。

出土夹砂陶鼎、硬陶瓿各1件，出土时陶鼎破碎较甚。

鼎　1件。

JXSJD1Q5：2，夹砂红陶。侈口，折沿，直腹，圜底，腹、底间折，扁锥形足，足截面近梯形。器形不甚规整。口径17.6、高13.5厘米（图一四，2；彩版一二，2）。

瓿　1件。

JXSJD1Q5：1，褐色硬陶。侈口，尖圆唇，卷沿，束颈，溜肩，扁鼓腹，平底内凹。颈部饰弦纹，肩、腹部饰席纹，近底部用工具刮平。口径13.0、底径13.5、高13.5厘米（图一四，1；彩版一二，3）。

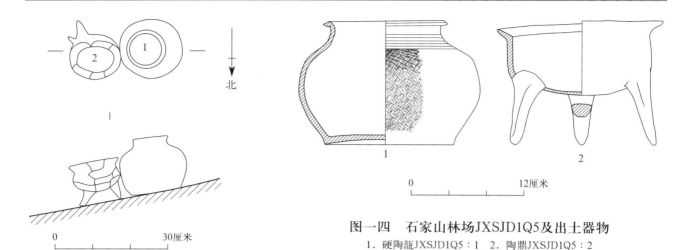

图一四　石家山林场JXSJD1Q5及出土器物
1. 硬陶瓿JXSJD1Q5：1　2. 陶鼎JXSJD1Q5：2

6. JXSJD1Q6

JXSJD1Q6位于土墩南部，中心坐标-0.25×-4.50-1.35米。器物放置于第②层层面，被第①层叠压（图一五；彩版一二，4）。

出土泥质陶罐1件，顺着层面向北侧倾斜，出土时破碎。

罐　1件。

JXSJD1Q6：1，泥质黑皮陶，灰色胎，黑皮剥落严重。侈口，尖唇，卷沿，颈微束，弧折肩，鼓腹，平底。肩部堆贴一对竖耳，耳宽扁。颈部饰弦纹。口径14.0、底径13.2、高17.4厘米（图一五，1）。

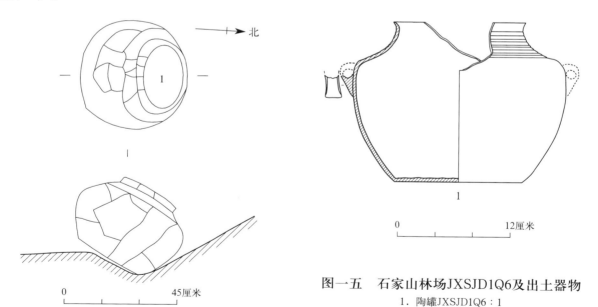

图一五　石家山林场JXSJD1Q6及出土器物
1. 陶罐JXSJD1Q6：1

7. JXSJD1Q7

JXSJD1Q7位于D1中部偏南，中心坐标0×-2.50-1.40米。器物放置于第③层层面，被第②层叠压（图一六；彩版一三，1）。多数器物大致呈南北向一线摆放，放置范围长约1.60米，另有3件瓷碗呈"品"字形放置于其东南一侧，放置层面略有高低。出土器物多正置，原始瓷碗JXSJD1Q7：3扣

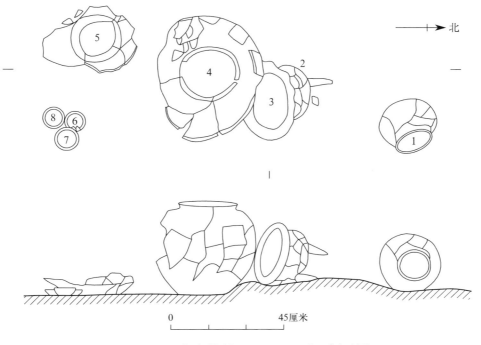

图一六　石家山林场JXSJD1Q7平、剖面图
1. 硬陶瓿　2. 陶鼎　3、6～8. 原始瓷碗　4、5. 硬陶坛

在夹砂陶鼎JXSJD1Q7：2内，向一侧歪斜，器形较大的器物破碎严重。

出土器物8件，其中夹砂陶器1件，硬陶器3件，原始瓷器4件。器形有鼎、坛、瓿、碗等。

鼎　1件。

JXSJD1Q7：2，夹砂红陶。侈口，圆唇，宽折沿近平，直腹，圜底，腹、底间折，扁锥形足，断面略呈椭圆形。口径29.2、高22.8厘米（图一七，1；彩版一三，2）。

坛　2件。

JXSJD1Q7：5，灰褐色硬陶。仅存下腹和底部。平底内凹。下腹部饰菱形填线纹，近底部用工具刮平。底径20.8、残高10.0厘米（图一七，2）。

JXSJD1Q7：4，灰褐色硬陶。侈口，尖唇，卷沿，沿面有一道凹槽，束颈，弧折肩，深弧腹，平底。颈部饰弦纹，肩及上腹部饰席纹，下腹部饰菱形填线纹，近底部用工具刮平。口径24.0、底径19.4、高50.0厘米（图一七，3；彩版一三，3）。

瓿　1件。

JXSJD1Q7：1，褐色硬陶。侈口，尖圆唇，卷沿，沿面有一道凹槽，束颈，弧肩略折，扁鼓腹，平底略凹。颈部饰弦纹，肩、腹部饰席纹，近底部用工具刮平。内壁可见手指抹痕。器体变形，口部歪斜。口径16.0、底径17.0、高15.6厘米（图一七，4；彩版一四，1）。

碗　4件。

原始瓷，灰白色胎，施黄绿色釉。敞口，折沿。器内有螺旋纹。

JXSJD1Q7：6，尖圆唇，沿面有一道凹槽，被釉填满，上腹斜直，下腹弧收，平底略凹。器底有鼓泡。口径10.2、底径5.5、高2.5厘米（图一七，5；彩版一四，2）。

JXSJD1Q7：7，尖唇，沿面有两道凹槽，上腹较直，下腹弧收，饼形足，平底略内凹。釉层稀

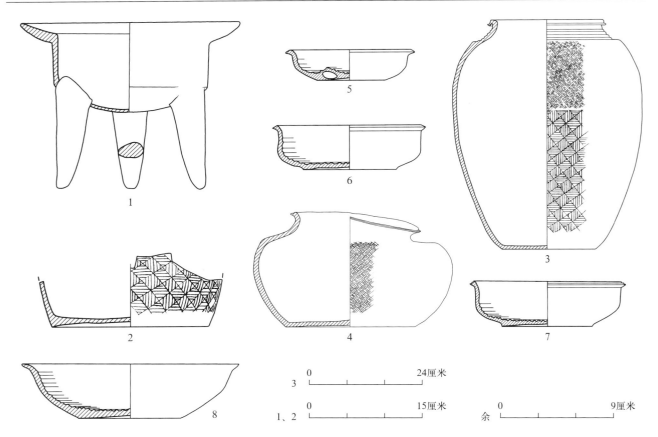

图一七　石家山林场JXSJD1Q7出土器物

1. 陶鼎JXSJD1Q7：2　2、3. 硬陶坛JXSJD1Q7：5、4　4. 硬陶瓿JXSJD1Q7：1　5～8. 原始瓷碗JXSJD1Q7：6～8、3

薄。口径12.3、底径7.2、高3.6厘米（图一七，6；彩版一四，3）。

　　JXSJD1Q7：8，尖唇，沿面有两道凹槽，上腹较直，下腹弧收，饼形足，平底略内凹。器身略有变形。口径12.4、底径7.2、高3.6厘米（图一七，7；彩版一四，4）。

　　JXSJD1Q7：3，尖圆唇，沿面有一道凹槽，弧腹，平底略内凹。口径17.2、底径8.0、高4.5厘米（图一七，8；彩版一四，5）。

四　小结

　　JXSJD1墩径较小，地层堆积仅3层，较为简单。墩内发现墓葬1座、器物群7处；分别位于第①层下、第②层下、第③层下。其中墓葬JXSJD1M1为最早的遗迹单元，位于墩中心偏东北，为竖穴浅土坑型，方向朝向墩中心；而器物群分布于墩四周，JXSJD1Q2、Q3、Q5、Q7的器物排列有序，呈向心式分布。

```
        ┌→ Q1          ┌→ Q3
        │              │
①  →  Q2  →  ②  →  Q4  →  ③ → M1 → 生土
        │              │
        └→ Q6          ├→ Q5
                       │
                       └→ Q7
```

JXSJD1每个遗迹单元器物仅1~8件，各遗迹单元出土器物特征较为接近，鼎折沿较宽，直腹，腹、底间折；硬陶器束颈较长，肩部略折，纹饰为方格纹、席纹、菱形填线纹、叶脉纹；原始瓷碗敞口、弧腹、折沿、沿面有宽、有窄。

从遗物特征分析JXSJD1的年代应为春秋早期偏晚阶段至春秋中期。

第二节　东进土墩墓D1

一　概况

东进土墩墓群地处金坛市薛埠镇东进村，西北约200米有一个小村子叫雷塘洼。这里是茅山山脉东侧的一条大体呈南北向岗地，植被是人工种植的杉树林。调查发现有3座土墩墓（编号JXDD1~D3，以下简称D1~D3），位于岗地顶部，底部海拔约28米，东距上水土墩墓群约500米。JXDD1和JXDD2在道路施工区域，相距不到10米，考古队进入现场时JXDD2已被完全破坏，JXDD1表面的植被亦被破坏，表土层也被翻动，土墩表面遍布碎土块。此次发掘的就是处于宁常高速公路主线上的D1（图一八）。

JXDD1平面略呈圆形，顶部较平，四周坡度平缓。南北底径22.8、东西底径21.6米，墩顶至生土面高约1.3米（图一九；彩版一五，1）。

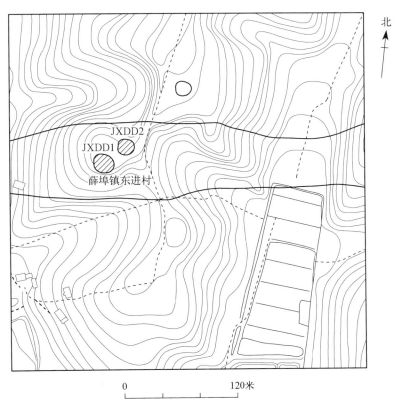

图一八　东进JXDD1、D2分布平面图

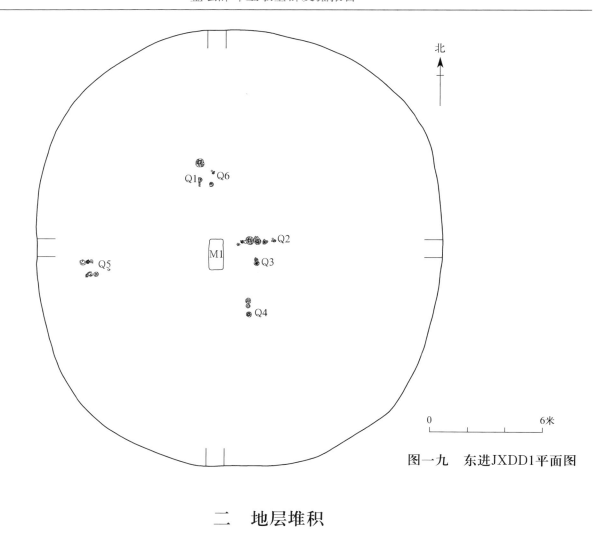

图一九　东进JXDD1平面图

二　地层堆积

根据土质、土色及包含物的差别不同，JXDD1的堆积可分为3层（图二〇；彩版一五，2）。

第①层：红褐色土，厚0～0.50米。土质较松软，纯净，未见包含物。斜向堆积，平面呈环形分布于土墩外围，不见于墩中部。

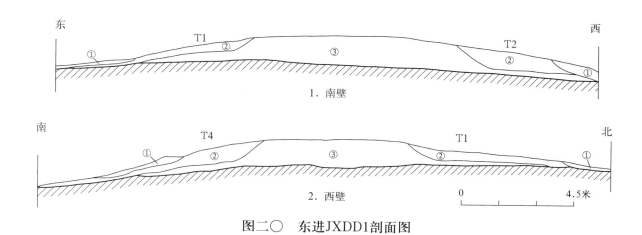

图二〇　东进JXDD1剖面图

第②层：浅黄色土，深0～0.75、厚0～0.75米。夹白色土斑，土质较硬，纯净，未见包含物。斜向堆积，平面呈环形分布于土墩外围。本层下有器物群JXDD1Q1、Q6。

第③层：灰白色土，深0～1.30、厚0～1.30米。土质较硬，纯净。分布在土墩平面的中部，堆积中部厚，周围薄。本层中发现有器物群JXDD1Q2和Q3；层下有墓葬JXDD1M1和器物群JXDD1Q4、Q5。

第③层下为生土，红褐色，土质坚硬，纯净。北部生土顶面略高。

三　遗迹遗物

JXDD1发现的遗迹有墓葬1座、器物群6处。墓葬位于土墩中部，南北向。器物群分布于土墩的中部和西部，器物排列方向朝向墩中心。

（一）墓葬
仅发现墓葬1座。

JXDD1M1
JXDD1M1位于土墩中部，中心坐标0×−0.60−1.20米。开口于第③层下，打破生土（图二一；彩版一六，1）。为竖穴土坑墓，墓坑平面呈长方形，方向约为0°。坑口长1.80、宽0.80、墓坑深0.38米，斜壁，平底，坑底长1.65、宽0.72米。墓坑填土红褐色，土质松软。墓内未发现人骨及葬具痕迹。

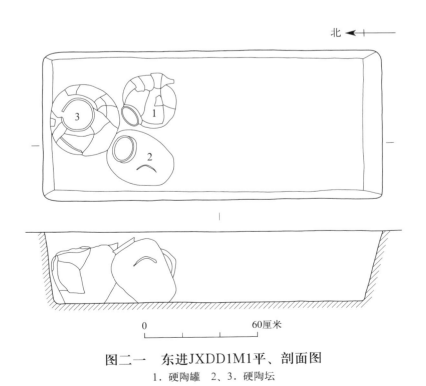

图二一　东进JXDD1M1平、剖面图
1. 硬陶罐　2、3. 硬陶坛

随葬器物集中放置在墓葬北部，共3件，皆为硬陶器，器形为坛和罐。

坛　2件。

硬陶。侈口，尖圆唇，卷沿，束颈，弧肩，深弧腹，平底。颈部饰弦纹，肩、腹部饰折线纹和回纹的组合纹饰，近底部纹饰被抹平。

JXDD1M1：2，灰色胎。平底略内凹，下腹部变形严重。口径14.8、底径18.8、高37.8厘米（图二二，1）。

JXDD1M1：3，灰褐色胎。口径19.6、底径19.6、高43.2厘米（图二二，2；彩版一六，2）。

罐　1件。

JXDD1M1：1，砖红色硬陶。侈口，尖唇，卷沿，沿面有一道凹槽，束颈，弧肩，鼓腹，平底略内凹。颈部饰弦纹，肩、腹部饰折线纹和回纹的组合纹饰，近底部纹饰抹平。口径14.2、底径18.0、高29.5厘米（图二二，3；彩版一六，3）。

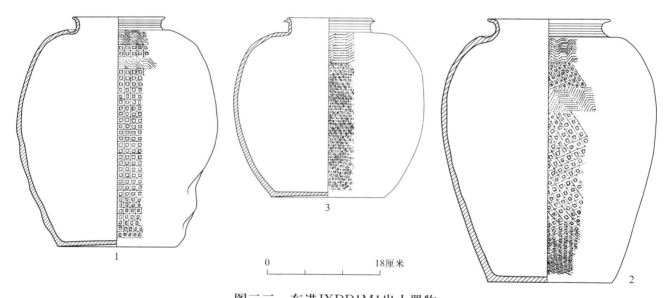

图二二　东进JXDD1M1出土器物

1、2. 硬陶坛JXDD1M1：2、3　3. 硬陶罐JXDD1M1：1

（二）器物群

器物群有6处。

1．JXDD1Q1

JXDD1Q1位于土墩中部偏北，中心坐标−1.00×4.20−0.90米。器物放置于第③层层面，被第②层叠压（图二三；彩版一七，1）。器物大致呈南北向一线排列在基本水平的层面上。器物出土时器形较大者破碎，尤以泥质陶器和夹砂陶器为甚，陶盆的碎片散落于坛口部，应作器盖之用。

出土器物5件，其中夹砂陶器1件，硬陶器2件，泥质陶器及原始瓷器各1件；器形有鼎、坛、罐、盆、碗等。

鼎　1件。

JXDD1Q1：5，夹砂红陶。侈口，圆唇，折沿略曲，直腹，圜底，腹、底间折，三扁锥状足，截

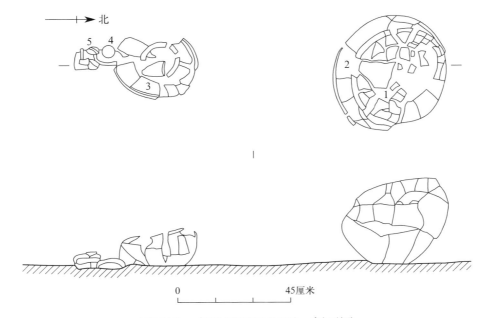

图二三　东进JXDD1Q1平、剖面图
1. 陶盆　2. 硬陶坛　3. 硬陶罐　4. 原始瓷碗　5. 陶鼎

面呈椭圆形。口径12.0、高8.6厘米（图二四，1；彩版一七，2）。

坛　1件。

JXDD1Q1：2，红色硬陶。侈口，尖圆唇，卷沿，束颈，弧肩略折，鼓腹，平底。颈部饰弦纹，肩及上腹饰席纹，下腹饰方格纹，近底部抹平，可见指抹痕迹。颈肩的粘合处留有指窝。口径20.6、底径17.8、高39.4厘米（图二四，2；彩版一七，3）。

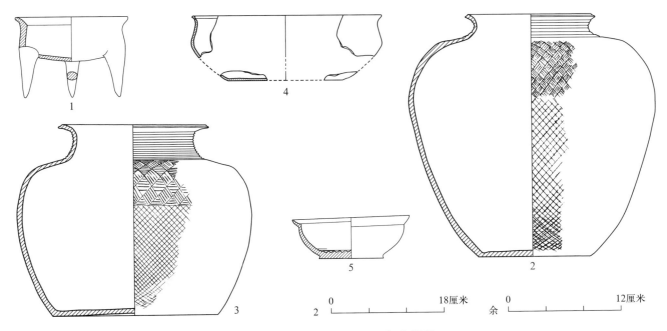

图二四　东进JXDD1Q1出土器物
1. 陶鼎JXDD1Q1：5　2. 硬陶坛JXDD1Q1：2　3. 硬陶罐JXDD1Q1：3　4. 陶盆JXDD1Q1：1　5. 原始瓷碗JXDD1Q1：4

罐　1件。

JXDD1Q1：3，灰色硬陶。侈口，尖唇，卷沿，沿面有一道凹槽，束颈，弧肩，鼓腹，平底略凹。颈部饰弦纹，肩及上腹部饰菱形填线纹，下腹部饰方格纹，近底部抹平。口径16.0、底径17.4、高20.6厘米（图二四，3；彩版一七，4）。

盆　1件。

JXDD1Q1：1，泥质红陶，腹部残缺。侈口，圆唇，卷沿，沿面有一道凹槽，颈微束，弧腹，平底。口径20.0、底径12.0厘米（图二四，4）。

碗　1件。

JXDD1Q1：4，原始瓷，灰黄色胎。敞口，尖唇，折沿，沿面凹，弧腹，平底。器内有螺旋纹，器底面有平行切割痕。施青绿色釉。口径12.4、底径6.8、高4.4厘米（图二四，5）。

2．JXDD1Q2

JXDD1Q2位于土墩中部偏东，中心坐标2.30×0.40-0.60米。器物放置于第③层中（图二五；彩版一八，1），大致呈东西向一线排列，器物底面基本水平。随葬器物多正置，碗JXDD1Q2：4、11倒扣于瓿JXDD1Q2：5和鼎JXDD1Q2：10的口部之上，作器盖之用。

出土器物共13件，其中夹砂陶器4件，硬陶器6件，原始瓷器3件；器形有鼎、坛、罐、瓿、碗、盂等。

鼎　4件。

JXDD1Q2：6，夹砂红陶。破碎严重，无法复原。

JXDD1Q2：13，夹砂红陶。破碎严重，无法复原。

JXDD1Q2：9，夹砂红陶。仅复原鼎足。扁锥形。残长7.3厘米（图二六，1）。

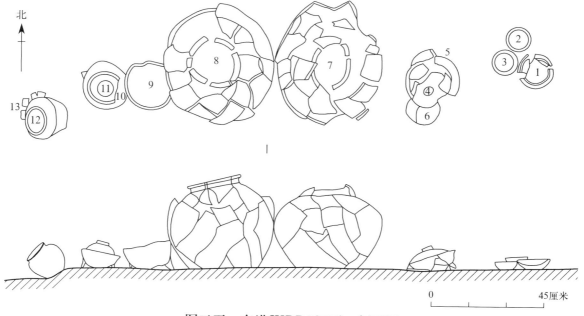

0　　　　　　　　　　　　45厘米

图二五　东进JXDD1Q2平、剖面图

1．原始瓷盂　2、11．原始瓷碗　3．硬陶盂　4．陶碗　5．陶瓿　6、9、10、13．陶鼎　7、8．硬陶坛　12．陶罐

JXDD1Q2：10，夹砂红陶。仅复原鼎足。扁锥形。残长5.3厘米（图二六，2）。

坛　2件。

灰褐色硬陶。侈口，卷沿，沿面有一道凹槽，束颈，弧肩，平底。颈部饰弦纹，近底部纹饰抹平。

JXDD1Q2：7，尖圆唇，深弧腹。肩、腹部饰菱形填线纹。口径19.4、底径19.1、高43.0厘米（图二六，3；彩版一八，2）。

JXDD1Q2：8，圆唇，鼓腹。肩部饰席纹，腹部饰方格纹。内壁有指抹痕迹。口径21.0、底径18.8、高40.5厘米（图二六，4；彩版一八，3）。

罐　1件。

JXDD1Q2：12，灰褐色硬陶。侈口，尖唇，卷沿近平，沿面有一道凹槽，束颈，弧肩较平，鼓腹，平底内凹。肩腹部对称堆贴两条辫形堆饰。颈部饰弦纹，肩部饰菱形填线纹，腹部饰方格纹，近底部抹平。颈和肩粘合处内外壁皆留有一周指窝痕，内壁还可见指抹痕迹。口径12.8、底径10.4、高13.4厘米（图二六，5；彩版一九，1）。

瓿　1件。

JXDD1Q2：5，灰褐色硬陶。侈口，卷沿近平，沿面有一道凹槽，束颈，弧肩较平，扁鼓腹，平底。肩腹部对称堆贴两条泥条形堆饰。颈部饰弦纹，腹部饰方格纹。口径13.2、底径14.6、高11.0厘

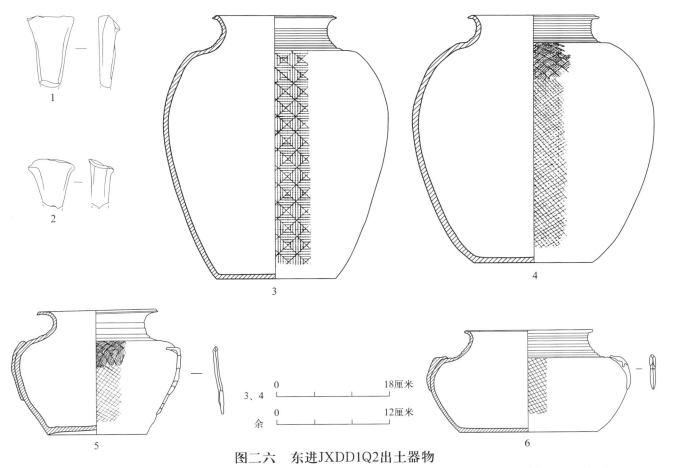

图二六　东进JXDD1Q2出土器物

1、2.陶鼎足JXDD1Q2：9、10　3、4.硬陶坛JXDD1Q2：7、8　5.硬陶罐JXDD1Q2：12　6.硬陶瓿JXDD1Q2：5

米（图二六，6；彩版一九，2）。

碗　3件。敞口，平底。

JXDD1Q2：2，原始瓷，灰白色胎。敞口，圆唇，折腹，上腹内弧，下腹弧收，饼足，平底略内凹。施黄褐色釉，剥落较甚。口径9.6、底径4.8、高4.0厘米（图二七，1；彩版一九，3）。

JXDD1Q2：11，原始瓷，灰白色胎。敞口，尖圆唇，折沿，沿面下凹，弧腹，平底。器内有螺旋纹，外壁有弦痕。施黄绿釉，剥落殆尽。口径14.4、底径8.4、高4.4厘米（图二七，2；彩版一九，4）。

JXDD1Q2：4，灰褐色硬陶。敞口，尖圆唇，沿面有一道凹槽，折腹，上腹内弧，下腹弧收，平底，饼足。器内有螺旋纹。口径16.6、足径6.7、高5.5厘米（图二七，3）。

盂　2件。

JXDD1Q2：1，原始瓷，灰白色胎。敛口，尖唇，折沿，沿面下凹，折肩，弧腹，饼足，平底略内凹。肩部对称堆贴"S"形堆饰。器内有螺旋纹。施黄绿色釉，剥落殆尽。口径12.4、底径7.0、高5.0厘米（图二七，4；彩版一九，5）。

JXDD1Q2：3，灰色硬陶。敛口，尖唇，弧腹，假圈足，平底。外底有线切割痕，器身略斜。口径8.4、底径5.2、高4.4厘米（图二七，5；彩版一九，6）。

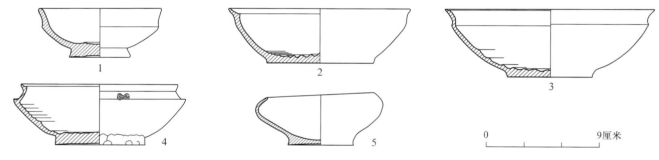

图二七　东进JXDD1Q2出土器物

1、2. 原始瓷碗JXDD1Q2：2、11　3. 硬陶碗JXDD1Q2：4　4. 原始瓷盂JXDD1Q2：1　5. 硬陶盂JXDD1Q2：3

3．JXDD1Q3

JXDD1Q3位于土墩中部偏东，中心坐标2.20×−0.80−0.68米。器物放置于第③层中（图二八），器物的底面基本持平。陶器盖JXDD1Q3：2扣于陶罐JXDD1Q3：3上。

出土器物3件，其中泥质陶器2件，硬陶器1件；器形为罐和器盖。

罐　1件。

JXDD1Q3：3，灰色硬陶。侈口，方唇，卷沿，束颈，弧肩，鼓腹，平底略内凹。肩部对称堆贴两条辫形饰。颈部饰弦纹，肩及上腹部饰菱形填线纹，下腹部饰方格纹，近底部抹平。口径13.5、底径13.8、高20.0厘米（图二八，3）。

器盖　1件。

JXDD1Q3：2，泥质黑皮陶，捉手及顶部分无法复原。整体呈覆豆形，喇叭形捉手，弧顶，顶、壁间折，壁内弧，敞口，圆唇，卷沿，沿面有一道凹槽。口径18.0厘米（图二八，2）。

陶器　1件。

JXDD1Q3：1，泥质黑皮陶。破碎严重，无法复原。

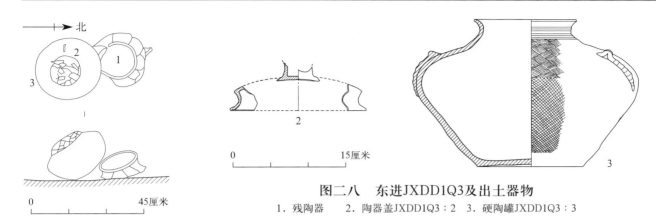

图二八　东进JXDD1Q3及出土器物
1. 残陶器　2. 陶器盖JXDD1Q3：2　3. 硬陶罐JXDD1Q3：3

4．JXDD1Q4

JXDD1Q4位于土墩中部偏南，中心坐标1.70×-3.40-1.15米。器物放置于生土面上，被第③层叠压（图二九；彩版二〇，1）。器物大致呈南北向一线摆放，放置面基本水平。

出土器物5件，其中泥质陶器2件，硬陶器2件，原始瓷器1件；器形有罐、瓿和碗。瓿、罐正置，碗倒扣于瓿口部，作器盖之用。

罐　1件。

JXDD1Q4：5，泥质黑皮陶，红褐色胎。腹部无法复原。敛口，方唇，平底。口径15.0、底径13.8厘米（图三〇，1）。

瓿　2件。

侈口，卷沿，沿面有一道凹槽，束颈，扁鼓腹，平底。颈部饰弦纹，肩部饰菱形填线纹，腹部饰方格纹，近底部抹平。

JXDD1Q4：2，灰褐色硬陶。尖唇，平弧肩。内壁可见指抹痕。口径15.0、底径15.5、高15.0厘米（图三〇，2；彩版二〇，2）。

JXDD1Q4：4，泥质红陶。圆唇，溜肩。肩部对称堆贴泥条装饰性耳，器表纹饰较浅。口径11.0、底径14.6、高13.0厘米（图三〇，3；彩版二〇，3）。

碗　2件。敞口，平底。器内有螺旋纹。

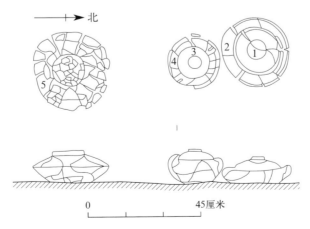

图二九　东进JXDD1Q4平、剖面图
1. 原始瓷碗　2. 硬陶瓿　3. 硬陶碗　4. 陶瓿　5. 陶罐

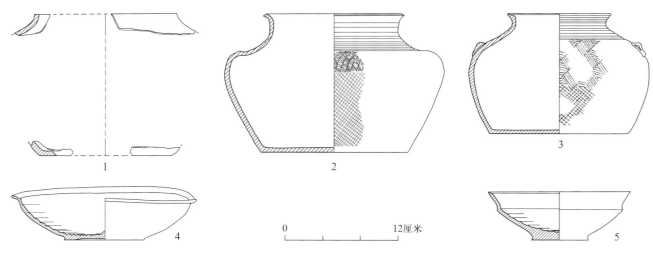

图三〇　东进JXDD1Q4出土器物

1. 陶罐JXDD1Q4：5　2. 硬陶瓿JXDD1Q4：2　3. 陶瓿JXDD1Q4：4　4. 原始瓷碗JXDD1Q4：1　5. 硬陶JXDD1Q4：3

　　JXDD1Q4：1，原始瓷，灰色胎，施黄绿色釉。圆唇，折沿，沿面下凹，弧腹，平底略内凹。器身略变形。口径19.6、底径8.6、高4.8厘米（图三〇，4；彩版二〇，4）。

　　JXDD1Q4：3，褐色硬陶。方唇，唇面内凹，折腹，上腹内弧，下腹弧收，假圈足。口径15.0、底径6.0、高5.2厘米（图三〇，5；彩版二〇，5）。

5．JXDD1Q5

　　JXDD1Q5位于土墩西部近墩脚处，中心坐标−6.70×−1.20−1.35米。器物放置于生土面上，被第③层叠压（图三一；彩版二一，1）。生土面西侧略高，器物大致呈东西向分两行摆放，均正置。

　　出土器物8件，其中夹砂陶器4件，泥质陶器1件，硬陶器3件；器形有鼎、罐、瓿和碗，1件器形不明。

　　鼎　3件。

　　JXDD1Q5：1，夹砂红陶。残破严重，无法复原。

　　JXDD1Q5：4，夹砂红陶。残破严重，无法复原。

　　JXDD1Q5：8，夹砂红陶。仅复原上半部。侈口，折沿，上腹部较直。口径34.0、残高8.4厘米（图三二，1）。

　　罐　1件。

　　泥质黑皮陶。残破严重，器形不明。

　　瓿　2件。

　　JXDD1Q5：2，褐色硬陶。侈口，尖圆唇，卷沿，沿面有一道凹槽，束颈，溜

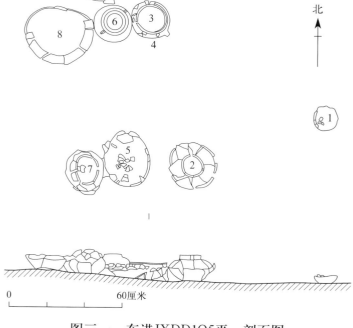

图三一　东进JXDD1Q5平、剖面图

1、4、8. 陶鼎　2、6. 硬陶瓿　3. 硬陶碗　5. 陶罐　7. 陶器

肩，扁鼓腹，平底。肩部设一对竖耳，已残。颈部饰弦纹，肩部饰菱形填线纹，腹部饰方格纹，近底部纹饰被抹平。口径11.8、底径13.5、高15.2厘米（图三二，2；彩版二一，2）。

JXDD1Q5：6，褐色硬陶。侈口，尖唇，卷沿，沿面有一道凹槽，束颈，溜肩，扁鼓腹，平底。器表灰色。肩部对称堆贴一对竖耳，颈、肩部饰水波纹，腹部饰方格纹，近底部纹饰抹平。口径13.4、底径12.6、高14.2厘米（图三二，3；彩版二一，3）。

碗　1件。

JXDD1Q5：3，褐色硬陶。敞口，圆唇，唇下有一道凹槽，折腹，上腹内弧，下腹斜收，假圈足，平底内凹。器内有螺旋纹。口径15.8、底径7.2、高5.8厘米（图三二，4；彩版二一，4）。

夹砂红陶器　1件。

JXDD1Q5：7，残破严重，器形不明。

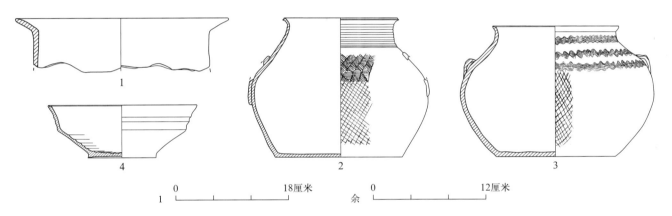

图三二　东进JXDD1Q5出土器物
1. 陶鼎JXDD1Q5：8　2、3. 硬陶瓿JXDD1Q5：2、6　4. 硬陶碗JXDD1Q5：3

6．JXDD1Q6

JXDD1Q6位于土墩中部偏北，中心坐标−0.20×3.80−1.00米。器物放置于第③层层面，被第②层叠压（图三三；彩版二二，1）。器物放置的层面较为平整，分南北两组，相距约0.4米，北组3件器物呈品字形排列，除器盖外其余器物均正置。

出土器物5件，其中泥质陶器1件，硬陶器3件，原始瓷2件；器形有瓿、碗、盂、器盖。

瓿　1件。

JXDD1Q6：4，灰色硬陶。侈口，尖圆唇，卷沿，束颈，折肩，扁鼓腹，平底。颈部饰弦纹，肩及上腹部饰席纹，下腹部饰方格纹，近底部抹平。口径12.2、底径12.5、高12.0厘米（图三四，1；彩版二二，2）。

碗　1件。

JXDD1Q6：3，原始瓷，灰色胎。敞口，折沿，沿面下凹，圆唇，弧腹，假圈足，平底。器内有螺旋纹，外底有线切割痕。器身略有变形。施黄绿色釉。口径

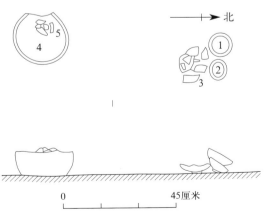

图三三　东进JXDD1Q6平、剖面图
1、2. 硬陶盂　3. 原始瓷碗　4. 硬陶瓿　5. 陶器盖

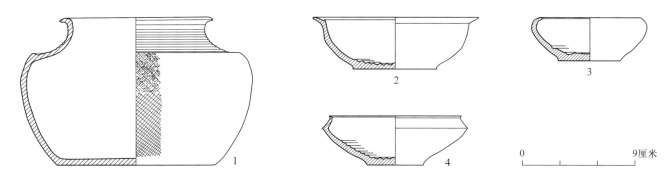

图三四　东进JXDD1Q6出土器物

1. 硬陶瓿JXDD1Q6：4　2. 原始瓷碗JXDD1Q6：3　3、4. 硬陶盂JXDD1Q6：1、2

13.2、底径6.6、高4.2厘米（图三四，2；彩版二二，3）。

盂　2件。

JXDD1Q6：1，灰色硬陶。敛口，尖唇，弧腹，平底。器内有螺旋纹，外底留有线切割痕。口径8.0、底径5.0、高3.5厘米（图三四，3；彩版二二，4）。

JXDD1Q6：2，灰色硬陶。敛口，尖唇，窄折沿，折腹，平底。器内有螺旋纹，外底留有平行的切割痕。口径10.4、底径4.4、高4.0厘米（图三四，4；彩版二二，5）。

器盖　1件。

JXDD1Q6：5，泥质黑皮陶。覆豆形，破碎严重，无法复原。

四　小结

JXDD1直径较小，墩形较矮，顶部稍平。地层堆积仅3层，生土顶面稍加平整后，堆积第③层土形成土墩；而第②层为后期叠加形成，顶部遭破坏，残余部分呈环形分布于土墩四周。

墩内发现器物群6处、墓葬1座；分别位于第②层下、第③层中、第③层下。墓葬JXDD1M1位于墩中心位置，为竖穴土坑型；器物群分布于墩中心偏外侧位置，器物排列有序，呈向心式分布。

$$① \rightarrow ② \rightarrow \begin{array}{c} Q1 \\ Q6 \end{array} \rightarrow ③ \atop (Q2、Q3) \rightarrow \begin{array}{c} Q4 \\ Q5 \\ M1 \end{array} \rightarrow 生土$$

JXDD1中JXDD1Q4、Q5、M1为最早的遗迹单元，其中JXDD1M1的出土器物与其余各遗迹单元明显不同，出土的3件硬陶器为坛、罐，其颈部短直，肩微耸，饰折线纹与回纹的组合纹饰，具有西周晚期器物特征。其余各遗迹出土的硬陶坛、瓿颈较长、内束，平弧肩或溜肩，纹饰为方格纹、席纹、菱形填线纹、水波纹；而原始瓷碗敞口、弧腹、折沿较宽，部分有较矮的圈足，与春秋早期器物接近。

因此，JXDD1的年代为西周晚期至春秋早期。

第三章　上水土墩墓群

第一节　概述

　　上水村位于薛埠镇北约1200米处，上水土墩墓群位于上水村西北约200米处，分布较为集中，中心地理坐标东经119°21.476′，北纬31°43.776′，海拔约21米。墓群位于茅山东侧向平原过渡的一条南北向丘陵岗地上，有土墩墓近20座，本次发掘了该土墩墓群中受宁常高速公路工程影响的4座（编号JXSD1～D4，以下简称D1～D4）。

　　由于土墩较低矮，而考古调查是在7月底，正值草木茂盛时节，土墩表面长满灌木、杂草，故在调查时未能发现此墓群。墓群的发现是在工程建设清表以后，个别土墩表面遭到施工机械的破坏。这4座土墩位于土墩墓群的北部，分布在岗地的东侧坡地上，其东部为两条岗地之间的洼地。JXSD1、D4位于最西侧，靠近岗地顶部；向东为JXSD3；最东侧为JXSD2，位于坡中部（图三五；彩版二三、二四）。

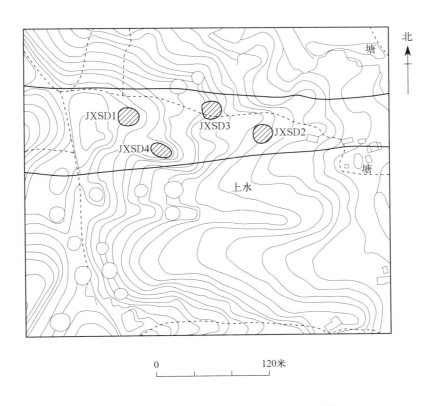

图三五　上水JXSD1～D4分布平面图

第二节　上水土墩墓D1

一　概况

上水土墩墓D1（编号JXSD1）位于茅山东侧一条南北向岗地靠近顶部的东侧缓坡处，处于宁常高速公路主线上，隶属于薛埠镇上水村，南距该村约200、东距JXSD2约120、距D3约60、东南距D4约30米。

JXSD1外观略呈馒头形，平面近椭圆形，考古队发掘前土墩南部和北部均已遭不同程度的破坏，表面凹凸不平。东西底径约22、南北底径约17米，墩顶至生土面高约2米（图三六）。

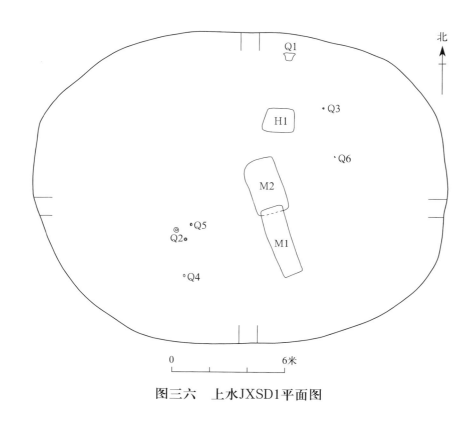

图三六　上水JXSD1平面图

二　地层堆积

根据土质、土色及包含物的差别，JXSD1现存封土可分为依次叠压的6层（图三七；彩版二五，1、2）。

第①层：表土层，灰褐色土，厚0～0.30米。土质疏松，其中夹杂有砖块、瓷片、植物根茎等。

第②层：栗红色土，深0～0.60、厚0～0.55米。土质疏松、纯净。斜向堆积，分布土墩的外围近墩脚处。

第③层：黄褐色土，深0～1.05、厚0～0.45米。土质细密，较硬，纯净。斜向堆积，分布于土墩的外围近墩脚处。

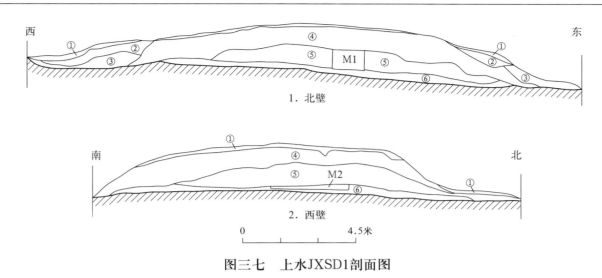

1. 北壁

2. 西壁

0 ——————— 4.5米

图三七　上水JXSD1剖面图

第④层：红褐色土，深0～1.25、厚0～0.90米。土质较硬，夹杂较多的铁锰结核颗粒。顶底均呈缓坡状，分布于土墩中部。本层中发现有器物群JXSD1Q4、Q5，层下有墓葬JXSD1M1、器物群JXSD1Q1、Q2。

第⑤层：红褐色土夹杂灰白色土，深0.15～1.80、厚0～0.85米。顶面呈缓坡状，底部稍平，分布于土墩中部。本层中发现有器物群JXSD1Q6，层下有墓葬JXSD1M2。

第⑥层：红褐色土，深0.25～2.00、厚约0.45米。上部略显灰白，土质较硬。堆积较平整，分布于土墩中部。本层下有器物群JXSD1Q3及灰坑JXSD1H1。

第⑥层下为生土，生土红褐色，土质坚硬，西部层面略高。

三　遗迹遗物

JXSD1发现的遗迹有墓葬2座、器物群6处和灰坑1座。

（一）墓葬

JXSD1共发现墓葬2座。

1．JXSD1M1

JXSD1M1位于土墩中部略偏东南，中心坐标1.75×−2.00−1.05米。开口于第④层下，打破第⑤层（图三八；彩版二六，1）。为竖穴土坑墓，墓口平面呈长条形，形状不甚规整，方向约160°。长3.80～3.95、宽0.95～1.15米，直壁，平底，底面长3.70～3.83、宽0.85～1.10、墓坑深0.76米。墓坑内填土为红褐色，夹杂红烧土和炭灰，随葬器物下垫有红烧土和炭灰。

随葬器物4件，置于墓葬西北角。其中夹砂陶鼎1件，硬陶碗2件、盂1件，碗、盂呈品字形排列。

鼎　1件。

JXSD1M1：4，夹砂褐陶。侈口，圆唇，折沿，腹较直，圜底，锥形足。口径18.2、高12.2厘米

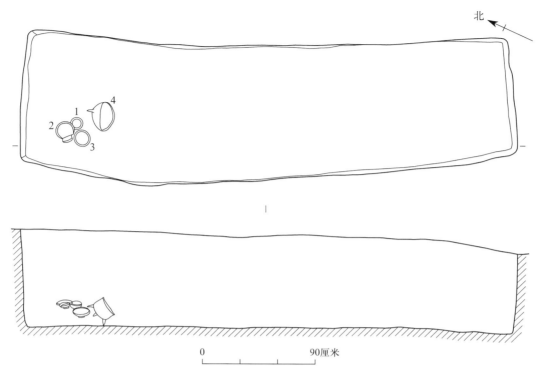

图三八　上水JXSD1M1平、剖面图

1. 硬陶盂　2、3. 硬陶碗　4. 陶鼎

（图三九，1；彩版二六，2）。

碗　2件。

JXSD1M1：2，红褐色硬陶。敞口，尖唇，卷沿，折腹，上腹内弧，下腹弧收，假圈足，平底。外底留有平行切割痕迹。口径13.8、底径6.0、高5.0厘米（图三九，2；彩版二六，3）。

JXSD1M1：3，红褐色硬陶。敞口，尖唇，折腹，下腹弧收，假圈足，平底。外底有线切割痕，器身略斜。口径15.0、底径6.4、高4.8厘米（图三九，3；彩版二六，4）。

盂　1件。

JXSD1M1：1，灰褐色硬陶。敛口，尖唇，沿略外卷，沿面有一道凹槽，弧腹，假圈足，平底略外突。外底有线切割痕迹。口径9.4、底径6.0、高4.9厘米（图三九，4；彩版二六，5）。

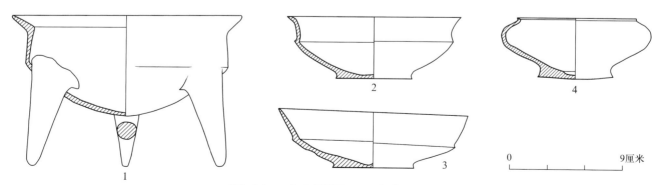

图三九　上水JXSD1M1出土器物

1. 陶鼎JXSD1M1：4　2、3. 硬陶碗JXSD1M1：2、3　4. 硬陶盂JXSD1M1：1

2．JXSD1M2

JXSD1M2位于土墩的中部，中心坐标1.00×1.00-1.80米。开口于第⑤层下，打破第⑥层（图四〇；彩版二七，1）。为竖穴土坑墓，墓坑口略呈长方形，方向约170°。长3.15、宽1.70米，坑壁直，较为规整，坑底略平，墓坑深0.15米。坑内填土为红褐色，夹杂红烧土粒（彩版二七，2），土质较软。随葬器物的下面垫有红烧土块、炭灰，高出坑口平面。器形较大的几件器物放置于东侧，大致南北向一线排列，其余器物放置于墓西北部。

出土器物12件，其中夹砂陶器1件，泥质陶器3件，硬陶器5件，原始瓷器3件；器形有鼎、坛、罐、瓿、盆、豆、纺轮。

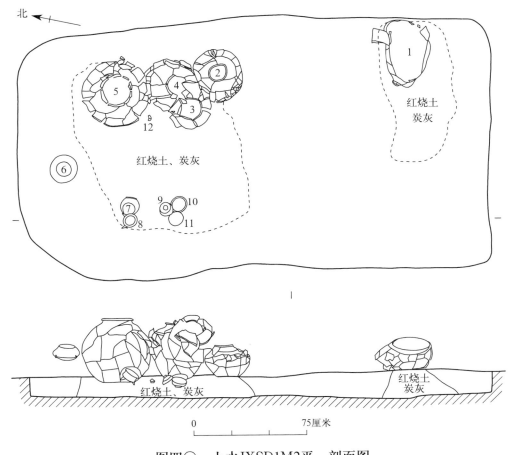

图四〇　上水JXSD1M2平、剖面图

1．陶盆　2、6、7．硬陶瓿　3．陶罐　4、5．硬陶坛　8．陶鼎　9~11．原始瓷豆　12．陶纺轮

鼎　1件。

JXSD1M2：8，夹砂红陶。侈口，圆唇，卷沿，弧腹，圜底，扁锥状足。口径11.6、高8.0厘米（图四一，1；彩版二八，1）。

坛　2件。

灰褐色硬陶。侈口，卷沿，沿面内凹，束颈，弧肩，深鼓腹，平底。颈部饰弦纹，肩部饰席纹，腹部饰方格纹，纹饰近底部有指抹痕迹。

JXSD1M2：4，尖圆唇，肩部留一周指窝。口径17.2、底径19.2、高41.4厘米（图四二，1；彩版

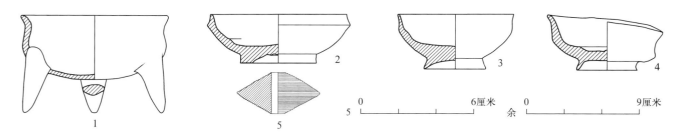

图四一　上水 JXSD1M2 出土器物
1. 陶鼎 JXSD1M2：8　2～4. 原始瓷豆 JXSD1M2：10、11、9　5. 陶纺轮 JXSD1M2：12

二八，3）。

　　JXSD1M2：5，方唇，唇面内凹，底内凹。肩及上腹部有爆浆釉。口径20.8、底径18.2、高43.8
厘米（图四二，2；彩版二八，4）。

　　罐　1件。

　　JXSD1M2：3，泥质灰陶。残破严重，无法复原。

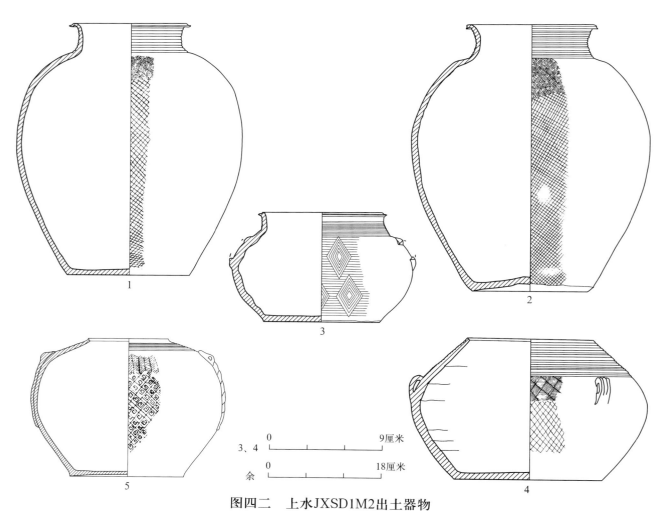

图四二　上水 JXSD1M2 出土器物
1、2. 硬陶坛 JXSD1M2：4、5　3～5. 硬陶瓿 JXSD1M2：7、6、2

瓿　3件。

JXSD1M2：7，硬陶，灰色胎。直口，尖唇，折沿，沿面有一周凹槽，直颈，弧肩，扁鼓腹，平底。颈部饰弦纹，肩、腹饰弦纹夹套菱形纹，底与器身结合处留有切割和刮痕。肩部有对称双耳，残缺。口径10.2、底径9.2、高8.9厘米（图四二，3；彩版二八，2）。

JXSD1M2：6，硬陶，灰褐色胎。敛口，方唇，溜肩，扁鼓腹，平底，底部有"十"字交叉划痕。上腹部有3耳，各以3根泥条捏制而成。颈部饰弦纹，上腹部饰菱形填线纹，下腹部饰方格纹。口径10.0、底径11.8、高11.4厘米（图四二，4；彩版二九，1）。

JXSD1M2：2，硬陶，灰褐色胎。敛口，方唇，唇面内凹，溜肩，鼓腹，平底略内凹。腹部对称堆贴两条以泥条捏制而成的辫形堆饰。肩部饰弦纹，上腹饰叶脉纹，下腹饰雷纹。口径12.8、底径18.0、高22.4厘米（图四二，5；彩版二九，2）。

豆　3件。

原始瓷，灰白色胎。敞口，圆唇，矮圈足。

JXSD1M2：10，口沿下有一道折棱，下腹弧收。施深绿色釉，有积釉现象，圈足不施釉。口径10.8、底径6.0、高4.0厘米（图四一，2；彩版二九，3）。

JXSD1M2：11，上腹较直，稍内弧，下腹弧收。施黄绿色釉，釉层较薄，剥落较甚，圈足不施釉。口径9.3、底径4.9、高4.5厘米（图四一，3；彩版二九，4）。

JXSD1M2：9，弧腹略折。制作不规整，下腹有刮削痕，器表有轮制时留下的旋痕。施深绿色釉，有积釉现象，圈足不施釉。口径9.2、底径4.8、高4.5厘米（图四一，4；彩版二九，5）。

盆　1件。

JXSD1M2：1，泥质红褐陶。残破严重，无法复原。侈口，圆唇。

纺轮　1件。

JXSD1M2：12，泥质黑皮陶，褐色胎。算珠形，中有圆形穿孔。器表饰弦纹。直径4.4、高2.2、孔径0.4厘米（图四一，5）。

（二）器物群

JXSD1共发现器物群6处，分布于土墩平面的东北和西南部，出土层位不尽相同。每组出土器物仅1～2件，器形有罐、瓿、豆、碗、盂等。

1．JXSD1Q1

JXSD1Q1位于土墩北部略偏东靠近墩脚处，中心坐标2.10×8.25－1.85米。挖有簸箕形浅坑，开口于第④层下，打破第⑤层（图四三；彩版三〇，1）。坑口南高北低，平面呈"风"字形，敞口朝向墩外，长约0.33、宽0.28～0.60米，弧壁，平底，坑深0～0.14米。坑内填土与第④层土一致。

出土硬陶瓿1件，正置。

瓿　1件。

JXSD1Q1：1，硬陶，红褐色胎，器表灰褐色。侈口，尖唇，卷沿，沿面有一道凹槽，束颈，弧肩，扁鼓腹，平底略内凹。颈部饰弦纹，肩、腹部饰席纹，纹饰印痕较浅，近底部抹平。口径11.8、底径12.0、高10.0厘米（图四三，1；彩版三〇，2）。

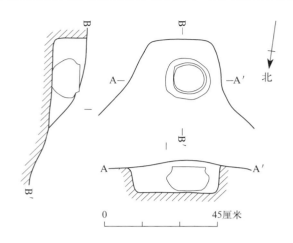

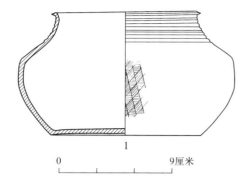

图四三　上水JXSD1Q1及出土器物
1. JXSD1Q1：1

2．JXSD1Q2

JXSD1Q2位于土墩中部偏西南，中心坐标−3.50×−1.00−1.10米。器物放置于第⑤层层面，被第④层叠压（图四四；彩版三〇，4），放置层面较为平整。

出土器物2件，为泥质陶罐和硬陶瓿，相距约0.5米，均正置。罐出土时破碎严重，罐底有一层很薄的红烧土和炭灰。

罐　1件。

JXSD1Q2：1，泥质黑皮陶。复原上半部，侈口，尖唇，折沿，沿面有一道凹槽，溜肩，鼓腹。肩、腹部饰席纹。口径12.3、残高14.4厘米（图四四，1）。

瓿　1件。

JXSD1Q2：2，灰色硬陶，红褐色胎。直口微侈，尖唇，折沿，束颈，弧肩，鼓腹，假圈足，底略内凹。腹部对称贴附泥条耳，残缺。颈部饰弦纹，肩、腹部饰折线纹，纹饰印痕浅，不甚规整，近底部抹平。底部与器身粘接处留有指窝痕迹。口径10.6、底径10.4、高12.0厘米（图四四，2；彩版三〇，3）。

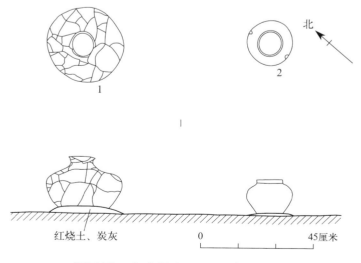

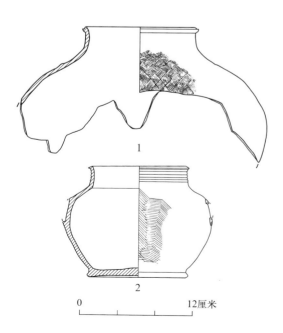

图四四　上水JXSD1Q2及出土器物
1. 陶罐JXSD1Q2：1　2. 硬陶瓿JXSD1Q2：2

3．JXSD1Q3

JXSD1Q3位于土墩东北部，中心坐标4.00×5.50−2.10米。器物放置于生土面上，被第⑥层叠压（图四五；彩版三一，1）。

出土原始瓷豆1件，侧立放置。

豆　1件。

JXSD1Q3：1，原始瓷，灰白色胎。敞口，圆唇，折腹，上腹内弧，下腹弧收，圈足。内外壁有旋痕，盘底不规整，有刮削痕迹。豆盘施青绿色釉，剥落较甚，圈足不施釉。口径9.0、底径4.5、高3.6厘米（图四五，1；彩版三一，2）。

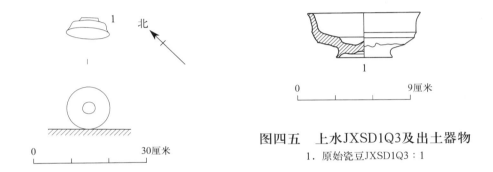

图四五　上水JXSD1Q3及出土器物
1. 原始瓷豆JXSD1Q3：1

4．JXSD1Q4

JXSD1Q4位于土墩西南部，中心坐标−3.45×−3.90−1.10米（图四六）。

仅有硬陶碗1件，正置于第④层土中。

碗　1件。

JXSD1Q4：1，褐色硬陶。敞口，尖圆唇，沿面下凹，折腹，上腹内弧，下腹斜收，平底。器壁有旋痕，外底有平行切割痕。口径15.0、底径6.2、高5.7厘米（图四六，1）。

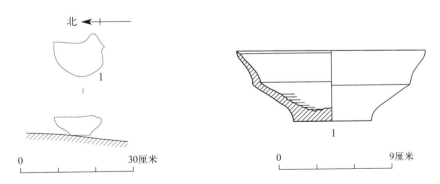

图四六　上水JXSD1Q4及出土器物
1. 硬陶碗JXSD1Q4：1

5．JXSD1Q5

JXSD1Q5位于土墩中部偏西南，坐标−3.15×−1.00−1.25米（图四七；彩版三一，4）。

仅有硬陶盂1件，正置于第④层土中。

盂　1件。

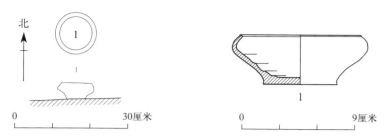

图四七　上水JXSD1Q5及出土器物
1. 硬陶盂JXSD1Q5：1

JXSD1Q5：1，灰色硬陶。敛口，方唇，唇缘外突，弧腹，平底。器内外有旋痕，外底有平行切割痕。口径9.6、底径5.8、高4.0厘米（图四七，1；彩版三一，3）。

6．JXSD1Q6

JXSD1Q6位于土墩东北部，坐标4.55×2.80−1.45米（图四八）。

仅出土硬陶盂1件，侧立放置于第⑤层土中。

盂　1件。

JXSD1Q6：1，灰色硬陶。敛口，方唇，唇缘外突，唇下有一周凹槽，弧腹，平底略内凹。内壁有旋痕，外底有平行的切割痕。口径8.6、底径4.6、高3.5厘米（图四八，1）。

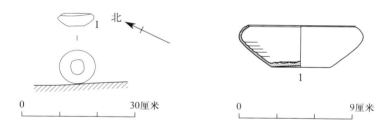

图四八　上水JXSD1Q6出土器物
1. 硬陶盂JXSD1Q6：1

（三）灰坑

JXSD1发现灰坑1个。

JXSD1H1

JXSD1H1位于土墩北部略偏东，中心坐标1.50×4.80−2.00米。开口于第⑥层下，打破生土（图四九）。H1口部平面近梯形，长0.72～0.85、宽约0.65、深0.46米，斜壁，平底，底面长0.67～0.78、宽约0.61米。坑内填土土色和第⑥层土相似，为红褐色土夹杂灰白色土，土质疏松。

坑内未发现任何遗物。

（四）采集

JXSD1在发掘前遭到破坏，在表土层采集到一些残破的陶瓷器及铜钱。其中瓷碗JXSD1采：1为宋代器物，铜钱为清代铜钱。

罐　1件。

JXSD1采：4，灰褐色硬陶。侈口，尖唇，卷沿，束颈，弧肩略折，鼓腹，平底。肩部堆贴一对泥条捏制而成的堆饰。颈部饰弦纹，肩部饰菱形填线纹，腹部饰方格纹。口径16.4、底径15.8、高21.6厘米（图五〇，1）。

豆　2件。

JXSD1采：5，原始瓷，灰黄色胎。敞口，圆唇，折腹起棱，圈足。器形不规整，制作粗糙。施黄绿色釉，大部分已脱落。口径9.2、底径5.0、高4.0厘米（图五〇，2）。

JXSD1采：6，泥质陶，灰黑色胎，器表黄褐色。敞口，圆唇，折腹，圈足。口径16.0、底径7.6、高6.0厘米（图五〇，3）。

碗　1件。

JXSD1采：1，青瓷，灰白色胎。敞口，尖圆唇，深弧腹，圈足。器内底釉下刻菊瓣纹，内壁釉下刻荷花纹。口径16.8、底径6.0、高7.6厘米（图五〇，4）。

铜钱　2枚。

JXSD1采：2，乾隆通宝。圆形，方穿。直径2.4、穿边长0.6厘米。

JXSD1采：3，嘉庆通宝。圆形，方穿。直径2.2、穿边长0.6厘米。

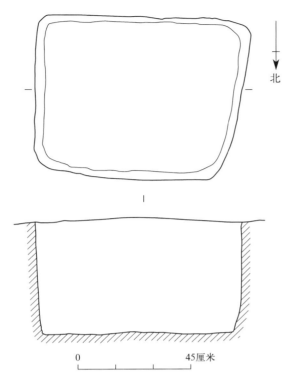

图四九　上水JXSD1H1平、剖面图

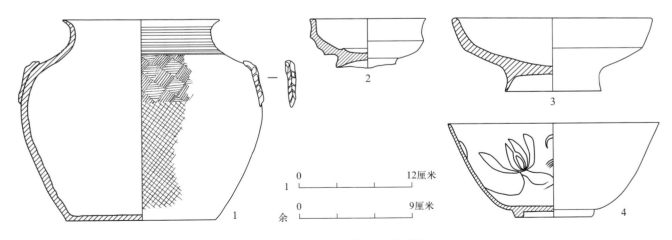

图五〇　上水JXSD1采集器物

1.硬陶罐JXSD1采：4　2.原始瓷豆JXSD1采：5　3.陶豆JXSD1采：6　4.青瓷碗JXSD1采：1

四　小结

JXSD1墩顶较平坦，地面发现有与墩内相近的遗物，显示土墩曾遭破坏。墩内堆积共6层，第

⑥～④层位于墩中心位置，第③、②层位于墩外围，第⑥层为建墩最初堆积的垫土，第⑤层为土墩第一次的封土，第④～②层为后期叠加的封土。墩内发现墓葬2座、器物群6处、灰坑1个，分别位于第④层至第⑥层层中或层下。器物群散布于墩四周，置于各层层面上或各层封土中，每个器物群仅有器物1～2件，分布、排列无规律。墓葬均为竖穴土坑型，JXSD1M2位于墩中心位置，土坑很浅，M1略偏于东南，土坑略深，朝向土墩中心。

$$①\rightarrow②\rightarrow③\rightarrow\underset{(Q4、Q5)}{④}\rightarrow\begin{matrix}Q1\\Q2\\M1\end{matrix}\rightarrow\underset{(Q6)}{⑤}\rightarrow M2\rightarrow⑥\rightarrow\begin{matrix}Q3\\H1\end{matrix}\rightarrow 生土$$

JXSD1内Q3、M2最早，出土的夹砂陶鼎卷沿较窄、腹弧曲，足略矮；硬陶坛束颈较长、最大腹径偏于中部；硬陶瓿有侈口式和敛口式两种，弧肩；纹饰有雷纹、方格纹、席纹、套菱形纹、叶脉纹等；原始瓷仅有豆，圈足很矮；以上器物特征处于西周晚期至春秋早期的过渡阶段。

第④层中及层下的遗迹稍晚，出土的夹砂陶鼎宽折沿、腹稍直，腹底间折，足尖尖细；硬陶器以碗、盂为主，硬陶瓿颈较长、弧肩下溜；纹饰为折线纹和席纹；为春秋早期器物特征。

因此，JXSD1的年代上限西周晚期，下限为春秋早期。

第三节　上水土墩墓D2

一　概况

上水土墩墓D2（编号JXSD2）位于茅山东侧一条南北向岗地东侧的缓坡处，宁常高速主线上，隶属于薛埠镇上水村，JXSD2是此次发掘4座土墩最东侧的一座，地势稍低，西北距JXSD3约40米。

JXSD2外观呈馒头状，平面略呈圆形，南北底径19.5、东西底径20米，墩顶至生土面高约2.5米。在考古发掘开始前，土墩的表土层特别是南部堆积已被施工部分破坏，留有几处土坑，并形成断坎（图五一；彩版三二，1）。

二　地层堆积

根据土质、土色和包含物的差别，JXSD2的地层堆积可分为依次叠压的6层（见图五一；彩版三二，2）。

第①层：黄灰色土，厚0～0.40米。土质松软，杂乱，包含大量草木根系。除墩顶和土墩南部因施工破坏直接暴露早期堆积外，全墩皆有分布，为现代层，其下有多个现代坑，均分布于土墩的南部。

第②层：红褐色土，深0～0.80、厚0～0.70米。土质疏松，较为纯净。斜向堆积，略呈环形分布于土墩的外围。本层下有器物群JXSD2Q1、Q2、Q4。

第③层：灰色土，深0～1.40、厚0～0.60米。土质较紧密，中夹杂有黑色斑点，纯净，未见包含

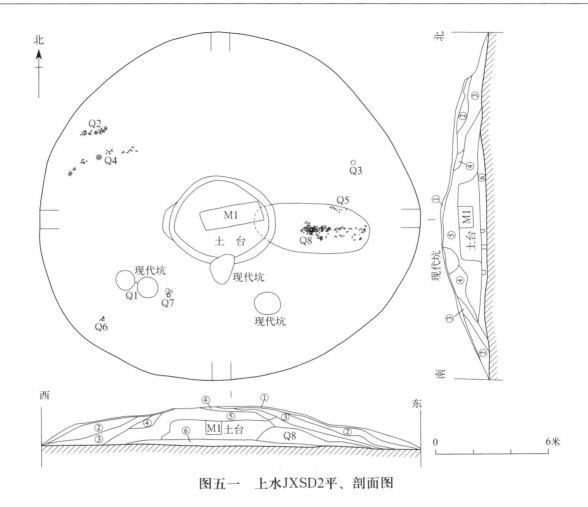

图五一　上水JXSD2平、剖面图

物。斜向堆积，分布范围、形态与第②层相似。本层中有器物群JXSD2Q3、Q6，层下有器物群Q5。

　　第④层：青灰色土，深0～1.45、厚0～0.70米。土质硬，致密，夹杂白色土块，纯净，未见包含物。斜向堆积，土墩北部堆积较厚，其他部分分布较少。

　　第⑤层：黄灰色土，深0.10～1.90、厚0～0.85米。土质致密，夹杂白色粉状土块，较为纯净，夹杂少量陶片。分布于土墩的中部。本层下有器物群JXSD2Q7、Q8、墓葬JXSD2M1及土台遗迹。

　　第⑥层：灰白色土夹杂红色斑点，深0.90～2.50、厚约0.40米。土质坚硬致密，较为纯净，夹杂少量陶片。顶面基本水平，分布于土墩平面的中部。

　　第⑥层下为生土层，红褐色，土质坚硬，生土面平整。

三　遗迹遗物

　　JXSD2发现的遗迹主要包括墓葬、器物群、土台和房址，器物群和墓葬中皆出土有遗物。

（一）墓葬

　　JXSD2中发现墓葬1座。

JXSD2M1

JXSD2M1在土墩中部，中心坐标0.50×0.25—0.90米。开口于第⑤层下，打破土台（图五二；彩版三三，1、2），位于土台平面的中部偏东。为竖穴土坑墓，墓坑平面长方形，方向约80°。直壁，平底，长约3.20、宽1.10、深0.70米。墓坑内填土灰黄色，土质坚硬，夹杂小块白土，纯净，未见包含物。墓内未发现人骨及葬具痕迹。随葬器物集中分布于墓坑底东部，共14件。夹砂陶鼎JXSD2M1：8扣在硬陶罐JXSD2M1：9上；硬陶瓿JXSD2M1：6歪倒在墓底，上压有夹砂陶鼎JXSD2M1：5，鼎口部盖有硬陶碗JXSD2M1：4，其余器物皆正置于墓底，硬陶盂JXSD2M1：1、2及原始瓷豆JXSD2M1：3呈品字形分布。

图五二　上水JXSD2M1平、剖面图

1、2. 硬陶盂　3、12～14. 原始瓷豆　4. 硬陶碗　5、8. 陶鼎　6. 硬陶瓿　7、10. 硬陶坛　9. 硬陶罐　11. 陶瓿

随葬品共14件，其中夹砂陶器2件，泥质陶器1件，硬陶器7件，原始瓷器4件；器形有鼎、坛、罐、瓿、豆、碗、盂等。

鼎　2件。

JXSD2M1：5，夹砂红陶。侈口，圆唇，沿稍卷，折腹，圜底，扁锥形足。口径18.4、高12.5厘米（图五三，1；彩版三四，1）。

JXSD2M1：8，夹砂红褐陶。残碎，仅复原鼎足，扁柱形。残高13.9厘米（图五三，2）。

坛　2件。

JXSD2M1：7，硬陶，红褐色胎，器表灰色。侈口，方唇，卷沿，束颈，斜溜肩，深弧腹，平底稍内凹。颈部饰弦纹，肩部饰菱形填线纹，腹部饰方格纹。口径17.2、底径16.4、高34.8厘米（图五三，3；彩版三四，3）。

JXSD2M1：10，硬陶，灰黑色胎，器表灰褐色。侈口，方唇，卷沿，束颈，耸肩，深弧腹，腹下部弧收成平底。颈部饰弦纹，肩、腹部饰折线和回纹的组合纹，纹饰印痕深，近底部抹平。器内口、肩拼接部留有密集的指窝痕。口径16.8、底径18.4、高42.0厘米（图五三，4；彩版三四，4）。

罐　1件。

JXSD2M1：9，灰褐色硬陶。侈口，尖唇，卷沿，沿外缘有一道凹槽，束颈，弧肩，鼓腹，平底稍内凹。上腹堆贴对称双竖耳，各由3股泥条捏制而成。颈部饰弦纹，肩部饰席纹，腹部饰方格纹，纹饰印痕较深，规整，近底部抹平。口径15.6、底径12.8、高27.2厘米（图五三，5；彩版三四，2）。

瓿　2件。

JXSD2M1：6，灰色硬陶。敛口，尖唇，弧肩，扁鼓腹，腹与底结合部内凹，平底。肩部贴附对称双竖耳，各以2股小泥条捏制而成。颈部饰弦纹，肩、腹部饰折线纹，近底部抹平。内壁及腹底结合部留有篦刮痕。口径8.2、底径10.0、高8.4厘米（图五四，1；彩版三五，1）。

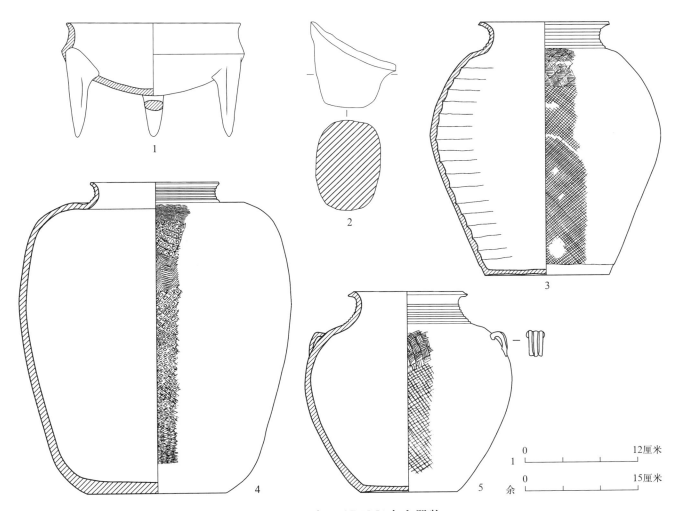

图五三　上水JXSD2M1出土器物

1、2. 陶鼎JXSD2M1：5、8　3、4. 硬陶坛JXSD2M1：7、10　5. 硬陶罐JXSD2M1：9

　　JXSD2M1：11，泥质黑皮陶，灰褐色胎，黑皮剥落较甚。敛口，圆唇，扁鼓腹，平底。肩部饰弦纹和水波纹，部分磨蚀。口径12.6、底径14.0、高12.4厘米（图五四，2；彩版三五，2）。

　　豆　4件。

　　原始瓷。敞口，圆唇，折腹，圈足。

　　JXSD2M1：3，灰白色胎。上腹近直稍内弧，下腹弧收，矮圈足。内壁留有螺旋纹，外壁有旋痕。整体略有变形，器外表制作粗糙，留有切刮痕迹。施绿色釉，圈足内不施釉。口径10.8、足径5.4、高4.2厘米（图五四，3；彩版三五，3）。

　　JXSD2M1：12，足为红色胎，豆盘为灰色胎。上腹内弧，下腹弧收，圜底。内壁折腹处饰弦纹，外壁有轮制形成的旋痕，器身制作不甚规整。施薄青釉，已大部脱落。口径14.2、足径5.0、高6.2厘米（图五四，4；彩版三五，4）。

　　JXSD2M1：13，灰色胎。上腹内弧，下腹弧收，圜底。内壁折腹处饰弦纹，外壁有轮制形成的旋痕，器身制作不规整。施黄灰色釉，部分剥落。口径15.6、足径5.4、高8.2厘米（图五四，5；彩版三五，5）。

　　JXSD2M1：14，红色胎。内壁折腹处饰弦纹，外壁有轮制形成的旋痕，器身制作不甚规整。施青灰色釉，釉层薄，足底无釉。口径15.2、足径6.0、高6.6厘米（图五四，6；彩版三五，6）。

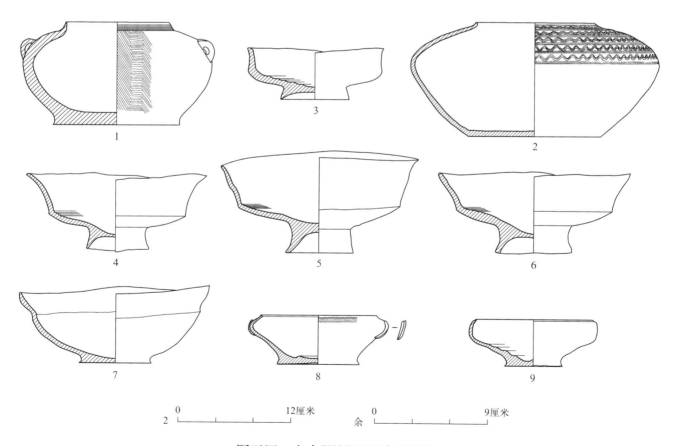

图五四　上水JXSD2M1出土器物

1. 硬陶瓿JXSD2M1：6　2. 陶瓿JXSD2M1：11　3～6. 原始瓷豆JXSD2M1：3、12～14　7. 硬陶碗JXSD2M1：4　8、9. 硬陶盂JXSD2M1：1、2

碗　1件。

JXSD2M1：4，灰褐色硬陶。敞口，方唇，沿面下凹，折腹，上腹内弧，下腹弧收成假圈足，平底。外底有平行切割痕，器身变形较严重。口径15.4、底径5.6、高6.4厘米（图五四，7；彩版三六，1）。

盂　2件。

硬陶。敛口，弧腹，假圈足。底部有平行的切割痕。

JXSD2M1：1，灰褐色胎。方唇，唇缘外突，平底略凹。腹部贴附对称的2条形堆饰，各以2股小泥条捏成。肩部刻划水波纹。口径9.2、底径6.4、高4.0厘米（图五四，8；彩版三六，2）

JXSD2M1：2，灰色胎。尖唇，平底。口径9.2、底径4.5、高3.8厘米（图五四，9；彩版三六，3）。

（二）器物群

JXSD2共发现器物群8处，出土位置在墩内偏外侧位置，北侧相对较少；器物群有的放置于层面之上的，有的位于地层之中的；器物种类、数量也不尽相同，还有摆放陶片的现象。

1．JXSD2Q1

JXSD2Q1位于土墩的西南部，中心坐标−4.50×−3.50−0.60米。器物放置于第③层层面之上，被第②层叠压（图五五；彩版三六，5）。其左右两侧有开口于表土层下的现代坑。

仅发现1件平放的硬陶盂。

盂　1件。

JXSD2Q1：1，灰色硬陶。敛口，圆唇，弧腹，假圈足，平底。口外有一道弦纹，器表有旋痕，外底有平行的切割痕。口径7.8、底径4.0、高3.8厘米（图五五，1；彩版三六，4）。

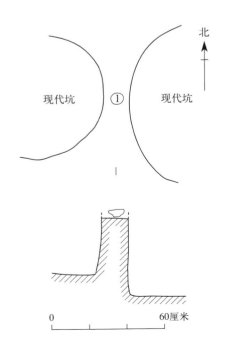

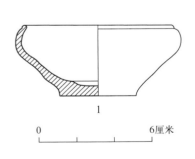

图五五　上水JXSD2Q1及出土器物
1．硬陶盂JXSD2Q1：1

2．JXSD2Q2

JXSD2Q2位于土墩的西北部，中心坐标−6.50×4.75−1.50米。器物分布于第③层层面之上，被第②层叠压（图五六；彩版三七，1）。Q2由平铺的陶器碎片组成，陶片集中分布略呈一条直线，分布范围长1.40、宽约0.35米。

陶片较碎，部分复原器物8件，器形有簋、豆、杯、器盖、器底等。

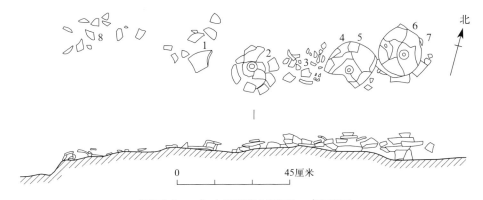

图五六　上水JXSD2Q2平、剖面图
1．陶器底　2、4、5．陶器盖　3、6．陶豆　7．陶簋　8．陶杯

簋　1件。

JXSD2Q2：7，泥质黑皮陶，褐色胎。仅存圈足，喇叭形。残高3.5厘米（图五七，1）

豆盘　1件。

JXSD2Q2：3，泥质灰陶。敛口，尖唇，内折沿。残高1.4厘米（图五七，2）。

豆圈足　1件。

JXSD2Q2：6，泥质黑皮陶，灰褐色胎。豆盘为圜底，圈足呈喇叭形，中部有突棱。残高5.4厘米（图五七，3）。

杯　1件。

JXSD2Q2：8，泥质黑陶，灰黑色胎。直腹，下腹部折，平底略凹。底径7.8厘米（图五七，4）。

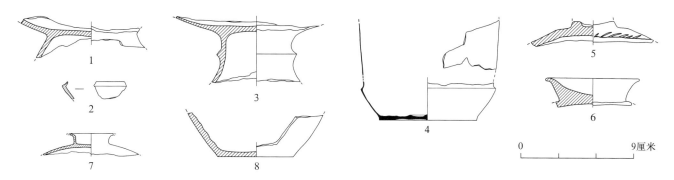

图五七　上水JXSD2Q2出土器物
1．陶簋JXSD2Q2：7　2．陶豆盘JXSD2Q2：3　3．陶豆圈足JXSD2Q2：6　4．陶杯JXSD2Q2：8　5～7．陶器盖JXSD2Q2：2、4、5
8．陶器底JXSD2Q2：1

器盖　3件。

JXSD2Q2：2，泥质黑皮陶，灰色胎，仅存顶部，弧顶，上有刻划纹。残高1.8厘米（图五七，5）。

JXSD2Q2：4，泥质黑皮陶，灰色胎。仅存捉手，呈喇叭形。捉手径7.4、残高2.4厘米（图五七，6）。

JXSD2Q2：5，泥质灰陶，青灰色胎。仅存捉手及部分顶部，捉手呈喇叭形，弧顶，捉手和器身分制粘接，残高1.8厘米（图五七，7）。

器底　1件。

JXSD2Q2：1，泥质灰陶。平底。底径6.0、残高3.4厘米（图五七，8）。

3．JXSD2Q3

JXSD2Q3位于土墩的东部偏北，中心坐标7.10×3.10−1.70米（图五八；彩版三七，2）。

器物出土于第③层中，为1件残瓿和盖于其上的1件泥质红陶器，瓿向一侧歪斜，红陶器散落于瓿口周边。

瓿　1件。

JXSD2Q3：1，灰色硬陶。直口微侈，尖圆唇，卷沿，沿面有一道凹槽，弧肩，鼓腹，平底内凹。肩、腹部堆贴一对竖耳，残缺，腹、底交接处捺、抹成类似圈足形状。颈部饰弦纹，肩及上腹部饰折线纹，下腹部饰回纹。口径10.8、底径11.4、高12.0厘米（图五八，1；彩版三七，3）。

红陶器　1件。

JXSD2Q3：2，泥质陶。陶质疏松，无法复原。

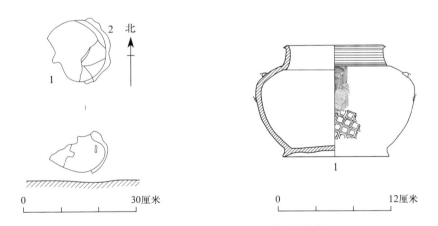

图五八　上水JXSD2Q3及出土器物
1．硬陶瓿JXSD2Q3：1　2．残陶器JXSD2Q3：2

4．JXSD2Q4

JXSD2Q4位于土墩西部偏北，中心坐标−6.50×3.50−1.80米。放置于第③层层面上，被第②层叠压（图五九）。与JXSD2Q2大致平行，相距约2米，为平铺的陶器碎片，形式与JXSD2Q2相似，但陶片更为破碎零散，仅中部1件陶罐的碎片相对集中。JXSD2Q4分布略呈弧形，分布范围长4.00、宽0.20～0.45米。

出土器物皆为陶器残片，可辨器形者有簋、罐、器盖，共4件。

簋　2件。

JXSD2Q4：1，泥质黑皮陶，褐色胎。仅存圈足，喇叭形，中部有突棱。足径20.0、残高4.0厘米（图五九，1）。

JXSD2Q4：2，泥质灰陶。仅存圈足，喇叭形，中部有突棱。足径16.0、残高3.2厘米（图五九，2）。

罐　1件。

JXSD2Q4：3，泥质灰褐陶，破碎严重，饰梯格纹和雷纹。

器盖　1件。

JXSD2Q4：4，泥质灰陶。仅存捉手及部分顶部，捉手呈璧形，弧顶，捉手和器身分制粘接。捉手径7.6、残高3.2厘米（图五九，4）。

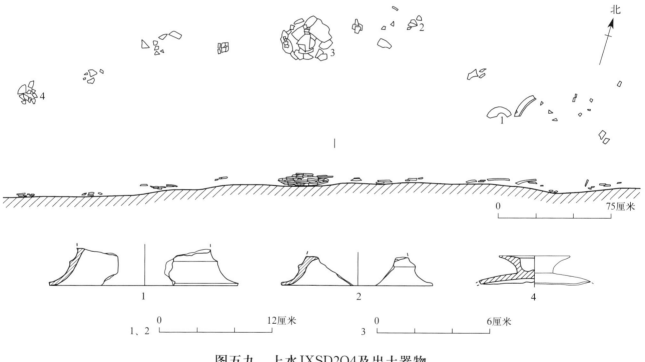

图五九　上水JXSD2Q4及出土器物

1、2. 陶簋JXSD2Q4：1、2　3. 陶罐JXSD2Q4：3　4. 陶器盖JXSD2Q4：4

5．JXSD2Q5

JXSD2Q5位于土墩的东部，中心坐标6.25×0.50–2.20米。放置于第④层层面上，被第③层叠压（图六○）。为平铺的集中分布的陶器碎片，分布范围长1.00、宽约0.40米。

出土器物皆为陶器残片，可辨器形者仅有2件陶罐。

罐　2件。

JXSD2Q5：1，泥质黑皮陶，灰色胎，黑皮剥落严重。敛口，方唇，外侧唇缘外突。口径18.0、残高3.2厘米（图六○，1）。

JXSD2Q5：2，夹砂褐陶。侈口，尖圆唇，卷沿略折，弧腹。口径16.0、残高7.2厘米（图六○，2）。

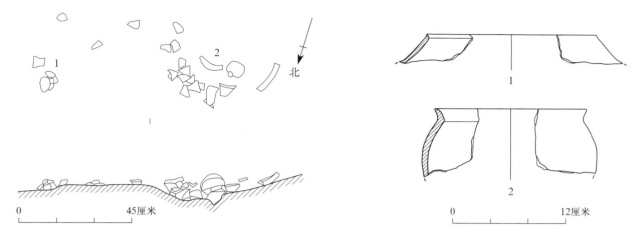

图六〇　上水JXSD2Q5及出土器物
1、2．陶罐JXSD2Q5：1、2

6．JXSD2Q6

JXSD2Q6位于土墩的西南部近墩脚处，中心坐标－6.30×－5.40－1.20米。出土于第③层土中（图六一），为集中分布的陶器残片，分布范围长0.25、宽0.20米。

出土陶器破碎严重，可辨认出器形的仅有1件陶簋。

簋　1件。

JXSD2Q6：1，泥质黑皮陶，灰色胎。侈口，卷沿，圜底，圈足。腹部饰篮纹，圈足饰弦纹。足径13.2、圈足残高3.9厘米（图六一，1）。

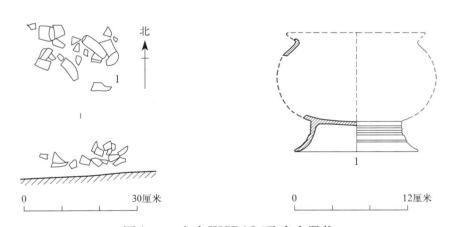

图六一　上水JXSD2Q6及出土器物
1．陶簋JXSD2Q6：1

7．JXSD2Q7

JXSD2Q7位于土墩的西南部，中心坐标－2.75×－4.00－1.90米。放置于第⑥层层面上，被第⑤层叠压（图六二；彩版三八，1）。

器物放置的面略倾斜，东北高西南低，出土瓿1件、盂2件。其中1件盂平置，其余皆侧倾。

瓿　1件。

JXSD2Q7：3，灰褐色硬陶，整体器形略歪。侈口，卷沿，束颈，溜肩，扁鼓腹，平底稍内凹。

肩下部对称堆贴双耳，各由2股泥条捏制而成，一侧残缺。颈、肩上部饰弦纹，肩下部饰席纹，腹部饰方格纹，纹饰印痕浅，纹饰近底部抹平。口径10.9、底径11.2、高10.6厘米（图六二，3；彩版三八，2）。

盂　2件。

JXSD2Q7：1，泥质黑皮陶，红褐色胎，黑皮剥落严重。直口略敛，尖唇，弧腹，假圈足，平底。内壁有螺旋纹，外壁留有旋痕，外底有平行的切割痕。口径9.6、底径4.5、高3.4厘米（图六二，1；彩版三八，3）。

JXSD2Q7：2，灰色硬陶，器身斜。敛口，尖唇，弧腹，假圈足，平底。内壁有螺旋纹，外壁有旋痕，外底有平行的切割痕。口径8.8、底径4.8、高4.0厘米（图六二，2；彩版三八，4）。

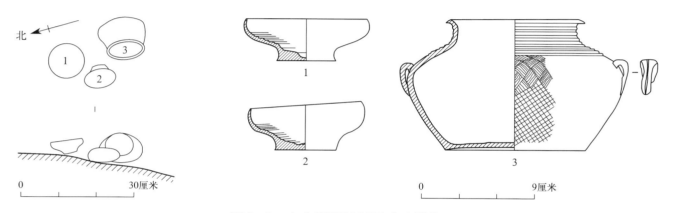

图六二　上水JXSD2Q7及出土器物
1. 陶盂JXSD2Q7：1　2. 硬陶盂JXSD2Q7：2　3. 硬陶瓿JXSD2Q7：3

8．JXSD2Q8

JXSD2Q8位于土墩东部，中心坐标6.00×−0.75−2.10米。叠压在第⑥层之上，被土台叠压（图六三；彩版三九，1）。与JXSD2其他器物群不同，JXSD2Q8器物之上有专门的封土，封土平面呈椭圆形，长径6.04、短径2.67米，截面略呈半圆形，封土西部厚，东部薄，最厚处有1.15米；封土黄灰色，土质较硬致密，夹杂白色粉状土带，纯净，未见包含物。JXSD2Q8出土器物放置于第⑥层层面之上，封土之下，其分布范围长约3.60、宽约1.00米，偏于封土的东侧。同一器物所属陶片出土位置大致集中，个别陶片散落较远，另有若干陶器碎片零散分布。较为完整的陶器中少数在放置时是完好的，因堆土埋压而破碎，大多数在摆放时就已破碎。

出土器物皆为破碎陶器，较为完整陶器和可辨器形的陶器共27件，器形有鬲足、簋、罐、钵、豆、器盖等。

鬲足　1件。

JXSD2Q8：25，夹砂褐陶。残，为尖锥状实足。残高4.3厘米（图六四，1）。

簋　1件。

JXSD2Q8：2，泥质灰陶。腹部以上残缺，圜底，喇叭形圈足，上饰突棱。足径12.8、残高5.6厘米（图六四，2）。

罐　2件。

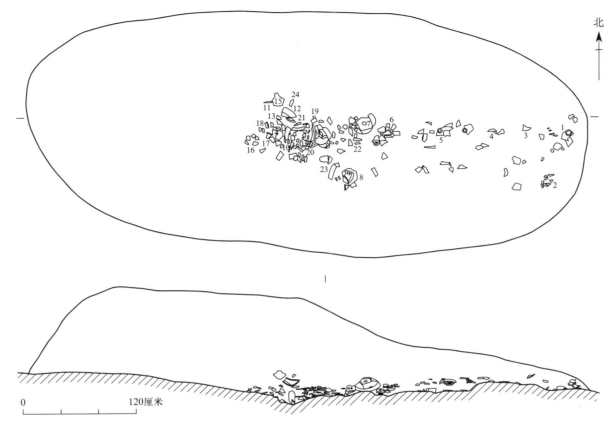

北

图六三　上水JXSD2Q8平、剖面图

1、8、15、19、24.陶豆　2.陶簋　3、5～7、11、12、14、18、23.陶器盖　4、9.陶罐　10、13、16、17、20～22.陶钵　25.陶鬲
26.陶器底　27.陶豆足

JXSD2Q8：4，泥质灰褐陶。陶质疏松，破碎严重，形体较大，器形不明，腹部饰梯格纹。

JXSD2Q8：9，泥质灰陶，破碎严重。器形不明，腹部饰梯格纹。

豆　6件。

硬陶，豆盘与圈足分制粘接。敞口，弧腹，圆底，喇叭形圈足。

JXSD2Q8：1，灰色胎。圆唇，折沿，沿下堆贴4个耳，耳宽扁。圈足上有3组镂孔，每组由3对对顶三角形构成，盘内壁有螺旋纹。口径28.4、足径16.8、高17.4厘米（图六四，3；彩版三九，2）。

JXSD2Q8：8，灰褐色胎。尖圆唇，折沿，沿面有一道凹槽。圈足上有3组对称三角形镂孔，并有弦纹，豆盘内壁有螺旋纹，外壁留有旋痕。口径26.7、足径14.8、高13.0厘米（图六四，4；彩版三九，3）。

JXSD2Q8：15，灰色胎。圆唇，折沿，沿面有三道凹槽。圈足上有3组对称三角形镂孔，并有弦纹，盘内壁有螺旋纹，豆盘略歪。口径26.2、足径13.6、高13.6厘米（图六四，5；彩版三九，4）。

JXSD2Q8：19，灰褐色胎。折沿，沿面有三道凹槽，尖圆唇。圈足上有3组对称三角形镂孔，并有弦纹，盘内壁有螺旋纹，外壁留有旋痕，豆盘略歪斜。口径20.6、足径13.8、高11.4厘米（图六四，6；彩版三九，5）。

JXSD2Q8：24，紫色胎。豆盘完好，圈足上部残缺。敞口，内折沿，沿面有两道凹槽，方唇，弧腹。圈足有弦纹，盘内壁有螺旋纹，外壁留有旋痕，豆盘内与圈足外侧施褐色陶衣。口径22.0、足径15.0厘米（图六四，7）。

　　JXSD2Q8：27，灰褐色胎。残，仅存圈足，上有三角形镂孔。足径13.0、残高6.6厘米（图六四，8）。

　　钵　7件。

　　硬陶。敛口，平底。肩下等距离堆贴3个扁平耳，内壁有螺旋纹。

　　JXSD2Q8：22，浅紫色胎，灰色陶衣。圆唇，小卷沿，弧肩，腹部斜收。肩部饰弦纹。口径17.8、底径7.4、高5.9厘米（图六五，1；彩版四〇，1）。

　　JXSD2Q8：10，灰褐色胎。尖圆唇，内折沿，弧腹内收成小平底。底部正中有一乳突，底部有4个对称泥钉痕，有烧制起泡现象。口径19.2、底径8.0、高6.0厘米（图六五，2；彩版四〇，2）。

　　JXSD2Q8：21，灰褐色胎。尖圆唇，肩部略折，弧腹。肩部饰弦纹。口径16.8、底径7.0、高6.6厘米（图六五，3；彩版四〇，3）。

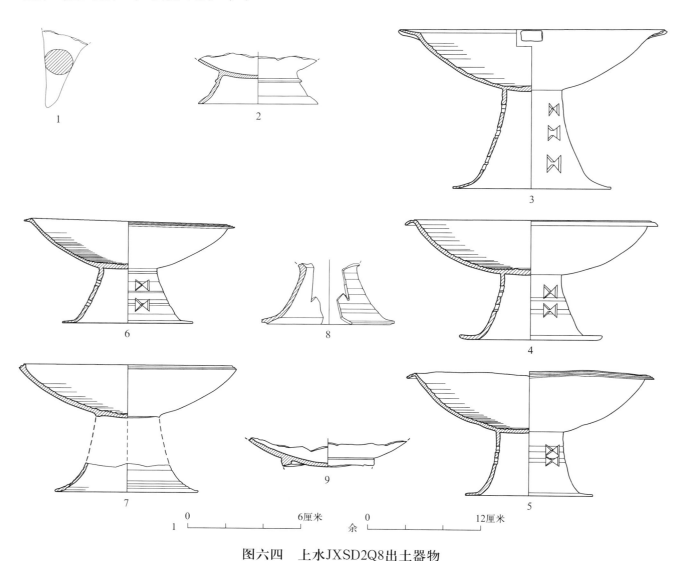

图六四　上水JXSD2Q8出土器物

1. 陶鬲足JXSD2Q8：25　2. 陶簋JXSD2Q8：2　3～8. 硬陶豆JXSD2Q8：1、8、15、19、24、27　9. 硬陶器底JXSD2Q8：26

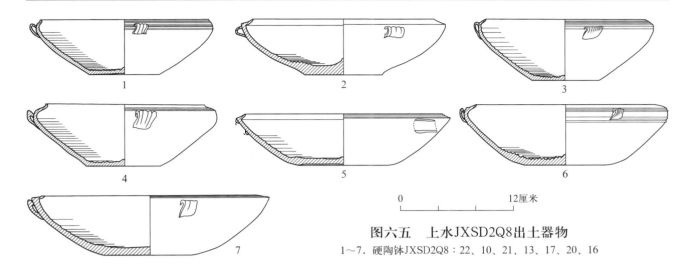

图六五　上水JXSD2Q8出土器物

1～7. 硬陶钵JXSD2Q8：22、10、21、13、17、20、16

　　JXSD2Q8：13，浅紫色胎，灰色陶衣。圆唇，小卷沿，弧肩，腹部斜收。肩部饰弦纹，内壁有螺旋纹。口16.9、底径7.9、高6.7厘米（图六五，4；彩版四〇，4）。

　　JXSD2Q8：17，灰色胎。尖圆唇，内折沿，沿面有多道弦纹，弧腹内收成平底，系脱落缺失。口径20.8、底径9.4、高5.6厘米（图六五，5；彩版四〇，5）。

　　JXSD2Q8：20，浅紫色胎，灰色陶衣。圆唇，弧肩，腹部斜收。肩上、下各有数道弦纹。口径18.8、底径8.6、高6.6厘米（图六五，6；彩版四〇，6）。

　　JXSD2Q8：16，灰色胎。尖圆唇，内折沿。沿面有多道弦纹，弧腹内收成平底。口径22.4、底径8.8、高6.4厘米（图六五，7）。

　　器盖　9件。

　　JXSD2Q8：3，硬陶，紫色胎，褐色陶衣。璧形捉手，弧顶，弧壁，敞口，圆唇。外壁饰弦纹，内壁留有螺旋纹。捉手径5.8、口径18.6、高5.6厘米（图六六，1；彩版四一，1）。

　　JXSD2Q8：5，硬陶，浅紫色胎，灰褐色陶衣。璧形捉手，弧顶，弧壁，敞口，圆唇。口外侧等距堆贴3个扁平耳，其中2个残缺，仅存痕迹。内壁有螺旋纹。捉手径5.1、口径24.0、高6.6厘米（图六六，2；彩版四一，2）。

　　JXSD2Q8：14，硬陶，灰色胎。捉手残缺，斜壁略弧，敞口，尖唇，平折沿。内壁有螺旋纹。口径25.4、残高6.0厘米（图六六，3）。

　　JXSD2Q8：18，硬陶，灰色胎。璧形捉手，弧顶，弧壁，敞口，圆唇。口外侧等距堆贴3扁平耳，脱落缺失。捉手饰弦纹，内壁有螺旋纹。捉手径7.8、口径26.2、高8.4厘米（图六六，4；彩版四一，3）。

　　JXSD2Q8：11，硬陶，紫色胎。口部残缺，璧形捉手，弧顶。捉手饰弦纹。捉手径7.4、残高3.9厘米（图六六，5）。

　　JXSD2Q8：12，硬陶，紫褐色胎，外施褐色陶衣。璧形捉手，弧顶，弧壁，敞口，圆唇。捉手内壁和器身外壁饰弦纹，内壁留有螺旋纹。捉手径5.8、口径18.8、高6.0厘米（图六六，6；彩版四一，4）。

　　JXSD2Q8：23，硬陶，灰色胎，外施褐色陶衣。璧形捉手，弧顶，弧壁，敞口，圆唇。外壁饰

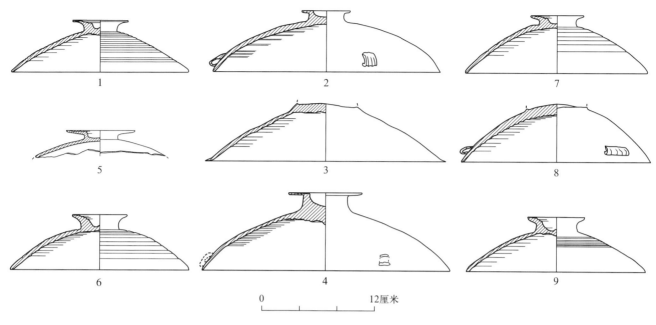

0 ————————————— 12厘米

图六六 上水JXSD2Q8出土器物
1~9. 硬陶器盖JXSD2Q8：3、5、14、18、11、12、23、7、6

弦纹，内壁留有旋痕，器身略歪。捉手径5.6、口径19.2、高6.2厘米（图六六，7；彩版四一，5）。

JXSD2Q8：7，硬陶，浅紫色胎，灰褐色陶衣。捉手残缺，弧顶，弧壁，敞口，圆唇。口外侧等距堆贴3个扁平装饰性耳。内壁有螺旋纹，外壁光素无纹。口径20.0、残高6.4厘米（图六六，8）。

JXSD2Q8：6，硬陶，浅紫色胎，灰褐色陶衣。璧形捉手，弧顶，弧壁，敞口，圆唇。捉手及盖顶部饰弦纹，内壁有螺旋纹。捉手径6.0、口径19.0、高5.8厘米（图六六，9；彩版四一，6）。

器底 1件。

JXSD2Q8：26，灰色硬陶。残，圜底，圈足。残高3.0厘米（图六四，9）

（三）建筑遗存

1. JXSD2土台

土台位于土墩的中部，叠压于JXSD2Q8封土及第⑥层之上，被第⑤层叠压，南部被一现代坑打破，JXSD2M1开口于台面上（图五一；彩版四二，1）。

土台平面略呈椭圆形，截面呈梯形，上小下大。顶面平整，距墩表深0.90~1.10、顶面直径4.50~5.10、底面直径4.70~6.00、高0.45~1.10米，西部堆积呈阶梯状。

土台堆土可分为上下叠压的两层。上层为紫褐色土，土质坚硬，未见夯打痕迹，纯净，不见包含物，水平分布于土台的顶部，厚约0.40米。下层为灰黄色土，土质硬，纯净，不见包含物，厚0.30~0.90米。

2. JXSD2F1

JXSD2底部的中心位置发现有一组柱洞，共20个，当是属于一座房址，编号JXSD2F1（图六七）。JXSD2F1开口于第⑥层层面上，被JXSD2Q8封土叠压，位置在土台之下。第⑥层或为JXSD2F1的垫土，未见墙基槽，地面以上的部分也未见保存。从柱洞的分布看，JXSD2F1平面形状略呈方形，长约5.20、宽约5.00米，门道和房址的方向未能判断。柱洞共20个，编号Z1～Z20（彩版四二，2），平面形状大多为圆形，少数为椭圆形，多为直壁平底，Z5～Z8壁略斜，口大底小，柱洞口径0.10～0.38、深0.16～0.36米，其中填土多为灰褐色，土质较硬。其中，Z14中保留有柱子痕迹，柱径约0.10米。

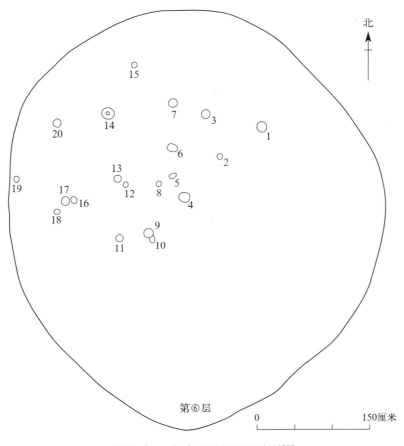

图六七　上水JXSD2F1平面图

（四）地层出土遗物

地层堆积中出土了少量器物，大多为陶器残片，主要出土在第⑤、⑥层。可辨认器形的有7件，其中陶器6件，石器1件。

豆圈足　1件。

JXSD2⑥：3，残。灰褐色硬陶，紫色胎。呈喇叭形，敞口，圆唇，饰弦纹和三角形镂孔。底径16.0、残高7.4厘米（图六八，1）。

豆柄　1件。

JXSD2⑥：4，泥质灰陶。残，中部鼓突。残高7.2厘米（图六八，2）。

豆盘　3件。

JXSD2⑥：5，灰褐色硬陶，紫色胎。残，敞口，圆唇，折沿，沿面下凹，弧腹。口外侧等距堆

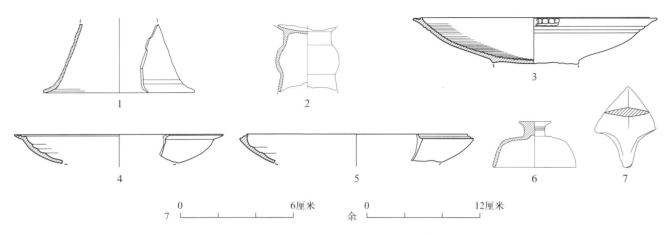

图六八　上水JXSD2地层出土器物

1. 硬陶豆圈足JXSD2⑥：3　2. 陶豆柄JXSD2⑥：4　3～5. 硬陶豆盘JXSD2⑥：5～7　6. 陶器盖JXSD2⑤：2　7. 石镞JXSD2③：1

贴3个扁平耳，耳下饰弦纹，内壁有螺旋纹。圈足缺失，豆盘底部留有粘接痕迹。口径25.8、残高5.0厘米（图六八，3）。

JXSD2⑥：6，灰褐色硬陶，紫色胎。残，敞口，折沿，沿面有两道弦纹，方唇，底部及圈足残缺。口径22.0、残高3.2厘米（图六八，4）。

JXSD2⑥：7，灰褐色硬陶。残，敛口，沿内折，沿面有两道弦纹，圆唇。内壁有螺旋纹，底部及圈足残缺。口径23.2、残高3.0厘米（图六八，5）。

器盖　1件。

JXSD2⑤：2，泥质黑皮陶，褐色胎。捉手略呈饼形，顶部平，捉手壁内弧，盖体顶部较平，弧壁，敞口，圆唇。捉手饰弦纹。口径8.8、高5.0厘米（图六八，6）。

石镞　1件。

JXSD2③：1，灰黑色。通体磨光。铤部略呈圆锥形，体扁，呈三角形，断面为菱形，中部起脊。长4.4、宽3.3厘米（图六八，7）

四　小结

JXSD2是一座一墩一墓的土墩，除了土墩中心的一座墓葬外还发现有8处器物群，在层位上形成了早晚叠压的关系：

①→②→{Q1, Q2, Q4}→③（Q3、Q6）→Q5→④→⑤→{M1→土台→Q8→F1, Q7}→⑥→生土

墓葬JXSD2M1的年代可以由随葬器物作出判断，出土的硬陶坛（JXSD2M1：7、M1：9）、瓿、碗以及夹砂陶鼎、泥质陶瓿、器表拍印纹饰等皆见于金坛连山土墩墓D1[1]，出土的硬陶坛

[1]　南京博物院等：《江苏金坛连山土墩墓发掘报告》，《考古学集刊·10》，地质出版社，1996年。

（JXSD2M1：10）、原始瓷豆的形制与句容浮山果园77ⅣM5所出基本一致[1]，显示出西周后期的特征[2]。因此JXSD2土墩墓墓葬的年代应与二者相近，或略早于连山D1，为西周晚期至春秋早期。器物群中JXSD2Q1、Q3、Q7出土的盂、瓿与墓葬随葬品相似，年代也应相近。

JXSD2Q2、Q4、Q5、Q6、Q8以及⑥层出土遗物与其他器物群及墓葬随葬品差别很大，为苏南地区以往土墩墓发掘所未见，所出鬲、簋、罐以及硬陶豆、盖、钵等皆与赵家窑团山遗址第十层以及北阴阳营遗址第三层出土的同类器物在陶质、陶色、器形和纹饰上基本一致[3]，因而这组陶器的年代当与二者一样，相当与中原地区的商代早期。但在层位上，JXSD2Q2、Q4、Q5、Q6皆晚于JXSD2Q7、M1，因而虽然陶器皆属商代早期，但器物群的形成年代应不早于JXSD2Q7和JXSD2M1。⑥层为JXSD2最下层，水平堆积叠压于生土之上，是JXSD2的垫土层，本次发掘的土墩墓中皆有这种现象，即土墩的最下层为水平铺设于生土之上的垫土，以往土墩墓发掘中也屡见不鲜，这层垫土在形成之时就基本上规定土墩的规模，是为堆筑土墩专门设置的，其形成的年代即为土墩的始筑年代。JXSD2为一墩一墓的土墩墓，虽然⑥层中出土遗物也属于商代早期，但⑥层的形成年代当与墓葬的形成年代相近，与JXSD2最后形成的年代相去不远，其中包含的陶片当与堆土来源有关。

从JXSD2Q2、Q4、Q5、Q6、Q8的埋藏形态来看，JXSD2Q2、Q4、Q5、Q6所出遗物皆为集中铺放的陶片，大多无法拼对复原，JXSD2Q8除了铺放陶片外，还有较多碎片较大且分布相对集中的可复原器物，其中有一些放置时当为完整器。可以推测这5处器物群的遗物当为修筑土墩墓时采集商代早期遗物有意放置于土墩之中。经调查JXSD2东南约500米处就有一处属于商代早期的遗址——新浮遗址[4]出土与5个器物群类似的商代遗物。上水土墩墓群中除了JXSD2外，JXSD3、D4的堆土中也出现相似的商代遗物，也是土源中夹带而来，因此上水土墩墓周边极有可能有一处类似新浮遗址的商代遗址。

第四节　上水土墩墓D3

一　概况

上水土墩墓D3（编号JXSD3）位于茅山东侧一条南北向岗地东面的缓坡处，宁常高速主线上，隶属于薛埠镇上水村，南距该村约200、西距D1约60、东南距JXSD2约40米。

JXSD3遭破坏较严重，考古队进行发掘前，土墩表面堆积了工程清除植被时留下的大量碎土，北部挖了一个很大凹坑。土墩顶部呈缓坡状，平面近圆形，西部与地表近平，土墩东西底径约18、南北底径约16米，墩顶至生土面残高约1.3米（图六九；彩版四三，1、2）。

[1]　南京博物院：《江苏句容浮山土墩墓第二次发掘报告》，《文物资料丛刊·6》，文物出版社，1982年。
[2]　邹厚本：《江苏南部土墩墓》，《文物资料丛刊·6》，文物出版社，1982年。
[3]　团山考古队：《江苏丹徒赵家窑团山遗址》，《东南文化》1989年第1期。南京博物院：《北阴阳营——新石器时代及商周时期遗址发掘报告》，文物出版社，1993年。
[4]　南京博物院：《金坛新浮遗址发掘简报》，《考古》2008年第10期。

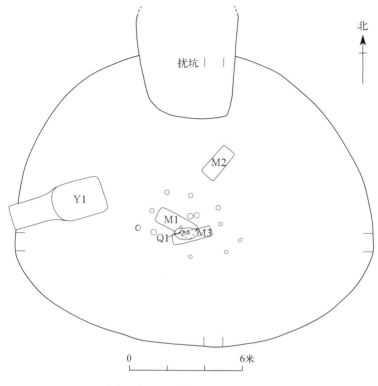

图六九　上水JXSD3平面图

二　地层堆积

　　根据土质、土色和包含物的差异，JXSD3的堆积可分为依次叠压的7层（图七〇；彩版四四，1、2）。

　　第①层：灰黄色土，厚0.10～0.25米。表土层，土质松软，夹杂大量植物根茎。分布于整个土墩表面。本层下有窑Y1。

　　第②层：淡黄褐色土，深0.10～0.65、厚0～0.45米。土墩东部土色略偏红，土质纯净、细腻，略硬。斜向堆积，厚薄不均，分布于土墩平面的外围。

　　第③层：灰白色土夹杂淡黄色土，深0.15～0.70、厚0～0.35米。土质细腻，包含少量的细小红烧土颗粒，出土少量陶瓷残片，器形有豆、钵等。斜向堆积，分布于土墩外围。本层下有墓葬JXSD3M2。

　　第④层：浅灰色土，深0.10～0.50、厚约0.35米。土质坚硬、纯净。堆积基本水平，分布于土墩中部。本层下有器物群JXSD3Q1、墓葬JXSD3M1及13个柱洞。

　　第⑤层：灰白色土，深0.25～0.75、厚0～0.30米。土质坚硬，纯净。堆积基本水平，分布于土墩中部。

　　第⑥层：黄灰色土，深0.30～1.00、厚0.20～0.45米。夹有颗粒状红褐色土块，土质坚硬。堆积基本水平，分布于土墩中部。本层下有墓葬JXSD3M3。

　　第⑦层：黄褐色土，深0.30～1.30、厚0～0.30米。土质坚硬，纯净。层面基本水平，分布于土墩

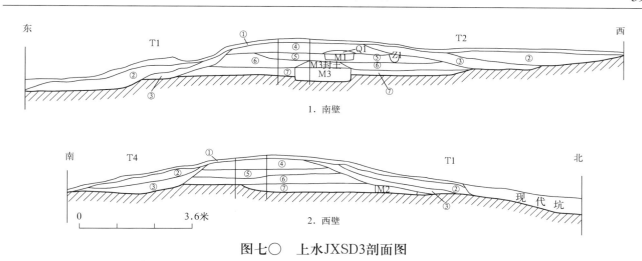

图七〇 上水JXSD3剖面图

中部生土较低的位置。

第⑦层下为生土层，红褐色，夹杂大量黑色铁锰结核颗粒，土质坚硬。生土面呈西高东低的坡势，与周边地形一致。

三 遗迹遗物

JXSD3内共发现墓葬3座、器物群1处、柱洞13个及窑1处。

（一）墓葬
JXSD3内发现墓葬3座。

1．JXSD3M1
JXSD3M1位于土墩中心位置，中心坐标−2.00×1.00−0.50米。开口于第④层下，打破第⑤层（图七一；彩版四五，1、2）。为竖穴土坑墓，墓坑平面呈长方形，方向约118°。坑口长2.23、宽0.85米，壁略斜，平底，深0.20米；坑底长2.15、宽0.78米。墓坑内填红褐色花土，土质较松软。

出土随葬器物3件，放置于墓坑底偏东部。其中泥质陶器盖1件，原始瓷豆2件；器盖JXSD3M1：1与豆JXSD3M1：2叠扣在一起。

豆 2件。

JXSD3M1：2，原始瓷，灰白色胎。敞口，圆唇，折腹，圈足。器表留有旋痕，器身略变形。上腹斜直，下腹较平。施黄绿色釉，剥落严重。口径14.6、底径5.6、高5.9厘米（图七二，1；彩版四六，1）。

JXSD3M1：3，原始瓷，灰白色胎。敞口，圆唇，折腹，圈足。器表留有旋痕，器身略变形。上腹直，下腹弧收。施黄绿色釉，剥落严重。口径14.4、底径6.2、高6.8厘米（图七二，2；彩版四六，2）。

器盖 1件。

JXSD3M1：1，泥质黑皮陶。整体呈覆豆形，捉手残缺，弧顶，顶、壁间折，壁略向内弧，敞口，圆唇。口径17.4、残高5.2厘米（图七二，3；彩版四六，3）。

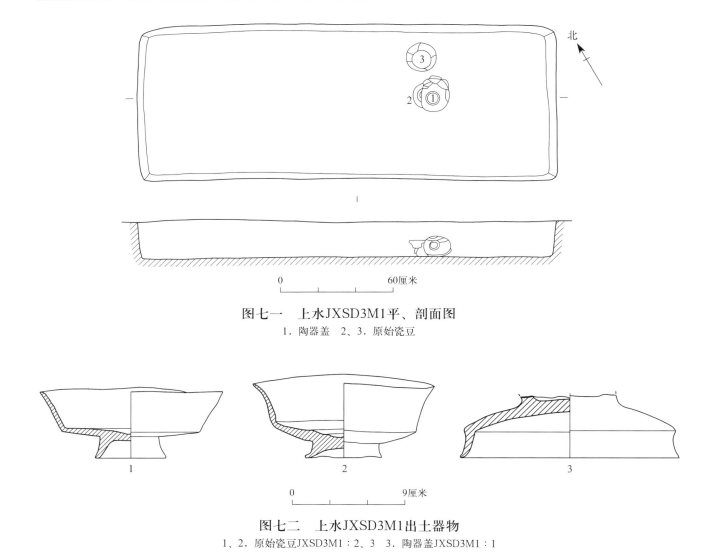

图七一　上水JXSD3M1平、剖面图

1. 陶器盖　2、3. 原始瓷豆

图七二　上水JXSD3M1出土器物

1、2. 原始瓷豆JXSD3M1：2、3　3. 陶器盖JXSD3M1：1

2．JXSD3M2

JXSD3M2位于土墩中部偏北，中心坐标0×4.00－1.00米。为竖穴土坑墓，开口于第③层下，打破第⑦层（图七三；彩版四七，1）。墓坑开口面西南高东北低，平面呈长方形，方向约40°。长1.90、宽0.85米，直壁，平底，深0.15～0.30米。墓坑内填土红褐色，土质坚硬，纯净。随葬器物集中放置于墓底西侧。出土器物6件，硬陶罐JXSD3M2：1、硬陶盂JXSD3M2：3向一侧歪斜，其余皆正置，器形较大的器物破碎较甚。

随葬品共6件，其中夹砂陶器2件，泥质陶器1件，硬陶器3件；器形有鼎、罐、瓿、盂。

鼎　2件。

JXSD3M2：2，夹砂红陶。侈口，尖唇，窄卷沿，弧腹，圜底，圆锥形足，下端残。足根处各有一上翘的角状耳，端部残。口径10.8、残高6.8厘米（图七四，1；彩版四七，2）。

JXSD3M2：5，夹砂红陶。侈口，圆唇，卷沿，弧腹，圜底，扁锥形足。口径16.8、高15.1厘米（图七四，2）。

罐　2件。

JXSD3M2：1，砖红色硬陶。侈口，卷沿，沿面有一道凹槽，尖唇，弧肩略折，鼓腹，平底。上腹部等距贴附3个竖耳，各以2股泥条捏制而成。颈部饰弦纹，肩及上腹部饰席纹，下腹部饰方格

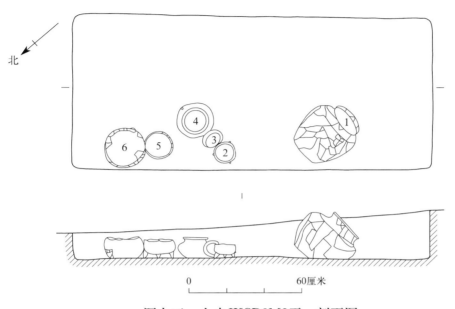

图七三　上水JXSD3M2平、剖面图

1. 硬陶罐　2、5. 陶鼎　3. 硬陶盂　4. 硬陶瓿　6. 陶罐

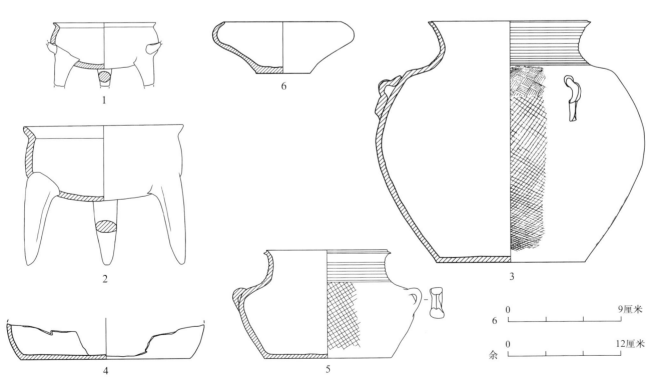

图七四　上水JXSD3M2出土器物

1、2. 陶鼎JXSD3M2：2、5　3. 硬陶罐JXSD3M2：1　4. 陶罐JXSD3M2：6　5. 硬陶瓿JXSD3M2：4　6. 硬陶盂JXSD3M2：3

纹。肩部内外壁留有拼接时形成的指窝痕迹。口径17.2、底径15.8、高26.2厘米（图七四，3；彩版四七，3）。

JXSD3M2：6，泥质黑皮陶，褐色胎。残碎严重，仅复原下腹及底部。弧腹，平底。底径18.0、残高3.8厘米（图七四，4）。

瓿　1件。

JXSD3M2：4，灰褐色硬陶。侈口，尖唇，卷沿，沿面下凹，斜肩，肩腹交接处略折，扁鼓腹，平底。肩部贴附对称双竖耳，各以两小泥条捏制而成。颈部饰弦纹，肩、腹部饰方格纹。腹、底交接处留有刮抹、指窝痕迹，外底有"十"字形交叉的刻划纹。口径13.4、底径13.4、高11.7厘米（图七四，5；彩版四七，4）。

盂　1件。

JXSD3M2：3，灰色硬陶。敛口，尖唇，上腹弧鼓，下腹略向内弧，平底。外底留有平行切割痕。口径9.2、底径4.2、高4.2厘米（图七四，6；彩版四七，5）。

3．JXSD3M3

JXSD3M3位于土墩中部，中心坐标−1.00×0.50−0.95米。M3有独立的小封土包，被第⑥层叠压，墓坑打破第⑦层（图七五；彩版四六，4）。封土呈圆丘状，平面呈圆角长条形，长2.28、宽0.69、高0.23米，黄灰色土，土质较硬。墓坑口平面略呈梯形，东端略窄，方向约76°。长2.10、宽0.52～0.63米，直壁，平底，深0.42米。墓坑内未发现人骨及葬具痕迹。

虽然未发现随葬器物，但考虑到土坑形制和所处位置及独立封土的情况，仍将其视为墓葬。

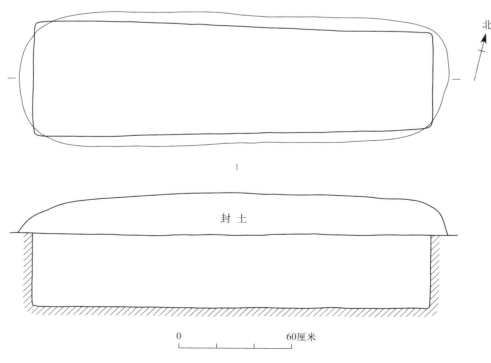

图七五　上水JXSD3M3平、剖面图

（二）器物群

器物群只有1处。

JXSD3Q1

JXSD3Q1位于土墩中部，中心坐标−1.50×0.50−0.56米。是一处有封土的器物群，封土被第④层叠压，叠压于第⑤层及JXSD3M1的填土上（图七六）。封土平面呈椭圆形，长1.65、宽0.91、高0.27米，封土黄褐色，土质松软、细腻。器物放置的层面较为平整。

出土器物3件，其中夹砂陶器1件，硬陶器2件，器形为鼎、罐和瓿。陶瓿叠置于陶鼎口部，陶罐向西北倒伏。

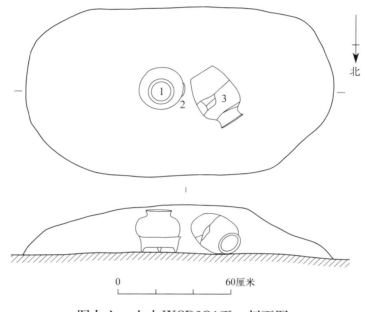

图七六　上水JXSD3Q1平、剖面图
1. 陶瓿　2. 陶鼎　3. 陶罐

鼎　1件。

JXSD3Q1：2，夹砂红褐陶。侈口，圆唇，折沿，斜直腹，圜底，腹、底间折，扁锥形足外撇。口径17.6、高11.6厘米（图七七，1；彩版四八，1）。

罐　1件。

JXSD3Q1：3，灰褐色硬陶。侈口，方唇，卷沿，唇缘外突，束颈，弧肩，鼓腹，平底略凹。腹部对称堆贴2条泥条装饰，环首，辫形尾。颈部饰弦纹，肩及上腹部饰菱形填线纹，下腹部饰方格纹，纹饰规整。器内壁肩部留有连续的指窝，底与腹粘合处有刮削痕迹。口径14.0、底径14.0、高28.2厘米（图七七，2；彩版四八，3）。

瓿　1件。

JXSD3Q1：1，灰褐色硬陶。侈口，尖唇，卷沿，束颈，平弧肩，扁鼓腹下收，平底内凹。肩下设对称的竖耳。颈部饰弦纹，肩部饰席纹，腹部饰方格纹，纹饰印痕较浅。口径14.8、底径12.0、高13.2厘米（图七七，3；彩版四八，2）。

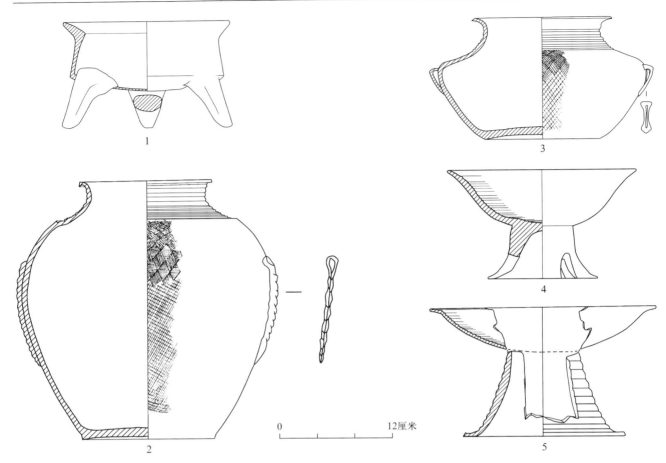

图七七　上水JXSD3Q1与地层出土器物

1. 陶鼎JXSD3Q1：2　2. 硬陶罐JXSD3Q1：3　3. 硬陶瓿JXSD3Q1：1　4. 原始瓷豆JXSD3③：1　5. 硬陶豆JXSD3③：2

（三）其他遗存

JXSD3内发现柱洞13个、窑1座。

1．JXSD3柱洞

柱洞位于土墩中部，共有13个，均开口于第④层下，打破第⑤层，其中Z12打破M1（图七八）。柱洞大小、深浅不一，平面圆形或椭圆形，皆直壁，圜底。柱洞直径0.12～0.34、深0.14～0.32米。柱洞内的填土红褐色，土质较硬。

柱洞平面布局较乱，不能确定建筑的型式，其分布区域大致呈西北至东南走向的"凸"字形，方向与M1相近，长约4.70、宽约3.10米。

2．JXSD3Y1

JXSD3Y1位于土墩西部墩脚处，方向约251°。开口于第①层下，打破第②层（图七九；彩版四八，4）。利用土墩坡势开挖筑成，由窑床、火膛、操作坑组成。窑壁烧结程度较高，壁面呈青灰色，向外由红褐色逐渐过渡至黄色。

窑床平面呈长方形，东西长约1.40、南北宽约1.65米。壁近直，残高约0.15米；底部平整，烧结程度较高，南北各有一条东西向沟槽，宽约0.10米。

　　火膛位于窑床西侧，为土洞式，顶部弧形，向东侧渐高，残高0.6米。平面呈半圆形，东西长约1.00、南北宽约1.65、底部低于窑床约0.45米。火膛壁、顶烧结程度较高，底部烧结程度较低。

　　窑门位于火膛的西端中部，顶弧形，直壁，底部铺设砖块。底宽0.43、高约0.30米。

　　窑西侧前有一长方形土坑，为烧窑操作空间，底面较平，壁规整，长2.15、宽1.30、深0.40米。

　　窑内填土中夹有炭灰及大量的块状红烧土，出土少量碎砖块，故推测此窑乃烧砖之用。砖块青灰色，残破，大小不详；砖块表面剥蚀严重，纹饰不清。由于此窑内未出土有年代特征明显的遗物，因此年代无法确定；但本地区考古资料显示砖的出现不早于汉代，可知此窑年代应不早于汉代。

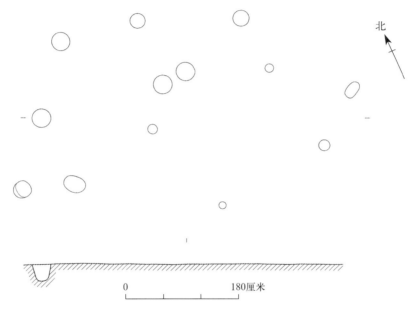

图七八　上水JXSD3柱洞平、剖面图
1、3.陶鼎　2.原始瓷碗　4.陶器盖　5.陶罐　6、7.硬陶坛　8.陶盆

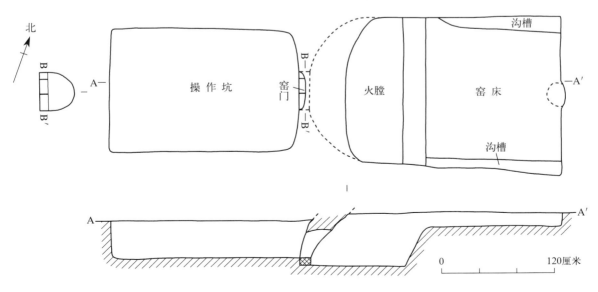

图七九　上水JXSD3Y1平、剖面图

（四）地层出土遗物

土墩的第③层中包含有少量陶器碎片，出土于该层不同位置的陶片经拼对发现2件豆较为完整，其余皆为不辨器形的腹片。

豆　2件。

JXSD3③：1，原始瓷，灰白色胎。敞口，圆唇，弧腹，圜底，喇叭状高圈足，下部有三个条形镂空，使圈足分成3瓣。豆盘内外壁皆留有旋痕，下腹部及圈足内外壁留有切削痕。豆盘口沿及内壁施黄绿色釉，釉层较薄。口径20、足径11.6、高11.8厘米（图七七，4）。

JXSD3③：2，灰色胎硬陶。敞口，圆唇，平折沿，弧腹，喇叭状高圈足，圈足底部外翻。沿面有多道弦纹，圈足上有弦纹和对称三角形镂孔，器内壁有轮旋痕。口径24.0、足径17.2、高14.0厘米（图七七，5）。

四　小结

JXSD3地层堆积共7层，第⑦层是建墩时平整地面时的垫土，堆积于较低的区域，形成较大的平面；第⑥~④层为水平堆积，位于中心位置，形成馒头形土墩；第③层是在土墩周边加筑的斜向封土，第②层是晚期形成的堆积。墩内有器物群1处、墓葬3座、柱洞1组、窑1座；器物群上有封土，位于墩中心位置；墓葬均为竖穴土坑墓，随葬器物仅0~6件；JXSD3M2位于墩中部偏北，开口于土墩斜面上，朝向墩心；JXSD3M1、M3位于墩中心位置，JXSD3M1与Q1及柱洞位置接近，地层关系相同，是相关联的遗迹；M3仅发现有长方形坑，没有随葬器物。

①→Y1→②→③→④→Q1→M1→柱洞→⑤→⑥→M3→⑦→生土，M2

JXSD3内的遗迹中JXSD3Y1最晚，是汉代以后在土墩上挖建的砖窑。器物群和墓葬中以JXSD3M3最早，但JXSD3M3内无随葬器物，其余器物群、墓葬出土器物的时代特征较为接近，夹砂陶鼎处于卷沿、弧腹与折沿、直腹的过渡阶段，硬陶器的颈较长、内束，肩稍平，纹饰主要为菱形填线纹、席纹与方格纹组合，并出土盂类小型器；原始瓷仅见豆，未见碗，以上是两周之交时期器物特征。

JXSD3的年代上限为西周晚期，下限为春秋早期。

第五节　上水土墩墓D4

一　概况

上水土墩墓D4（编号JXSD4）位于茅山东侧一条南北向岗地的东面缓坡处，处在宁常高速主线上，隶属于金坛市薛埠镇上水村，南距该村约200、西北距D1约30、东北距D3约50米。

　　D4遭后期严重破坏，表面植被已被工程施工破坏，施工翻动的碎土覆盖整个土墩，并在土墩北部大量堆积，表面凹凸不平，有多处凹坑，北部边缘被施工破坏。土墩呈馒头状，平面近椭圆形，东西底径约22、南北底径约19、墩顶至生土面高约1.50米（图八〇；彩版四九，1）。

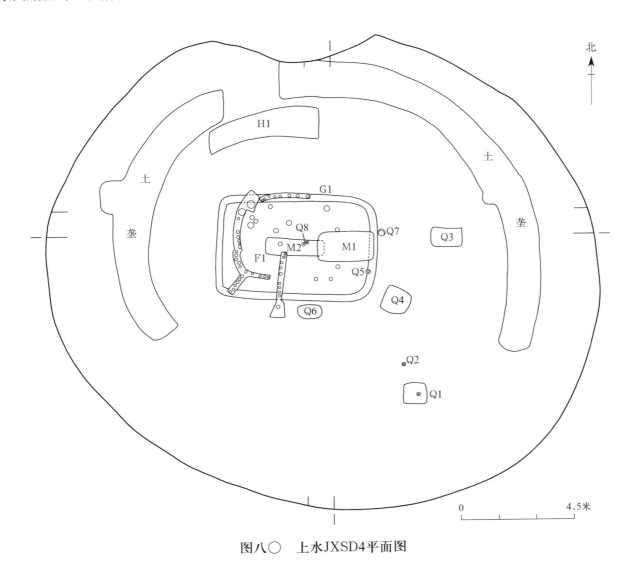

图八〇　上水JXSD4平面图

二　地层堆积

　　根据土质、土色和包含物的差异，JXSD4的堆积可分为依次叠压的11层（图八一；彩版四九，2）。

　　第①层：黄灰色土，厚0.10～0.20米。表土层，土质松软，夹杂大量的植物根茎。遍布全墩。本层下有墓葬JXSD4M1。

　　第②层：灰褐色土，深0.10～0.70、厚0～0.60米。土质纯净，细腻，坚硬。斜向堆积，仅分布于土墩南部。本层下有器物群JXSD4Q1。

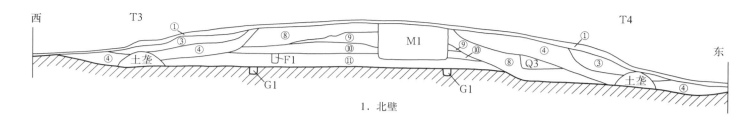

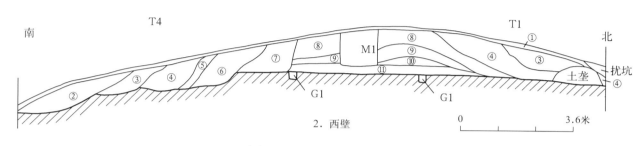

图八一　上水JXSD4剖面图

　　第③层：灰黄色土略泛红，深0.10～0.80、厚0～0.50米。土质纯净，稍硬。斜向堆积，呈环形分布于土墩平面的外围。本层下有器物群JXSD4Q2。

　　第④层：灰白色土夹杂红褐色土，深0.15～0.95、厚0～0.50米。土质纯净细腻，坚硬。斜向堆积，略呈环状分布于土墩平面的外围。本层下有器物群JXSD4Q3、Q4及灰坑JXSD4H1。

　　第⑤层：红褐色土，深0.10～1.00、厚约0.40米。土质硬，纯净。斜向堆积，分布于土墩南部很小的范围内。

　　第⑥层：灰黄色土，深0.10～1.20、厚约0.75米。夹有铁锰结核颗粒，纯净坚硬。斜向堆积，分布于土墩南部很小的范围内，平面位置在第⑤层的北侧。

　　第⑦层：红褐色土，深0.10～0.95、厚约0.75米。夹杂铁锰结核颗粒，纯净、坚硬。斜向堆积，分布于土墩南部很小的范围内，平面位置在第⑥层的北侧。本层下有器物群JXSD4Q6。

　　第⑧层：红褐色土，深0.10～1.40、厚0～0.70米。夹少量斑状灰白土，土质坚硬。呈圜丘状分布于土墩中部和东北部。

　　第⑨层：黄褐色土间有灰色花土，深0.35～1.20、厚约0.40米。土质坚硬。呈圜丘状分布于土墩中部。本层下有器物群JXSD4Q5、Q7、Q8。

　　第⑩层：灰色土，深0.70～1.20、厚约0.35米。土质细腻，纯净。较平坦，分布于土墩中部。本层下有墓葬JXSD4M2及房址JXSD4F1。

　　第⑪层：黄褐色土，深1.05～1.50、厚约0.40米。土质纯净，坚硬。平坦，分布土墩中部。本层下有沟JXSD4G1及土垄遗迹。

　　第⑪层下为生土，红褐色，夹大量铁锰结核，土质坚硬，纯净。

三　遗迹遗物

　　JXSD4发现的遗迹有墓葬、器物群、土垄、房址、沟和灰坑。

（一）墓葬

JXSD4共发现墓葬2座。皆位于土墩中部，为竖穴土坑墓。

1．JXSD4M1

JXSD4M1位于土墩中部，中心坐标1.00×−1.00−0.10米。墓坑开口于第①层下，打破第⑧层（图八二；彩版五〇，1）。墓坑平面呈长方形，方向约92°。坑口长2.20、宽1.20米，直壁，平底，墓深1.10米。坑内填土黄褐色，土质细腻、坚硬。

出土器物2件，放置在墓坑底部西南角，为硬陶坛和罐。

坛　1件。

JXSD4M1：2，灰色硬陶。侈口，圆唇，卷沿，束颈，溜肩，深鼓腹，平底。颈部与肩部连接处内外壁皆留有连续的按窝，内壁还留有抹刮痕。颈部饰弦纹，肩、腹部饰席纹和方格纹的组合纹。口径17.2、底径18.4、高46.4厘米（图八二，2；彩版五〇，2）。

罐　1件。

JXSD4M1：1，灰色硬陶。侈口，尖圆唇，卷沿，束颈，弧肩，鼓腹，平底略内凹。上腹贴附一对泥条捏制成的竖耳。颈部饰弦纹，肩部饰席纹，腹饰方格纹，纹饰规整。口径16.6、底径15.4、高27.2厘米（图八二，1；彩版五〇，3）。

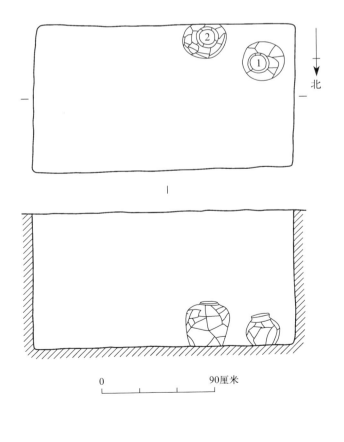

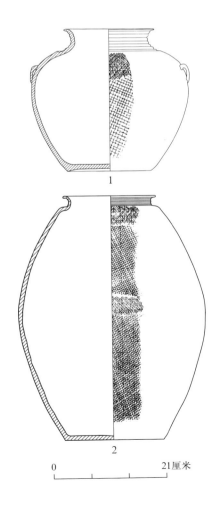

图八二　上水JXSD4M1及出土器物

1. 硬陶罐JXSD4M1：1　2. 硬陶坛JXSD4M1：2

2．JXSD4M2

JXSD4M2位于土墩平面的中心部，中心坐标−1.00×−1.00−1.05米。墓坑开口于第⑩层下，打破第⑪层（图八三；彩版五一，1）。墓坑平面略呈长方形，方向约92°。坑口长2.25、宽0.50～0.60米，直壁，平底，墓深0.80米。坑内填土灰褐色，夹杂铁锰结核，土质坚硬。

坑内虽未发现随葬品和人骨及葬具痕迹，但考虑到其形制和位置的情况，仍视其为墓葬。

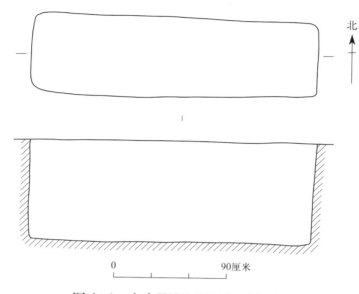

图八三 上水JXSD4M2平、剖面图

（二）器物群

JXSD4共发现器物群8处，主要分布于土墩中部和东南部，放置于不同层面或开口于不同层面的土坑内。每处器物群出土器物较少，大多为1～3件，仅Q6达7件。

1．JXSD4Q1

JXSD4Q1位于土墩东南部靠近墩脚处，中心坐标3.85×−7.00−0.90米。JXSD4Q1器物置于坑内，土坑开口于第②层下，打破第③层（图八四；彩版五一，2）。坑口平面略呈长方形，略倾斜，北高南低，东西长0.90、南北宽0.80米，弧壁，平底略斜，北部稍高，坑深0.10～0.18米。坑内填土与第②层一致。

出土硬陶瓿1件，正置于坑底。

瓿　1件。

JXSD4Q1：1，灰色硬陶。侈口，尖唇，卷沿，沿面有一道凹槽，弧肩，扁鼓腹，下腹略向内弧，平底。肩部贴附一对竖耳，各以两股小泥条捏制而成，器身略有变形。颈部饰弦纹，肩部饰菱形填线纹，腹部饰方格纹。口径14.5、底径13.8、高15.6厘米（图八四，1；彩版五二，1）。

2．JXSD4Q2

JXSD4Q2位于土墩东南部，中心坐标3.30×−5.75−1.10米。器物放置于第④层层面，被第③层叠压（图八五；彩版五二，3），放置层面较为平整。

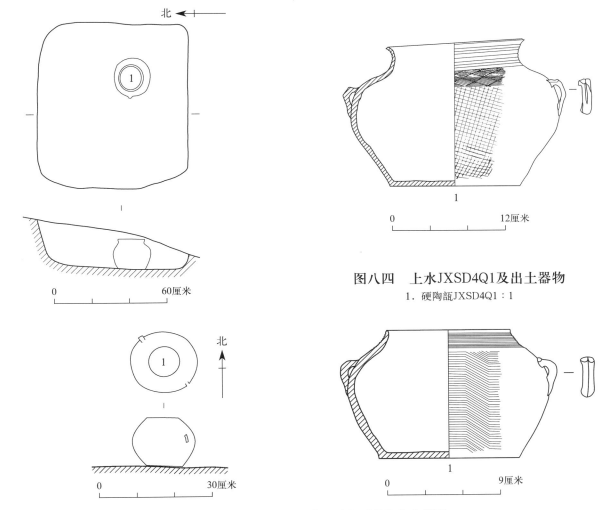

图八四　上水JXSD4Q1及出土器物
1. 硬陶瓿JXSD4Q1：1

图八五　上水JXSD4Q2及出土器物
1. 硬陶瓿JXSD4Q2：1

　　出土硬陶瓿1件，正置。

　　瓿　1件。

　　JXSD4Q2：1，灰色硬陶。敛口，圆唇，弧肩，扁鼓腹，平底。上腹部贴附一对竖耳，耳以两小泥条捏制。颈部饰弦纹，肩、腹部饰折线纹，近底部被抹平。口径9.8、底径11.2、高10.6厘米（图八五，1；彩版五二，2）。

3．JXSD4Q3

　　JXSD4Q3位于土墩东部，中心坐标5.00×-0.50-1.25米。器物置于簸箕形土坑内，土坑开口于第④层下，打破第⑧层（图八六）。土坑平面呈长方形，大致东西向，东侧敞开，开口面顺土墩坡面倾斜，西高东低，坑口长1.20、宽0.76米，直壁，平底，坑深0～0.46米。坑内填红褐色土，疏松。

　　出土硬陶瓿1件，正置于坑底南部。

　　瓿　1件。

　　JXSD4Q3：1，灰色硬陶。侈口，尖唇，卷沿，弧肩，扁鼓腹，平底。上腹部对称贴附双竖耳，

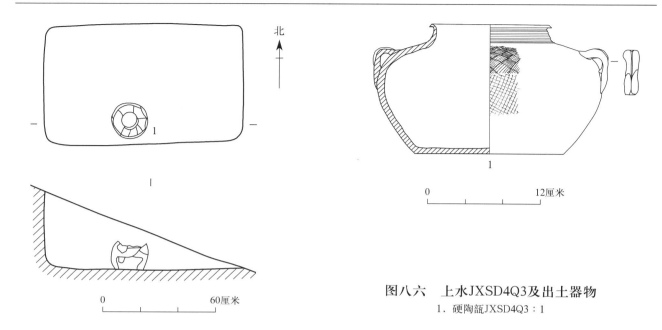

图八六　上水JXSD4Q3及出土器物
1. 硬陶瓿JXSD4Q3：1

各以两股泥条捏制，其中一耳残缺。颈部饰弦纹，肩及上腹部饰席纹，下腹部饰方格纹。口径13.0、底径15.8、高14.1厘米（图八六，1）。

4．JXSD4Q4

JXSD4Q4位于土墩中部偏东南，中心坐标3.00×−3.00−1.15米。器物置于簸箕形土坑内，土坑开口于第④层下，打破第⑧层（图八七；彩版五三，1）。土坑平面略呈梯形，东部较窄，东侧敞开，开口面顺土墩坡面倾斜，西北高东南低。坑口长1.05、宽0.70~1.05米，直壁，底面略倾斜，西北高东南低，深0~0.25米。坑内填灰黄色土，土质较松软。

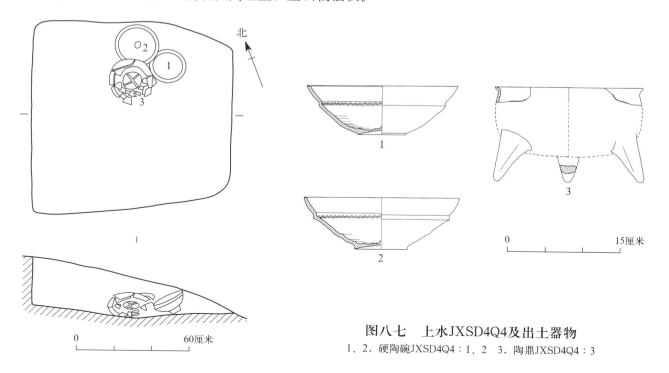

图八七　上水JXSD4Q4及出土器物
1、2. 硬陶碗JXSD4Q4：1、2　3. 陶鼎JXSD4Q4：3

出土夹砂陶鼎1件、硬陶碗2件，集中放置于坑底东侧，均正置。

鼎　1件。

JXSD4Q4：3，夹砂褐陶。残碎严重，仅复原口部及足。侈口，圆唇，卷沿，扁锥形足较矮。口径19.5、残高12.8厘米（图八七，3）。

碗　2件。

JXSD4Q4：1，褐色硬陶。敞口，圆唇，沿面内凹，折腹起棱，平底内凹。器内壁折棱下划水波纹，内底正中有一乳突，周围有同心弦纹。口径20.0、底径6.4、高6.6厘米（图八七，1；彩版五三，2）。

JXSD4Q4：2，褐色硬陶。敞口，圆唇，沿面内凹，折腹起棱，平底内凹。器内壁折棱下划水波纹，内底正中有一乳突，周围有同心弦纹。口径20.6、底径7.0、高7.0厘米（图八七，2；彩版五三，3）。

5．JXSD4Q5

JXSD4Q5位于土墩中部略偏东南，中心坐标1.90×-1.95-0.90米。器物放置于第⑩层层面，被第⑨层叠压（图八八；彩版五三，4），放置面较为平整。

出土硬陶罐1件，正置。

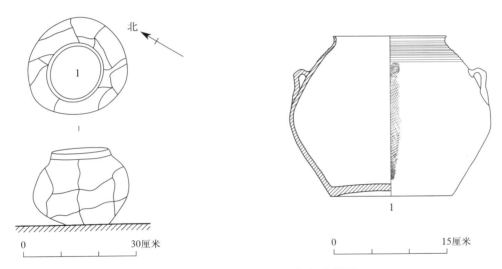

图八八　上水JXSD4Q5及出土器物
1．硬陶罐JXSD4Q5：1

罐　1件。

JXSD4Q5：1，灰褐色硬陶。直口微侈，圆唇，窄卷沿，溜肩，鼓腹，平底内凹。上腹部贴附一对竖耳，泥条捏制而成。口沿下饰弦纹，腹部饰方格纹。器内壁可见泥条盘筑的接缝，底与腹连接处可见刮抹痕。口径15.0、底径16.0、高22.0厘米（图八八，1；彩版五三，5）。

6．JXSD4Q6

JXSD4Q6位于土墩中部偏南，中心坐标0×-3.50-1.20米。器物置于浅土坑内，土坑开口于第⑦层下，打破第⑪层（图八九；彩版五四，1）。坑口平面略呈圆角长方形，大致东西向，长1.00、宽0.46米，斜壁，底部略有高低，坑深0.25米。坑内填红褐色土，土质较硬。

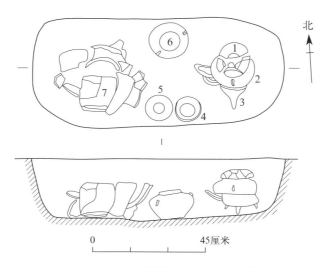

图八九　上水JXSD4Q6平、剖面图

1. 陶盆　2、6. 陶瓿　3. 陶鼎　4、5. 原始瓷豆　7. 陶罐

　　器物放置于坑底，共7件。其中夹砂陶器1件，泥质陶器1件，硬陶器3件，原始瓷器2件；器形有鼎、罐、瓿、盆、豆等。器物多正置，瓿JXSD4Q6：2置于鼎JXSD4Q6：3上，上扣盆JXSD4Q6：1作为器盖。

　　鼎　1件。

　　JXSD4Q6：3，夹砂红陶。侈口，卷沿，弧腹略折，圜底，锥形足。口径16.0、高10.8厘米（图九〇，1）。

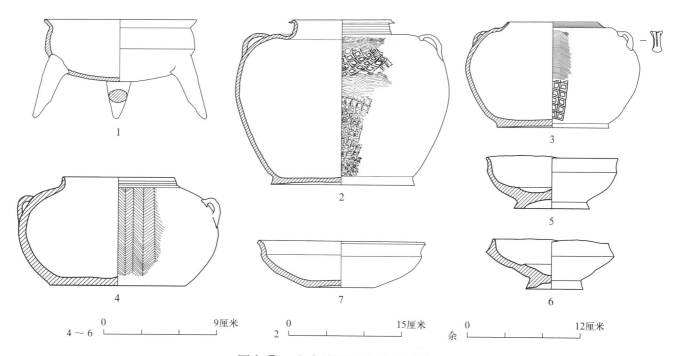

图九〇　上水JXSD4Q6出土器物

1. 陶鼎JXSD4Q6：3　2. 硬陶罐JXSD4Q6：7　3、4. 硬陶瓿JXSD4Q6：2、6　5、6. 原始瓷豆JXSD4Q6：4、5　7. 陶盆JXSD4Q6：1

罐　1件。

JXSD4Q6：7，灰色硬陶。侈口，尖唇，卷沿，沿面内凹，束颈，耸肩，鼓腹，腹、底接合部内束成假圈足状，平底略内凹。上腹贴附一对泥条捏制成的竖耳。颈部饰弦纹，肩、腹部饰折线纹和回纹的组合纹饰，纹饰印痕较浅。口径14.0、底径19.0、高22.4厘米（图九〇，2；彩版五四，2）。

瓿　2件。

JXSD4Q6：2，灰色硬陶。敛口，尖唇，折肩，扁鼓腹，腹、底接合部内束成假圈足状，平底略内凹。上腹对称贴附由两股泥条捏制成的竖耳。颈部饰弦纹，肩及上腹部饰折线纹，下腹部饰回纹。口径9.4、底径11.8、高11.4厘米（图九〇，3；彩版五四，3）。

JXSD4Q6：6，灰色硬陶。直口微敛，尖圆唇，弧肩，扁鼓腹，平底。上腹对称贴附由两股泥条捏制成的竖耳。颈部饰弦纹，肩、腹部饰叶脉纹。口径8.8、底径10.8、高8.8厘米（图九〇，4；彩版五四，4）。

盆　1件。

JXSD4Q6：1，泥质黑皮陶，褐色胎。敞口，方唇，卷沿，束颈，弧腹，平底内凹。口径17.8、底径7.2、高5.0厘米（图九〇，7；彩版五四，5）。

豆　2件。

JXSD4Q6：4，原始瓷，灰色胎。敞口，圆唇，折腹起脊。制作不规整。除圈足外施青绿色釉，釉剥落较甚。口径10.4、底径6.1、高4.2厘米（图九〇，5；彩版五五，1）。

JXSD4Q6：5，原始瓷，灰色胎。敞口，圆唇，折腹起脊。制作不规整。除圈足外施青绿色釉，釉剥落较甚。口径9.3、底径4.5、高4.0厘米（图九〇，6；彩版五五，2）。

7．JXSD4Q7

JXSD4Q7位于土墩中部偏东，中心坐标2.50×-0.40-1.00米。器物放置于第⑩层层面，被第⑨层叠压（图九一；彩版五五，3），放置面较为平整。

出土泥质陶圈足盘1件，正置。

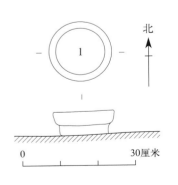
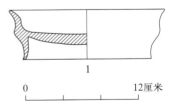

图九一　上水JXSD4Q7及出土器物
1. 陶圈足盘JXSD4Q7：1

圈足盘　1件。

JXSD4Q7：1，泥质黑皮陶。敞口，尖圆唇，卷沿，直腹，圈足，圜底近平。腹部有轮旋痕迹。口径16.4、底径13.6、高5.4厘米（图九一，1；彩版五五，4）。

8．JXSD4Q8

JXSD4Q8位于土墩中部，中心坐标-0.50×-0.75-1.00米。器物放置于第⑩层层面，被第⑨层叠压（图九二），放置面较为平整。

出土硬陶瓿2件，均正置。

瓿　2件。

JXSD4Q8：1，灰褐色硬陶。侈口，尖唇，卷沿，沿面内凹，耸肩，扁鼓腹，平底。上腹贴附一对由两股泥条捏制成的竖耳。肩、腹部饰折线纹。口径10.9、底径11.4、高7.2厘米（图九二，1；彩版五五，5）。

JXSD4Q8：2，灰褐色硬陶。侈口，尖唇，卷沿，沿下垂，弧肩，扁鼓腹，平底。颈部饰弦纹，肩、腹部饰折线纹，整体器形不对称。口径8.6、底径9.8、高8.5厘米（图九二，2；彩版五五，6）。

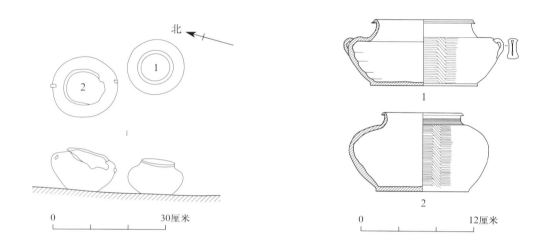

图九二　上水JXSD4Q8及出土器物
1、2. 硬陶瓿JXSD4Q8：1、2

（三）建筑遗存

土墩中发现房址1座，土垄1条，环形沟1条，编为JXSD4G1。

1．JXSD4F1

在土墩中心发现房址一座，编为JXSD4F1，开口于第⑩层下（图九三；彩版五六，1），柱洞、基槽打破JXSD4M2和第⑪层。

JXSD4F1仅存柱洞及基槽，平面近方形，长4.40、宽4.80米。推测门道向南，其北部及西部发现基槽，弧状，宽约0.22、深0.32米；南部有一道南北向基槽，可能为隔墙；东部不见基槽，仅有部分柱洞。柱洞共54个，平面均呈圆形，大小不一，直径0.08～0.30、深约0.30米，皆直壁，平底。基槽及柱洞内填土呈灰白色，土质较软，基槽内含有草木灰。

2．JXSD4土垄

JXSD4土垄位于土墩北部，堆筑于生土面上，被第⑪层叠压（图九四）。

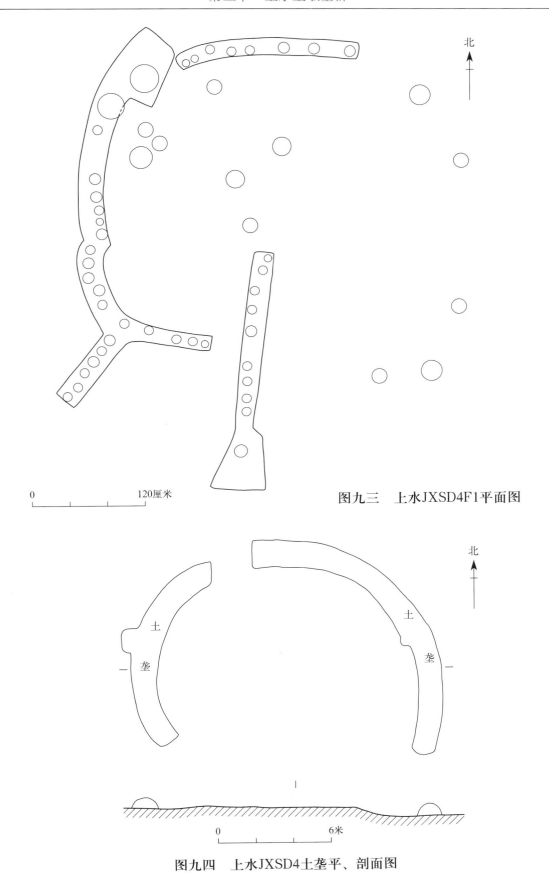

北

0　　　　　　120厘米

图九三　上水JXSD4F1平面图

北

土垄

土垄

0　　　　　　6米

图九四　上水JXSD4土垄平、剖面图

　　JXSD4土垄平面略呈括弧状包围墩心，南部敞开，北部有缺口将土垄分为两段。西侧一段长约11、东侧一段长约17米；土垄截面呈圆弧形，宽1.10～1.60、高约0.60米。缺口处宽约2.20米。

　　JXSD4土垄用红色土堆积而成，土质坚硬、细腻，纯净不含杂质，这种土不见于土墩其他堆积以及土墩附近的自然地层，当是专门选自于离土墩较远的某处地点。

　　JXSD4土垄在建墩之前已堆成，位于土墩早期堆积的外围，可能是该土墩墓早期的界域标志。随着土墩的逐步扩大，至堆积第③层后，土垄被包入土墩。

3．JXSD4G1

　　JXSD4G1位于土墩平面的中部，开口于第⑪层下，打破生土层（图九五；彩版五六，3）。JXSD4G1围绕的范围平面呈圆角长方形，长约6.25、宽约4.2米。沟全长约21、宽0.20～0.30米，直壁，平底，深约0.22米。沟内填土青灰色，土质较松软。

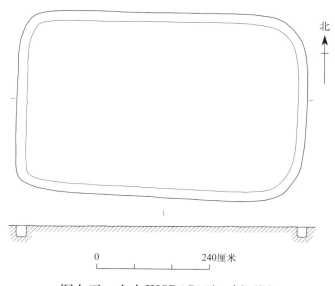

图九五　上水JXSD4G1平、剖面图

（四）灰坑

　　土墩中发现灰坑1座，编为JXSD4H1。

JXSD4H1

　　JXSD4H1位于土墩北部略偏西，口部中心坐标−2.10×3.90−1.40米，开口于第④层下，打破第⑪层（图九六）。JXSD4H1平面长条形，长边呈弧形，大致东西向，东部较宽，长约4.20、宽0.84～1.20米，直壁，平底，深0.26米。坑内填土灰白色，坚硬，纯净，未发现任何器物。

（五）地层出土遗物

　　在清理JXSD4的过程中，表面采集到1件残破的硬陶坛，另在地层中出土一些残破器物。

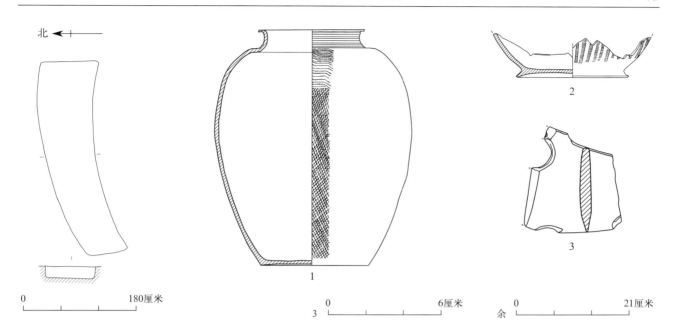

图九六 上水JXSD4H1与地层等出土器物
1. 硬陶坛JXSD4采：1 2. 圈足器JXSD4⑦：1 3. 石刀JXSD4②：1

坛 1件。

JXSD4采：1，灰褐色胎硬陶。侈口，方唇，唇面内凹，卷沿，束颈，弧肩，深弧腹，平底略内凹。颈部饰弦纹，肩及上腹部饰折线纹，下腹部饰方格纹，印纹密集且较深，颈、肩交接处内外皆留有连续的按窝。口径19.8、底径20.0、高44.8厘米（图九六，1；彩版五六，2）。

圈足器 1件。

JXSD4⑦：1，仅存底部。圈足与器底分制粘接。泥质红褐陶。平底，矮圈足，腹部饰梯格纹。底径20.4、残高8.4厘米（图九六，2）。

石刀 1件。

JXSD4②：1，仅剩中间一段。弧刃，刃端锋利，背部后端凸起，上部有一穿孔，孔为对钻。磨制精致，刃端有使用留下的崩疤。残长5.7、残宽5.2、最厚0.6厘米（图九六，3）。

四 小结

JXSD4顶部较平坦，表面采集到一些与墩内相近的遗物，可见土墩晚期遭到较为严重的破坏。土墩内的堆积分为11层，发现墓葬2座、器物群8处及土垄、房址、灰沟、灰坑等遗迹，根据土墩地层和遗迹的叠压关系，JXSD4的形成大致经历如下过程：首先于较为平整的生土面上堆筑弧形土垄并挖建JXSD4G1，于土垄围成的范围中部堆积第⑪层，并于此层面构建JXSD4M2和F1；再于其上堆积第⑩、⑨和⑧层形成圜丘，在此过程中埋放JXSD4Q5、Q6、Q7、Q8；然后在土垄南侧敞开的部分堆筑第⑦、⑥、⑤层，这三层和土垄使土墩外围形成大致封闭（北侧留有缺口）的环状围绕墩心；最后加封第④～②层封土，过程中放置JXSD4Q2和Q1。

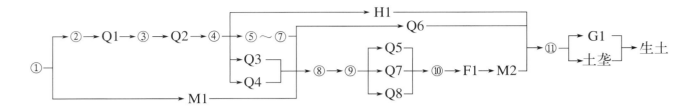

　　墓葬为竖穴土坑型，位于土墩大致中心位置；器物群散布于墩内，分布无规律；各遗迹单元出土遗物较少，除JXSD4Q6有7件外，大多仅1件。

　　各遗迹单元出土遗物特征较接近，出土的夹砂陶鼎卷沿或较窄的折沿，弧腹，足稍矮；硬陶器与上水D3出土的硬陶器造型较为接近，纹饰既有折线纹和回纹，也有方格纹、席纹和菱形填线纹；原始瓷仅有矮圈足豆；出土器物符合两周之交时期的器物特征。

　　JXSD4的年代上限为西周晚期，下限为春秋早期。

第四章 茅东林场土墩墓群

第一节 概述

茅东林场土墩墓群位于薛埠镇茅东林场南部，西南距薛埠镇约1500米，南约200米为余家棚自然村，西距上水土墩墓群约900、东距许家沟土墩墓群约1200米，中心地理坐标为东经119°22.384′，北纬31°43.894′，地面海拔约17~25米。是一处分布较为集中的土墩墓群（图九七；彩版五七，1、2）。

本次发掘了该土墩墓群中受高速公路工程影响的7座土墩墓（编号JXMD1~D7，以下简称D1~D7），土墩分布于两条大致平行的南北向岗地上，D1~D6位于东侧岗地顶部及两侧较缓的坡

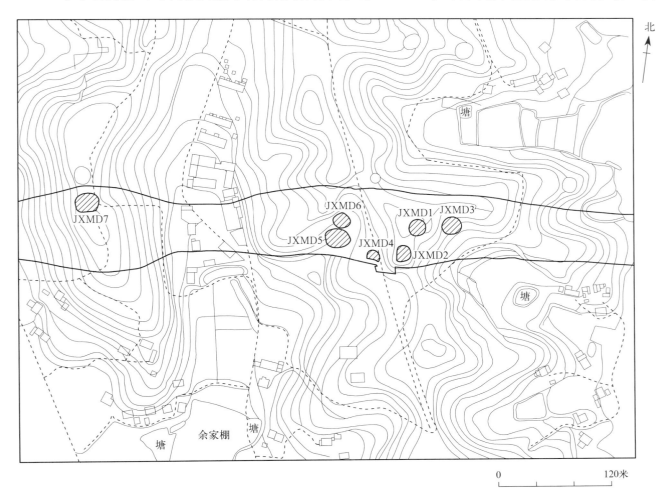

0   120米

图九七 茅东林场土墩墓群分布平面图

地上，D7位于西侧岗地顶部。

　　岗地原是茅东林场的一部分，为茂盛的人工杉树林和竹林，考古队开始工作前，工程施工单位已对公路占地范围内的植被及表层土作了清理，并于其占地范围南侧修筑一条宽约5米的施工便道，施工对土墩的外观和表土层造成了破坏，一些土墩部分被切削或顶部被推平，遭到严重破坏。

第二节　茅东林场土墩墓D1

一　概况

　　JXMD1位于东侧岗地顶部，宁常高速公路主线上，隶属茅东林场，西南距薛埠镇上阳村余家棚自然村约320米，向东约200米为金坛市盘固水泥厂输送带，东距JXMD3约50、西南距JXMD2约35米。

　　JXMD1较低矮，顶部呈缓坡状，平面近圆形，考古队进驻工地时，土墩北部已被破坏，墩表植被已被清除，表面为施工机械翻动、碾压的碎土，凹凸不平，地面发现有较多碎陶片。JXMD1底部东西长约15.50、南北残长约15.00、墩顶至生土面残高约0.55米（图九八）。

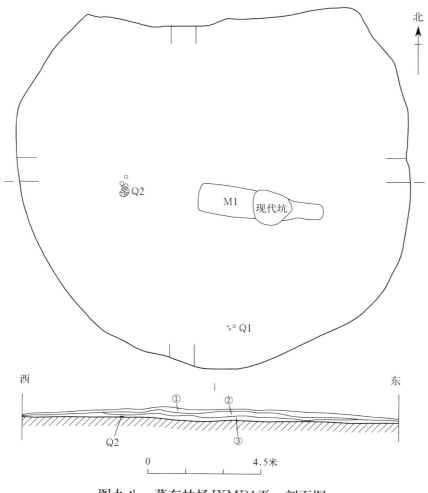

图九八　茅东林场JXMD1平、剖面图

二　地层堆积

JXMD1破坏严重，堆积较薄。根据土色、土质和包含物的不同，其堆积可分为依次叠压的3层（图九八）。

第①层：黄褐色土，厚0.05～0.35米。表土层，为施工机械翻动、碾压形成的地层，土较杂，被碾压的部分土质硬。土墩中部偏东南第①层下有现代坑1处。

第②层：栗红色土，深0.05～0.30、厚0～0.25米。土质细腻、纯净。较平坦，分布于土墩平面的中部，平面范围近圆形，直径约9米。本层下有墓葬JXMD1M1、器物群JXMD1Q1。

第③层：灰黄色土，深0.05～0.55、厚0～0.35米。土质疏松，夹杂大量黑色铁锰结核颗粒。第③层较平坦，分布范围稍大于第②层，遍布整个土墩。本层下有器物群JXMD1Q2。

第③层下即为生土，红褐色，夹杂大量黑色的铁锰结核颗粒，土质坚硬。层面基本水平。

三　遗迹遗物

D1发现的遗迹有器物群和墓葬，皆出土陶瓷器物。

（一）墓葬

JXMD1发现墓葬1座。

JXMD1M1

JXMD1M1位于土墩中部偏东，中心坐标3.50×−1.50−0.35米。开口于第②层下，打破第③层，中部被一个现代坑打破（图九九）。为竖穴土坑墓，墓坑口部平面呈长条形，西部宽、东部窄，方向约105°。长约5.05、西端宽1.27、东端宽0.60米，直壁，坑深0.32～0.55米。坑内填土为青灰色土与红褐色土混杂的花土，土质松软。墓内不见人骨及葬具痕迹，西部坑底放置有少量小石块。随葬器物放置于西部坑底，出土时器形较大者破碎较甚。陶坛向北侧歪倒，其余器物均正置，3件陶盉呈品字形分布。

出土器物9件，其中泥质陶器4件，硬陶器5件；器形有坛、罐、瓿、盆、碗、盉、纺轮等。

坛　1件。

JXMD1M1：7，灰褐色硬陶。侈口，尖唇，卷沿，沿面有一道凹槽，束颈，溜肩，深弧腹，平底略凹。颈部饰弦纹，肩、腹部饰菱形填线纹，纹饰印痕较浅。口径16.0、底径18.0、高41.4厘米（图一○○，1；彩版五八，1）。

罐　1件。

JXMD1M1：6，泥质黑皮陶，灰白色胎。直口，尖圆唇，折肩，鼓腹，平底略内凹。口径10.8、底径10.0、高12.0厘米（图一○○，2；彩版五八，2）。

瓿　1件。

JXMD1M1：4，泥质黑皮陶。敛口，方唇，唇缘外突，扁鼓腹，平底。肩、腹部贴附一对竖耳，耳用双股泥条捏制而成，下有长尾。肩部饰横叶脉状戳点纹一周。口径9.2、底径14.2、高12.5厘

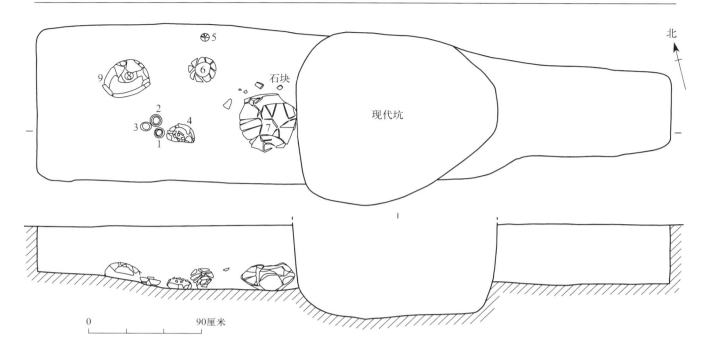

图九九　茅东林场JXMD1M1平、剖面图

1～3. 硬陶盉　4. 陶瓿　5. 陶纺轮　6. 陶罐　7. 硬陶坛　8. 硬陶碗　9. 陶盆

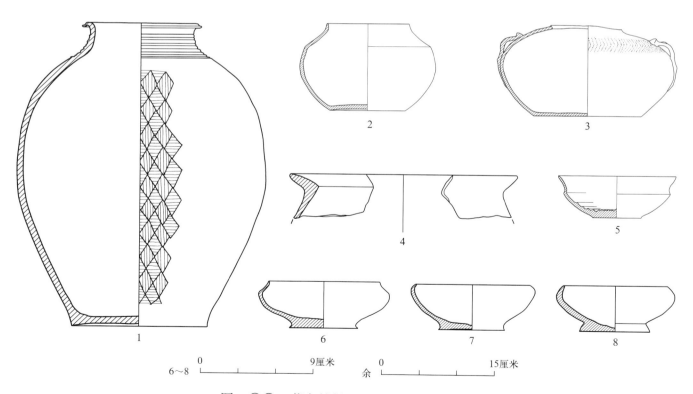

图一〇〇　茅东林场JXMD1M1出土器物

1. 硬陶坛JXMD1M1：7　2. 陶罐JXMD1M1：6　3. 陶瓿JXMD1M1：4　4. 陶盆JXMD1M1：9　5. 硬陶碗JXMD1M1：8　6～8. 硬陶盉JXMD1M1：1、2、3

米（图一〇〇，3；彩版五八，3）。

盆　1件。

JXMD1M1：9，泥质黑皮陶。残碎，仅复原口部。侈口，圆唇，折沿。口径30.0、残高3.7厘米（图一〇〇，4）。

碗　1件。

JXMD1M1：8，灰褐色硬陶。敞口，尖圆唇，折腹，上腹内弧，下腹弧收，平底。器内有螺旋纹，外底有线切割痕。口径15.6、底径6.4、高5.6厘米（图一〇〇，5；彩版五八，4）。

盂　3件。

JXMD1M1：1，硬陶，红褐色胎。敛口，尖唇，弧腹，假圈足，平底。外底有线切割痕迹。口径8.8、底径5.4、高3.8厘米（图一〇〇，6；彩版五八，5）。

JXMD1M1：2，硬陶，橙红色胎。敛口，尖圆唇，弧腹，假圈足，平底稍内凹。外底有线切割痕迹。口径9.0、底径5.2、高3.7厘米（图一〇〇，7；彩版五九，1）。

JXMD1M1：3，硬陶，红褐色胎。敛口，尖圆唇，弧腹，假圈足，平底。外底有线切割痕迹。口径8.2、底径5.6、高3.8厘米（图一〇〇，8；彩版五九，2）。

纺轮　1件。

JXMD1M1：5，泥质黑皮陶，灰褐色胎。算珠形，破碎较为严重，无法复原。

（二）器物群

JXMD1共发现器物群2处，放置于土墩南部和西部。

1. JXMD1Q1

JXMD1Q1处于土墩南部略偏东近墩脚处，中心坐标2.00×−6.50−0.45米。器物放置于平整的生土面上，被第②层叠压（图一〇一）。

出土泥质陶罐1件，出土时破碎严重。

罐　1件。

JXMD1Q1：1，泥质红陶。口及上腹部残缺，弧腹，平底。腹部饰方格纹。底径14.6、残高7.6厘米（图一〇一，1；彩版五九，3）。

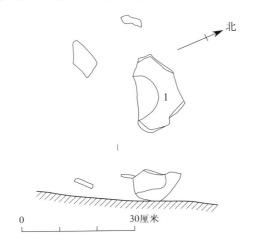

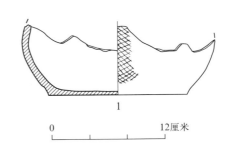

图一〇一　茅东林场JXMD1Q1及出土器物

1. 陶罐JXMD1Q1：1

2．JXMD1Q2

JXMD1Q2处于土墩西部，中心坐标−2.25×−0.75−0.30米。器物放置于生土面上，被第③层叠压（图一〇二；彩版六〇，1）。器物大致排列成南北向一条直线，集中分布在长约0.85、宽约0.43米的范围内，放置的面略有起伏，北侧略高。

出土器物7件，其中夹砂陶器1件，泥质陶器1件，硬陶器5件；器形有鼎、罐、瓿、碗、盂等。2件陶罐向北侧倒伏，陶鼎倒扣在地，其余器物正置。

鼎　1件。

JXMD1Q2：6，夹砂红陶。侈口，圆唇，窄卷沿，沿面略内凹，束颈，弧腹，圜底近平，圆锥形足。足根处各有一上翘的角状耳。口径17.0、高13.4厘米（图一〇三，1；彩版五九，4）。

罐　1件。

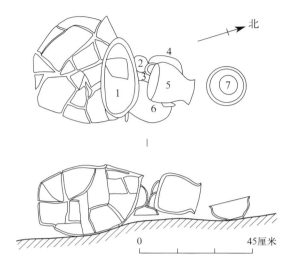

图一〇二　茅东林场JXMD1Q2平、剖面图
1. 陶瓿　2、4、7. 陶碗　3. 陶盂　5. 硬陶罐　6. 陶鼎

JXMD1Q2：5，灰褐色硬陶，器表灰黑色。侈口，唇部残，束颈，溜肩，垂腹，平底微凹。腹部饰方格纹，口沿内侧及器表外施黑色陶衣，局部剥落，口及上腹部有爆浆釉。内壁留有抹刮痕，器身略歪。底径16.2、残高16.8厘米（图一〇三，2；彩版五九，5）。

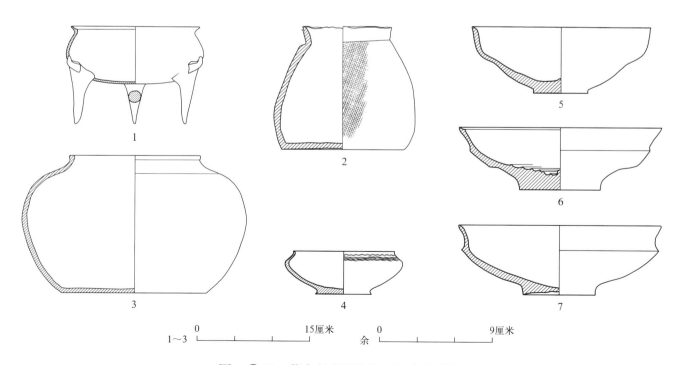

0　　　　　　15厘米
1～3
0　　　　　9厘米
余

图一〇三　茅东林场JXMD1Q2出土器物
1. 陶鼎JXMD1Q2：6　2. 硬陶罐JXMD1Q2：5　3. 陶瓿JXMD1Q2：1　4. 硬陶盂JXMD1Q2：3　5～7. 硬陶碗JXMD1Q2：2、4、7

瓿　1件。

JXMD1Q2：1，泥质灰陶。直口微敛，圆唇，窄卷沿，弧肩，扁鼓腹，平底。肩部划凹弦纹一周。口径17.2、底径19.2、高18.6厘米（图一〇三，3）。

碗　3件。

JXMD1Q2：2，灰色硬陶。敞口，尖圆唇，弧腹下收，假圈足，平底。内底部中心有乳状突起，器身略有变形。口径14.2、底径4.3、高5.4厘米（图一〇三，5；彩版五九，6）。

JXMD1Q2：4，灰色硬陶。敞口，圆唇，沿面有一道凹槽，折腹起棱，假圈足，平底。器内有螺旋纹，内底部中心有乳状突起，外底面有线割痕迹。口径16.2、底径6.4、高5.0厘米（图一〇三，6；彩版六〇，2）。

JXMD1Q2：7，灰色硬陶。敞口，尖圆唇，折腹起棱，上腹内弧，下腹斜收，假圈足，平底微内凹。外底有线割痕迹，器身有鼓泡。口径15.8、底径5.8、高5.6厘米（图一〇三，7；彩版六〇，3）。

盂　1件。

JXMD1Q2：3，灰褐色硬陶。敛口，尖唇，窄卷沿，弧肩，弧腹，假圈足，平底。外沿下刻划水波纹。口径8.0、底径4.4、高3.5厘米（图一〇三，4；彩版六〇，4）。

四　小结

JXMD1直径较小，破坏严重，残高仅0.55米。第②、③层为土墩原始堆积，厚仅0.4米，较平坦，且大致满分布。墩内发现器物群2处、墓葬1座。器物群分布在土墩稍边缘位置；墓葬为竖穴土坑型，位于墩中部，大致东西向。

$$① \rightarrow ② \rightarrow \begin{array}{c} M1 \rightarrow ③ \rightarrow Q2 \\ Q1 \end{array} \rightarrow 生土$$

JXMD1遗迹单元较少，各遗迹出土遗物特征接近，因此土墩形成的年代较短。出土的夹砂陶鼎卷沿较窄，弧腹，足跟部有勾耳；硬陶器以碗、盂等小型器为主，坛仅1件，颈较长内束，最大腹径在中部，饰大单元菱形填线纹；由此推测JXMD1的年代为春秋早期。

第三节　茅东林场土墩墓D2

一　概况

茅东土墩墓D2（编号JXMD2）位于东侧南北向岗地的顶部，其西有一条南北向乡村道路，隶属薛埠镇茅东林场，东北约35米为JXMD1，西约20米为JXMD4。

JXMD2外观呈馒头形，平面呈圆形，南北底径约25.60、东西底径约24.90、墩顶至生土面高约3.60米。在考古队进入现场时，土墩表面已在施工中部分破坏，留有几处凹陷和堆土，表面凹凸不平（图一〇四；彩版六一，1、2）。

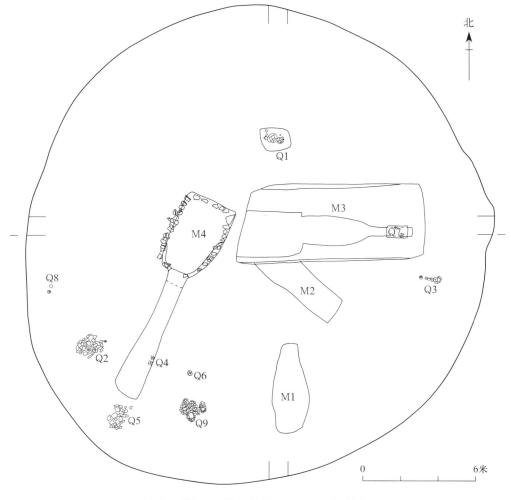

图一〇四　茅东林场JXMD2平面图

二　地层堆积

　　根据土质、土色和包含物的差别，JXMD2的地层堆积可分为依次叠压的17层（图一〇五；彩版六二，1、2）。

　　第①层：表土层，厚0.05～0.35米。为施工队清理地表植被时碾压和翻动的地层，土色杂乱，其中夹杂有较多植被的根系。遍布土墩表面。本层下有6个现代坑，大小、深浅不等，形状略呈圆形，其内填土土色杂乱，非常松软，有的还夹杂大量的尚未完全腐烂的树木枝叶，多分布于土墩的东南部，据村民反映这些土坑是20世纪六七十年代挖建的山芋窖。

　　第②层：红褐色土，深0.10～1.1、厚0～0.95米。夹杂铁锈斑，土质较松软，纯净，未见遗物。斜向堆积，分布于土墩中部偏东。

　　第③层：黄褐色土，深0.10～1.25、厚0～1.10米。较细密、疏松，纯净，未见遗物。斜向堆积，分布于土墩东部。

　　第④层：灰褐色土，深0.35～1.90、厚0～0.90米。稍黏，较细密，纯净，未见遗物。斜向堆积，

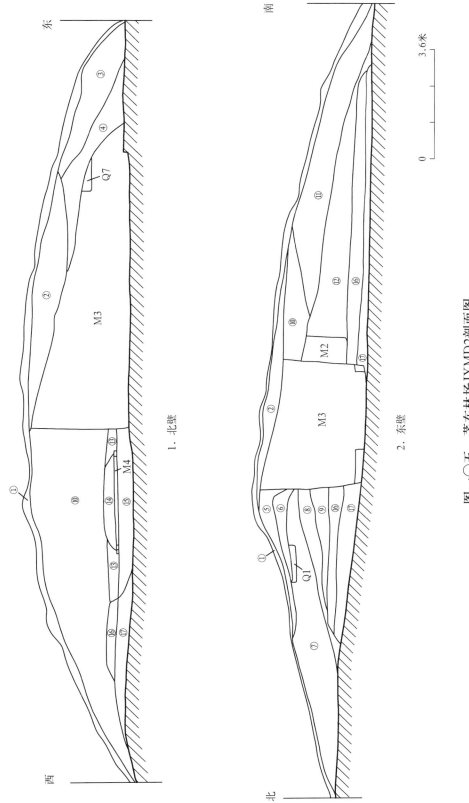

图一〇五　茅东林场JXMD2剖面图

分布于土墩东部。本层下有器物群JXMD2Q3、Q7、墓葬JXMD2M3。

第⑤层：黄褐色土，深0.20～1.20、厚0～1.00米。土质细密、较黏，纯净，未见遗物。斜向堆积，分布于土墩中部偏东北。

第⑥层：深褐色土，深0.25～1.30、厚0～0.50米。夹红褐色铁锈斑，土质较硬，纯净，未见遗物。斜向堆积，平面位置与第⑤层同，范围略小。本层下有器物群JXMD2Q1。

第⑦层：红褐色土，深0.20～1.20、厚0～1.25米。夹铁锈斑，土质细密、较黏，纯净，未见遗物。斜向堆积，分布于土墩的东北部。

第⑧层：黄褐色土，深1.20～1.80、厚0～0.50米。土质较细腻，稍黏，纯净，未见遗物。斜向堆积，分布于土墩北部。

第⑨层：黄褐色土夹白斑，深1.25～2.30、厚0～0.60米。土质较细腻，稍黏，纯净，未见遗物。斜向堆积，平面位置与第⑧层略同，范围较小。

第⑩层：黄褐色土，深0.20～2.70、厚0～2.50米。土质较细腻，含少量砂质。分布在土墩中部和西部。本层下有器物群JXMD2Q4、Q8。

第⑪层：红褐色土，深0.10～1.50、厚0～1.00米。含少量砂质，土质较松软，纯净，未见遗物。斜向堆积，分布于土墩的南部。本层下有器物群JXMD2Q2、Q5、Q6、Q9及墓葬JXMD2M1、M2。

第⑫层：黄褐色土，深1.20～2.80、厚0～1.30米。局部集中堆积白土，平面呈条带状，白土与黄褐土错杂叠压，土质较硬，纯净，未见遗物。顶面倾斜，底部较平，分布于土墩的南部。本层下有土垄遗迹。

第⑬层：黄褐色土，深2.55～3.50、厚约0.40米。夹砂质颗粒，土质较硬，纯净，未见遗物。顶面较平，分布在土墩的中部略偏西，平面呈环形，围绕着JXMD2M4。

第⑭层：灰褐色土，深2.80～3.30、厚约0.50米。夹白色斑点，土质细密，纯净，未见遗物。分布在土墩的中部略偏西，呈圆丘状，叠压于墓葬JXMD2M4之上。

第⑮层：黄褐色土，深2.80～3.00、厚约0.50米。土质细密，纯净，未见遗物。分布于土墩的中部偏西，平面略呈长方形，堆积顶面较为平整。

第⑯层：灰白色土，深0.70～3.45、厚0～0.05米。细腻，纯净，未见包含物。分布于土墩的中部偏西，平面呈环形，堆积较为平整。

第⑰层：栗红色土，深1.00～3.58、厚0～0.60米。细腻，纯净，未见包含物。分布于土墩的中部偏西，平面亦呈环形，范围较第⑯层大，堆积较为平整。

第⑰层下为生土层，红褐色，夹杂较多的铁锰结核，土质坚硬。生土面较为平整。

三　遗迹遗物

JXMD2发现的遗迹主要包括墓葬、器物群和土垄，器物群和墓葬中皆出土有遗物。

（一）墓葬

JXMD2中发现墓葬4座，分布于土墩中部和南部。

1．JXMD2M1

JXMD2M1位于土墩南部，中心坐标1.50×－8.00－2.70米。挖有浅坑，开口于第⑪层下，打破第⑫层（图一〇六；彩版六三，1、2）。坑口平面呈长条形，南北向，两端稍窄，中间鼓突，南北长4.90、南端宽1.40、北端宽0.80、中部最宽处宽2.00米，弧壁，底面凹凸不平，总体呈北高南低，东高西低，墓坑深0.28～0.39米。填土与第⑪层一致，红褐色。坑内未见人骨和葬具的痕迹，墓底局部发现有红色漆皮痕迹。随葬器物52件，分为3组，集中放置在墓坑西侧和南、北两端；出土现场可见盆、钵类器大多扣置于坛、罐类器口之上，作器盖之用，器形较大的器物破碎较甚，泥质陶盆尤为严重。

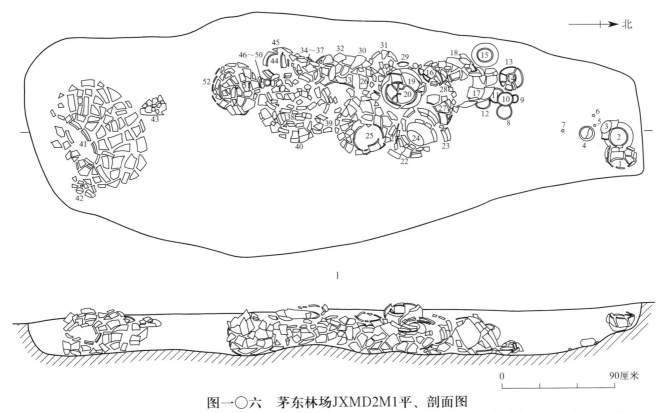

图一〇六　茅东林场JXMD2M1平、剖面图

1. 原始瓷瓿　2、3、15、27、45. 陶瓿　4、9. 原始瓷罐　5～7. 陶纺轮　8～14、35、46～50. 原始瓷碗　16. 陶盆　17、18、26、28、30～32、34、38、39、42～44、52. 陶钵　20. 陶器盖　22、23、36、37. 陶鼎　24. 陶器

随葬器物52件，其中夹砂陶器5件，泥质陶器19件，硬陶器12件，原始瓷器16件；器形有鼎、坛、罐、瓿、盆、钵、碗、器盖、纺轮等。

鼎　4件。

夹砂红陶，腹和底部残失。口部厚，腹及底部器壁薄。

JXMD2M1：22，侈口，圆唇，折沿，上腹较直，下腹残，圜底，柱状足。口径34.4厘米（图一〇七，1）。

JXMD2M1：23，侈口，圆唇，折沿，腹较直，中部残缺，圜底，扁方足。口径25.4厘米（图一〇七，2）。

JXMD2M1：37，侈口，尖圆唇，折沿，舌形足，足尖残缺。口径20.2厘米（图一〇七，3）。

JXMD2M1：36，侈口，圆唇，折沿，圜底，底、腹间折，柱状足。口径32.4厘米（图一〇七，4）。

坛　7件。

硬陶。侈口，卷沿，沿面内凹，束颈，平底。

JXMD2M1：18，灰色胎。残碎严重，无法复原。

JXMD2M1：25，灰褐色胎。尖唇，肩弧折，弧腹，底内凹。颈部饰弦纹，上腹部饰席纹，下腹部饰菱形填线纹，纹饰细密，印痕清晰。口径22.8、底径17.4、高33.2厘米（图一〇八，1；彩版六四，1）。

JXMD2M1：29，灰褐色胎。尖唇，肩弧折，深弧腹，底微凹。颈部饰弦纹，肩及上腹部饰方格纹，下腹部饰菱形填线纹。肩部局部有青黑色爆浆釉。口径22.6、底径21.0、高48.0厘米（图一〇八，2；彩版六四，2）。

JXMD2M1：41，砖红色胎，胎质较疏松。尖唇，弧肩，深弧腹，底内凹。上腹部饰席纹，下腹部饰方格纹，纹饰较模糊。颈、肩粘接处可见指窝痕，外表腹部略有凹凸。口径30.0、底径28.7、高51.6厘米（图一〇八，3；彩版六四，3）。

JXMD2M1：51，灰色胎。尖圆唇，肩弧折，弧腹。颈部饰弦纹，肩及上腹部饰席纹，下腹部饰菱形填线纹。口径18.6、底径18.2、高32.0厘米（图一〇八，4；彩版六四，4）。

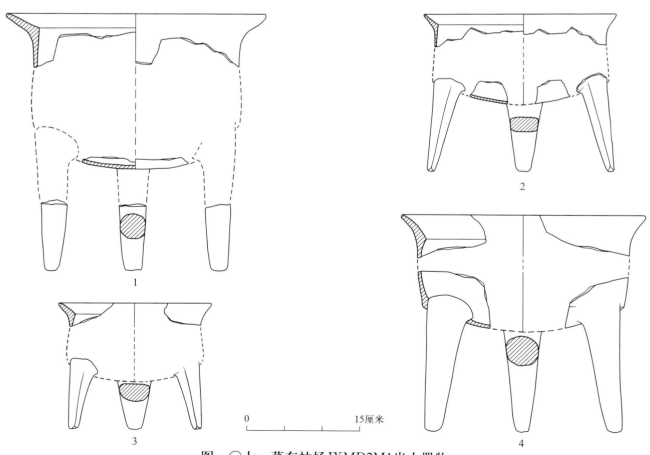

0　　　　　　　　　　15厘米

图一〇七　茅东林场JXMD2M1出土器物

1～4. 陶鼎JXMD2M1：22、23、37、36

JXMD2M1：33，灰褐色胎。尖圆唇，肩弧折，深弧腹，底内凹。颈部饰弦纹，肩及上腹部饰席纹，下腹部饰菱形填线纹。底与腹部粘接处有刮抹痕迹，器内可见明显泥条盘筑的接缝，器外表略有凹凸。口径19.8、底径21.8、高45.8厘米（图一○八，5；彩版六五，1）。

JXMD2M1：40，灰黄色胎，器表黄褐色。圆唇，肩弧折，深弧腹。颈部饰弦纹，上腹部饰席纹，下腹饰菱形填线纹。器身略有变形。口径18.6、底径20.2、高41.7厘米（图一○八，6；彩版六五，2）。

罐　1件。

JXMD2M1：19，原始瓷，灰白色胎。敛口，方唇，窄折沿，沿面有一道凹槽，溜肩，筒形腹，平底。肩部堆贴有对称的"几"字形堆饰，以泥条捏制。外沿下饰水波纹，腹部饰窗格纹。外壁施青绿色釉，釉剥落严重。口径20.0、底径18.0、高26.0厘米（图一○九，1；彩版六五，3）。

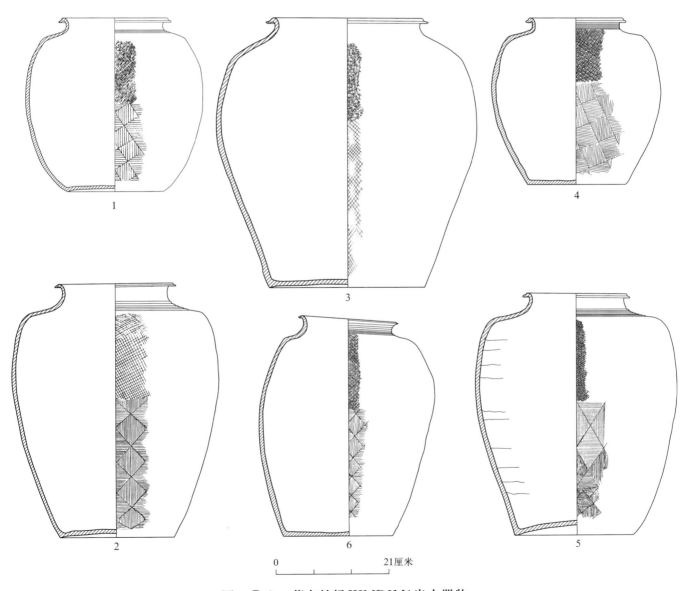

图一○八　茅东林场JXMD2M1出土器物

1～6. 硬陶坛JXMD2M1：25、29、41、51、33、40

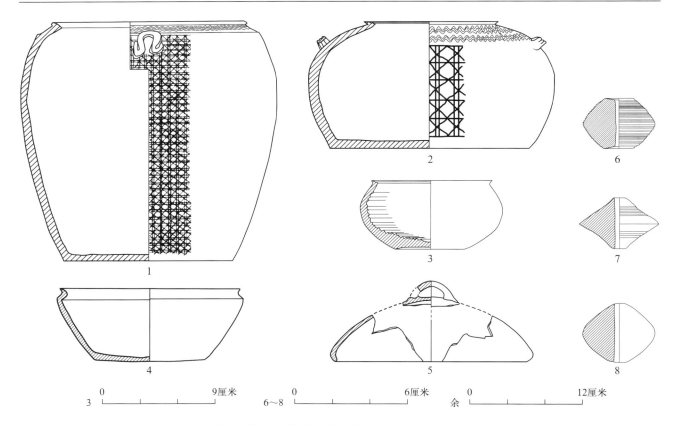

图一〇九　茅东林场JXMD2M1出土器物

1、3. 原始瓷罐JXMD2M1：19、4　2. 原始瓷瓿JXMD2M1：1　4. 陶盆JXMD2M1：16　5. 陶器盖JXMD2M1：20　6～8. 陶纺轮
JXMD2M1：5～7

小罐　1件。

JXMD2M1：4，原始瓷，灰白色胎。敛口，尖唇，窄折沿，沿面有凹槽，弧腹，平底内凹。器内有螺旋纹，外底制作较粗糙。施黄绿色釉，剥落较甚。口径9.5、底径5.4、高5.6厘米（图一〇九，3；彩版六五，4）。

瓿　6件。

JXMD2M1：1，原始瓷，灰黄色胎。侈口，尖唇，窄折沿，沿面有两道凹槽，溜肩，扁鼓腹下垂，平底。肩部对称设置一对横耳。肩部饰水波纹，腹部饰窗格纹。施黄釉不及底。口径10.6、底径15.8、高10.3厘米（图一〇九，2；彩版六六，1）。

JXMD2M1：27，灰褐色硬陶，红褐胎。侈口，尖唇，卷沿，沿面有凹槽，束颈，弧肩，扁鼓腹，平底内凹。肩、腹部饰方格纹，纹饰细密、规整，印痕较深，肩部与腹部粘接处留有一周指窝痕。口径15.4、底径16.0、高16.0厘米（图一一〇，1；彩版六六，2）。

JXMD2M1：45，灰色硬陶。侈口，尖唇，卷沿，沿面有凹槽，束颈，弧肩略折，扁鼓腹，平底内凹。肩及上腹部饰方格纹，下腹部饰菱形填线纹，印纹较浅。口径16.4、底径17.6、高17.2厘米（图一一〇，2；彩版六六，3）。

JXMD2M1：2，灰色硬陶。侈口，尖圆唇，卷沿，沿面有凹槽，束颈，弧肩，扁鼓腹，平底稍凹。肩部饰弦纹，腹部饰细密方格纹。口径14.8、底径15.6、高14.0厘米（图一一〇，3；彩版六六，4）。

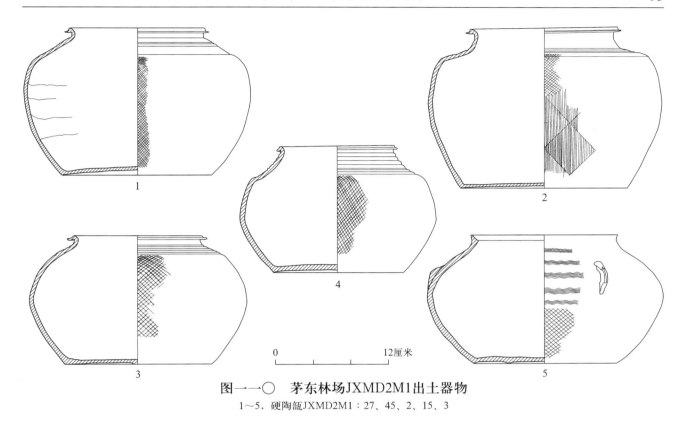

图一一○　茅东林场JXMD2M1出土器物
1~5. 硬陶瓿JXMD2M1：27、45、2、15、3

JXMD2M1：15，灰褐色硬陶。侈口，尖唇，卷沿，沿面有凹槽，束颈，肩略折，扁鼓腹，平底内凹。颈及肩部饰弦纹，下为方格纹，纹饰印痕深而细密，内外壁有点状黑色爆浆。口径12.8、底径13.8、高13.8厘米（图一一○，4；彩版六六，5）。

JXMD2M1：3，灰色硬陶。敛口，尖唇，折沿，沿面略凹，扁鼓腹，平底稍内凹。上腹部等距堆贴3个竖耳，各以两股泥条捏制而成，一耳已脱落。上腹部饰水波纹，下腹部饰方格纹。口径15.6、底径15.2、高14.0厘米（图一一○，5；彩版六六，6）。

盆　1件。

JXMD2M1：16，泥质灰陶。侈口，尖唇，卷沿，束颈，折肩，斜弧腹，平底。口径19.0、底径11.6、高7.9厘米（图一○九，4；彩版六七，1）。

碗　13件。

JXMD2M1：8，原始瓷，灰白色胎。敛口，方唇，内折沿，弧腹下收，平底略内凹。器内有螺旋纹，外底有线切割痕。施青黄色釉。口径12.8、底径6.2、高4.2厘米（图一一一，1；彩版六七，2）。

JXMD2M1：9，原始瓷，灰白色胎。敛口，尖唇，内折沿，弧腹下收，平底略内凹。器内有螺旋纹。施青黄色釉。口径9.25、底径6.0、高3.0厘米（图一一一，2；彩版六七，3）。

JXMD2M1：46，原始瓷，灰白色胎。敛口，方唇，内折沿，弧腹，平底略内凹。器内有螺旋纹，器体制作不甚规整。施青绿色釉，剥落较甚。口径9.3、底径6.3、高3.7厘米（图一一一，3；彩版六七，4）。

JXMD2M1：47，原始瓷，灰色胎。敛口，尖唇，内折沿，弧腹下收，平底略内凹。器内有螺旋纹，器体制作不甚规整。施青黄色釉。口径9.1、底径6.2、高3.5厘米（图一一一，4；彩版六七，5）。

　　JXMD2M1：49，原始瓷，灰黄色胎。敛口，尖圆唇，内折沿，弧腹下收，平底略内凹。器内有螺旋纹，外底有线割痕迹。施黄绿色釉。口径12.6、底径6.2、高4.2厘米（图一一一，5；彩版六七，6）。

　　JXMD2M1：13，原始瓷，灰黄色胎。敛口，尖唇，内折沿，弧腹下收，平底略内凹。器内有螺旋纹。施黄色釉，剥落严重。口径12.0、底径6.2、高3.6厘米（图一一一，6；彩版六八，1）。

　　JXMD2M1：50，原始瓷，灰黄色胎。敛口，尖圆唇，内折沿，弧腹下收，平底略内凹。器内有螺旋纹，外底有线割痕迹。施青黄色釉，大部分脱落。口径13.4、底径5.9、高4.4厘米（图一一一，7）。

　　JXMD2M1：11，原始瓷，灰黄色胎。敞口，尖唇，窄折沿，沿面有凹槽，弧腹下收，假圈足，不规整。器内有螺旋纹。施黄绿色釉不及底，剥落严重。口径13.0、底径6.4、高4.0厘米（图一一一，8；彩版六八，2）。

　　JXMD2M1：10，原始瓷，灰色胎。敞口，尖唇，窄折沿，沿面有两道凹槽，弧腹下收，平底略内凹。器内有螺旋纹，外底有线切割痕。施青黄色釉，剥落严重。口径13.2、底径6.2、高4.6厘米（图一一一，9；彩版六八，3）。

　　JXMD2M1：14，原始瓷，灰色胎。敞口，尖唇，窄折沿，沿面两道凹槽，弧腹下收，平底略内凹。器内有螺旋纹，外底有平行切割痕。施青绿色釉不及底，剥落殆尽。口径17.1、底径7.2、高5.0厘米（图一一一，10；彩版六八，4）。

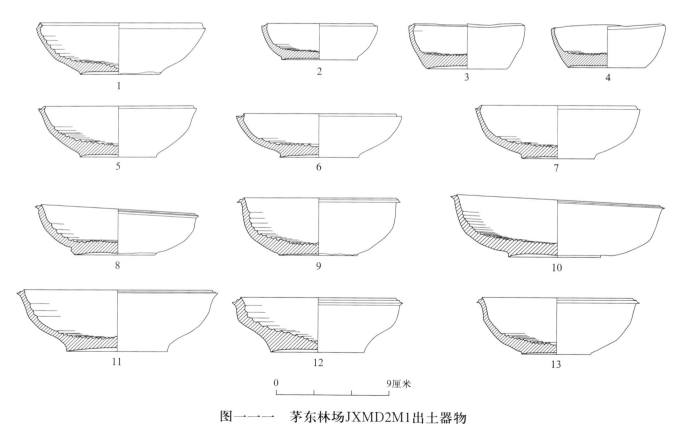

图一一一　茅东林场JXMD2M1出土器物

1~13. 原始瓷碗JXMD2M1：8、9、46、47、49、13、50、11、10、14、35、48、12

JXMD2M1：35，原始瓷，灰黄色胎。敞口，尖唇，窄折沿，沿面有凹槽，弧腹下收，平底略内凹。器内有螺旋纹，外底有线切割痕。施青黄色釉。口径16.0、底径8.0、高5.0厘米（图一一一，11；彩版六八，5）。

JXMD2M1：48，原始瓷，灰黄色胎。敞口，尖唇，窄折沿，沿面有两道凹槽，上腹稍直，下腹向内弧收，平底略内凹。器内有螺旋纹，外底有线割痕迹。施青灰色釉。口径13.6、底径7.4、高4.4厘米（图一一一，12；彩版六八，6）。

JXMD2M1：12，原始瓷，灰色胎。敞口，尖唇，窄折沿，沿面有两道凹槽，上腹较直，下腹弧收，平底略内凹。器内有螺旋纹，底制作不甚规整，有平行切割痕。施青黄色釉，剥落严重。口径13.0、底径5.4、高4.6厘米（图一一一，13）。

钵　14件。

泥质陶。敛口，弧腹，平底。

JXMD2M1：17，黑皮陶，褐色胎。圆唇，腹部无法复原。口径29.6、底径15.8厘米（图一一二，1）。

JXMD2M1：21，灰色胎。尖圆唇。内壁可见旋痕。口径24.4、底径16.6、高9.3厘米（图一一二，2；彩版六九，1）。

JXMD2M1：26，灰褐色胎。方唇，口外有一道凹槽，下腹部无法复原。口径27.0、底径20.0厘米（图一一二，3）。

JXMD2M1：28，灰褐色胎。方唇，口外有一道凹槽。器表磨光。口径26.4、底径19.2、高10.0厘米（图一一二，4；彩版六九，2）。

JXMD2M1：30，灰色胎。尖圆唇，腹斜收，下腹及底无法复原。口径26.4、残高8.0厘米（图一一二，5）。

JXMD2M1：31，灰褐色胎，器表局部灰黑色。尖唇。口径28.0、底径14.0、高10.2厘米（图一一二，6；彩版六九，3）。

JXMD2M1：32，灰色胎。仅复原底部。底径15.0、残高6.4厘米（图一一二，7）。

JXMD2M1：34，灰黑色胎，外施一层灰黄色陶衣，局部剥落。尖圆唇。口径19.2、底径13.8、高6.4厘米（图一一二，8；彩版六九，4）。

JXMD2M1：38，红褐色胎。尖唇，下腹及底无法复原。口径18.0、残高5.0厘米（图一一二，9）。

JXMD2M1：39，红褐色胎。尖唇，沿内卷，沿面有一道凹槽，下腹部略向内弧。口径20.0、底径8.8、高5.8厘米（图一一二，10）。

JXMD2M1：42，黑皮陶，灰褐色胎。尖圆唇，腹部残缺。口径29.0、底径20.0厘米（图一一二，11）。

JXMD2M1：43，灰褐陶。尖圆唇，下腹部无法复原。口径32.0厘米（图一一二，12）。

JXMD2M1：44，红褐色胎。尖唇，下腹部无法复原。口径22.0厘米（图一一二，13）。

JXMD2M1：52，残破严重，无法复原。

器盖　1件。

JXMD2M1：20，泥质黑皮陶，褐色胎。桥形纽，弧顶，弧壁，敛口，圆唇。口径20.0厘米（图

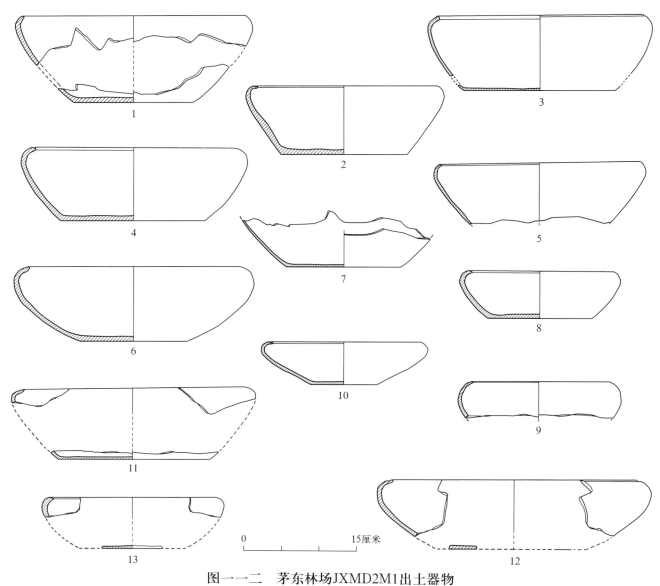

图一一二　茅东林场JXMD2M1出土器物

1～13. 陶钵JXMD2M1：17、21、26、28、30～32、34、38、39、42～44

一〇九，5）。

纺轮　3件。

JXMD2M1：5，泥质陶，红褐色胎。算珠形，中有圆形穿孔。上下底有内凹的台面。器表划凹弦纹。直径3.8、孔径0.2、高2.7厘米（图一〇九，6；彩版六九，5）。

JXMD2M1：6，泥质黑皮陶，褐色胎。算珠形，中有圆形穿孔。器表划凹弦纹。直径4.2、孔径0.6、高2.8厘米（图一〇九，7）。

JXMD2M1：7，泥质陶，灰色胎。算珠形，中有圆形穿孔。直径3.8、孔径0.3、高3.2厘米（图一〇九，8；彩版六九，6）。

夹砂红陶器　1件。

JXMD2M1：24，破碎严重，无法复原。

2．JXMD2M2

JXMD2M2位于土墩平面的中部偏南，中心坐标2.50×−2.25−1.60米。开口于第⑪层下，北部被M3打破，打破第⑫层（图一一三；彩版七〇，1、2）。为竖穴土坑型，坑口面斜，西北高东南低。平面近长方形，方向约135°。残长4.23、宽1.42～1.52米，直壁，平底，墓坑深0.37～1.30米。填土黄褐色，夹杂灰白色的花土。墓内未见人骨和葬具的痕迹。部分陶盆、瓷碗扣置于坛、罐、瓿口之上，作器盖之用，其余器物多正置于墓底。泥质陶器及器体较大的器物破碎较甚。随葬器物集中于墓坑的东部以及南部。

随葬器物共30件，其中夹砂陶器4件，泥质陶器6件，原始瓷器11件，硬陶器9件；器形有釜、鼎、坛、罐、瓿、盆、钵、碗、器盖等。

鼎　2件。

JXMD2M2：20，夹砂红陶。残碎，仅复原口部及足。侈口，圆唇，卷沿，扁锥形足。口径16.0厘米（图一一四，1）。

JXMD2M2：29，夹砂红陶。残碎，腹部无法复原。侈口，圆唇，折沿，腹较直，圜底，腹、底间折，扁锥形足。口径20.0厘米（图一一四，2）。

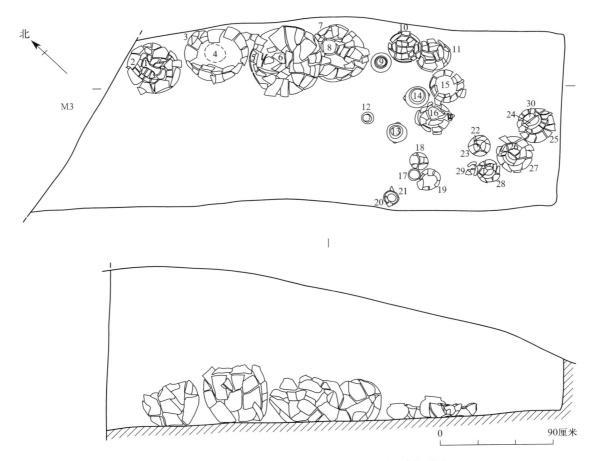

图一一三　茅东林场JXMD2M2平、剖面图

1．陶器盖　2、4、6、8．陶坛　3、5、7、10、11．陶盆　9、23．硬陶瓿　12～14、27．陶罐　15、16．原始瓷罐　17．陶盂　17～19、21、22、24、26、28．原始瓷碗　20、29．陶鼎　25．陶釜　30．原始瓷钵

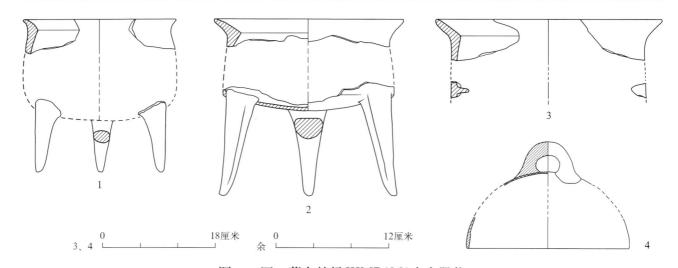

图一一四　茅东林场JXMD2M2出土器物

1、2. 陶鼎JXMD2M2：20、29　3. 陶釜JXMD2M2：25　4. 陶器盖JXMD2M2：1

　　釜　1件。

　　JXMD2M2：25，夹砂红陶。残碎严重，仅复原口部。侈口，圆唇，折沿，上腹较直。腹内壁有三个堆贴的算隔。口径36.0厘米（图一一四，3）。

　　坛　4件。

　　硬陶。侈口，卷沿，沿面有一道凹槽，束颈，弧肩略折，深弧腹，平底。

　　JXMD2M2：2，紫色胎，器表灰褐色。尖圆唇。颈部饰弦纹，肩及上腹部饰席纹，下腹部饰菱形填线纹。口径21.2、底径19.6、高41.6厘米（图一一五，1；彩版七一，1）。

　　JXMD2M2：4，褐色胎。圆唇，肩微耸。肩及上腹部饰菱形填线纹，下腹部饰方格纹。肩部内外壁皆留有一周按窝，内壁留有抹刮痕。口径26.8、底径23.2、高54.8厘米（图一一五，2；彩版七一，2）。

　　JXMD2M2：8，紫色胎，器表灰色。尖唇。颈部饰弦纹，上腹部饰席纹，下腹部饰菱形填线纹。口径19.2、底径18.0、高39.0厘米（图一一五，3；彩版七一，3）。

　　JXMD2M2：6，灰色胎。尖唇，肩部略内凹，底略内凹。颈下部饰弦纹，肩及上腹部饰席纹，下腹部饰菱形填线纹。内壁可见泥条盘筑的接缝。口径26.4、底径22.8、高53.4厘米（图一一五，4；彩版七一，4）。

　　罐　6件。

　　JXMD2M2：12，灰黄色泥质陶，胎质疏松。直口略内敛，尖圆唇，平弧肩，扁鼓腹，平底。肩部有轮修痕迹。口径7.6、底径6.6、高4.8厘米（图一一六，1；彩版七二，1）。

　　JXMD2M2：13，灰褐色硬陶。侈口，圆唇，卷沿，沿面有一道凹槽，溜肩，弧腹下垂，平底。肩部贴附一对倒"U"形耳，耳以泥条捏制与器身连接。肩、腹部饰叶脉纹。内壁留有抹刮痕。口径11.8、底径16.4、高14.3厘米（图一一六，2；彩版七二，2）。

　　JXMD2M2：14，灰褐色硬陶。侈口，方唇，折沿，沿面内凹，束颈，溜肩，鼓腹，平底。肩部贴附一对横耳，耳由双股泥条捏制而成。肩、腹部饰方格纹。口径11.0、底径10.2、高13.8厘米（图一一六，3；彩版七二，3）。

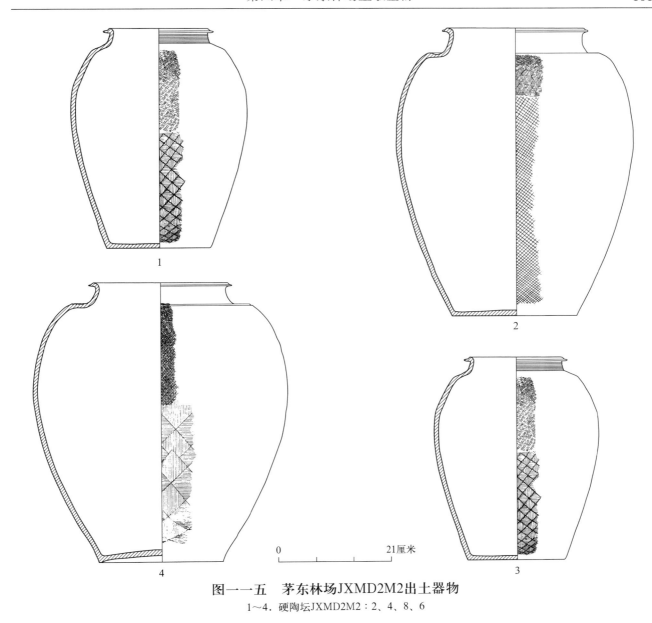

图一一五 茅东林场JXMD2M2出土器物

1~4. 硬陶坛JXMD2M2：2、4、8、6

　　JXMD2M2：27，灰色硬陶。侈口，尖唇，卷沿，沿面略凹，束颈，肩部较平，鼓腹，平底。颈部饰弦纹，肩及上腹部饰席纹，下腹部饰菱形填线纹。肩部有一周连续的捺窝。口径15.6、底径17.4、高22.4厘米（图一一六，4；彩版七二，4）。

　　JXMD2M2：15，原始瓷，灰色胎。侈口，尖圆唇，折沿，束颈，溜肩，鼓腹，平底略凹。肩部贴附一对横耳，耳由双股泥条捏制而成。肩、腹部饰方格纹。器身变形严重，有几处大小不一的鼓泡。器表施灰绿色釉。口径17.2、底径14.8、高19.6厘米（图一一六，5；彩版七二，5）。

　　JXMD2M2：16，原始瓷，灰白色胎。侈口，圆唇，卷沿，沿面有三道凹槽，溜肩，鼓腹，平底内凹。肩部贴附一对绞索状横耳，耳以泥条捏制，两端贴塑"S"形堆饰。肩、腹部饰对称弧形纹。底与腹部粘合处有明显的刮抹痕。器表施黄绿色釉。口径14.6、底径15.2、高21.6厘米（图一一六，6；彩版七二，6）。

瓿 2件。

JXMD2M2：9，灰褐色硬陶。侈口，尖唇，卷沿，沿面有一道凹槽，弧肩略折，扁鼓腹，平底。内壁及外壁腹底交接处留有抹刮痕，肩部外壁留有连续的一周指捺窝。上腹部饰席纹，下腹部饰菱形填线纹。口径11.3、底径12.2、高13.6厘米（图一一六，7；彩版七三，1）。

JXMD2M2：23，灰褐色硬陶。侈口，圆唇，卷沿，沿面有一道凹槽，溜肩，扁鼓腹，平底微凹。颈部饰弦纹，肩、腹部饰席纹，纹饰细密而规整，印痕较深。口径12.2、底径13.6、高14.6厘米（图一一六，8；彩版七三，2）。

盆 5件。

泥质陶。卷沿，沿面有一道凹槽，圆唇，折腹，平底。上腹部饰弦纹。

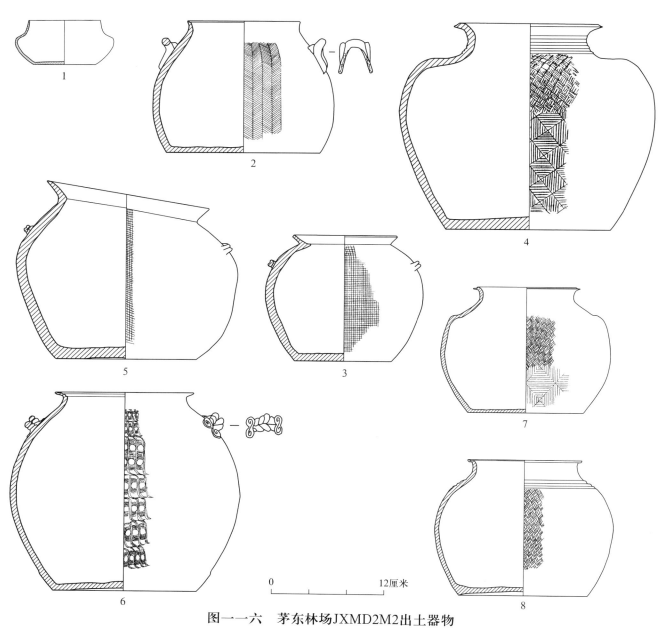

0   12厘米

图一一六 茅东林场JXMD2M2出土器物

1. 陶罐JXMD2M2：12 2～4. 硬陶罐JXMD2M2：13、14、27 5、6. 原始瓷罐JXMD2M2：15、16 7、8. 硬陶瓿JXMD2M2：9、23

　　JXMD2M2：3，黑皮陶，灰色胎。侈口，下腹斜收，稍残缺。口径31.2、底径22.0厘米（图一一七，1）。

　　JXMD2M2：5，红褐色胎。侈口，上腹略向内弧，下腹弧收。口径33.2、底径13.8、高14.2厘米（图一一七，2；彩版七三，3）。

　　JXMD2M2：7，灰褐色胎。残碎，仅复原上半部。直口微敛，下腹及底部残缺。口径32.2、残高6.0厘米（图一一七，3）。

　　JXMD2M2：10，灰色胎。直口微侈，上腹略向内弧，下腹斜收。口径22.2、底径11.4、高10.4厘米（图一一七，4）。

　　JXMD2M2：11，黑皮陶，灰色胎。侈口，上腹较直，下腹斜弧收。口径25.4、底径12.0、高10.0厘米（图一一七，5；彩版七三，4）。

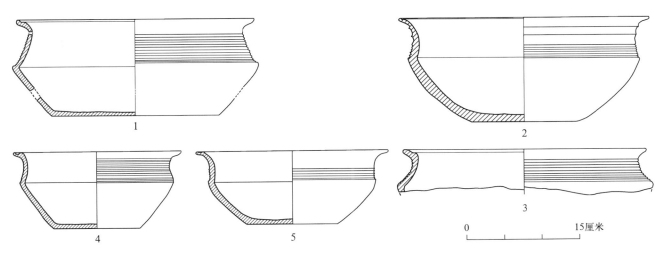

图一一七　茅东林场JXMD2M2出土器物
1～5. 陶盆JXMD2M2：3、5、7、10、11

碗　8件。

　　JXMD2M2：17，原始瓷，灰色胎。敞口，圆唇，折沿，沿面有一道凹槽，上腹近直，下腹急收，平底内凹。器内有螺旋纹，外底有线切割纹。施青绿色釉。口径9.8、底径5.3、高2.6厘米（图一一八，1）。

　　JXMD2M2：21，原始瓷，灰白色胎。敞口，尖圆唇，折沿，沿面有一道凹槽，弧腹，平底略内凹。器内有螺旋纹，外底有线切割痕迹。施黄绿色釉，剥落殆尽。口径13.6、底径7.2、高3.6厘米（图一一八，2；彩版七三，5）。

　　JXMD2M2：18，原始瓷，灰白色胎。敞口，圆唇，折沿，沿面有一道凹槽，弧腹，平底略凹。器内有螺旋纹，外底有平行的切割痕。施青绿色釉。口径17.0、底径6.4、高4.5厘米（图一一八，4；彩版七三，6）。

　　JXMD2M2：19，原始瓷，灰白色胎。敞口，圆唇，折沿，沿面下凹，弧腹，平底略凹。器内有螺旋纹，外壁有旋痕，外底有平行的切割痕。施黄绿色釉，剥落殆尽。口径14.8、底径6.8、高4.6厘米（图一一八，3；彩版七四，1）。

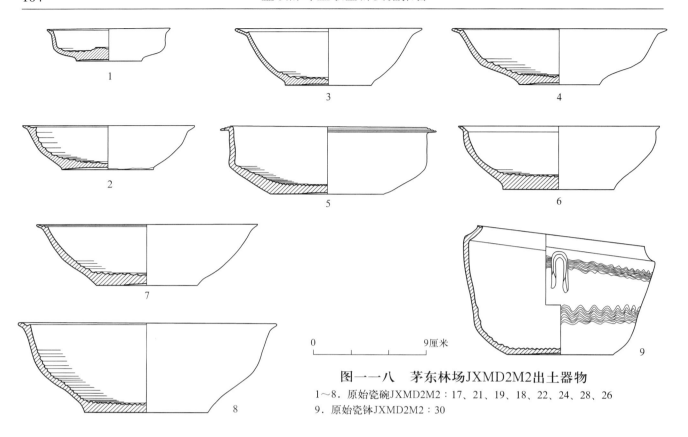

图一一八　茅东林场JXMD2M2出土器物

1~8．原始瓷碗JXMD2M2：17、21、19、18、22、24、28、26

9．原始瓷钵JXMD2M2：30

　　JXMD2M2：22，原始瓷，灰白色胎。直口，尖唇，折沿，沿面有三道凹槽，折腹，上腹较直，下腹斜收，平底略内凹。器内有螺旋纹，外壁有旋痕，外底有平行切割痕。施黄绿色釉，有流釉现象，部分剥落。口径15.8、底径9.2、高5.6厘米（图一一八，5；彩版七四，2）。

　　JXMD2M2：24，原始瓷，灰色胎。敞口，尖圆唇，折沿，沿面下凹，弧腹下收，平底。器内有螺旋纹，外壁有旋痕，外底有平行切割痕。施黄色釉，剥落殆尽。口径16.0、底径8.8、高5.2厘米（图一一八，6；彩版七四，3）。

　　JXMD2M2：28，原始瓷，灰色胎。敞口，尖圆唇，折沿，沿面有两道凹槽，弧腹，平底略凹。器内有螺旋纹。施黄绿色釉不及底。口径17.6、底径8.0、高5.0厘米（图一一八，7；彩版七四，4）。

　　JXMD2M2：26，原始瓷，灰白色胎。敞口，圆唇，折沿，沿面有一道凹槽，弧腹，平底。器内有螺旋纹，外壁有旋痕，外底有平行的切割痕。施黄绿色釉，剥落严重。口径20.6、底径9.8、高7.3厘米（图一一八，8；彩版七四，5）。

　　钵　1件。

　　JXMD2M2：30，原始瓷，灰白色胎。敛口，方唇，唇面内凹，折肩，上腹较直，近底部弧收，平底略凹。肩部贴附一对倒"U"形耳，以小泥条堆贴。腹部饰两组水波纹。器内有螺旋纹，底部尤密，外底有平行的切割痕迹。器体变形严重，内壁有鼓泡。施灰绿色釉不及底。口径13.2、底径8.4、高10.4厘米（图一一八，9；彩版七四，6）。

　　器盖　1件。

　　JXMD2M2：1，夹砂红陶。半球形，环形纽，弧顶，弧腹，敞口，圆唇。器壁较薄，腹部无法复原。口径25.6厘米（图一一四，4）。

3.JXMD2M3

JXMD2M3位于土墩东部，中心坐标2.60×0.10-1.20米。开口于第④层下，打破第⑤层及其下堆积至生土面，被JXMD2Q7打破（图一一九；彩版七五，1、2）。JXMD2M3挖建有簸箕形坑，坑口面呈斜坡状，西高东低。平面近长方形，东端敞开，方向约86°。长约9.90、宽4.10～4.60米。坑底长9.90、宽4.00～4.50米，坑壁陡直，底近平，坑深0～3.15米。

坑底部南北两侧堆土形成二层台，之间为小墓坑和墓道（彩版七五，1、2），二层台垫土为黄褐色土夹灰白色土，土质硬，高0～0.36米，西部较厚，向东渐薄。小墓坑平面近长方形，南北两边与簸箕形坑南北边大致平行，北边直，南边稍弧，长3.44～3.54、宽2.00～2.30米，直壁，平底，深0.35～0.45米，底部铺草木灰。

墓道位于小墓坑东侧，方向与墓坑同，全长6.00米。墓道分两部分：西半部较宽，南北壁呈弧形，长约3.40、最宽处宽2.05米；东半部口较窄，平面为长方形，长2.60、宽0.50米。墓道直壁，底部较平，东端稍高，向西渐深与墓坑深相同，深0.22～0.45米。

墓道内有一堵宽0.80、高0.20米的隔墙，将墓坑闭合并分隔墓坑和墓道。隔墙为黄褐色较纯净土，土质硬，其下发现有少量骨屑。

墓坑内填土可分依次叠压的4层，皆为斜向堆积：第①层：红褐色土，夹杂铁锈斑以及黄色和白色斑点的花土，土质紧密，厚0～0.75米，分布于墓坑的西部。第②层：黄褐色土，土质较为疏松，厚0～1.15米，分布于墓坑东部。第③层：灰褐色土与黄褐色土条块状交错，黄褐土中夹杂砂粒，土质较细密、黏，厚0～1.00米，分布于墓坑东部。第④层：深褐色夹大块白斑的花土，厚0～2.65米，分布于墓坑西部。

随葬器物放置于小墓坑底部草木灰之上。器物主要分布在小墓坑的北侧和西南角，北侧器物大致排列成两行。坑底东南侧除1件玦和1件纺轮外未见其他器物，应为墓主人骸骨所在，玦的位置说明墓主的头可能朝西向。部分原始瓷碗扣置于坛、罐类器物口部，作为器盖使用，其余器物基本正置于墓底。器形较大的器物破碎较甚，其中夹砂陶器和泥质陶器尤为严重。

出土随葬器物共46件，其中夹砂陶器6件，泥质陶器18件，硬陶器9件，原始瓷器12件，石器1件；器形有釜、鼎、坛、罐、瓶、盆、盘、碗、盂、器盖、纺轮、玦等。

鼎 4件。

JXMD2M3：9，夹砂陶，红色胎。侈口，圆唇，折沿，直腹，圜底，腹、底间折，扁锥形足。腹、底部有烟炱痕。口径21.0、高17.5厘米（图一二〇，1；彩版七六，1）。

JXMD2M3：11，夹砂陶，红褐色胎。侈口，圆唇，折沿，上腹较直，下腹残缺，圜底，圆锥形足。口径19.4厘米（图一二〇，2）。

JXMD2M3：21，夹砂陶，红褐色胎。仅复原口部及足。侈口，圆唇，折沿，口沿加贴泥片变厚，扁锥形足。口径20.0厘米（图一二〇，3）。

JXMD2M3：24，夹砂陶，红色胎。仅复原口部及足。侈口，圆唇，折沿，扁锥形足。口径22.0厘米（图一二〇，4）。

釜 2件。

JXMD2M3：5，夹砂红陶。仅复原口部。侈口，圆唇，折沿，腹壁较直。内壁有3个突出的箅隔，略呈三角形。口沿较厚，腹和底器壁较薄。口径40.8厘米（图一二〇，5）。

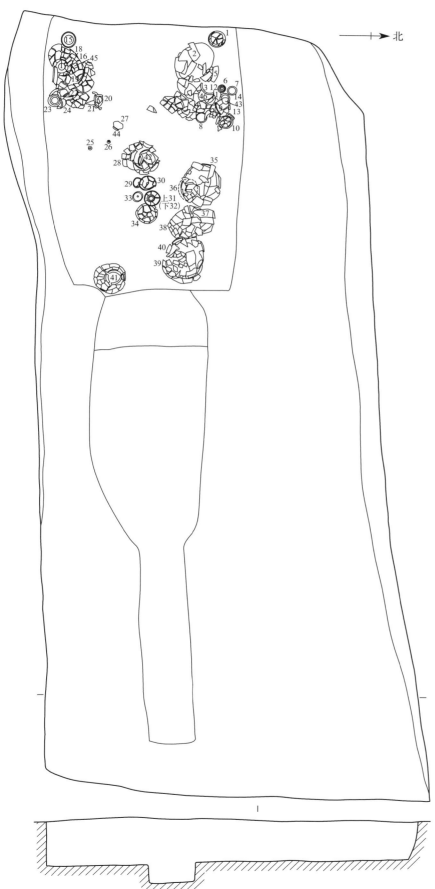

→ 北

**图一一九　茅东林场JXMD2M3
平、剖面图**

1、8．陶器盖　2、28、35、37、40．陶
坛　3、18、22、41．陶罐　4、13、19、
36、38、39、42、45、46．陶盆　5、16．
陶釜　6．原始瓷盂　7、14、17、20、23、
29～33、43．原始瓷碗　9、11、21、24．
陶鼎　10、15．陶瓴　12、27．陶罐　25．
石块　26．陶纺轮　34．陶盘　44．小陶盘

0 ———————————— 150厘米

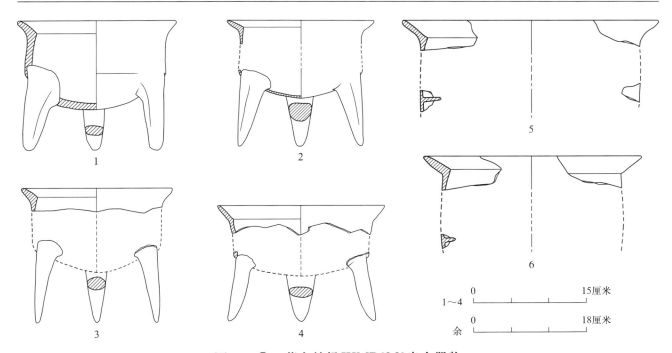

图一二〇　茅东林场JXMD2M3出土器物

1～4．陶鼎JXMD2M3：9、11、21、24　5、6．陶釜JXMD2M3：5、16

JXMD2M3：16，夹砂红陶。仅复原口部。侈口，圆唇，折沿，腹壁较直。内壁有3个突出的箅隔，略呈三角形。口沿较厚，腹和底器壁较薄。口径34.6厘米（图一二〇，6）。

坛　5件。

硬陶。侈口，尖唇，卷沿，束颈，深弧腹，平底。

JXMD2M3：2，紫色胎。方唇，肩略折。肩部内外壁皆有一周连续的捺窝，器口略歪。颈部饰弦纹，肩部饰席纹，腹部饰方格纹。口径20.6、底径22.0、高44.4厘米（图一二一，1；彩版七六，2）。

JXMD2M3：28，灰褐色胎。沿面边缘有一道凹槽，弧肩，底略内凹。颈部弦纹，肩及上腹部饰席纹，下腹部饰菱形填线纹。内壁可见泥条盘筑留下的接缝。口径20.2、底径19.8、高48.2厘米（图一二一，2；彩版七六，3）。

JXMD2M3：35，灰色胎。沿面边缘有一道凹槽，肩略折。颈部饰弦纹，肩及上腹部饰变体凤鸟纹，下腹部饰方格纹。肩部内外壁留有一周连续的按窝。口径24.8、底径22.6、高59.2厘米（图一二一，3；彩版七七，1）。

JXMD2M3：37，紫色胎。沿面边缘有一道凹槽，弧肩。颈部饰弦纹，肩及上腹部饰水波纹，下腹部饰菱形填线纹。口径18.6、底径20.4、高48.2厘米（图一二一，4；彩版七七，2）。

JXMD2M3：40，砖红色胎，器表灰黄色。肩略折，底略内凹。颈部饰弦纹，肩上腹部饰席纹，下腹部饰方格纹。内壁有泥条盘筑痕迹和指窝纹，通体刮抹痕较多，制作不甚规整。口径26.0、底径25.2、高62.0厘米（图一二一，5；彩版七七，3）。

罐　4件。

侈口，卷沿，沿面有一道凹槽，束颈，弧肩，鼓腹，平底。

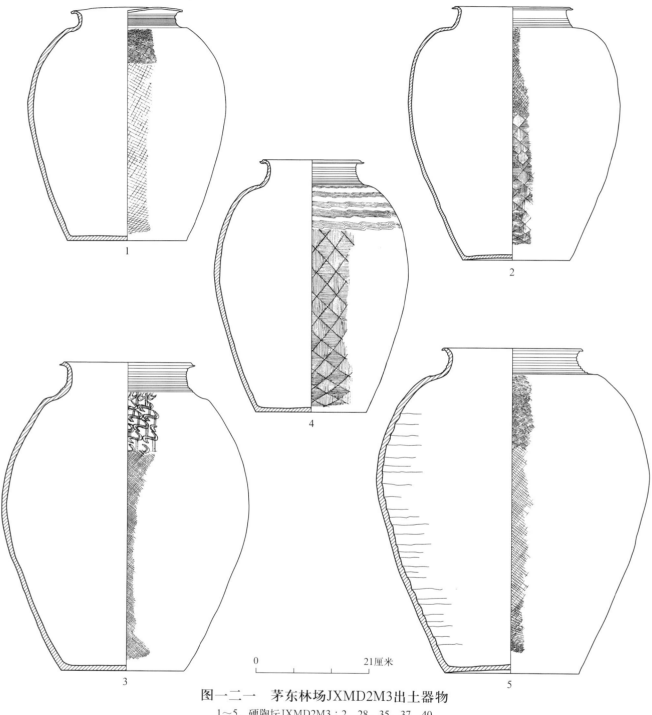

0 ━━━━━━━━━━ 21厘米

图一二一　茅东林场JXMD2M3出土器物

1～5. 硬陶坛JXMD2M3：2、28、35、37、40

　　JXMD2M3：3，泥质红陶，砖红色胎。尖圆唇。颈部饰弦纹，肩、腹部饰席纹，器表磨蚀严重。口径20.0、底径16.4、高27.2厘米（图一二二，1；彩版七七，4）。

　　JXMD2M3：18，泥质黑皮陶，灰色胎。尖圆唇。肩部对称贴附一对环形堆饰。颈部饰弦纹。口径15.4、底径16.0、高24.8厘米（图一二二，2；彩版七八，1）。

　　JXMD2M3：41，泥质红陶。圆唇，底内凹。肩部饰弦纹，腹部饰菱形填线纹，纹饰拍印重叠较多，较杂乱。口径20.0、底径16.8、高27.2厘米（图一二二，3；彩版七八，3）。

JXMD2M3：22，灰色硬陶。圆唇。颈部饰弦纹，肩及上腹部饰席纹，下腹部饰菱形填线纹。口径16.2、底径16.0、高22.8厘米（图一二二，4；彩版七八，2）。

钵形罐　2件。

JXMD2M3：12，泥质黑皮陶，灰色胎。敛口，圆唇，卷沿，沿面有一道凹槽，折腹，上腹斜直，下腹弧收，平底。上腹部饰弦纹。口径13.4、底径9.4、高8.2厘米（图一二二，5；彩版七八，4）。

JXMD2M3：27，泥质黑皮陶，灰色胎。敛口，圆唇，折腹，上腹内凹，下腹弧收，平底。表面磨光，黑皮部分剥落。口径11.8、底径8.0、高7.5厘米（图一二二，6；彩版七八，5）。

瓿　2件。

JXMD2M3：10，硬陶，灰色胎。直口，尖圆唇，卷沿，沿面有一道凹槽，弧折肩，扁鼓腹，平底。内壁留有抹刮痕。颈部饰弦纹，肩及上腹部饰席纹，下腹部饰方格纹。口径13.9、底径14.6、高12.9厘米（图一二三，1；彩版七八，6）。

JXMD2M3：15，硬陶。直口，尖圆唇，卷沿，沿面有一道凹槽，弧折肩，扁鼓腹，平底稍内凹。肩部留有一周连续的指窝痕迹。上腹部饰席纹，下腹饰方格纹。口径11.6、底径14.0、高11.6厘

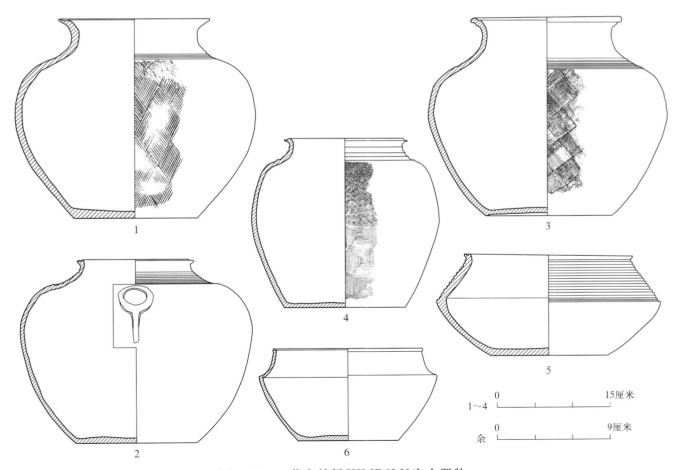

图一二二　茅东林场JXMD2M3出土器物

1～3．陶罐JXMD2M3：3、18、41　4．硬陶罐JXMD2M3：22　5、6．陶钵形罐JXMD2M3：12、27

米（图一二三，2；彩版七九，1）。

盆 9件。

由于残碎，JXMD2M3：4、36、38、42、45、46无法复原。

JXMD2M3：13，泥质黑皮陶，黄色胎。侈口，尖圆唇，折沿，沿面有一道凹槽，折腹，上腹略内弧，下腹弧收，平底。上腹部饰弦纹。口径22.0、底径11.0、高9.8厘米（图一二三，3；彩版七九，2）。

JXMD2M3：19，泥质黑皮陶，黄色胎。侈口，尖圆唇，卷沿，沿面下凹，折腹，上腹内弧，下腹弧收，平底。口径20.6、底径9.8、高9.4厘米（图一二三，4；彩版七九，3）。

JXMD2M3：42，泥质黑皮陶，褐色胎。侈口，折沿，沿面有一道凹槽，折腹，下腹部残缺，平底。口径26.0、底径10.6厘米（图一二三，5）。

JXMD2M3：39，泥质黑皮陶，灰色胎。侈口，圆唇，折沿，沿面有一道凹槽，折腹，上腹内

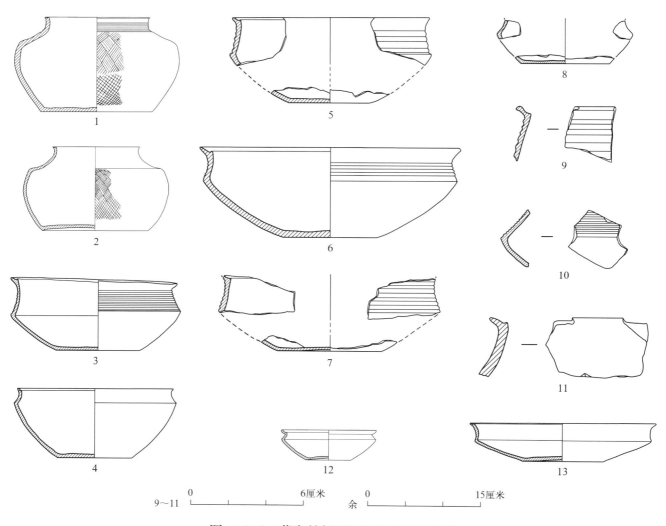

图一二三　茅东林场JXMD2M3出土器物

1、2. 硬陶瓿JXMD2M3：10、15　3～11. 陶盆JXMD2M3：13、19、42、39、4、36、38、45、46　12. 小陶盆JXMD2M3：44　13. 陶盘JXMD2M3：34

弧，下腹弧收，平底。上腹部饰弦纹。口径34.4、底径12.6、高12.4厘米（图一二三，6；彩版七九，4）。

JXMD2M3：4，泥质黑皮陶，灰色胎。侈口，折沿，沿面内凹，折腹，平底内凹。上腹部饰弦纹。口径约28.0、底径13.6厘米（图一二三，7）。

JXMD2M3：36，泥质黑皮陶，灰色胎。口沿残缺，腹残缺较多，折腹，平底。底径11.6厘米（图一二三，8）。

JXMD2M3：38，泥质黑皮陶，灰色胎。侈口，圆唇，折沿，沿面有一道凹槽，下腹及底残缺。上腹部饰弦纹。残高3.0厘米（图一二三，9）。

JXMD2M3：45，泥质黑皮陶，褐色胎。残缺，折腹。上腹部饰弦纹。残高3.2厘米（图一二三，10）。

JXMD2M3：46，泥质黑皮陶，褐色胎。侈口，圆唇，折沿，沿面有一道凹槽，上腹部斜，以下残缺。残高3.2、残宽5.2厘米（图一二三，11）。

小盆　1件。

JXMD2M3：44，泥质黑皮陶，灰色胎，黑皮部分脱落。侈口，圆唇，折沿，沿面下凹，束颈，折腹，下腹弧收，平底略内凹。口径12.5、底径6.0、高4.1厘米（图一二三，12）。

盘　1件。

JXMD2M3：34，泥质灰陶。敞口，圆唇，卷沿，沿面有一道凹槽，折腹，上腹内弧，下腹弧收，平底略内凹。器表磨光。口径24.6、底径10.8、高5.2厘米（图一二三，13；彩版七九，5）。

碗　11件。

原始瓷。平底略凹，器内有螺旋纹。

JXMD2M3：7，灰白色胎。直口，尖唇，折沿，沿面有一道凹槽，弧鼓腹。外壁旋痕明显，外底有平行切割痕。施青绿色釉不及底。口径11.8、底径8.0、高4.6厘米（图一二四，1；彩版七九，6）。

JXMD2M3：33，灰白色胎。直口，圆唇，折沿，沿面有两道凹槽，上腹直，下腹弧收。外壁有明显的旋痕。施黄绿色釉，剥落较甚。口径13.4、底径8.0、高5.2厘米（图一二四，2；彩版八〇，1）。

JXMD2M3：43，灰白色胎。直口，尖唇，窄折沿，沿面有两道凹槽，弧鼓腹。施青绿色釉。口径13.2、底径8.4、高5.2厘米（图一二四，3；彩版八〇，2）。

JXMD2M3：20，灰白色胎。敞口，折沿，沿面有一道凹槽，弧腹。外壁有旋痕，外底有线割纹。施黄绿色釉，大部分已剥落。口径14.8、底径7.0、高4.4厘米（图一二四，4；彩版八〇，3）。

JXMD2M3：17，灰白色胎。敞口，尖圆唇，折沿，沿面有一道凹槽，弧腹。器身略变形。施黄绿色釉，剥落较甚。口径16.2、底径9.0、高4.9厘米（图一二四，5；彩版八〇，4）。

JXMD2M3：14，灰白色胎。敞口，尖圆唇，折沿，沿面下凹。外壁有旋痕。施青绿色釉。口径18.4、底径8.6、高5.0厘米（图一二四，6；彩版八〇，5）。

JXMD2M3：31，灰色胎。敞口，尖唇，平折沿，沿面有两道凹槽，弧腹，上腹较直。施青绿色釉不及底，剥落较甚。口径9.8、底径4.4、高3.3厘米（图一二四，7；彩版八〇，6）。

JXMD2M3：29，灰白色胎。敞口，圆唇，折沿，沿面有一道凹槽，上腹略折，下腹弧收。施

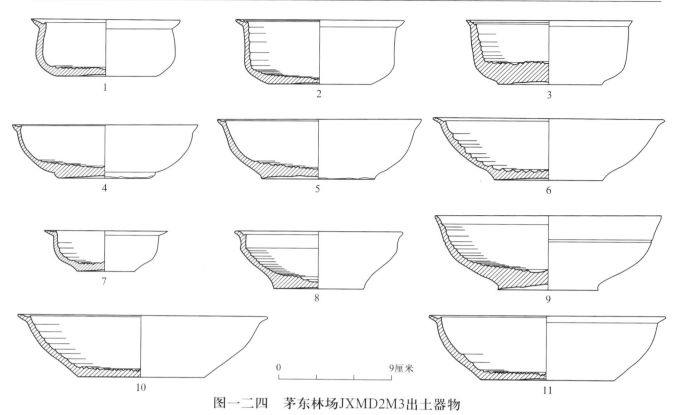

图一二四　茅东林场JXMD2M3出土器物

1～11. 原始瓷碗JXMD2M3：7、33、43、20、17、14、31、29、23、30、32

青绿色釉，剥落严重，仅在凹槽中有所保存。口径13.3、底径7.2、高4.6厘米（图一二四，8；彩版八一，1）。

JXMD2M3：23，灰白色胎。敞口，圆唇，弧腹，器内壁口沿下和外壁中腹有一道凹槽。外壁有旋痕。施青绿色釉不及底。口径18.0、底径8.0、高6.0厘米（图一二四，9；彩版八一，2）。

JXMD2M3：30，灰白色胎。敞口，圆唇，折沿，沿面有一道凹槽，弧腹。外壁旋痕清晰。施黄绿色釉，剥落严重。口径19.9、底径9.6、高5.1厘米（图一二四，10）。

JXMD2M3：32，灰色胎。敞口，圆唇，折沿，沿面有一道凹槽，弧腹。外壁有旋痕。施黄绿色釉，几乎全部剥落。口径18.8、底径10.6、高5.2厘米（图一二四，11）。

盂　1件。

JXMD2M3：6，原始瓷，灰白色胎。子母口，尖圆唇，折肩，弧腹，假圈足，平底略凹。器内有螺旋纹，外壁旋痕明显。施青绿色釉，剥落严重，仅于凹槽内有所保留。口径8.4、底径5.4、高3.8厘米（图一二五，1；彩版八一，3）。

器盖　2件。

整体呈覆豆形，喇叭形捉手，敞口，卷沿，顶壁间折，沿面有一道凹槽。

JXMD2M3：1，泥质黑皮陶，灰色胎。平顶，直壁略斜。壁饰弦纹。捉手径7.7、口径20.3、高7.2厘米（图一二五，2）。

JXMD2M3：8，泥质陶，灰色胎。平顶微弧，直壁。捉手径7.8、口径16.2、高7.2厘米（图一二五，3；彩版八一，4）。

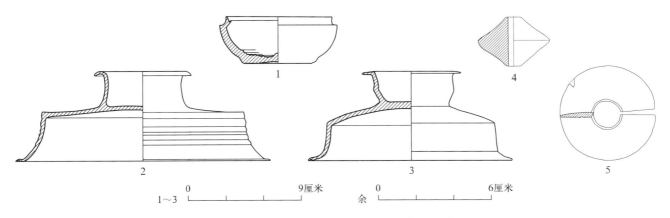

图一二五　茅东林场JXMD2M3出土器物

1. 原始瓷盂JXMD2M3：6　2、3. 陶器盖JXMD2M3：1、8　4. 硬陶纺轮JXMD2M3：26　5. 石块JXMD2M3：25

纺轮　1件。

JXMD2M3：26，硬陶，红褐色胎，器表灰褐色。算珠形，中有圆形穿孔。器表有轮旋痕迹。直径3.8、孔径0.6、高2.6厘米（图一二五，4；彩版八一，5）。

石块　1件。

JXMD2M3：25，绿色灰岩。边缘略残。圆形，一面打磨光滑，带有打磨痕，另一面粗糙不平，单面钻孔。外径5.15、内孔径1.5厘米（图一二五，5；彩版八一，6）。

4．JXMD2M4

JXMD2M4位于土墩中部略偏西，中心坐标−3.75×0.35−2.80米。M4叠压于第⑮层之上，被第⑭层叠压（图一二六；彩版八二，1、2）。JXMD2M4筑于第⑯、⑰层堆筑而成的环形丘垄内，丘垄外径17～20、高约0.70米；丘垄内堆筑一层垫土（第⑮层），其顶面平整，M4即筑于其上。而第⑭层叠压于M4上，呈圆丘状，范围与石框基本一致，为墓葬封土。墓葬周边用石块砌成石框，石框平面略呈长方形，方向约207°。长4.50、北部宽3.00米，南部略向内弧，宽约2.10米。石框南边中部没有石块，形成缺口。石块形状不规则，大小不等，较为平整的一面朝上，糙面朝下。缺口和南部石框的石块之间填充白土，白土堆积向南凸出。石框和南部白土堆积围成的范围内填灰白色花土，土质坚硬，顶面平整，可能经过夯实，但未见夯窝，其上铺草木灰，随葬器物即放置于草木灰之上。墓道位于缺口南侧，方向约207°，长6.75、宽1.20～1.55米。

JXMD2M4随葬器物主要位于石框内的四角，中部空间应为墓主人所在；而墓南侧中部出土2件石块，由此推测墓主头朝南。石块东侧还发现一大块红陶片，但并非墓内随葬器物的碎片，可能是有意放置的。除器盖外大多数器物正置于墓底，少数有叠置现象。出土器物破碎严重，器形较大的坛、罐类器物和釜、鼎、盆、器盖等软陶器破碎尤甚。

JXMD2M4出土器物共33件，其中夹砂陶器6件，泥质陶器13件，硬陶器9件，原始瓷器3件，石器2件；器形有釜、鼎、坛、罐、瓶、盆、盘、碗、器盖、纺轮、块等。

鼎　4件。

JXMD2M4：10，夹砂褐陶。侈口，圆唇，折沿，腹较直，无法复原，圜底近平，腹、底间折，圆锥足。口径20.0厘米（图一二七，1）。

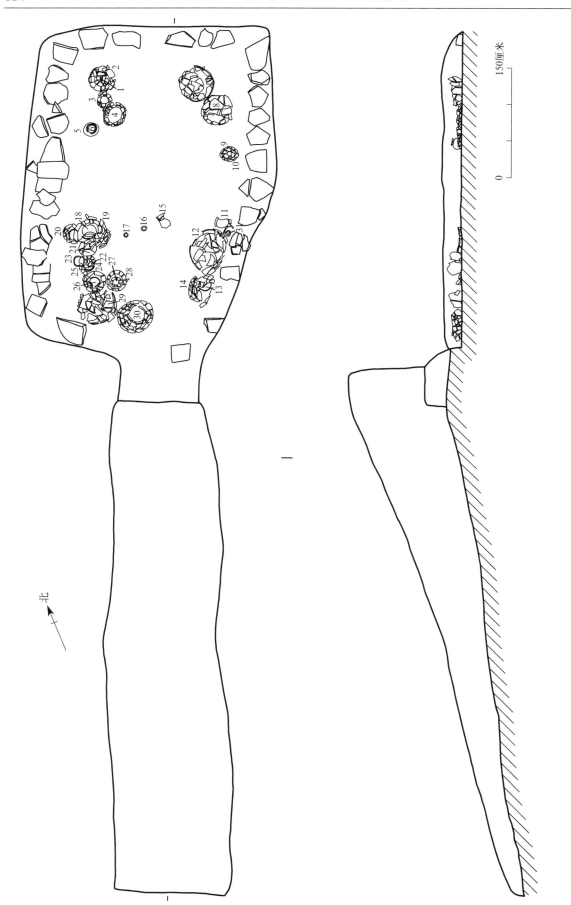

图一二六　茅东林场JXMD2M4平、剖面图

1、23、24. 原始瓷碗　2、26. 硬陶陶罐　3、4、13、30. 陶罐　6、18、20、21. 硬陶坛　7、12、29. 陶鼎
15. 陶片　14、19. 陶盆　16、17. 石玦　25. 陶盘　5. 陶盆　6. 陶罐　8. 陶坛　9、22、27、31、33. 陶器盖　10、11、28、32. 陶鼎

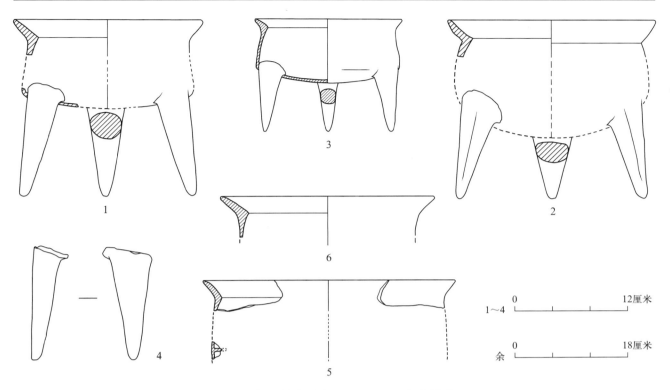

图一二七　茅东林场JXMD2M4出土器物

1~4. 陶鼎JXMD2M4：10、11、32、28　5、6. 陶釜JXMD2M4：14、19

　　JXMD2M4：11，夹砂褐陶。残碎，仅复原口部及足。侈口，圆唇，折沿，腹部略鼓，扁锥足。口径22.0厘米（图一二七，2）。

　　JXMD2M4：32，夹砂褐陶。侈口，圆唇，折沿，弧腹，圜底，腹、底间折，圆锥形足。口径15.6、高12.2厘米（图一二七，3）。

　　JXMD2M4：28，夹砂褐陶。仅复原鼎足，扁锥形。残长11.4厘米（图一二七，4）。

　　釜　2件。

　　JXMD2M4：14，夹砂陶，红褐色胎。残碎，仅复原口部。侈口，圆唇，折沿，腹壁较直。内壁有三个箅隔，平面近三角形。口径40.0厘米（图一二七，5）。

　　JXMD2M4：19，夹砂陶，红色胎。残碎，仅复原口部。侈口，圆唇，折沿。口径34、残高6.4厘米（图一二七，6）。

　　坛　4件。

　　侈口，尖唇，卷沿，沿面边缘有一道凹槽，束颈，弧肩，深弧腹，平底。

　　JXMD2M4：7，硬陶，青灰色胎，器表灰色。底内凹。颈部饰弦纹，肩及上腹部饰水波纹，下腹部饰回纹与叶脉纹相间的组合纹饰。器内可见抹刮痕和泥条盘筑的接缝，颈部与器身相接处留有指窝。口径19.6、底径19.6、高46.6厘米（图一二八，1；彩版八三，1）。

　　JXMD2M4：12，砖红色硬陶。颈部饰弦纹，肩及上腹部饰菱形填线纹，下腹部饰方格纹。颈部与器身相接处内外皆留有一周明显的指窝。口径21.6、底径25.4、高57.8厘米（图一二八，2；彩版八三，2）。

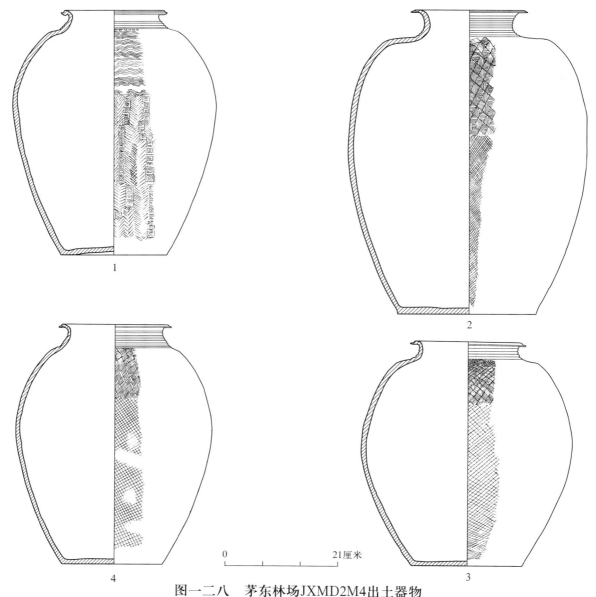

图一二八　茅东林场JXMD2M4出土器物

1～3. 硬陶坛JXMD2M4：7、12、29　4. 陶坛JXMD2M4：8

JXMD2M4：29，紫色硬陶。颈部饰弦纹，肩及上腹部饰席纹，下腹部饰方格纹。口径21.2、底径20.4、高43.2厘米（图一二八，3；彩版八四，1）。

JXMD2M4：8，砖红色泥质陶。颈部饰弦纹，肩及上腹部饰席纹，下腹部饰方格纹。纹饰部分被抹平，器内有抹刮痕。口径20.6、底径18.4、高46.2厘米（图一二八，4；彩版八四，2）。

罐　4件。

JXMD2M4：2，灰色硬陶。侈口，卷沿，束颈，弧肩，鼓腹，平底内凹。肩、腹部饰叶脉纹。器表有多处气泡。口径15.0、底径15.0、高24.8厘米（图一二九，1；彩版八四，3）。

JXMD2M4：26，灰色硬陶。侈口，尖唇，卷沿，沿面有一道凹槽，束颈，肩弧折，鼓腹，平底内凹。颈部饰弦纹，肩及上腹部饰席纹，下腹部饰方格纹。肩腹交接处内壁留有指窝痕，器身略有变形。口径15.6、底径16.0、高22.4厘米（图一二九，2；彩版八四，4）。

　　JXMD2M4：13，泥质黑皮陶，灰色胎。敛口，方唇，唇面有一周凹槽，唇缘外突，折肩起棱，鼓腹，平底。上腹部对称贴附一对竖耳，耳面刻划斜线。口径10.0、底径9.4、高16.2厘米（图一二九，3）。

　　JXMD2M4：30，泥质红陶。侈口，圆唇，卷沿，沿面有一道凹槽，束颈，弧肩，鼓腹，平底。颈部饰弦纹，肩、腹部饰席纹。口径18.8、底径15.8、高27.6厘米（图一二九，4）。

　　钵形罐　2件。

　　JXMD2M4：3，泥质黑皮陶，灰色胎，器表黑皮剥落严重。敛口，方唇，唇面有一凹槽，折腹，上腹稍内弧，下腹弧收，平底。上腹部饰弦纹。口径12.2、底径10.0、高8.6厘米（图一二九，5；彩版八五，1）。

　　JXMD2M4：4，灰色胎。敛口，方唇，唇面有一凹槽，折腹，下部残，平底。上腹部饰弦纹。口径21.4、底径12.0厘米（图一二九，6）。

　　瓿　4件。

　　JXMD2M4：6，硬陶，灰色胎，器表深褐色。侈口，尖唇，卷沿，沿面有一道凹槽，束颈，弧肩，扁鼓腹，平底。内壁及外壁腹底交接处留有抹刮痕，内壁还有指窝痕迹。肩、腹部饰叶脉纹。口径12.8、底径13.4、高13.6厘米（图一三〇，1；彩版八五，2）。

　　JXMD2M4：18，硬陶，灰色胎，器表褐色。侈口，尖唇，卷沿，沿面有一道凹槽，束颈，折肩，扁鼓腹，平底。口颈外侧及内壁留有抹刮痕，肩腹交接处内壁留有指窝痕迹。腹部饰方格纹。

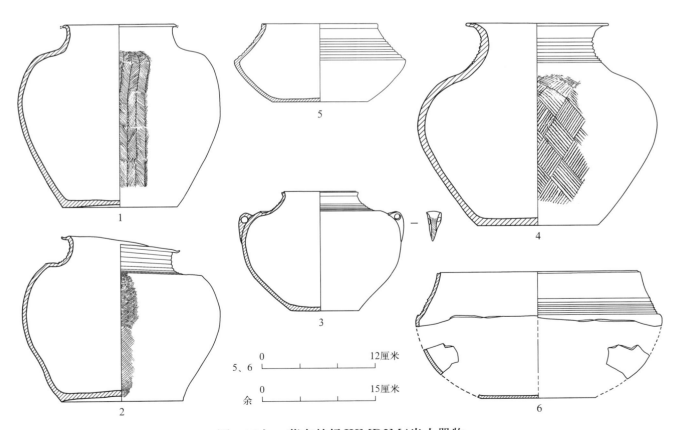

图一二九　茅东林场JXMD2M4出土器物

1、2.硬陶罐JXMD2M4：2、26　3、4.陶罐JXMD2M4：13、30　5、6.钵形罐JXMD2M4：3、4

口径10.8、底径11.6、高13.0厘米（图一三〇，2；彩版八五，3）。

JXMD2M4：21，灰色硬陶，局部为红褐色。侈口，尖唇，卷沿，沿面有一道凹槽，束颈，弧肩，扁鼓腹，平底。肩及上腹部饰变体凤鸟纹，下腹饰方格纹。口部略有变形。口径12.8、底径13.6、高15.8厘米（图一三〇，3；彩版八五，4）。

JXMD2M4：20，泥质红陶。直口，尖圆唇，卷沿，沿面内凹，平肩，折肩起脊，扁鼓腹，平底。肩部饰弦纹，上腹部饰水波纹，下腹部饰席纹。器身略歪。口径9.2、底径11.8、高12.6厘米（图一三〇，4；彩版八五，5）。

盆　1件。

JXMD2M4：5，泥质黑皮陶，灰色胎。直口略侈，方唇，上腹直，下腹及底残缺。口径18.4、残高3.4厘米（图一三〇，5）。

盘　1件。

JXMD2M4：25，泥质黑皮陶，灰褐色胎，器表黑皮剥落较甚。直口，尖唇，平折沿，沿面有凹槽，折腹，平底。内壁有旋痕。口径13.4、底径6.2、高3.1厘米（图一三〇，6；彩版八五，6）。

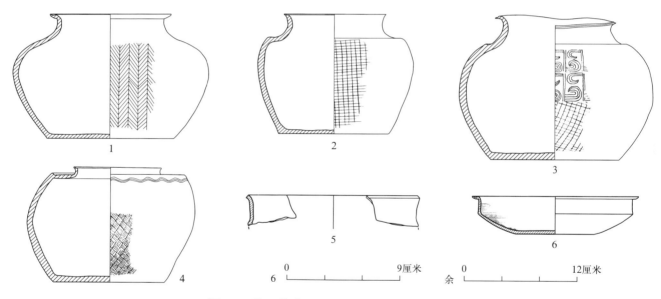

图一三〇　茅东林场JXMD2M4出土器物

1~3. 硬陶瓿JXMD2M4：6、18、21　4. 陶瓿JXMD2M4：20　5. 陶盆JXMD2M4：5　6. 陶盘JXMD2M4：25

碗　3件。

JXMD2M4：1，原始瓷，灰白色胎。敞口，尖圆唇，口内沿有一凹槽，弧腹，平底略内凹。器内有螺旋纹。器身略歪，底制作较粗糙。施黄色釉，剥落较甚。口径18.6、底径9.0、高7.2厘米（图一三一，1；彩版八六，1）。

JXMD2M4：23，原始瓷，灰黄色胎。敞口，折沿，沿面内凹，圆唇，弧腹，平底略凹。器内有螺旋纹。施黄色釉，剥落严重，仅保存于凹槽中。口径12.8、底径7.4、高3.8厘米（图一三一，2；彩版八六，2）。

JXMD2M4：24，原始瓷，灰白色胎。敞口，折沿，沿面有一道凹槽，尖圆唇，弧腹，平底。

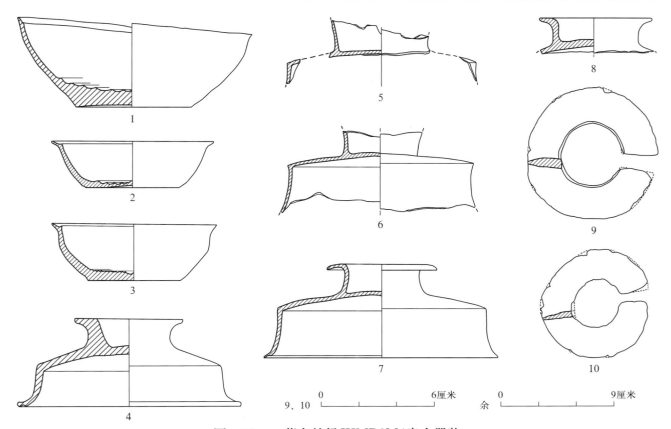

图一三一　茅东林场JXMD2M4出土器物

1～3. 原始瓷碗JXMD2M4：1、23、24　　4～8. 陶器盖JXMD2M4：9、22、27、31、33　　9、10. 石玦JXMD2M4：16、17

器内有螺旋纹，外壁旋痕明显。施黄绿色釉不及底，剥落严重。口径13.2、底径7.4、高3.6厘米（图一三一，3；彩版八六，3）。

器盖　5件。

泥质陶。皆为覆豆形，喇叭型捉手。

JXMD2M4：9，灰色胎。盖顶部较斜直，顶壁间折，敞口，圆唇，卷沿，沿面有一道凹槽。捉手径8.6、口径17.6、高7.2厘米（图一三一，4）。

JXMD2M4：22，黑皮陶，灰色胎。残碎，无法复原（图一三一，5）。

JXMD2M4：27，黑皮陶，灰色胎。平顶略弧，顶壁间折，壁内弧，捉手及口沿无法复原。顶径15.4、残高4.8厘米（图一三一，6）。

JXMD2M4：31，黑皮陶，灰色胎。平顶略弧，顶壁间折，壁内弧，敞口，尖唇，卷沿，沿面有一道凹槽。捉手径8.6、口径18.6、高7.6厘米（图一三一，7；彩版八六，4）。

JXMD2M4：33，黑皮陶，灰色胎。残缺较甚，仅复原捉手部分。捉手径8.9、残高2.8厘米（图一三一，8）。

陶片　1件。

JXMD2M4：15，泥质红陶。表面饰方格纹，可能是坛或罐的腹片。

石玦　2件。

JXMD2M4：16，墨绿色。双面均可见自然纹理，表面风化严重，使得边缘和表面不很规则，总体近圆形。一面弧面，一面较平，单面钻孔。外径7.2、内孔径3.4厘米（图一三一，9；彩版八六，5）。

JXMD2M4：17，墨绿色。表面有天然纹理，风化严重，使得边缘和表面不很规则，总体近圆形。单面钻孔。外径6.0、内孔径2.65厘米（图一三一，10；彩版八六，6）。

（二）器物群

JXMD2共发现器物群9处，分布于土墩偏外侧，其中西南部分布较为集中，其余位置较少。器物群所处层位不尽相同，有些放置于层面之上，有些挖坑埋放。

1．JXMD2Q1

JXMD2Q1位于土墩北部，中心坐标−0.25×5.70−1.15米。器物群挖有浅坑，开口于第⑥层下，打破第⑦层（图一三二；彩版八七，1）。浅坑平面略呈圆角梯形，弧壁，平底，坑口长1.60、西侧宽约1.20、东侧宽约0.60、深约0.28米。坑内填土与第⑥层一致。

出土器物6件，集中放置于坑底偏北。其中夹砂陶器2件，泥质陶器2件，硬陶器2件；器形有鼎、罐、瓿和纺轮。夹砂陶鼎JXMD2Q1：5向一侧歪斜，其余器物均正置，其中瓿JXMD2Q1：1叠置于陶罐JXMD2Q1：2之上。

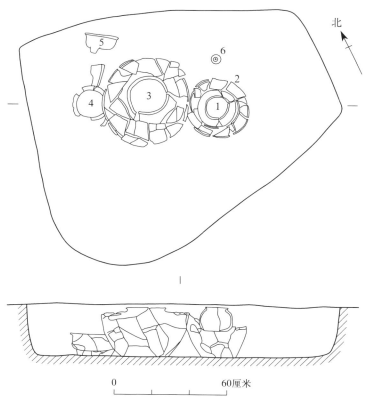

图一三二　茅东林场JXMD2Q1平、剖面图
1.陶瓿　2.陶罐　3.硬陶罐　4、5.陶鼎　6.陶纺轮

鼎　2件。

JXMD2Q1：4，夹砂红陶。破碎严重，无法复原。

JXMD2Q1：5，夹砂褐陶。破碎严重，器身无法复原。足扁舌形，外撇。足高3.5厘米（图一三三，1）。

罐　2件。

侈口，卷沿，束颈，弧肩，平底略凹。

JXMD2Q1：2，泥质灰陶。圆唇，鼓腹。腹部饰席纹，纹饰大部分已磨蚀。口径19.8、底径20.0、高25.0厘米（图一三三，2；彩版八七，2）。

JXMD2Q1：3，灰褐色硬陶。尖唇，沿面有凹弦纹，鼓腹。通体饰细密规整的窗格纹，上腹部有爆浆釉。口径20.8、底径20.6、高31.6厘米（图一三三，3；彩版八七，3）。

瓿　1件。

JXMD2Q1：1，灰褐色硬陶。侈口，圆唇，卷沿，沿面有一道凹槽，短束颈，溜肩，扁鼓腹，平底内凹。腹部饰细密规整的席纹，印痕较深。口径13.1、底径12.8、高11.4厘米（图一三三，4；彩版八七，4）。

纺轮　1件。

JXMD2Q1：6，泥质黑皮陶，红色胎。整体呈算珠形，中有穿孔，腹中部有一道凸棱。直径3.15、孔径0.3、高2.5厘米（图一三三，5）。

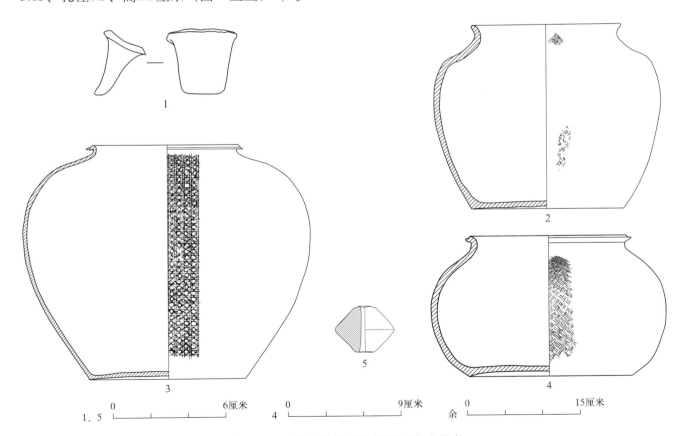

图一三三　茅东林场JXMD2Q1出土器物

1. 陶鼎JXMD2Q1：5　2. 陶罐JXMD2Q1：2　3. 硬陶罐JXMD2Q1：3　4. 硬陶瓿JXMD2Q1：1　5. 陶纺轮JXMD2Q1：6

2．JXMD2Q2

JXMD2Q2位于土墩西南近墩脚处，中心坐标-9.00×-5.50-2.70米。器物放置于第⑫层层面，被第⑪层叠压（图一三四；彩版八八，1）。JXMD2Q2放置的面由西向东略倾斜，器物分布在长约1.60、宽约1.10米的范围内。形制较大的器物向较低的一侧倾斜，破碎严重，可能放置时即已打碎。

出土器物10件，其中夹砂陶器2件，泥质陶器2件，硬陶器2件，原始瓷器4件；器形有鼎、坛、罐、瓿、碗等。

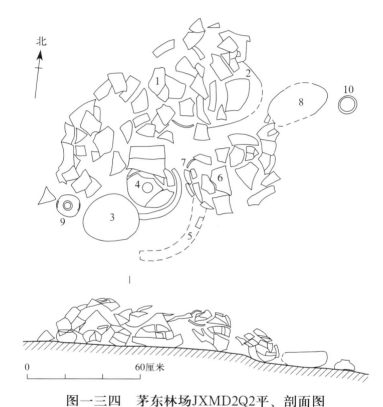

图一三四　茅东林场JXMD2Q2平、剖面图

1．陶坛　2、5．陶罐　3、8．陶鼎　4、7、10．原始瓷碗　6．陶瓿　9．原始瓷瓿

鼎　2件。

JXMD2Q2：3，夹砂红褐陶。侈口，圆唇，折沿，腹部残缺，扁锥形足。口径24.0厘米（图一三五，1）。

JXMD2Q2：8，夹砂红陶。破碎严重，形制不明。

坛　1件。

JXMD2Q2：1，灰色硬陶，红褐色胎。侈口，尖唇，卷沿，沿面下凹，束颈，溜肩，深弧腹，平底略内凹。颈部饰弦纹，肩及上腹部饰席纹，下腹部饰菱形填线纹。口径18.4、底径18.4、高42.0厘米（图一三五，2；彩版八八，2）。

罐　2件。

JXMD2Q2：2，泥质灰褐陶。口沿、下腹及底部残缺，腹部略折，上腹有竖耳（图一三五，3）。

JXMD2Q2：5，泥质灰陶。破碎严重，形制不明。

瓿　2件。

JXMD2Q2：6，灰色硬陶。侈口，尖唇，卷沿，沿面内凹，弧肩，扁鼓腹，平底。外沿向下饰方格纹，颈部方格纹被抹平。口径14.8、底径17.8、高17.8厘米（图一三五，4；彩版八八，3）。

JXMD2Q2：9，原始瓷，灰色胎。子母口，尖唇，折沿，溜肩，扁鼓腹，平底略内凹。肩部设一对绞索状横耳，耳两侧堆贴"S"形泥条饰，两耳之间堆贴一组横向的"S"形泥条饰。肩部饰水波纹，外底有线割痕。黄绿色釉，剥落较甚。口径9.6、底径9.6、高8.3厘米（图一三五，5；彩版八八，4）。

碗　3件。

原始瓷。敞口，平底略凹。器内有螺旋纹。

JXMD2Q2：4，浅黄色胎，胎质细腻。圆唇，折沿，沿面有两道凹槽，弧腹，假圈足。施黄绿色釉，剥落严重，仅保存于凹槽中。口径18.2、底径8.0、高6.0厘米（图一三五，8；彩版八九，1）。

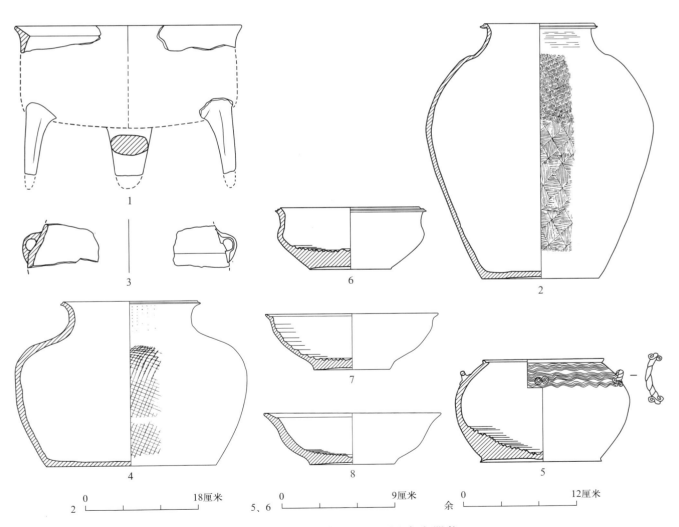

图一三五　茅东林场JXMD2Q2出土器物

1．陶鼎JXMD2Q2：3　2．硬陶坛JXMD2Q2：1　3．陶罐JXMD2Q2：2　4．硬陶瓿JXMD2Q2：6　5．原始瓷瓿JXMD2Q2：9　6～8．原始瓷碗JXMD2Q2：10、7、4

JXMD2Q2：7，灰白色胎。圆唇，折沿，沿面下凹，弧腹，假圈足。施青绿色釉。口径18.8、底径9.0、高5.6厘米（图一三五，7；彩版八九，2）。

JXMD2Q2：10，浅黄色胎。尖唇，折沿，沿面有两道凹槽，上腹较直略向内弧，下腹斜收。外壁有轮制时留下的旋痕。施黄绿色釉不及底。口径12.0、底径6.4、高5.0厘米（图一三五，6；彩版八九，3）。

3．JXMD2Q3

JXMD2Q3位于土墩东部近墩脚处，中心坐标9.20×−2.00−3.20米。器物放置于生土面上，被第④层叠压（图一三六；彩版九〇，1）。器物呈大致东西向摆放，方向朝向墩中心，放置范围东西长约1.13、宽约0.35米，放置层面起伏不平，东部略高。随葬的原始瓷碗JXMD2Q3：5倒扣在夹砂陶鼎之上，作器盖之用。

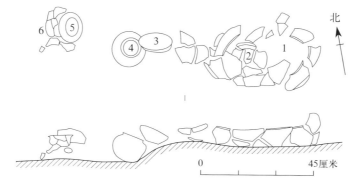

图一三六　茅东林场JXMD2Q3平、剖面图
1．陶罐　2．陶钵　3、5．原始瓷碗　4．陶瓿　6．陶鼎

出土器物6件，其中夹砂陶器1件，泥质陶器2件，硬陶器1件，原始瓷器2件；器形有鼎、罐、瓿、钵、碗等。

鼎　1件。

JXMD2Q3：6，夹砂红陶。破碎，腹部无法复原。侈口，尖唇，折沿，直腹，圜底，腹、底间折，扁锥形足，足尖略外撇。口径15.0厘米（图一三七，1）。

罐　1件。

JXMD2Q3：1，泥质黑皮陶，黑皮剥落严重。破碎，腹部无法复原。侈口，圆唇，卷沿，束颈，溜肩，鼓腹，平底。颈部饰弦纹，腹部饰席纹。口径20.0、底径21.0厘米（图一三七，2）。

瓿　1件。

JXMD2Q3：4，灰色硬陶。侈口，尖唇，卷沿，沿面有一道凹槽，溜肩，扁鼓腹，平底略凹。颈、肩部饰弦纹，腹部饰席纹。腹、颈交接处内壁有指窝和抹痕。口径11.4、底径13.6、高13.4厘米（图一三七，3；彩版九〇，2）。

碗　2件。

JXMD2Q3：3，原始瓷，灰白色胎。直口，沿面斜，尖唇，上腹较直，下腹斜收，平底。器内有螺旋凹槽，内壁有气泡。施青绿色釉。口径14.8、底径8.0、高5.4厘米（图一三七，4；彩版九〇，3）。

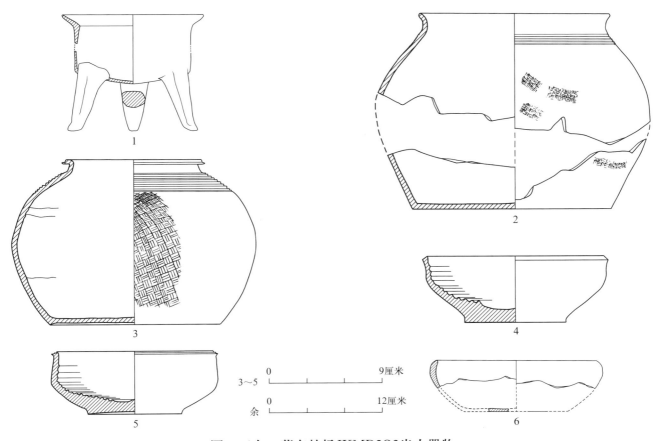

图一三七　茅东林场JXMD2Q3出土器物

1. 陶鼎JXMD2Q3：6　2. 陶罐JXMD2Q3：1　3. 硬陶瓿JXMD2Q3：4　4、5. 原始瓷碗JXMD2Q3：3、5　6. 陶钵JXMD2Q3：2

JXMD2Q3：5，原始瓷，灰黄色胎。直口，窄折沿，沿面有两道凹槽，尖唇，上腹较直，下腹斜收，平底略内凹。器内有螺旋凹槽。器体制作不太规整。施黄绿色釉，大部分已脱落。口径13.1、底径7.4、高5.2厘米（图一三七，5；彩版九〇，4）。

钵　1件。

JXMD2Q3：2，泥质红陶。破碎，下腹部无法复原。敛口，圆唇，弧腹，平底。口径16.8厘米（图一三七，6）。

4．JXMD2Q4

JXMD2Q4位于土墩西南部，中心坐标-5.80×-6.50-1.60米。器物放置于第⑪层层面，被第⑩层叠压（图一三八；彩版八九，5）。呈东北—西南向分布于长约0.40、宽约0.20米的范围内，放置层面东北高西南低。

出土泥质陶罐、器盖各1件。

罐　1件。

JXMD2Q4：1，泥质黑皮陶，磨光，黑皮大部分脱落。口稍敛，尖唇，平沿，束颈，折肩，鼓腹，平底略内凹。腹部设有对称的竖耳，仅存根部。口径10.0、底径8.6、高12.6厘米（图一三八，1；彩版八九，4）。

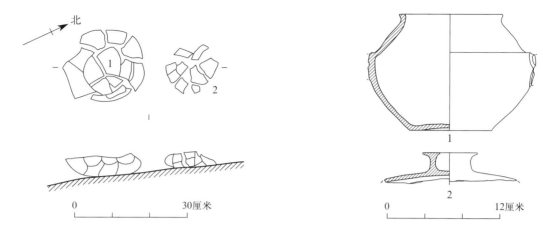

图一三八　茅东林场JXMD2Q4及出土器物
1. 陶罐JXMD2Q4：1　2. 陶器盖JXMD2Q4：2

器盖　1件。

JXMD2Q4：2，泥质灰陶。破碎严重，仅复原上半部。璧形捉手，顶部略弧。捉手径5.8、残高3.4厘米（图一三八，2）。

5．JXMD2Q5

JXMD2Q5位于土墩西南部墩脚处，中心坐标−7.50×−9.40−2.90米。放置于第⑫层层面上，被第⑪层叠压（图一三九；彩版九一，1）。器物出土时十分破碎，可能放置时即已打碎，碎片分布在长约1.48、宽约1.00米的斜面上，斜面北高南低，坡度近30°。

出土器物2件，为硬陶坛和泥质陶盆。

坛　1件。

JXMD2Q5：2，灰褐色硬陶，紫红色胎。侈口，卷沿，沿面有一道凹槽，束颈，弧肩略折，深弧腹，平底内凹。颈部饰弦纹，肩及上腹部饰菱形填线纹，下腹部饰方格纹，纹饰拍印较浅、重叠较多。内壁可见泥条间的接缝，颈、腹粘接处留有明显连续的指窝，底、腹粘接处可见刮抹痕，口径23.2、底径20.8、高47.2厘米（图一三九，2；彩版九一，2）。

盆　1件。

JXMD2Q5：1，泥质黑皮陶，灰褐色胎，黑皮剥落较甚。敞口，尖圆唇，卷沿，沿面有凹槽，束颈，弧腹，平底略内凹。口径20.8、底径12.0、高7.4厘米（图一三九，1；彩版九一，3）。

6．JXMD2Q6

JXMD2Q6位于土墩西南部，中心坐标−3.90×−6.95−3.12米。器物放置于第⑫层层面上，被第⑪层叠压（图一四〇）。分布范围长0.26、宽0.26米，放置的层面北侧略高。

出土器物2件，为夹砂陶鼎和原始瓷碗。鼎正置，碗倒扣在鼎之上，作器盖用。

鼎　1件。

JXMD2Q6：2，夹砂红陶。侈口，圆唇，宽折沿，直腹，圜底，腹、底间折，扁锥形足。口径16.6、高15.6厘米（图一四〇，2）。

碗　1件。

JXMD2Q6：1，原始瓷，灰白色胎。敞口，尖唇，窄折沿，沿面有两道凹槽，弧腹，平底。器内有螺旋纹，外壁留有旋痕。施黄绿色釉。口径13.1、底径6.4、高4.2厘米（图一四〇，1；彩版九一，4）。

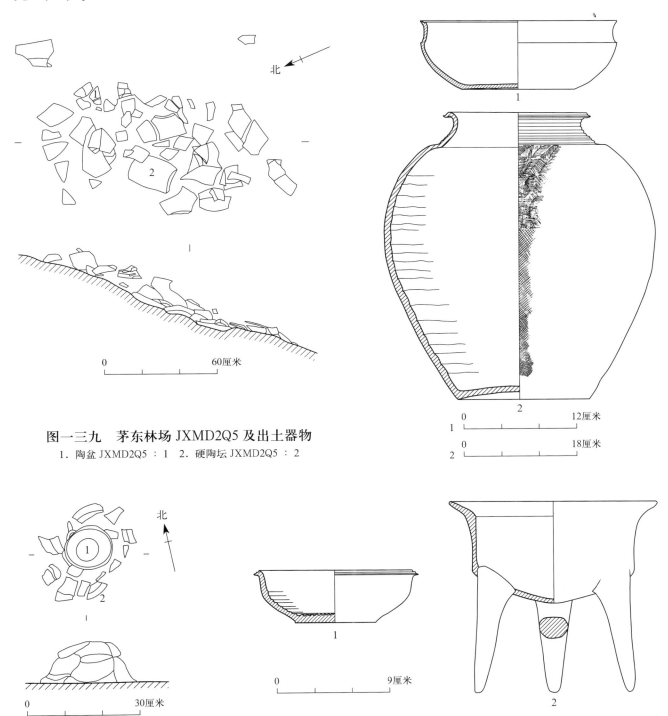

图一三九　茅东林场 JXMD2Q5 及出土器物

1. 陶盆 JXMD2Q5：1　2. 硬陶坛 JXMD2Q5：2

图一四〇　茅东林场JXMD2Q6及出土器物

1. 原始瓷碗JXMD2Q6：1　2. 陶鼎JXMD2Q6：2

7．JXMD2Q7

JXMD2Q7位于土墩东部，中心坐标6.30×-0.40-1.85米。器物置于土坑内，土坑开口于第④层下，打破JXMD2M3（图一四一；彩版九二，1）。土坑呈簸箕状，敞口朝向墩外，方向约93°。口部平面近长方形，东西长1.12、南北宽0.65米，直壁，平底，深0～0.23米。坑内填土浅灰褐色，较松软。

坑底放置2件器物，分别位于坑南侧和北侧，为泥质陶罐和原始瓷碗，均正置，出土时陶罐破碎。

罐　1件。

JXMD2Q7：2，泥质红陶。侈口，尖唇，卷沿，沿面有一道凹槽，束颈，溜肩，扁鼓腹，平底略凹。肩部设对称贯耳。口径10.4、底径11.2、高11.4厘米（图一四一，2；彩版九二，2）。

碗　1件。

JXMD2Q7：1，原始瓷，灰色胎。敞口，圆唇，折沿，沿面下凹，弧腹，上腹斜直，下腹弧收，平底。器内有螺旋纹，外底有平行切割痕。施黄绿色釉。口径10.0、底径5.8、高2.8厘米（图一四一，1；彩版九二，3）。

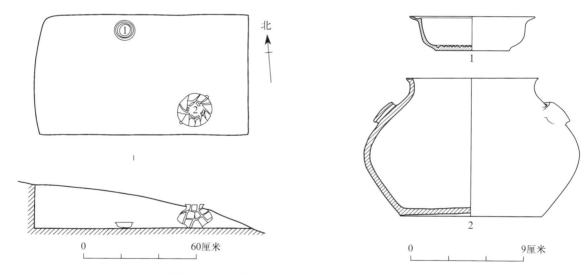

图一四一　茅东林场JXMD2Q7及出土器物
1．原始瓷碗JXMD2Q7：1　2．陶罐JXMD2Q7：2

8．JXMD2Q8

JXMD2Q8位于土墩西部墩脚处，中心坐标-14.20×-3.50-2.90米。器物放置于第⑪层层面上，被第⑩层叠压（图一四二）。放置的层面不甚平整，东北略高于西南。器物放置较分散，大致南北向排列，纺轮位置偏于北端，盆和碗紧挨放置在南端。

出土器物3件，其中泥质陶器2件，原始瓷器1件；器形为盆、碗和纺轮。

盆　1件。

JXMD2Q8：3，泥质黑皮陶，灰色胎，黑皮剥落较甚。侈口，尖圆唇，折沿，沿面内凹，束颈，折腹，平底。口径12.2、底径5.0、高3.1厘米（图一四二，3；彩版九二，4）。

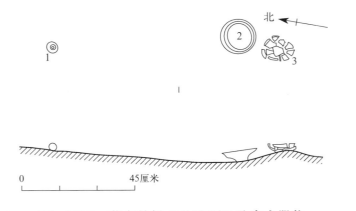

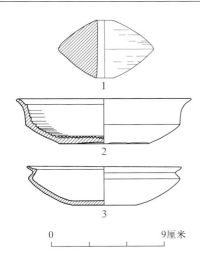

图一四二　茅东林场 JXMD2Q8 及出土器物
1. 陶纺轮JXMD2Q8：1　2. 原始瓷碗JXMD2Q8：2　3. 陶盆JXMD2Q8：3

碗　1件。

JXMD2Q8：2，原始瓷，灰白色胎。敞口，圆唇，折沿，沿面下凹，折腹，上腹内弧，下腹弧收，平底略凹。器内有螺旋纹，外底有平行的切割痕。施青绿色釉。口径13.8、底径7.0、高3.6厘米（图一四二，2；彩版九二，5）。

纺轮　1件。

JXMD2Q8：1，泥质黑皮陶，褐色胎。算珠形，中有圆形穿孔。表面有旋痕。直径3.8、孔径0.6、高2.4厘米（图一四二，1；彩版九二，6）。

9. JXMD2Q9

JXMD2Q9位于土墩南部偏西，中心坐标−3.60×−9.10−3.42米。器物放置于第⑫层层面，被第⑪层叠压（图一四三；彩版九三，1）。分布范围长1.45、宽1.30米，放置层面北部略高。泥质陶钵JXMD2Q9：8扣在硬陶坛JXMD2Q9：6上，作器盖用，其余器物正置；器形较大的坛、釜等皆破碎严重，并顺层面向南侧倒伏，3件原始瓷碗呈"品"字形分布。

出土器物8件，其中夹砂陶器1件，泥质陶器1件，硬陶器3件，原始瓷器3件；器形有釜、坛、钵、碗。

釜　1件。

JXMD2Q9：7，夹砂红陶。侈口，圆唇，宽折沿，直腹，圜底。内壁有三条箄隔。口径36.6、高28.0厘米（图一四四，1；彩版九四，1）。

坛　3件。

硬陶。侈口，尖唇，卷沿，沿面有凹槽，束

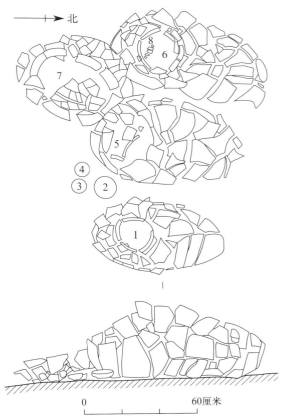

图一四三　茅东林场 JXMD2Q9 平、剖面图
1、5、6. 陶坛　2~4. 原始瓷碗　7. 陶釜　8. 陶钵

颈，弧折肩，深弧腹，平底。颈部饰弦纹，肩及上腹饰席纹，下腹部饰菱形填线纹。

JXMD2Q9：1，灰褐色胎。平底略内凹。外壁纹饰印痕较浅，拍印不甚规则。口径19.4、底径20.0、高34.0厘米（图一四四，2；彩版九三，2）。

JXMD2Q9：6，灰褐色胎。口径18.4、底径19.6、高44.0厘米（图一四四，3；彩版九三，3）。

JXMD2Q9：5，紫红色胎，器表灰色，局部灰黄。底内凹。内壁可见泥条间的接缝以及指窝，腹与底粘接处可见刮抹痕。口径18.2、底径20.6、高44.0厘米（图一四四，4；彩版九四，2）。

碗　3件。

JXMD2Q9：2，原始瓷，灰色胎。敞口，折沿，沿面有两道凹槽，尖唇，上腹直，下腹向内弧收，平底。器内有螺旋纹，外底有线切割痕迹。施黄色釉，剥落严重。口径11.6、底径6.8、高4.0厘米（图一四四，5；彩版九四，3）。

JXMD2Q9：3，原始瓷，灰白色胎。敛口，尖唇，内折沿，沿面下凹，弧腹，平底。器内有螺旋纹，外底留有支钉痕。施青绿色釉，制作不甚规整。口径8.6、底径5.6、高3.2厘米（图一四四，6；彩版九四，4）。

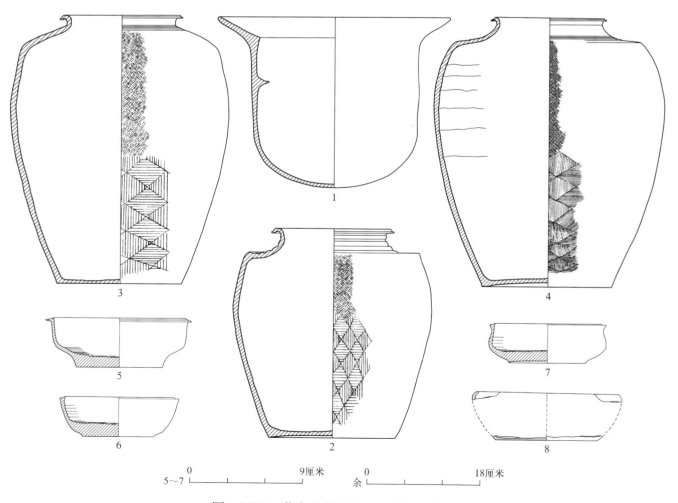

图一四四　茅东林场JXMD2Q9出土器物

1. 陶釜JXMD2Q9：7　2~4. 硬陶坛JXMD2Q9：1、6、5　5~7. 原始瓷碗JXMD2Q9：2~4　8. 陶钵JXMD2Q9：8

JXMD2Q9：4，原始瓷，灰白色胎。直口微敛，尖唇，沿面有一道凹槽，弧腹稍鼓，平底微凹。器内有螺旋纹。施黄色釉，不及底。口径9.3、底径6.0、高3.2厘米（图一四四，7；彩版九四，5）。

钵　1件。

JXMD2Q9：8，泥质黑皮陶。破碎严重，仅复原口、底部。敛口，圆唇，平底。口径22.0、底径16.0厘米（图一四四，8）。

（三）建筑遗存

有土垄和红烧土面。

1．JXMD2土垄

位于土墩平面的西南部，中心坐标−5.60×−5.20−2.05米。叠压于第⑬层之上，被第⑫层叠压（图一四五；彩版九五，1、2）。土垄平面呈长条形，方向约205°。与JXMD2M4基本一致，长6.80、北宽1.20、南宽1.60米。土垄的顶部较平，两侧稍弧，断面略呈梯形。整个土垄堆积自北向南向下倾斜，呈斜坡状，北高1.30、南高0.15米。土垄堆积的土呈红褐色，土质较硬，纯净，未见包含物。

JXMD2土垄被第⑫层叠压，第⑫层土黄褐色夹红斑，土质较硬，纯净，但在紧靠土垄的部位却集中堆积了白土，在土垄周围形成了宽0.20～0.35米的白土带，白土与黄褐土错杂叠压，是在短时间内一次形成的，白土分布的规律性说明当是有意为之，加上土垄本身的特殊形制也说明土垄应是特意堆建而成，具有特殊意义。

JXMD2土垄平面位置正好位于JXMD2M4的前端，方向也基本一致，因而虽然与JXMD2M4封土（即第⑭层）之间有第⑬层的间隔，但可以推测土垄的堆建当与JXMD2M4有关，可能带有标志性的含义。

2．JXMD2红烧土面

红烧土面位于土墩南部偏西的墩脚部位，中心坐标−6.40×−9.40−2.90米。红烧土面处于JXMD2Q5的东部边缘第⑫层层面上，被第⑪层叠压。平面呈圆形，直径约0.40、最厚处为0.02米左右。红烧土面的存在说明此处进行过焚烧，应与祭祀活动有关。

（四）其他遗物

D2各地层皆较为纯净，仅在第⑩层中发现了2件器物。由于土墩表面被施工翻动，不少陶器及其碎片暴露于土墩地表，发掘前作了采集。

罐　1件。

JXMD2采：4，硬陶，紫色胎，器表黄褐色。侈口，尖圆唇，卷沿，沿面有凹槽，弧肩略折，弧腹，平底。颈部饰弦纹，上腹部饰叶脉纹和回字填线纹的组合纹，下腹部饰菱形填线纹。口径15.1、底径14.2、高22.6厘米（图一四六，1）。

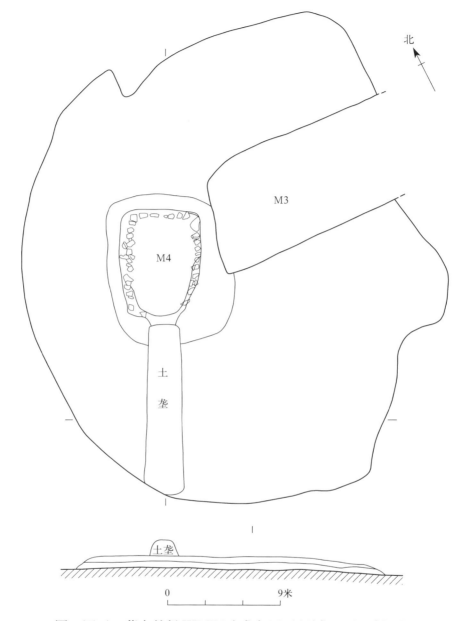

图一四五　茅东林场JXMD2土垄与M4环形垄丘平、剖面图

碗　3件。

JXMD2采：1，原始瓷，灰白色胎。直口，折沿，沿面有两道凹槽，上腹直稍内弧，下腹弧收，平底。器内有螺旋纹。施黄绿色釉，剥落较甚。口径13.0、底径7.8、高5.0厘米（图一四六，2）。

JXMD2采：2，原始瓷，灰白色胎。敛口，方唇，内折沿，唇缘外突，弧腹，平底。器内有螺旋纹，外壁有旋痕，外底有平行切割痕。施黄绿色釉。口径10.0、底径5.0、高4.2厘米（图一四六，3）。

JXMD2采：3，原始瓷，灰白色胎。敞口，尖圆唇，折沿，沿面有一道凹槽，弧腹，平底。内壁有密集的螺旋纹，外底有平行的切割痕。施青绿色釉，剥落较甚。口径14.4、底径8.0、高4.4厘米（图一四六，4）。

石玦 1件。

JXMD2⑩：2，绿松石质，墨绿色。磨制而成，表面风化较严重。近圆形，一面弧，另一面凹凸不平，单面钻孔。外径5.6、内径2.4厘米（图一四六，5）。

管状饰 1件。

JXMD2⑩：1，石质，青绿色。磨制而成，不规则三棱台形，一边较弧，另两边较直，长度略等，台面中心两面对钻形成穿孔，磨制不精。通长1.6、宽1.3厘米（图一四六，6）。

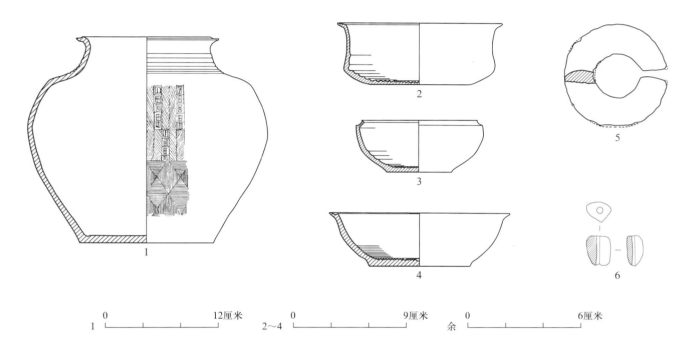

图一四六 茅东林场JXMD2地层及采集器物
1. 硬陶罐JXMD2采：4 2~4. 原始瓷碗JXMD2采：1~3 5. 石玦JXMD2⑩：2 6. 管状饰JXMD2⑩：1

四 小结

根据土墩的地层堆积和诸遗存之间的叠压打破关系可以对土墩的形成过程进行复原推测。首先在较为平整的生土面上堆积第⑰和第⑯层，形成环形垄丘；然后在垄丘之中堆积第⑮层，于平整的第⑮层层表设置石框，垫土、埋葬形成JXMD2M4；接着在JXMD2M4上覆压第⑭层，形成JXMD2M4的封土；在JXMD2M4封土和环形垄丘之间填第⑬层，与垄丘顶部略平；此后在JXMD2M4的南侧与其方向大致相同，堆筑长条形土垄；在土墩的南部堆积第⑫层，并在层面上挖建JXMD2M1、M2，放置JXMD2Q2、Q5、Q6、Q9，再覆压第⑪层；在第⑪层层表放置JXMD2Q8和Q4；然后于土墩北部依次堆积第⑩～⑦层，于第⑦层层表挖浅坑，放置JXMD2Q1；接着在土墩的东北部堆积第⑥、⑤层，挖建JXMD2M3，放置JXMD2Q7；最后在土墩的东部加封第④～②层，形成了JXMD2的地层堆积和遗存。

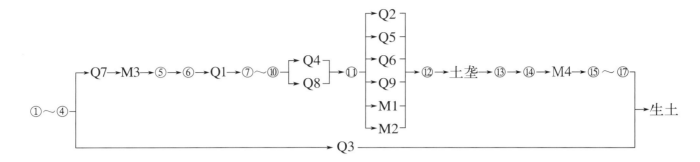

JXMD2M4是D2内最早的遗迹单元，出土的夹砂陶鼎折沿较宽，腹略直；硬陶坛束颈较长，卷沿近平，最大腹径在中部及上部，肩、腹部饰席纹、菱形填线纹与方格纹组合纹饰；原始瓷碗折沿较宽，弧腹；符合春秋早期器物特征。

JXMD2内的遗迹以JXMD2Q3、Q7、M3最晚，出土的夹砂陶鼎折沿较宽，直腹，腹底间折，足细长；硬陶坛卷沿较宽，最大腹径偏上，腹下收剧烈，纹饰为方格纹、席纹、菱形填线纹；部分原始瓷碗窄折沿，上腹近直，具有春秋中期的器物特征。

因此，JXMD2的年代上限为春秋早期，下限为春秋中期。

第四节　茅东林场土墩墓D3

一　概况

茅东林场土墩墓D3（编号JXMD3）位于东侧南北向岗地的东面坡地上，宁常高速主线北部，隶属茅东林场，西南距薛埠镇上阳村余家棚自然村约340米，向东约150米为盘固水泥厂输送带，向西100米有一条南北向乡村道路，西距JXMD1约50、西南距JXMD2约70米。

JXMD3在高速公路工程平整地面时被一定程度削平，地表可采集到较多的印纹陶片。现存略高于周围地面，顶部较为平整，坡度较缓，残存高度0.5米左右，平面呈椭圆形，东西底径约22.5、南北底径约19.5米（图一四七）。

二　地层堆积

依据土质、土色和包含物的差异，JXMD3残存堆积可分为依次叠压的4层（图一四八；彩版九六，1）。

第①层：灰褐色土，厚0～0.25米。表土层，土质疏松。堆积较薄且不连续分布，是高速公路工程施工翻动形成，其中包含较多的印纹陶片，可能为土墩内原有的器物。

第②层：浅褐色土，深0～0.30、厚0～0.30米。土质较硬，夹杂少量硬陶片。堆积基本水平，分布于土墩中部。本层下有器物群JXMD3Q1、Q2、Q3。

第③层：红褐色黏土，深0.10～0.35、厚0～0.25米。土质较硬。堆积基本水平，分布于土墩中部。本层下有墓葬JXMD3M1、M2。

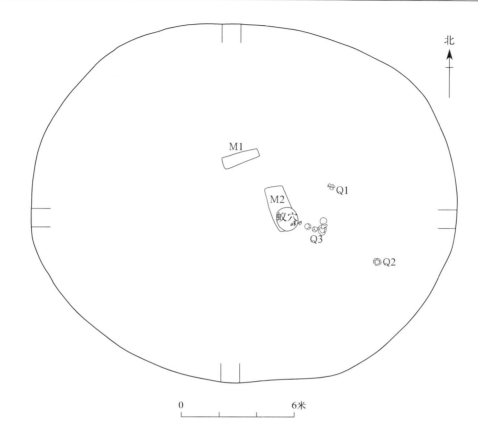

图一四七　茅东林场JXMD3平面图

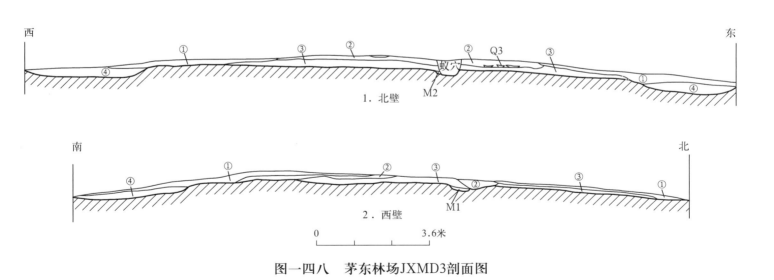

图一四八　茅东林场JXMD3剖面图

　　第④层：灰黄色土，深0～0.35、厚0～0.40米。土质细密，纯净，未见包含物。堆积基本水平，平面略呈半环状分布于土墩东、南、西部外围。

　　第④层下即为生土层，深褐色，夹杂粗大的铁锰结核颗粒。生土层面较平整，中部略高。

三　遗迹遗物

JXMD3发现的遗迹有器物群和墓葬。器物群3处，分布于土墩东部；墓葬2座，位于土墩中部。

（一）墓葬
墓葬有2座。

1．JXMD3M1
JXMD3M1位于土墩平面的中部偏北，中心坐标0.50×3.25-0.35米。开口于第③层下，打破生土层（图一四九；彩版九六，2、九七，1）。为竖穴土坑墓，墓坑平面近长梯形，方向约73°。东部窄，西部较宽，墓口长2.00、宽0.40～0.60米，墓底长1.94、宽0.36～0.54米，深0.10～0.14米，斜壁，底部较平整，西侧略高。墓内未见人骨及葬具。随葬器物集中于墓坑底部的东端。

随葬品5件，其中夹砂陶器2件，硬陶器、原始瓷器、石器各1件；器形有鼎、豆、盂、石刀等，夹砂陶器破碎严重。

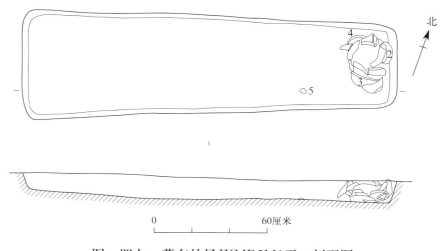

图一四九　茅东林场JXMD3M1平、剖面图
1、3. 陶鼎　2. 陶盂　4. 原始瓷豆　5. 石刀

鼎　2件。

JXMD3M1：1，夹砂红褐陶。侈口，圆唇，折沿，沿面略凹，束颈，弧腹，圜底，舌状足外斜。口径18.0、高13.0厘米（图一五〇，1；彩版九七，2）。

JXMD3M1：3，夹砂红褐陶。底、足残缺。侈口，圆唇，折沿，弧腹。口径10.6、残高4.5厘米（图一五〇，2）。

豆　1件。

JXMD3M1：4，原始瓷，灰色胎。敞口，折沿，沿面下凹，折腹，矮圈足。沿面等距贴附3个"∽"形泥条堆饰，制作较粗糙。施青绿色釉。口径17.4、底径8.6、高6.0厘米（图一五〇，3；彩版九七，3）。

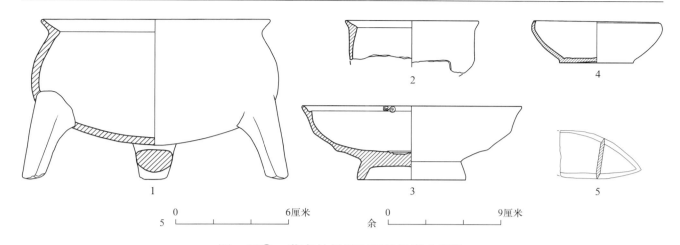

图一五〇　茅东林场JXMD3M1出土器物

1、2. 陶鼎JXMD3M1：1、3　3. 原始瓷豆JXMD3M1：4　4. 硬陶盂JXMD3M1：2　5. 石刀JXMD3M1：5

盂　1件。

JXMD3M1：2，灰色硬陶。敛口，方唇，唇面略内凹，弧腹，假圈足，平底略内凹。内底有一道凹槽，外底有线切割痕。口径10.0、底径6.0、高3.4厘米（图一五〇，4；彩版九七，4）。

石刀　1件。

JXMD3M1：5，残缺，磨制。背部尖圆，弧刃，刃部较锋利。残长4.3、宽2.5厘米（图一五〇，5；彩版九七，5）。

2．JXMD3M2

JXMD3M2位于土墩中部偏东，中心坐标2.55×0.50-0.40米。为竖穴土坑墓，开口于第③层下，打破生土层（图一五一；彩版九八，1），墓坑南部被一蚁穴扰乱。坑口平面呈长方形，方向约160°。长2.40、宽1.00米，斜壁，平底，深约0.10米。墓内未见人骨及葬具痕迹。

出土器物3件，为原始瓷盂、泥质陶器盖和纺轮；纺轮位于墓北部，其余位于墓西南部，由于蚁穴扰乱向下倾斜。

盂　1件。

JXMD3M2：1，原始瓷，灰黄色胎。敛口，尖圆唇，沿面下凹，折肩，弧腹，平底。肩部贴附一对盲耳，各以两股小泥条捏制而成。内底部可见螺旋纹，但已被釉填满。施青绿色釉。口径7.8、底径5.1、高4.8厘米（图一五二，1；彩版九八，2）。

器盖　1件。

JXMD3M2：2，泥质黑皮陶，灰黄色胎，器表黑皮脱落较甚。整体呈覆豆形，喇叭形捉手，弧顶，顶、壁间折，壁内弧，敞口，圆唇，卷沿，沿面有一周凹槽。捉手径7.4、口径16.0、高6.0厘米（图一五二，2；彩版九八，3）。

纺轮　1件。

JXMD3M2：3，泥质红褐陶。算珠形，中有圆形穿孔。直径4.3、孔径0.4、高2.8厘米（图一五二，3；彩版九八，4）。

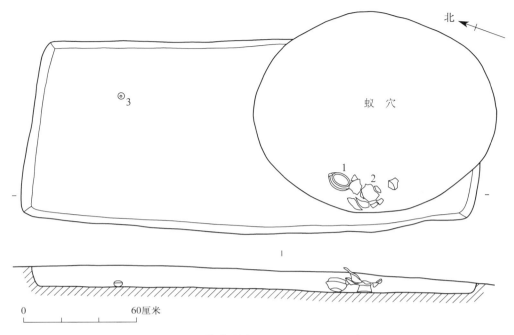

图一五一　茅东林场JXMD3M2平、剖面图

1. 原始瓷盂　2. 陶器盖　3. 陶纺轮

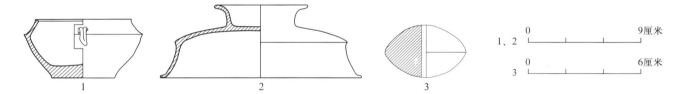

图一五二　茅东林场JXMD3M2出土器物

1. 原始瓷盂JXMD3M2：1　2. 陶器盖JXMD3M2：2　3. 陶纺轮JXMD3M2：3

（二）器物群

器物群有3处。

1. JXMD3Q1

JXMD3Q1位于土墩东部偏北，中心坐标5.25×1.75−0.50米。器物放置于第③层层面，被第②层叠压（图一五三），放置的层面西高东低。

出土器物2件，为硬陶罐和盂，罐破碎较甚。

罐　1件。

JXMD3Q1：2，灰色硬陶。直口，尖唇，沿面下凹，鼓腹，平底略内凹。腹部贴附一对泥条捏制成的辫形耳。器身饰折线纹，内底部可见粘接痕迹。口径11.6、底径9.6、高12.4厘米（图一五三，2；彩版九九，1）。

盂　1件。

JXMD3Q1：1，灰褐色硬陶。敛口，尖唇，弧腹，平底。内底有螺旋纹，外底有平行的切割痕。口径8.4、底径4.8、高3.8厘米（图一五三，1；彩版九九，2）。

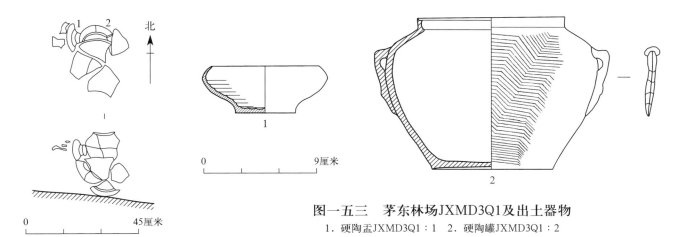

图一五三　茅东林场JXMD3Q1及出土器物
1. 硬陶盉JXMD3Q1：1　2. 硬陶罐JXMD3Q1：2

2. JXMD3Q2

JXMD3Q2位于土墩东部偏南，中心坐标7.75×－2.25－0.60米。器物放置于第③层层面，被第②层叠压（图一五四），放置层面西部略高。

出土泥质陶罐1件，正置。

罐　1件。

JXMD3Q2：1，泥质灰陶，残破严重，无法复原。

3. JXMD3Q3

JXMD3Q3位于土墩中部偏东，中心坐标4.00×－0.25－0.40米。器物放置于第③层面上，被第②层叠压（图一五五）。器物呈"L"形排列，长边朝向墩中心，西部的器物因遭蚁穴扰乱向下倾斜。

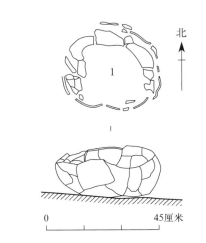

图一五四　茅东林场JXMD3Q2平、剖面图

出土器物10件，JXMD3Q3发掘前部分器物已暴露于墩表，大件器物上部已不存，残破严重。其中夹砂陶器2件，泥质陶器1件，硬陶器3件，原始瓷器4件；器形有釜、鼎、坛、罐、碗等。坛、罐、釜等大件器物放置于偏外侧，小件器物集中放置于偏内侧。

鼎　1件。

JXMD3Q3：9，夹砂红陶。侈口，宽折沿，腹较直，中部残缺，圜底，尖锥形足。口径21.0厘米（图一五六，1）。

釜　1件。

JXMD3Q3：5，夹砂红褐陶。侈口，尖圆唇，宽折沿，腹壁较直，下腹及底部残。腹内壁有箅隔。口径36.4厘米（图一五六，2）。

坛　3件。

JXMD3Q3：1，灰色硬陶。口及上腹残缺，下腹弧收，平底。下腹部饰菱形填线纹，近底被抹平。底径24.2、残高22.6厘米（图一五六，3）。

JXMD3Q3：2，灰色硬陶。口及上腹残缺，下腹弧收，平底。腹部饰席纹，纹饰浅细。底径

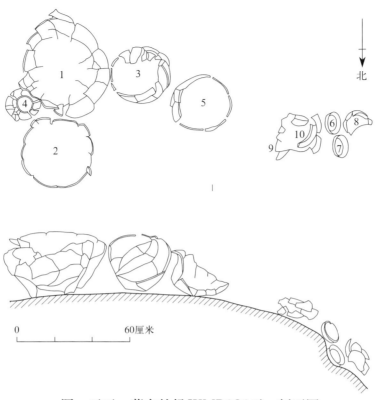

图一五五　茅东林场JXMD3Q3平、剖面图
1～3. 硬陶坛　4. 陶罐　5. 陶釜　6～8、10. 原始瓷碗　9. 陶鼎

21.6、残高21.4厘米（图一五六，4）。

JXMD3Q3：3，灰色硬陶。口部残缺，肩略折，深弧腹，平底。肩及上腹部饰席纹，下腹部饰菱形填线纹。底径16.4、残高29.0厘米（图一五六，5）。

罐　1件。

JXMD3Q3：4，泥质黑皮陶，褐色胎。仅存下腹及底部。腹部弧收，平底。底径12.0、残高7.5厘米（图一五六，6）。

碗　4件。

原始瓷。尖唇，窄折沿，沿面有凹槽，平底。器内有螺旋纹。

JXMD3Q3：6，灰白色胎。侈口，沿面有两道凹槽，腹部弧折，上腹较直略向内弧，下腹斜收，平底略向内凹。器外表留有旋痕，器底有线切割痕。施黄绿色釉，器内壁凹槽中有积釉。口径12.0、底径6.8、高4.6厘米（图一五六，7；彩版九九，3）

JXMD3Q3：7，灰黄色胎。直口，沿面有两道凹槽，腹部弧折，上腹较直，下腹弧收，平底略内凹。外底有线割痕迹，制作不规整，外底有鼓泡。施黄绿色釉。口径12.8、底径6.2、高4.5厘米（图一五六，8；彩版九九，4）。

JXMD3Q3：8，灰色胎。直口，上腹较直，下腹弧收。外底有线切割痕迹。施青黄色釉。口径11.8、底径4.7、高4.8厘米（图一五六，9；彩版九九，5）。

JXMD3Q3：10，灰色胎。敞口，弧腹。施青绿色釉。口径17.4、底径7.8、高5.4厘米（图一五六，10；彩版九九，6）。

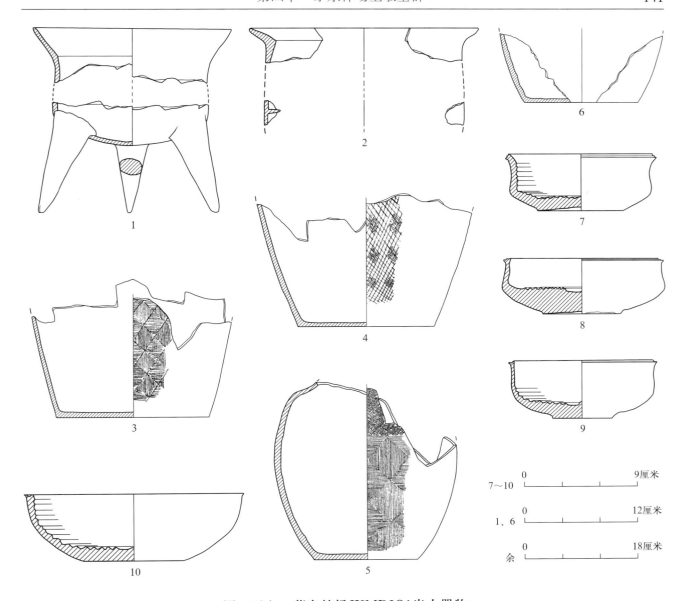

图一五六　茅东林场JXMD3Q1出土器物

1. 陶鼎JXMD3Q3：9　　2. 陶釜JXMD3Q3：5　　3~5. 硬陶坛JXMD3Q3：1~3　　6. 陶罐JXMD3Q3：4　　7~10. 原始瓷碗 JXMD3Q3：6~8、10

（三）墩表采集

JXMD3被破坏严重，表面采集到一些器物，可能为土墩内原有的器物被施工扰动残留。

瓿　1件。

JXMD3采：2，硬陶。侈口，尖圆唇，卷沿，肩部略折，扁鼓腹，平底略内凹。腹部贴附一对泥条捏制而成的竖耳。颈部饰弦纹，肩及上腹部饰席纹，下腹部饰方格纹，纹饰印痕较浅。口径12.0、底径12.0、高13.2厘米（图一五七，1）。

铜镞　1件。

JXMD3采：1，残，圆柱形铤，三角形脊，三角形翼，残长3.8、宽1.6厘米（图一五七，2）。

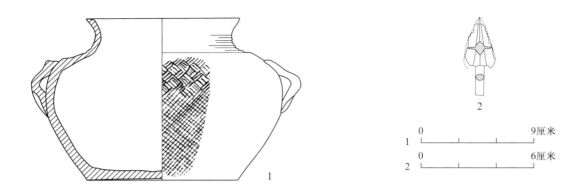

图一五七　茅东林场JXMD3采集器物
1. 硬陶瓿JXMD3采：2　2. 铜镞JXMD3采：1

四　小结

JXMD3在施工平整地面时被一定程度削平，残存高度仅0.50米左右，堆积分为4层，均十分浅薄，表面采集到土墩内相近的器物。墩内有遗迹分为2组，其中器物群3处，位于第②层下，分布于土墩东部，JXMD3Q1、Q2器物仅1件，JXMD3Q3器物排列成"L"形，朝向墩心；墓葬2座，开口第②层下，均有浅土坑，位于土墩大致中心位置。

```
          ┌→ Q1       ┌→ ④
①→②→│   Q2 │→③→│   M1 │→生土
          └→ Q3       └→ M2
```

JXMD3M1、M2出土的器物类型较少，其中夹砂陶鼎沿面略窄，腹弧鼓；原始瓷豆敞口、折沿、矮圈足，具有西周晚期至春秋早期器物特征。JXMD3Q1～Q3出土的夹砂陶器有鼎、釜，鼎折沿很宽，鼎腹深、直，足尖尖细；硬陶坛多破碎，纹饰有席纹与大单元菱形填线纹组合纹饰；原始瓷仅有碗，沿面窄，腹略鼓，为春秋中期偏晚阶段器物特征。

因此JXMD3的年代上限为西周晚期，下限为春秋中期。

第五节　茅东林场土墩墓D4

一　概况

茅东林场土墩墓D4（编号JXMD4）位于东侧南北向岗地西面坡地上，处于宁常高速公路主线上，隶属于茅东林场，西南距薛埠镇上阳村余家棚自然村约240米，东侧有一条南北向乡村道路，西北距JXMD5约24、东距JXMD2约20米。

JXMD4的南半部被高速公路便道破坏，形成断面，断面及表土层采集到大量碎陶片。土墩表面植被也已被施工清理，地表堆积有较多施工机械翻动的碎土。土墩残余部分平面呈半圆形，底部东西长21.50、南北残长11.00、墩顶至生土面高约1.60米（图一五八；彩版一〇〇，1）。

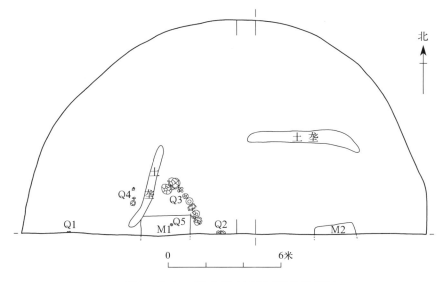

图一五八　茅东林场JXMD4平面图

二　地层堆积

根据土质、土色和包含物的差异，JXMD4的堆积可分为依次叠压的11层（图一五九；彩版一○○，2）。

第①层：灰褐色土，厚0.05～0.25米。土质疏松，包含大量植物根茎及硬陶片。为施工翻动的土层，遍布土墩表面。

第②层：橙黄色土，深0.10～0.35、厚0～0.25米。土质疏松。倾斜堆积，呈宽条带状分布于土墩的外侧。本层下有器物群Q1。

第③层：黄色土，深0.15～0.75、厚0～0.25米。土质松软。斜向堆积，仅分布于土墩的北部边缘。

第④层：栗红色土，深0.10～1.00、厚0～0.50米。土质较硬。斜向堆积，呈环形分布于土墩中部偏外侧。本层下有器物群Q3、Q4及土垄遗迹。

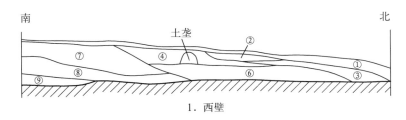

1. 西壁

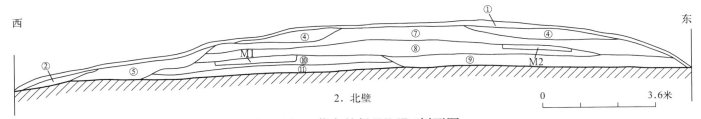

2. 北壁

图一五九　茅东林场JXMD4剖面图

第⑤层：红色土，深0.10～0.70、厚0～0.60米。土质较硬，夹杂颗粒较小的黑色铁锰结核。倾斜堆积，仅分布于土墩西部。

第⑥层：红褐色土，深0.35～1.10、厚0～0.45米。土质较黏。堆积较平，分布于土墩北部。

第⑦层：红褐色土，深0.05～1.25、厚0～0.85米。夹杂黄白斑，土质细密坚硬。堆积较平，分布于土墩中部。本层下有墓葬JXMD4M2。

第⑧层：红褐色土，深0.55～1.30、厚0～0.55米。夹杂黄、白、黑斑，土质较硬。堆积较平坦，分布于土墩中部。本层下有器物群JXMD4Q2、墓葬JXMD4M1。

第⑨层：黄褐色土，深0.90～1.45、厚0～0.35米。土质细密较硬。堆积较平，分布于土墩东部。

第⑩层：红褐色土，深1.00～1.25、厚0～0.25米。夹杂白斑，土质细密、较硬。堆积基本水平，分布于土墩中部偏西。

第⑪层：红褐色土，深1.25～1.50、厚0～0.25米。夹杂黄斑，土质细密、较硬。堆积基本水平，分布于土墩中部偏西。本层下有器物群JXMD4Q5。

第⑪层下为砾石层，为自然堆积，层面总体东高西低，不太平整。

三　遗迹遗物

JXMD4发现的遗迹为器物群、墓葬和土垄。器物群5处，皆位于土墩西部；墓葬2座，分布于土墩的东部和西部。

（一）墓葬
墓葬有2座。

1．JXMD4M1
JXMD4M1位于土墩西部，中心坐标−4.50×0.50−1.20米。开口于第⑧层下，打破第⑩层（图一六〇）。为竖穴土坑墓，墓坑南半部被破坏，开口面略倾斜，东高西低；平面应为长方形，方向约270°。坑口长2.61、残宽约1.16米，直壁，底部平整，东侧底高，深0.10～0.20米。坑内填土灰褐色，土质黏。随葬器物放置于墓坑底部南侧，均正置，形制较为高大的器物高出坑口平面，破碎严重。

出土器物共5件，其中硬陶坛2件、硬陶罐1件、原始瓷碗2件。

坛　2件。

JXMD4M1：1，灰色硬陶。口、肩部残缺，深弧腹，平底。上腹部饰席纹，下腹部饰菱形填线纹。底径16.0、残高29.2厘米（图一六一，1）。

JXMD4M1：5，灰色硬陶。侈口，尖唇，卷沿，沿面有一道凹槽，束颈，腹、底残缺。颈部饰弦纹，肩部饰席纹。口径22.4、残高11.6厘米（图一六一，2）。

罐　1件。

JXMD4M1：3，灰黄色硬陶。侈口，尖唇，卷沿，沿面略内凹，束颈，圆折肩，鼓腹，平底。肩及上腹部饰席纹，下腹部饰菱形填线纹。器内壁可见泥条盘筑的接缝以及抹刮痕和指窝痕迹。口

图一六〇　茅东林场JXMD4M1平、剖面图
1、5. 陶坛　2、4. 原始瓷碗　3. 陶罐

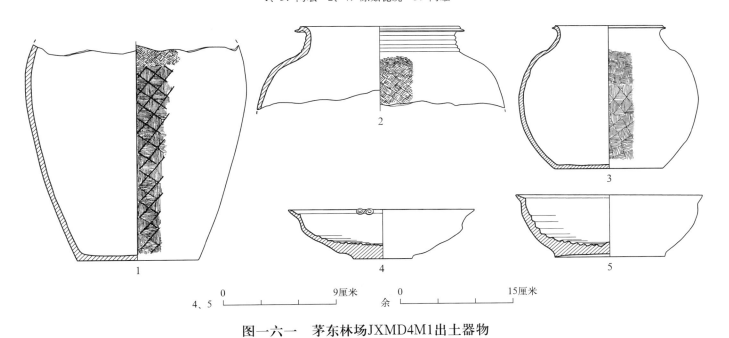

图一六一　茅东林场JXMD4M1出土器物
1、2. 硬陶坛JXMD4M1：1、5　3. 硬陶罐JXMD4M1：3　4、5. 原始瓷碗JXMD4M1：2、4

径15.0、底径14.2、高19.8厘米（图一六一，3；彩版一〇一，1）。

碗　2件。

原始瓷。敞口，折沿，沿面下凹。器内有螺旋纹，外底有平行切割痕。

JXMD4M1：2，灰色胎。圆唇，折腹，上腹较直，下腹斜收，平底。沿面等距贴附三个"∽"形泥条堆饰。施黄绿色釉，剥落较甚。口径14.7、底径4.6、高4.0厘米（图一六一，4）。

JXMD4M1：4，灰黄色胎。尖唇，弧腹，平底略内凹。施青黄色釉，器外釉面剥落较甚。口径14.8、底径8.6、高5.0厘米（图一六一，5）。

2．JXMD4M2

JXMD4M2位于土墩东部，中心坐标5.00×0.25－0.85米。开口于第⑦层下，打破第⑧层（图一六二；彩版一○一，2）。M2南部被破坏，为竖穴土坑墓，坑口平面应大致为长方形，方向约93°。长2.19、残宽0.36～0.64米，直壁，平底，深约0.12米。坑内填红色土，夹杂灰白土，土质较硬。随葬器物放置于墓坑底部的东端，均正置，形制较为高大的器物高出坑口平面。

出土器物共4件，其中夹砂陶器1件，泥质陶器2件，硬陶器1件；器形有鼎、罐、盂。

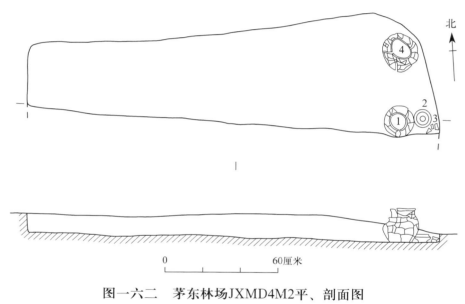

图一六二　茅东林场JXMD4M2平、剖面图
1、4.陶罐　2.陶盂　3.陶鼎

鼎　1件。

JXMD4M2：3，夹砂红褐陶。残破严重，上部形制不明，足扁锥形。足残高7.2厘米（图一六三，1）。

罐　2件。

JXMD4M2：1，泥质红陶。侈口，尖圆唇，卷沿，弧肩略折，鼓腹，平底。肩部以下饰折线纹和回纹的组合纹饰，纹饰印痕较杂乱。口径10.0、底径10.6、高13.5厘米（图一六三，2；彩版一○一，3）。

JXMD4M2：4，灰褐色硬陶。侈口，尖圆唇，卷沿，弧肩，鼓腹，平底内凹。颈、肩部饰数周弦纹，上腹部饰席纹，下腹部饰方格纹，纹饰印痕较深。口径10.8、底径12.6、高13.8厘米（图一六三，3；彩版一○一，4）。

盂　1件。

JXMD4M2：2，泥质红陶，火候较低。直口，尖唇，折肩，弧腹，假圈足，平底。器内有螺旋纹，制作不甚规整。口径7.2、底径5.0、高3.9厘米（图一六三，4；彩版一○一，5）。

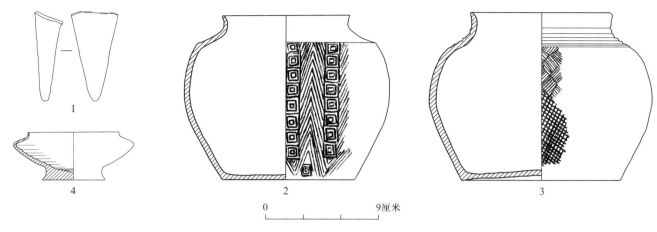

图一六三　茅东林场JXMD4M2出土器物
1. 陶鼎JXMD4M2：3　2. 陶罐JXMD4M2：1　3. 硬陶罐JXMD4M2：4　4. 陶盂JXMD4M2：2

（二）器物群

器物群有5处。

1．JXMD4Q1

JXMD4Q1发现于D4被破坏的断面上，位于土墩西部，中心坐标−9.50×0−1.50米。器物放置于第⑤层层面上，被第②层叠压。

该器物群南半部已不存，仅残存少量泥质红陶片和器物的印痕，器物数量及形制不明。

2．JXMD4Q2

JXMD4Q2发现于D4被破坏的断面上，位于土墩中部略偏西，中心坐标−1.25×0−1.00米。器物放置于第⑩层层面，被第⑧层叠压（图一六四），放置层面平整，南部被破坏。

仅存器物2件，为硬陶坛和瓿，均正置。

坛　1件。

JXMD4Q2：2，灰色硬陶。腹部以上残缺，弧腹，平底。上腹部饰席纹，下腹部饰方格纹。底径21.0、残高33.4厘米（图一六四，2）。

瓿　1件。

JXMD4Q2：1，灰色硬陶。侈口，尖圆唇，卷沿，沿面内凹，束颈，溜肩，扁鼓腹，平底。颈部饰弦纹，腹部饰菱形填线纹和三角形网格纹的组合纹。上腹内壁留有一周指窝痕，外壁下腹部有抹刮痕。口径14.4、底径12.8、高11.0厘米（图一六四，1；彩版一〇二，1）。

3．JXMD4Q3

JXMD4Q3位于土墩中部偏西北，中心坐标−3.50×2.00−0.65米。器物放置于第⑦层层面，被第④层叠压（图一六五；彩版一〇二，2）。平面呈"L"形分布，陶坛放置于偏外侧，其余器物排列呈一条直线，朝向墩中心，放置层面西北部较高，向东南渐低。随葬器物多正置，泥质陶盆JXMD4Q3：1扣于夹砂陶鼎JXMD4Q3：2口部，作为器盖使用；硬陶瓿JXMD4Q3：3叠置于

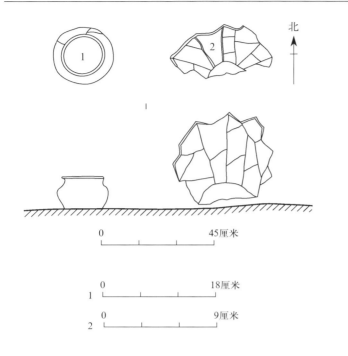
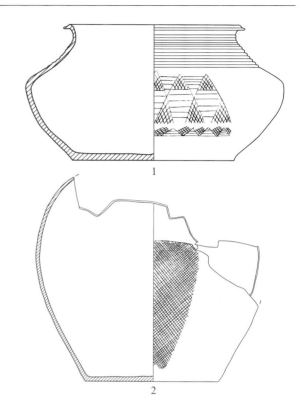

北

0　　　　　　　　　45厘米

0　　　　　　　　18厘米
1

0　　　　　　　　9厘米
2

图一六四　茅东林场JXMD4Q2及出土器物
1. 硬陶瓿JXMD4Q2：1　2. 硬陶坛JXMD4Q2：2

JXMD4Q4：4之上，原始瓷碗JXMD4Q3：12置于JXMD4Q3：11内。器形较大的器物以及夹砂陶器、泥质陶器破碎较甚。

出土器物15件，其中夹砂陶器3件，泥质陶器2件，硬陶器5件，原始瓷器5件；器形有鼎、坛、罐、瓿、盆、碗等。

鼎　2件。

JXMD4Q3：2，夹砂红陶。仅复原口部及足。侈口，圆唇，折沿，扁锥形足。口径28.0厘米（图一六六，1）。

JXMD4Q3：5，夹砂红陶。侈口，尖圆唇，折沿，直腹，圜底近平，腹、底间折，扁锥形足。口径25.6、高18.0厘米（图一六六，2）。

坛　2件。

灰褐色硬陶。侈口，尖唇，卷沿，沿面略凹，束颈，弧腹，平底。颈部饰弦纹，肩及上腹部饰席纹，下腹部饰菱形填线纹。

JXMD4Q3：13，溜肩。口径24.4、底径23.0、高42.2厘米（图一六六，3；彩版一〇二，3）。

JXMD4Q3：14，弧肩。器表有爆浆釉，口部略变形。口径21.6、底径19.2、高41.0厘米（图一六六，4；彩版一〇二，4）。

瓿　4件。

JXMD4Q3：7，泥质灰陶。敛口，弧肩较平，扁鼓腹，平底。口径10.0、底径13.4、高9.9厘米（图一六六，5；彩版一〇三，1）。

JXMD4Q3：3，灰褐色胎硬陶。侈口，尖唇，卷沿，沿面内凹，斜肩，扁鼓腹，平底，底略内凹。腹部饰较规整方格纹，印痕较深，纹饰细密。口径12.7、底径15.0、高13.6厘米（图一六六，6；

图一六五　茅东林场JXMD4Q3平、剖面图

1.陶盆　2、5.陶鼎　3、4、6、7.陶瓿　8～12.原始瓷碗　13、14.陶坛　15.陶器

彩版一〇三，2）。

　　JXMD4Q3：4，灰色胎硬陶。侈口，尖唇，卷沿，沿面内凹，弧肩，扁鼓腹，平底。颈部饰弦纹，肩、腹部饰席纹，内壁有刮痕。口径14.0、底径17.2、高16.0厘米（图一六六，7；彩版一〇三，3）。

　　JXMD4Q3：6，灰色胎硬陶。侈口，尖唇，卷沿，沿面内凹，束颈，弧肩，扁鼓腹，平底。颈部饰弦纹，肩、腹部饰方格纹。口径19.2、底径16.8、高19.2厘米（图一六六，8；彩版一〇三，4）。

　　盆　1件。

　　JXMD4Q3：1，泥质灰褐陶，夹砂粒。敞口，尖唇，卷沿，腹内弧，圜底。腹部饰水波纹。口径17.5、高5.6厘米（图一六七，1；彩版一〇三，5）。

　　碗　5件。

　　原始瓷。尖唇，窄折沿，弧腹稍鼓，平底略内凹。器内有螺旋纹。

　　JXMD4Q3：8，灰黄色胎。直口，沿面有两道凹槽。施黄绿色釉。口径13.9、底径6.0、高4.8厘米（图一六七，2；彩版一〇三，6）。

　　JXMD4Q3：9，灰黄色胎。直口，沿面有两道凹槽，上腹内弧，下腹弧收。外底有线割痕迹。施黄色釉，剥落严重。口径13.2、底径8.0、高5.2厘米（图一六七，3；彩版一〇四，1）

　　JXMD4Q3：10，灰色胎。敞口，沿面有两道凹槽，上腹内弧，下腹弧收。外底有线割痕迹。施青黄色釉。口径12.3、底径4.6、高5.2厘米（图一六七，4；彩版一〇四，2）。

　　JXMD4Q3：11，灰色胎。敞口，沿面内凹，弧腹下收。外底有线割痕迹。施黄色釉。口径15.0、底径7.6、高5.1厘米（图一六七，5；彩版一〇四，3）。

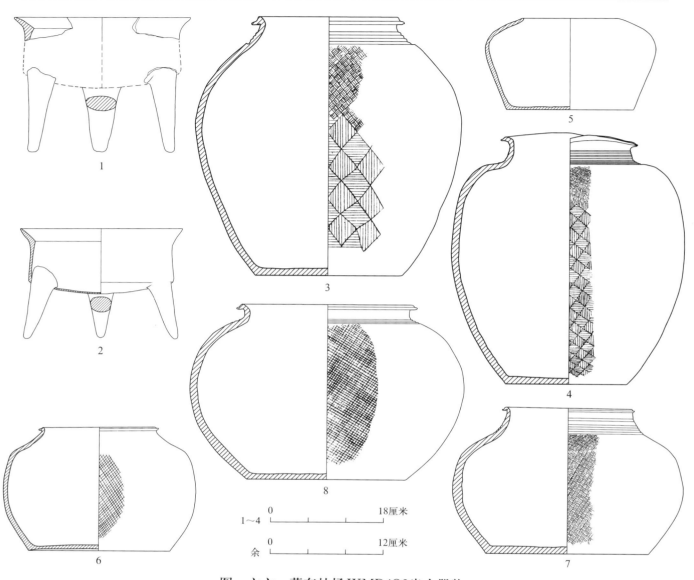

图一六六　茅东林场JXMD4Q3出土器物

1、2.陶鼎JXMD4Q3：2、5　3、4.硬陶坛JXMD4Q3：13、14　5.陶瓿JXMD4Q3：7　6～8.硬陶瓿JXMD4Q3：3、4、6

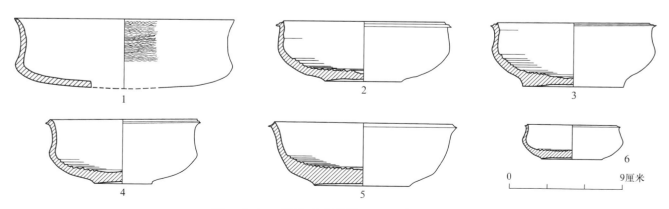

图一六七　茅东林场JXMD4Q3出土器物

1.陶盆JXMD4Q3：1　2～6.原始瓷碗JXMD4Q3：8～12

JXMD4Q3∶12，灰白色胎。口略内敛，沿面内凹，上腹内弧，下腹弧收。底部制作不甚规整，外底有线割痕。施黄色釉。口径7.5、底径4.8、高2.8厘米（图一六七，6；彩版一〇四，4）。

夹砂红陶器　1件。

JXMD4Q3∶15，残破严重，器形不明。

4．JXMD4Q4

JXMD4Q4位于土墩西部偏北，中心坐标−6.00×2.00−0.70米。器物放置于第⑦层层面，被第④层叠压（图一六八）。

出土器物3件，呈南北向一线排列，放置层面平整，现场破碎严重，皆为泥质陶器，可辨器形者为罐。

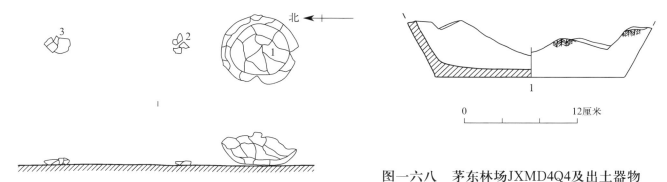

图一六八　茅东林场JXMD4Q4及出土器物
1. 陶罐JXMD4Q4∶1　2、3. 陶器JXMD4Q4∶2、3

罐　1件。

JXMD4Q4∶1，泥质红褐陶。上部残缺，平底。下腹饰叶脉纹。底径20.0、残高6.2厘米（图一六八，1）。

泥质黑皮陶器　2件。

JXMD4Q4∶2、3，破碎严重，形制不明。

5．JXMD4Q5

JXMD4Q5位于土墩中部偏西，坐标−4.00×0.50−1.75米。置于砾石层（生土层）上，层面不甚平整，被第⑪层叠压（图一六九）。

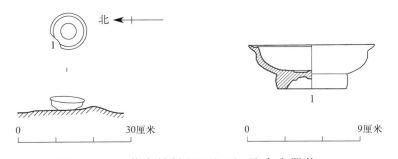

图一六九　茅东林场JXMD4Q5及出土器物
1. 原始瓷豆JXMD4Q5∶1

仅出土1件原始瓷豆，正置。

豆　1件。

JXMD4Q5：1，原始瓷，灰白色胎。敞口，圆唇，折沿，沿面内凹，弧腹略折，矮圈足。器形制作较粗糙，下腹部有明显的刮削痕迹，圈足上有轮旋痕。施青绿色釉。口径10.0、底径5.4、高3.6厘米（图一六九，1；彩版一〇四，5）。

（三）建筑遗存

JXMD4土垄

JXMD4共发现土垄2条；土垄1位于土墩西部，土垄2位于东北部（彩版一〇五，1、2）。土垄堆筑在第⑥层之上，被第④层土叠压（图一七〇）。两条土垄平面皆为长条形，截面呈半圆形；土垄1呈西南一东北向，长约4.50、底宽约0.50、高约0.55米；土垄2呈东西向，长约6.00、底宽约0.40～0.80、高约0.45米。其堆土红褐色，夹杂大量黑色铁锰结核，土质坚硬，纯净。

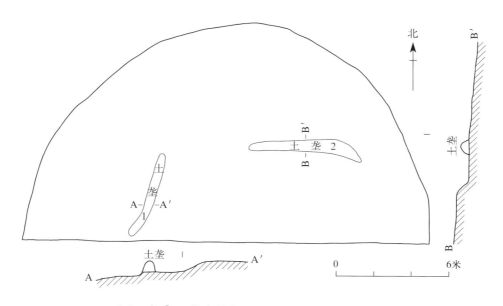

图一七〇　茅东林场JXMD4土垄平、剖面图

四　小结

JXMD4破坏较为严重，残余部分为半圆形。地层堆积11层，第⑪层～第⑦层形成最初的土墩，其余为后期叠加的封土。遗迹有器物群5处、墓葬2座、土垄2条。JXMD4Q3、M1、M2呈向心分布，而其余各器物群仅有器物1～3件，且分布无规律。

JXMD4内第⑦层以下的JXMD4Q5、Q2、M1、M2出土器物年代特征相近，出土的硬陶器颈较长内束，纹饰既有席纹与方格纹组合，也有席纹与大单元菱形填线纹组合；原始瓷有豆、碗，折沿较宽，豆圈足较矮；具有春秋早、中期器物特征。

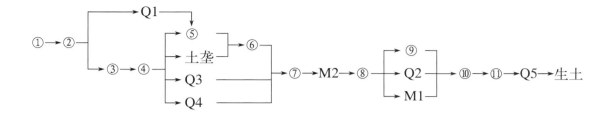

JXMD4中Q1、Q3、Q4较晚，其中Q1、Q4器物无法复原，Q3出土的夹砂陶鼎宽折沿、直腹、足细长；硬陶器卷沿近平，颈下部斜坡状，纹饰为方格纹、席纹、大单元菱形填线纹，纹饰浅、细密；原始瓷碗沿面很窄，腹略鼓；器物具有春秋中期特征。

因此JXMD4的年代上限为春秋早期，下限为春秋中期。

第六节　茅东林场土墩墓D5

一　概况

茅东林场土墩墓D5（编号JXMD5）位于东侧南北向岗地的西面坡地上，隶属茅东林场，西南距薛埠镇上阳村余家棚自然村约160米，北侧紧靠JXMD6，东南约24米为JXMD4，东约70米为JXMD2。

JXMD5外观呈馒头形，坡度较缓，平面呈椭圆形，南北底径35、东西底径33、墩顶至生土面高约2米。在考古队进入现场时，土墩原来的表土层已被施工部分破坏，表面凹凸不平（图一七一）。

二　地层堆积

根据土质、土色和包含物的差别，JXMD5堆积可分为依次叠压的11层（图一七二）。

第①层：表土层，厚0～0.35米。土色杂乱，土质疏松，夹杂较多的小石块和砖块，并出有少量印纹硬陶片。为工程施工清理地表植被时碾压和翻动的地层，分布于墩体的大部分表面。该层表或层下开口有9个现代坑，大小不等，形状略呈圆形，其内填土土色杂乱，非常松软，有的还夹杂大量的尚未完全腐烂的树木枝叶，多分布于土墩的中部和南部，这些土坑是废弃的山芋窖和埋设电线杆的土坑，个别土坑中有较多陶片，当是盗洞。本表层有JXMD5Y1、Q4。

第②层：红褐色土，深0～0.90、厚0.10～0.70米。土质较黏，干时成块状，坚硬。斜向堆积，分布于土墩平面大部分区域。本层下有器物群JXMD5Q1、Q2、Q5、Q6、Q17、Q20。

第③层：深褐色土，深0.15～0.50、厚0～0.30米。土质致密坚硬，夹杂大量小石块。斜向堆积，分布于土墩中部。

第④层：红褐色土，深0.3～1.00、厚0～0.45米。含有少量黑色铁锰结核，较细密，黏性较大，纯净，未见遗物。斜向堆积，分布土墩西南部。

第⑤层：灰黄色土，深0.15～1.05、厚0～0.55米。土质细腻，偏沙性，纯净，未见遗物。略倾斜，分布于土墩中部。本层下有器物群JXMD5Q11、Q19、Q21、Q23及墓葬JXMD5M2。

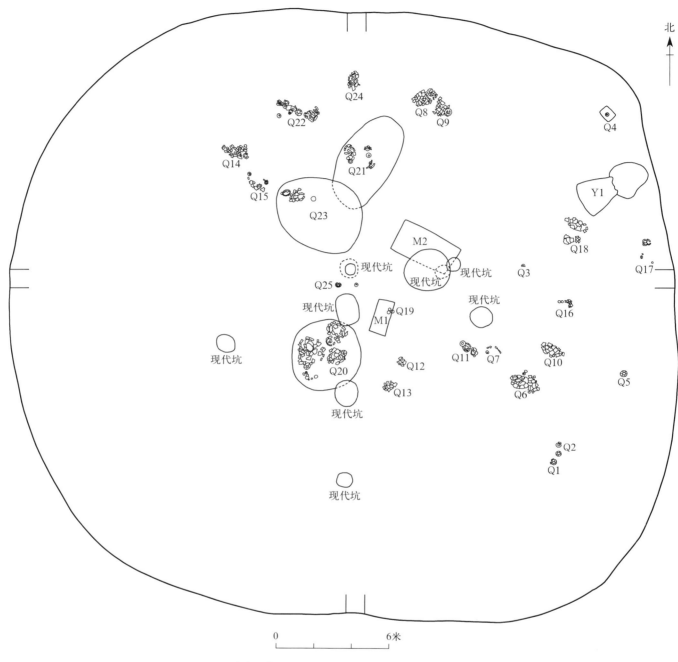

图一七一　茅东林场JXMD5平面图

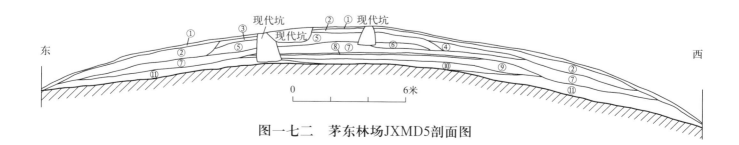

图一七二　茅东林场JXMD5剖面图

第⑥层：黄褐色土，深0.75～1.20、厚0～0.30米。土质较疏松，沙性强，纯净，未见遗物。堆积较平，分布于土墩中部偏西。本层下有器物群JXMD5Q22。

第⑦层：红褐色土，深0.40～1.40、厚0～0.65米。夹杂大量铁锰结核，土质坚硬、较黏。斜向堆积，分布于土墩体平面大部分区域。本层中有器物群JXMD5Q13、Q18、Q24，层下有器物群JXMD5Q3、Q7、Q8、Q10、Q12、Q15及墓葬JXMD5M1。

第⑧层：灰白色土，深1.40～1.50、厚0～0.07米。土质较细腻，纯净，未见遗物。堆积大致水平，分布于土墩平面的中部。

第⑨层：深红色土，深0.90～1.80、厚0～0.60米。土质较细腻、黏，纯净，未见遗物。堆积顶面较平，平面位置与上层略同，分布范围稍大。本层下有器物群JXMD5Q25。

第⑩层：黄褐色土，深1.30～2.00、厚0～0.65米。略偏灰，土质致密板结，黏性大。堆积较平，分布在土墩平面的中部，与第⑨层相似，范围较小。

第⑪层：深褐色土，深0.30～2.20、厚0.30～2.1米。含大量铁锰结核，土质致密、坚硬，纯净，未见遗物。分布于土墩平面的外围，略呈环形。本层下有器物群JXMD5Q9、Q14、Q16。

第⑪层下为生土，灰黄色，致密。生土面呈缓坡状，中部高四周低。

三　遗迹遗物

JXMD5内有器物群25处、墓葬2座、窑1座。

（一）墓葬

1. JXMD5M1

JXMD5M1位于土墩中部略偏东南，中心坐标1.40×−2.20−1.05米。挖有浅坑，开口于第⑦层下，打破第⑧层（图一七三；彩版一〇六，1）。墓坑口平面呈长方形，方向约195°。长2.90、宽0.90～0.98米，直壁，平底，深0.15～0.21米。墓坑内填土为黄褐色夹杂灰白色的花土，土质坚硬，黏性较强。墓内未见人骨和葬具。

出土硬陶坛1件，正置于墓底的西南角，器物明显高出坑口平面。

坛　1件。

JXMD5M1：1，灰褐色硬陶。侈口，尖圆唇，卷沿，沿面有一道凹槽，束颈，弧肩略折，深弧腹，平底。颈部饰弦纹，肩及上腹部饰菱形填线纹，下腹部饰方格纹。局部有爆浆釉。口径21.2、底径20.0、高42.4厘米（图一七三，1；彩版一〇七，1）。

2. JXMD5M2

JXMD5M2位于土墩中部略偏东北，中心坐标3.75×1.70−1.40米。挖有浅坑，开口于第⑤层下，打破第⑦层（图一七四；彩版一〇六，2），东南端被开口于表土层下两个现代坑打破，略残。坑口平面呈梯形，东窄西宽，方向约112°。长3.30、宽1.60～1.90米，直壁，平底，深0.35米。墓坑南侧堆土形成二层台，二层台顶面平整，平面为长方形，长2.04、宽0.93～0.97、高0.27米，土灰褐色夹

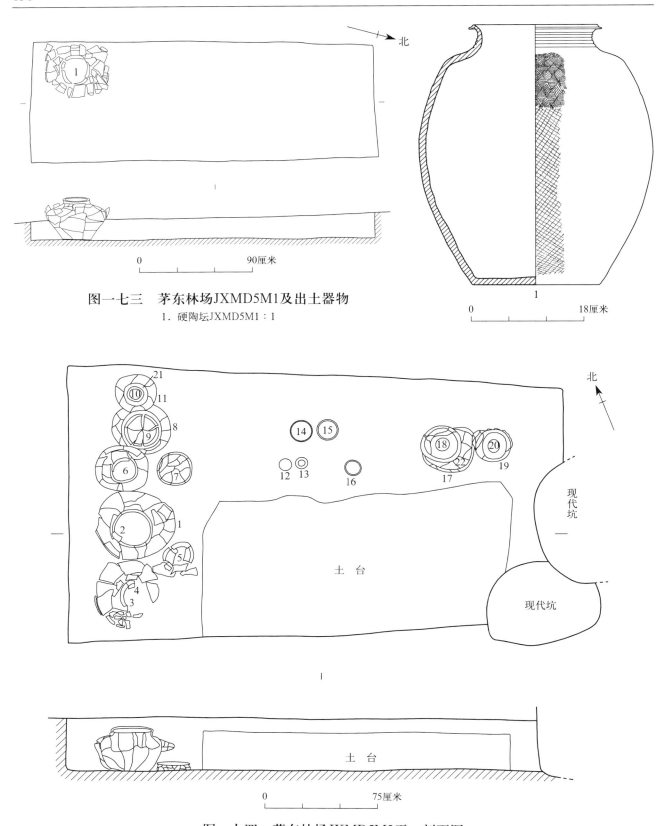

图一七三　茅东林场JXMD5M1及出土器物

1. 硬陶坛JXMD5M1∶1

图一七四　茅东林场JXMD5M2平、剖面图

1、3、5、6. 陶坛　2、4、7、9. 陶盆　8. 陶罐　10. 原始瓷瓿　11. 陶瓿　12～16、18、20. 原始瓷碗　17、19、22. 陶鼎　21. 原始瓷钵

灰白斑点，土质疏松，细腻偏沙性。墓坑内填土为黄褐色，土质较硬，黏性较强。墓内未见人骨和葬具。

随葬器物略呈"L"形围绕二层台放置，共22件，其中夹砂陶器3件，泥质陶器5件，硬陶器5件，原始瓷器9件；器形有鼎、坛、罐、瓿、盆、钵、碗等。硬陶坛、罐等器物之上倒扣有泥质陶盆，置于墓西侧；2件原始瓷碗倒扣于夹砂陶鼎之上，作器盖之用，3件陶鼎均正置于墓东北角；另5件原始瓷碗置于墓北侧中部，4件正置，1件倒扣于墓底。

鼎　3件。

JXMD5M2：17，夹砂红褐陶。破碎严重，无法复原。

JXMD5M2：22，夹砂红褐陶。破碎严重，无法复原。

JXMD5M2：19，夹砂红陶。敞口，方唇，平折沿，浅弧腹，圜底，舌形足。口径26.0、底径16.0、高9.4厘米（图一七五，1；彩版一〇八，1）。

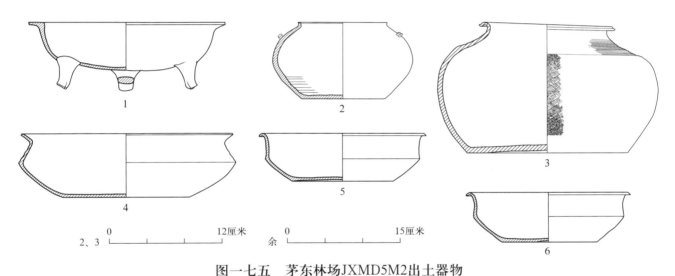

图一七五　茅东林场JXMD5M2出土器物

1. 陶鼎JXMD5M2：19　2. 原始瓷瓿JXMD5M2：10　3. 硬陶瓿JXMD5M2：11　4~6. 陶盆JXMD5M2：4、7、9

坛　4件。

JXMD5M2：1，硬陶，紫红色胎，器表灰色。侈口，尖唇，卷沿，沿面有一道凹槽，弧肩，深弧腹，平底略内凹。颈部饰弦纹，肩和上腹部饰席纹，下腹部饰菱形填线纹。内壁可见泥条盘筑接缝和指窝纹。器表部分有爆浆釉，器身略倾斜。口径22.8、底径20.8、高46.0厘米（图一七六，1；彩版一〇七，2）。

JXMD5M2：3，硬陶，紫红色胎。侈口，尖唇，卷沿，沿面有一道凹槽，弧折肩，深弧腹，平底略内凹。颈部饰弦纹，肩和上腹部饰席纹，下腹部饰菱形填线纹。器身略倾斜。口径21.6、底径20.4、高46.6厘米（图一七六，2；彩版一〇七，3）。

JXMD5M2：5，硬陶，紫红色胎。侈口，方唇，唇面内凹，卷沿，肩部略折，弧腹，下腹及底残缺。颈部饰弦纹，肩部饰菱形填线纹，腹部饰方格纹。口径19.6、残高27.8厘米（图一七六，3）。

JXMD5M2：6，硬陶，灰色胎，底部呈砖红色。侈口，尖唇，卷沿，沿面有一周凹槽，弧折肩，深弧腹，平底略内凹。颈部饰弦纹，肩及上腹部饰方格纹，下腹部饰菱形填线纹。口径19.6、底径18.2、高32.6厘米（图一七六，4；彩版一〇七，4）。

罐　1件。

JXMD5M2：8，泥质灰陶，残破严重，无法复原。

瓿　2件。

JXMD5M2：10，原始瓷，灰黄色胎。直口，方唇，斜沿，溜肩，扁鼓腹，平底。肩部贴附一对横耳，耳以两股小泥条捏制而成。器内有螺旋纹，外壁留有旋痕，外底有线切割痕。施黄绿色釉，剥落严重。口径9.4、底径8.8、高8.4厘米（图一七五，2；彩版一〇八，2）。

JXMD5M2：11，灰褐色硬陶。侈口，圆唇，卷沿，沿面有一道凹槽，矮束颈，弧折肩，扁鼓腹，平底略内凹。颈、肩部饰弦纹，腹部饰席纹。内壁有指窝痕，器身略有变形。口径14.5、底径17.0、高14.4厘米（图一七五，3；彩版一〇八，3）。

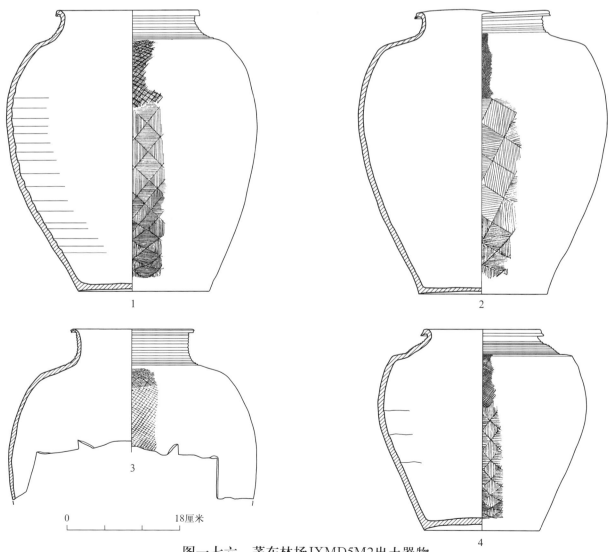

图一七六　茅东林场JXMD5M2出土器物

1～4. 硬陶坛JXMD5M2：1、3、5、6

盆　3件。

JXMD5M2：4，泥质陶，灰色胎。侈口，方圆唇，折沿，束颈，折腹，平底。口径28.0、底径16.8、高8.7厘米（图一七五，4）。

JXMD5M2：7，泥质黑皮陶，灰色胎。敞口，圆唇，卷沿，折腹，平底略内凹。口径22.0、底径13.4、高6.6厘米（图一七五，5）。

JXMD5M2：9，泥质黑皮陶，灰色胎。敞口，圆唇，卷沿，折腹，平底略内凹。口径21.6、底径12.6、高6.8厘米（图一七五，6；彩版一〇八，4）。

碗　7件。

JXMD5M2：12，原始瓷，灰色胎。直口，尖唇，窄折沿，沿面下垂，上腹直，下腹弧收，平底。器内有螺旋纹，器表有旋痕，外底有线割痕迹。施青色釉。口径8.1、底径4.4、高3.2厘米（图一七七，1）。

JXMD5M2：13，原始瓷，灰色胎。直口，尖唇，窄折沿，沿面下垂，上腹较直，下腹弧收，平底。器内有螺旋纹，外壁有旋痕，外底有线割痕迹。施青绿色釉。口径8.15、底径4.4、高3.2厘米（图一七七，2；彩版一〇八，5）。

JXMD5M2：14，原始瓷，灰白胎色。直口，方唇，外唇缘外突，上腹较直，下腹向内弧收，假圈足，平底略内凹。器内有螺旋纹，外底有线割痕。施青黄色釉。口径14.9、底径7.0、高5.0厘米（图一七七，3；彩版一〇八，6）。

JXMD5M2：15，原始瓷，灰白色胎。敞口，方唇，沿下微束，弧腹，假圈足，平底。器内有螺

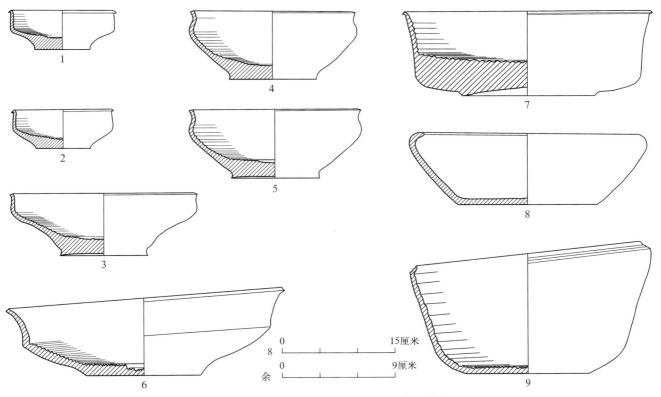

图一七七　茅东林场JXMD5M2出土器物

1～7．原始瓷碗JXMD5M2：12～16、18、20　8、9．陶钵JXMD5M2：2、21

旋纹。施黄绿色釉。口径13.1、底径7.0、高5.6厘米（图一七七，4；彩版一〇九，1）。

JXMD5M2：16，原始瓷，灰白色胎。敞口，方唇，沿下微束，弧腹，假圈足，平底略内凹。器内有螺旋纹，外底有线割痕。施黄绿色釉。口径13.6、底径7.0、高5.6厘米（图一七七，5；彩版一〇九，2）。

JXMD5M2：18，原始瓷，灰白胎。敞口，沿面内凹，方唇，折腹，上腹壁较直内弧，下腹弧收，平底。器内有螺旋纹，外壁有旋痕，外底有线割痕，器身斜。施青绿色釉。口径22.2、底径9.0、高7.2厘米（图一七七，6；彩版一〇九，3）。

JXMD5M2：20，原始瓷，灰白色胎。直口，尖唇，窄折沿，沿面下垂，上腹较直，下腹弧收，平底内凹，器身略斜。器内有螺旋纹。施青黄色釉不及底。口径19.8、底径10.6、高7.0厘米（图一七七，7；彩版一〇九，4）。

钵　2件。

JXMD5M2：2，泥质灰陶。敛口，圆唇，弧腹，平底。口径28.0、底径18.4、高9.9厘米（图一七七，8；彩版一〇九，5）。

JXMD5M2：21，原始瓷，灰白色胎。敛口，内折沿，沿面有两道凹槽，尖唇，斜直腹近底部弧收，平底。器内有螺旋纹，外壁旋痕明显，器身外斜。施青绿色釉。口径18.0、底径9.6、高10.8厘米（图一七七，9；彩版一〇九，6）。

（二）器物群
器物群共有25处。

1．JXMD5Q1

JXMD5Q1位于土墩东南部近墩脚处，中心坐标10.25×－9.70－1.90米。器物放置于第⑦层层面上，被第②层叠压（图一七八；彩版一一〇，1）。器物放置的层面北部略高。

出土硬陶瓿2件，正置。

瓿　2件。

JXMD5Q1：1，硬陶，紫色胎，器表灰褐色。侈口，尖唇，卷沿，沿面有一道凹槽，溜肩，扁鼓腹，平底。肩颈部饰弦纹，肩、腹部饰席纹。口径12.8、底径15.0、高13.6厘米（图一七八，1；彩版一一〇，2）。

JXMD5Q1：2，硬陶，紫色胎，器表灰色。侈口，尖唇，卷沿，沿面有一道凹槽，溜肩，扁鼓腹，平底。颈部饰弦纹，肩、腹部饰方格纹。口径15.1、底径14.4、高16.6厘米（图一七八，2；彩版一一〇，3）。

2．JXMD5Q2

JXMD5Q2位于土墩东南部近墩脚处，中心坐标10.8×－9.20－2.10米。器物放置于第⑦层层面上，被第②层叠压（图一七九）。放置层面倾斜，西北高东南低。

出土硬陶瓿泥和泥质陶盆各1件，陶盆倒扣于陶瓿之上，作为器盖使用；陶盆破碎严重，散落在瓿的周围。

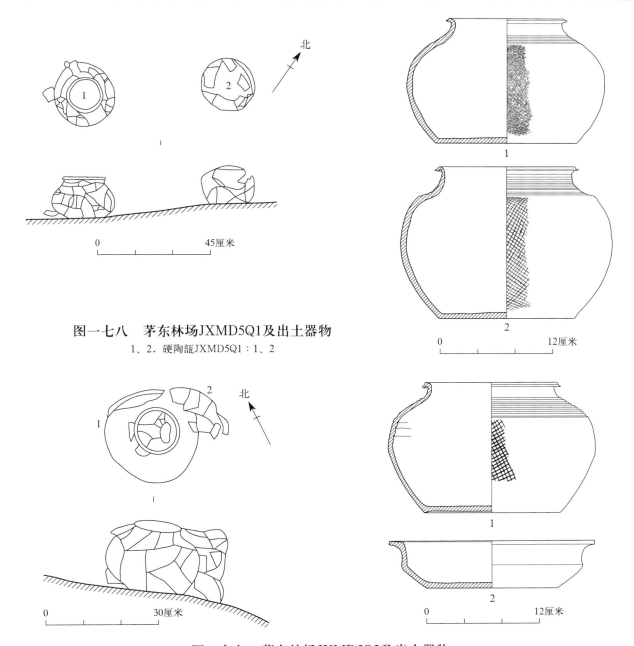

图一七八　茅东林场JXMD5Q1及出土器物
1、2. 硬陶瓿JXMD5Q1：1、2

图一七九　茅东林场JXMD5Q2及出土器物
1. 硬陶瓿JXMD5Q2：1　2. 陶盆JXMD5Q2：2

瓿　1件。

JXMD5Q2：1，灰褐色硬陶。侈口，尖唇，卷沿，沿面有凹槽，束颈，溜肩，扁鼓腹，平底略凹。颈部及肩部饰弦纹，腹部饰方格纹，细密规整。器内壁可见泥条盘筑的接缝，颈肩粘合处留有指窝痕。口径14.6、底径14.4、高14.4厘米（图一七九，1；彩版一一〇，4）。

盆　1件。

JXMD5Q2：2，泥质灰黄陶。敞口，方唇，平折沿，折腹，上腹较直，下腹斜收，平底。口径21.8、底径13.8、高5.2厘米（图一七九，2；彩版一一〇，5）。

3．JXMD5Q3

JXMD5Q3位于土墩东部略偏北，中心坐标8.90×0.70-1.10米。放置于第⑪层层面上，被第⑦层叠压（图一八〇；彩版一一一，1）。器物放置层面倾斜，北部较高。

出土硬陶盂1件，残破，依地势倒扣于地层表面。

盂　1件。

JXMD5Q3：1，硬陶，红褐色胎，外施一层灰黑陶衣。敛口，尖唇，弧腹，假圈足，平底内凹。外沿下饰水波纹，两侧堆贴一对泥条饰。器内凹凸不平，为轮制时形成的旋槽，外底有线切割痕。口径9.3、底径6.8、高3.9厘米（图一八〇，1；彩版一一一，2）。

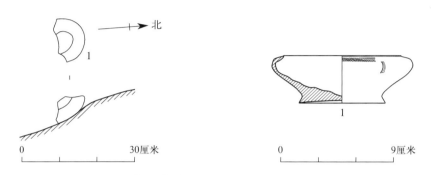

图一八〇　茅东林场JXMD5Q3及出土器物
1. 硬陶盂JXMD5Q3：1

4．JXMD5Q4

JXMD5Q4位于土墩东北部近土墩脚处，中心坐标13.30×8.90-2.25米。挖有长方形浅坑，坑长0.75、宽0.58米。坑开口于第①层下，打破第②层，深0.10～0.18米。

坑底有残泥质陶器1件，无法复原。

5．JXMD5Q5

JXMD5Q5位于土墩东部偏南，中心坐标14.25×-5.30-2.20米。器物放置于第⑦层层面上，被第②层叠压（图一八一；彩版一一一，3）。放置层面略斜，西北部稍高。

出土泥质陶罐1件，正置，破碎严重。

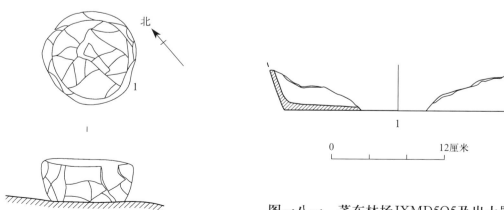

图一八一　茅东林场JXMD5Q5及出土器物
1. 陶罐JXMD5Q5：1

罐　1件。

JXMD5Q5：1，泥质红陶。胎质极疏松，仅下腹及底部可复原，弧腹，平底。底径24.0、残高4.4厘米（图一八一，1）。

6．JXMD5Q6

JXMD5Q6位于土墩东南部，中心坐标9.10×−5.80−1.60米。器物放置于第⑦层层面之上，被第②层叠压（图一八二；彩版一一二，1）。JXMD5Q6放置的层面为西北高东南低的斜面，分布在长约1.65、宽约0.74米的范围内。随葬的硬陶坛皆向东南侧倒伏破碎，2件原始瓷器正置于北侧。

出土器物4件，其中硬陶器2件，原始瓷器2件，器形为坛、碗。

坛　2件。

硬陶，紫红色胎，器表灰色。侈口，尖唇，卷沿，沿面靠唇处有一道凹槽，束颈，深弧腹，平底，底面内凹。颈部饰弦纹，肩及上腹部饰席纹，下腹部饰菱形填线纹。

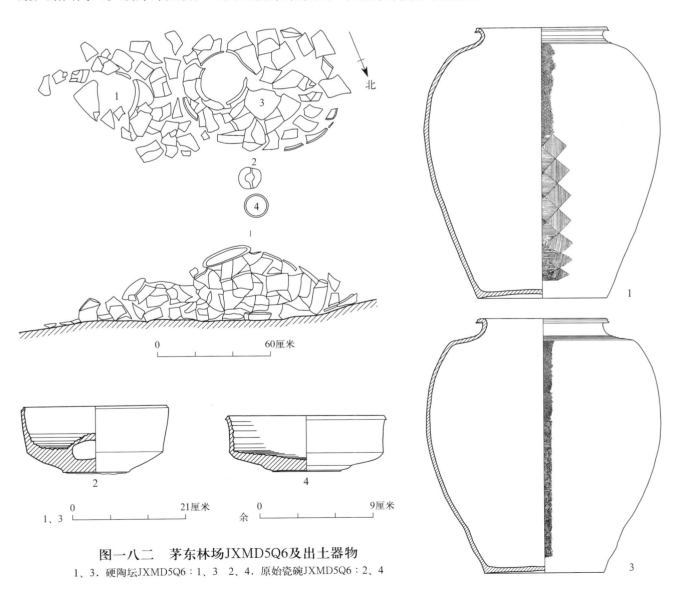

图一八二　茅东林场JXMD5Q6及出土器物
1、3．硬陶坛JXMD5Q6：1、3　2、4．原始瓷碗JXMD5Q6：2、4

JXMD5Q6：1，弧肩。口径24.8、底径24.0、高52.0厘米（图一八二，1；彩版一一二，2）。

JXMD5Q6：3，肩部略折，腹下部制作不规整，略有凹凸。口径24.8、底径22.0、高48.6厘米（图一八二，3；彩版一一二，3）。

碗 2件。

JXMD5Q6：2，原始瓷，灰色胎。直口稍内敛，方唇，唇面内凹，直腹，近底部斜收，平底。器底有较大的鼓泡，外底有线割痕。施绿色釉不及底。口径11.4、底径5.2、高5.4厘米（图一八二，2；彩版一一一，5）。

JXMD5Q6：4，原始瓷，灰白色胎。直口，尖唇，窄折沿下垂，直腹，近底部斜收，平底稍内凹。器内有螺旋纹，外壁有旋痕，外底有线切割痕。施青黄色釉。口径12.7、底径5.4、高4.5厘米（图一八二，4；彩版一一一，4）。

7．JXMD5Q7

JXMD5Q7位于土墩东南部，中心坐标7.30×−4.00−1.25米。器物放置于第⑧层层面之上，被第⑦层叠压（图一八三；彩版一一三，1）。Q7放置的层面为西南高东北低的斜面，分布在长约0.70、宽约0.40米范围。原始瓷碗倒扣于层面上，水平位置明显高于其东侧的釜和罐，釜和罐破碎严重。

出土器物3件，分别为夹砂陶釜、硬陶罐和原始瓷碗。

釜 1件。

JXMD5Q7：2，夹砂红褐陶。侈口，圆唇，宽折沿，腹部残缺。口径38.0、残高4.8厘米（图一八三，2）。

罐 1件。

JXMD5Q7：3，泥质红陶。破碎严重，器形不明。

碗 1件。

JXMD5Q7：1，原始瓷，灰黄色胎。敞口，折沿，沿面下凹，圆唇，弧腹，平底略内凹。器内有螺旋纹。施青黄色釉，器底无釉处胎呈黄褐色。口径17.0、底径8.6、高5.2厘米（图一八三，1；彩版一一三，2）。

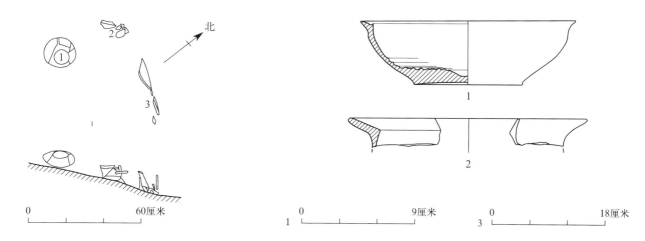

图一八三 茅东林场JXMD5Q7及出土器物
1．原始瓷碗JXMD5Q7：1 2．陶釜JXMD5Q7：2 3．陶罐JXMD5Q7：3

8．JXMD5Q8

JXMD5Q8位于土墩北部略偏东近墩脚处，中心坐标3.60×9.90−1.45米。器物放置于第⑪层层面之上，被第⑦层叠压（图一八四；彩版一一三，3）。JXMD5Q8放置的层面为西南高东北低的斜面，分布在长约1.23、宽约0.73米的范围内。坛口朝向东北倒伏，罐和鼎在其东北侧，正置，均破碎严重。

出土器物3件，分别夹砂陶器鼎、硬陶坛、泥质陶器罐。

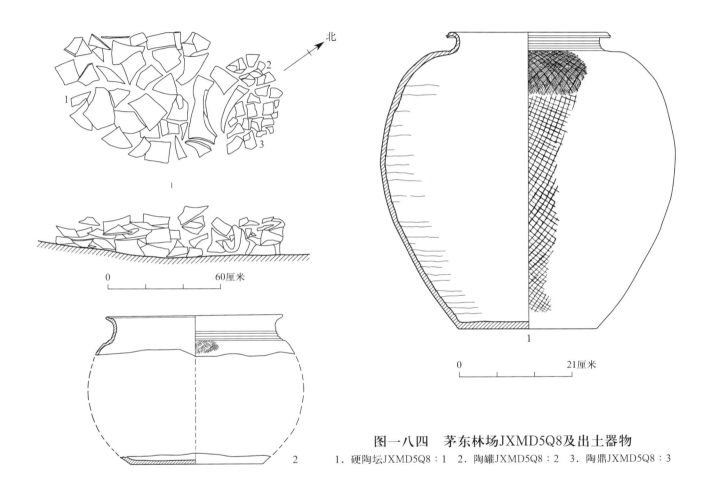

图一八四　茅东林场JXMD5Q8及出土器物
1．硬陶坛JXMD5Q8：1　2．陶罐JXMD5Q8：2　3．陶鼎JXMD5Q8：3

鼎　1件。

JXMD5Q8：3，夹砂红陶。残破严重，无法复原。

坛　1件。

JXMD5Q8：1，硬陶，酱红色胎，器表灰褐色。侈口，方唇，卷沿，沿面有一道凹槽，弧肩，深鼓腹，平底。颈部饰弦纹，肩部饰席纹，腹部饰方格纹。内壁有泥条接缝和涂抹的痕迹。口径30.4、底径25.6、高57.2厘米（图一八四，1；彩版一一三，4）。

罐　1件。

JXMD5Q8：2，泥质灰褐陶。侈口，圆唇，卷沿，束颈，腹部无法复原，平底。颈部饰弦纹，腹部饰席纹，席纹拍印较乱。口径32.8、底径24.4厘米（图一八四，2）。

9．JXMD5Q9

JXMD5Q9位于土墩东北部近墩脚处，中心坐标4.60×9.30−1.60米。器物放置于生土面之上，被第⑪层叠压（图一八五）。JXMD5Q9放置的层面较为平整，分布在长约1.10、宽约0.70米的范围内。

出土器物2件，为夹砂陶釜和硬陶坛，坛倒伏破碎，可能放入时即已打碎；釜置于东南侧，破碎严重。

釜　1件。

JXMD5Q9：2，夹砂红陶。破碎严重，仅复原口部。侈口，尖圆唇，宽折沿。口径32.0、残高6.0厘米（图一八五，2）。

坛　1件。

JXMD5Q9：1，硬陶，砖红色胎，器表上部灰色。侈口，尖圆唇，卷沿，沿面有一道凹槽，束颈，弧肩略折，深弧腹，平底内凹。颈部饰弦纹，肩及上腹部饰水波纹，下腹部饰菱形填线纹。器内表可见泥条盘筑的接缝痕迹，大部分经过抹平处理，颈肩粘合处留有指窝痕，口径23.4、底径19.2、高46.2厘米（图一八五，1；彩版一一三，5）。

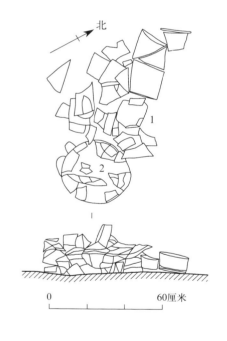

图一八五　茅东林场JXMD5Q9及出土器物
1. 硬陶坛JXMD5Q9：1　2. 陶釜JXMD5Q9：2

10．JXMD5Q10

JXMD5Q10位于土墩东部略偏南，中心坐标10.50×−4.00−1.45米。器物放置于第⑪层层面上，被第⑦层叠压（图一八六；彩版一一四，1）。JXMD5Q10放置的层面西高东低，分布在长约1.35、宽约0.60米的范围内。

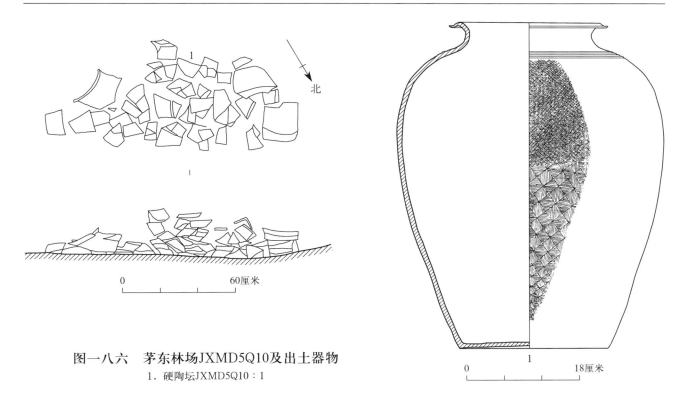

图一八六　茅东林场JXMD5Q10及出土器物
1. 硬陶坛JXMD5Q10：1

出土硬陶坛1件，坛口由西向东倒伏破碎，可能放入时即已打碎。

坛　1件。

JXMD5Q10：1，灰色硬陶。侈口，尖唇，卷沿，沿面边缘有一道凹槽，弧肩，深弧腹，平底内凹。颈部饰弦纹，肩及上腹部饰席纹，下腹部饰菱形填线纹。口径25.0、底径23.6、高53.2厘米（图一八六，1；彩版一一四，2）。

11．JXMD5Q11

JXMD5Q11位于土墩东南部，中心坐标6.00×−3.90−0.95米。器物放置于第⑥层层面之上，被第⑤层叠压（图一八七；彩版一一五，1）。JXMD5Q11放置的层面略有起伏，分布在长约0.97、

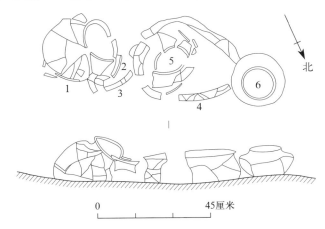

图一八七　茅东林场JXMD5Q11平、剖面图
1. 陶罐　2. 原始瓷碗　3. 陶鼎　4. 陶釜　5、6. 陶瓿

宽约0.35米的范围内，朝向墩心排成一线。最东侧的硬陶罐JXMD5Q11∶1向西倒斜压在夹砂陶鼎JXMD5Q11∶3上，原始瓷碗JXMD5Q11∶2倒扣于罐口之上，作器盖之用，硬陶瓿JXMD5Q11∶5放置于夹砂陶釜JXMD5Q11∶4之中。

出土器物共6件，其中夹砂陶器2件，硬陶器3件，原始瓷器1件；器形有鼎、釜、罐、瓿、碗。

鼎　1件。

JXMD5Q11∶3，夹砂红陶。侈口，圆唇，折沿，腹部无法复原，圜底，腹、底间折，扁凿形足，外撇。口径16.0厘米（图一八八，1）。

釜　1件。

JXMD5Q11∶4，夹砂红褐陶。残碎，仅复原口部。侈口，圆唇，卷沿。口径30.0、残高5.6厘米（图一八八，2）。

罐　1件。

JXMD5Q11∶1，灰色硬陶，褐色胎。侈口，尖唇，卷沿，沿面有一道凹槽，弧折肩，弧腹，平底。颈下部饰弦纹，肩及上腹部饰席纹，下腹部饰菱形填线纹。内壁泥条接缝痕迹清晰。口径16.8、底径16.2、高24.6厘米（图一八八，3；彩版一一五，2）。

瓿　2件。

JXMD5Q11∶5，硬陶，灰色胎。侈口，圆唇，卷沿，沿面有一道凹槽，弧肩略折，扁鼓腹，平

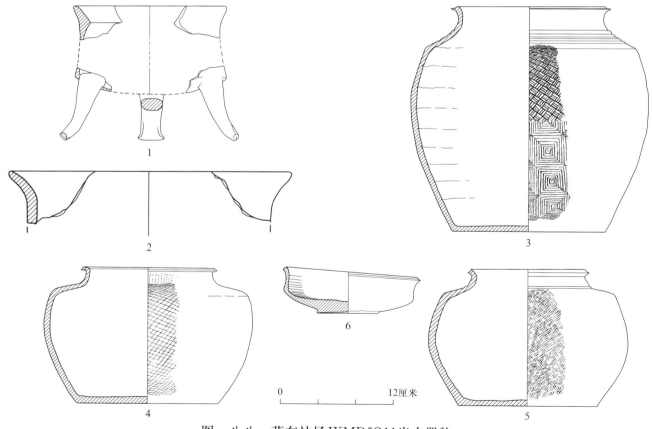

图一八八　茅东林场JXMD5Q11出土器物

1．陶鼎JXMD5Q11∶3　2．陶釜JXMD5Q11∶4　3．硬陶罐JXMD5Q11∶1　4、5．硬陶瓿JXMD5Q11∶5、6　6．原始瓷碗JXMD5Q11∶2

底。外壁饰方格纹，颈部方格纹抹而未平。口径14.4、底径14.8、高14.8厘米（图一八八，4；彩版一一五，3）。

JXMD5Q11：6，硬陶，灰褐色胎。侈口，尖唇，卷沿，沿面内凹，斜肩，扁鼓腹，平底。颈部在抹平席纹之上加饰弦纹，肩、腹部饰席纹。内壁留有较多的指窝及抹刮痕，外壁腹底交接处亦留有抹刮痕迹。口径12.7、底径14.8、高15.3厘米（图一八八，5；彩版一一五，4）。

碗　1件。

JXMD5Q11：2，原始瓷，灰白色胎。敞口，尖唇，窄折沿，沿面下垂，沿面有两道凹槽，上腹较直，略内凹，下腹弧收，假圈足，平底略内凹。器内有螺旋纹，外壁可见轮制旋痕。足不规整，两侧厚薄不均，器身向一侧倾斜。施青绿色釉不及底。口径14.5、底径6.4、高5.0厘米（图一八八，6；彩版一一五，5）。

12．JXMD5Q12

JXMD5Q12位于土墩中部偏东南，中心坐标2.50×−4.60−1.10米。器物放置于第⑧层层面之上，被第⑦层叠压（图一八九；彩版一一四，3）。Q12放置层面较为平整。

出土硬陶瓿1件，正置，破碎严重。

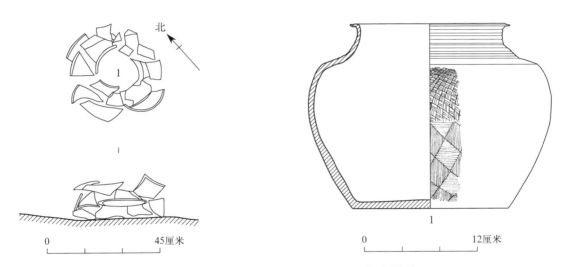

图一八九　茅东林场JXMD5Q12及出土器物
1. 硬陶瓿JXMD5Q12：1

瓿　1件。

JXMD5Q12：1，硬陶，紫色胎，器表灰褐色。侈口，尖圆唇，卷沿，沿面有一道凹槽，束颈，弧肩略折，扁鼓腹，平底。颈、肩部饰弦纹，上腹部饰席纹，下腹部饰菱形填线纹。颈和肩粘合处内壁留有一周按窝。口径17.0、底径16.4、高20.3厘米（图一八九，1；彩版一一四，4）。

13．JXMD5Q13

JXMD5Q13位于土墩中部偏东南，中心坐标1.80×−6.00−1.50米。器物放置于第⑦层之中（图一九〇；彩版一一六，1）。JXMD5Q13分布在长约0.90、宽0.60米的范围内，器物破碎严重，陶片

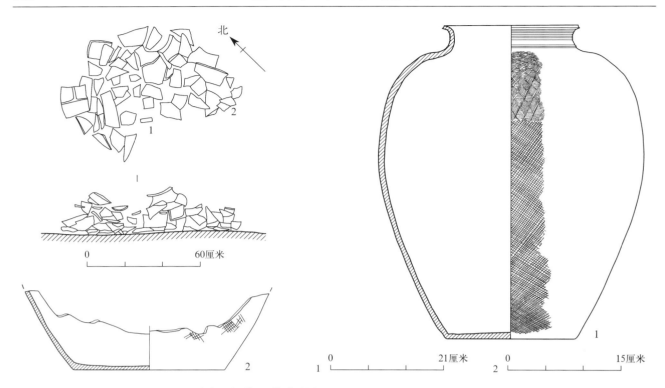

图一九〇　茅东林场JXMD5Q13及出土器物
1. 硬陶坛JXMD5Q13：1　2. 陶罐JXMD5Q13：2

堆放杂乱无序，现场出土情况表明器物在放置时应已破碎。

陶片属于2件器物个体，为硬陶坛和泥质陶罐。

坛　1件。

JXMD5Q13：1，灰褐色硬陶，灰色胎。侈口，方唇，卷沿，唇面内凹，束颈，弧肩，深弧腹，平底。颈部饰弦纹，肩及上腹部饰菱形填线纹，下腹饰方格纹。口径25.4、底径24.0、高59.6厘米（图一九〇，1；彩版一一六，2）。

罐　1件。

JXMD5Q13：2，泥质红褐陶。上部残缺，仅存部分下腹和底。弧腹，平底。腹部拍印纹饰，由于表面剥蚀严重，纹饰模糊不清。底径20.0、残高10.8厘米（图一九〇，2）。

14．JXMD5Q14

JXMD5Q14位于土墩西北部，中心坐标−6.40×6.40−2.00米。放置于生土层层面之上，被第⑪层叠压（图一九一；彩版一一六，3）。JXMD5Q14放置的层面凹凸不平，分布在长约0.70、宽0.60米的范围内，器物破碎倒伏，可能放入时即已打碎。

出土硬陶坛和泥质陶罐各1件。

坛　1件。

JXMD5Q14：1，灰色硬陶，灰色胎。侈口，卷沿，沿面有凹槽，弧肩，深鼓腹，平底。颈部饰弦纹，肩部饰菱形填线纹，腹部饰方格纹。内壁留有较多指窝和抹刮痕。口径24.2、底径25.2、高52.8厘米（图一九一，1；彩版一一六，4）。

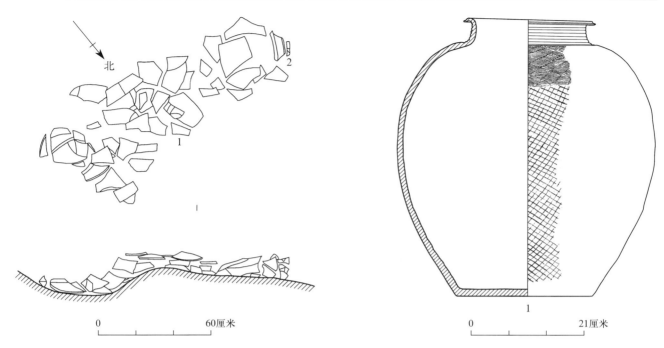

图一九一　茅东林场JXMD5Q14及出土器物
1. 硬陶坛JXMD5Q14：1　2. 陶罐JXMD5Q14：2

罐　1件。

JXMD5Q14：2，泥质红褐陶，陶质疏松。残碎严重，平底。

15．JXMD5Q15

JXMD5Q15位于土墩西北部，中心坐标-5.30×5.25-1.10米。器物放置于第⑧层层面之上，被第⑦层叠压（图一九二；彩版一一七，1）。JXMD5Q15放置的层面为东南高西北低的斜面，分布在长约1.20、宽0.80米的范围内。陶鼎和陶瓿倒扣于层面，两件坛破碎严重，陶片分布零散，可能放置时就已破碎。

出土器物4件，其中夹砂陶器1件，泥质陶器1件，硬陶器2件；器形为鼎、坛和瓿。

鼎　1件。

JXMD5Q15：2，夹砂红陶。侈口，尖圆唇，宽折沿，直腹，圜底，椭圆锥状足，足尖残。制作不甚规整。口径22.0、残高17.6厘米（图一九三，1；彩版一一七，2）。

坛　2件。

JXMD5Q15：1，灰色硬陶。侈口，尖唇，卷沿，沿面有一道凹槽，束颈，弧肩，弧腹，底残缺。颈部饰弦纹，肩及上腹部饰席纹，下腹饰菱形填线纹。口径20.2、残高38.0厘米（图一九三，2）。

JXMD5Q15：4，灰色硬陶。上部残缺，弧腹，平底。上腹部饰席纹，下腹部饰菱形填线纹。底径17.2、残高31.6厘米（图一九三，3）。

瓿　1件。

JXMD5Q15：3，泥质灰陶。直口，方圆唇，斜肩，扁鼓腹，下腹残缺，平底。口径12.7、底径14.4厘米（图一九三，4）。

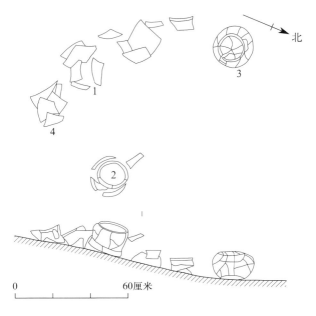

图一九二　茅东林场JXMD5Q15平、剖面图

1、4.硬陶坛　2.陶鼎　3.陶瓿

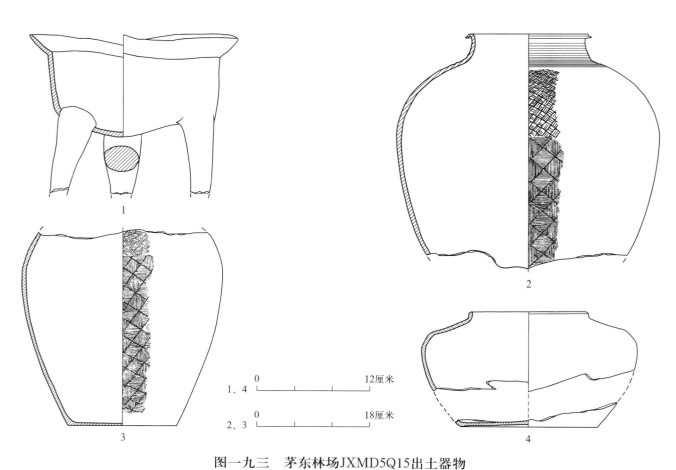

图一九三　茅东林场JXMD5Q15出土器物

1.陶鼎JXMD5Q15：2　2、3.硬陶坛JXMD5Q15：1、4　4.陶瓿JXMD5Q15：3

16．JXMD5Q16

JXMD5Q16位于土墩东部略偏南，中心坐标11.20×−1.40−2.05米。器物放置于生土层层面之上，被第⑪层叠压（图一九四；彩版一一七，3）。Q16放置的层面较为平整，器物排列呈"L"形，朝向墩中心，分布在长约0.85、宽0.40米的范围内。泥质陶盆JXMD5Q16：6倒扣于夹砂陶鼎JXMD5Q16：4之上，作器盖使用，夹砂陶鼎JXMD5Q16：3向一侧歪斜，其余器物正置；出土时鼎、罐和盆破碎严重。

出土器物6件，其中夹砂陶器2件，泥质陶器3件，原始瓷器1件；器形有鼎、罐、盆、碗。

鼎　2件。

JXMD5Q16：3，夹砂陶，褐色胎。仅复原口部及足。侈口，圆唇，折沿，扁锥足。口径12.0厘米（图一九五，1）。

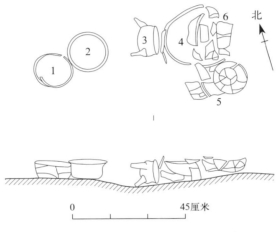

图一九四　茅东林场JXMD5Q16平、剖面图

1、6.陶盆　2.原始瓷碗　3、4.陶鼎　5.陶罐

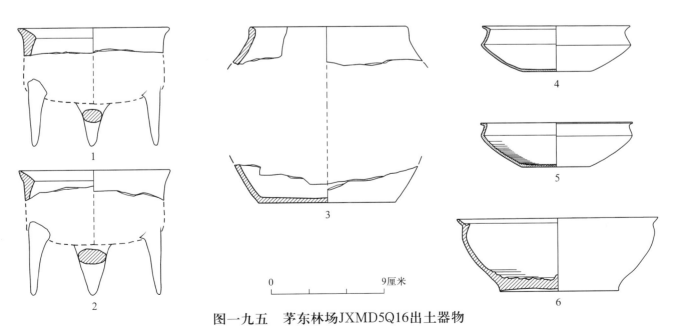

图一九五　茅东林场JXMD5Q16出土器物

1、2.陶鼎JXMD5Q16：3、4　3.陶罐JXMD5Q16：5　4、5.小陶盆JXMD5Q16：1、6　6.原始瓷碗JXMD5Q16：2

JXMD5Q16：4，夹砂陶，红色胎。仅复原口部及足。侈口，尖圆唇，折沿，扁锥足。口径12.0厘米（图一九五，2）。

罐　1件。

JXMD5Q16：5，泥质黑皮陶，褐色胎。敛口，圆唇，腹部残，平底。口径12.3、底径10.8厘米（图一九五，3）。

小陶盆　2件。

JXMD5Q16：1，泥质黑皮陶，灰褐色胎。侈口，圆唇，折沿，束颈，折腹，平底。口径11.8、底径5.2、高3.8厘米（图一九五，4）。

JXMD5Q16：6，泥质黑皮陶，灰色胎，器表黑皮剥落较甚。侈口，方圆唇，折沿近平，沿面有一道凹槽，束颈，折腹，平底。器内有螺旋纹。口径12.0、底径5.4、高3.6厘米（图一九五，5；彩版一一七，4）。

碗　1件。

JXMD5Q16：2，原始瓷，灰色胎。敞口，折沿，沿面下凹，弧腹下收成假圈足，平底略内凹。器内有螺旋纹，内底中心有一乳突。施青黄色釉，内壁剥落严重。口径16.0、底径9.4、高6.0厘米（图一九五，6；彩版一一七，5）。

17．JXMD5Q17

JXMD5Q17位于土墩东略偏北坡脚处，中心坐标15.50×1.00−2.25米。器物放置于第⑦层层面之上，被第②层叠压（图一九六；彩版一一八，1）。JXMD5Q17放置的层面较为平整。

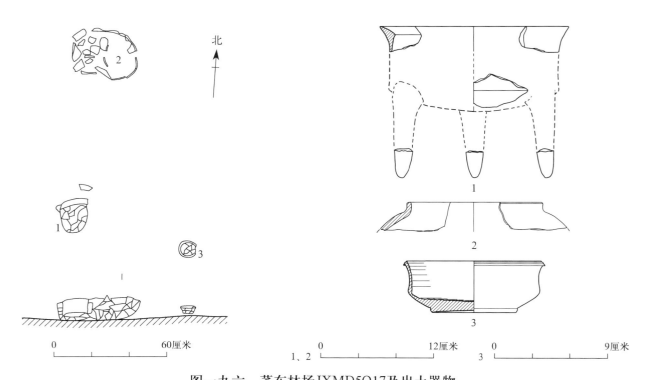

图一九六　茅东林场JXMD5Q17及出土器物

1．陶鼎JXMD5Q17：1　2．陶罐JXMD5Q17：2　3．原始瓷碗JXMD5Q17：3

出土夹砂陶鼎、原始瓷碗和泥质陶罐各1件，呈三角形分散放置，破碎严重。

鼎　1件。

JXMD5Q17：1，夹砂红褐陶。残碎严重，无法复原。侈口，折沿，尖圆唇，直腹。口径20.0厘米（图一九六，1）。

罐　1件。

JXMD5Q17：2，泥质红陶。残碎，仅复原口部。直口，方圆唇，弧肩。口径14.4、残高3.0厘米（图一九六，2）。

碗　1件。

JXMD5Q17：3，原始瓷，灰白色胎。敞口，尖唇，窄折沿，沿面有两道凹槽，上腹较直略内弧，下腹弧折内收，假圈足，平底略内凹。内壁可见螺旋纹，外底有线切割痕。施黄绿色釉，胎、釉结合不紧密，剥落较甚。口径11.3、底径6.7、高4.2厘米（图一九六，3；彩版一一八，2）。

18．JXMD5Q18

JXMD5Q18位于土墩东部略偏北，中心坐标11.60×2.50－1.70米。器物放置于第⑦层之中（图一九七；彩版一一八，4）。

出土硬陶坛和泥质陶罐各1件，破碎严重，两件器物相距约0.55米，坛口东、底西倒伏，可能放入时即已打碎。

坛　1件。

JXMD5Q18：1，灰色硬陶。侈口，沿部残缺，束颈，弧肩，深弧腹，平底。颈部饰弦纹，肩、

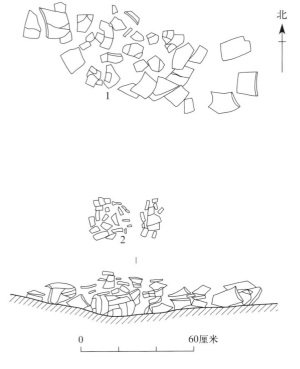

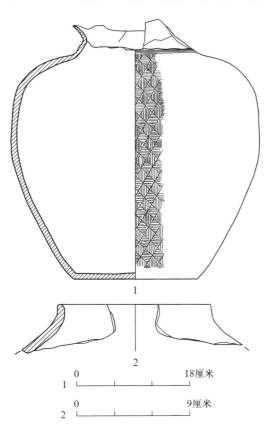

图一九七　茅东林场JXMD5Q18及出土器物

1. 硬陶坛JXMD5Q18：1　2. 陶罐JXMD5Q18：2

腹部饰菱形填线纹。肩部内外壁皆有一周指按窝痕。底径19.6、残高42.4厘米（图一九七，1；彩版一一八，3）。

罐　1件。

JXMD5Q18：2，泥质褐陶。残碎，仅复原口部。直口，圆唇。口径12.0、残高4.0厘米（图一九七，2）。

19．JXMD5Q19

JXMD5Q19位于土墩中部，中心坐标1.80×－1.90－1.30米。器物放置于第⑦层层面上，被第⑤层叠压（图一九八；彩版一一九，1）。JXMD5Q19放置层面为西北高东南低的斜面。

出土原始瓷钵3件，正置，呈"品"字形分布，高低略有错落。

钵　3件。

原始瓷，灰白色胎。敛口，方唇，折肩，上腹斜直，下腹弧收，平底。内壁密布螺旋纹。

JXMD5Q19：1，口部略残，外唇缘外突。外壁留有轮制形成的旋痕。施青绿色釉不及底，有积釉、流釉现象。口径12.9、底径6.3、高9.1厘米（图一九八，1；彩版一一九，2）。

JXMD5Q19：2，外底部有线切割痕。施黄绿色釉不及底，部分剥落。口径13.4、底径8.6、高9.0厘米（图一九八，2；彩版一一九，3）。

JXMD5Q19：3，唇面内凹。外底有线切割痕迹。施黄绿色釉不及底，剥落殆尽。口径13.2、底径9.4、高9.5厘米（图一九八，3；彩版一一九，4）。

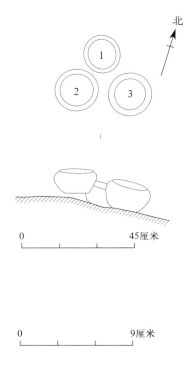

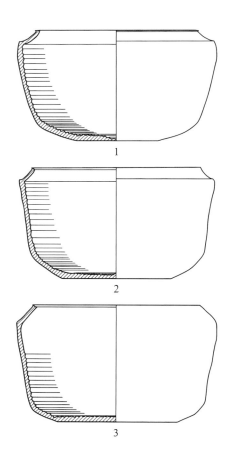

图一九八　茅东林场JXMD5Q19及出土器物

1～3. 原始瓷钵JXMD5Q19：1～3

20．JXMD5Q20

　　JXMD5Q20位于土墩中部偏西南，中心坐标−1.50×−4.30−1.05米（图一九九；彩版一二〇，1）。JXMD5Q20是具有封土的器物群，封土呈馒头状，平面为圆形，底径3.62～3.98、高0.80米，封土红褐色，土质较软，纯净。封土堆置于第⑤层层面上，被第②层叠压，起封的层面为东北高西南低的斜面。器物分布在长约3.15、宽1.96米的平面范围内，器形较大的陶器坛、罐、釜、鼎等偏于北侧，直接放置于第⑦层层面之上，而南侧放置的器形较小的碗、盅等器物位于封土中，器

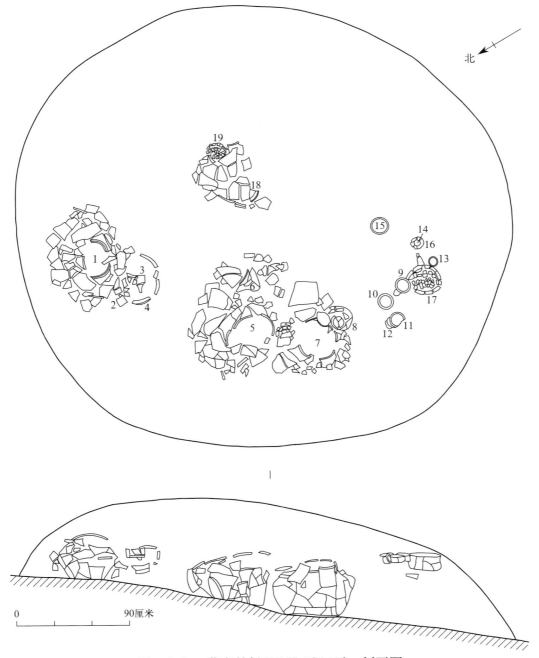

图一九九　茅东林场JXMD5Q20平、剖面图

1、5、7、18. 陶坛　2. 陶釜　3、17. 陶鼎　4、19. 陶盆　6. 大口器　8. 陶罐　9～12. 原始瓷盅　13～16. 原始瓷碗

物群所有器物口部基本水平。器物多正置，泥质陶盆分别扣于硬陶坛JXMD5Q20：18、夹砂陶鼎JXMD5Q20：3其口部，作为器盖使用，硬陶坛JXMD5Q20：18口南、底北向南侧倒伏。器形较大的釜、鼎、坛、罐等器物皆严重破碎，较小的碗、盅则较为完整。

出土器物19件，其中夹砂陶器3件，泥质陶器4件，硬陶器4件，原始瓷器8件；器形有鼎、釜、坛、罐、盆、大口器、碗、盅等。

鼎　2件。

JXMD5Q20：3，夹砂红陶。侈口，圆唇，折沿，斜腹略弧，圜底，圆锥形足。口径19.2、高14.0厘米（图二〇〇，1；彩版一二〇，2）。

JXMD5Q20：17，夹砂红陶。破碎严重，无法复原。

釜　1件。

JXMD5Q20：2，夹砂褐陶。破碎严重，无法复原。

坛　4件。

硬陶。侈口，卷沿，束颈，弧肩略折，深弧腹，平底。

JXMD5Q20：1，灰色胎，肩部有薄层爆浆釉。尖唇，沿面外缘有一周凹槽，下凹凸不平。颈部饰弦纹，肩及上腹部饰席纹，下腹部饰菱形填线纹。腹部制作不规整，内壁可见泥条盘筑的接缝和指窝痕迹。口径22.2、底径24.0、高45.8厘米（图二〇一，1；彩版一二一，1）。

JXMD5Q20：5，红褐色胎，器表灰褐色。方唇，唇面内凹，平底略内凹。肩部堆贴一对羊角状饰。颈部饰弦纹，肩及上腹部饰席纹，下腹部饰菱形填线纹。器内可见明显的泥条接缝，泥条宽约2.5厘米，颈、肩粘合处有明显的接痕。口径28.2、底径27.2、高55.4厘米（图二〇一，2；彩版一二一，2）。

JXMD5Q20：7，灰褐色胎。尖圆唇，沿面外缘有一道凹槽。颈部饰弦纹，肩及上腹部饰席纹，

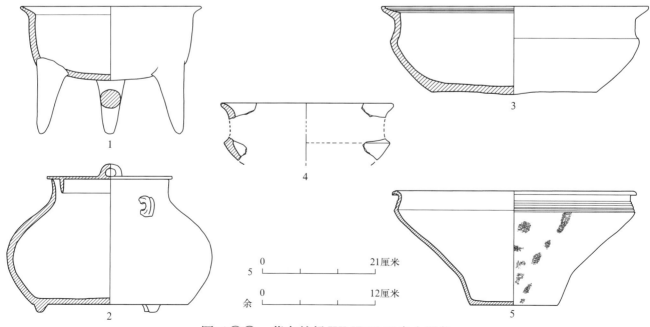

图二〇〇　茅东林场JXMD5Q20出土器物
1. 陶鼎JXMD5Q20：3　2. 陶盖罐JXMD5Q20：8　3、4. 陶盆JXMD5Q20：4、19　5. 大口器JXMD5Q20：6

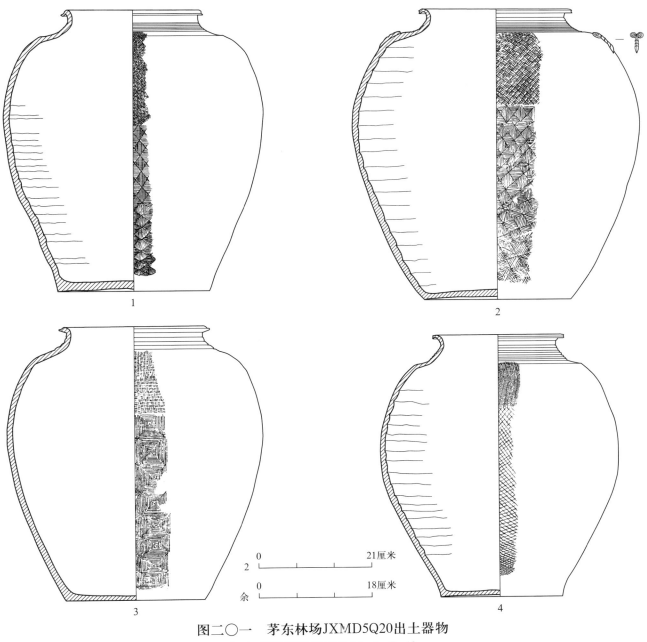

图二〇一　茅东林场JXMD5Q20出土器物

1~4. 硬陶坛JXMD5Q20：1、5、7、18

下腹部饰菱形填线纹。口径24.0、底径22.0、高44.8厘米（图二〇一，3；彩版一二一，3）。

JXMD5Q20：18，烧制温度不均，上部火候高，胎紫红色，器表黄褐色，下部火候低，胎砖红色，器表灰黑色。方唇，唇缘外突，唇面有一道凹槽，底略内凹。颈部饰弦纹，肩及上腹部饰叶脉纹，下腹部饰方格纹。内壁可见泥条盘筑接缝和指窝痕迹，外壁腹与底粘接处可见刮抹痕。口径20.8、底径19.4、高43.2厘米（图二〇一，4；彩版一二一，4）。

盖罐　1件。

JXMD5Q20：8，泥质陶，灰黄色胎。盖环形纽，以两条泥条捏制而成，平顶，子口，尖唇。顶径13.2、口径10.2、高3.2厘米。罐直口微侈，尖圆唇，溜肩，垂腹，平底，底部有三乳突状矮足。肩部设一对竖耳，耳宽扁。口径12.4、底径16.4、高14.4厘米。通高16.0厘米（图二〇〇，2；彩版一二〇，3）。

　　盆　2件。

　　JXMD5Q20：4，泥质黑皮陶，灰黄色胎，黑皮剥落较甚。侈口，尖圆唇，折沿，折腹，上腹内弧，下腹弧收，平底，底面不平整。器表磨光，沿面饰弦纹。口径28.2、底径17.4、高9.6厘米（图二〇〇，3）。

　　JXMD5Q20：19，泥质黑皮陶，褐色胎。敞口，圆唇，卷沿，折腹，残缺。口径18.3厘米（图二〇〇，4）。

　　大口器　1件。

　　JXMD5Q20：6，泥质褐陶。侈口，尖唇，卷沿，颈微束，肩下折收，腹内弧，平底。肩部饰弦纹，腹部饰席纹，纹饰磨蚀严重。口径45.2、底径16.2、高21.6厘米（图二〇〇，5；彩版一二〇，4）。

　　碗　4件。

　　原始瓷。尖唇，窄折沿，沿面下垂，直腹，平底。器内有螺旋纹。

　　JXMD5Q20：13，灰白色胎。敞口，沿面下凹，底内凹。外壁有旋痕，外底有线切割痕。施黄色釉。口径8.75、底径4.6、高3.2厘米（图二〇二，5；彩版一二二，4）。

　　JXMD5Q20：14，灰色胎。敞口，沿面下凹，折腹，假圈足，底略内凹。施青绿色釉，剥落较甚。口径8.5、底径5.3、高2.8厘米（图二〇二，6）。

　　JXMD5Q20：15，灰黄色胎。敞口，外唇缘外突。外壁有旋痕，外底有线切割痕。施黄绿色釉，剥落严重。口径13.7、底径7.2、高4.4厘米（图二〇二，7；彩版一二二，5）。

　　JXMD5Q20：16，灰白色胎。直口，底稍内凹。外壁有旋痕，外底有线割痕及支钉痕。施青黄色釉。口径9.1、底径5.0、高3.8厘米（图二〇二，8；彩版一二二，6）。

　　盅　4件。

　　原始瓷，灰白色胎。子母口，方唇，唇缘外突，直腹近底部弧收，平底略凹。器内有螺旋纹，

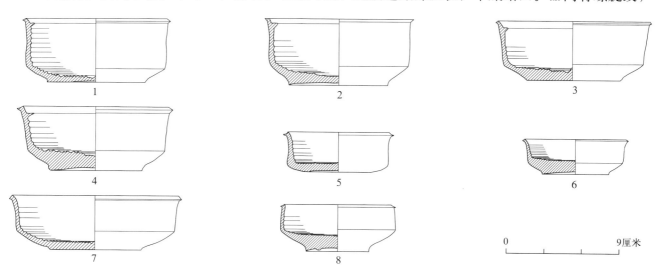

0　　　　　　　9厘米

图二〇二　茅东林场JXMD5Q20出土器物

1～4. 原始瓷盅JXMD5Q20：9～12　5～8. 原始瓷碗JXMD5Q20：13～16

外壁有旋痕，外底部有线切割痕。施黄绿色釉。

　　JXMD5Q20∶9，口径11.7、底径7.8、高5.2厘米（图二〇二，1；彩版一二〇，5）。

　　JXMD5Q20∶10，口径11.8、底径7.8、高5.4厘米（图二〇二，2；彩版一二二，1）。

　　JXMD5Q20∶11，口径12.4、底径7.4、高4.8厘米（图二〇二，3；彩版一二二，2）。

　　JXMD5Q20∶12，口径12.4、底径7.4、高5.2厘米（图二〇二，4；彩版一二二，3）。

21．JXMD5Q21

　　JXMD5Q21位于土墩北部，中心坐标0.80×6.60−0.85米（图二〇三；彩版一二三，1）。
JXMD5Q21是具有封土的器物群，封土平面为椭圆形，顶面弧形，底面长径5.55、短径3.10、高0.65
米。封土为灰黄色沙土，土质较软，纯净，这种土不见于土墩的其他堆积。封土堆置于第⑦层层面
上，被第⑤层叠压，南部被Q23封土叠压，起封的层面南北两侧高中部低，不甚平整。器物均放置于
第⑦层层面之上，为封土所覆压，大致呈南北向分两排平行摆放，两排相距0.60～0.75米。随葬的碗
JXMD5Q21∶13、9倒扣于鼎JXMD5Q21∶12、瓿JXMD5Q21∶8上，作器盖之用，其余器物基本正
置。出土时器形较大的釜、鼎、坛等器物皆严重破碎，较小的瓿、碗则较为完整。

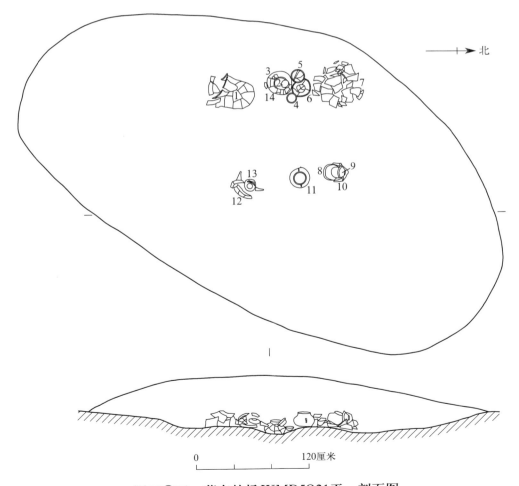

图二〇三　茅东林场JXMD5Q21平、剖面图

1．陶釜　2、5、13．原始瓷碗　3、8、11．陶瓿　4．陶盂　9、14．陶碗　6．陶盆　7．陶坛　10、12．陶鼎

出土器物14件，有夹砂陶3件，泥质陶器1件，硬陶器7件，原始瓷器3件；器形有釜、鼎、坛、瓿、钵、碗、盂。

鼎　2件。

JXMD5Q21：12，夹砂红褐陶。侈口，圆唇，宽折沿，腹部残缺较多，圜底近平，腹、底间折，扁锥形足。口径25.2厘米（图二○四，1）。

JXMD5Q21：10，夹砂红褐陶。仅复原足，扁锥形，残长11.0厘米（图二○四，2）。

釜　1件。

JXMD5Q21：1，夹砂红褐陶。残碎，仅复原口部。侈口，尖圆唇，宽折沿，腹较直，有箅隔。口径38.0厘米（图二○四，3）。

坛　1件。

JXMD5Q21：7，紫色硬陶。侈口，尖唇，卷沿，沿面外缘有一道凹槽，束颈，弧肩，弧腹，

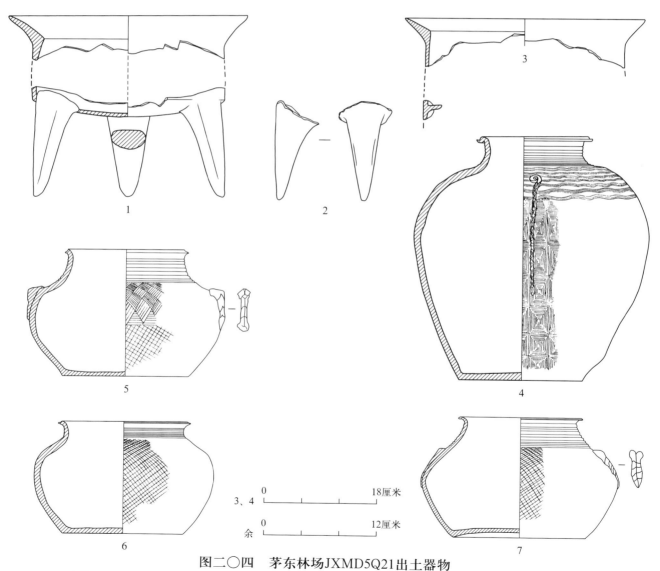

图二○四　茅东林场JXMD5Q21出土器物

1、2. 陶鼎JXMD5Q21：12、10　3. 陶釜JXMD5Q21：1　4. 硬陶坛JXMD5Q21：7　5～7. 硬陶瓿JXMD5Q21：3、8、11

平底。肩腹部堆贴对称的两条堆饰，环首，辫形尾。颈部饰弦纹，肩部饰水波纹，腹部饰菱形填线纹。器形略歪。口径18.4、底径19.6、高39.9厘米（图二〇四，4；彩版一二三，2）。

瓿　3件。

灰褐色硬陶。侈口，卷沿，扁鼓腹，平底。

JXMD5Q21：3，尖唇，沿面有一道凹槽，弧折肩。上腹部贴附一对捏制泥条。颈部饰弦纹，上腹部饰菱形填线，下腹部饰方格纹。底腹交接处留有抹刮痕，内壁还留有较多指窝。口径13.1、底径13.4、高13.8厘米（图二〇四，5；彩版一二三，3）。

JXMD5Q21：8，尖唇，沿面有一道凹槽，束颈，弧肩。颈部饰弦纹，肩、腹部饰方格纹。内壁留有抹刮痕，颈、肩交接部还留有指窝痕迹。口径14.0、底径12.8、高12.1厘米（图二〇四，6；彩版一二三，4）。

JXMD5Q21：11，尖唇，束颈，溜肩，底内凹。肩部贴附一对捏制泥条。颈部饰弦纹，肩、腹部饰方格纹，印痕较浅。口径13.2、底径14.0、高13.0厘米（图二〇四，7；彩版一二三，5）。

碗　5件。

敞口，折腹，假圈足，平底。器内有螺旋纹。

JXMD5Q21：2，原始瓷，灰白色胎。尖圆唇，折沿，底略内凹。沿面贴附一对"S"形泥条。折腹处有一道凹槽，外底有线割痕。施黄绿色釉。口径12.8、底径7.2、高4.6厘米（图二〇五，1；彩版一二四，1）。

JXMD5Q21：5，原始瓷，灰白色胎。尖圆唇，折沿，沿面下凹，底略内凹。施黄色釉，大部已脱落。口径13.6、底径8.2、高4.0厘米（图二〇五，2）。

JXMD5Q21：9，灰褐色硬陶。尖唇，卷沿，沿面有一道凹槽。外底有线割痕。口径14.4、底径5.6、高5.4厘米（图二〇五，3；彩版一二四，2）。

JXMD5Q21：13，原始瓷，灰色胎。尖唇，卷沿，底略内凹。外底有线割痕。内壁施青绿色釉，无釉处器表呈黑褐色。口径13.6、底径6.0、高4.6厘米（图二〇五，4；彩版一二四，3）。

JXMD5Q21：14，灰褐色硬陶，近底部胎呈砖红色。尖圆唇，唇面内凹。外壁有旋痕，外底有线割痕。口径16.0、底径7.0、高5.2厘米（图二〇五，5；彩版一二四，4）。

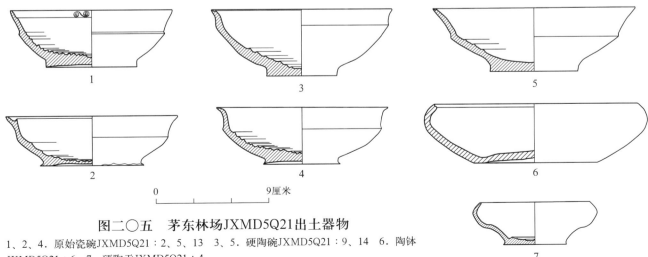

图二〇五　茅东林场JXMD5Q21出土器物

1、2、4. 原始瓷碗JXMD5Q21：2、5、13　3、5. 硬陶碗JXMD5Q21：9、14　6. 陶钵
JXMD5Q21：6　7. 硬陶盂JXMD5Q21：4

钵　1件。

JXMD5Q21：6，泥质红陶。敛口，方唇，唇面内凹，弧腹，平底内凹。口径16.1、底径9.8、高4.8厘米（图二〇五，6；彩版一二四，5）。

盂　1件。

JXMD5Q21：4，灰色硬陶。敛口，尖圆唇，弧腹，平底。外底有线割痕。口径8.7、底径5.0、高3.5厘米（图二〇五，7；彩版一二四，6）。

22．JXMD5Q22

JXMD5Q22位于土墩北部偏西，中心坐标−3.00×9.20−1.05米。器物放置于第⑦层面上，被第⑥层叠压（图二〇六；彩版一二五，1）。JXMD5Q22放置的层面为东南高西北低的斜面，器物高低略有错落，大部分器物大致呈东南—西北向一线摆放在长约2.20、宽约0.60米的范围内，另有一件陶罐偏于南侧约0.50米。陶器破碎严重，陶盆的碎片散落在坛和罐的口部，应作器盖之用，陶釜置于陶鼎腹中。

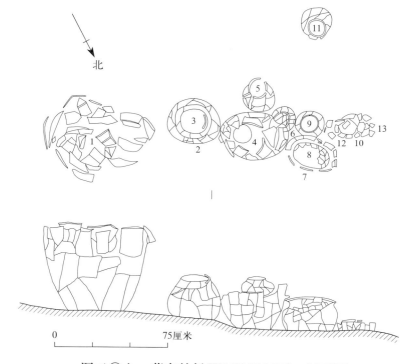

图二〇六　茅东林场JXMD5Q22平、剖面图

1、2. 陶坛　3. 陶盘　4. 硬陶坛　5、9. 硬陶瓿　6. 陶罐　7. 陶鼎　8. 陶釜　10、11. 陶瓿　12. 陶钵　13. 陶器

出土器物13件，其中夹砂陶器2件，泥质陶器8件，硬陶器3件；器形有鼎、釜、坛、罐、瓿、盘、钵，另有1件泥质黑皮陶器器形不明。

鼎　1件。

JXMD5Q22：7，夹砂褐陶。残碎，仅复原口部及足。敛口，圆唇，舌形足外撇。口径20.0厘米（图二〇七，1）。

釜　1件。

JXMD5Q22：8，夹砂红陶。残碎，仅复口部。侈口，圆唇，折沿，腹壁较直。口径30.0、残高5.6厘米（图二○七，2）。

坛　3件。

侈口，尖唇，卷沿，沿面有一道凹槽，弧折肩，深弧腹，平底。

JXMD5Q22：1，泥质红陶。颈部饰弦纹，肩和上腹部饰菱形填线纹，下腹部饰方格纹。颈和肩部粘合处内外壁皆有一周指窝。口径28.8、底径26.8、高58.8厘米（图二○七，3；彩版一二五，2）。

JXMD5Q22：2，泥质红陶。肩部饰弦纹，上腹部饰席纹，下腹部饰菱形填线纹。口径15.6、底

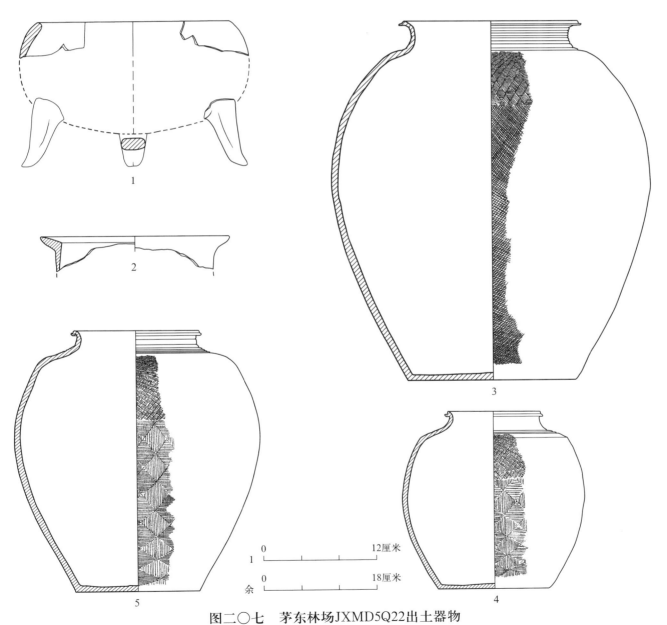

图二○七　茅东林场JXMD5Q22出土器物

1. 陶鼎JXMD5Q22：7　2. 陶釜JXMD5Q22：8　3、4. 陶坛JXMD5Q22：1、2　5. 硬陶坛JXMD5Q22：4

17.6、高28.8厘米（图二〇七，4；彩版一二五，3）。

JXMD5Q22：4，灰色硬陶。颈部饰弦纹，上腹部饰席纹，下腹部饰菱形填线纹。口径20.8、底径19.8、高42.4厘米（图二〇七，5；彩版一二六，1）。

罐　1件。

JXMD5Q22：6，泥质黑皮陶，褐色胎，陶质疏松。残碎，仅复原部分口沿。敛口，圆唇。残宽2.9、残高1.7厘米（图二〇八，1）。

瓿　4件。

JXMD5Q22：11，泥质陶，砖红色胎。侈口，尖圆唇，卷沿，束颈，弧肩，弧腹，平底略内凹。器身不甚规整。口径13.6、底径15.2、高15.4厘米（图二〇八，3；彩版一二六，2）。

JXMD5Q22：10，泥质陶，灰色胎。直口，方唇，弧肩，腹部残缺，平底。陶质疏松，器表磨蚀严重。口径12.0、底径15.2厘米（图二〇八，2）。

JXMD5Q22：5，紫色胎。硬陶。侈口，尖唇，卷沿，沿面有一道凹槽，溜肩。扁鼓腹，平底略内凹。上腹部饰叶脉纹，下腹部饰菱形填线纹。口径13.0、底径8.8、高14.4厘米（图二〇七，4；彩

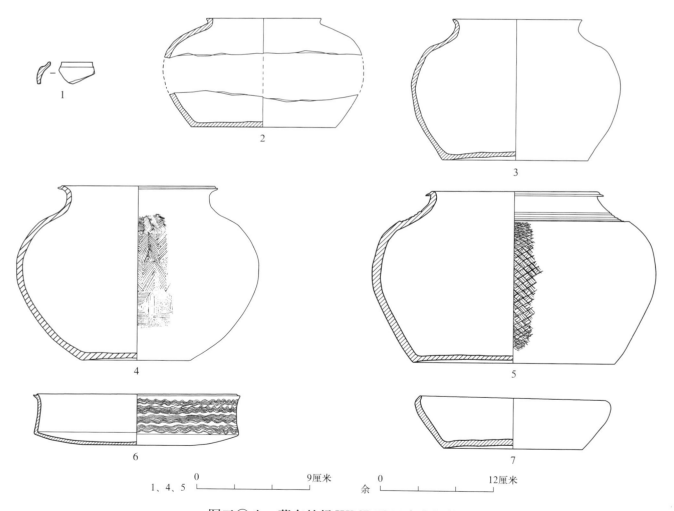

图二〇八　茅东林场JXMD5Q22出土器物

1. 陶罐 JXMD5Q22：6　2、3. 陶瓿 JXMD5Q22：10、11　4、5. 硬陶瓿 JXMD5Q22：5、9　6. 陶盘 JXMD5Q22：3　7. 陶钵 JXMD5Q22：12

版一二六，3）。

JXMD5Q22：9，器表上部灰色，下部砖红色。硬陶。侈口，尖圆唇，卷沿，沿面有一道凹槽，折肩，扁鼓腹，平底略内凹。肩部饰弦纹，腹部饰席纹。腹和底连接处有刮抹痕迹，器内壁留有指窝痕。口径14.0、底径16.0、高14.0厘米（图二〇七，5；彩版一二六，4）。

盘　1件。

JXMD5Q22：3，泥质红陶。敞口，方唇，卷沿，唇面内凹，外唇缘外突，腹较直略内弧，近底部急收，平底。腹部饰水波纹。口径21.8、底径11.0、高5.6厘米（图二〇八，6）。

钵　1件。

JXMD5Q22：12，泥质灰陶。敛口，尖圆唇，弧腹，平底内凹。口径19.6、底径14.6、高5.0厘米（图二〇八，7；彩版一二六，5）。

泥质黑皮陶器　1件。

JXMD5Q22：13，陶质疏松，破碎严重，形制不明。

23．JXMD5Q23

JXMD5Q23位于土墩中部偏西北，中心坐标−2.00×3.60−0.80米。JXMD5Q23是具有封土的器物群，封土顶面弧形，平面略呈椭圆形，底面长径4.90、短径3.76、高0.55米。封土红褐色，土质较硬，纯净。封土堆置于第⑦层层面上，大部分被第⑤层叠压（图二〇九；彩版一二七，1），东北部叠压在Q21封土之上，起封的层面较为平整，北部略低。器物放置于第⑦层层面之上，大致呈东西向一线摆放，偏于封土平面的西北部。硬陶坛呈口东、底西倒伏，其余器物正置。

出土器物4件，其中夹砂陶鼎2件，硬陶坛、原始瓷碗各1件。

鼎　2件。

JXMD5Q23：3、4，均为夹砂褐陶，破碎严重，无法复原。

坛　1件。

JXMD5Q23：2，紫胎硬陶。侈口，尖唇，卷沿，沿面有一道凹槽，弧肩略折，深弧腹，平底。颈部饰弦纹，肩及上腹部饰席纹，下腹部饰菱形填线纹。器表局部有爆浆釉。口径20.0、底径18.6、高39.0厘米（图二〇九，2；彩版一二七，2）。

碗　1件。

JXMD5Q23：1，原始瓷，灰白色胎。直口，尖唇，窄折沿，沿面下垂，上腹较直，下腹弧收，平底内凹。器内有螺旋纹，外壁有轮制形成的旋痕，外底有线割痕。施青绿色釉。口径18.6、底径8.0、高6.4厘米（图二〇九，1；彩版一二七，3）。

24．JXMD5Q24

JXMD5Q24位于土墩北部近墩脚处，中心坐标−0.20×10.08−1.25米。器物放置于第⑦层中（图二一〇）。JXMD5Q24出土现场陶器破碎严重，堆叠放在一起。

出土器物4件，其中夹砂陶器1件，泥质陶器2件，硬陶器1件；器形有鼎、坛、罐和器盖。

鼎　1件。

JXMD5Q24：2，夹砂红陶，腹部残。侈口，圆唇，折沿，腹、底间折，残缺较多，舌形足。口

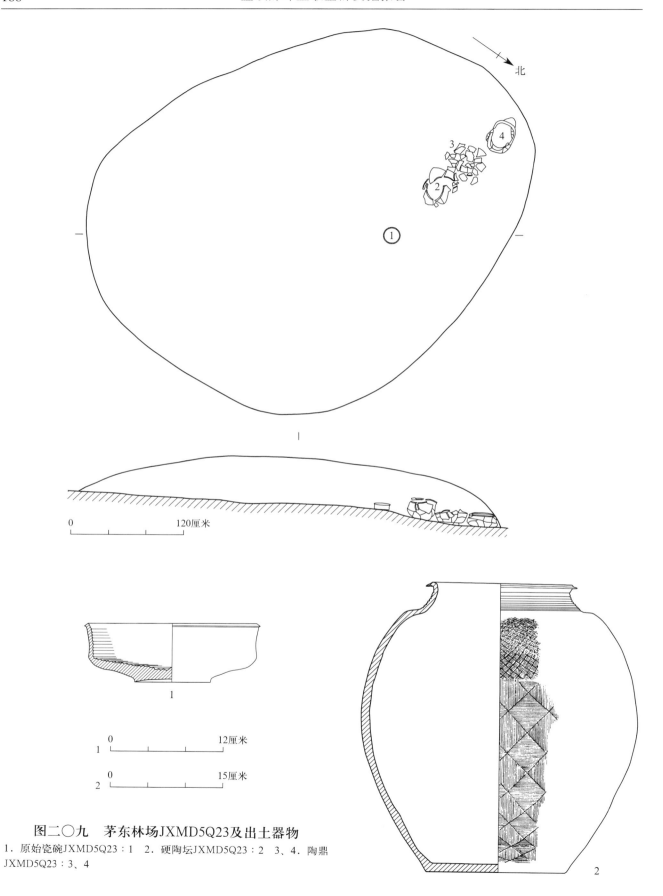

北

0　　　　　　120厘米

图二〇九　茅东林场JXMD5Q23及出土器物

1. 原始瓷碗JXMD5Q23：1　2. 硬陶坛JXMD5Q23：2　3、4. 陶鼎
JXMD5Q23：3、4

0　　　　　　12厘米
1

0　　　　　　15厘米
2

径18.6厘米（图二一一，1）。

坛　1件。

JXMD5Q24：1，硬陶，器表上半部砖红色，下半部灰黑色。直口，圆唇，沿微卷，沿面有一道凹槽，折肩起棱，深弧腹，平底略内凹。上腹部对称贴附两组共4条辫形堆饰。肩部饰弦纹，上腹饰水波纹，下腹部饰席纹，纹饰印痕较深。内壁可见明显的指窝和泥条盘筑的接缝。口径16.0、底径22.4、高38.0厘米（图二一一，2；彩版一二七，4）。

罐　1件。

JXMD5Q24：3，泥质红陶。颈及腹部残失。侈口，圆唇，卷沿，沿面有一道凹槽，弧肩，平底。颈部饰弦纹，肩、腹部饰席纹，器表磨蚀较甚。口径18.4、底径16.2厘米（图二一一，3）。

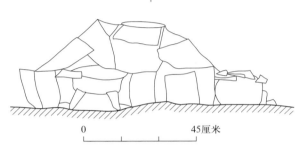

图二一○　茅东林场JXMD5Q24平、剖面图

1. 硬陶坛　2. 陶鼎　3. 陶罐　4. 陶器盖

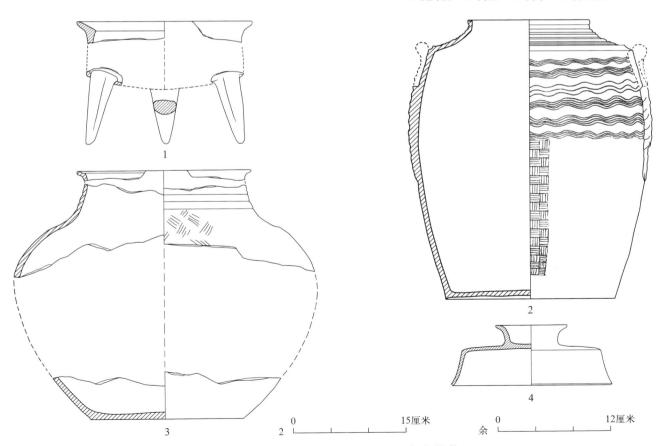

图二一一　茅东林场JXMD5Q24出土器物

1. 陶鼎JXMD5Q24：2　2. 硬陶坛JXMD5Q24：1　3. 陶罐JXMD5Q24：3　4. 陶器盖JXMD5Q24：4

器盖　1件。

JXMD5Q24：4，泥质灰陶。整体呈覆豆形，喇叭形捉手，平顶略弧，顶、壁间折，壁外斜，敞口，方唇。捉手径7.6、口径17.0、高6.5厘米（图二一一，4）。

25．JXMD5Q25

JXMD5Q25位于土墩中部，中心坐标-0.50×-0.40-2.00米。器物放置于第⑩层层面之上，被第⑨层叠压（图二一二；彩版一二八，1）。JXMD5Q25放置的层面较为平

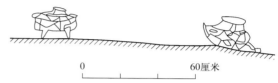

图二一二　茅东林场JXMD5Q25平、剖面图
1.陶器盖　2.陶鼎　3.陶瓿

整，器物分为两组呈东西向摆放，相距约0.70米。瓿、鼎正置，器盖扣于鼎上。

出土器物3件，为夹砂陶鼎、泥质陶器盖和硬陶瓿。

鼎　1件。

JXMD5Q25：2，夹砂褐陶。残碎，仅复原口部及足。侈口，圆唇，卷沿，扁锥形足外撇。口径12.0厘米（图二一三，1）。

瓿　1件。

JXMD5Q25：3，泥质红陶。侈口，圆唇，卷沿，沿面有一道凹槽，束颈，溜肩，扁鼓腹，平底。肩部有对称盲耳，以泥条捏制堆贴。颈部饰弦纹，肩及上腹部饰菱形填线纹，下腹部饰方格纹，纹饰拍印较浅，磨蚀较甚。口径13.4、底径12.2、高15.4厘米（图二一三，2；彩版一二八，2）。

器盖　1件。

JXMD5Q25：1，泥质黑皮陶。整体呈覆豆形，喇叭状捉手，弧顶，顶、壁间折，壁向内弧，敞口，圆唇，卷沿，沿面有一道凹槽。器表磨光。捉手径8.6、口径17.4、高8.0厘米（图二一三，3；彩版一二八，3）。

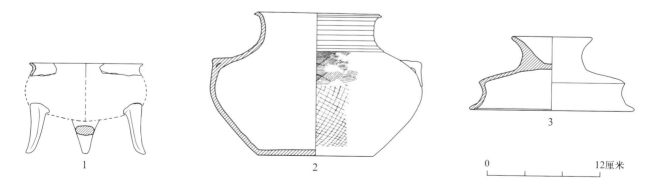

图二一三　茅东林场JXMD5Q25出土器物
1.陶鼎JXMD5Q25：2　2.陶瓿JXMD5Q25：3　3.陶器盖JXMD5Q25：1

（三）建筑遗存

JXMD5内发现窑1座，编号Y1。

JXMD5Y1

JXMD5Y1位于土墩东北部坡脚处，中心坐标13.20×5.10−1.60米。由于表土层被施工破坏，JXMD5Y1直接暴露于地表，打破第②层（图二一四；彩版一二八，4）。

JXMD5Y1的上部已被破坏无存，仅存底部，分窑床和操作坑两部分。平面总体略呈葫芦形，方向约66°。西南部为窑床，平面呈梯形，西南宽，东北窄，长1.66、宽0.45～1.65米，直壁，底呈西南高东北低的坡势，坡度约11°。深约0.15米。西南端中部残存有烟道痕迹，平面略呈圆形，直径约0.19米。窑壁烧结成红褐色硬面，局部呈青灰色，向外由红褐色逐渐过渡至黄色，窑门处烧结层较厚，其余位置稍薄。窑内填土为灰褐色土夹杂红烧土粒，土质较软。

东北部为操作坑，平面略呈圆形，不规则，直径1.62～2.00米，东北侧壁斜，西南侧即近窑门的部分坑壁直，底面较平，深0.25～0.13米，其内填土为夹杂红烧土粒的褐色黏土，靠近火口处堆积有大量的红烧土块，两侧各有一堆炭灰。窑坑和操作坑填土内未见任何遗物。

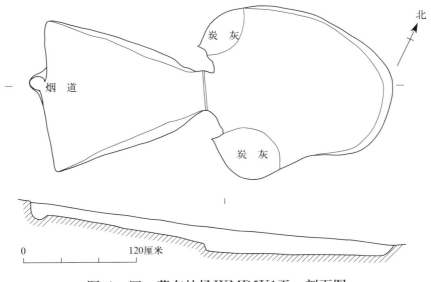

图二一四　茅东林场JXMD5Y1平、剖面图

（四）其他遗物

1．JXMD5⑦层

JXMD5各层堆土均较为纯净，仅JXMD5⑦层中出土少量器物。

盅　1件。

JXMD5D5⑦：2，原始瓷，灰白色胎。口部残，折腹，假圈足。器内有螺旋纹，外底有线切割痕。施黄绿色釉。底径5.8、残高3.0厘米（图二一五，1）。

纺轮　1件。

JXMD5D5⑦：1，泥质灰黄陶，局部呈灰黑色。算珠形，中部有圆形穿孔。直径3.6、孔径0.8、高2.9厘米（图二一五，2）。

2．采集

地表采集和盗洞内出土器物多件。

罐　1件。

JXMD5采：1，灰色硬陶。侈口，尖唇，卷沿，沿面有一道凹槽，弧肩，鼓腹，中部残，平底。肩腹部饰菱形填线纹。口径12.6、底径13.0厘米（图二一五，3）。

瓿　1件。

JXMD5采：2，灰色硬陶。上部残缺，弧腹，平底略有凹凸。腹部饰席纹。底径14.8、残高8.8厘米（图二一五，4）。

碗　2件。

原始瓷。敞口，尖圆唇，折沿，沿面有两道凹槽，弧腹，平底。器内有螺旋纹，外壁有明显的旋痕，外底有线切割痕。

JXMD5盗：2，灰白色胎。底略内凹。施黄绿色釉，胎釉结合较差，剥落严重。口径12.4、底径5.8、高3.2厘米（图二一五，5）。

JXMD5盗：3，灰褐色胎。器身略歪。施黄绿色釉，剥落严重。口径13.6、底径6.2、高3.4厘米（图二一五，6）。

钵　1件。

JXMD5盗：1，泥质灰陶。敛口，尖圆唇，弧腹，平底内凹。口径25.6、底径18.0、高7.6厘米

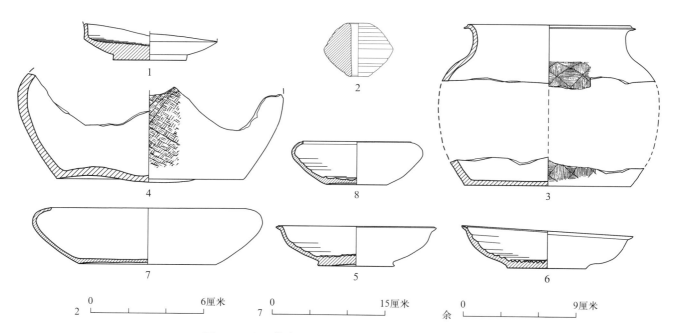

图二一五　茅东林场JXMD5地层与采集器物

1．原始瓷盅JXMD5D5⑦：2　2．陶纺轮JXMD5D5⑦：1　3．硬陶罐JXMD5采：1　4．硬陶瓿JXMD5采：2　5、6．原始瓷碗JXMD5盗：2、3　7．陶钵JXMD5盗：1　8．硬陶盉JXMD5盗：4

（图二一五，7）。

盂　1件。

JXMD5盂：4，灰褐色硬陶。敛口，方唇，弧腹，平底略凹。器内有螺旋纹，外底有平行的切割痕。口径8.5、底径4.8、高3.5厘米（图二一五，8）。

四　小结

JXMD5地层堆积共11层，所在区域原是缓坡地，中部高，四周低，第⑪层为垫平地面而堆积的垫土，其后的各层封土都较薄。器物群25处，散布于墩内，西南侧较少，其中JXMD5Q9、Q10、Q13、Q14器物放入时即已残碎；器物大多置于层面上，JXMD5Q20、Q21、Q23有各自封土，而JXMD5Q13、Q18、Q24位于层中，是在封土过程中放入。墓葬2座，位于土墩中部位置，均为土坑竖穴型，土坑较浅，JXMD5M2一侧有长方形土台。

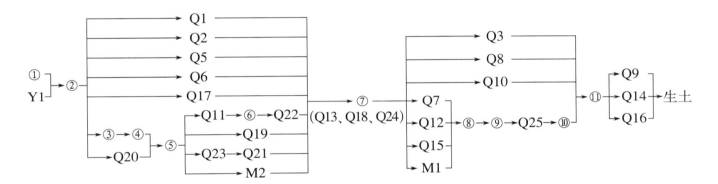

JXMD5Q9、Q14、Q16是在建墩前堆土平整地时放入，是JXMD5内最早的遗迹单元，出土的夹砂陶鼎折沿略窄、腹稍弧曲；硬陶器长束颈，卷沿近平，最大腹径在中上部，纹饰为方格纹、席纹、大单元菱形填线纹、水波纹；原始瓷碗折沿较宽，弧腹；具春秋中期器物特征。

JXMD5Y1是JXMD5内最晚的遗迹单元，未有遗物出土，年代不详，该窑是晚期借用土墩挖建而成的，不属于土墩墓的内涵。JXMD5内较晚的遗迹有JXMD5Q1、Q2、Q5、Q6、Q17、Q20，其中JXMD5Q6、Q20器物特征较晚，出土的夹砂陶鼎折沿较宽、腹较直；硬陶器肩部弧折，底稍宽，纹饰主要为细密的席纹或叶脉纹与菱形填线纹组合；原始瓷碗、盅腹深直、窄沿；器物具有春秋晚期特征。

JXMD5的年代为春秋中、晚期。

第七节　茅东林场土墩墓D6

茅东林场土墩墓D6（编号JXMD6）位于东侧南北向岗地的西面坡地上，南侧紧靠JXMD5，隶属茅东林场，东南距薛埠镇上阳村余家棚自然村约180米。

考古队进入现场时，JXMD6已被工程施工推平，地表为施工机械翻动的碎土以及挖掘的深坑。

土墩的地层堆积被破坏殆尽，顶面平缓，表土层厚约0.30米，土色杂乱，为灰褐色土夹杂红褐色土，疏松；其下即为生土，生土红褐色，夹有较多的褐色铁锰结核颗粒，土质坚硬。

该土墩的遗迹和遗物被破坏，仅于表土中发现原始瓷碗1件。

碗　1件。

JXMD6采：1，原始瓷，灰白色胎。敞口，方唇，唇面内凹，上腹略向内弧，下腹斜收，平底略内凹。器内有螺旋纹，外壁有旋痕，外底有平行切割痕。施绿色釉，胎釉结合较差，剥釉严重。口径14.4、底径6.2、高4.2厘米。

第八节　茅东林场土墩墓D7

一　概况

茅东林场土墩墓D7（编号JXMD7）位于西侧南北向的岗地顶部，山岗当地村民称之为梅花山，隶属茅东林场，东南距薛埠镇上阳村余家棚自然村约280、东距JXMD5、D6约260米。

JXMD7为一馒头状土墩，平面近圆形，顶部坡势平缓。墩表种植茶树，大部分已被工程施工清除。土墩底径约21、现存墩顶至生土面高约1.2米（图二一六）。

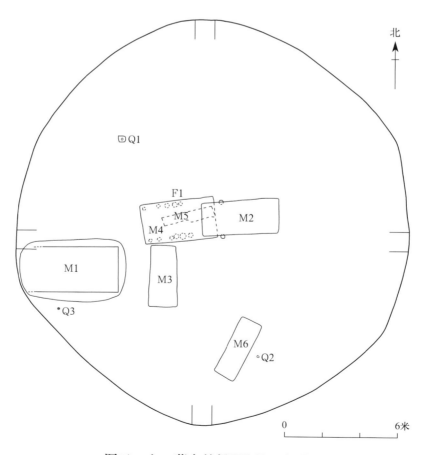

图二一六　茅东林场JXMD7平面图

二　地层堆积

根据土质、土色和包含物的差异，JXMD7的堆积可分依次叠压的7层（图二一七；彩版一二九，1）。

第①层：灰褐色土，厚0.10～0.20米。表土层，土质疏松，有较多植物根须，含少量硬陶片、碎砖等。遍布土墩表面。本层下有墓葬JXMD7M1。

第②层：栗红色土，深0.10～0.70、厚0～0.50米。土质细密，纯净。斜向堆积，呈环形分布于土墩外围。本层下有器物群JXMD7Q1。

第③层：红褐色土，深0.10～0.80、厚0～0.50米。土质紧密、坚硬，纯净。斜向堆积，呈环形分布于土墩外围。本层下有器物群JXMD7Q2、Q3。

第④层：深褐色土，深0.10～0.90、厚0～0.60米。土质细密，包含大块铁锰结核。斜向堆积，呈环形分布于土墩中部。

第⑤层：黄褐色黏土，深0.10～0.90、厚0～0.65米。土质紧密，夹杂颗粒较小的铁锰结核。分布于土墩中部。本层下有墓葬JXMD7M2、M3。

第⑥层：灰黄色砂土，深0.45～0.90、厚0～0.35米。土质细密，颗粒较小。分布于土墩中心偏北。本层下有墓葬JXMD7M4、房址JXMD7F1。

第⑦层：红褐色土，深0.70～1.20、厚0～0.35米。土质紧密，夹杂颗粒较小的铁锰结核。堆积基本水平，分布于土墩中部，分布范围比第⑥层大。本层下有墓葬JXMD7M5、M6。

第⑦层下为生土层，黄褐色，紧硬，纯净，层面较为平整。

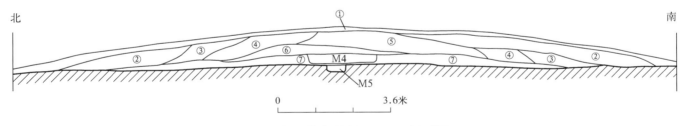

图二一七　茅东林场JXMD7剖面图

三　遗迹遗物

JXMD7发现的遗迹有器物群、墓葬和房址。器物群3处，位于土墩平面的西部和南部，出土器物较少；墓葬6座，JXMD7M1位于土墩西部，JXMD7M6偏于土墩东南部，其他墓葬较为集中地分布于土墩的中部；房址1座，位于土墩中部，与JXMD7M4范围基本一致。

（一）墓葬

1．JXMD7M1

JXMD7M1位于土墩西部，中心坐标−6.50×−1.50−0.20米。开口于第①层下，打破第②层（图二一八；彩版一二九，2）。为砖室墓，墓葬遭盗扰，扰坑形状不规则，深0.45～0.60米，坑内填土

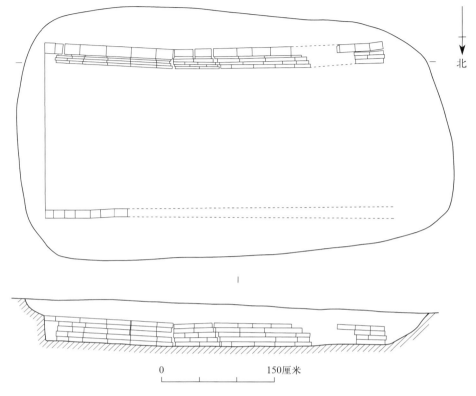

图二一八　茅东林场JXMD7M1平、剖面图

杂乱，松软，夹杂有大量的破碎砖块。砖室平面呈长方形，方向约270°。内宽约2.40米；残存南壁和北壁，北壁砖墙残长0.55、残高0.12米；南壁砖墙下部略向内倾斜，残长4.40、残高0.35米。墓壁用单砖错缝平砌，壁厚约0.12米。根据墓葬形制及墓砖推断此墓为汉代墓葬。

墓中未发现随葬器物，扰坑填土中出土铜钱1枚。

铜钱　1枚。

JXMD7M1：1，钱文"货泉"。圆形，方穿，窄缘。直径2.05、穿边长0.75、厚0.12厘米。

2．JXMD7M2

JXMD7M2位于土墩中部偏东，中心坐标2.00×1.25－0.85米。开口于第⑤层下，打破第⑥层（图二一九；彩版一三〇，1）。为竖穴土坑墓，坑口平面呈长方形，方向约90°。长3.90、宽1.70～1.80米，直壁，平底，深约0.25米。坑内填土灰褐色，土质较松软。随葬器物置于坑底的东部，器形高大的坛高出坑口平面。坛、罐、瓿正置，釜、鼎、器盖侧置，盆JXMD7M2：10倒扣于墓底，盆JXMD7M2：9及碗倒扣于瓿上，作器盖使用。

出土器物11件，其中夹砂陶器2件，泥质陶器4件，硬陶器3件，原始瓷器1件，石器1件；器形有釜、鼎、坛、罐、瓿、盆、碗、器盖、石镞。

鼎　1件。

JXMD7M2：4，夹砂红陶。破碎严重，无法复原。

釜　1件。

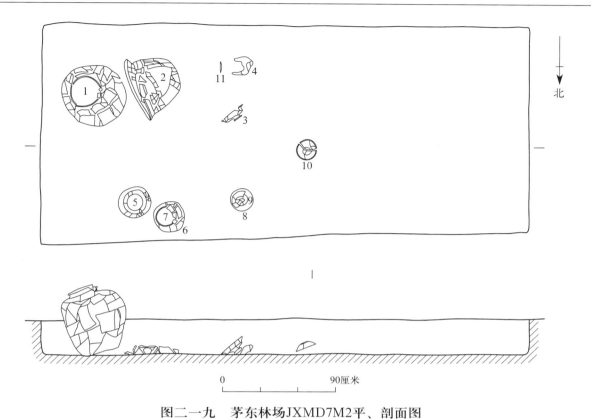

图二一九　茅东林场JXMD7M2平、剖面图

1. 硬陶坛　2. 陶釜　3. 陶器盖　4. 陶鼎　5. 陶罐　6、8. 硬陶瓿　7. 原始瓷碗　9、10. 陶盆　11. 石镞

JXMD7M2：2，夹砂红陶。侈口，圆唇，宽折沿，弧腹，圜底。腹内壁有3个略呈三角形的箅隔。口径33.0、高20.0厘米（图二二○，1；彩版一三○，2）。

坛　1件。

JXMD7M2：1，灰褐色硬陶。侈口，尖唇，卷沿，沿面有一道凹槽，溜肩，深弧腹，平底。颈部饰弦纹，肩及上腹部饰叶脉纹，下腹部饰菱形填线纹。器表局部有爆浆釉，有多处鼓泡。口径22.0、底径20.0、高49.8厘米（图二二○，2；彩版一三○，4）。

罐　1件。

JXMD7M2：5，泥质黑皮陶，褐色胎。破碎严重，无法复原。

瓿　2件。

硬陶。侈口，卷沿，束颈，扁鼓腹，平底。

JXMD7M2：6，灰褐色胎。尖圆唇，沿面有一道凹槽，弧折肩。腹部贴附一对辫形堆饰。颈部饰弦纹，上腹部饰席纹，下腹部饰方格纹。肩部内壁留有一周指窝。口径16.6、底径17.4、高19.6厘米（图二二○，3；彩版一三○，3）。

JXMD7M2：8，红褐色胎。尖唇，溜肩，底略内凹。腹部饰套菱形纹，印痕较深。口径10.6、底径12.0、高13.6厘米（图二二○，4；彩版一三一，1）。

盆　2件。

JXMD7M2：9，泥质黑皮陶，灰色胎，陶质疏松。侈口，圆唇，折沿，沿面内凹，束颈，弧腹，平底。口径12.6、底径6.4、高3.5厘米（图二二○，5；彩版一三一，2）。

　　JXMD7M2：10，泥质陶，灰色胎。侈口，圆唇，折沿，沿面内凹，束颈，弧腹，平底。口径13.8、底径5.6、高4.0厘米（图二二○，6；彩版一三一，3）。

　　碗　1件。

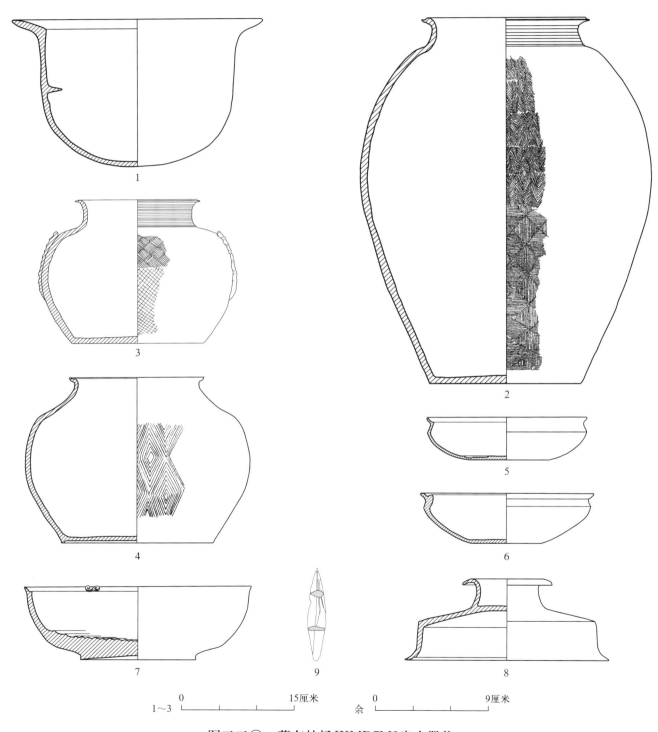

图二二○　茅东林场JXMD7M2出土器物

1. 陶釜JXMD7M2：2　2. 硬陶坛JXMD7M2：1　3、4. 硬陶瓿JXMD7M2：6、8　5、6. 陶盆JXMD7M2：9、10　7. 原始瓷碗JXMD7M2：7　8. 陶器盖JXMD7M2：3　9. 石镞JXMD7M2：11

JXMD7M2：7，原始瓷，灰白色胎。敞口，折沿，沿面内凹，弧腹，假圈足，平底略内凹。沿面贴附一对横"S"形泥条装饰。器内有螺旋纹，外底有线切割痕。施黄绿色釉。口径18.0、底径9.2、高6.0厘米（图二二〇，7；彩版一三一，4）。

　　器盖　1件。

JXMD7M2：3，泥质黑皮陶，灰色胎。整体呈覆豆形，喇叭形捉手，弧顶，直壁，顶、壁间折，尖圆唇，敞口，卷沿。沿面有一周凹槽。捉手径7.1、口径16.2、高6.6厘米（图二二〇，8；彩版一三一，5）。

　　石镞　1件。

JXMD7M2：11，青石磨制，梭形，略残。通长7.3、宽1.5、厚0.6厘米（图二二〇，9；彩版一三一，6）。

3．JXMD7M3

JXMD7M3位于土墩中部略偏西南，中心坐标−2.00×−1.50−1.05米。开口于第⑤层下，打破第⑥层（图二二一；彩版一三二，1）。为竖穴土坑墓，墓口平面略呈长方形，方向约180°。长3.20、北宽1.30、南宽1.50米，直壁，底面稍倾斜，北高南低，深0.23～0.40米。坑内填黄灰色土，土质细密，有黏性。随葬器物置于坑底西部，器形高大的坛高出坑口平面。

　　出土器物8件，其中夹砂陶器1件，泥质陶器4件，硬陶器2件，原始瓷器1件；器形有釜、坛、罐、盂、器盖、纺轮。

　　釜　1件。

JXMD7M3：3，夹砂红陶。破碎严重，仅复原腹部少许，有箅隔。残高3.1、残宽3.4厘米（图二二二，1）。

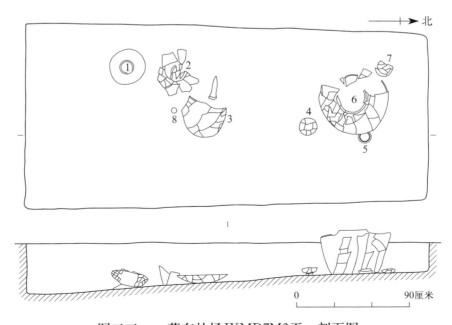

图二二一　茅东林场JXMD7M3平、剖面图

1. 陶罐　2、6. 硬陶坛　3. 陶釜　4、7. 陶器盖　5. 原始瓷盂　8. 陶纺轮

坛　2件。

JXMD7M3：6，硬陶，紫色胎，器表灰褐色。侈口，尖圆唇，卷沿，沿面有一道凹槽，束颈，弧肩，深弧腹，平底。颈部饰弦纹，肩部饰席纹，腹部饰方格纹。口径29.6、底径25.8、高61.4厘米（图二二二，2；彩版一三二，2）。

JXMD7M3：2，硬陶，紫色胎，器表灰褐色。口部残缺，深弧腹，平底。上腹部饰叶脉纹，下腹部饰菱形填线纹。底径20.0、残高42.6厘米（图二二二，3）。

罐　1件。

JXMD7M3：1，泥质黑皮陶，褐色胎。破碎严重，无法复原。饰叶脉纹。

盂　1件。

JXMD7M3：5，原始瓷，灰白色胎。敛口，尖唇，沿面内凹，折肩，弧腹，平底。施黄绿色釉，剥落较甚。口径9.4、底径6.5、高4.5厘米（图二二二，4；彩版一三二，3）。

器盖　2件。

泥质黑皮陶。整体呈覆豆形，喇叭形捉手，弧顶，直壁，顶壁交接处折。

JXMD7M3：4，褐色胎。壁稍残，略内弧，敞口，圆唇，卷沿，沿面有一道凹槽。器表留有旋痕。捉手径7.6、口径15.5厘米（图二二二，5）。

JXMD7M3：7，口部无法复原。壁上有凹弦纹数周。捉手径7.7、残高6.1厘米（图二二二，6）。

纺轮　1件。

JXMD7M3：8，泥质黑陶。算珠形，中有圆形穿孔。器表有弦纹。宽4.0、孔径0.6、高3.3厘米（图二二二，7；彩版一三二，4）。

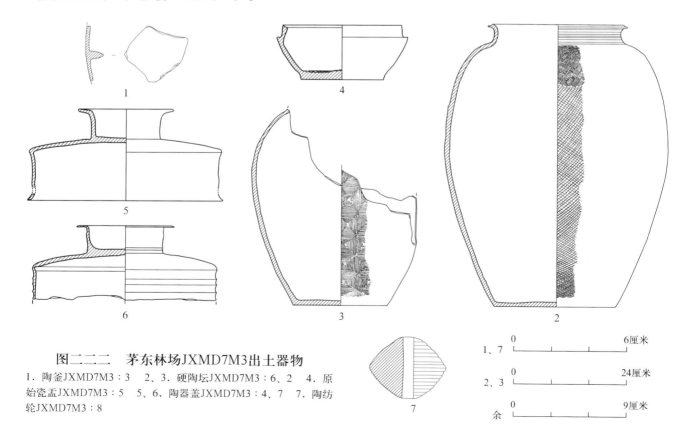

图二二二　茅东林场JXMD7M3出土器物

1. 陶釜JXMD7M3：3　2、3. 硬陶坛JXMD7M3：6、2　4. 原始瓷盂JXMD7M3：5　5、6. 陶器盖JXMD7M3：4、7　7. 陶纺轮JXMD7M3：8

4．JXMD7M4

JXMD7M4位于土墩中部，中心坐标−1.00×1.00−0.85米。开口于第⑥层下，打破第⑦层（图二二三；彩版一三三，1）。为竖穴土坑墓，坑口平面呈长方形，方向约85°。长3.75、宽2.10米，直壁，平底，深0.22米。坑内填土黄褐色，夹杂有黑色的铁锰结核颗粒，土质较硬、较黏。随葬器物置于坑底西侧和北侧，北侧的器物大致排成一行，部分器物高出坑口平面，形制较大的器物破碎较甚。

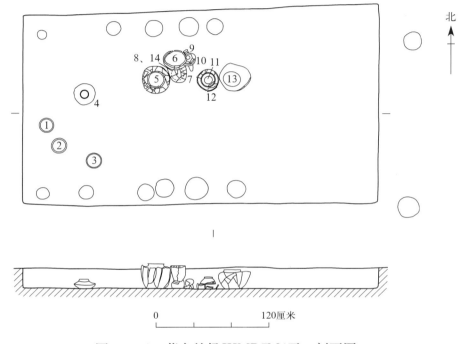

图二二三 茅东林场JXMD7M4平、剖面图

1～3．原始瓷碗 4、13．陶罐 5．硬陶坛 6．陶钵 7．陶釜 8、12．陶瓿 9、14．硬陶碗 10．陶鼎 11．原始瓷豆

出土器物14件，其中夹砂陶器2件，泥质陶器3件，硬陶器5件，原始瓷器4件；器形有釜、鼎、坛、罐、瓿、钵、豆、碗。原始瓷豆、泥质陶钵、硬陶碗倒扣在其他器物口部作器盖使用，其余器物正置。

鼎 1件。

JXMD7M4：10，夹砂红陶。破碎严重，无法复原。

釜 1件。

JXMD7M4：7，夹砂红褐陶。破碎严重，无法复原。侈口，圆唇，卷沿。残高3.4厘米（图二二四，1）。

坛 1件。

JXMD7M4：5，灰色硬陶。侈口，尖唇，卷沿，沿面内凹，弧肩，深弧腹，平底。颈部饰弦纹，肩及上腹部饰席纹，下腹部饰方格纹。内壁留有抹刮痕，外底面有"十"字刻划。口径19.0、底径17.4、高36.8厘米（图二二四，2；彩版一三三，2）。

罐 2件。

JXMD7M4：4，泥质褐陶。陶质疏松，口部无法复原，折腹，平底。底径10.4厘米（图

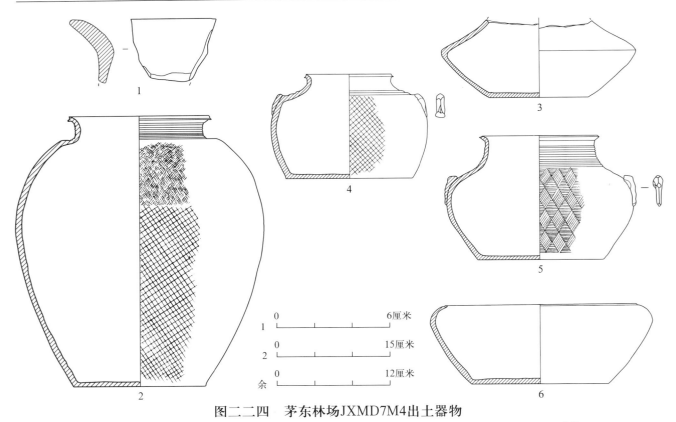

图二二四　茅东林场JXMD7M4出土器物

1. 陶釜JXMD7M4：7　2. 硬陶坛JXMD7M4：5　3. 陶罐JXMD7M4：4　4、5. 硬陶瓿JXMD7M4：8、12　6. 陶钵JXMD7M4：6

二二四，3）。

　　JXMD7M4：13，泥质褐陶。破碎严重，无法复原。

　　瓿　2件。

　　灰褐色硬陶。侈口，尖唇，卷沿，沿面内凹，束颈，扁鼓腹，平底。

　　JXMD7M4：8，折肩。腹部贴附一对泥条耳状堆饰。肩部见数周凹弦纹，腹部饰方格纹。口径9.4、底径13.4、高11.3厘米（图二二四，4；彩版一三三，3）。

　　JXMD7M4：12，溜肩。肩部贴附一对竖耳，残。颈部饰弦纹，肩、腹部饰菱形填线纹。肩部内外壁皆留有连续的指窝，内壁有抹刮痕。口径12.7、底径13.2、高13.4厘米（图二二四，5；彩版一三三，4）。

　　豆　1件。

　　JXMD7M4：11，原始瓷，灰色胎。侈口，圆唇，折沿，沿面内凹，弧腹略折，圜底，矮圈足。器壁有旋痕。施黄绿色釉，剥落殆尽。口径15.8、底径9.2、高6.1厘米（图二二五，1；彩版一三四，1）。

　　碗　5件。

　　JXMD7M4：1，原始瓷，灰白色胎。敞口，圆唇，折沿，沿面内凹，弧腹，平底内凹。沿面贴附一对"S"形泥条堆饰。器内有螺旋纹。施青绿色釉。口径16.0、底径8.8、高5.8厘米（图二二五，2；彩版一三四，2）。

　　JXMD7M4：2，原始瓷，灰白色胎，施青色釉。敞口，圆唇，折沿，沿面内凹，弧腹，平底内凹。沿面贴附一对"S"形泥条堆饰。器内有螺旋纹。口径16.4、底径8.4、高5.0厘米（图二二五，

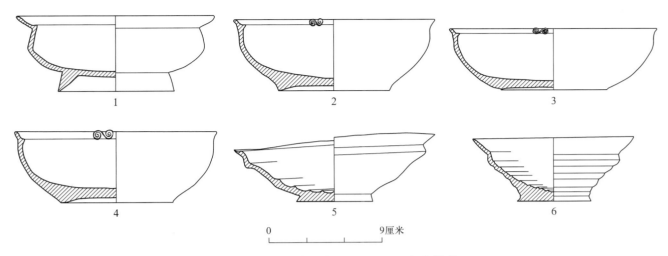

图二二五　茅东林场JXMD7M4出土器物

1. 原始瓷豆JXMD7M4：11　2~4. 原始瓷碗JXMD7M4：1~3　5、6. 硬陶碗JXMD7M4：9、14

3；彩版一三四，3）。

JXMD7M4：3，原始瓷，灰白色胎。敞口，圆唇，折沿，沿面内凹，弧腹，平底内凹。沿面贴附一对"S"形泥条堆饰。器内有螺旋纹。施青绿色釉。口径16.0、底径9.0、高5.8厘米（图二二五，4；彩版一三四，4）。

JXMD7M4：9，红色硬陶，内壁灰色。敞口，圆唇，平折沿，沿面有一道凹槽，折腹，假圈足，平底。器内有螺旋纹，外壁有轮旋痕，外底有线切割痕。口径16.0、底径6.0、高5.6厘米（图二二五，5）。

JXMD7M4：14，灰色硬陶。敞口，尖唇，折腹，假圈足，平底。器内有螺旋纹，外壁有轮旋痕，外底有线切割痕。口径12.8、底径5.8、高5.2厘米（图二二五，6；彩版一三四，5）。

钵　1件。

JXMD7M4：6，泥质黑皮陶，红色胎。敛口，尖圆唇，弧腹，平底。口外有一道凹弦纹。口径20.0、底径14.4、高8.6厘米（图二二四，6；彩版一三四，6）

5．JXMD7M5

JXMD7M5位于土墩中部，中心坐标-0.50×1.25-1.25米。开口于第⑦层下，打破生土（图二二六；彩版一三五，1）。为竖穴土坑墓，墓坑口平面形状不太规整，略呈刀把形，方向约75°。西部窄，东部宽，长2.65、宽0.42~0.60米，坑东、南壁近直，西、北壁略斜，坑底东端稍高，墓深0.22~0.28米。墓中发现人头骨、肢骨痕迹（彩版一三五，2、3），已朽成粉末状，头朝东，仰身直肢，性别、年龄不辨。随葬器物置于坑底中部，除泥质陶豆JXMD7M5：3正置外，其余器物口下底上扣置。

出土器物共5件，其中夹砂陶器1件，泥质陶器2件，硬陶器1件，原始瓷器1件；器形有鬲、瓿、豆、圈足盘。

鬲　1件。

JXMD7M5：1，夹砂红褐陶。侈口，圆唇，卷沿，腹壁较直，矮弧裆，袋足。口径18.7、高11.8

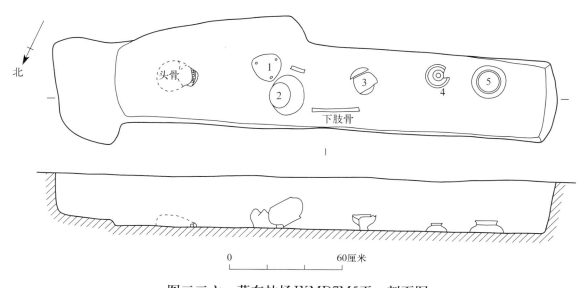

图二二六　茅东林场JXMD7M5平、剖面图

1. 陶鬲　2. 硬陶瓿　3. 陶豆　4. 原始瓷豆　5. 陶圈足盘

厘米（图二二七，1；彩版一三六，1）。

瓿　1件。

JXMD7M5：2，灰褐色硬陶。侈口，圆唇，卷沿，束颈，弧肩，扁鼓腹，平底。颈部饰弦纹，肩及上腹部饰折线纹，下腹部饰回纹，印纹较深和杂乱。口径11.4、底径14.0、高12.0厘米（图二二七，2；彩版一三六，2）。

豆　2件。

JXMD7M5：3，泥质黑皮陶，褐色胎。敛口，尖圆唇，折腹，圜底，圈足外撇。上腹部饰弦纹。口径11.8、底径8.0、高6.9厘米（图二二七，3；彩版一三六，3）。

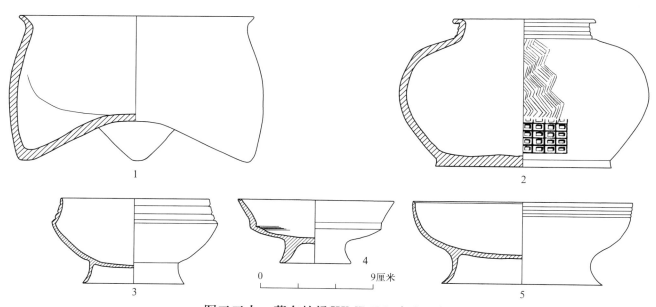

图二二七　茅东林场JXMD7M5出土器物

1. 陶鬲JXMD7M5：1　2. 硬陶瓿JXMD7M5：2　3. 陶豆JXMD7M5：3　4. 原始瓷豆JXMD7M5：4　5. 陶圈足盘JXMD7M5：5

JXMD7M5：4，原始瓷，灰黄色胎。敞口，圆唇，沿面内凹，上腹内弧，下腹弧收，折腹，圆底，圈足外撇。内外壁有多道凹弦纹。施黄绿色釉，剥落较甚。口径12.4、底径5.6、高5.1厘米（图二二七，4；彩版一三六，4）。

圈足盘　1件。

JXMD7M5：5，泥质黑皮陶。敞口，方唇，弧腹，圆底，圈足外撇。口下划4道弦纹。口径17.4、底径12.8、高6.6厘米（图二二七，5；彩版一三六，5）。

6．JXMD7M6

JXMD7M6位于土墩南部偏东近墩脚处，中心坐标2.00×−5.50−1.48米。开口于第⑦层下，打破生土（图二二八；彩版一三七，1）。为竖穴土坑墓，墓坑平面略呈长方形，东壁略向内弧，方向205°。长3.20、宽1.20米，直壁，平底，墓坑深0.25米。坑内填土黄褐色，土质较硬。墓坑底部残存一截肢骨，骨质疏松，葬式、性别、年龄不辨。

随葬器物3件，位于坑底西南部，破碎严重，器物为夹砂陶器和泥质陶器，器形为缸、罐和壶。

缸　1件。

JXMD7M6：1，夹粗砂红陶，泥片贴筑。敞口，尖圆唇，弧腹，尖底。器表施篮纹。口径46.2、高35.2厘米（图二二八，1；彩版一三七，2）。

罐　1件。

JXMD7M6：3，泥质黑皮陶，灰胎。破碎严重，形制不明。

壶　1件。

JXMD7M6：2，泥质灰陶，腹部轮制，圈足。口沿及下腹部残缺，鼓腹，矮圈足外撇。底径5.2厘米（图二二八，2）。

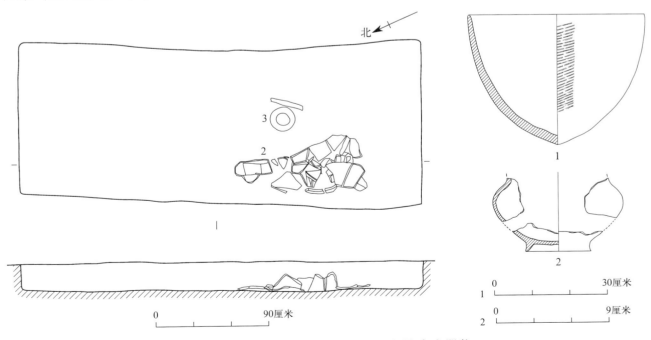

图二二八　茅东林场JXMD7M6及出土器物

1．陶缸JXMD7M6：1　2．陶壶JXMD7M6：2　3．陶罐JXMD7M6：3

（二）器物群

1．JXMD7Q1

JXMD7Q1位于土墩西北部，中心坐标-4.15×5.25-1.10米。为一带有浅坑的器物群，坑开口于第②层下，打破第③层（图二二九；彩版一三七，3）。坑口平面近方形，边长约0.40米，直壁，平底，深约0.06米。坑内填土与第②层一致。

出土泥质陶瓿1件，倾斜放置于坑中，瓿口高出坑口平面。

瓿　1件。

JXMD7Q1：1，泥质灰陶。敛口，尖唇，肩微耸，扁鼓腹，平底内凹。口径8.6、底径9.4、高8.4厘米（图二二九，1；彩版一三七，4）。

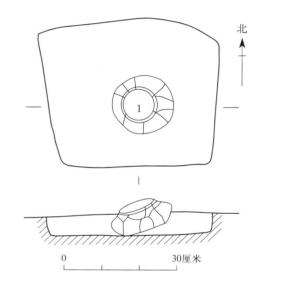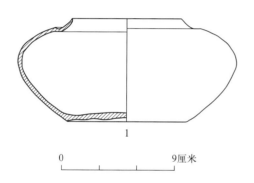

图二二九　茅东林场JXMD7Q1及出土器物

1．陶瓿JXMD7Q1：1

2．JXMD7Q2

JXMD7Q2位于土墩东南部靠近墩脚处，中心坐标2.80×-6.00-1.25米。器物放置于生土面上，被第③层叠压（图二三〇；彩版一三八，1）。

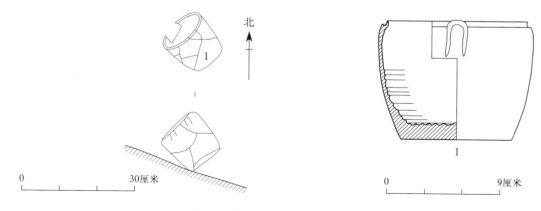

图二三〇　茅东林场JXMD7Q2及出土器物

1．原始瓷罐JXMD7Q2：1

出土原始瓷罐1件，放置层面西北高东南低，器物倾斜放置。

罐　1件。

JXMD7Q2：1，原始瓷，灰色胎。敛口，尖唇，沿稍卷，折肩内凹，腹筒形稍弧，平底。肩下贴附一对倒"U"形耳。器内有螺旋纹，外壁有旋痕，器形不甚规整。施青绿色釉。口径11.2、底径8.8、高9.6厘米（图二三〇，1；彩版一三八，2）。

3．JXMD7Q3

JXMD7Q3位于土墩西南部靠近墩脚处，中心坐标−7.15×−3.50−1.36米。器物放置于生土面上，放置面平整，被第③层叠压（图二三一；彩版一三八，3）。

出土硬陶瓿1件，正置。

瓿　1件。

JXMD7Q3：1，灰褐色硬陶。直口，折沿，沿面内凹，溜肩，扁鼓腹，平底略内凹。肩、腹部饰席纹，拍印不规整，印痕较浅。口径10.8、底径12.0、高12.0厘米（图二三一，1；彩版一三八，4）。

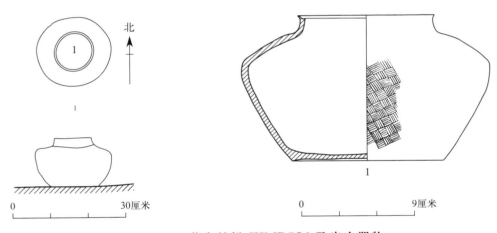

图二三一　茅东林场 JXMD7Q3 及出土器物

1．硬陶瓿 JXMD7Q3：1

（三）建筑遗存

房址1座。

JXMD7F1

JXMD7F1位于土墩平面的中部，位置与JXMD7M4大致重合，发现柱洞13个，分南、北两行大致呈直线排列（图二三二）。南排柱洞7个，北排柱洞6个，其中东端的Z12、Z13南北相对，位于JXMD7M4东侧，与其他柱洞相距较远，其余柱洞位于JXMD7M4墓坑内。从柱洞分布推测JXMD7F1平面略呈长方形，东部略宽，大致东西向，长4.02、宽1.82～1.99米。

柱洞口部平面呈圆形，口径0.10～0.24米，直壁、平底，深度在0.13～0.25米。柱洞具体尺寸见表一。

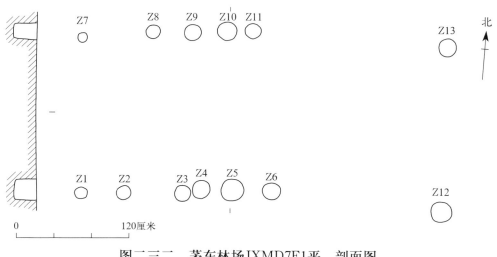

图二三二　茅东林场JXMD7F1平、剖面图

表一　　JXMD7F1柱洞登记表　　　　　　　（单位：厘米）

柱洞	Z1	Z2	Z3	Z4	Z5	Z6	Z7	Z8	Z9	Z10	Z11	Z12	Z13
直径	10	14	18	21	17	19	13	15	16	19	24	20	22
深	13	14	17	25	20	19	14	15	17	16	23	19	19

　　柱洞内填土皆为灰褐色，土质较软。JXMD7Z12、Z13偏于东部，开口于第⑥层下，打破第⑦层；JXMD7Z1～Z11发现于JXMD7M4墓底并紧贴墓坑南北两壁排列，被JXMD7M4填土叠压，打破第⑦层。

　　JXMD7F1、M4的位置基本重合，应存在一定的联系。从地层叠压关系分析，JXMD7F1应与JXMD7M4同时构筑或略早于JXMD7M4。

（四）地层出土遗物

　　JXMD7墩地层中出土石斧1件。

　　石斧　1件。

　　JXMD7⑦：1，青灰色。略残，磨制。圆角正方形，刃部较钝圆，有崩疤，中间有两面钻形成的穿孔。宽8.2、最厚处1.1、孔径1.2、高8.2厘米。

四　小结

　　JXMD7顶面较平坦，地层堆积共7层。第⑦～⑤层分布于墩中部位置，第⑦层是建墩之初堆筑的土台，第⑥层是第一次封土，第⑤层是第二次封土；第④～②层分布于土墩周边，为后期叠加的封土。墩内有器物群3处，每处仅有1件器物，散见于土墩周边。墩内有周代墓葬4座，分别位于第⑤、⑥、⑦层下，有较浅的土坑，其中JXMD7M4有与之有关的建筑JXMD7F1。

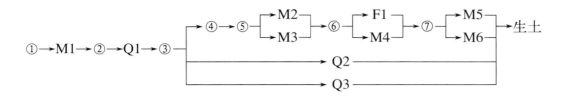

JXMD7内的各遗迹年代跨度很大。最早的JXMD7M6随葬器物较少，从出土的夹砂陶缸、泥质陶壶分析是新石器时期的遗物。最晚的遗迹为JXMD7M1，内出土较多砖块，为汉代以后借用土墩挖建而成的砖室墓；JXMD7M6、M1不属于土墩墓的内涵。

JXMD7M5出土的夹砂陶鬲窄卷沿，矮弧裆；泥质陶盘弧腹、宽圈足；硬陶瓿颈短直，弧肩，饰折线纹、回纹；原始瓷豆折腹、圈足稍矮。JXMD7M5出土器物具有西周晚期的特征，早于金坛薛埠片区土墩墓的其他墓葬。该墓处于土墩最早堆筑的土台之下，墓葬形制、随葬器物放置方式与土墩墓内其他墓葬截然不同，与土墩的关系尚需探讨。

墩内其他遗迹出土器物特征接近，出土的夹砂陶釜宽折沿、弧腹；硬陶器束颈较长，弧肩下溜，纹饰为方格纹、席纹、菱形填线纹、套菱纹；原始瓷有罐、碗，碗折沿略宽，弧腹，平底；以上器物具有春秋早期特征。

第五章　许家沟土墩墓群

第一节　概述

　　许家沟土墩墓群位于薛埠镇许家沟村南约60米处，南距340省道150、北距茅山公墓350米，西侧有一条连接340省道至茅山公墓的乡村道路，东至340省道与拟建宁常高速公路相交处，是一处分布较为集中的土墩墓群（图二三三；彩版一三九、一四〇）。西距茅东林场土墩墓群约1.2千米，东南距裕巷土墩墓群约3.2千米，中心地理坐标东经119°23.167′，北纬31°43.959′，地面海拔约12.0～23.5米。

　　该区域内分布两条大致平行的南北向岗地，两条岗地之间以及东西两侧为洼地，两条岗地的顶部及两侧稍缓的坡地皆有土墩墓存在。本次发掘了该土墩墓群中受高速公路工程影响的4座土墩墓（编号JXXD1～D4，以下简称D1～D4），D1、D2位于西侧岗地顶部，D3位于西侧岗地东面坡地上，D4位于东侧岗地顶部。

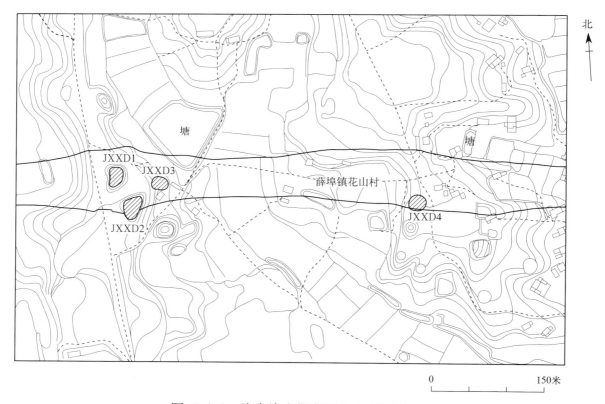

图二三三　许家沟土墩墓群分布平面图

第二节　许家沟土墩墓D1

一　概况

许家沟土墩墓D1（编号JXXD1）位于西侧南北向岗地的顶部，其西为340省道通往茅山公墓的南北向乡村道路，南距金磊轧石场50米。南侧12米处为JXXD2，东南21米处为JXXD3。

JXXD1外观呈馒头状，墩形饱满，平面大致呈圆形，南北底径33.6、东西底径34.8、墩顶至生土面高度约7.6米。JXXD1表面有茂密的杂树、竹子及杂草等植被。在考古队进入现场时，土墩西南角部分被施工取土破坏（图二三四；彩版一四一，1、2）。

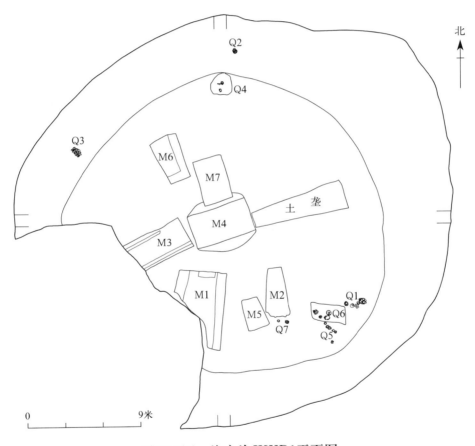

图二三四　许家沟JXXD1平面图

二　地层堆积

根据土质、土色的差异和包含物的不同，JXXD1的堆积可分为依次叠压的13层，现以土墩中部南北向剖面为例说明（图二三五；彩版一四二、一四三）。

第①层：灰褐色土，厚0～0.45米。表土层，夹杂有较多植物的根系，含近现代砖瓦石块等。除南侧局部及北侧底部外，遍布土墩表面。

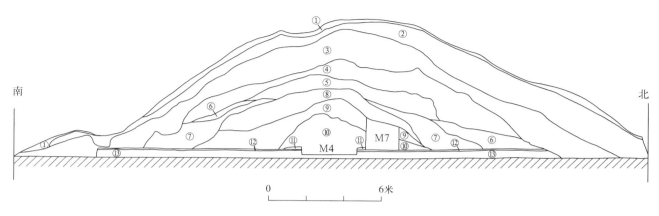

图二三五　许家沟JXXD1剖面图

第②层：红褐色土，深0.15～2.20、厚0.30～1.85米。土质较疏松，含砂性大，见有少量印纹硬陶片。斜向堆积，基本遍布全墩。本层下有器物群JXXD1Q4。

第③层：灰褐色土，深0.50～3.80、厚0.75～2.20米。土质较紧密，含石块、硬陶片、原始瓷片等。斜向堆积，全墩分布。本层下有器物群JXXD1Q1～Q3、墓葬JXXD1M1、M3。

第④层：黄白色土，深1.60～4.50、厚0～2.15米。土质细腻，较致密，纯净，未见遗物出土。斜向堆积，分布于土墩中部。本层下有墓葬JXXD1M6。

第⑤层：黑褐色土，深2.35～4.80、厚0～1.20米。土质松软，细腻，纯净，未见遗物出土。斜向堆积，分布于墩体中部。本层下有墓葬JXXD1M2。

第⑥层：红褐色与白黄色土，深2.50～5.10、厚0～1.00米。两种土相互混杂交错，土质细密。斜向堆积，平面略呈环状分布于土墩中心外围。本层下有器物群JXXD1Q5～Q7、墓葬JXXD1M5。

第⑦层：浅黄色土，深2.30～6.30、厚0～1.65米。夹大量黑色和褐色斑点，土质很细密，纯净，未见遗物。斜向堆积，分布于土墩中心外围，平面略呈环状，分布范围较第⑥层略大。

第⑧层：灰黑色土，深3.70～6.30、厚0～1.40米。土质疏松，含水性大，未见遗物。斜向堆积，分布于土墩中部。本层下有墓葬JXXD1M7。

第⑨层：白色土，深3.90～6.40、厚0～1.65米。稍发黄，夹杂较多的小块黑褐色斑，土质较细致，紧密，纯净，未见遗物。顶面斜向，底面水平，分布于墩体中部。本层下有土垄遗迹。

第⑩层：红褐色土，深4.50～7.00、厚0～2.30米。夹杂少量白色土块，土质细腻，较黏，未见遗物。顶面斜向，分布在土墩中部，范围较小。本层下有墓葬JXXD1M4。

第⑪层：黄色土层，深7.00～7.10、厚约0.20米。土质较细腻，纯净，未见遗物。堆积较为平整，分布于JXXD1M4墓坑南北两侧，平面略呈半椭圆形。

第⑫层：青灰色土，深7.05～7.20、厚约0.15米。土质松软，细腻，纯净，未见遗物。堆积较为平整，分布于土墩中部。

第⑬层：深黄色土，深7.10～7.60、厚约0.50米。土质细腻，纯净，未包含遗物。堆积较为平整，分布于土墩中部，与第⑫层范围相近，是在生土面上垫起的一个平台。

第⑬层下为生土，黄褐色，紧硬，纯净。生土面较平整。

三　遗迹遗物

　　JXXD1发现的遗迹主要包括器物群、墓葬、土垄。器物群7处，分布于土墩外围坡脚处，土墩东南部较为密集，东北部未见。器物群分别位于第③层和第⑥层下，既有直接置于层面之上的，也有挖坑埋放。墓葬7座，JXXD1M4位于土墩中心位置，其余呈向心式分布于JXXD1M4南侧、西侧和北侧。墓葬均挖坑而建，随葬器物数量较多，种类较齐全。土垄位于JXXD1M4东北侧。

（一）墓葬

1．JXXD1M1

　　JXXD1M1位于土墩南部偏西，中心坐标−1.75×−7.50−2.70米。墓坑开口于第③层下，打破第④层（图二三六；彩版一四四～一四六），西南角被工程取土破坏。墓坑簸箕状，敞口朝向墩外，方向约191°。坑口面倾斜，北高南低，东壁长6.32、西壁残长1.84、宽约3.80米，直壁，墓底较平，深0～2.02米。墓坑底部东、西两侧各有长方形熟土二层台，东侧宽0.77～0.92、高出墓底0.04米；西侧宽0.57～0.65、高出墓底0.06米。墓底近北壁处挖有一横向长方形沟槽，长1.46、宽0.40、深0.14米。墓坑内填土与第③层一致。墓内未见人骨和葬具的痕迹。随葬器物放置于坑底北部，十分密集，大致呈东西向三排摆放，较大的坛、罐类盛储器置于下面，稍小的瓿及饮食器叠放其上，盆、钵等倒扣在部分盛储器上，作为器盖使用。

　　出土器物37件，其中夹砂陶器3件，泥质陶器14件，硬陶器14件，原始瓷器6件；器形有釜、鼎、坛、罐、瓿、盆、钵、碗、盂等。

　　鼎　2件。

　　夹砂红陶。侈口，圆唇，宽折沿，弧腹略直，扁锥形足。

　　JXXD1M1：25，平底，腹、底间折。口径32.0、高28.4厘米（图二三七，3）。

　　JXXD1M1：32，底略平，腹、底间折。口径22.6、高17.4厘米（图二三七，2；彩版一四七，1）。

　　釜　1件。

　　JXXD1M1：33，夹砂红陶，仅复原口部。侈口，圆唇，宽折沿，腹内中部有三箅隔。口径32.0、残高5.5厘米（图二三七，1）。

　　坛　8件。

　　硬陶。侈口，尖唇，卷沿，沿面下凹，束颈，弧肩略折，深弧腹，平底。颈部饰弦纹，下腹部饰菱形填线纹。器内有篦刮痕、指痕。

　　JXXD1M1：2，灰色胎，器表灰色。底内凹。肩及上腹部饰席纹。口径20.0、底径18.0、高34.8厘米（图二三七，4；彩版一四八，1）。

　　JXXD1M1：7，红褐色胎，器表灰色。肩较平，底略内凹。肩和上腹部饰方格纹。颈、肩部有少许爆浆釉。口径20.0、底径20.8、高46.8厘米（图二三七，5；彩版一四八，2）。

　　JXXD1M1：9，红褐色胎，器表灰色。肩及上腹部饰席纹。口径22.0、底径21.6、高46.0厘米（图二三七，6；彩版一四八，3）。

JXXD1M1：10，深褐色胎。肩部较平。肩部用泥条盘贴一对羊首形堆塑。肩及上腹部饰方格纹。器表上腹部可见一段连续的手指捺窝。口径25.2、底径23.4、高52.0厘米（图二三八，1；彩版一四八，4）。

JXXD1M1：12，砖红色胎，器表灰色。肩部较平。肩及上腹部饰方格纹。口径20.8、底径

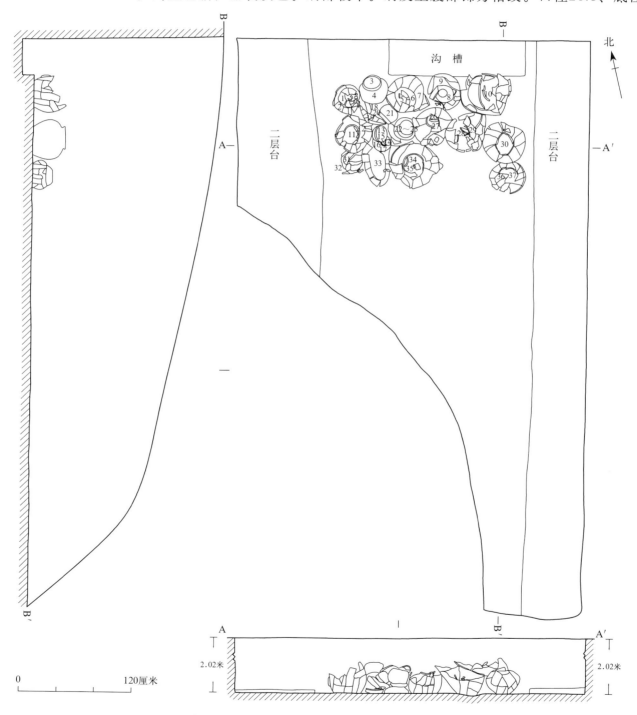

图二三六　许家沟JXXD1M1平、剖面图

1、3、8、11、18、20、22、26、28、31、34、36．陶钵　2、7、9、10、12、27、29、35．陶坛　4、19．陶罐　5．陶碗　6、21、23、37．陶甂　13．原始瓷钵　14～17．原始瓷碗　24．陶盆　25、32．陶鼎　30．陶瓮　33．陶釜

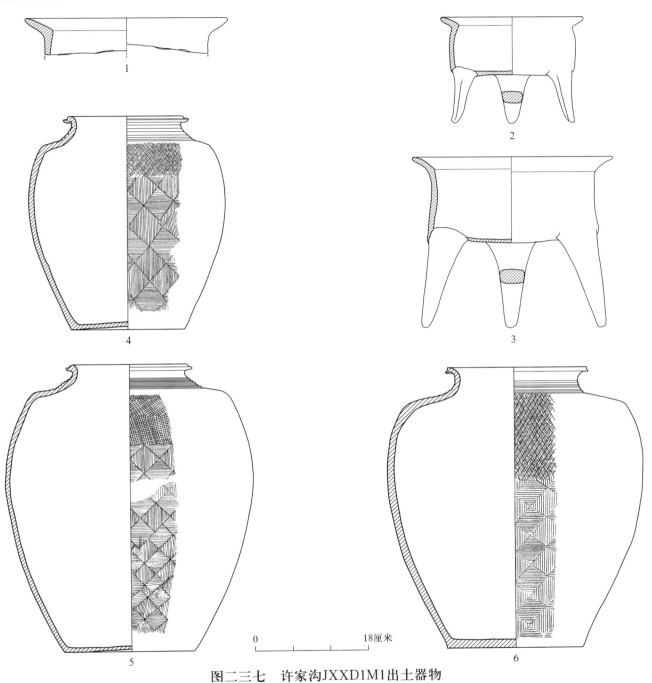

图二三七　许家沟JXXD1M1出土器物

1. 陶釜JXXD1M1：33　2、3. 陶鼎JXXD1M1：32、25　4～6. 硬陶坛JXXD1M1：2、7、9

20.8、高39.2厘米（图二三八，2；彩版一四九，1）。

　　JXXD1M1：27，红褐色胎，器表灰色。肩部较平，底稍内凹。肩及上腹部饰方格纹。器身变形较严重。口径21.8、底径20.8、高43.6厘米（图二三八，3；彩版一四九，2）。

　　JXXD1M1：29，红褐色胎，器表黑褐色。底内凹。肩及上腹部饰方格纹。口沿至上腹部有爆浆釉。口径20.6、底径21.2、高50.4厘米（图二三八，4；彩版一四九，3）。

　　JXXD1M1：35，红褐色胎，器表灰黑色。底略内凹。肩及上腹部饰方格纹。口径22.0、底径

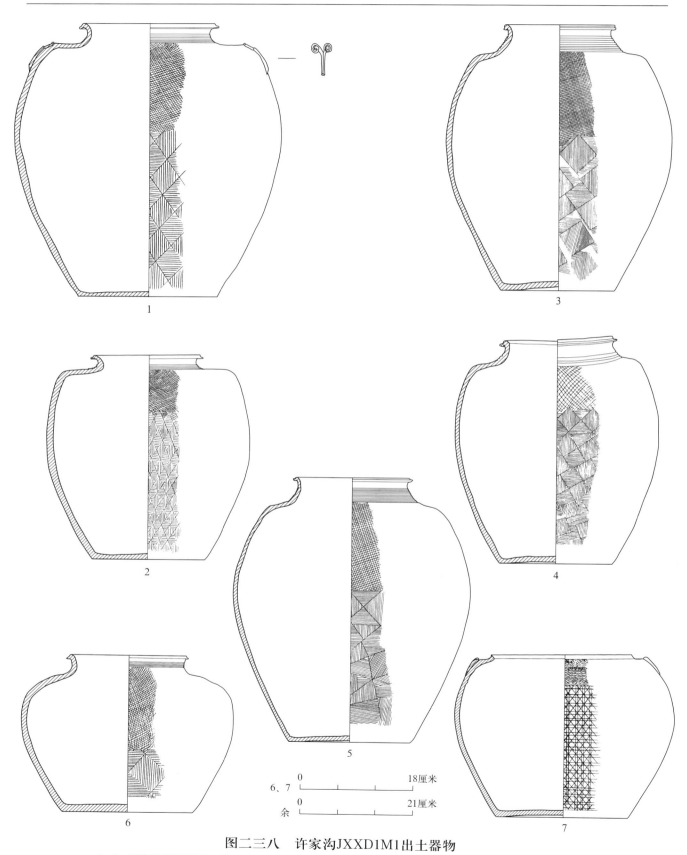

图二三八　许家沟JXXD1M1出土器物

1～5.硬陶坛JXXD1M1：10、12、27、29、35　6.硬陶罐JXXD1M1：19　7.原始瓷罐JXXD1M1：30

22.4、高50.4厘米（图二三八，5；彩版一四九，4）。

　　罐　2件。

　　JXXD1M1：19，灰色硬陶。侈口，尖圆唇，卷沿，沿面有一道凹槽，束颈，弧肩，鼓腹，平底。颈部饰弦纹，肩及上腹部饰方格纹，下腹部饰菱形填线纹。口径19.2、底径20.8、高25.6厘米（图二三八，6；彩版一四七，2）。

　　JXXD1M1：30，原始瓷，灰白色胎。敛口，尖唇，沿外卷，折肩，鼓腹，平底内凹。肩部贴附一对泥条捏成的倒"U"形堆饰。肩部饰水波纹，腹部饰窗格纹。施青黄色釉。口径22.5、底径21.2、高26.4厘米（图二三八，7；彩版一四七，3）。

　　瓿　5件。

　　硬陶。侈口，卷沿，沿面下凹，扁鼓腹，平底。肩部饰弦纹。器内有篦刮痕。

　　JXXD1M1：4，灰色胎。尖圆唇，束颈，弧肩。颈至上腹部饰方格纹，颈部方格纹抹平后叠加弦纹，下腹部饰菱形填线纹。口径16.4、底径19.2、高22.6厘米（图二三九，1；彩版一四七，4）。

　　JXXD1M1：6，红褐色胎，器表深灰色。尖唇，弧肩。腹部饰方格纹。器内有指痕。口径12.9、底径15.4、高13.4厘米（图二三九，2；彩版一四七，5）。

　　JXXD1M1：21，灰白色胎，器表深灰色。尖唇，溜肩。外壁饰方格纹，颈部方格纹抹平后叠加弦纹。器内有指痕。口径12.7、底径14.4、高14.2厘米（图二三九，3；彩版一四七，6）。

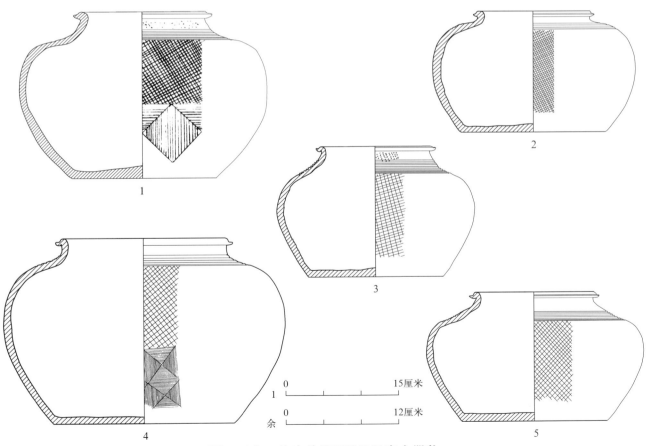

图二三九　许家沟JXXD1M1出土器物

1～5. 硬陶瓿JXXD1M1：4、6、21、37、23

JXXD1M1：23，红褐色胎，器表深灰色。尖唇，弧肩。腹部饰方格纹。器内有指痕。口部有爆浆釉。口径13.9、底径15.4、高14.0厘米（图二三九，5；彩版一五○，1）。

JXXD1M1：37，红褐色胎，器表灰色。圆唇，束短颈，溜肩。上腹部饰方格纹，下腹部饰菱形填线纹。颈部有爆浆釉。口径18.9、底径19.2、高20.0厘米（图二三九，4；彩版一五○，2）。

盆　1件。

JXXD1M1：24，泥质黑皮陶，灰色胎。侈口，圆唇，卷沿，束颈，弧腹，平底。器内底凹凸不平。口径24.2、底径16.6、高7.8厘米（图二四○，1；彩版一五○，3）。

碗　4件。

原始瓷，灰白色胎。假圈足，平底。器内有螺旋纹。

JXXD1M1：14，侈口，尖唇，窄折沿，沿面有两道凹槽，弧腹微鼓。底部有同心弧线切割痕。施黄绿色釉。口径7.6、底径4.4、高3.2厘米（图二四○，2；彩版一五○，4）。

JXXD1M1：15，直口，尖唇，窄折沿，沿面有两道凹槽，弧腹微鼓。器身斜。施青绿色釉。口径7.3、底径4.9、高3.2厘米（图二四○，3；彩版一五○，5）。

JXXD1M1：16，敛口，尖唇，窄折沿，弧腹微鼓，中部有一道折棱，底内凹。施青绿色釉。口径8.4、底径6.1、高3.9厘米（图二四○，4；彩版一五○，6）。

JXXD1M1：17，敞口，方唇，上腹近直稍内弧，近底部弧收，平底。外壁有旋痕，外底有平行弧线切割纹。器身斜。施黄绿色釉不及底。口径19.8、底径10.7、高6.2厘米（图二四○，5；彩版一五一，1）。

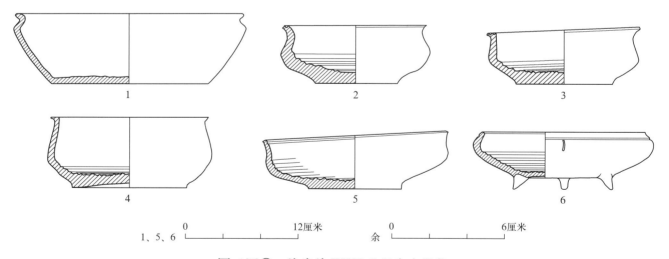

图二四○　许家沟JXXD1M1出土器物

1. 陶盆JXXD1M1：24　2～5. 原始瓷碗JXXD1M1：14～17　6. 三足钵JXXD1M1：13

钵　13件。

泥质陶。敛口，弧腹，平底。

JXXD1M1：1，黑皮陶，灰色胎，黑皮剥落殆尽。尖唇，内底不甚平整。口径17.6、底径9.8、高5.0厘米（图二四一，1）。

JXXD1M1：3，灰色胎。方唇，唇面内凹。口径18.0、底径14.0、高4.6厘米（图二四一，2；彩

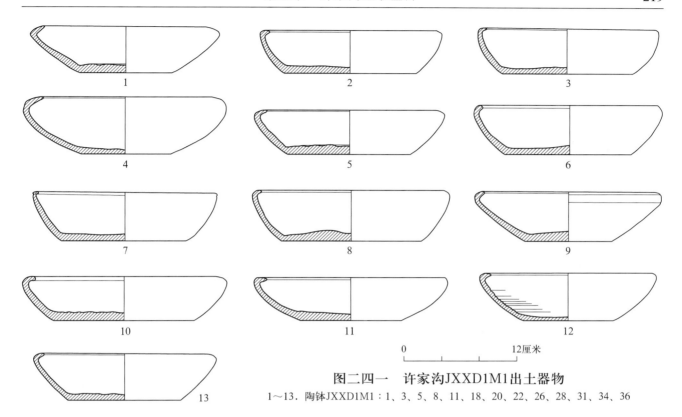

图二四一　许家沟JXXD1M1出土器物

1～13. 陶钵JXXD1M1：1、3、5、8、11、18、20、22、26、28、31、34、36

版一五一，2）。

JXXD1M1：5，灰色胎。圆唇。口径19.0、底径13.8、高5.0厘米（图二四一，3；彩版一五一，3）。

JXXD1M1：8，黑皮陶，灰黄色胎。尖圆唇，内底凹凸不平。口径18.2、底径9.4、高6.2厘米（图二四一，4；彩版一五一，4）。

JXXD1M1：11，黑皮陶，灰黄色胎。尖圆唇。器内见有制作时留下的旋痕。口径18.2、底径13.0、高4.8厘米（图二四一，5）。

JXXD1M1：18，黑皮陶，灰色胎，黑皮剥落殆尽。圆唇。器内见有指抹痕迹。口径19.0、底径13.4、高5.3厘米（图二四一，6；彩版一五一，5）。

JXXD1M1：20，灰色胎。圆唇。口径19.6、底径13.0、高5.2厘米（图二四一，7；彩版一五一，6）。

JXXD1M1：22，灰色胎。尖圆唇，内底不平，腹、底交接处有明显的指窝痕。口径19.5、底径14.8、高5.4厘米（图二四一，8；彩版一五二，1）。

JXXD1M1：26，黑皮陶，灰色胎，黑皮剥落殆尽。尖圆唇，腹中部有一道折棱。器内有指窝按捺痕。口径18.2、底径9.2、高5.4厘米（图二四一，9；彩版一五二，2）。

JXXD1M1：28，灰色胎。圆唇。内底凹凸不平。口径19.6、底径15.0、高4.8厘米（图二四一，10；彩版一五二，3）。

JXXD1M1：31，灰黄色胎。尖圆唇。器身略变形。口径20.4、底径10.8、高4.6厘米（图二四一，11；彩版一五二，4）。

JXXD1M1∶34，黑皮陶，红色胎。尖圆唇。器内可见旋痕。口径17.6、底径9.6、高5.2厘米（图二四一，12）。

JXXD1M1∶36，灰色胎。尖圆唇。口径17.6、底径12.0、高5.1厘米（图二四一，13；彩版一五二，5）。

三足钵　1件。

JXXD1M1∶13，原始瓷，灰白色胎。敛口，方唇，沿面内凹，折肩，弧腹，平底略内凹，腹下设三扁足。上腹等距堆贴3根竖向泥条装饰。器内外见有制作时留下的旋痕。施黄绿色釉。口径17.2、底径10.3、通高6.2厘米（图二四〇，6；彩版一五二，6）。

2．JXXD1M2

JXXD1M2位于土墩东南部，中心坐标4.25×−6.00−5.50米。墓坑开口于第⑤层下，打破第⑥层（图二四二；彩版一五三，1、2）。墓坑为簸箕状浅坑，敞口朝向墩外，方向约170°。坑口平面近梯形，长约4.10、北端宽1.10、南端宽1.82米，直壁，平底，深0～0.11米。墓底西侧放置8块石头，朝上的一面较平坦；其中2块位于墓南端，似乎分隔墓内外，其余位于墓西侧，应是石床。墓坑内填土与第⑤层相同，为黑褐色土。墓内未见葬具及人骨痕迹。随葬器物分三组放置于墓坑南部，中间一组为5件碗，排列成梅花状；东、西两侧各放置一组，这两组炊器和盛储器呈南北向排列，部分器物上有钵、碗、器盖等扣置其上。

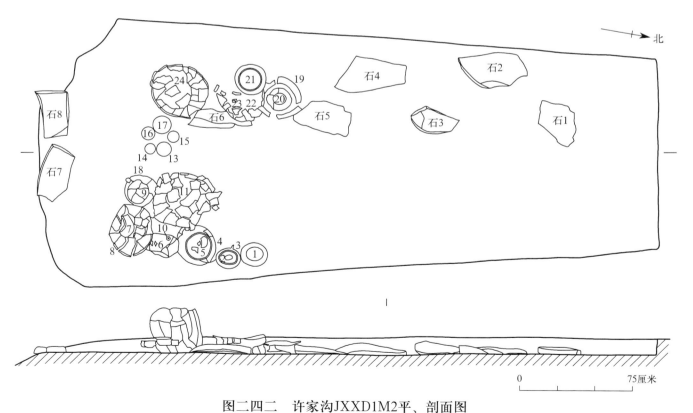

图二四二　许家沟JXXD1M2平、剖面图

1、5、18、21.陶瓿　2、13～17、20.原始瓷碗　3、19.陶鼎　4、6、8、12、23.陶钵　7、11、24.陶坛　9.陶器盖　10.陶纺轮　22.陶釜　石块（石1～8）

出土随葬器物24件，包括夹砂陶器3件，泥质陶器8件，硬陶器6件，原始瓷器7件；器形有鼎、釜、坛、瓿、钵、碗、器盖、纺轮等。

鼎　2件。

夹砂红陶。侈口，圆唇，折沿，直腹，圜底，腹、底间折。

JXXD1M2：3，扁锥形足。口径20.2、高14.7厘米（图二四三，1；彩版一五四，1）。

JXXD1M2：19，柱形足，下部略残。口径24.2、残高15.3厘米（图二四三，2；彩版一五四，2）。

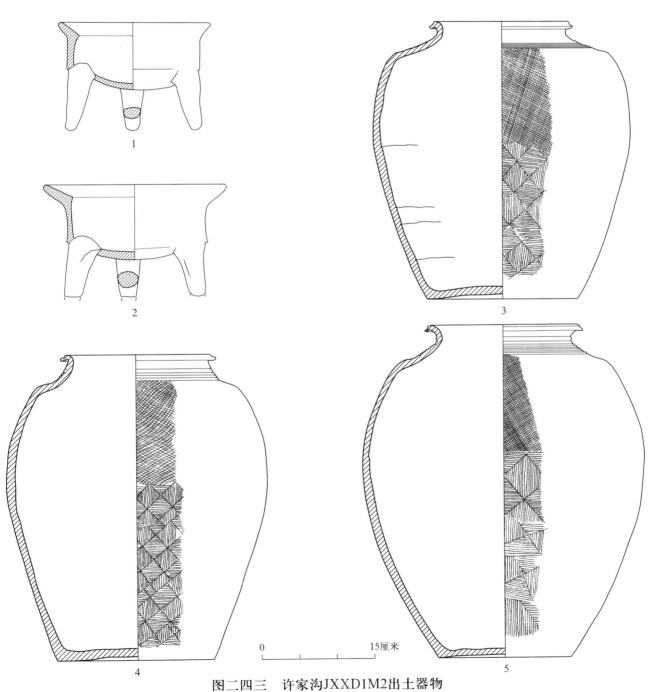

0　　　　　　　15厘米

图二四三　许家沟JXXD1M2出土器物

1、2. 陶鼎JXXD1M2：3、19　3～5. 硬陶坛JXXD1M2：7、11、24

釜　1件。

JXXD1M2：22，夹砂红陶。残碎，无法复原。

坛　3件。

硬陶，红褐色胎。侈口，卷沿，沿面下凹，尖圆唇，束颈，弧肩略折，深弧腹，平底稍内凹。颈部饰弦纹，肩及上腹部饰方格纹，下腹部饰菱形填线纹。

JXXD1M2：7，器表紫褐色。器内可见泥条接缝，有指抹和篦刮痕，器内肩部位置有口、身粘接痕迹。口径18.8、底径20.0、高38.0厘米（图二四三，3；彩版一五五，1）。

JXXD1M2：11，器表灰色。器内有篦刮痕，肩、颈交接处有口、身粘接时指窝按捺痕。口径20.6、底径20.8、高41.2厘米（图二四三，4；彩版一五五，2）。

JXXD1M2：24，器表灰黄色。器内可见泥条接缝、指抹痕，肩内部位置可见泥胎粘接痕迹。口径20.8、底径17.6、高45.2厘米（图二四三，5；彩版一五五，3）。

瓿　4件。

JXXD1M2：1，灰色硬陶，局部可见爆浆釉。侈口，尖唇，折沿，沿面内凹，短束颈，溜肩，鼓腹，平底。肩部并堆贴4只泥条饰。颈部饰弦纹一周，肩、腹部饰席纹。口径12.2、底径14.2、高12.4厘米（图二四四，1；彩版一五四，3）。

JXXD1M2：5，灰色硬陶。侈口，尖圆唇，卷沿，沿面有一道凹槽，束颈，弧肩，扁鼓腹，平底内凹。肩及上腹部饰席纹，下腹部饰菱形填线纹。口径19.4、底径21.4、高23.4厘米（图二四四，2；彩版一五四，4）。

JXXD1M2：21，灰色硬陶。侈口，圆唇，卷沿，沿面有一道凹槽，束颈，折肩，扁鼓腹，平底。肩部饰弦纹，腹部饰方格纹。器内见有篦刮痕和指窝。口径15.1、底径15.2、高13.6厘米（图

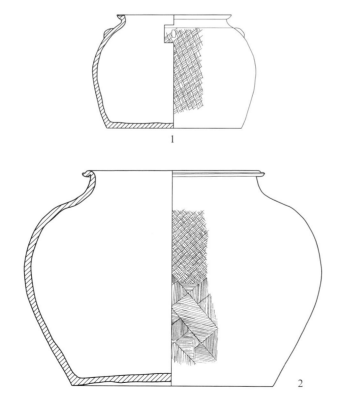
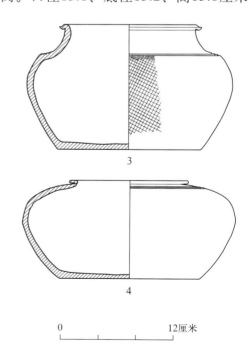

0　　　　　　　12厘米

图二四四　许家沟JXXD1M2出土器物

1～3. 硬陶瓿JXXD1M2：1、5、21　4. 陶瓿JXXD1M2：18

二四四，3；彩版一五四，5）。

JXXD1M2：18，泥质黑皮陶，红色胎。敛口，方唇，平折沿，弧肩，扁鼓腹，平底。肩部饰弦纹。器内见泥条接缝，器内肩部位置有口、身相接时的捺窝一圈。口径12.6、底径14.8、高10.6厘米（图二四四，4）。

碗　7件。

JXXD1M2：2，原始瓷，灰褐色胎。敞口，尖唇，窄折沿，沿面有两道凹槽，弧腹，假圈足，平底略内凹。器内有螺旋纹。施青黄色釉。口径14.7、底径6.7、高4.8厘米（图二四五，1；彩版一五四，6）。

JXXD1M2：13，原始瓷，灰黄色胎。直口略侈，尖唇，折沿下垂，沿面内凹，弧鼓腹，平底。器内有螺旋纹。施青绿色釉。口径10.2、底径6.4、高4.6厘米（图二四五，2；彩版一五五，4）。

JXXD1M2：14，原始瓷，灰黄色胎。直口略侈，尖唇，窄折沿，沿面略凹，弧腹略鼓，平底。器内有螺旋纹。施黄绿色釉。口径8.8、底径6.4、高4.2厘米（图二四五，3；彩版一五六，4）。

JXXD1M2：15，原始瓷，灰黄色胎。直口，尖唇，窄折沿，沿面有一道凹槽，弧腹略鼓，平底略内凹。器内有螺旋纹。施黄绿色釉，剥落较甚。口径8.6、底径6.0、高4.0厘米（图二四五，4；彩版一五六，5）。

JXXD1M2：16，原始瓷，灰白色胎。直口，尖唇，窄折沿，沿面有一道凹槽，弧腹略鼓，假圈足，平底。器内有螺旋纹，器外可见篦刮痕。施黄绿釉不及足，有积釉现象。口径8.2、底径6.4、高4.0厘米（图二四五，5；彩版一五六，1）。

JXXD1M2：17，原始瓷，灰白色胎。直口，尖唇，窄折沿，沿面略凹，弧腹略鼓，平底。器身倾斜不规整。器内有螺旋纹。施青绿色釉。口径11.2、底径6.6、高4.8厘米（图二四五，6；彩版一五六，2）。

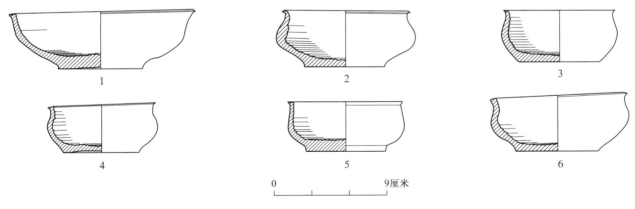

图二四五　许家沟JXXD1M2出土器物
1～6. 原始瓷碗JXXD1M2：2、13～17

JXXD1M2：20，原始瓷，灰黄色胎。敞口，尖唇，窄折沿，沿面有两道凹槽，弧腹，假圈足，平底略内凹。器内有螺旋纹，足底外侧不规整，有切割后将余泥上翻的痕迹。施黄绿色釉。口径15.2、底径7.2、高4.4厘米（彩版一五六，3）。

钵　5件。

JXXD1M2：4，泥质黑皮陶，灰黄色胎，黑皮部分脱落，磨光。敛口，尖圆唇，弧腹，平底。

口径22.4、底径11.8、高5.0厘米（图二四六，1；彩版一五七，1）。

JXXD1M2：6，泥质黑皮陶，红色胎。残碎严重，未能修复。

JXXD1M2：8，泥质陶，土黄色胎。口部无法复原，弧腹，平底。底径15.0、残高7.3厘米（图二四六，2；彩版一五七，2）。

JXXD1M2：12，泥质陶，灰黄色胎。敛口，圆唇，弧腹，平底。口径20.2、底径14.4、高7.0厘米（图二四六，3；彩版一五七，3）。

JXXD1M2：23，泥质黑皮陶，灰黄色胎，黑皮部分脱落，磨光。敛口，尖圆唇，弧腹，平底。口径25.0、底径15.8、高5.8厘米（图二四六，4；彩版一五七，4）。

器盖　1件。

JXXD1M2：9，泥质黑皮陶，黄色胎。环形纽，仅存根部，平顶，弧腹，敞口，方唇。顶径15.2、口径17.5、通高2.8厘米（图二四六，5；彩版一五七，5）。

纺轮　1件。

JXXD1M2：10，泥质黑皮陶。算珠状，中心有圆穿孔。器身饰弦纹数周。直径3.6、高2.6厘米（图二四六，6；彩版一五七，6）。

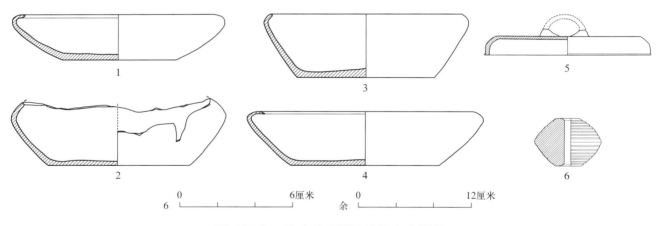

图二四六　许家沟JXXD1M2出土器物

1~4. 陶钵JXXD1M2：4、8、12、23　5. 陶器盖JXXD1M2：9　6. 陶纺轮JXXD1M2：10

3. JXXD1M3

JXXD1M3位于土墩西南部，中心坐标为−5.00×−2.15−2.60米，其西端已被挖土破坏。墓坑开口于第③层下，打破第④层（图二四七；彩版一五八、一五九）。墓坑簸箕状，敞口朝向墩外，方向约240°。坑口面倾斜，东北高西南低，平面大致呈长方形，残长4.31~4.92、宽2.62米，直壁，墓底较平，深0~1.80米。墓坑底部两侧各有一条与两侧壁平行的长方形沟槽，东南侧的沟槽由东向西抵达东北壁，残长4.38、宽0.25、深0.14米；西北侧的沟槽由西南向东北至墓坑中部即止，残长3.10、宽0.24、深0.14米。JXXD1M3墓底中部铺一层细密、纯净的白灰土，分布范围长4.38~4.82、宽1.51米，东北抵墓壁、西南至墓葬被破坏处、东南到南侧沟槽、西北距北侧沟槽0.22米。墓葬填土与第③层的灰褐色土特征一致。墓内未见人骨和葬具的痕迹。

随葬器物置于墓坑底部白灰土之上，其中5件碗呈梅花状置于墓坑西北部，其他器物集中放置在

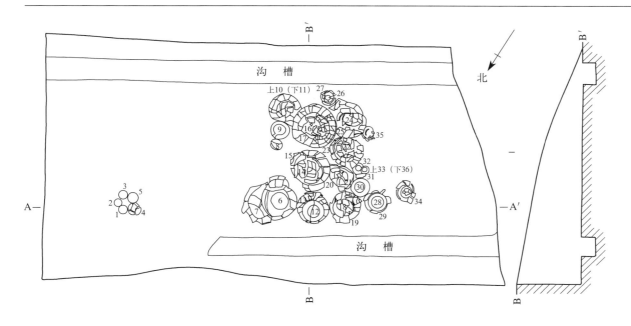

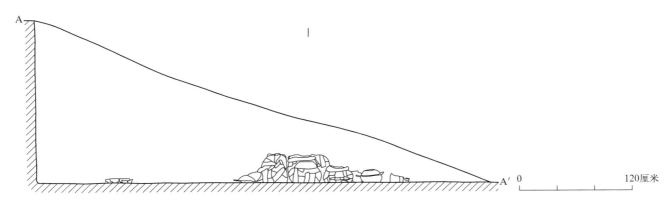

图二四七 许家沟JXXD1M3平、剖面图

1～5、8、26、31～33、36.原始瓷碗 6、12、14、16、20、24、27.陶钵 10、18、22、28.陶盆 7、11、13、15、17.陶坛 9.原始瓷瓿 19、25.陶罐 1、23、30、34、35.陶瓿 29.陶鼎

墓坑西南部偏中位置。

出土器物36件，其中夹砂陶器1件，泥质陶器11件，硬陶器12件，原始瓷器12件；器形有鼎、坛、罐、瓿、盆、钵、碗等。盛储器及炊器置于下，其上扣置盆、钵等作为器盖。

鼎　1件。

JXXD1M3：29，夹砂红陶。仅复原口部和足，侈口，圆唇，宽折沿，扁锥形足。口径27.2厘米（图二四八，1）。

坛　5件。

硬陶。侈口，卷沿，沿面下凹，束颈，弧肩略折，深弧腹，平底。颈部饰弦纹，下腹部饰菱形填线纹。

JXXD1M3：17，红褐色胎，器表灰黑色。尖唇，底略内凹。肩及上腹部饰方格纹。器内有篦刮痕、指窝。口径24.8、底径22.4、高50.4厘米（图二四八，2；彩版一六〇，1）。

JXXD1M3：11，灰黑色胎，器表灰褐色。圆唇，底略内凹。肩及上腹部饰方格纹。器内见篦刮痕，器内颈部位置有口、身交接痕迹。口径19.6、底径20.4、高41.6厘米（图二四九，1；彩版一六〇，2）。

　　JXXD1M3：7，灰色胎，器表灰褐色。尖圆唇，底略内凹。肩及上腹部饰席纹。器内见篦刮痕，器内颈部位置有口、身交接痕迹。口径23.2、底径22.8、高48.0厘米（图二四九，2；彩版一六〇，3）。

　　JXXD1M3：13，紫红色胎。圆唇。肩及上腹部饰方格纹。口径18.8、底径20.0、高39.6厘米（图二四九，3；彩版一六〇，4）。

　　JXXD1M3：15，灰褐色胎，器表灰色。方圆唇。肩及上腹部饰席纹。器内见泥条接缝，泥条宽3.6～4.2厘米，有篦刮痕、指抹痕，从器内看颈部位置有身、口交接的抹痕与接缝。肩部有少量爆浆釉，部分剥落。口径21.2、底径21.6、高47.2厘米（图二四九，4；彩版一六一，1）。

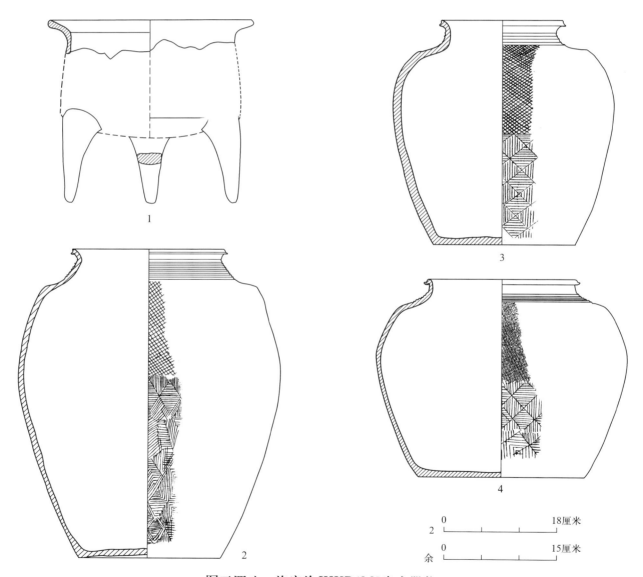

图二四八　许家沟JXXD1M3出土器物

1. 陶鼎JXXD1M3：29　2. 硬陶坛JXXD1M3：17　3、4. 硬陶罐JXXD1M3：19、25

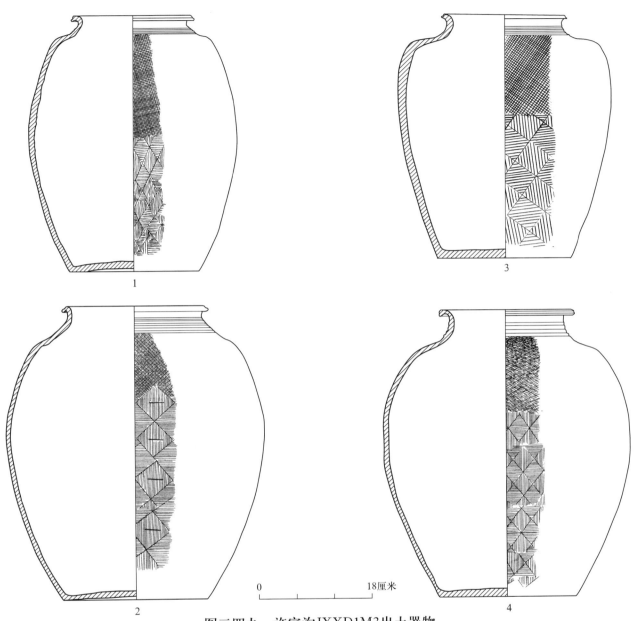

图二四九　许家沟JXXD1M3出土器物
1～4. 硬陶坛JXXD1M3：11、7、13、15

罐　2件。

硬陶。侈口，卷沿，沿面下凹，束颈，平底。颈部饰弦纹，下腹部饰菱形填线纹。

JXXD1M3：19，灰褐色胎，器表灰色。圆唇，深弧腹。肩及上腹部饰方格纹。器内有篦刮痕、指窝。口径16.8、底径18.8、高30.6厘米（图二四八，3；彩版一六一，2）。

JXXD1M3：25，砖红色胎，器表灰红色。尖圆唇，鼓腹。肩及上腹部饰席纹。器内有篦刮痕、指抹、指按痕，器内肩部有口、身相接的痕迹。口径20.8、底径22.0、高26.8厘米（图二四八，4；彩版一六一，3）。

瓿　6件。

JXXD1M3：21，灰色硬陶。侈口，尖唇，卷沿，沿面内凹，束颈，弧折肩，扁鼓腹，平底内凹。颈部饰弦纹，肩、上腹部饰席纹，下腹部饰菱形填线纹。器内可见泥条接缝。口径15.5、底径19.8、高19.8厘米（图二五〇，1；彩版一六一，4）

JXXD1M3：23，硬陶，红褐色胎，器表灰色。侈口，尖圆唇，窄卷沿，沿面下垂，短束颈，弧肩，扁鼓腹，平底。颈下部饰弦纹数周，肩、腹部饰席纹。器内可见篦刮、指抹痕。口径15.6、底径19.6、高18.4厘米（图二五〇，2；彩版一六一，5）。

JXXD1M3：30，硬陶，红褐色胎，器表灰色。侈口，尖唇，卷沿，沿面有一道凹槽，束颈，弧肩，扁鼓腹，平底略内凹。肩部饰弦纹，腹部饰席纹。器内可见篦刮、指窝。口径13.8、底径14.4、高14.2厘米（图二五〇，3；彩版一六二，2）。

JXXD1M3：34，灰色硬陶。侈口，尖圆唇，卷沿下垂，沿面有一道凹槽，束颈，弧肩略折，扁鼓腹，平底内凹。肩、腹部饰席纹。器内可见篦刮、指抹、指窝按捺的痕迹。肩部有爆浆釉。口径13.0、最大腹径20.7、底径14.9、高14.0厘米（图二五〇，4；彩版一六二，3）。

JXXD1M3：35，红褐色硬陶。侈口，尖圆唇，折沿，沿面有一道凹槽，束颈，扁鼓腹，平底略内凹。颈下有两道凹槽，肩、腹部饰席纹。器内可见篦刮、指抹的痕迹，肩部有泥胎搭接的痕迹。口径10.7、最大腹径18.4、底径14.0、高12.0厘米（图二五〇，5；彩版一六二，4）。

JXXD1M3：9，原始瓷，灰白色胎。敛口，圆唇，沿面内凹，弧肩，扁鼓腹，肩、腹交接处有

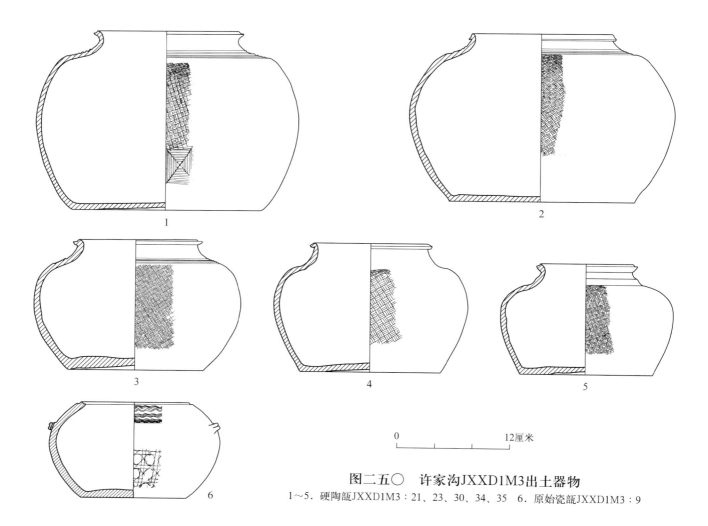

0　　　　　　　　　　12厘米

图二五〇　许家沟JXXD1M3出土器物

1~5. 硬陶瓿JXXD1M3：21、23、30、34、35　6. 原始瓷瓿JXXD1M3：9

一道折棱，平底。上腹设一对横耳。肩部饰水波纹，腹部饰窗格纹。满施青黄色釉，釉、胎结合紧密，釉层厚。口径11.8、底径11.2、高10.4厘米（图二五〇，6；彩版一六二，5）。

盆　4件。

泥质陶。束颈，弧腹，平底。

JXXD1M3：10，黑皮陶，砖红色胎。直口，方唇。器内留有旋痕。口径20.8、底径11.9、高7.2厘米（图二五一，1；彩版一六二，6）。

JXXD1M3：18，砖红色胎。侈口，尖唇，卷沿。器内壁可见多道制作时形成的浅凹槽。口径20.4、底径13.2、高6.4厘米（图二五一，2；彩版一六二，1）。

JXXD1M3：22，灰黄色胎。直口略侈，尖唇，折沿。器内有螺旋纹。口径22.0、底径14.0、高6.2厘米（图二五一，3；彩版一六三，1）。

JXXD1M3：28，砖红色胎。直口，方唇，底略内凹。器内壁可见多道制作时形成的旋痕，器外见有篦刮痕。口径20.1、底径13.2、高5.4厘米（图二五一，4；彩版一六三，2）。

碗　11件。

JXXD1M3：1，原始瓷，灰白色胎。直口略侈，尖唇，窄折沿，弧腹，假圈足，平底略内凹。器内有螺旋纹。施青绿色釉。口径10.4、底径6.0、高4.2厘米（图二五二，1；彩版一六三，3）。

JXXD1M3：2，原始瓷，灰白色胎。直口，尖唇，窄折沿，沿面有两道凹槽，上腹较直，下腹弧收，假圈足，平底内凹。器内有螺旋纹，外壁有制作时留下的旋痕，外底有同心弧线切割痕。施

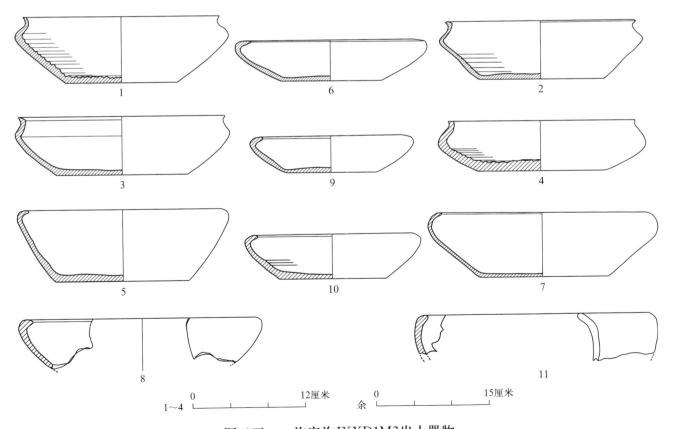

图二五一　许家沟JXXD1M3出土器物

1~4. 陶盆JXXD1M3：10、18、22、28　5~11. 陶钵JXXD1M3：6、12、14、16、20、24、27

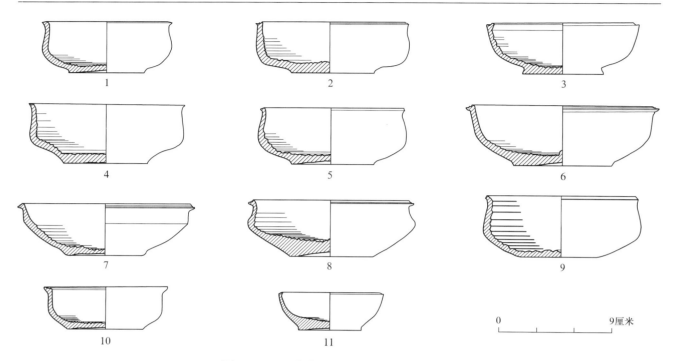

图二五二　许家沟JXXD1M3出土器物
1~11. 原始瓷碗JXXD1M3：1~5、8、26、31~33、36

黄绿色釉。口径12.1、底径6.6、高4.2厘米（图二五二，2；彩版一六三，4）。

　　JXXD1M3：3，原始瓷，灰色胎。敛口，尖唇，内折沿，弧腹，假圈足略外撇，平底内凹。器内有螺旋纹，外底有同心弧线切割痕。施黄绿色釉。口径12.2、底径6.4、高4.2厘米（图二五二，3；彩版一六三，5）。

　　JXXD1M3：4，原始瓷，灰白色胎。直口，尖唇，窄折沿，沿面有一道凹槽，上腹较直，下腹弧收至底，平底略凹。器内有螺旋纹。施青绿色釉。口径12.8、底径6.6、高4.8厘米（图二五二，4；彩版一六三，6）。

　　JXXD1M3：5，原始瓷，灰白色胎。直口，尖唇，窄折沿，弧腹近底部急收，假圈足，平底内凹。器内有螺旋凹槽。施黄绿色釉。口径11.6、底径6.6、高4.6厘米（图二五二，5；彩版一六四，2）。

　　JXXD1M3：8，原始瓷，灰黄色胎。敞口，尖唇，折沿下垂，沿面有两道凹槽，弧腹，平底内凹。器内有螺旋纹，外底有同心弧线切割痕。施青釉，釉层薄，有积釉、流釉现象，部分剥落。口径15.4、底径7.8、高4.8厘米（图二五二，6；彩版一六四，3）。

　　JXXD1M3：26，原始瓷，灰白色胎。敞口，尖唇，折沿，沿面有两道凹槽，弧腹，平底略内凹。器内有螺旋纹，外底有同心弧线切割痕。施青绿色釉，凹槽内有积釉。口径14.0、底径6.0、高4.2厘米（图二五二，7）。

　　JXXD1M3：31，原始瓷，灰白色胎。直口微侈，尖唇，折沿，沿面有凹槽两周，弧腹微鼓，平底内凹。器内有螺旋纹。施黄绿色釉，胎釉结合不紧密，剥落较甚。口径13.4、底径6.6、高4.6厘米（图二五二，8；彩版一六四，4）。

　　JXXD1M3：32，原始瓷，灰色胎。直口微侈，尖唇，窄折沿，沿面下凹，平底内凹。器内有螺旋纹，外底留有同心弧线切割痕。施青绿色釉。口径12.2、底径6.0、高5.0厘米（图二五二，9；彩版一六四，5）。

JXXD1M3：33，原始瓷，灰白色胎。敞口，圆唇，折沿，沿面有两道凹槽，弧腹，平底略内凹。器内有螺旋纹。施青绿色釉外不及底。口径9.9、底径6.0、高3.5厘米（图二五二，10）。

JXXD1M3：36，原始瓷，灰白色胎。敛口，尖唇，内折沿，弧腹，平底略内凹。器内有螺旋纹，外底有线切割留下的同心弧线痕，切割后余泥向足底上翻。施青绿色釉不及外底，凹槽内有积釉现象。口径8.4、底径5.0、高3.1厘米（图二五二，11）。

钵　7件。

泥质陶。敛口，弧腹，平底。

JXXD1M3：6，黑皮陶，砖红色胎。尖圆唇。器内不甚平整。口径25.6、底径17.6、高9.6厘米（图二五一，5）。

JXXD1M3：12，砖红色胎，外施一层灰黄色陶衣，部分剥落。尖圆唇。口径23.2、底径13.4、高5.6厘米（图二五一，6）。

JXXD1M3：14，黑皮陶，砖红色胎。圆唇。口径27.2、底径16.8、高8.8厘米（图二五一，7；彩版一六四，6）。

JXXD1M3：16，黑皮陶，砖红色胎。残破严重，仅复原口部，尖圆唇。口径约28.0、残高6.4厘米（图二五一，8）。

JXXD1M3：20，灰色胎。尖圆唇。器内不甚平整。口径18.4、底径12.0、高5.0厘米（图二五一，9）。

JXXD1M3：24，黑皮陶，灰黄色胎，黑皮剥落殆尽。圆唇。器内有螺旋凹槽。口径21.0、底径14.2、高6.0厘米（图二五一，10；彩版一六四，1）。

JXXD1M3：27，黑皮陶，砖红色胎。残碎，仅复原口部，圆唇。口径约30.0、残高6.6厘米（图二五一，11）。

4．JXXD1M4

JXXD1M4位于土墩中部，中心坐标-0.10×-0.05-6.95米。JXXD1M4挖有浅坑，开口于第⑩层下，打破第⑫层（图二五三；彩版一六五，1），第⑪层土分布于M4墓坑南北两侧，各呈半椭圆形。墓坑平面呈长方形，方向70°。长5.20、宽2.85～2.90米，直壁，平底，深约0.20米。墓坑中填土红褐色，与第⑩层特征一致；封土分内外两层，内层（即第⑩层）覆压于JXXD1M4墓坑范围及第⑪层上，平面呈椭圆形，底径8.00～9.20米，中部高约1.90米；外层（即第⑨层）叠压于内层封土之上，范围较大，平面大致呈圆形，底径约12.50、中部高约2.85米。随葬器物分两排东西向放置于墓坑中部。器物多正置于墓底，6件碗呈梅花状集中放置于一处，部分陶盆、器盖扣置在陶坛、陶瓶上，作为器盖使用。

出土器物共27件，其中夹砂陶器3件，泥质陶器7件，硬陶器14件，原始瓷器3件；器形有釜、鼎、坛、罐、瓶、盆、钵、碗。

鼎　2件。

夹砂红陶。侈口，圆唇，卷沿，束颈，弧腹，扁锥形足。

JXXD1M4：17，圜底。口径19.0、高12.0厘米（图二五四，1；彩版一六五，2）。

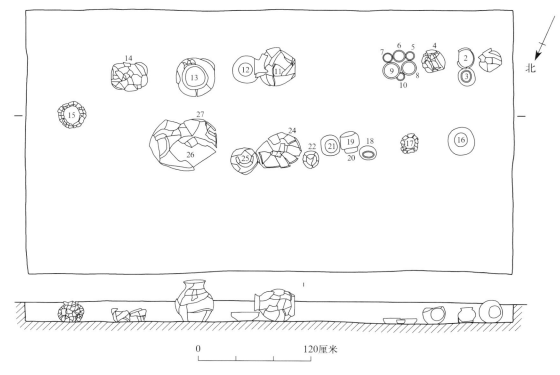

图二五三　许家沟JXXD1M4平、剖面图

1、3、4、15、18、21.陶瓿　2、12、20、24.陶盆　5、7、10.陶碗　6、8、9.原始瓷碗　11、13、23、25、26.陶坛　14.陶釜
16、19.陶罐　17、22.陶鼎

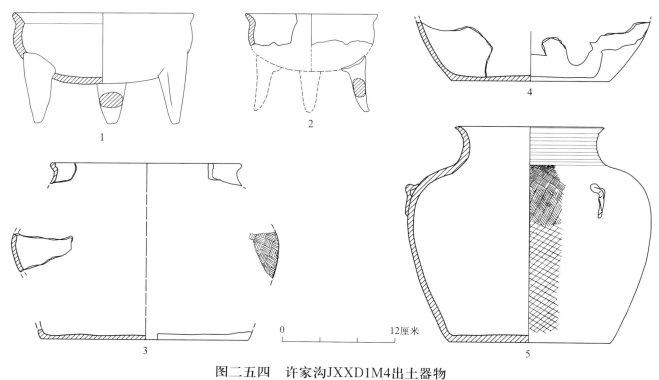

图二五四　许家沟JXXD1M4出土器物

1、2.陶鼎JXXD1M4：17、22　3.陶瓿JXXD1M4：15　4.陶罐JXXD1M4：16　5.硬陶罐JXXD1M4：19

JXXD1M4：22，仅复原口部和足。口径14.0厘米（图二五四，2）。

釜　1件。

JXXD1M4：14，夹砂红陶。残碎严重，无法复原。

坛　5件。

硬陶。侈口，尖唇，卷沿，沿面下凹，束颈，深弧腹，平底。颈部饰弦纹，肩及上腹部饰菱形填线纹，下腹部饰方格纹。

JXXD1M4：11，灰黄色胎，器表灰黑色。溜肩，底略凹。器内可见篦刮、指抹、指窝按捺的痕迹，器内肩部有泥胎搭接的痕迹。肩部、口沿内侧有较多的爆浆釉溢出，器身有较多鼓泡。口径19.0、底径20.0、高41.8厘米（图二五五，1；彩版一六五，3）。

JXXD1M4：25，紫红色胎。弧肩略折。器内有指窝痕。口径18.6、底径19.8、高40.8厘米（图二五五，2；彩版一六五，4）。

JXXD1M4：13，红褐色胎。溜肩，底略凹。底部与器身搭接处痕迹明显。口径24.0、底径24.8、高55.4厘米（图二五五，3；彩版一六六，1）。

JXXD1M4：23，紫色胎。弧肩略折。内壁尤其是肩部留有较多的指窝痕迹。口径19.8、底径22.8、高40.8厘米（图二五五，4；彩版一六六，2）。

JXXD1M4：26，砖红色胎。弧肩，底略内凹。器内颈、肩交接处一圈指窝痕。口径25.0、底径25.2、高58.0厘米（图二五五，5；彩版一六六，3）。

罐　2件。

JXXD1M4：16，泥质红陶。仅可复原下腹及底部。下腹部弧收，平底。底径16.6、残高6.4厘米（图二五四，4）。

JXXD1M4：19，灰褐色硬陶。侈口，尖唇，卷沿，束颈，鼓腹，平底。肩部等距堆贴3处泥条形饰。肩至上腹部饰席纹，颈部席纹抹去后叠加弦纹，下腹部饰方格纹，口径15.8、底径17.1、高23.4厘米（图二五四，5；彩版一六六，4）。

瓿　6件。

JXXD1M4：15，泥质红陶。残碎，可复原口和底。侈口，圆唇，沿内卷，沿面有一道凹槽，束颈，扁鼓腹，平底。腹部饰席纹。口径约20.0、底径约22.0厘米（图二五四，3）。

硬陶。5件。侈口，尖唇，卷沿，束颈，扁鼓腹，平底。颈部饰弦纹。

JXXD1M4：3，灰色硬陶。沿面下凹，颈部较直，弧肩，底略凹。颈部饰弦纹数道，肩腹部饰菱形填线纹。器内留有篦刮、指窝痕。口径12.5、底径12.2、高13.4厘米（图二五六，1；彩版一六七，3）。

JXXD1M4：1，红褐色胎，器表灰黑色。上腹部等距堆贴3只竖向的泥条装饰，残缺。颈至上腹部饰席纹，颈部席纹抹去后叠加弦纹，下腹部饰方格纹。器内见有篦刮、指抹、指按的痕迹。口径16.0、底径17.2、高20.8厘米（图二五六，2；彩版一六七，4）。

JXXD1M4：4，红褐色胎，器表灰褐色。尖唇，肩略折。肩部贴塑一对泥条装饰。肩部饰菱形填线纹，腹部饰方格纹。器内见有篦刮、指抹、指按的痕迹。口径13.2、底径18.0、高20.4厘米（图二五六，3；彩版一六七，5）。

JXXD1M4：21，器表灰褐色。溜肩，底略凹。上腹部对称堆贴一对辫形泥条装饰。肩及上腹

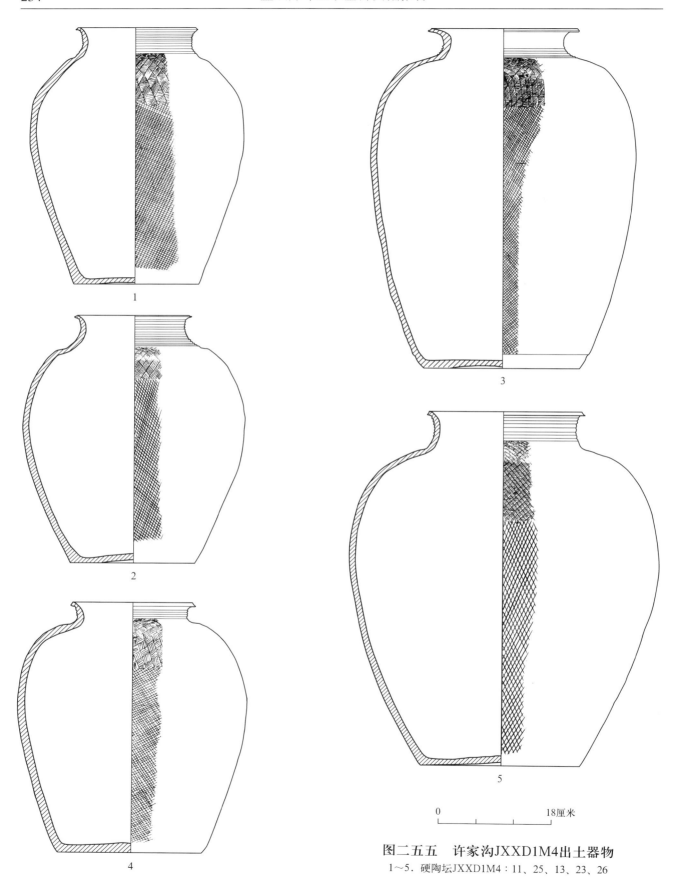

0   18厘米

图二五五 许家沟JXXD1M4出土器物

1~5. 硬陶坛JXXD1M4∶11、25、13、23、26

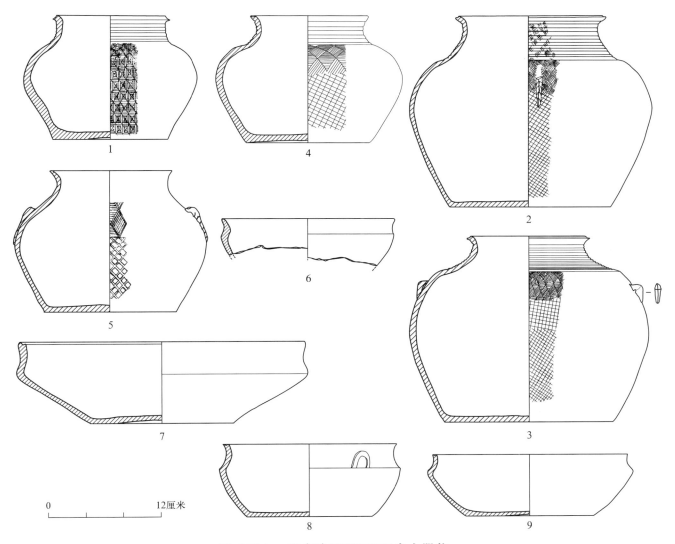

图二五六　许家沟JXXD1M4出土器物
1～5. 硬陶瓿JXXD1M4：3、1、4、18、21　6～9. 陶盆JXXD1M4：2、12、20、24

部饰菱形填线纹，下腹部饰方格纹。颈部见制作时形成的旋痕。口沿及外侧上腹部有黄褐色爆浆釉斑。口径13.0、底径14.0、高15.4厘米（图二五六，5；彩版一六七，6）。

JXXD1M4：18，灰色胎，器表红褐色。沿面有一道凹槽，溜肩。肩部饰菱形填线纹，腹部饰方格纹。器内见有篦刮、指窝痕。口径12.5、底径13.0、高13.8厘米（图二五六，4；彩版一六七，1）。

盆　5件。

JXXD1M4：2，夹砂红陶。残缺，仅复原口及上腹部。侈口，尖圆唇，折沿，束颈，弧腹。口径约18.4、残高5.0厘米（图二五六，6）。

JXXD1M4：12，泥质红陶。直口，方唇，沿面有一道凹槽，折腹，上腹内弧，下腹斜收，平底内凹。口径30.0、底径15.2、高约9.0厘米（图二五六，7）。

JXXD1M4：20，泥质褐陶。敞口，圆唇，卷沿，沿面有一道凹槽，束颈，折腹，平底。外沿下堆贴一对倒"U"形耳。口径18.6、底径13.4、高8.0厘米（图二五六，8；彩版一六七，2）。

JXXD1M4：24，泥质红陶。直口，方唇，沿面有一道凹槽，折腹，平底内凹。口径20.8、底径

13.6、高6.8厘米（图二五六，9）。

JXXD1M4：27，泥质红陶。残缺严重，无法复原。

碗　6件。

JXXD1M4：6，原始瓷，灰色胎。敞口，圆唇，折沿，沿面下凹，弧腹，平底略内凹。器内有螺旋纹。施青绿色釉，釉层较厚，器中有积釉、滴釉现象。口径14.6、底径8.2、高4.5厘米（图二五七，1；彩版一六八，1）。

JXXD1M4：8，原始瓷，灰白色胎。敞口，圆唇，折沿，沿面下凹，弧腹，中部略折，平底略内凹。器内有螺旋纹，外底有平行切割痕。器身略歪，内底有一鼓泡。施黄绿色釉。口径18.6、底径10.6、高6.1厘米（图二五七，2；彩版一六八，2）。

JXXD1M4：9，原始瓷，灰色胎。敞口，尖圆唇，折沿，沿面下凹，折腹，上腹斜直，下腹弧收，平底。器内有螺旋纹，外底有平行切割痕。器身倾斜，内底有一鼓泡。施黄绿色釉，有积釉、流釉现象，釉层薄，部分剥落。口径16.6、底径9.4、高5.0厘米（图二五七，3；彩版一六八，3）。

JXXD1M4：5，硬陶，灰色胎，器表灰黑色。敛口，尖唇，内折沿，沿面下凹，弧腹，平底，假圈足。口径10.0、底径4.4、高4.0厘米（图二五七，4；彩版一六八，4）。

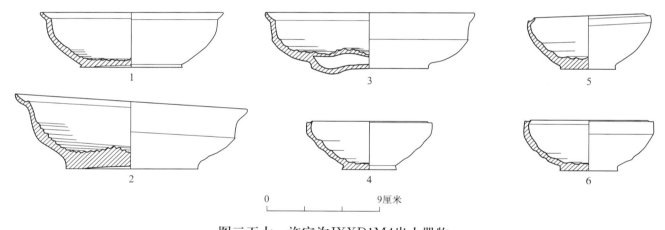

图二五七　许家沟JXXD1M4出土器物

1～3. 原始瓷碗JXXD1M4：6、8、9　4～6. 硬陶碗JXXD1M4：5、7、10

JXXD1M4：7，灰褐色硬陶。敛口，尖唇，内折沿，沿面下凹，弧腹，平底，假圈足。器内有螺旋纹，外底有线切割痕。器身不规整，略倾斜，上腹及口部有黄褐色爆浆釉斑。口径9.8、底径4.4、高4.5厘米（图二五七，5；彩版一六八，5）。

JXXD1M4：10，硬陶，红褐色胎，器表局部呈灰黑色。敛口，尖唇，内折沿，沿面下凹，弧腹，平底，假圈足。器内有螺旋纹，腹部可见制作时形成的旋痕，外底有平行切割痕。口径10.2、底径4.6、高4.1厘米（图二五七，6；彩版一六八，6）。

5．JXXD1M5

JXXD1M5位于土墩南部略偏东，中心坐标2.45×－7.70－4.80米。墓坑开口于第⑥层下，打破第⑦层（图二五八；彩版一六九，1）。墓坑簸箕状，敞口朝向墩外，方向约164°。坑口面倾斜，北

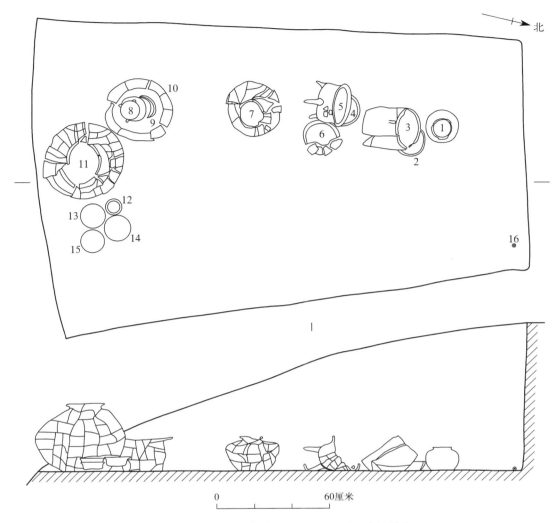

图二五八　许家沟JXXD1M5平、剖面图

1、7. 陶罐　2、4、6、9、13~15. 原始瓷碗　3. 原始瓷罐　5、8. 陶鼎　10. 陶釜　11. 陶坛　12. 原始瓷盂　16. 陶纺轮

高南低，平面大致呈等腰梯形，北窄南宽，长2.58、宽1.25~1.77米，壁略斜，墓底较平，深0~0.82米。填土较杂乱，有红褐色、黄褐色、灰褐色等多种土，疏松。墓内未见人骨和葬具的痕迹。陶纺轮置于东北角，其余器物排列成"L"形，置于墓西侧和南侧；器物多正置，原始瓷碗M5：9与夹砂陶鼎M5：8扣合，置于陶釜M5：10内。

出土随葬器物16件，其中夹砂陶器3件，泥质陶器1件，硬陶器3件，原始瓷器9件；器形有釜、鼎、坛、罐、碗、盂及纺轮等（彩版一六九，2）。

鼎　2件。

夹砂红陶。侈口，圆唇，折沿，扁锥形足。

JXXD1M5：5，残碎，仅复原口部和足。口径21.8厘米（图二五九，1）。

JXXD1M5：8，直腹，圜底近平。胎厚，器身不甚规整。口径13.2、高9.6厘米（图二五九，2；彩版一七〇，1）。

釜　1件。

JXXD1M5：10，夹砂红陶。残碎，仅可复原口及上腹部。侈口，圆唇，折沿，内腹设3个半圆形箅隔。口径33.8、残高17.2厘米（图二五九，3）。

坛　1件。

JXXD1M5：11，硬陶，灰褐色胎，器表灰色。侈口，圆唇，卷沿，沿面有一道凹槽，束颈，弧肩，深鼓腹，平底稍内凹。肩及上腹部饰席纹，下腹部饰菱形填线纹。器内有指抹痕。颈部有少量爆浆釉。口径23.0、底径21.2、高40.0厘米（图二五九，4；彩版一七〇，2）。

罐　3件。

侈口，尖圆唇，平底略内凹。

JXXD1M5：1，硬陶，灰色胎，器表灰黑色。卷沿，束颈，弧肩略折，鼓腹。颈部饰弦纹，腹

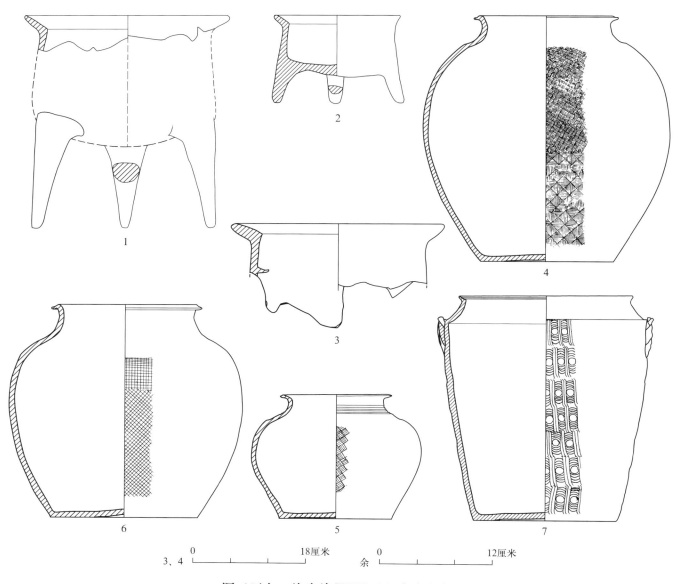

图二五九　许家沟JXXD1M5出土器物

1、2.陶鼎JXXD1M5：5、8　3.陶釜JXXD1M5：10　4.硬陶坛JXXD1M5：11　5、6.硬陶罐JXXD1M5：1、7　7.原始瓷罐JXXD1M5：3

部饰席纹。口径11.9、底径12.0、高13.5厘米（图二五九，5；彩版一七○，3）。

　　JXXD1M5：7，硬陶，红褐色胎，器表局部灰黑色。卷沿，沿面有一道凹槽，束颈，鼓腹。肩、腹部饰方格纹。器内有篦刮痕、指窝痕。口径16.0、底径15.6、高23.1厘米（图二五九，6；彩版一七○，4）。

　　JXXD1M5：3，原始瓷，灰白色胎。折沿，沿面有两道凹槽，折肩有凸棱，筒形腹。肩部堆贴一对倒"U"形绞索状耳。腹部饰对称弧形纹。施黄绿色釉，脱落较甚。口径18.6、底径15.2、高24.6厘米（图二五九，7；彩版一七○，5）。

　　碗　7件。

　　原始瓷。折沿，弧腹，平底。器内有螺旋纹。

　　JXXD1M5：2，灰白色胎。敞口，圆唇，沿面有两道凹槽，底略内凹。外壁有轮制时形成的旋痕。器身略变形。施黄绿色釉。口径14.8、底径9.5、高5.0厘米（图二六○，1；彩版一七一，1）。

　　JXXD1M5：4，灰白色胎。敞口，圆唇，底内凹。器外有旋痕，器身变形严重。施青绿色釉，釉层薄。口径18.4、底径9.0、高5.9厘米（图二六○，2）。

　　JXXD1M5：6，灰白色胎。敞口，圆唇，沿面下凹。外底制作不甚规整，见线切割痕。施青绿色釉。口径17.4、底径8.6、高5.4厘米（图二六○，3）。

　　JXXD1M5：9，灰白色胎。敞口，尖唇，沿面较平，上有两道凹槽，腹较直近底部弧收。器身斜，外底有制作时留下的旋痕。施绿色釉。口径13.4、底径7.8、高5.4厘米（图二六○，4；彩版一七一，2）。

　　JXXD1M5：13，灰白色胎。敞口，圆唇，沿面下凹。器壁有制作时留下的旋痕。施灰绿色釉。

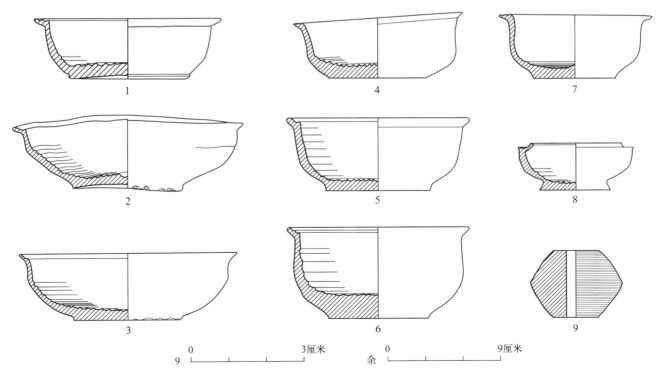

0　　　3厘米

0　　　9厘米

图二六○　许家沟JXXD1M5出土器物

1～7. 原始瓷碗JXXD1M5：2、4、6、9、13～15　8. 原始瓷盂JXXD1M5：12　9. 陶纺轮JXXD1M5：16

口径14.6、底径8.4、高5.8厘米（图二六〇，5；彩版一七一，3）。

JXXD1M5：14，灰白胎。敞口，圆唇，沿面有两道凹槽，上腹略直，近底部弧收。外壁有制作时留下的旋痕，外底有平行线切割痕，器身有鼓泡。施灰绿色釉。口径14.6、底径8.0、高7.4厘米（图二六〇，6；彩版一七一，4）。

JXXD1M5：15，灰褐色胎。直口，尖圆唇，沿面较平，上有两道凹槽，腹较直近底部弧收。外底有线切割痕。施青绿色釉，剥落较多。口径12.2、底径6.5、高5.2厘米（图二六〇，7；彩版一七一，5）。

盂　1件。

JXXD1M5：12，原始瓷，灰白色胎。子口，方唇，折肩下凹，弧腹，假圈足，平底。器壁有旋痕，外底有平行线切割痕。施黄绿色釉。口径7.2、底径5.6、高3.8厘米（图二六〇，8；彩版一七一，6）。

纺轮　1件。

JXXD1M5：16，泥质黑皮陶，红褐色胎。算珠状，中间有一圆形穿孔。外壁划弦纹。直径2.5、孔径0.45、高1.8厘米（图二六〇，9）。

6．JXXD1M6

JXXD1M6位于土墩西北部，中心坐标-4.00×5.00-5.20米。墓坑开口于第④层下，打破第⑤层（图二六一；彩版一七二，1、2）。墓坑簸箕状，敞口朝向墩外，方向约332°。坑口面倾斜，东南高西北低。坑口平面大致呈梯形，长3.96、宽1.62～2.05米，壁稍斜，墓底较平；墓底长3.86、宽1.55～2.05、深0～1.05米。墓坑东南部和东北部设熟土二层台，二层台为黄褐色土，台面宽0.40～0.45、高0.30米。墓中填土灰褐色，略疏松。墓内未见人骨和葬具的痕迹。器物排列成"L"形，置于墓西北侧和东北侧；器物多正置于墓底，其中7件碗呈梅花状集中放置，2只陶瓿叠放于坛上，少量钵、碗类器扣置于坛、釜、鼎类器口之上，作器盖之用。

出土随葬器物31件，其中夹砂陶器4件，泥质陶器5件，硬陶器12件，原始瓷器10件；器形有釜、鼎、坛、罐、瓿、钵、碗、器盖等。

鼎　3件。

JXXD1M6：6，夹砂红陶。侈口，圆唇，窄卷沿，弧腹，圜底近平，扁条状足，足较矮。腹、底有烟炱痕。口径14.5、高6.9厘米（图二六二，1；彩版一七三，1）。

JXXD1M6：19，夹砂红陶。侈口，圆唇，折沿，直腹，圜底，腹、底间折，扁锥形足。口径23.6、高17.6厘米（图二六二，2；彩版一七三，2）。

JXXD1M6：30，夹砂红陶。侈口，圆唇，宽折沿，直腹，圜底，残缺较多，腹、底间折，扁锥形足。口径22.7、通高16.0厘米（图二六二，3；彩版一七三，3）。

釜　1件。

JXXD1M6：14，夹砂红陶。残碎，无法复原。

坛　7件。

硬陶。侈口，卷沿，沿面有一道凹槽，束颈，弧折肩，深弧腹，平底。肩及上腹部饰方格纹，下腹部饰菱形填线纹。

图二六一　许家沟JXXD1M6平、剖面图

1、15、29. 陶钵　2、16~18、23、25、26. 陶坛　3. 陶器盖　4、24、27. 陶罐　5、7~13、20. 原始瓷碗　6、19、30. 陶鼎　14. 陶釜　22. 原始瓷瓿　21、28、31. 陶瓿

JXXD1M6：16，灰色胎。尖唇。器内壁有一周按窝。口径19.6、底径21.4、高42.6厘米（图二六三，1；彩版一七三，4）。

JXXD1M6：2，灰色胎。尖圆唇。颈部饰弦纹。器内壁明显可见泥条接缝，泥条宽度在3~4厘米之间，器内可见指窝痕。口径25.8、底径26.4、高61.8厘米（图二六三，2；彩版一七三，5）。

JXXD1M6：17，紫色胎，器表灰黄色。圆唇。颈部饰弦纹一周。口径20.0、底径20.8、高40.4厘米（图二六三，3；彩版一七四，1）。

JXXD1M6：18，灰色胎。尖唇。颈部饰弦纹。口径20.0、底径20.8、高42.2厘米（图二六三，4；彩版一七四，2）。

JXXD1M6：23，灰色胎。尖圆唇。颈部饰弦纹。器内壁可见指窝痕及手指抹痕，器内底有刮痕。口径18.8、底径20.3、高38.9厘米（图二六四，1；彩版一七四，3）。

JXXD1M6：25，紫色胎，器表灰黄色。尖圆唇。颈部饰弦纹。内壁留有手指抹痕。口径19.2、底径20.8、高40.2厘米（图二六四，2；彩版一七四，4）。

JXXD1M6：26，灰色胎，器表局部灰黄色。圆唇，弧肩。器内可见篦刮、指抹、指窝按捺的痕

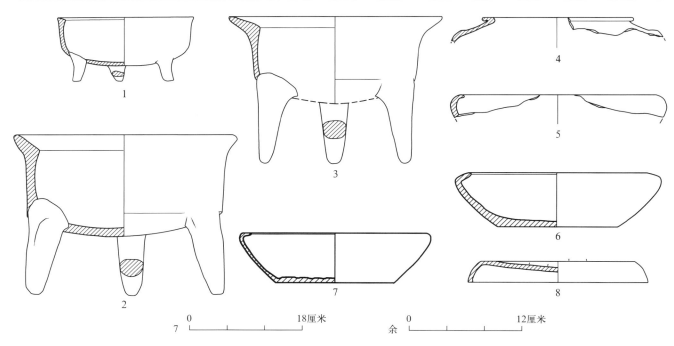

0   18厘米　　　　　0   12厘米
7　　　　　　　　　　　　　　　　　余

图二六二　许家沟JXXD1M6出土器物

1～3. 陶鼎JXXD1M6：6、19、30　4. 陶罐JXXD1M6：4　5～7. 陶钵JXXD1M6：1、15、29　8. 陶器盖JXXD1M6：3

迹。口径18.8、底径22.0、高42.6厘米（图二六四，3；彩版一七五，1）。

罐　3件。

JXXD1M6：4，泥质灰陶。残碎严重，复原口部。敛口，方圆唇，平折沿。口径约16.0、残高2.0厘米（图二六二，4）。

JXXD1M6：24，硬陶，青灰色胎，器表灰色。侈口，圆唇，卷沿，沿面有一道凹槽，束颈，弧肩，鼓腹，平底。颈部饰弦纹和抹而未尽的方格纹，肩、腹部饰方格纹。器内有篦刮痕。口径17.3、底径18.4、高20.4厘米（图二六五，2；彩版一七五，3）。

JXXD1M6：27，硬陶，青灰色胎，器表红褐色。侈口，尖圆唇，卷沿，沿面有一道凹槽，束颈，肩略折，鼓腹，平底。肩及上腹部饰小菱形填线纹，下腹部饰菱形填线纹。器内有指抹、指窝按捺的痕迹。肩部和器底有黄绿色爆浆釉，有积釉、流釉现象。器物变形严重，向一侧歪斜。口径17.0、底径18.0、高25.2厘米（图二六五，3；彩版一七五，4）。

瓿　4件。

硬陶。侈口，尖圆唇，卷沿，沿面有一道凹槽，束颈，扁鼓腹，平底。颈肩部饰弦纹。器内有篦刮痕、指窝痕。

JXXD1M6：21，红褐色胎，器表灰色，局部呈砖红色。弧肩。腹部饰席纹。口径17.0、底径18.4、高18.6厘米（图二六五，4）。

JXXD1M6：28，灰色胎，器表局部呈砖红色。溜肩。底微内凹。腹部饰方格纹。口径12.6、底径14.9、高14.6厘米（图二六五，5；彩版一七五，5）。

JXXD1M6：31，紫褐色胎，器表灰褐色。溜肩。肩下至上腹部饰席纹，下腹部饰菱形填线纹。器内还有指抹痕，肩部位置可见口、身泥胎粘接的痕迹。口径14.3、底径16.0、高14.6厘米（图

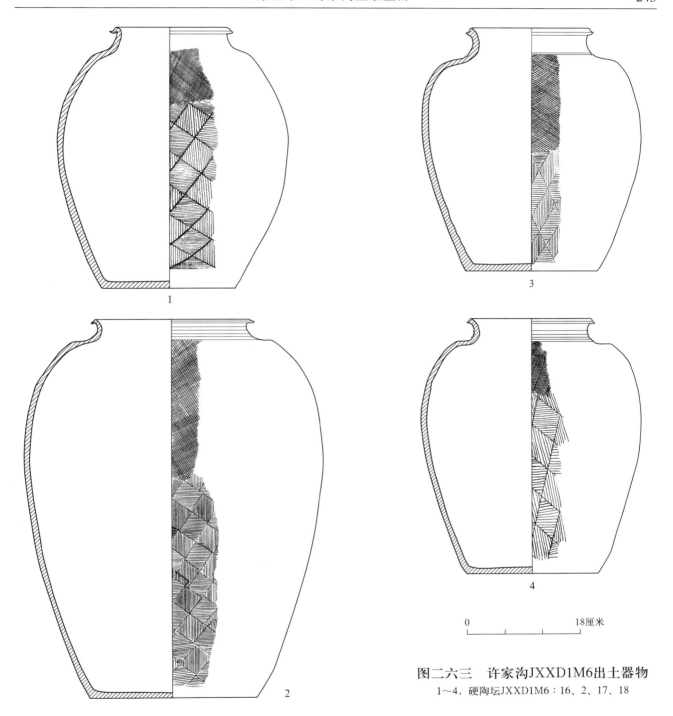

图二六三　许家沟JXXD1M6出土器物

1~4. 硬陶坛JXXD1M6：16、2、17、18

二六五，6）。

　　JXXD1M6：22，原始瓷，灰白色胎。直口，折沿，沿面有两道凹槽，颈微束，弧肩，扁鼓腹，平底略凹。肩部贴附一对横耳，一耳残。外壁有弦痕。施黄绿色釉。口径11.9、底径11.9、高11.2厘米（图二六五，1；彩版一七五，2）。

　　碗　9件。

　　原始瓷，灰白色胎。器内有螺旋纹。

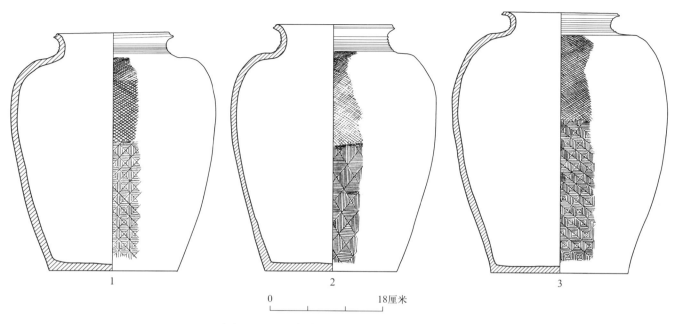

图二六四　许家沟JXXD1M6出土器物
1～3. 硬陶坛JXXD1M6：23、25、26

　　JXXD1M6：5，敞口，尖唇，窄折沿，沿面有两道凹槽，弧腹，假圈足，平底内凹。器底制作不规整。施青绿色釉。口径16.3、底径7.6、高4.5厘米（图二六六，1；彩版一七六，1）。

　　JXXD1M6：7，直口，窄折沿，沿面有两道凹槽，上腹较直，弧腹微鼓，假圈足，平底略内凹。器底制作不规整。施黄绿色釉。口径12.4、底径6.6、高4.6厘米（图二六六，2；彩版一七六，2）。

　　JXXD1M6：8，敞口，折沿，沿面有两道凹槽，弧腹，平底略内凹。施青绿色釉。口径13.2、底径6.8、高4.2厘米（图二六六，3；彩版一七六，3）。

　　JXXD1M6：9，敛口，尖唇，内折沿，沿面下凹，弧腹，平底略内凹。外底有同心弧线切割纹。施黄绿色釉。口径8.9、底径5.2、高3.0厘米（图二六六，4；彩版一七六，4）。

　　JXXD1M6：10，敞口，尖唇，窄折沿，沿面有两道浅凹槽，弧腹微鼓，假圈足，平底内凹。器底制作不规整，外有同心弧线切割纹。施黄绿色釉。口径9.6、底径5.6、高4.0厘米（图二六六，5；彩版一七六，5）。

　　JXXD1M6：11，敞口，尖唇，窄折沿，沿面略下凹，弧腹，平底内凹。施黄绿色釉。口径13.8、底径6.0、高4.6厘米（图二六六，6；彩版一七六，6）。

　　JXXD1M6：12，敞口，尖唇，窄折沿，沿面有两道凹槽，弧腹，平底内凹。外壁见制作时留下的旋纹，外底有线切割形成的同心弧线纹。施黄绿色釉，剥落较甚。口径14.2、底径7.8、高3.6厘米（图二六六，7；彩版一七七，1）。

　　JXXD1M6：13，敞口，尖唇，窄折沿，沿面有两道凹槽，弧腹微鼓，平底。外底有切割痕。施黄绿色釉，剥落较甚。口径8.2、底径4.4、高2.8厘米（图二六六，8；彩版一七七，2）。

　　JXXD1M6：20，敞口，折沿，沿面有两道凹槽，弧腹，平底内凹。施青绿色釉。口径16.2、底径8.2、高4.4厘米（图二六六，9；彩版一七七，3）。

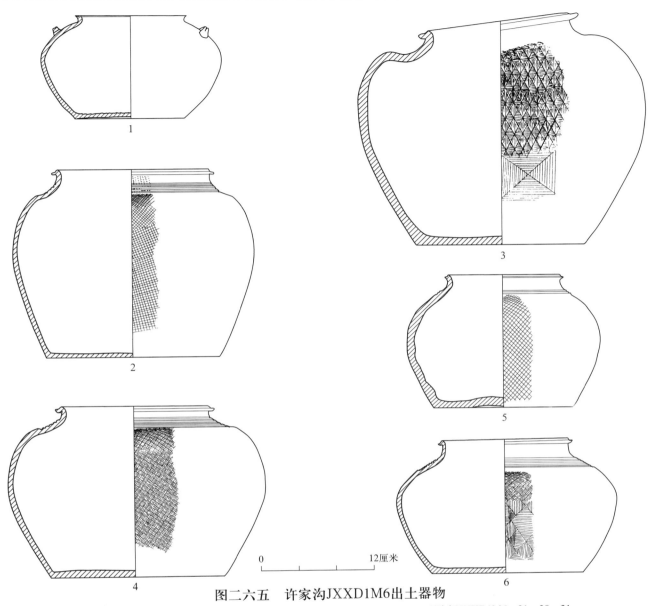

图二六五　许家沟JXXD1M6出土器物

1. 原始瓷瓿JXXD1M6：22　2、3. 硬陶罐JXXD1M6：24、27　4～6. 硬陶瓿JXXD1M6：21、28、31

钵　3件。

JXXD1M6：1，泥质黑皮陶，仅复原口部。敛口，圆唇，弧腹。口径约26.0、残高3.0厘米（图二六二，5）。

JXXD1M6：15，泥质黑皮陶，砖红色胎，黑皮大多脱落。敛口，圆唇，弧腹，平底。口径19.0、底径12.8、高5.8厘米（图二六二，6；彩版一七七，4）。

JXXD1M6：29，泥质陶，灰色胎。敛口，圆唇，弧腹，平底。器内有螺旋纹。口径29.2、底径19.0、高8.2厘米（图二六二，7；彩版一七七，5）。

器盖　1件。

JXXD1M6：3，泥质黑皮陶，磨光，灰黄色胎。纽残，顶部略凹，弧腹，敞口，方唇。口径19.4、残高2.3厘米（图二六二，8）。

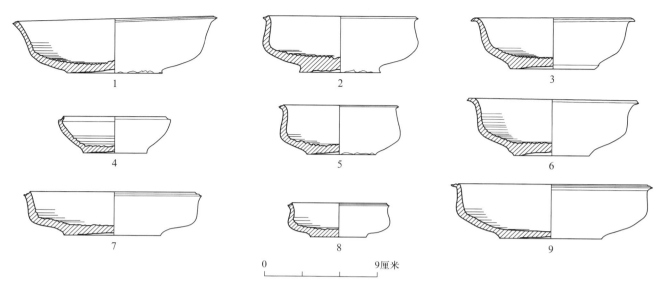

图二六六　许家沟JXXD1M6出土器物

1~9. 原始瓷碗JXXD1M6：5、7~13、20

7. JXXD1M7

JXXD1M7位于土墩中部偏北，中心坐标为−0.75×3.05−5.35米。墓坑开口于第⑧层下，打破第⑨层（图二六七）。墓坑簸箕状，敞口朝向墩外，方向约349°。坑口面倾斜，南高北低。坑口平面呈长方形，长4.20、宽2.30~2.40米，直壁，墓底较平，墓深0~1.80米。墓坑内填土可分为依次叠压的2层：第①层为红褐色土，夹杂铁锈斑以及黄色和白色斑点，土质紧密。斜向堆积，厚约0.60~0.85米，全墓坑分布。第②层为白色土和灰黑色土交错，推测为第⑨层和第⑩层土混杂后形成，土质发黏、细腻、紧密。斜向堆积，厚0~1.05米，分布于墓坑南部。随葬器物集中放置于墓坑南部，分布于长1.80、宽1.50米的范围内。

出土器物共33件，其中夹砂陶器2件，泥质陶器3件，硬陶器11件，原始瓷器17件；器形有釜、鼎、坛、罐、盆、钵、碗等。部分盆、钵、碗类器物被用作器盖扣在坛、罐等器口上，其余大多正置于墓底。

鼎　1件。

JXXD1M7：31，夹砂红陶。破碎，仅复原口部和足部。侈口，圆唇，折沿，锥形足。口径17.0厘米（图二六八，1）。

釜　1件。

JXXD1M7：28，夹砂红陶。残缺，复原口部。侈口，圆唇，折沿，腹部设三个算隔。口径33.0、残高7.0厘米（图二六八，2）。

坛　6件。

硬陶。侈口，卷沿，束颈，深弧腹，平底略内凹。

JXXD1M7：6，砖红色胎，肩部以上器表局部呈灰褐色。尖唇，沿面下凹，弧肩。颈部饰弦纹，肩及上腹部饰席纹，下腹部饰方格纹。器内壁可见篦刮、指抹和指窝按捺的痕迹。口径17.6、底径16.8、高42.6厘米（图二六八，3；彩版一七八，1）。

　　JXXD1M7：7，青灰色胎，器表灰色。圆唇，沿面下凹，弧折肩。颈部饰弦纹，肩及上腹部饰席纹，下腹部饰菱形填线纹。器内壁可见篦刮、指抹和指按的痕迹。器内外有较多小鼓泡。口径19.8、底径17.6、高40.8厘米（图二六八，4；彩版一七八，2）。

　　JXXD1M7：9，灰褐色胎，器表灰黑色，局部呈红褐色。尖唇，沿面有一道凹槽，肩略折。颈

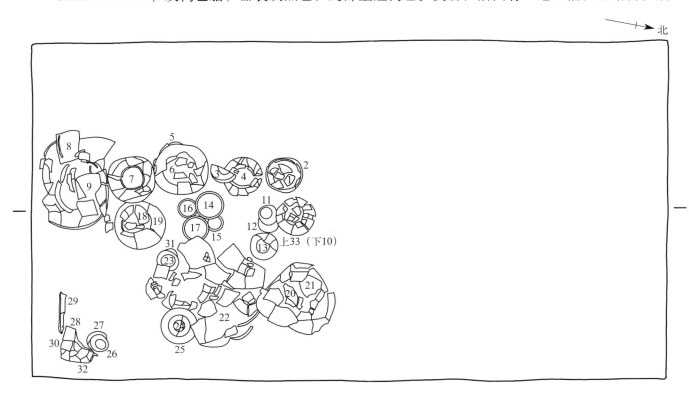

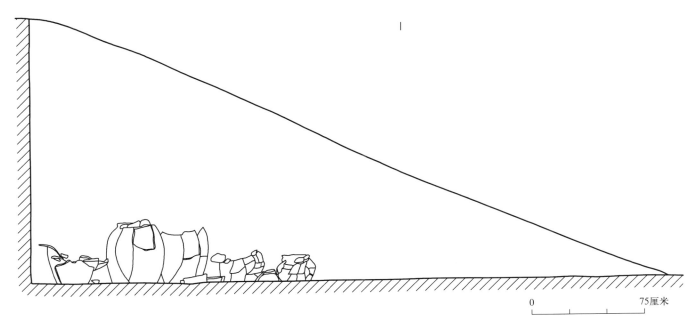

图二六七　许家沟JXXD1M7平、剖面图

1、3、11～18、23、24、26、32、33．原始瓷碗　2．原始瓷罐　4、8、10、25、27．陶罐　5、29．陶盆　6、7、9、19、21、22．陶坛　20．陶瓿　28．陶釜　30．原始瓷钵　31．陶鼎

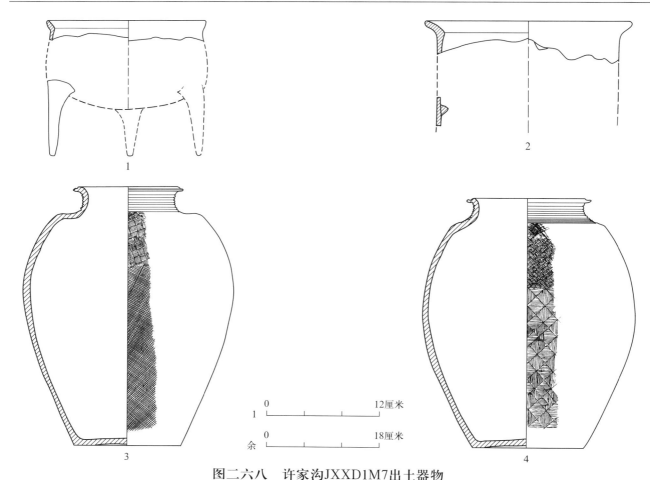

图二六八　许家沟JXXD1M7出土器物

1. 陶鼎JXXD1M7：31　2. 陶釜JXXD1M7：28　3、4. 硬陶坛JXXD1M7：6、7

部饰弦纹，肩及上腹部饰菱形填线纹与复线菱形组合纹饰，下腹部饰方格纹。器内可见篦刮、指抹和指窝按捺的痕迹。肩部有爆浆釉。口径27.6、底径24.8、高60.0厘米（图二六九，1；彩版一七八，3）。

JXXD1M7：19，红褐色胎，器表灰色。圆唇，弧肩。肩及上腹部饰叶脉纹，下腹部饰方格纹。器内可见篦刮痕和指抹痕。口径20.6、最大腹径32.0、底径20.6、高40.0厘米（图二六九，2；彩版一七八，4）。

JXXD1M7：21，红褐色胎，器表灰褐色。方唇，沿面有一道凹槽，肩略折。颈部饰弦纹，肩部饰席纹，腹部饰方格纹。器内可见篦刮痕与泥条接缝，泥条宽约2.5~3.0厘米，肩部有一周连续的指窝。器身向一侧倾斜，不甚规整。口径25.6、底径24.0、高56.0厘米（图二六九，3；彩版一七九，1）。

JXXD1M7：22，红褐色胎，器表灰黄色。尖唇，沿面有一道凹槽，肩略折。颈部饰弦纹数道，肩及上腹部饰席纹，下腹部饰菱形填线纹。口径26.2、底径26.8、高58.4厘米（图二六九，4；彩版一七九，2）。

罐　6件。

JXXD1M7：2，原始瓷，灰白色胎。侈口，折沿，沿面有一道凹槽，束颈，折肩，斜弧腹，凹底。上腹部贴附一对倒"U"形耳。颈、肩部饰水波纹，腹部饰变体凤鸟纹，腹部纹饰拍印较乱。器内有流釉现象，且釉汁中含较多细砂也粘附在器身。腹下部有一较大的鼓泡。施青绿色釉。口径21.0、底径11.2、高19.2厘米（图二七〇，1；彩版一七九，3）。

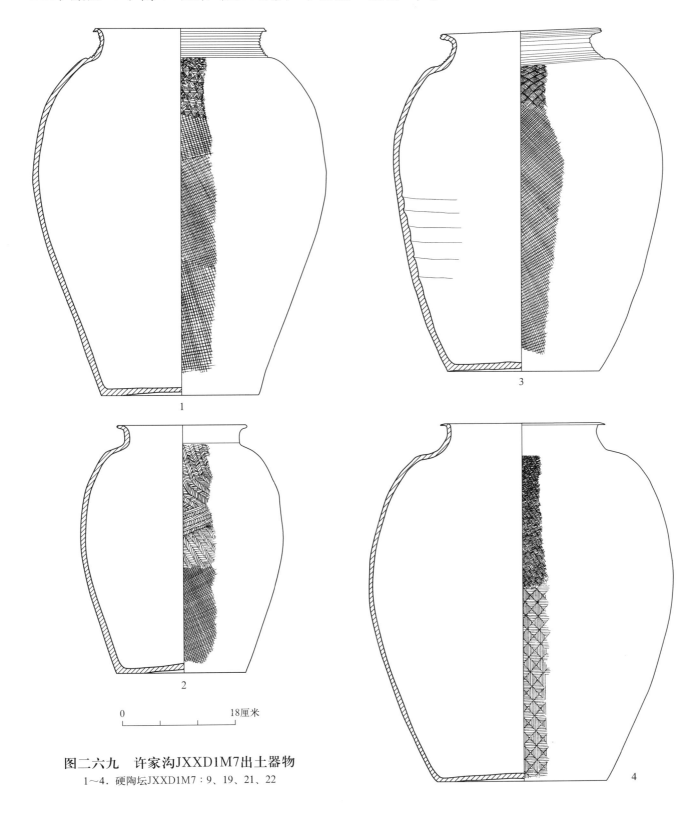

0　　　　　　　　　　18厘米

图二六九　许家沟JXXD1M7出土器物
1～4. 硬陶坛JXXD1M7：9、19、21、22

　　JXXD1M7：4，硬陶，青灰色胎，器表灰褐色。侈口，尖圆唇，卷沿，沿面有一道凹槽，束颈，溜肩，鼓腹，平底略凹。肩、腹部饰叶脉纹。器内有篦刮、指抹、指窝按捺的痕迹。口径19.2、底径19.2、高20.1厘米（图二七○，2；彩版一七九，4）。

　　JXXD1M7：8，硬陶。残碎严重，不可复原。陶片饰菱形填线纹。

　　JXXD1M7：10，硬陶，砖红胎，器表灰褐色。侈口，尖唇，卷沿，束颈，弧肩略折，鼓腹，平底稍内凹。肩及上腹部饰席纹，下腹部饰菱形填线纹。器内壁见篦刮痕，颈部位置有泥胎搭接的痕迹。器下腹近底部有一道接底时留下的痕线，器底见轮制旋线多圈。口径15.1、底径14.8、高18.8厘

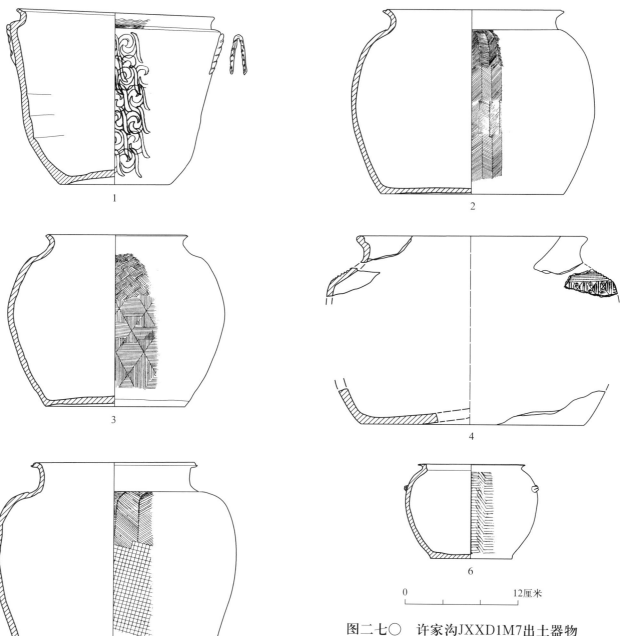

0　　　　　　　　　　12厘米

图二七○　许家沟JXXD1M7出土器物

1. 原始瓷罐JXXD1M7：2　2、3、5、6. 硬陶罐JXXD1M7：4、10、25、27　4. 陶瓿JXXD1M7：20

米（图二七〇，3；彩版一七九，5）。

JXXD1M7：25，灰色硬陶。侈口，尖唇，卷沿，沿缘有一道凹槽，短束颈，弧肩，鼓腹，平底内凹。肩及上腹部饰叶脉纹，下腹部饰方格纹。器内有篦刮痕和指痕，肩部稍变形。口径17.6、底径20.0、高21.8厘米（图二七〇，5；彩版一八〇，1）。

JXXD1M7：27，灰褐色硬陶。侈口，尖唇，平折沿，沿面有一道凹槽，束颈，鼓腹，平底。肩部设一对泥条形横耳。肩、腹部饰平行折线纹。器身见有黄褐色爆浆釉斑点。口径11.3、底径8.7、高10.2厘米（图二七〇，6；彩版一八〇，2）。

瓿　1件。

JXXD1M7：20，泥质红陶。侈口，圆唇，卷沿，沿面有一道凹槽，折肩，腹部无法复原，平底。肩部饰弦纹，上腹部饰菱形填线纹。口径24.0、底径23.6厘米（图二七〇，4）。

盆　2件。

泥质红陶。侈口，圆唇，卷沿，束颈，折腹，平底。

JXXD1M7：5，沿面有一道凹槽，颈下部饰弦纹。口径21.8、底径15.4、高9.6厘米（图二七一，1；彩版一八〇，3）。

JXXD1M7：29，沿面下凹，颈部饰弦纹。纹饰部分磨蚀。口径25.3、底径16.8、高9.6厘米（图二七一，2；彩版一八〇，4）。

碗　15件。

原始瓷。敞口，折沿，平底。器内有螺旋纹。

JXXD1M7：1，灰白色胎。尖唇，沿下垂，沿面有两道凹槽，弧腹，底略内凹。器身见旋痕，外底有平行弧线切割痕。施酱黄色釉，剥落殆尽。口径13.7、底径6.4、高4.2厘米（图二七一，3；彩版一八〇，5）。

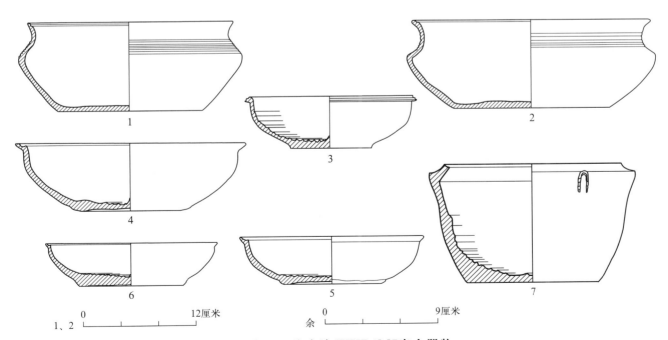

图二七一　许家沟JXXD1M7出土器物

1、2.陶盆JXXD1M7：5、29　3～6.原始瓷碗JXXD1M7：1、3、11、23　7.原始瓷钵JXXD1M7：30

　　JXXD1M7：3，灰黄色胎。尖圆唇，沿面下凹，弧腹，底内凹。外底有切割修刮的痕迹。施青绿色釉，剥落殆尽。口径18.4、底径7.6、高5.4厘米（图二七一，4；彩版一八○，6）。

　　JXXD1M7：11，灰白色胎。尖圆唇，沿面下凹，弧腹，底略内凹。器表可见制作时形成的旋痕。施黄绿色釉，剥落殆尽。口径14.7、底径7.6、高3.9厘米（图二七一，5；彩版一八一，1）。

　　JXXD1M7：12，灰白色胎。尖圆唇，沿面有两道凹槽，直腹近底部弧收。施酱黄色釉，剥落殆尽。口径12.3、底径6.4、高4.1厘米（图二七二，7；彩版一八一，2）。

　　JXXD1M7：13，灰白色胎。圆唇，沿面有一凹槽，弧腹，底稍内凹。施青绿色釉。口径16.8、底径8.0、高5.4厘米（图二七二，1；彩版一八一，3）。

　　JXXD1M7：14，灰色白胎。圆唇，沿面下凹，弧腹，假圈足。器身有旋痕。施黄绿色釉，剥落殆尽。口径18.2、底径9.6、高5.2厘米（图二七二，2；彩版一八一，4）。

　　JXXD1M7：15，灰色胎。圆唇，沿面有两道凹槽，直腹近底部弧收，底略内凹。器身有旋痕，外底有切割形成的平行线痕。施青绿色釉。口径9.8、底径5.4、高3.4厘米（图二七二，3；彩版一八一，5）。

　　JXXD1M7：16，灰黄色胎。尖圆唇，沿面有一凹槽，浅弧腹，底面不平。器底有手指按捺的痕迹。施酱黄色釉，剥落殆尽。口径13.2、底径6.8、高2.7厘米（图二七二，4；彩版一八一，6）。

　　JXXD1M7：17，灰黄色胎。圆唇，沿面下凹，弧腹，假圈足，底内凹。施黄绿色釉，剥落殆

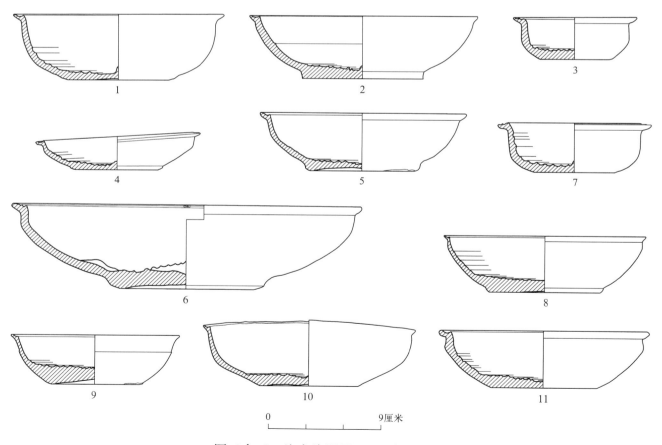

图二七二　许家沟JXXD1M7出土器物

1～11．原始瓷碗JXXD1M7：13～18、12、24、26、32、33

尽。口径16.5、底径9.0、高4.7厘米（图二七二，5；彩版一八二，1）。

JXXD1M7：18，灰白色胎。尖唇，沿面有两道凹槽，弧腹，假圈足，底内凹。口沿两侧贴附一对"S"形泥条饰。器内有一鼓泡，还有三个支钉痕。施黄绿色釉，器外釉剥落殆尽。口径27.8、底径10.8、高6.8厘米（图二七二，6；彩版一八二，2）。

JXXD1M7：23，灰白色胎。圆唇，沿面下凹，弧腹，底略内凹。施青绿色釉。口径13.6、底径8.2、高3.5厘米（图二七一，6；彩版一八二，3）。

JXXD1M7：24，灰白色胎。尖圆唇，沿面下凹，弧腹，假圈足，底稍内凹。施青灰色釉，釉色略发蓝。口径16.0、底径8.8、高4.55厘米（图二七二，8）。

JXXD1M7：26，灰白色胎。圆唇，沿面下凹，弧腹，底略内凹。器表可见旋痕。满施青绿色釉，剥落殆尽。口径13.4、底径7.0、高4.0厘米（图二七二，9；彩版一八二，4）。

JXXD1M7：32，灰白色胎。尖圆唇，沿面下凹，弧腹，底内凹。器身变形严重。施青绿色釉，釉层较厚。口径16.9、底径7.8、高5.4厘米（图二七二，10；彩版一八二，5）。

JXXD1M7：33，灰白色胎。沿面下凹，圆唇，弧腹，底稍内凹。施黄绿色釉，剥落殆尽。口径16.8、底径8.4、高4.6厘米（图二七二，11）。

钵　1件。

JXXD1M7：30，原始瓷，灰白色胎。敛口，方唇，唇面内凹，内折沿，折肩，斜腹略弧，平底。肩部贴附一对泥条制成的倒"U"形耳。器内有螺旋纹，外壁见旋痕。施黄绿色釉。口径14.2、底径10.4、高9.6厘米（图二七一，7；彩版一八二，6）。

（二）器物群

1．JXXD1Q1

JXXD1Q1位于土墩东南部，中心坐标10.65×−6.95−6.20米。器物略呈东西向放置于第④层层面上，被第③层叠压（图二七三），放置面略有高低。器物摆放范围东西长约1.77、南北宽约0.83米。

出土器物10件，其中泥质陶器2件，硬陶器3件，原始瓷器5件；器形有坛、瓿、碗和纺轮。陶纺轮置于陶坛JXXD1Q1：9，其余器物均正置，其中5只原始瓷碗呈梅花状集中放置。

坛　3件。

硬陶。侈口，卷沿，沿面有一道凹槽，束颈，深弧腹，平底内凹。颈部饰弦纹，肩及上腹部饰席纹，下腹部饰菱形填线纹。

JXXD1Q1：1，红褐色胎，器表灰黄色，局部黑色。尖圆唇，唇缘外突，弧肩略折。器内可见篦刮痕、器口与身相接的痕迹。口径22.2、底径24.8、高48.0厘米（图二七四，1；彩版一八三，1）。

JXXD1Q1：8，灰褐色胎。尖圆唇，溜肩。口径17.8、底径15.8、高39.0厘米（图二七四，2；彩版一八三，2）。

JXXD1Q1：9，红褐色胎，器表黑色。圆唇，弧肩。器身口部、腹部和底部烧制时变形，内壁有较多鼓泡。口径16.0、底径16.8、高29.8厘米（图二七四，3；彩版一八三，3）。

瓿　1件。

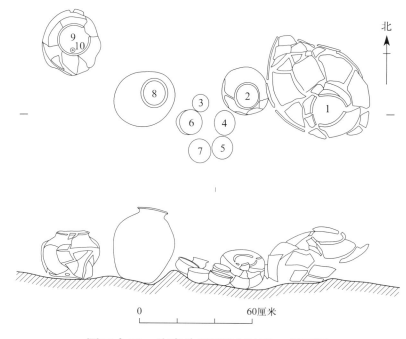

图二七三　许家沟JXXD1Q1平、剖面图
1、8、9. 陶坛　2. 陶瓿　3～7. 原始瓷碗　10. 陶纺轮

　　JXXD1Q1：2，泥质陶，黄色胎，外施灰褐陶衣，脱落较甚。直口，方唇，扁鼓腹，平底。口径14.5、底径16.2、高13.3厘米（图二七四，4；彩版一八三，4）。

　　碗　5件。

　　原始瓷，灰白色胎。敞口，尖唇，折沿，平底。器内有螺旋纹。

　　JXXD1Q1：3，沿面有两道凹槽，弧腹略鼓，上腹略内凹，下腹弧收，底内凹。外壁有旋痕，外底有同心弧线切割痕。施黄绿色釉，有积釉现象。口径13.5、底径6.8、高4.2厘米（图二七五，1；彩版一八四，1）。

　　JXXD1Q1：4，沿面内凹，唇缘外突，弧腹略鼓，上腹内弧，下腹弧收。外壁有旋痕，外底有同心弧线切割痕。施黄绿色釉。口径9.2、底径5.2、高3.8厘米（图二七五，2；彩版一八四，2）。

　　JXXD1Q1：5，沿面略内凹，弧腹略鼓，上腹近直，下腹斜收，底内凹。施青绿色釉，剥落较甚。口径12.7、底径6.8、高4.8厘米（图二七五，3；彩版一八四，3）。

　　JXXD1Q1：6，沿面有两道凹槽，弧腹，假圈足，平底。施青黄色釉，剥落较甚。口径12.6、底径5.7、高4.6厘米（图二七五，4；彩版一八四，4）。

　　JXXD1Q1：7，沿面有一道凹槽，上腹较直，下腹弧收，假圈足，底略内凹。器内底部螺旋凹槽尤密，器身略变形。施青黄色釉。口径12.4、底径6.8、高4.2厘米（图二七五，5；彩版一八四，5）。

　　纺轮　1件。

　　JXXD1Q1：10，泥质黑皮陶。算珠状，中心圆形穿孔。通体饰螺旋纹。直径3.2、孔径0.4、高1.8厘米（图二七五，6；彩版一八四，6）。

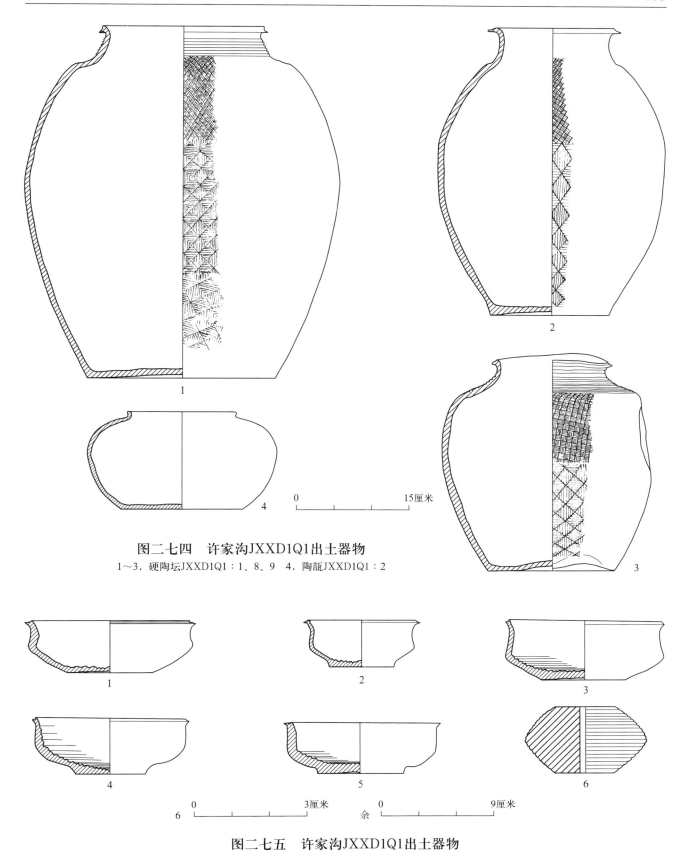

图二七四　许家沟JXXD1Q1出土器物

1~3. 硬陶坛JXXD1Q1：1、8、9　4. 陶瓿JXXD1Q1：2

图二七五　许家沟JXXD1Q1出土器物

1~5. 原始瓷碗JXXD1Q1：3~7　6. 陶纺轮JXXD1Q1：10

2．JXXD1Q2

JXXD1Q2位于土墩北部近墩脚处，中心坐标1.20×13.8−7.55米。器物放置于生土面上，被第③层叠压（图二七六；彩版一八五，1）。

出土泥质陶罐和盆各1件；盆倒扣在罐上，作为器盖使用。

罐　1件。

JXXD1Q2：1，泥质灰陶。侈口，尖唇，卷沿，束颈，折肩，弧腹，平底略内凹。肩、腹部饰方格纹。器内见泥条接缝、篦刮痕，从器内可见肩部有口、身交接的痕迹。口径18.8、最大腹径30.0、底径20.8、高23.2厘米（图二七六，1）。

盆　1件。

JXXD1Q2：2，泥质黑皮陶，灰黄色胎，黑皮部分剥落。侈口，尖圆唇，折沿，束颈，弧腹，平底略内凹。沿面饰两周凹弦纹。口径27.8、底径12.8、高8.2厘米（图二七六，2；彩版一八五，2）。

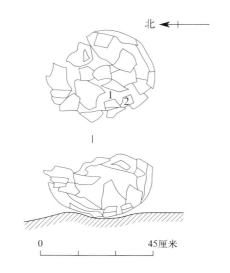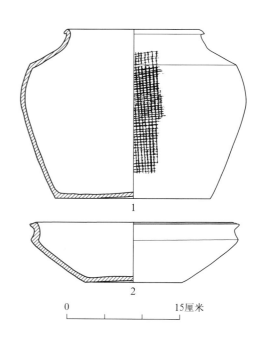

图二七六　许家沟JXXD1Q2及出土器物

1. 陶罐JXXD1Q2：1　2. 陶盆JXXD1Q2：2

3．JXXD1Q3

JXXD1Q3位于土墩西北部近墩脚处，中心坐标−11.60×5.60−7.50米。器物放置于较为平坦的生土层面上，被第③层叠压（图二七七；彩版一八五，3）。

出土硬陶坛、泥质陶钵各1件。发现时均已破碎，坛口朝向西北倒在生土层面上，钵碎片散落在坛口周边，从迹象判断钵当时作为器盖扣置在坛口。

坛　1件。

JXXD1Q3：2，硬陶，红褐色胎，器表灰色。侈口，尖唇，卷沿，束颈，弧折肩，深弧腹，平底略内凹。颈部饰弦纹，肩及上腹部饰席纹，下腹部饰菱形填线纹。器内见篦刮痕、指抹痕，颈部内侧有口、身粘接时指抹的痕迹。口径22.8、底径23.4、高49.8厘米（图二七七，2；彩版一八五，4）。

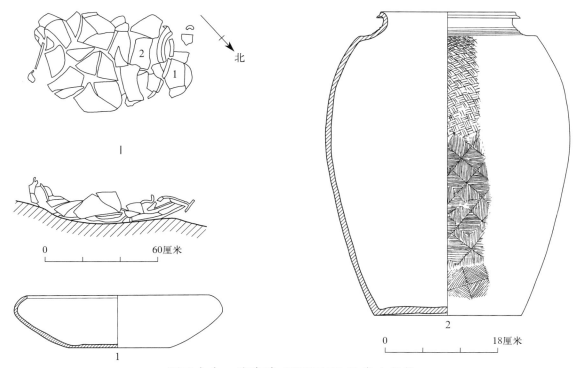

图二七七　许家沟 JXXD1Q3 及出土器物
1. 陶钵 JXXD1Q3：1　2. 硬陶坛 JXXD1Q3：2

钵　1件。

JXXD1Q3：1，泥质黑皮陶，灰色胎，陶衣剥落殆尽，磨光。敛口，方唇，弧腹，平底。口径29.0、底径16.0、高8.6厘米（图二七七，1；彩版一八五，5）。

4．JXXD1Q4

JXXD1Q4位于土墩北部，中心坐标为−0.10×11.0−7.15米。挖有浅坑，开口于第②层下，打破第③层（图二七八；彩版一八六，1）。土坑呈簸箕状，敞口朝向墩外，坑口呈不规则圆形，南壁较直，东、西壁弧，南北长1.93、东西宽约1.73米，底略平，深0～0.25米。坑内填土灰黑色，土质疏松。

坑底放置4件器物，均正置，其中夹砂陶鼎1件，硬陶罐1件，原始瓷盅2件。

鼎　1件。

JXXD1Q4：1，夹砂红陶。残碎，可复原口部。侈口，圆唇，卷沿。腹、底残片见有烟炱痕。口径23.1、残高4.6厘米（图二七九，1）。

罐　1件。

JXXD1Q4：2，硬陶，红褐色胎，器表灰黑色。侈口，尖唇，折沿，沿面有一道凹槽，短束颈，溜肩，鼓腹下垂，平底内凹。肩、腹部饰方格纹。口径12.8、底径16.2、高21.2厘米（图二七九，2；彩版一八六，2）。

盅　2件。

原始瓷，灰白色胎。直口，直腹，近底部弧收，平底。器内有螺旋纹。

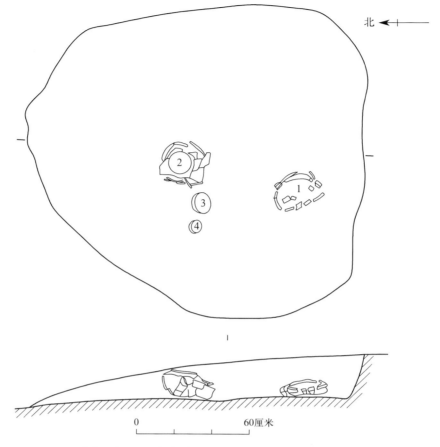

图二七八　许家沟JXXD1Q4平、剖面图

1.陶鼎　2.硬陶罐　3、4.原始瓷盅

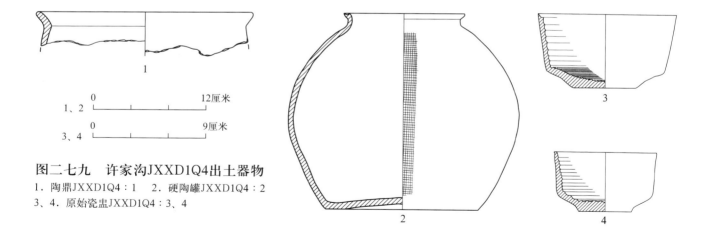

图二七九　许家沟JXXD1Q4出土器物

1.陶鼎JXXD1Q4：1　2.硬陶罐JXXD1Q4：2
3、4.原始瓷盅JXXD1Q4：3、4

JXXD1Q4：3，沿面内凹，尖唇。施青绿色釉，外底无釉，表面呈褐色。口径11.2、底径4.9、高6.0厘米（图二七九，3；彩版一八六，3）。

JXXD1Q4：4，方唇。施青黄色釉。口径8.2、底径4.3、高4.8厘米（图二七九，4；彩版一八六，4）。

5．JXXD1Q5

JXXD1Q5位于土墩东南部，中心坐标8.50×−9.05−5.65米。器物放置于第⑦层层面上，东南侧因地势较低用橙红色土垫平，被第⑥层叠压（图二八〇；彩版一八七，1）。

出土器物7件，其中6件大致排成一条直线，方向朝向墩中心，另1件置于南侧；器物放置范围西北至东南长1.55、东北至西南宽1.19米。出土器物中有夹砂陶器3件、泥质陶器1件、硬陶器2、原始瓷器1件；器形有鼎、罐、瓿、碗。碗JXXD1Q5：3倒扣于鼎JXXD1Q5：4上，作为器盖使用，其余器物正置。

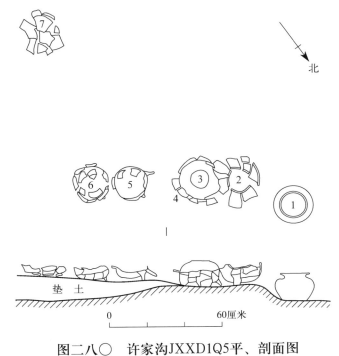

图二八〇　许家沟JXXD1Q5平、剖面图
1、2．硬陶瓿　3．原始瓷碗　4～6．陶鼎　7．陶罐

鼎　3件。

JXXD1Q5：4，夹砂红陶。腹部和足残碎，无法复原。侈口，圆唇，折沿，腹、底间折，圜底。底部有烟炱痕。口径26.3厘米（图二八一，1）。

JXXD1Q5：5，夹砂红陶。破碎，仅复原口部和一足。侈口，尖圆唇，卷沿，锥形足。口径18.7厘米（图二八一，2）。

JXXD1Q5：6，夹砂红陶。仅可复原一足。柱状足。足高约8.0厘米（图二八一，3）。

罐　1件。

JXXD1Q5：7，泥质黑皮陶，灰黄色胎，器表磨光。直口略侈，方唇，唇面有一道凹槽，弧肩，鼓腹，平底。上腹部对称设一对横贯耳，耳宽扁。肩部及耳面饰弦纹。口径11.8、底径11.4、高16.3厘米（图二八一，4；彩版一八七，2）。

瓿　2件。

硬陶。侈口，卷沿，沿面下凹，尖唇，束颈，平底。器内有篦刮纹。

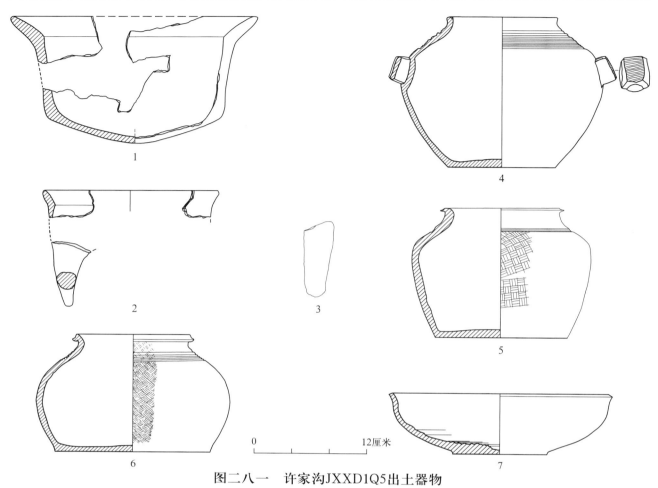

图二八一　许家沟JXXD1Q5出土器物

1～3. 陶鼎JXXD1Q5：4～6　4. 陶罐JXXD1Q5：7　5、6. 硬陶瓿JXXD1Q5：1、2　7. 原始瓷碗JXXD1Q5：3

JXXD1Q5：1，灰褐色胎。弧肩，扁鼓腹。肩部饰弦纹，腹部饰席纹。器内还有指抹痕。口径13.2、底径14.0、高14.1厘米（图二八一，5；彩版一八七，3）。

JXXD1Q5：2，紫褐色胎，器表灰色。溜肩，扁鼓腹。外壁饰席纹，颈部叠饰弦纹，席纹近底部因接底被抹平。口径12.9、底径16.6、高12.8厘米（图二八一，6；彩版一八七，4）。

碗　1件。

JXXD1Q5：3，原始瓷，灰色胎。敞口，方唇，弧腹，假圈足，平底略内凹。外壁留有旋痕，外底有弧线切割痕。施青绿色釉，釉、胎结合不紧密，脱落较甚。口径23.8、底径10.0、高6.6厘米（图二八一，7；彩版一八七，5）。

6. JXXD1Q6

JXXD1Q6位于土墩东南部，中心坐标8.35×－7.75－5.40米。挖有浅坑，开口于第⑥层下，打破第⑦层（图二八二；彩版一八八，1）。坑呈簸箕状，敞口朝向墩外，方向约100°。口部呈西高东低的坡势，平面大致呈长条形，壁交角呈弧形，长2.85、宽1.58米，南壁、西壁较直，北壁略斜，底稍平，深0～0.45米。

坑中放置器物4件，其中夹砂陶器1件，泥质陶器1件，硬陶器2件；器形有釜、坛、罐、盘。

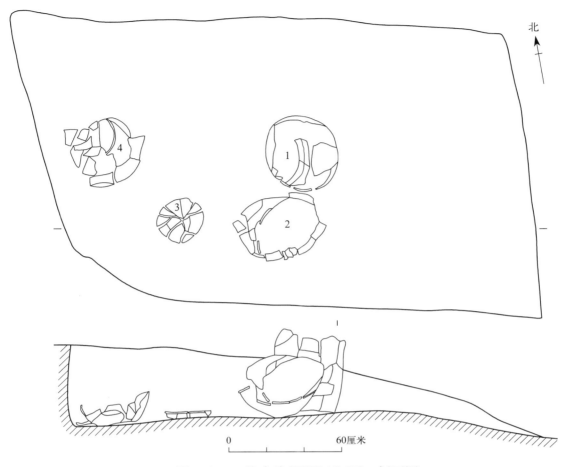

图二八二　许家沟JXXD1Q6平、剖面图

1. 硬陶坛　2. 陶釜　3. 陶盘　4. 硬陶罐

釜　1件。

JXXD1Q6：2，夹砂红陶，仅能复原口部。侈口，圆唇，宽折沿。口径48.2、残高6.6厘米（图二八三，1）。

坛　1件。

JXXD1Q6：1，红色硬陶，硬度不高。侈口，方唇，卷沿，沿面下凹，束颈，弧肩，深弧腹，平底。颈部饰弦纹，肩及上腹部饰席纹，下腹部饰菱形填线与复线菱形组合纹饰。器内可见泥条接缝，泥条宽度约2厘米，颈部有泥胎搭接的痕迹。口径20.5、底径20.2、高49.8厘米（图二八三，2；彩版一八八，2）。

罐　1件。

JXXD1Q6：4，灰褐色硬陶。侈口，尖唇，卷沿，沿面内凹，束颈，弧肩，鼓腹，平底。肩部堆贴一对泥条耳形堆饰。颈部饰弦纹，肩部及上腹部饰菱形填线纹，下腹部饰方格纹。口径17.8、底径16.8、高26.0厘米（图二八三，3；彩版一八八，3）。

盘　1件。

JXXD1Q6：3，泥质黑皮陶，灰黄色胎，黑皮磨蚀、剥落殆尽。侈口，尖圆唇，卷沿，沿面有凹槽，折腹，上腹内弧，下腹弧收，圜底近平。口径24.0、高5.1厘米（图二八三，4；彩版一八八，4）。

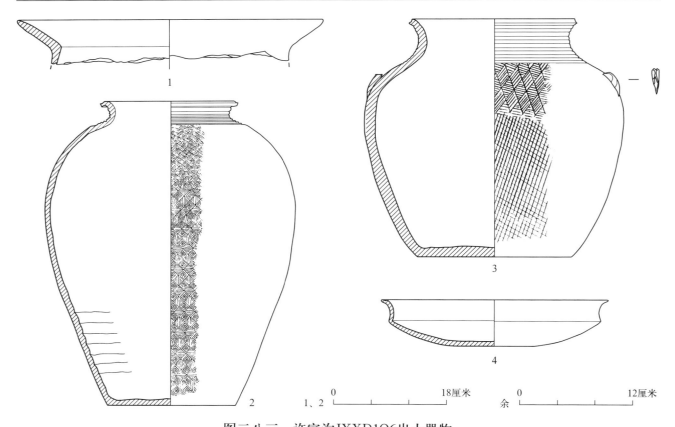

图二八三　许家沟JXXD1Q6出土器物

1. 陶釜JXXD1Q6：2　2. 硬陶坛JXXD1Q6：1　3. 硬陶罐JXXD1Q6：4　4. 陶盘JXXD1Q6：3

7．JXXD1Q7

JXXD1Q7位于土墩南部偏东，中心坐标5.30×−8.50−5.50米。器物放置于第⑦层层面上，被第⑥层叠压（图二八四）。

出土器物4件，其中夹砂陶鼎2件，硬陶瓿1件，原始瓷碗1件。器物放置面较平，分为两组，相距约0.45米；东侧一组的碗JXXD1Q7：4倒扣于较小的鼎JXXD1Q7：3口部，然后叠置于另一相对较大的鼎JXXD1Q7：1中；西侧一组仅陶瓿1件，正置。

鼎　2件。

JXXD1Q7：1，夹砂红陶。仅可复原口部。侈口，方唇，折沿。口径34.2、残高3.6厘米（图二八五，1）。

JXXD1Q7：3，夹砂红陶。可复原口部和足。侈口，圆唇，折沿，锥形足。口径22.6、足高13.4厘米（图二八五，2）。

瓿　1件。

JXXD1Q7：2，硬陶，灰褐色胎，器表灰色。直口略侈，尖唇，折沿，沿面略凹，短直颈，弧肩，扁鼓腹，平底略内凹。口内侧饰三道凹弦纹，外壁饰席纹，

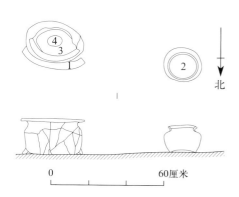

图二八四　许家沟JXXD1Q7平、剖面图

1、3．陶鼎　2．硬陶瓿　4．原始瓷碗

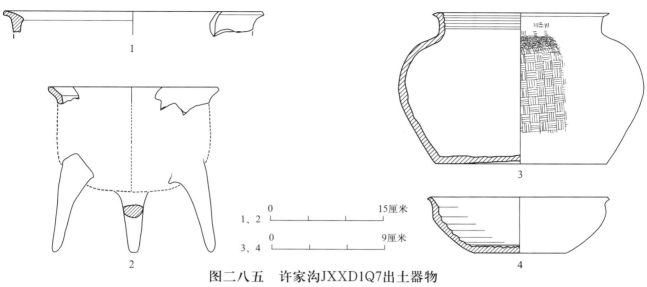

图二八五　许家沟JXXD1Q7出土器物

1、2. 陶鼎JXXD1Q7：1、3　3. 硬陶瓿JXXD1Q7：2　4. 原始瓷碗JXXD1Q7：4

席纹近底部因接底被抹平。器内有篦刮痕、指抹痕。口径14.0、底径13.6、高12.4厘米（图二八五，3）。

碗　1件。

JXXD1Q7：4，原始瓷，灰黄色胎。敞口，尖唇，折沿，沿面有两道凹槽，弧腹，平底。器内有螺旋纹。施黄绿色釉。口径14.4、底径7.3、高4.6厘米（图二八五，4）。

（三）建筑遗存

JXXD1土垄

JXXD1中发现土垄一处，位于土墩东部略偏北JXXD1M4东侧，中心坐标6.00×1.00-6.30米。叠压于第⑫层之上，西侧边缘被第⑨层土叠压、向东分别被第⑧层、⑦层、⑥层土叠压（彩版一八九，1、2）。土垄平面大致呈等腰梯形，方向约70°。同JXXD1M4基本一致。长7.50、西端宽1.30、东端宽2.50米。土垄的顶部较平，两侧稍弧，断面略呈长方形。土垄自西向东向下倾斜，顶面呈斜坡状，西端高1.65、东端高0.70米。堆积土垄的土红褐色，土质细腻、黏性大，与第⑩层土相近。

土垄被4层土叠压，但在紧靠土垄的南、西、北部却集中堆积了白土，在土垄周围形成了宽约0.10～0.45米的白土带，这白土带同第⑨、⑧、⑦层土相互交错，无法划分层位。白土分布的规律性说明是在土垄上叠压这3层土时有意而为，加上土垄本身的特殊形制也说明土垄应是特意堆建，具有特殊意义。土垄平面位置正好位于JXXD1M4的前端，方向也基本吻合，因而可以推测土垄的堆建与JXXD1M4有关，可能带有标志性的涵义。

在土垄东侧的堆土中，发现原始瓷罐和碗各1件。

罐　1件。

JXXD1土垄：2，原始瓷，侈口，方唇，卷沿，束颈，溜肩，鼓腹，平底。肩部贴附一对横耳。

肩、腹部饰对称弧形纹。器内留有泥条盘筑后的篦刮痕。施青绿釉外不及底，局部剥落。口径13.7、底径15.7、高16.3厘米（图二八六，2）。

碗　1件。

JXXD1土垄：1，原始瓷，灰白色胎。敞口，圆唇，折沿，沿面下凹，折腹，上腹直，下腹弧收，平底内凹。器内有螺旋纹。釉脱落殆尽。口径14.5、底径7.8、高4.0厘米（图二八六，1）。

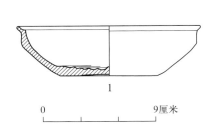

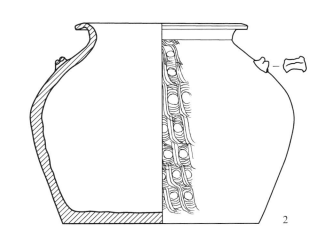

图二八六　许家沟JXXD1土垄出土器物

1. 原始瓷碗JXXD1土垄：1　2. 原始瓷罐JXXD1土垄：2

四　小结

许家沟JXXD1、D2是金坛薛埠片区发掘的最高大的两座土墩。JXXD1底径约34、高约7.6米。墩内发现器物群7处、墓葬7座；器物群分布于土墩较外侧的位置，以东南侧较为集中，JXXD1Q4、Q6挖有形状不规则的浅坑，其余器物群器物多置于堆积层面上。墓葬JXXD1M4位于土墩中心位置，浅土坑型，葬于为营建土墩而堆筑的土台上，上有馒头形封土，其余墓葬挖建于早期土墩的坡面上，坑簸箕形，呈向心式分布。

```
                    ┌→Q1              ┌→Q5                      ┌→⑪
①→②→Q4→③→┤ M1 ├→④→M6→⑤→M2→⑥→┤ Q6 ├→⑦→⑧→M7→⑨→⑩┤      →M4 ├→⑫→⑬┐
                    └→M3              │ Q7 │                    └→土垄         │
                                      └→M5                                     ├→生土
          └─────────────────────────────→Q2─────────────────────────────────┤
          └─────────────────────────────→Q3─────────────────────────────────┘
```

根据土墩的地层堆积和诸遗迹之间的叠压打破关系对土墩的形成过程进行复原推测。JXXD1为人工堆筑而成，首先平整地面，堆积第⑬层、第⑫层，形成一个表面平整的平台；然后在平台的中间挖一浅坑，并在坑南、北侧垫第⑪层土，葬JXXD1M4；接着在墓葬上堆土（第⑩层），在墓葬的东侧堆筑土垄；随后在小封土堆、土垄上堆筑大封土堆（第⑨层），形成馒头状土墩。一段时间后，在土墩北侧挖坑，葬JXXD1M7，其上封土（第⑧层）。稍后，在墩外围底部环绕土墩堆土（第⑦层），使土墩面积增大，在墩东南侧近底部放置JXXD1Q5、Q7，挖坑放置JXXD1Q6，葬

JXXD1M5，在墩外围堆筑第⑥层，将此组器物群、墓葬封入土墩；在堆积第⑨、⑧、⑦层时，并未将JXXD1M4前的土垄完全包住，因此土垄的白色倒塌、冲积土叠在这些层次边缘。在墩东南挖坑葬JXXD1M2，封土（第⑤层）；在墩西北挖坑葬JXXD1M6，封土（第④层）；在墩西南挖坑葬M1、M3，并在土墩外围近底部放置JXXD1Q1～Q3进行祭祀，封土（第③层）；在土墩北侧挖坑放置器物群JXXD1Q4祭祀，最后整体封土（第②层），完成土墩营造。

JXXD1M4、M5、M2、M6的外侧大件器物高于墓口，直接被第⑩、⑥、⑤、④层叠压，显示葬墓后应立即封土。第③层下的JXXD1Q1～Q3、M1、M3这组遗迹中器物群直接被第③层包住，显示葬墓、祭祀后也应立即封土。

JXXD1内最早的遗迹单元为JXXD1M4，出土的夹砂陶鼎卷沿较窄，弧腹，足较矮；硬陶器束颈较长内束，弧腹，最大腹径偏于上部，纹饰为稍大的席纹、菱形填线纹与方格纹组合，并有硬陶碗类小型器物；原始瓷仅见碗，宽折沿，弧腹，平底；以上器物具有春秋早期器物特征。

墩内较晚的遗迹有JXXD1Q1～Q4、M1、M3。其中JXXD1Q1～Q3、M1、M3出土的夹砂陶鼎宽折沿近平，腹深直，足细长；硬陶器卷沿近平，束颈较长，肩部较平，纹饰为方格纹、席纹、菱形填线纹，纹饰稍浅；原始瓷碗折沿很窄，腹略鼓；原始瓷罐表面饰窗棂纹；以上器物具有春秋中期器物特征。最晚的遗迹是JXXD1Q4，出土的硬陶罐垂腹、底较宽；原始瓷盅敞口，深直腹，年代应已到春秋晚期。

JXXD1的年代上限为春秋早期，下限为春秋晚期。

第三节　许家沟土墩墓D2

一　概况

许家沟土墩墓D2（编号JXXD2）位于西侧南北向岗地的顶部，其西为340省道通往茅山公墓的南北向乡村道路，北距茅山公墓350米。北侧12米处为JXXD1，东侧10米处为JXXD3。

JXXD2表面有茂密的杂树、竹子及杂草等，考古队进入现场时，土墩西部部分被施工取土破坏。JXXD2外观呈馒头状，墩形饱满，平面大致呈圆形，底部南北长32.00、东西残长约24.30、墩顶至生土面高约6.75米（图二八七；彩版一九〇、一九一）。

二　地层堆积

根据土质、土色的差异和包含物的不同，JXXD2的堆积可分为依次叠压的13层，现以土墩中部南北向剖面为例说明（图二八八；彩版一九二，1、2，一九三，1）。

第①层：灰褐色土，厚0.07～0.25米。表土层，夹杂有较多植物的根系，含近现代砖瓦、石块等。遍布土墩。

第②层：黄褐色土，深0.10～0.90、厚0.25～0.80米。土质较松软，含少量细砂，纯净，未见遗物。斜向堆积，遍布土墩。

第③层：红褐色土，深0.45～2.30、厚0.25～1.80米。土质较黏，含有少量夹砂红陶片和硬陶

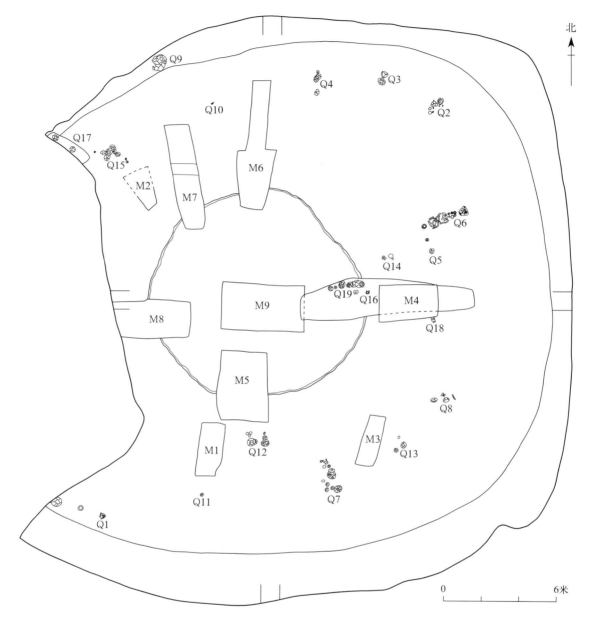

图二八七　许家沟JXXD2平面图

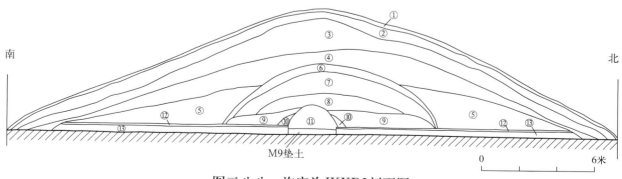

图二八八　许家沟JXXD2剖面图

片。斜向堆积，除土墩中心偏东北小部分外，其他位置均分布。本层下有器物群JXXD2Q1～Q5、Q7～Q11及墓葬JXXD2M1、M3。

第④层：红褐色土，深0.85～3.50、厚0.15～1.55米。夹杂条带状白土、黄土，土质较硬，其中多见树叶和草叶等植物腐痕，未见遗物。斜向堆积，遍布土墩。本层下有器物群JXXD2Q6、Q12～Q15及墓葬JXXD2M2、M4～M8。

第⑤层：黄色土，深1.20～4.75、厚0～1.80米。纯净、细腻，含有少量已腐烂的树叶和草叶，发现少量遗物，如石泡。顶部斜向，底部平坦，平面略呈环状分布于土墩中心外围。本层下有器物群JXXD2Q16～Q19。

第⑥层：白色土，深2.85～4.90、厚0.15～0.55米。土质细腻、紧密，干硬，纯净，未见遗物。斜向堆积，分布于土墩中部。

第⑦层：红褐色土夹黄土块，深3.30～4.80、厚0.15～1.15米。土质坚硬、紧密，见有极少量的红陶片。斜向堆积，分布于土墩中部，分布范围较第⑥层略小。

第⑧层：红褐色土，深4.50～5.40、厚0～0.80米。夹杂条带状黄白色土，土质坚硬、干燥，较纯净，含物少见。顶面斜坡状，底较平，分布于土墩中部，分布范围较第⑦层略小。

第⑨层：黄色土，深4.40～6.15、厚0～0.90米。较纯净，未见遗物。较平坦，呈环状分布于土墩中心的外围。

第⑩层：白土夹杂条带状红褐土，深5.55～6.30、厚0～0.50米。土质较松散，含大量的植物茎叶腐痕，未见遗物（彩版一九三，2、3）。平面呈环状分布于墩体中心第⑪层土的外围。

第⑪层：红褐色土，深5.10～6.40、厚0～1.20米。夹杂少量黄土块，土质松软。纯净，未见遗物。呈圆丘状，分布于土墩中心。本层下有墓葬JXXD2M9。

第⑫层：青灰色土，深约6.10、厚0.05～0.10米。土质松软，细腻。纯净，未见遗物。平坦，分布于土墩中部。

第⑬层：深黄色土，深约6.30、厚0.35～0.40米。土质细腻、松软。纯净，未见遗物。平坦，分布于土墩中部，是在生土面上垫起的一个平台。

第⑬层下为生土，生土面较平整。生土红褐色，夹杂铁锈斑和灰白斑，土质坚硬，纯净。

三　遗迹遗物

（一）墓葬

JXXD2中共发现墓葬9座，其中最早的JXXD2M9位于土墩中部，其余墓葬位于JXXD2M9四周，呈向心式分布。

1. JXXD2M1

JXXD2M1位于土墩南部偏西，中心坐标-3.20×-8.10-5.20米。开口于第③层下，打破第④层（图二八九；彩版一九四，1）。为竖穴土坑墓，平面大致呈长方形，南侧较窄，方向约190°。坑口面倾斜，北高南低，长2.92、宽1.00～1.20米，直壁，底面基本水平，深0.10～0.70米。填土红褐色，土质较松软。随葬器物集中放置于墓坑的南部，夹砂陶鼎放置于夹砂陶釜中，夹砂陶釜斜靠在

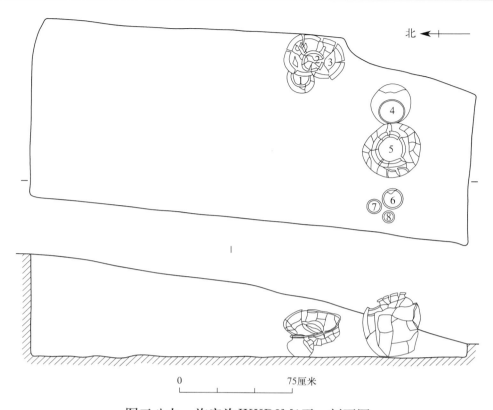

图二八九　许家沟JXXD2M1平、剖面图
1、4. 硬陶瓿　2. 陶鼎　3. 陶釜　5. 硬陶坛　6～8. 原始瓷碗

墓壁上，其余器物正置于墓底。

随葬器物共8件，其中夹砂陶器2件，硬陶器3件，原始瓷器3件；器形有釜、鼎、坛、瓿、碗。

鼎　1件。

JXXD2M1：2，夹砂红陶。侈口，圆唇，折沿，直腹微弧，圜底，锥形足。口径16.0、高14.7厘米（图二九〇，1；彩版一九四，2）。

釜　1件。

JXXD2M1：3，夹砂红陶。残碎严重，仅复原口部。侈口，尖圆唇，卷沿。口径18.0、残高3.6厘米（图二九〇，2）。

坛　1件。

JXXD2M1：5，硬陶，红褐色胎，器表灰色。侈口，尖圆唇，卷沿，沿面下凹，束颈，弧折肩，深弧腹，平底稍内凹。颈部饰弦纹，肩及上腹部饰方格纹，下腹部饰菱形填线纹。器内可见篦刮、指抹痕迹。口径20.2、最大腹径35.6、底径22.0、高48.0厘米（图二九〇，3；彩版一九四，4）。

瓿　2件。

硬陶。侈口，卷沿，沿面有一道凹槽，束颈，扁鼓腹，平底略内凹。

JXXD2M1：1，青灰色胎，器表灰色。尖圆唇，溜肩。颈部饰弦纹，肩腹部饰方格纹。器内有篦刮痕。口径14.6、底径16.0、高13.2厘米（图二九〇，4；彩版一九四，3）。

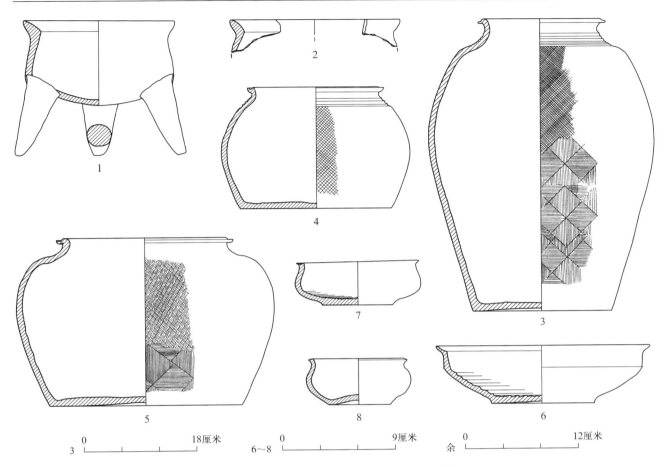

图二九〇　许家沟JXXD2M1出土器物

1. 陶鼎JXXD2M1：2　2. 陶釜JXXD2M1：3　3. 硬陶坛JXXD2M1：5　4、5. 硬陶瓿JXXD2M1：1、4　6～8. 原始瓷碗
JXXD2M1：6～8

　　JXXD2M1：4，灰褐色胎。尖唇，短束颈，弧肩。颈部饰弦纹，肩及上腹部饰席纹，下腹部饰菱形填线纹。器内有篦刮痕。口径18.9、底径20.4、高18.4厘米（图二九〇，5；彩版一九五，1）。

　　碗　3件。

　　JXXD2M1：6，原始瓷，灰白色胎。敞口，圆唇，折沿，沿面下凹，折腹，平底略凹。器内有螺旋纹。施青黄色釉。口径17.4、底径8.2、高4.8厘米（图二九〇，6；彩版一九五，2）。

　　JXXD2M1：7，原始瓷，灰白色胎。口微敛，尖唇，窄折沿，沿面有两道凹槽，弧腹略鼓，平底。器内有螺旋向外的凹槽。器身略有变形。施绿色釉。口径9.8、底径5.5、高3.7厘米（图二九〇，7；彩版一九五，3）。

　　JXXD2M1：8，原始瓷，浅灰褐色胎。侈口，尖唇，窄折沿，沿面微凹，弧腹略鼓，平底内凹。外底有线切割痕。施青绿色釉。口径8.0、底径4.9、高3.8厘米（图二九〇，8；彩版一九五，4）。

2．JXXD2M2

　　JXXD2M2位于土墩西北部，中心坐标−6.80×6.10−5.20米。开口于第④层下，打破第⑤层（图二九一；彩版一九六，1、2）。为竖穴土坑墓，墓坑平面呈梯形，南部较窄，方向约335°。坑口

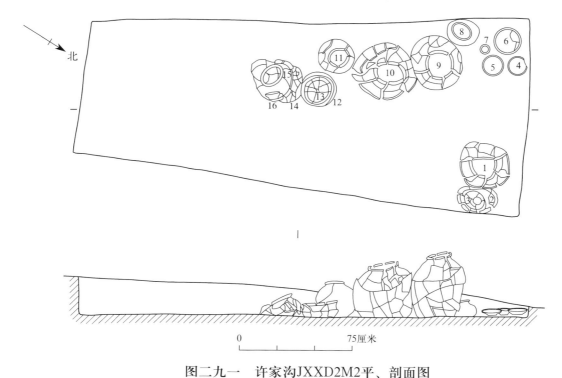

图二九一　许家沟JXXD2M2平、剖面图

1、9、10. 硬陶坛　2、15. 陶鼎　3~7、16. 原始瓷碗　8. 硬陶瓿　11. 硬陶罐　12、13. 陶盆　14. 陶釜

面倾斜，西南高东北低，长2.96、宽0.90~1.34米，直壁，底面基本水平，深0.08~0.26米。填土与第④层土一致，红褐色，土质较软，纯净。随葬器物放置紧靠西壁和北壁，大致呈"L"形，器形较高的器物高出坑口。器物多正置于墓底，泥质陶盆JXXD2M2：12、13叠放在一起；原始瓷碗JXXD2M2：16与夹砂陶鼎JXXD2M2：15置于夹砂陶釜JXXD2M2：14内；原始瓷碗JXXD2M2：3倒扣于夹砂陶鼎JXXD2M2：2口部，作器盖使用。

出土器物16件，其中夹砂陶器3件，泥质陶器2件，硬陶器5件，原始瓷器6件；器形有釜、鼎、坛、罐、瓿、盆、碗。

鼎　2件。

JXXD2M2：2，夹砂红陶。残碎，无法复原。侈口，圆唇，折沿，弧腹，圜底。

JXXD2M2：15，夹砂红陶。残碎，无法复原。锥形足。足残高7.5厘米。

釜　1件。

JXXD2M2：14，夹砂红陶。残碎，无法复原。

坛　3件。

硬陶。侈口，尖圆唇，卷沿，沿外缘有一道凹槽，束颈，弧肩，深弧腹，平底略内凹。

JXXD2M2：1，灰褐色胎。颈部饰弦纹，纹饰被抹平，不甚清楚，肩及上腹部饰席纹，下腹部饰菱形填线纹。口径20.8、底径18.4、高37.8厘米（图二九二，1；彩版一九七，1）。

JXXD2M2：9，灰色胎，器表局部灰黄色。肩及上腹部饰席纹，下腹部饰菱形填线纹。器内壁可见篦刮痕、指抹痕和指窝按捺的痕迹。口径20.8、底径17.4、高42.4厘米（图二九二，2；彩版一九七，2）。

JXXD2M2：10，红褐色胎。颈部饰弦纹，肩、腹部饰席纹。器内壁可见篦刮痕，颈、肩交接处可见连续指窝按捺的痕迹。口径20.0、底径17.6、高39.6厘米（图二九二，3；彩版一九七，3）。

罐　1件。

JXXD2M2：11，硬陶，红褐色胎，器表灰褐色。侈口，卷沿，沿面有一道凹槽，束颈，溜肩，鼓腹，平底。肩部饰弦纹，上腹部饰席纹，下腹部饰菱形填线纹。器内有篦刮痕和指窝按捺的痕迹。口径15.6、底径14.0、高23.2厘米（图二九二，4；彩版一九五，5）。

瓿　1件。

JXXD2M2：8，灰褐色硬陶。侈口，圆唇，卷沿，沿面有一道凹槽，束颈，颈、肩交接处折，

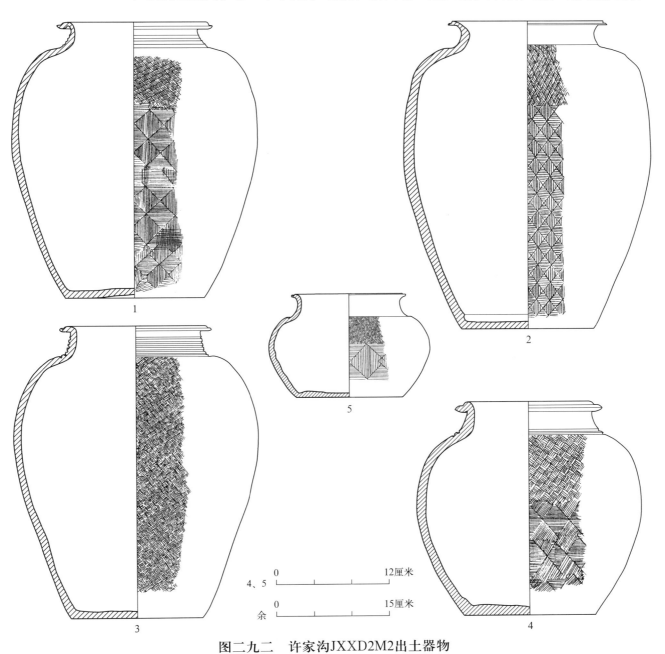

图二九二　许家沟JXXD2M2出土器物

1～3．硬陶坛JXXD2M2：1、9、10　4．硬陶罐JXXD2M2：11　5．硬陶瓿JXXD2M2：8

扁鼓肩，平底略凹。上腹部饰席纹，下腹部饰菱形填线纹。器内壁见篦刮痕，颈、肩交接处有指窝按捺的痕迹。口径12.0、底径11.2、高11.3厘米（图二九二，5）。

　　盆　2件。

　　泥质陶。圆唇，折腹，上腹略内弧，下腹弧收，平底。

　　JXXD2M2：12，砖红色胎。口略敛，折沿，沿面下凹。上腹部饰弦纹数道。口径18.4、底径13.2、高8.2厘米（图二九三，1；彩版一九七，4）。

　　JXXD2M2：13，灰褐色胎。侈口，卷沿，沿面有一道凹槽。口径18.8、底径8.8、高5.4厘米（图二九三，2）。

　　碗　6件。

　　原始瓷，灰白色胎。敞口，平底。器内有螺旋纹。

　　JXXD2M2：3，圆唇，折沿，沿面有两道凹槽，弧腹斜收，假圈足。施黄色釉，剥落较甚。口径16.8、底径6.1、高4.8厘米（图二九三，3；彩版一九八，1）。

　　JXXD2M2：4，圆唇，折沿，沿面有一道凹槽，弧腹，底略内凹。器身略有变形。施青黄绿色釉。口径14.2、底径7.6、高3.9厘米（图二九三，4；彩版一九八，2）。

　　JXXD2M2：5，尖圆唇，折沿，沿面有一道凹槽，弧腹。施青黄色绿釉，剥落较甚。口径14.4、底径8.4、高4.2厘米（图二九三，5；彩版一九八，3）。

　　JXXD2M2：6，尖圆唇，折沿，沿面有一道凹槽，弧腹。外底有线切割痕。施黄绿色釉。口径18.5、底径8.2、高5.4厘米（图二九三，6；彩版一九八，4）。

　　JXXD2M2：7，尖圆唇，平折沿，沿面有一道凹槽。直腹近底部折收。外壁留有旋痕。施青绿色釉。口径9.6、底径4.8、高3.4厘米（图二九三，7；彩版一九八，5）。

　　JXXD2M2：16，尖圆唇，折沿，沿面有一道凹槽，弧腹。外壁留有篦刮痕，外底有线切割痕。施黄绿色釉，剥落较甚。口径13.6、底径7.6、高4.2厘米（图二九三，8；彩版一九八，6）。

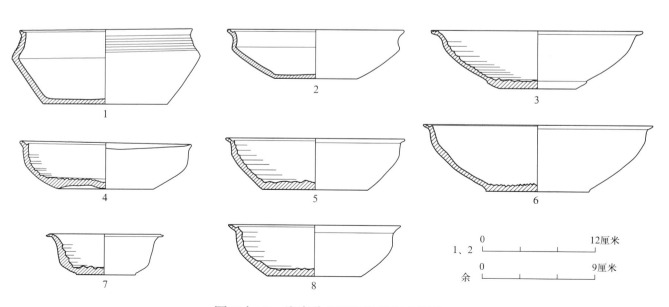

图二九三　许家沟JXXD2M2出土器物
1、2.陶盆JXXD2M2：12、13　3～8.原始瓷碗JXXD2M2：3～7、16

3. JXXD2M3

JXXD2M3位于土墩东南部，中心坐标5.40×−7.80−5.10米。开口于第③层下，打破第④层（图二九四；彩版一九九，1、2）。为竖穴土坑墓，墓坑平面近长方形，北部较窄，方向约200°。坑口面倾斜，北侧略高，长2.86、宽0.93～1.06米，直壁，底面基本水平，深0.04～0.15米。填土与第③层一致，红褐色，土质较软，纯净。随葬器物集中放置在墓坑底部的南北两端，5件原始瓷盅置墓坑东南角，其余的置于墓坑北端，器形较高的器物高出坑口。3件泥质陶盆倒扣在硬陶坛上作器盖使用，夹砂陶鼎JXXD2M3：1倒扣在墓底，其余器物正置于墓底，原始瓷盅排列成两排。

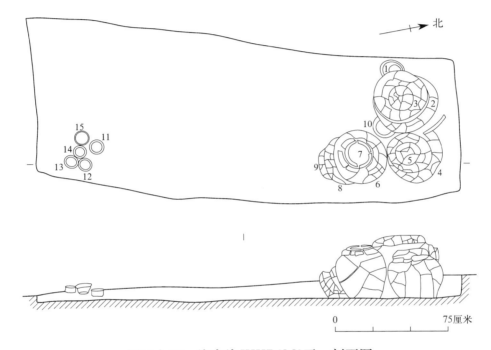

图二九四 许家沟JXXD2M3平、剖面图
1、10. 陶鼎 2、4、6. 硬陶坛 3、5、7、9. 陶盆 8. 陶釜 11～15. 原始瓷盅

出土器物15件，其中夹砂陶器4件，泥质陶器3件、硬陶器3件、原始瓷器5件；器形有釜、鼎、坛、罐、瓿、盆、盅。

鼎 2件。

夹砂红陶。圜底近平，舌形足，足尖略外撇。

JXXD2M3：1，敞口，圆唇，折沿近平，弧腹近直。口径17.2、高11.8厘米（图二九五，1；彩版二○○，1）。

JXXD2M3：10，敞口，圆唇，平折沿，腹斜直。口径17.6、高11.6厘米（图二九五，2；彩版二○○，2）。

釜 1件。

JXXD2M3：8，夹砂红陶。残碎，无法复原。

坛 3件。

硬陶。侈口，卷沿，沿面有一道凹槽，束颈，弧肩略折，深弧腹，平底。

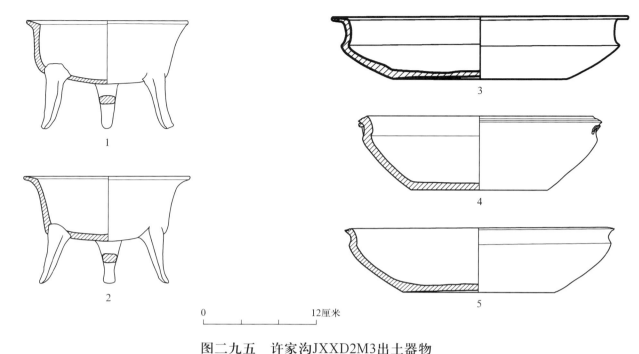

0　　　　　　　12厘米

图二九五　许家沟JXXD2M3出土器物
1、2. 陶鼎JXXD2M3：1、10　3～5. 陶盆JXXD2M3：3、5、7

JXXD2M3：2，红褐色胎。尖圆唇，底略凹。颈下部饰弦纹，肩及上腹部饰方格纹，下腹部饰菱形填线纹。器内可见泥条盘筑的痕迹，在器内颈部位置有器身与口相接的痕迹。口径20.8、底径20.2、高41.8厘米（图二九六，1；彩版二○○，3）。

JXXD2M3：4，灰色胎，器表呈现红褐、青灰两种颜色。圆唇。颈部饰弦纹，肩及上腹部饰方格纹，下腹部饰菱形填线纹。器内可见泥条盘筑的痕迹、指抹痕。器形不甚规整，有少量鼓泡，凹凸不平，口径17.6、底径19.0、高38.6厘米（图二九六，2；彩版二○○，4）。

JXXD2M3：6，灰褐色胎。尖唇。颈、肩部饰弦纹，肩及上腹部饰席纹，下腹部饰菱形填线纹。器内可见泥条盘筑的痕迹，颈部位置有器身与口相接的指窝痕。口径18.0、底径20.8、高37.4厘米（图二九六，3）。

盆　4件。

JXXD2M3：3，泥质黑皮陶，灰黄色胎，黑皮脱落较甚。直口，圆唇，平折沿，沿面有两道凹槽，折腹，上腹内弧，下腹弧收，平底略凹。口径31.6、底径18.4、高6.8厘米（图二九五，3；彩版二○○，5）。

JXXD2M3：5，泥质黑皮陶，灰黄色胎。敞口，方唇，沿面上有两道弦纹，束颈，弧腹，平底。上腹部有一对泥条捏制的倒"U"形堆饰。口径25.8、底径14.4、高8.0厘米（图二九五，4）。

JXXD2M3：7，泥质黑皮陶，灰黄色胎，黑皮剥落较甚。敞口，尖唇，折沿，沿面上有两道弦纹，束颈，弧腹，平底略凹。口径28.6、底径16.2、高7.0厘米（图二九五，5；彩版二○一，1）。

JXXD2M3：9，夹砂红陶。残碎，无法复原。

盅　5件。

原始瓷，灰白色胎。子母口，尖唇，直腹，平底。器内有螺旋纹，外壁有旋痕。

JXXD2M3：11，施青黄色釉。口径8.4、底径4.4、高4.6厘米（图二九七，1；彩版二〇一，2）。

JXXD2M3：12，外底有线切割痕。施青绿色釉，脱釉较甚。口径9.4、底径4.4、高4.6厘米（图二九七，2；彩版二〇一，3）。

JXXD2M3：13，外底有线切割痕。施黄绿色釉。口径8.4、底径3.6、高4.4厘米（图二九七，3；彩版二〇一，4）。

JXXD2M3：14，外底有线切割痕。施黄色釉。口径8.8、底径4.2、高4.8厘米（图二九七，4；彩版二〇一，5）。

JXXD2M3：15，外底有线切割痕。施青绿色釉。口径9.4、底径4.4、高6.4厘米（图二九七，5；彩版二〇一，6）。

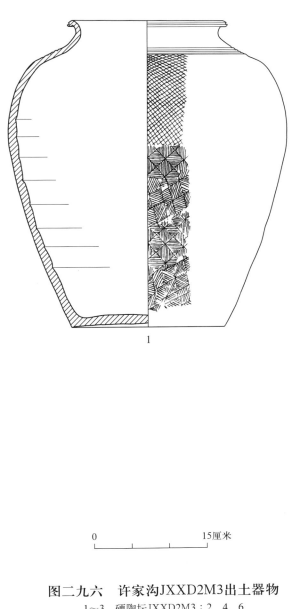

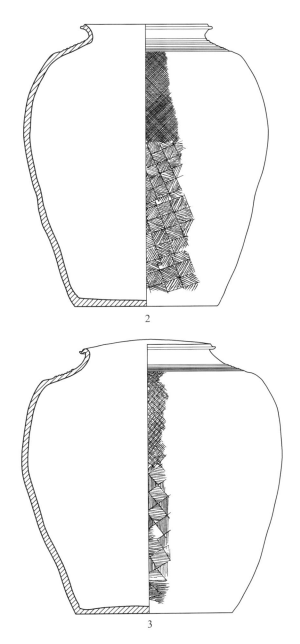

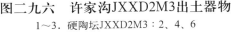

0　　　　　　　15厘米

图二九六　许家沟JXXD2M3出土器物

1～3. 硬陶坛JXXD2M3：2、4、6

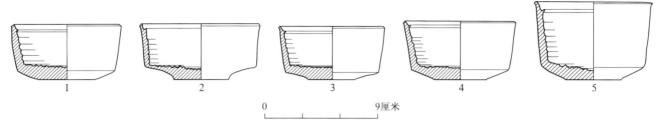

图二九七　许家沟JXXD2M3出土器物

1～5.原始瓷盅JXXD2M3：11～15

4．JXXD2M4

JXXD2M4位于土墩东部，中心坐标7.30×-0.30-5.10米。JXXD2M4是一座平地起封的墓葬，封土堆积于第⑤层层面上，被第④层叠压（图二九八；彩版二〇二，1）。起封层面基本水平，封土平面略呈长方形，方向约77°。长3.03、宽1.86～2.05米，截面呈梯形，高约0.48米。封土为红色黏土，其外围叠压一层白色土，宽0.20～0.40米，这种白土堆积在平面上形成边框围绕叠压在封土

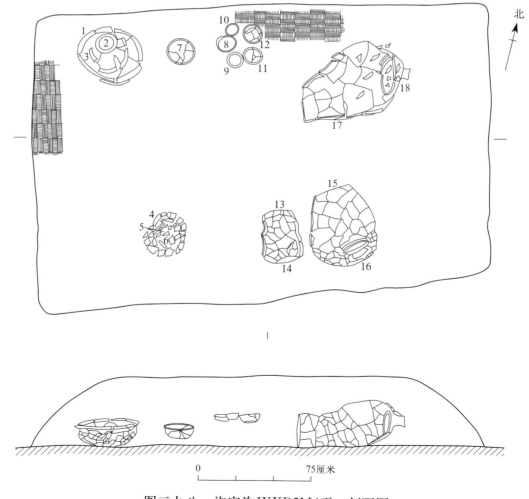

图二九八　许家沟JXXD2M4平、剖面图

1、16.陶釜　2、7～12.原始瓷碗　3、14.陶鼎　4.硬陶罐　5.陶盆　6.铜管　13、15、17.硬陶坛　18.陶器盖

堆上。墓葬底部铺垫有植物编织成席子，北侧和西侧局部发现有席子痕迹，横竖交错，经宽3.0、纬宽10.0厘米。随葬器物放置在墓的南北两侧，大致排列成两排。硬陶坛JXXD2M4：13、15向南倒伏，JXXD2M4：17向东倒伏，其器盖的碎片散落在口部；原始瓷碗JXXD2M4：2扣在夹砂陶鼎JXXD2M4：3上置于夹砂陶釜JXXD2M4：1内；铜管JXXD2M4：6置于泥质陶盆JXXD2M4：5内，叠置于硬陶罐JXXD2M4：4上；原始瓷碗JXXD2M4：8～12排列呈梅花状。

共出土器物18件，其中夹砂陶器5件，泥质陶器1件，硬陶器4件，原始瓷器7件，铜器1件；器形有釜、鼎、坛、罐、盆、碗、器盖、管。

鼎　2件。

JXXD2M4：3，夹砂红陶。侈口，圆唇，折沿，直腹，圆底，腹、底间折，锥形足。口径15.7、高11.2厘米（图二九九，1；彩版二〇二，2）。

JXXD2M4：14，夹砂红陶。残损严重，无法复原。直口微敛，弧腹。口径24.0、残高8.0厘米（图二九九，2）。

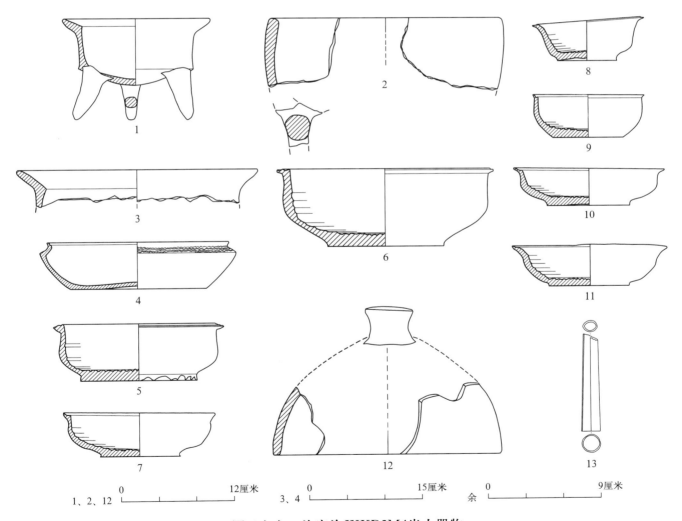

图二九九　许家沟JXXD2M4出土器物

1、2.陶鼎JXXD2M4：3、14　3.陶釜JXXD2M4：1　4.陶盆JXXD2M4：5　5～11.原始瓷碗JXXD2M4：2、7～12　12.陶器盖JXXD2M4：18　13.铜管JXXD2M4：6

釜　2件。

JXXD2M4：1，夹砂红陶。残碎，无法复原。侈口，圆唇，宽折沿。口径32.0、残高5.0厘米（图二九九，3）。

JXXD2M4：16，夹砂红陶。残碎，无法复原，形制不明。

坛　3件。

硬陶，红褐色胎，器表灰色。侈口，卷沿，沿面有一道凹槽，束颈，弧肩略折，深弧腹，平底略凹。颈部饰弦纹，器内壁有篦刮、指抹的痕迹。

JXXD2M4：13，尖圆唇。肩及上腹部饰席纹，下腹部饰菱形填线纹。器上部有爆浆釉，器身有少量鼓泡。口径19.4、底径17.4、高39.0厘米（图三〇〇，1；彩版二〇三，1）。

JXXD2M4：15，圆唇。肩及上腹部饰席纹，下腹部饰菱形填线纹。口径19.0、底径16.8、高38.6厘米（图三〇〇，2；彩版二〇三，2）。

JXXD2M4：17，圆唇，肩部下凹。肩及上腹部饰菱形填线纹，下腹部饰方格纹。器内口、身粘接的痕迹明显，器身略有变形，器表凹凸不平。口径21.4、底径22.8、高49.4厘米（图三〇〇，3；彩版二〇三，3）。

罐　1件。

JXXD2M4：4，灰色硬陶。侈口，尖唇，卷沿，沿面有一道凹槽，弧肩，鼓腹，平底。颈部饰弦纹，肩及上腹部饰席纹，下腹部饰菱形填线纹。上腹内壁有指抹痕，器身上半部有爆浆釉。口径14.4、底径15.4、高21.8厘米（图三〇〇，4）。

盆　1件。

JXXD2M4：5，泥质黑皮陶。侈口，尖圆唇，折沿，沿面内凹，折肩，弧腹，平底略凹。肩饰水波纹数道。口径24.0、底径18.0、高6.4厘米（图二九九，4）。

碗　7件。

JXXD2M4：2，原始瓷，灰白色胎。直口，尖唇，折沿，沿面有两道凹槽，上腹较直，下腹弧收，平底。施灰绿色釉。口径13.5、底径9.2、高4.6厘米（图二九九，5；彩版二〇二，3）。

JXXD2M4：7，原始瓷，灰白色胎。直口，尖圆唇，折沿，沿面有两道凹槽，上腹较直，下腹弧收。器内有螺旋纹，外壁有旋痕，外底有线切割痕。施黄绿色釉。口径17.4、底径9.2、高6.4厘米（图二九九，6；彩版二〇三，4）。

JXXD2M4：8，原始瓷，灰白色胎。敞口，圆唇，折沿，沿面有一道凹槽，弧腹，假圈足，平底。器内有螺旋纹，外壁有旋痕，外底有线切割痕。施青黄色釉，剥落殆尽。口径12.4、底径6.4、高3.6厘米（图二九九，7；彩版二〇四，1）。

JXXD2M4：9，原始瓷，灰白色胎。敞口，圆唇，折沿，沿面有一道凹槽，弧腹，平底略内凹。器内有螺旋纹。器身略有变形。施青黄色釉。口径9.2、底径4.8、高3.6厘米（图二九九，8；彩版二〇四，2）。

JXXD2M4：10，原始瓷，灰白色胎。直口，圆唇，折沿，沿面有一道凹槽，深弧腹，平底。器内有螺旋纹。施青绿色釉。口径8.8、底径5.6、高3.6厘米（图二九九，9；彩版二〇四，3）。

JXXD2M4：11，原始瓷，灰色胎。敞口，圆唇，折沿，沿面有一道凹槽，浅弧腹，平底略凹。器内有螺旋纹。施灰黄色釉。口径12.1、底径6.6、高3.0厘米（图二九九，10；彩版二〇四，4）。

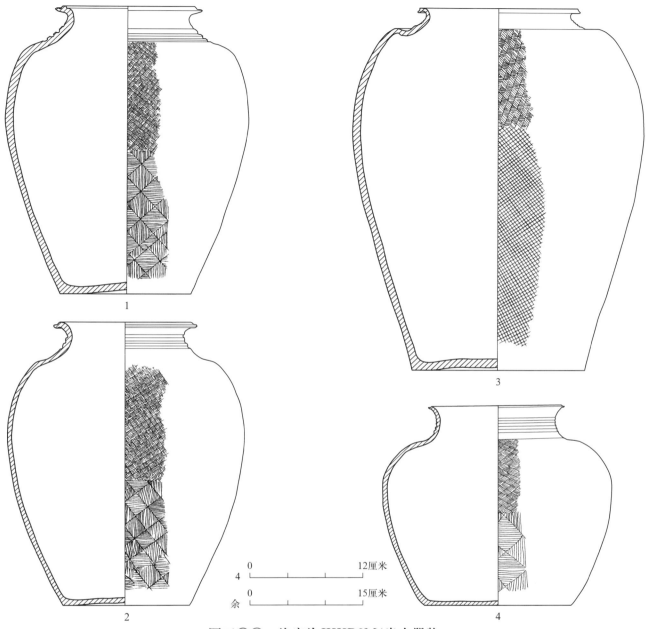

图三〇〇　许家沟JXXD2M4出土器物

1~3.硬陶坛JXXD2M4：13、15、17　4.硬陶罐JXXD2M4：4

JXXD2M4：12，原始瓷，灰白色胎。敞口，圆唇，折沿，沿面有一道凹槽，弧腹，假圈足，平底。器内有螺旋纹，器身变形严重。施青黄色釉，剥落殆尽，底呈红色。口径12.4、底径6.6、高3.4厘米（图二九九，11；彩版二〇四，5）。

器盖　1件。

JXXD2M4：18，夹砂红陶。残碎严重，无法复原。柱形纽，盖身呈半球形。口径24.0厘米（图二九九，12）。

铜管　1件。

JXXD2M4：6，尖端较细，残缺。残长8.0、壁厚0.1厘米（图二九九，13；彩版二〇四，6）。

5．JXXD2M5

JXXD2M5位于土墩中部偏南，中心坐标−1.50×−4.70−5.10米。开口于第④层下，打破第⑤层（图三〇一；彩版二〇五，1～3）。为竖穴土坑墓，墓坑平面略呈长方形，方向约182°。长3.82、

图三〇一　许家沟JXXD2M5平、剖面图

1、2．石玦　3、7、15．硬陶坛　4、6．硬陶罐　5、12、14．陶鼎　8～10．原始瓷碗　11．陶纺轮　13．陶釜　16．串珠

宽2.45～2.59米，直壁，平底，深0.36～0.40米。填土红色，土质较软，纯净。

墓内未发现人骨及葬具，中部偏北发现有石块以及串珠的痕迹，墓主人头部应在附近，由此推测墓主人头朝北向。M5出土的陶瓷类随葬器物分布于墓东西两侧，有石块、串珠等小件饰品分布于墓中部偏北。器物多正置，硬陶坛向西侧倒伏，原始瓷碗JXXD2M5：8～10呈品字形分布。

出土器物共16件（组），其中夹砂陶器4件，泥质陶器2件，硬陶器4件，原始瓷器3件，石器3件（组）；器形有釜、鼎、坛、罐、碗、纺轮、玦、串珠。

鼎　3件。

JXXD2M5：5，夹砂红陶。残碎严重，仅复原口部及足。侈口，圆唇，卷沿，扁锥形足。口径33.6厘米（图三〇二，1）。

JXXD2M5：12，夹砂红陶。侈口，圆唇，折沿，弧腹，圜底，锥形足，尖部残。底部有烟炱痕。口径14.7、高10.2厘米（图三〇二，2；彩版二〇六，1）。

JXXD2M5：14，夹砂红陶。残损严重，无法复原。扁锥形足，较粗壮。残长6.4厘米（图三〇二，3）。

釜　1件。

JXXD2M5：13，夹砂红陶。残碎，仅复原口部。侈口，圆唇，折沿，腹部内壁有箅隔。口径30.8、残高7.2厘米（图三〇二，4）。

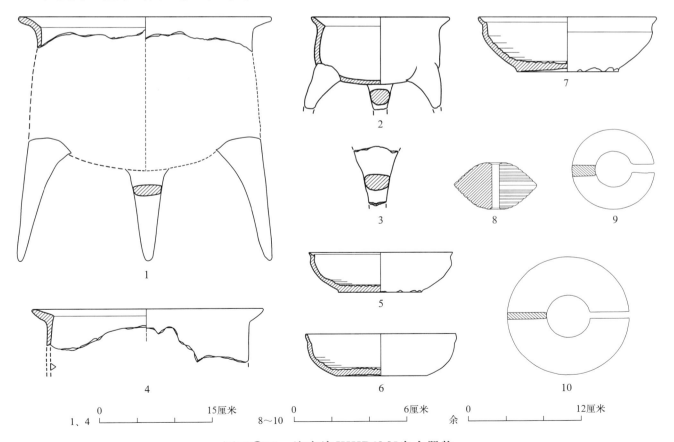

图三〇二　许家沟JXXD2M5出土器物

1～3.陶鼎JXXD2M5：5、12、14　4.陶釜JXXD2M5：13　5～7.原始瓷碗JXXD2M5：8～10　8.陶纺轮JXXD2M5：11　9、10.石玦JXXD2M5：1、2

坛　3件。

硬陶。侈口，卷沿，沿面有一道凹槽，束颈，深弧腹，平底。颈部饰弦纹。

JXXD2M5：3，灰褐色胎。尖唇，弧肩。肩、腹部饰席纹和方格纹的组合纹饰。器内颈部与器身连接处可见一周指窝痕。口径25.6、底径23.4、高62.0厘米（图三〇三，1；彩版二〇六，2）。

JXXD2M5：7，灰褐色胎，器表灰色。方唇，弧肩，底略凹。肩及上腹部饰菱形填线纹，下腹

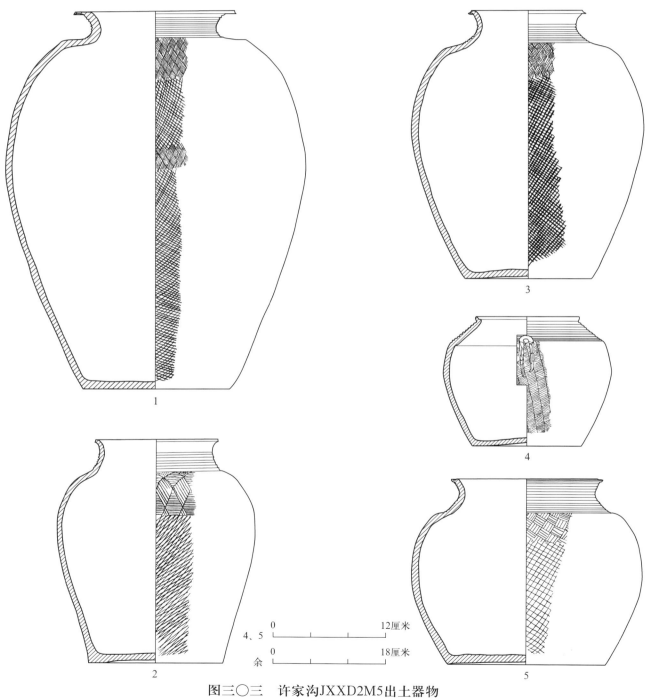

图三〇三　许家沟JXXD2M5出土器物
1～3. 硬陶坛JXXD2M5：3、7、15　4、5. 硬陶罐JXXD2M5：4、6

部饰方格纹。器内可见篦刮、指抹的痕迹。口径19.6、底径21.4、高36.4厘米（图三〇三，2；彩版二〇六，3）。

JXXD2M5：15，褐色胎，器表上部呈灰色。尖圆唇，弧肩略折，底略凹。肩及上腹部饰席纹，下腹部饰方格纹。器内可见篦刮、指抹痕迹。口径18.6、底径20.2、高43.8厘米（图三〇三，3；彩版二〇六，4）。

罐　2件。

硬陶。侈口，折沿，沿面有一道凹槽，鼓腹，平底。颈部饰弦纹。

JXXD2M5：4，灰褐色胎，器表灰黑色。尖唇，折肩，平底内凹。上腹部堆贴一对倒"U"形泥条堆塑。腹部饰菱形填线纹。口径11.0、底径11.5、高14.1厘米（图三〇三，4；彩版二〇七，1）。

JXXD2M5：6，砖红色胎，陶质较软。尖圆唇，弧肩。肩及上腹部饰席纹，下腹部饰方格纹，纹饰磨蚀严重。肩部与口沿有粘接的痕迹，器内可见抹刮痕。口径16.1、底径16.8、高20.0厘米（图三〇三，5；彩版二〇七，2）。

碗　3件。

原始瓷，灰白色胎。尖圆唇，平底。器内近底部有螺旋纹。

JXXD2M5：8，敞口，折沿，沿面有一凹槽，弧腹。器底制作不规整。施黄绿色釉，剥落较甚。口径15.2、底径8.9、高4.3厘米（图三〇二，5）。

JXXD2M5：9，敞口，沿面内凹，弧腹，平底略内凹。施青绿色釉。口径16.1、底径9.6、高4.6厘米（图三〇二，6；彩版二〇七，3）。

JXXD2M5：10，敞口，沿微折，弧腹略折，平底略凹。外底制作不规整，有线切割痕。施青绿釉，剥落较甚。口径19.0、底径10.8、高6.1厘米（图三〇二，7；彩版二〇七，4）。

纺轮　1件。

JXXD2M5：11，泥质陶，红褐色胎，器表局部呈黑色。算珠状，中间有一圆形穿孔。腹径4.4、孔径0.4、高2.55厘米（图三〇二，8；彩版二〇七，5）。

石玦　2件。

JXXD2M5：1，灰绿色，风化严重。外径4.4、孔径1.9厘米（图三〇二，9；彩版二〇七，6左）。

JXXD2M5：2，灰绿色，风化严重。外径6.5、孔径2.2厘米（图三〇二，10；彩版二〇七，6右）。

串珠　1套。

JXXD2M5：16，风化严重，数量和形制不明。

6．JXXD2M6

JXXD2M6位于土墩北部，中心坐标−1.10×6.80−5.10米。开口于第④层下，打破第⑤层（图三〇四；彩版二〇八，1）。为带墓道的竖穴土坑墓，开口面倾斜，南高北低。墓坑口部平面略呈梯形，方向约4°。长3.16～3.50、宽1.20～1.89米，坑壁斜，底面基本水平，亦呈梯形，长2.95～3.34、宽1.14～1.68米，墓坑深0.36～0.80米。填土分2层；第①层土黄色，土质松软，纯净，厚0～0.40米，分布于墓坑的西部和南部；第②层土色偏红，土质较硬，纯净，厚0.35～0.68米。

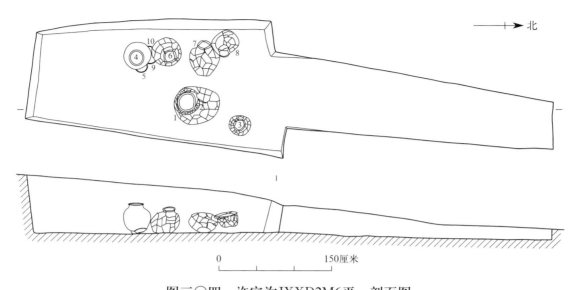

图三〇四　许家沟JXXD2M6平、剖面图

1、4、6、7. 陶坛　2. 陶盆　3. 陶罐　5、10. 原始瓷碗　8. 陶釜　9. 原始瓷豆

　　墓道在墓坑的北侧，稍窄，平面略呈长方形，长3.62～3.76、宽0.65～0.96米，壁较直，底面与墓坑持平，深0.15～0.36米，填土与墓坑内第②层填土一致。JXXD2M6随葬器物集中放置在墓坑北部，整体大致呈"L"形，西侧一排排列较整齐。器物多正置于墓底，硬陶坛JXXD2M6：7向西侧倒伏，泥质陶盆JXXD2M6：2扣在硬陶坛JXXD2M6：1上，作器盖使用。

　　出土器物10件，其中夹砂陶器1件，泥质陶器2件，硬陶器4件，原始瓷器3件；器形有釜、坛、罐、盆、豆、碗等。

　　釜　1件。

　　JXXD2M6：8，夹砂红陶。残碎，无法复原。

　　坛　4件。

　　硬陶。侈口，卷沿，束颈，弧肩，深弧腹，平底。颈部饰弦纹。

　　JXXD2M6：1，紫褐色胎，器表灰黑色。方唇，唇面内凹，唇下缘外突，鼓腹，下腹及底部无法复原。肩、腹部饰席纹、方格纹。器内壁可见泥条盘筑的痕迹以及口部和器身粘接的痕迹。口径27.0、残高40.4厘米（图三〇五，1）。

　　JXXD2M6：4，青灰色胎，器表灰色。尖圆唇，沿面外缘有凹槽，肩部略折，深弧腹。肩及上腹部饰菱形填线纹，下腹部饰方格纹。器内壁可见泥条盘筑的接缝以及口部和器身粘泥条覆压的痕迹，泥条宽度为1.6～2.0厘米，器外表亦有指窝按捺的痕迹，器身不甚平整，凹凸不平。口径21.4、底径18.8、高39.2厘米（图三〇五，2；彩版二〇九，3）。

　　JXXD2M6：6，青灰色胎，器表灰色。尖唇，沿面外缘有一道凹槽，深弧腹。溜肩略折，平底略凹。肩及上腹部饰席纹，下腹部饰方格纹。器内壁可见泥条盘筑的痕迹以及口部和器身粘接的痕迹。器外壁肩部有连续指窝按捺的痕迹，器表有鼓泡若干。口径20.4、底径18.4、高38.1厘米（图三〇五，3；彩版二〇九，4）。

　　JXXD2M6：7，灰色胎。圆唇，沿面外缘有两道浅凹槽，弧肩，深弧腹，平底略凹。肩及上腹部饰菱形填线纹，下腹部饰方格纹。器内见篦刮痕、指抹痕。口径19.6、底径22.0、高43.4厘米（图

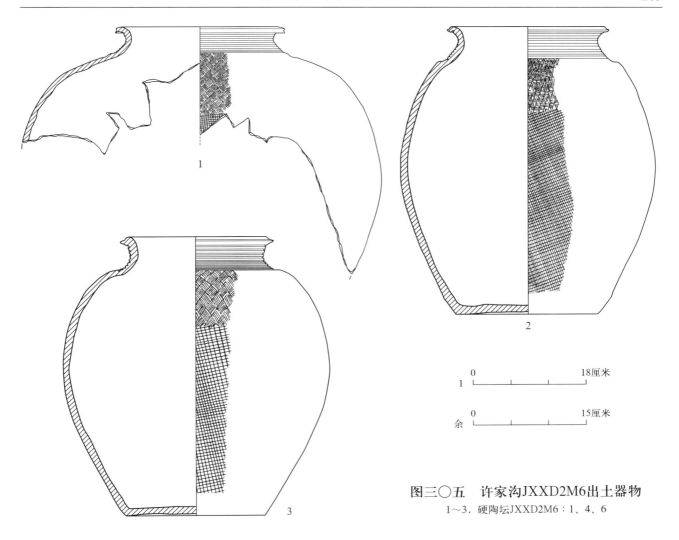

图三〇五　许家沟JXXD2M6出土器物

1～3. 硬陶坛JXXD2M6：1、4、6

三〇六，1；彩版二〇九，1）。

罐　1件。

JXXD2M6：3，泥质红陶。侈口，圆唇，卷沿，沿面有一道凹弦纹，束颈，弧肩，鼓腹，平底。颈部饰弦纹，肩及腹部饰席纹。口径17.6、底径16.4、高24.2厘米（图三〇六，2；彩版二〇九，2）。

豆　1件。

JXXD2M6：9，原始瓷，灰白色胎。敞口，圆唇，折沿，沿面内凹，折腹，上腹内凹，下腹弧收，圈足外撇。口沿内侧有一横"S"形泥条堆饰。器内有螺旋凹槽。满施酱黄釉，有积釉、流釉、脱釉现象。口径16.4、底径8.4、高6.5厘米（图三〇六，3；彩版二〇八，2）。

盆　1件。

JXXD2M6：2，泥质红陶。残损严重，无法复原。

碗　2件。

原始瓷，青灰色胎。敞口，圆唇，折沿，沿面有一道凹槽，折腹，上腹斜直，下腹弧收，平底内凹。器内有螺旋纹，外底有切割留下的平行线痕。施青绿色釉外不及底，脱落较甚。

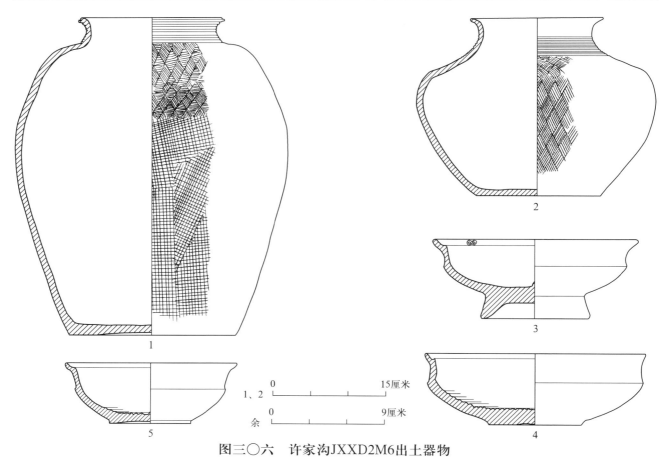

图三〇六　许家沟JXXD2M6出土器物
1. 硬陶坛JXXD2M6：7　2. 陶罐JXXD2M6：3　3. 原始瓷豆JXXD2M6：9　4、5. 原始瓷碗JXXD2M6：5、10

JXXD2M6：5，口径17.6、底径7.4、高5.8厘米（图三〇六，4；彩版二〇八，3）

JXXD2M6：10，口径13.6、底径6.5、高4.9厘米（图三〇六，5；彩版二〇八，4）。

7. JXXD2M7

JXXD2M7位于土墩西北部，中心坐标-4.30×5.50-5.10米。开口于第④层下，打破第⑤层（图三〇七；彩版二一〇，1）。为竖穴土坑墓，坑口面倾斜，南高北低。平面略呈长条形，方向约350°。长5.63、宽0.76～1.53米。壁略斜，其余壁近直，墓坑深0.10～0.74米。墓坑南部底面较为平整，向北渐高，为墓道部分。填土红褐色，土质较硬，纯净。墓内未发现人骨及葬具，北部发现有石块，墓主人头部应在附近，由此推测墓主人头朝南向。随葬器物集中放置在墓坑南部，排列呈"L"形。器物多正置于墓底，硬陶坛JXXD2M7：14、16及硬陶瓿JXXD2M7：1上有盖。

出土器物共22件，其中夹砂陶器5件，泥质陶器3件，硬陶器6件，原始瓷器7件，石器1件；器形有釜、鼎、坛、罐、盆、钵、碗、器盖、块。

釜　1件。

JXXD2M7：12，夹砂红陶。残碎，复原口部。侈口，宽折沿，圆唇。口径39.8、残高6.2厘米（图三〇八，1）。

鼎　2件。

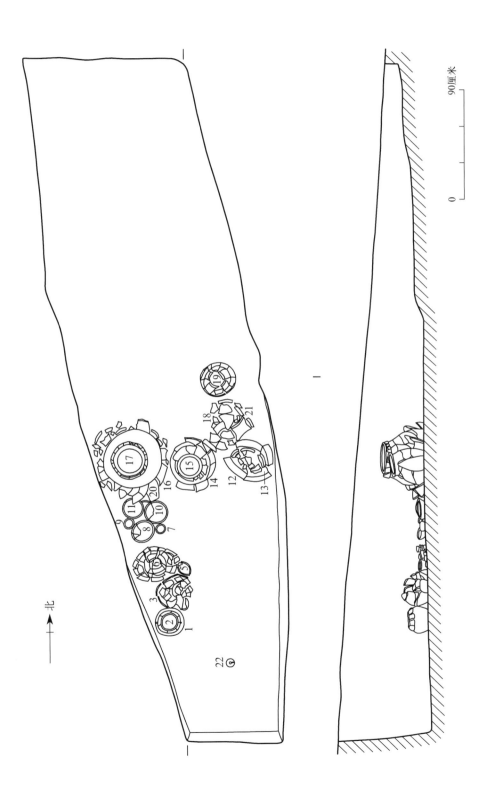

北

图三〇七 许家沟JXXD2M7平、剖面图

1. 陶瓿 2. 7~11、20. 原始瓷碗 14、16、18. 陶坛 3、19. 陶罐 4. 陶碗 5、13. 陶鼎 6. 陶钵 12. 陶釜 15、17. 陶器盖 21. 陶盆 22. 石铁

0　　　　90厘米

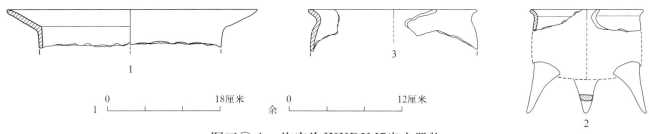

图三〇八　许家沟JXXD2M7出土器物
1. 陶釜JXXD2M7：12　2、3. 陶鼎JXXD2M7：5、13

　　JXXD2M7：5，夹砂红陶。残碎，复原口部。侈口，圆唇，卷沿，扁锥形足。口径12.0厘米（图三〇八，2）。

　　JXXD2M7：13，夹砂红陶。残碎，复原口部。侈口，圆唇，卷沿，扁锥形足。口径18.0厘米（图三〇八，3）。

　　坛　3件。

　　硬陶。侈口，卷沿，束颈，弧肩，深弧腹，平底内凹。颈部饰弦纹。

　　JXXD2M7：14，青灰色胎，器表灰黑色。方唇。肩部饰菱形填线纹，腹部饰方格纹。器内可见抹刮、指抹、指窝按捺的痕迹。口径20.8、底径19.4、高45.0厘米（图三〇九，1；彩版二一〇，2）。

　　JXXD2M7：16，砖红色胎，器表灰褐色。尖圆唇，沿面有一凹槽。肩部饰席纹，腹部饰方格纹。器内可见抹刮痕和泥条接缝以及口部和器身粘接的痕迹。口径26.0、底径26.6、高61.0厘米（图三〇九，2；彩版二一〇，3）。

　　JXXD2M7：18，砖红色胎。尖圆唇。肩及上腹部饰菱形填线纹，下腹部饰方格纹。器内可见泥条接缝以及口部和器身粘接的痕迹。胎硬度不高，纹饰部分磨蚀。口径20.6、底径19.4、高43.4厘米（图三〇九，3；彩版二一一，1）。

　　罐　2件。

　　侈口，卷沿，沿面有一道凹槽，束颈，溜肩，鼓腹，平底。颈部饰弦纹。

　　JXXD2M7：3，灰色硬陶。尖唇，底内凹。肩及上腹部饰叶脉纹，下腹部饰菱形填线纹。口径15.2、底径15.2、高21.8厘米（图三〇九，4；彩版二一一，2）。

　　JXXD2M7：19，泥质红褐陶。圆唇。腹部饰方格纹。口径13.0、底径14.4、高23.2厘米（图三〇九，5；彩版二一一，3）。

　　瓿　1件。

　　JXXD2M7：1，灰褐色硬陶。侈口，圆唇，卷沿，沿面有一道凹槽，束颈，耸肩，扁鼓腹，平底。上腹部堆贴一对竖耳。颈部饰弦纹，肩、腹部饰菱形填线纹。口沿及颈部有黄褐色爆浆釉斑。口径14.4、底径15.6、高15.6厘米（图三一〇，1；彩版二一一，4）。

　　盆　1件。

　　JXXD2M7：21，泥质红陶。侈口，尖唇，卷沿，沿面下凹，折腹，上腹内弧，下腹弧收，平底。上腹部饰弦纹。口径28.0、底径16.8、高7.0厘米（图三一〇，2）。

　　碗　8件。

　　JXXD2M7：4，硬陶，褐色胎。敞口，尖圆唇，沿面有一道凹槽，折腹，平底内凹。器内有螺

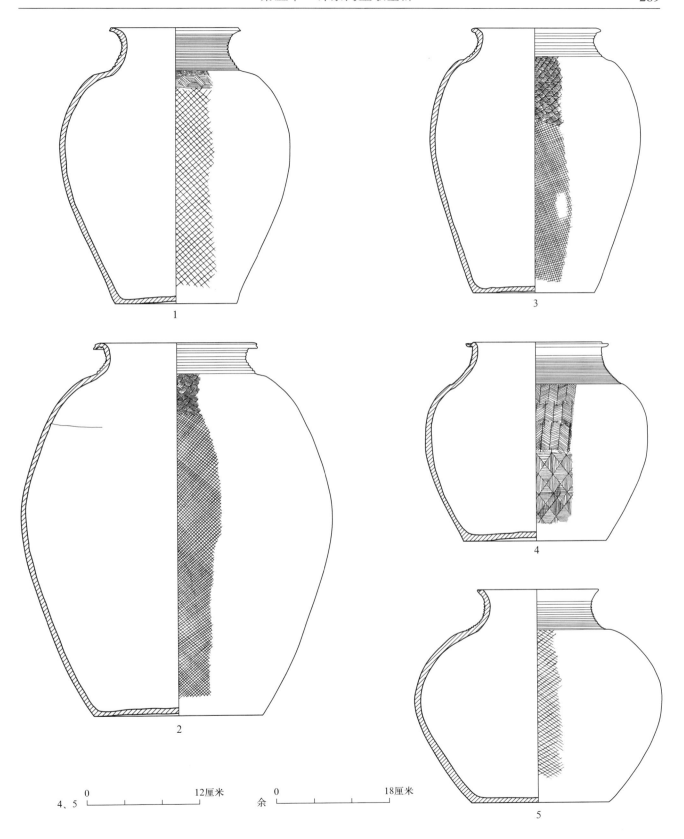

0   12厘米

4、5

0   18厘米

余

图三〇九 许家沟JXXD2M7出土器物

1~3. 硬陶坛JXXD2M7：14、16、18　4. 硬陶罐JXXD2M7：3　5. 陶罐JXXD2M7：19

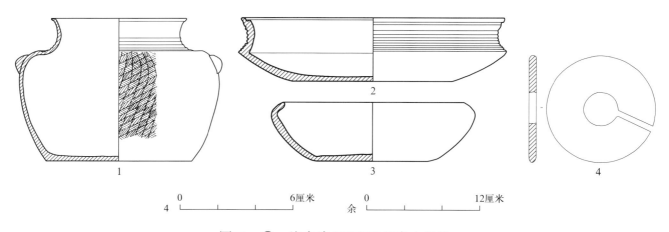

图三一○　许家沟JXXD2M7出土器物
1. 硬陶瓿JXXD2M7：1　2. 陶盆JXXD2M7：21　3. 陶钵JXXD2M7：6　4. 石玦JXXD2M7：22

旋纹，外壁有旋痕，外底有线切割痕。口径16.8、底径5.4、高5.4厘米（图三一一，1）。

JXXD2M7：2，原始瓷，灰白色胎。敞口，尖唇，折沿，沿面有一道凹槽，弧腹，平底略内凹。器内有螺旋纹，外壁有旋痕，外底有切割痕。施黄绿色釉。口径16.2、底径9.0、高4.86厘米（图三一一，2）。

JXXD2M7：7，原始瓷。直口，圆唇，折沿，沿面下凹，深弧腹，平底。器内有螺旋纹。施黄绿色釉。口径9.2、底径6.8、高4.1厘米（图三一一，3；彩版二一二，1）。

JXXD2M7：8，原始瓷，灰白色胎。敞口，圆唇，折沿，沿面下凹，弧腹，假圈足，平底内凹。器内有螺旋纹，外底有线切割痕，制作不甚规整。施黄绿色釉，剥落较甚。口径19.0、底径9.0、高5.6厘米（图三一一，4；彩版二一二，2）。

JXXD2M7：9，原始瓷，灰黄色胎。直口，尖圆唇，折沿，沿面下凹，深弧腹，假圈足，平

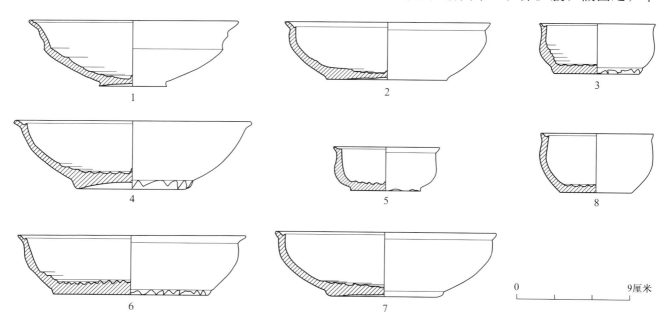

图三一一　许家沟JXXD2M7出土器物
1. 硬陶碗JXXD2M7：4　2～8. 原始瓷碗JXXD2M7：2、7～11、20

底。器表有旋痕，器底制作不甚规整。施黄绿色釉，器内有积釉现象。口径8.5、底径5.5、高3.6厘米（图三一一，5；彩版二一二，3）。

JXXD2M7：10，原始瓷，灰白色胎。敞口，尖唇，折沿，沿面下凹，弧腹，假圈足，平底。器内有螺旋纹，外壁有旋痕，器底制作不甚规整。施青绿色釉，部分脱落。口径18.2、底径12.2、高4.8厘米（图三一一，6；彩版二一二，4）。

JXXD2M7：11，原始瓷，灰白色胎。敞口，圆唇，折沿，沿面下凹，弧腹，假圈足，平底内凹。器内有螺旋纹。施黄绿色釉外不及底，脱落较甚。口径17.6、底径8.2、高5.2厘米（图三一一，7）。

JXXD2M7：20，原始瓷，灰白色胎。直口稍敛，圆唇，折沿，沿面下凹，深弧腹，平底。器内有螺旋纹，器壁有旋痕，外底有线切割痕。施黄绿色釉。口径9.0、底径5.8、高4.8厘米（图三一一，8；彩版二一二，5）。

钵　1件。

JXXD2M7：6，泥质红褐陶。敛口，方圆唇，弧腹，平底。口径19.4、底径11.4、高6.4厘米（图三一〇，3；彩版二一一，5）。

器盖　2件。

JXXD2M7：15，夹砂红陶。残碎，无法复原。环形纽，截面呈椭圆形。

JXXD2M7：17，夹砂红陶。残碎，无法复原。环形纽，截面呈椭圆形。

石块　1件。

JXXD2M7：22，绿色。磨制而成，表面风化严重。圆形，单面钻孔。外径5.8、内径1.8厘米（图三一〇，4；彩版二一二，6）。

8．JXXD2M8

JXXD2M8位于土墩西部，西端被施工取土破坏，中心坐标−6.20×−1.25−3.80米。为竖穴土坑墓，开口于第④层下，打破第⑤层（图三一二；彩版二一三，1）。开口面倾斜，东高西低。墓坑平面呈长方形，方向约270°。残长4.34、宽1.93～2.35米，坑壁稍斜，墓底较平整，底面亦呈长方形，残长4.28、宽1.90米，墓坑深0.36～0.70米。坑内填土，土质较硬，纯净。随葬器物摆放于墓坑内南北两侧，器形较大的器物破碎情况严重。器物大多正置于墓底，原始瓷罐JXXD2M8：3、硬陶坛JXXD2M8：11向一侧倒伏，6件豆、碗、盂（JXXD2M8：16～21）排列呈梅花状。

出土器物共22件（组），其中夹砂陶器2件，泥质陶器2件，硬陶器10件，原始瓷7件，石器1组；器形有鼎、釜、坛、罐、瓶、钵、豆、碗、盂、器盖、串珠。

鼎　1件。

JXXD2M8：4，夹砂红陶。残碎，仅复原口部。侈口，尖圆唇，折沿，足截面扁平。口径15.0厘米（图三一三，1）。

釜　1件。

JXXD2M8：7，夹砂红陶。残碎，仅复原口部。侈口，圆唇，折沿。口径42.0、残高9.2厘米（图三一三，2）。

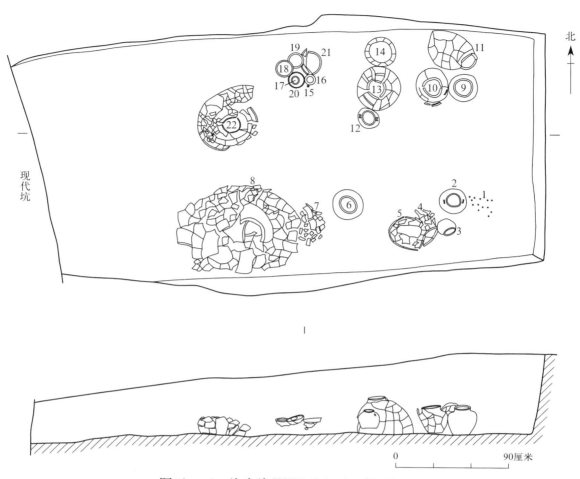

图三一二　许家沟JXXD2M8平、剖面图

1. 串珠　2. 原始瓷瓿　3、12. 原始瓷罐　4. 陶鼎　5、8、11、13. 硬陶坛　6、9、10. 硬陶瓿　7. 陶釜　14. 陶钵　15. 陶纺轮　16. 原始瓷盂　17. 陶碗　18、19. 原始瓷碗　20. 陶盂　21. 原始瓷豆　22. 陶罐

坛　4件。

硬陶。侈口，尖圆唇，卷沿，沿面有一道凹槽，束颈，深弧腹，平底内凹。颈部饰弦纹。

JXXD2M8：5，灰褐色胎，器表灰黄色。弧肩略折。肩、腹部饰方格纹。口径19.2、底径20.0、高41.0厘米（图三一三，3；彩版二一四，1）。

JXXD2M8：8，红褐色胎，器表灰褐色。溜肩。肩部饰席纹，腹部饰方格纹。器内可见泥条接缝、抹刮痕、指抹痕。在肩、颈相接处，器外有一圈捺窝，器内有泥胎粘接、覆压的痕迹。口径26.8、底径24.4、高64.0厘米（图三一三，4；彩版二一四，2）。

JXXD2M8：11，灰褐色胎。弧肩。肩部饰席纹，腹部饰方格纹。器内可见抹刮痕、指窝。口径18.1、底径19.8、高38.4厘米（图三一三，5；彩版二一四，3）。

JXXD2M8：13，紫褐色胎，器表灰褐色。溜肩。肩及上腹部饰席纹，下腹部饰方格纹。器内可见抹刮痕以及泥胎粘接、覆压的痕迹，在肩、颈相接处，器外有一圈捺窝。口径20.8、底径20.4、高39.6厘米（图三一三，6；彩版二一四，4）。

罐　3件。

JXXD2M8：3，原始瓷，灰黄色胎。子母口，尖唇，折沿，沿面内凹，溜肩，扁鼓腹，平底略

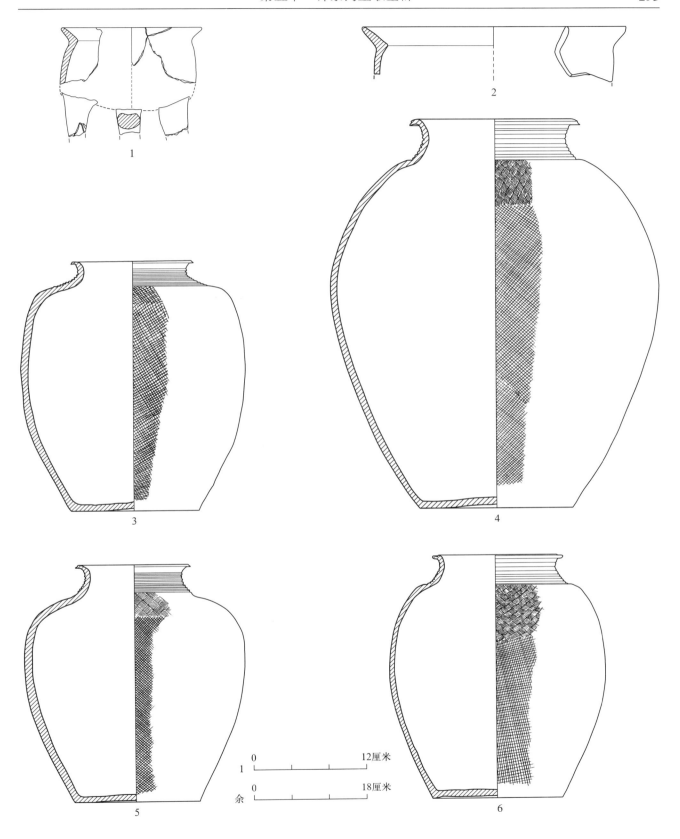

图三一三 许家沟JXXD2M8出土器物

1. 陶鼎JXXD2M8：4 2. 陶釜JXXD2M8：7 3～6. 硬陶坛JXXD2M8：5、8、11、13

凹。肩部贴附一对横耳，耳制成双股绞索状，两端各堆贴一竖向"S"形泥条装饰；两耳之间堆贴一对横向"S"形泥条装饰。肩及上腹部有指甲纹。器内壁近底处留有泥条盘筑痕迹。施黄绿色釉。口径8.4、底径12.2、高11.2厘米（图三一四，2；彩版二一三，3）。

JXXD2M8：12，原始瓷，灰黄色胎。子母口，尖圆唇，折沿，折肩，鼓腹，平底。上腹部设一对横耳，耳制成三股泥条状，两端各堆贴一竖向"S"形泥条装饰。颈至上腹部饰水波纹。内壁近底

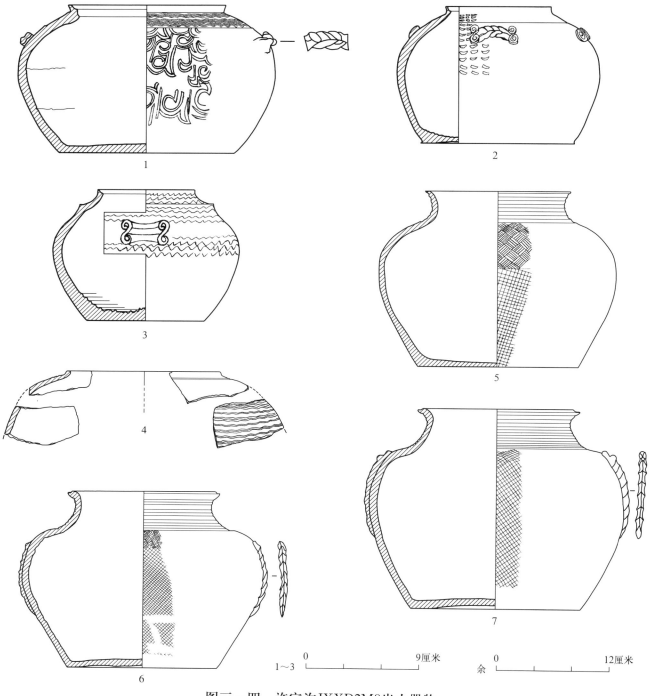

图三一四　许家沟JXXD2M8出土器物

1. 原始瓷瓿JXXD2M8：2　2、3. 原始瓷罐JXXD2M8：3、12　4. 陶罐JXXD2M8：22　5～7. 硬陶瓿JXXD2M8：6、9、10

部留有螺旋凹槽。施青绿色釉。口径7.8、底径9.4、高10.8厘米（图三一四，3；彩版二一五，1）。

JXXD2M8：22，泥质黑皮陶，红色胎。残碎，仅复原口部。敛口，方唇。肩部饰弦纹两周，腹部饰水波纹。口径16.4、残高8.3厘米（图三一四，4）。

瓿　4件。

JXXD2M8：2，原始瓷，灰白色胎。侈口，尖唇，折沿，沿面有两道凹槽，溜肩，扁鼓腹，平底。肩部贴附一对横耳。颈下部饰水波纹，肩、腹部饰变体凤鸟纹。内壁留有泥条盘筑痕迹。施青绿色釉。口径12.6、底径13.9、高12.1厘米（图三一四，1；彩版二一三，2）。

硬陶3件。侈口，尖圆唇，卷沿，沿面有一道凹槽，束颈，弧肩，扁鼓腹，平底。颈部饰弦纹。

JXXD2M8：6，灰褐色胎。肩部饰席纹，腹部饰方格纹。器内可见抹刮痕。口径15.6、底径17.2、高19.2厘米（图三一四，5；彩版二一五，2）。

JXXD2M8：9，红褐色胎，器表灰褐色。底略内凹。腹部堆贴一对竖向辫形泥条堆塑。器内可见抹刮、指窝痕以及口部和器身粘接的痕迹。口径16.2、底径16.0、高19.2厘米（图三一四，6；彩版二一五，3）。

JXXD2M8：10，灰褐色胎。底略内凹。腹部堆贴一对竖向辫形泥条堆塑。器内可见抹刮痕和指窝。口径17.2、底径18.0、高21.7厘米（图三一四，7；彩版二一五，4）。

豆　1件。

JXXD2M8：21，原始瓷，灰色胎。敞口，圆唇，折沿，沿面下凹，折腹，矮圈足外撇。沿面堆贴三处"S"形泥条装饰。施青绿色釉。口径18.8、底径10.1、高7.8厘米（图三一五，1；彩版二一五，5）。

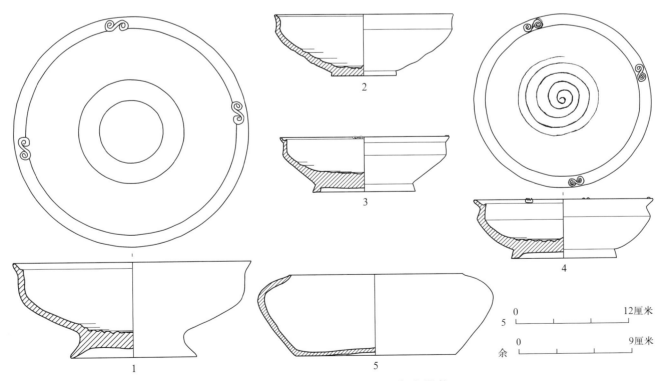

图三一五　许家沟JXXD2M8出土器物

1. 原始瓷豆JXXD2M8：21　2. 硬陶碗JXXD2M8：17　3、4. 原始瓷碗JXXD2M8：18、19　5. 陶钵JXXD2M8：14

碗　3件。

JXXD2M8：17，硬陶，砖红色胎，器表局部呈灰黑色。敞口，沿微卷，沿面有一道凹槽，折腹，假圈足，平底。外底有平行线切割痕。口径14.4、底径5.2、高5.0厘米（图三一五，2；彩版二一六，1）。

JXXD2M8：18，原始瓷，灰白色胎。敞口，折沿，沿面下凹，折腹，矮圈足略外撇。沿面堆贴三横"S"形泥条装饰。器内有螺旋纹。施酱黄色釉。口径13.4、底径8.2、高4.5厘米（图三一五，3；彩版二一六，2）。

JXXD2M8：19，原始瓷，青灰色胎。敞口，折沿，沿面下凹，折腹，矮圈足外撇。沿面饰三处横"S"形泥条装饰。器内有螺旋纹。施黄绿色釉。口径14.2、底径8.4、高4.8厘米（图三一五，4；彩版二一六，3）。

钵　1件。

JXXD2M8：14，泥质灰陶。敛口，尖唇，弧腹，平底略内凹。口径19.6、底径16.8、高8.8厘米（图三一五，5；彩版二一六，4）。

盂　2件。

JXXD2M8：16，原始瓷，灰白色胎。敛口，圆唇，沿面下凹，折肩，弧腹，平底内凹。肩部堆贴横向"S"形泥条装饰。器内有螺旋纹，器外底侧见有切割痕，使得器底呈不规则五边形。施黄绿色釉。口径6.8、底径6.0、高4.2厘米（图三一六，1；彩版二一六，5）。

JXXD2M8：20，灰褐色硬陶。敛口，尖唇，折沿，弧腹，假圈足，平底。器内有螺旋纹，器外壁有旋痕。口径7.2、底径4.2、高3.4厘米（图三一六，2；彩版二一六，6）。

纺轮　1件。

JXXD2M8：15，泥质黑皮陶，褐色胎。算珠状，顶与底皆平，弧腹，中部对钻圆孔。直径3.1、孔径0.6、高2.5厘米（图三一六，3）。

串珠

JXXD2M8：1，残破严重，数量、形制不明。

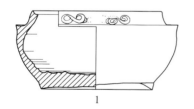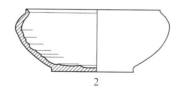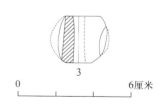

图三一六　许家沟JXXD2M8出土器物

1. 原始瓷盂JXXD2M8：16　2. 陶盂JXXD2M8：20　3. 陶纺轮JXXD2M8：15

9．JXXD2M9

JXXD2M9位于土墩中部，中心坐标-0.45×-0.40-6.45米。JXXD2M9挖有浅土坑，开口于第⑪层下，打破第⑫层（图三一七；彩版二一七，1）。墓坑平面呈长方形，方向91°。长4.54、宽2.48～2.51米，直壁，平底，深0.30～0.44米。墓坑内垫一层橙色土，土质较硬，纯净，厚0.16～0.29米，顶面较为平整，随葬器物放置于该层层面上。封土分为多层；内层封土即第⑪层，呈丘状，仅堆积于墓坑中和墓坑之上；其上逐层封筑第⑩～⑥层，形成圆丘形土墩。随葬器物排列呈"门"字

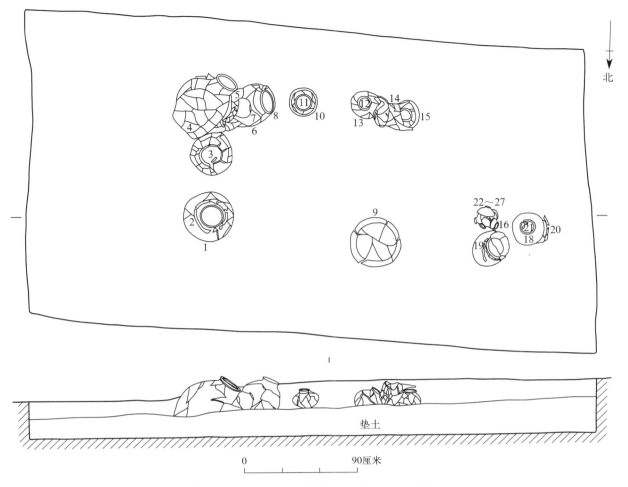

图三一七　许家沟JXXD2M9平、剖面图

1、4、8. 硬陶坛　2、9、19、21. 陶钵　3. 陶罐　5. 陶器盖　6、10、13～15. 陶鼎　7、11、12、17、18. 硬陶瓿　16、24. 原始瓷碗　20. 硬陶罐　22、25～28. 原始瓷豆　23. 原始瓷盏

形，放置于北侧、东侧、南侧，器形较高的器物高出墓坑。一组原始瓷豆倾斜倒扣于一起，泥质陶钵的碎片散落于硬陶坛的口部，当是扣置于坛口之上作器盖之用。

出土器物28件，其中夹砂陶器6件，泥质陶器5件，硬陶器9件，原始瓷器8件；器形有鼎、坛、罐、瓿、豆、碗、盏、器盖等。

鼎　5件。

JXXD2M9：6，夹砂红陶。残碎，无法复原，形制不明。

JXXD2M9：10，夹砂红陶。残碎，无法复原，形制不明。

JXXD2M9：13，夹砂红陶。残碎，无法复原，形制不明。

JXXD2M9：14，夹砂红陶。侈口，圆唇，折沿，圜底，扁锥形足外撇。口径23.6、高21.4厘米（图三一八，1；彩版二一八，1）。

JXXD2M9：15，夹砂红陶。残存鼎足，扁锥形。残高6.0厘米（图三一八，2）

坛　3件。

硬陶。侈口，卷沿，束颈，弧肩，深弧腹，平底。颈部饰弦纹。

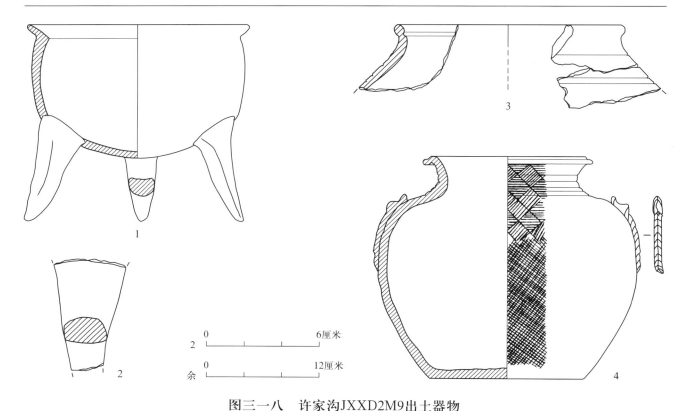

图三一八　许家沟JXXD2M9出土器物

1、2. 陶鼎JXXD2M9：14、15　3. 陶罐JXXD2M9：3　4. 硬陶罐JXXD2M9：20

JXXD2M9：1，灰褐色胎。尖唇，沿面外缘有一道凹槽，底稍内凹。肩部贴附一对竖耳。肩、腹部饰席纹和方格纹。器内可见泥条接缝、抹刮、按捺的痕迹。口径16.8、底径20.4、高41.0厘米（图三一九，1；彩版二一八，2）。

JXXD2M9：4，灰褐色胎。方唇。肩部饰菱形填线纹，腹部饰方格纹。颈、肩交接处外壁有一圈连续的指窝痕。口沿和肩部有爆浆釉斑。口径19.8、底径19.4、高46.2厘米（图三一九，2；彩版二一八，3）。

JXXD2M9：8，灰褐色胎，器表灰色。尖唇，沿面外缘有一道凹槽，底稍内凹。颈部弦纹有指抹的痕迹，肩及上腹部饰菱形填线纹，下腹部饰方格纹。器内可见抹刮痕。口径18.1、底径18.4、高43.1厘米（图三一九，3；彩版二一八，4）。

罐　2件。

JXXD2M9：3，泥质黑皮陶，红胎。残碎，仅复原口部。侈口，圆唇，卷沿，内沿有一道凹槽，束颈，颈部饰弦纹。口径24.6、残高9.0厘米（图三一八，3）。

JXXD2M9：20，深灰色硬陶。侈口，圆唇，卷沿，沿面外缘有一道凹槽，束颈，弧肩，鼓腹，平底。上腹部堆贴一对辫形泥条装饰。颈部至上腹部饰菱形填线纹，颈部抹平纹饰后叠加弦纹，下腹部饰方格纹。器内留有指窝和抹刮痕，颈、肩交接处内外壁均可见连续的指窝捺痕。口径18.2、底径16.4、高24.2厘米（图三一八，4）。

瓿　5件。

硬陶。侈口，卷沿，束颈，溜肩，扁鼓腹，平底。颈部饰弦纹，肩部饰菱形填线纹，腹部饰方格纹。肩部设一对竖耳。

JXXD2M9：7，灰褐色胎。尖唇，沿面有一凹槽，底内凹。器内可见抹刮和指窝的痕迹。口径11.8、底径12.0、高14.4厘米（图三二〇，1）。

JXXD2M9：11，紫褐色胎。尖唇，底略内凹。肩部贴附一对泥条堆饰，以双股泥条捏制而成。器内可见抹刮痕和泥条接缝以及肩部的粘接痕迹。口径12.5、底径13.4、高14.0厘米（图三二〇，2；彩版二一七，2）。

JXXD2M9：12，红褐色胎。尖圆唇。肩部贴附一对泥条堆饰。器内可见抹刮、指窝痕，器身有爆浆釉。口径11.8、底径12.8、高14.8厘米（图三二〇，3；彩版二一七，3）。

JXXD2M9：17，红褐色胎，器表灰色。尖唇。肩部有残耳痕迹。器内可见较多的抹刮痕和指窝痕。口径13.5、底径13.8、高15.2厘米（图三二〇，4）。

JXXD2M9：18，红褐色胎，灰褐色器表。尖唇，沿面有凹槽一周，底略内凹。肩部贴附一对泥

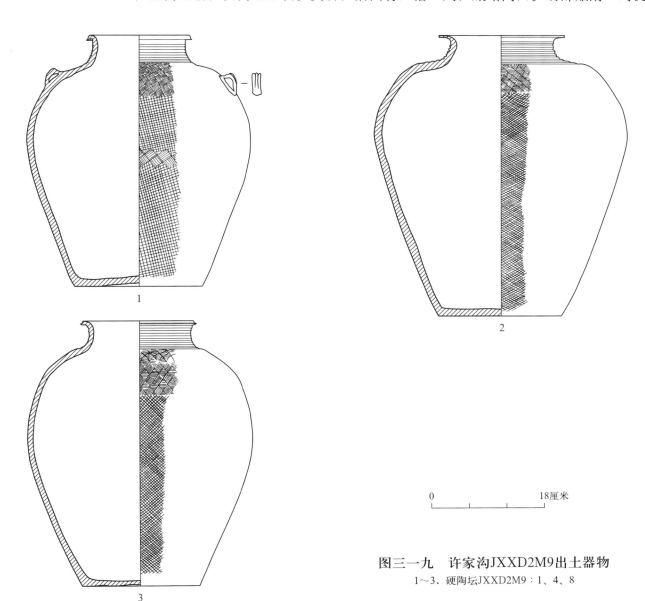

0   18厘米

图三一九 许家沟JXXD2M9出土器物

1～3. 硬陶坛JXXD2M9：1、4、8

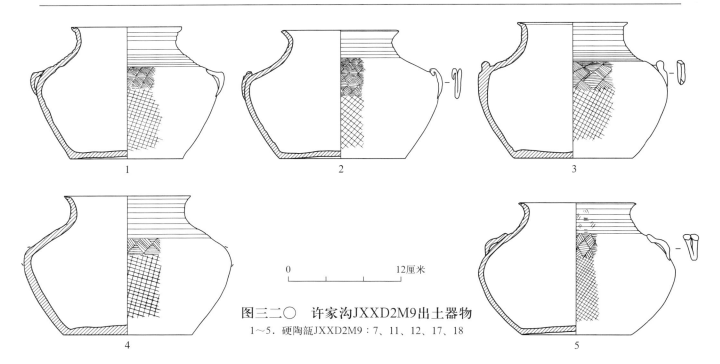

图三二〇　许家沟JXXD2M9出土器物

1~5. 硬陶瓿JXXD2M9：7、11、12、17、18

条堆饰。器内可见抹刮痕和指窝痕。器内壁可见口部和器身粘接痕，器底嵌入器身底部。口径12.4、底径11.6、高14.4厘米（图三二〇，5）。

豆　5件。

JXXD2M9：22，原始瓷，灰白色胎。敞口，圆唇，折腹，上腹内凹，下腹弧收，圈足。器内有螺旋纹。施黄绿色釉，剥落较甚。口径16.2、底径8.4、高6.5厘米（图三二一，1；彩版二一七，4）。

JXXD2M9：25，原始瓷，灰白色胎。敞口，圆唇，折沿，沿面下凹，折腹，圈足外撇。沿面贴附有三处"S"形泥条堆饰。器内有螺旋纹，外壁有旋痕。施青绿色釉。口径16.4、底径8.2、高7.1厘米（图三二一，2；彩版二一七，5）。

JXXD2M9：26，原始瓷，灰白色胎。敞口，圆唇，折沿，沿面下凹，折腹，上腹内弧，下腹弧收，圈足外撇。器身略倾斜。施黄绿色釉，剥落较甚。口径16.5、底径8.5、高6.8厘米（图三二一，3）。

JXXD2M9：27，原始瓷，灰色胎。敞口，圆唇，折沿，沿面下凹，折腹，圈足略外撇。器内有螺旋纹，器身见有轮制留下的旋痕。施灰绿釉，剥落较甚。口径17.6、底径9.4、高6.6厘米（图三二一，4）。

JXXD2M9：28，原始瓷，灰色胎。敞口，圆唇，折沿，沿面略凹，弧腹，圈足略外撇。器底有一"卅"字。素面。施黄绿色釉。口径17.3、底径8.6、高6.2厘米（图三二一，5）。

碗　2件。

JXXD2M9：16，原始瓷，灰白色胎。敞口，圆唇，沿内有一道凹槽，折腹，上腹内凹，下腹弧收，圈足。器内有螺旋纹，外壁有轮制留下的旋痕，器底有一"X"形划痕。施青绿色釉，剥落较甚。口径10.8、底径5.25、高4.2厘米（图三二一，6）

JXXD2M9：24，原始瓷，灰色胎。敞口，圆唇，折沿，沿面下凹，折腹，上腹内凹，下腹弧收，假圈足，平底略凹。沿面贴附有三处"S"形泥条装饰。施灰绿釉。口径13.8、底径7.2、高5.2厘米（图三二一，7）。

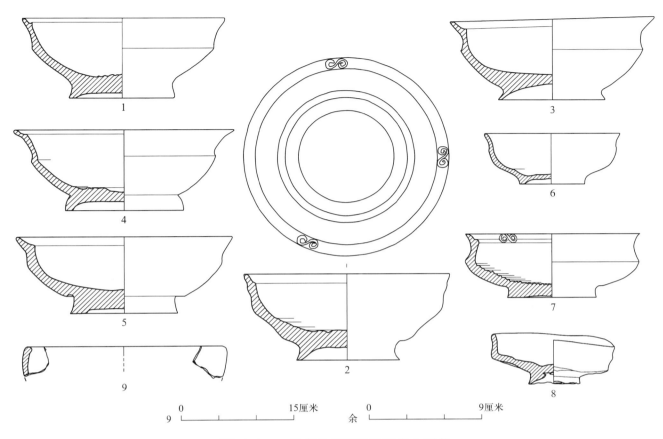

图三二一　许家沟JXXD2M9出土器物

1～5. 原始瓷豆JXXD2M9：22、25～28　6、7. 原始瓷碗JXXD2M9：16、24　8. 原始瓷盏JXXD2M9：23　9. 陶钵JXXD2M9：19

盏　1件

JXXD2M9：23，原始瓷，青灰色胎。直口，圆唇，折腹，上腹壁直，下腹弧收，矮圈足。器形不规整，下腹部留有较多刮切痕。施绿色釉。口径9.8、底径4.2、高4.2厘米（图三二一，8；彩版二一七，6）。

钵　4件。

JXXD2M9：19，泥质红陶。残碎，仅复原口部。敛口，圆唇，弧腹。口径26.0、残高8.8厘米（图三二一，9）。

JXXD2M9：2、9、21，泥质红陶。均无法复原，形制不明。

器盖　1件。

JXXD2M9：5，夹砂红陶。残损严重，无法复原。环形纽，截面椭圆形。

（二）器物群

1. JXXD2Q1

JXXD2Q1位于土墩西南部墩脚处，中心坐标约−10.00×−11.50−5.20米。器物放置于第④层层面上，被第③层叠压（图三二二）。器物分散摆放，大致呈东南—西北向的一条直线，方向约110°。

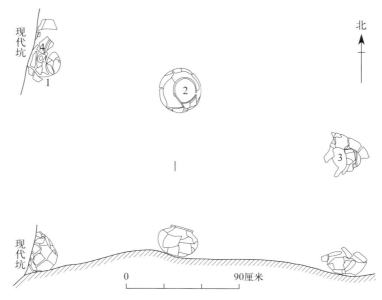

图三二二　许家沟JXXD2Q1平、剖面图
1. 陶盆　2. 陶瓿　3. 陶鼎　4. 硬陶瓿

放置的层面不甚平整，器物随地形而倾斜倒伏，破碎严重。该器物群西部即为土墩西部的现代取土坑，西侧的1件器物被现代坑破坏。

出土器物4件，其中夹砂陶器1件，泥质陶器2件，硬陶器1件；器形为鼎、瓿、盆。瓿置于盆中。

鼎　1件。

JXXD2Q1：3，夹砂红陶。侈口，圆唇，折沿，直腹，圜底，腹、底间折，锥形足外撇，足较粗壮。口径28.8、高13.2厘米（图三二三，1）。

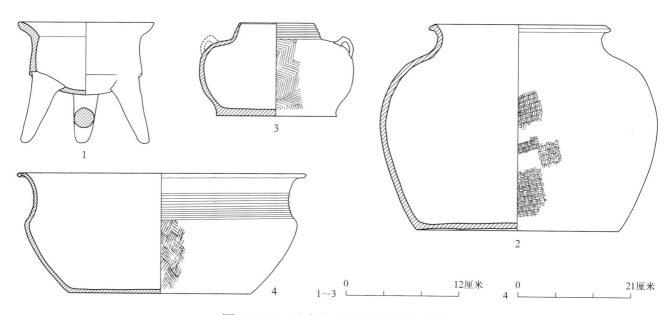

图三二三　许家沟JXXD2Q1出土器物
1. 陶鼎JXXD2Q1：3　2. 陶瓿JXXD2Q1：2　3. 硬陶瓿JXXD2Q1：4　4. 陶盆JXXD2Q1：1

瓿　2件。

JXXD2Q1：2，泥质红陶。侈口，尖唇，卷沿，束颈，弧肩，扁鼓腹，平底略内凹。肩、腹部饰席纹，纹饰大部磨蚀。口径19.2、底径21.4、高22.2厘米（图三二三，2）。

JXXD2Q1：4，灰褐色硬陶。敛口，尖唇，唇面有一道凹槽，弧肩，扁鼓腹，平底。肩部贴附一对泥条形竖耳，一耳残。底部刻划"十"字纹。口径7.8、底径12.8、高10.2厘米（图三二三，3）。

盆　1件。

JXXD2Q1：1，泥质红陶。侈口，圆唇，卷沿，沿面有一道凹槽，折腹，上腹内弧，下腹弧收，平底。上腹饰弦纹，下腹饰席纹。口径53.6、底径33.8、高22.6厘米（图三二三，4）。

2．JXXD2Q2

JXXD2Q2位于土墩东北部近墩脚处，中心坐标8.40×10.60−5.50米。器物放置于第④层层面，被第③层叠压（图三二四；彩版二一九，1）。器物大致呈东北—西南向排列，朝向土墩中心，摆放的层面较为平整。器物分布比较集中，器形较小器物多放置于大件器物内，形制较大的器物破碎严重。

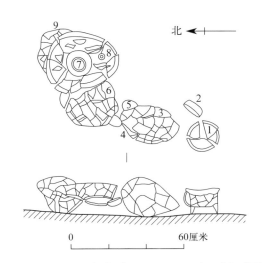

北 ←

0　　　　60厘米

图三二四　许家沟JXXD2Q2平、剖面图
1．陶鼎　2、4、5．原始瓷碗　3、6．陶瓿　7．原始瓷瓿　8．陶纺轮　9．陶釜

出土器物9件，其中有夹砂陶器2件，泥质陶器2件，硬陶器1件，原始瓷器4件；器形有釜、鼎、瓿、碗、纺轮等。

鼎　1件。

JXXD2Q2：1，夹砂红陶。侈口，方圆唇，折沿，弧腹，圜底，扁锥形足。口径18.6、高14.2厘米（图三二五，1；彩版二一九，2）。

釜　1件。

JXXD2Q2：9，夹砂红陶。残碎，仅复原口部。侈口，圆唇，折沿。口径30.0、残高4.0厘米（图三二五，2）。

瓿　3件。

JXXD2Q2：7，原始瓷，灰白色胎。直口略侈，方唇，沿面有两道凹槽，溜肩，扁鼓腹，平底略凹。肩部贴附一对泥条形横耳。器内有螺旋凹槽。口径8.8、底径9.8、高8.8厘米（图三二五，3；彩版二一九，3）。

JXXD2Q2：3，泥质红陶，腹部无法复原。敛口，圆唇，折沿，唇下略束，弧肩略折，扁鼓腹，平底。上腹部饰席纹，下腹部饰菱形填线纹。口径14.4、底径16.0、残高11.6厘米（图三二五，4）。

JXXD2Q2：6，硬陶，红褐色胎，器表灰色。侈口，尖唇，卷沿，沿面有一道凹槽，束颈，弧肩略折，扁鼓腹，平底略内凹。肩、腹部饰菱形填线纹。器内可见篦刮、指抹、指窝按捺的痕迹。口径16.2、最大腹径25.6、底径17.8、高17.8厘米（图三二五，5；彩版二一九，3）。

碗　3件。

原始瓷，灰白色胎。器内有螺旋纹，外有旋痕。施黄绿色釉。

JXXD2Q2：2，敞口，尖唇，折沿，沿面有两道凹槽，弧腹，平底稍内凹。口径13.6、底径6.0、高4.6厘米（图三二五，6；彩版二一九，4）。

JXXD2Q2：4，敛口，内折沿，尖唇，弧腹，平底略凹。器身歪斜。口径10.4、底径5.6、高4.2厘米（图三二五，7；彩版二一九，5）。

JXXD2Q2：5，敞口，尖唇，折沿，沿面有两道凹槽，弧腹，平底略内凹。釉脱落殆尽。口径13.7、底径6.4、高3.8厘米（图三二五，8）。

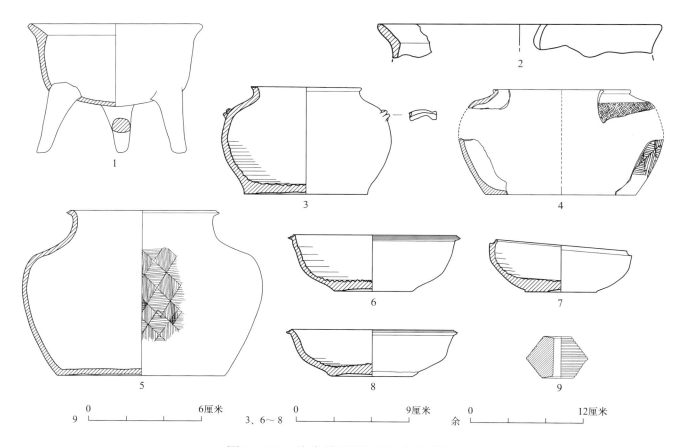

图三二五　许家沟JXXD2Q2出土器物

1.陶鼎JXXD2Q2：1　2.陶釜JXXD2Q2：9　3.原始瓷瓿JXXD2Q2：7　4.陶瓿JXXD2Q2：3　5.硬陶瓿JXXD2Q2：6　6～8.原始瓷碗JXXD2Q2：2、4、5　9.陶纺轮JXXD2Q2：8

纺轮　1件。

JXXD2Q2：8，泥质黑皮陶，红褐色胎。算珠状，中心有一圆穿孔。器表划弦纹。直径1.5、孔径0.4、高2.1厘米（图三二五，9）。

3．JXXD2Q3

JXXD2Q3位于土墩东北部近墩脚处，中心坐标6.00×12.20−5.60米。器物放置于第④层层面，被第③层叠压（图三二六），与JXXD2Q2同处一个较为平整的层面，相距约3米。器物大致呈东北—西南向排列，朝向土墩中心。

出土器物共3件，分别夹砂陶釜和泥质陶盆、罐，破碎严重。泥质陶盆扣在泥质陶罐口部，应作器盖之用。

釜　1件。

JXXD2Q3：1，夹砂红陶。仅复原口部。侈口，圆唇，宽折沿。口径36.0、残高7.8厘米（图三二六，1）。

罐　1件。

JXXD2Q3：2，泥质红陶。仅复原下腹及底。弧腹，平底内凹。腹部饰席纹。底径14.2、残高6.8厘米（图三二六，2）。

盆　1件。

JXXD2Q3：3，泥质黑皮陶，黄色胎。残碎，仅复原口部。敛口，卷沿，方唇。口径36.0、残高5.2厘米（图三二六，3）。

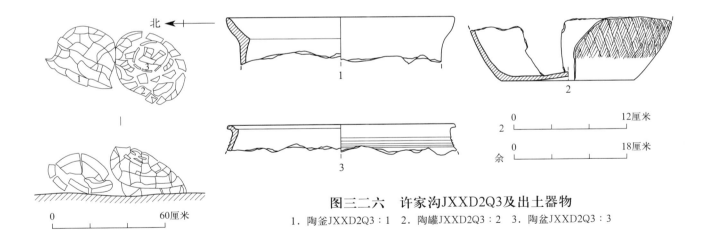

图三二六　许家沟JXXD2Q3及出土器物

1．陶釜JXXD2Q3：1　2．陶罐JXXD2Q3：2　3．陶盆JXXD2Q3：3

4．JXXD2Q4

JXXD2Q4位于土墩北部略偏东近墩脚处，中心坐标2.40×11.80−5.50米。器物放置于第④层层面，被第③层叠压（图三二七；彩版二二〇，1），与JXXD2Q2、Q3同处一个较为平整的层面，东距JXXD2Q3约3.20米。器物南北向排列，朝向墩中心。

出土器物7件，其中夹砂陶器2件，泥质陶器4件，硬陶器1件；器形有釜、鼎、罐、盆。器形较小的罐、鼎置于较大的盆和釜中。器物破碎，泥质陶器和夹砂陶器尤甚。

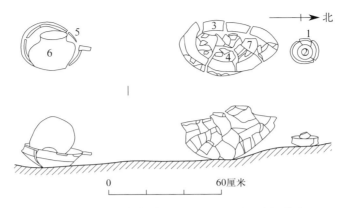

图三二七　许家沟JXXD2Q4平、剖面图
1、5. 陶盆　2. 小陶罐　3. 陶釜　4、6. 陶罐　7. 陶鼎

鼎　1件。

JXXD2Q4：7，夹砂红陶。侈口，圆唇，折沿，弧腹，圜底，扁锥形足。器形较矮。口径18.0、高10.3厘米（图三二八，1；彩版二二〇，2）。

釜　1件。

JXXD2Q4：3，夹砂红陶。仅复原口部。侈口，圆唇，折沿，腹内有平面呈圆角三角形箅隔。口径46.8、残高5.8厘米（图三二八，2）。

罐　2件。

JXXD2Q4：4，泥质黑皮陶，灰色胎，黑皮部分剥落。残碎严重，无法复原。

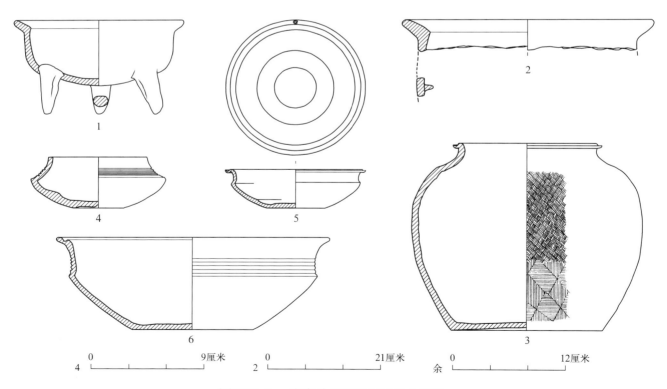

图三二八　许家沟JXXD2Q4出土器物
1. 陶鼎JXXD2Q4：7　2. 陶釜JXXD2Q4：3　3. 硬陶罐JXXD2Q4：6　4. 小罐JXXD2Q4：2　5、6. 陶盆JXXD2Q4：1、5

JXXD2Q4：6，灰褐色硬陶。侈口，尖唇，卷沿，沿面有一道凹槽，弧肩，鼓腹，平底略内凹。上腹部饰席纹，下腹部饰菱形填线纹。器内留有篦刮痕、指窝痕。口径15.8、底径16.0、高20.2厘米（图三二八，3；彩版二二〇，3）。

小罐　1件。

JXXD2Q4：2，泥质灰陶。敛口，方唇，斜颈，折肩，弧腹，平底略有凹凸。颈部饰有弦纹。口径7.9、最大腹径10.4、底径4.0、高4.2厘米（图三二八，4）。

盆　2件。

JXXD2Q4：1，泥质黑皮陶，器表黑皮大部脱落，局部土红色，局部灰黑色。侈口，尖圆唇，折沿，沿面下凹，折腹，上腹内凹，下腹弧收，平底。沿面有横"S"形堆饰。口径14.9、底径6.0、高4.2厘米（图三二八，5；彩版二二〇，4）。

JXXD2Q4：5，泥质黑皮陶，灰白色胎，器表黑皮脱落严重。侈口，方唇，折沿，沿面有一道凹槽，折腹，上腹内弧，下腹弧收，平底。口径29.0、底径12.8、高10.0厘米（图三二八，6；彩版二二〇，5）。

5．JXXD2Q5

JXXD2Q5位于土墩东部偏北，中心坐标8.50×2.50-3.50米。器物放置于第④层层面，被第③层叠压（图三二九；彩版二二一，1、2）。器物呈南北向一线摆放，放置的层面高低错落，器物分为3处，每处间距约0.60米。

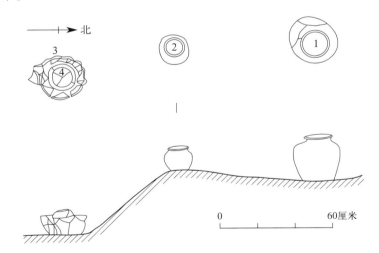

图三二九　许家沟JXXD2Q5平、剖面图
1、2. 硬陶罐　3. 硬陶瓿　4. 原始瓷碗

出土器物共4件，分别为硬陶罐、硬陶瓿、原始瓷碗。原始瓷碗扣置于硬陶瓿口部，作器盖使用，其余器物正置。

罐　2件。

硬陶。侈口，卷沿，弧肩略折，弧腹。

JXXD2Q5：1，灰黄色胎，器表灰色。沿面有一道凹槽，尖圆唇，束颈，平底。颈部饰弦纹，肩及上腹部饰席纹，下腹部饰菱形填线纹。器内壁有篦刮痕、指窝痕。口径16.0、最大腹径25.2、底径

17.6、高21.8厘米（图三三〇，1；彩版二二二，1）

JXXD2Q5：2，紫红色胎，器表灰褐色。尖唇，沿面下凹，平底略内凹。肩及上腹部饰席纹，下腹部饰菱形填线纹。口径11.0、底径8.8、高12.3厘米（图三三〇，2；彩版二二二，2）。

瓿 1件。

JXXD2Q5：3，硬陶，黄褐色胎，器表灰褐色。直口微侈，圆唇，卷沿，沿面有一道凹槽，折肩起棱，扁鼓腹，平底略凹。肩部饰弦纹，腹部饰方格纹。器内有篦刮纹、指窝痕。肩部有爆浆釉。口径11.8、底径13.6、高13.0厘米（图三三〇，3；彩版二二二，3）。

碗 1件。

JXXD2Q5：4，原始瓷，灰白色胎。敞口，圆唇，折沿，沿面有两道凹槽，直腹略弧，平底略内凹。器内底部有螺旋凹槽。器身略有变形。施黄绿色釉。口径15.0、底径10.2、高5.4厘米（图三三〇，4；彩版二二二，4）。

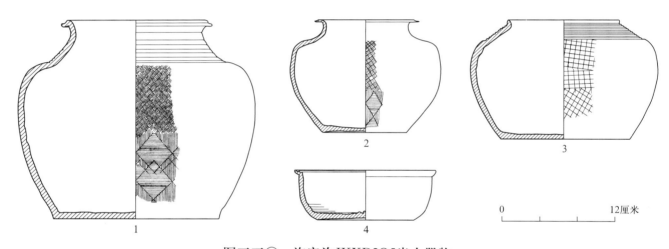

图三三〇 许家沟JXXD2Q5出土器物
1、2．硬陶罐JXXD2Q5：1、2　3．硬陶瓿JXXD2Q5：3　4．原始瓷碗JXXD2Q5：4

6．JXXD2Q6

JXXD2Q6位于土墩东北部，中心坐标9.30×4.50－4.20米。器物放置于第⑤层层面，被第④层叠压（图三三一；彩版二二三，1）。器物放置的层面较为平整，呈东北—西南一线摆放在长约1.92、宽约0.52米的范围内，方向朝向墩中心。

出土器物15件，其中夹砂陶器2件，泥质陶器3件，原始瓷器9件，硬陶器1件；器形有釜、鼎、罐、钵、盘、碗、盂。泥质陶钵JXXD2Q6：11、泥质陶盘JXXD2Q6：13分别倒置于硬陶坛JXXD2Q6：10、泥质陶罐JXXD2Q6：2口部，应当是作器盖用；夹砂陶鼎JXXD2Q6：3、原始瓷钵JXXD2Q6：12及原始瓷碗JXXD2Q6：14、15置于夹砂陶釜JXXD2Q6：1中；一组原始瓷钵、碗、盂JXXD2Q6：4～9呈梅花状排列。

鼎 1件。

JXXD2Q6：3，夹砂红陶。仅复原口部及足。侈口，圆唇，卷沿，锥形足。口径13.6厘米（图三三二，1）。

釜 1件。

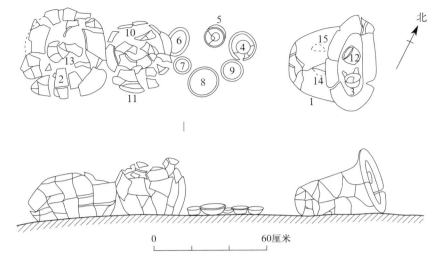

图三三一　许家沟JXXD2Q6平、剖面图

1. 陶釜　2. 陶罐　3. 陶鼎　4、5、7、8、14、15. 原始瓷碗　6、12. 原始瓷钵　9. 原始瓷盂　10. 硬陶坛　11. 陶钵　13. 陶盘

JXXD2Q6：1，夹砂红陶。仅复原口部。侈口，圆唇，宽折沿。口径40.4、残高8.0厘米（图三三二，2）。

坛　1件。

JXXD2Q6：10，硬陶，红褐色胎，器表灰褐色。侈口，卷沿，沿面有一道凹槽，尖圆唇，束颈，溜肩，深弧腹，平底略凹。颈部饰弦纹，肩及上腹部饰席纹，下腹部饰菱形填线纹。器内可见泥条盘筑的接缝，可见篦刮、指抹痕。肩部和器内口有黄绿色爆浆釉。口径21.4、底径18.8、高48.0厘米（图三三二，3；彩版二二三，2）。

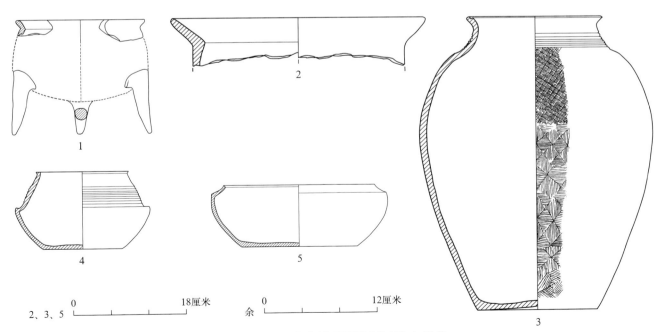

图三三二　许家沟JXXD2Q6出土器物

1. 陶鼎JXXD2Q6：3　2. 陶釜JXXD2Q6：1　3. 硬陶坛JXXD2Q6：10　4. 陶罐JXXD2Q6：2　5. 陶钵JXXD2Q6：11

罐　1件。

JXXD2Q6：2，泥质黑皮陶，橙色胎，黑皮部分剥落。敛口，尖圆唇，卷沿，斜直颈，折肩，弧腹，平底略凹。颈部饰弦纹。口径9.8、底径8.4、高8.4厘米（图三三二，4；彩版二二三，3）。

盘　1件。

JXXD2Q6：13，泥质黑皮陶。残损严重，无法复原。

碗　6件。

原始瓷。灰白色胎。敞口，折沿。器内有螺旋纹。

JXXD2Q6：4，圆唇，沿面有两道凹槽，斜弧腹，平底。外壁有轮旋痕，外底有线切割痕。施黄绿色釉，器内有积釉现象。口径15.6、底径10.4、高4.4厘米（图三三三，1；彩版二二四，1）。

JXXD2Q6：5，圆唇，沿面内凹，弧腹，平底内凹。施黄绿色釉，釉较薄。口径14.4、底径6.5、高4.6厘米（图三三三，2）。

JXXD2Q6：7，尖圆唇，沿面有两道凹槽，直腹近底部弧收，平底。外壁有旋痕，外底有线切割痕。施绿色釉，器内有积釉和冰裂现象。口径13.0、底径6.6、高4.0厘米（图三三三，3；彩版二二四，2）。

JXXD2Q6：8，尖唇，沿面有凹槽两道，上腹较直，下腹弧收，平底。底部有线切割痕。施灰绿色釉。口径12.0、底径7.2、高4.8厘米（图三三三，4；彩版二二四，3）。

JXXD2Q6：14，尖唇，沿面有一道凹槽，弧腹，平底。外壁有旋痕，外底部有线切割痕。施黄绿色釉，剥落较甚。口径14.9、底径7.4、高4.2厘米（图三三三，5）。

JXXD2Q6：15，尖圆唇，沿面下凹，折腹，上腹较直，下腹弧收，平底。器表有旋痕，外底有线切割痕。器身变形较严重。施黄绿釉，剥落殆尽。口径15.7、底径7.4、高4.6厘米（图三三三，6）。

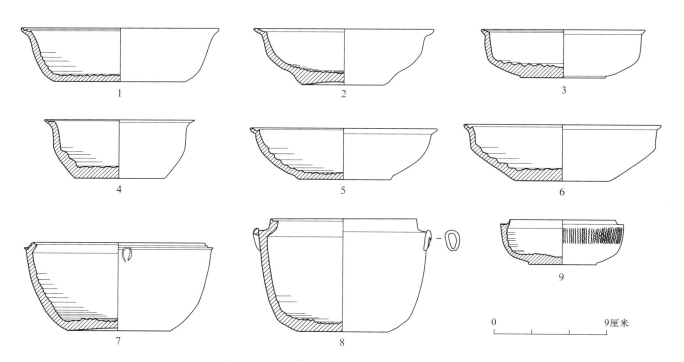

图三三三　许家沟JXXD2Q6出土器物

1～6．原始瓷碗JXXD2Q6：4、5、7、8、14、15　7、8．原始瓷钵JXXD2Q6：6、12　9．原始瓷盂JXXD2Q6：9

钵　3件。

JXXD2Q6：11，泥质红陶。敛口，方唇，折肩，弧腹，平底。口径24.0、底径18.4、高10.0厘米（图三三二，5；彩版二二四，4）。

JXXD2Q6：6，原始瓷，灰白色胎。敛口，方唇，唇面内凹，折肩，肩部一道凸棱，斜直腹近底部弧收，平底内凹。上腹部贴附一对泥条捏制而成的环形耳。器内外有螺旋纹，外底有线切割痕。施青黄色釉，釉层薄，器内凹槽中有积釉现象。口径13.6、底径8.2、高7.2厘米（图三三三，7；彩版二二四，5）。

JXXD2Q6：12，原始瓷，灰白色胎。子口内敛，方唇，唇面内凹，折肩，斜直腹，平底内凹。上腹部贴附一对泥条捏制而成的环形耳。器内有螺旋纹。施青绿色釉，有积釉现象。口径11.6、底径7.2、高9.2厘米（图三三三，8；彩版二二四，6）。

盂　1件。

JXXD2Q6：9，原始瓷，灰白色胎。敛口，尖唇，内折沿，折肩，弧腹，假圈足，平底。上腹部饰曲齿纹，腹中部刻划一道弦纹。器内有螺旋纹，外底部有线切割痕。施黄绿色釉，有积釉现象。口径8.6、底径5.4、高3.6厘米（图三三三，9；彩版二二三，4）。

7．JXXD2Q7

JXXD2Q7位于土墩南部略偏东，中心坐标3.20×−9.90−2.60米。器物放置于第④层层面，被第③层叠压（图三三四；彩版二二五，1）。器物放置的层面较为平整，呈南北向摆放在长约1.89、宽约0.90米的范围内，方向朝向墩中心。

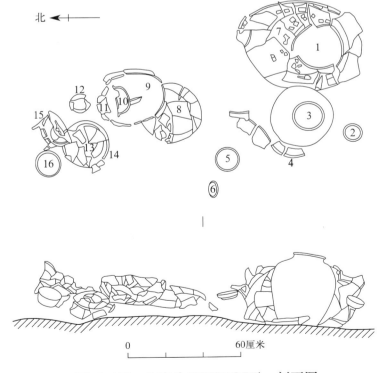

图三三四　许家沟JXXD2Q7平、剖面图

1、3．硬陶坛　2、5、6、11、12．原始瓷碗　4、7、8、13．陶钵　9．陶釜　10、15．陶鼎　14．硬陶瓿　16．原始瓷钵

　　出土器物共16件，其中夹砂陶器3件，泥质陶器4件，硬陶器3件，原始瓷器6件；器形有釜、鼎、坛、瓿、钵、碗。泥质陶器破碎严重，散落在坛罐的口部，应作器盖之用。

　　鼎　2件。

　　JXXD2Q7：10，夹砂红陶。仅复原口部及足。侈口，圆唇，卷沿，扁锥形足，足尖略外撇。口径19.0厘米（图三三五，1）。

　　JXXD2Q7：15，夹砂红陶。侈口，尖圆唇，宽折沿，直腹，圜底，腹、底间折，扁锥形足。口径20.6、高14.0厘米（图三三五，2；彩版二二五，2）。

　　釜　1件。

　　JXXD2Q7：9，夹砂红陶。残损严重，无法复原。

　　坛　2件。

　　灰色硬陶。侈口，尖唇，卷沿，沿面下凹，束颈，弧肩，深弧腹。下腹部饰菱形填线纹。

　　JXXD2Q7：1，平底内凹。颈部饰弦纹，上腹部饰方格纹。器身与底有明显接痕。口径23.0、底径22.4、高44.5厘米（图三三五，3；彩版二二五，3）。

　　JXXD2Q7：3，颈至上腹部饰席纹，颈部席纹抹而未尽，下部饰几道弦纹。器内留有制作时留下的指窝痕迹。口径18.4、底径20.8、高34.2厘米（图三三五，4；彩版二二五，4）。

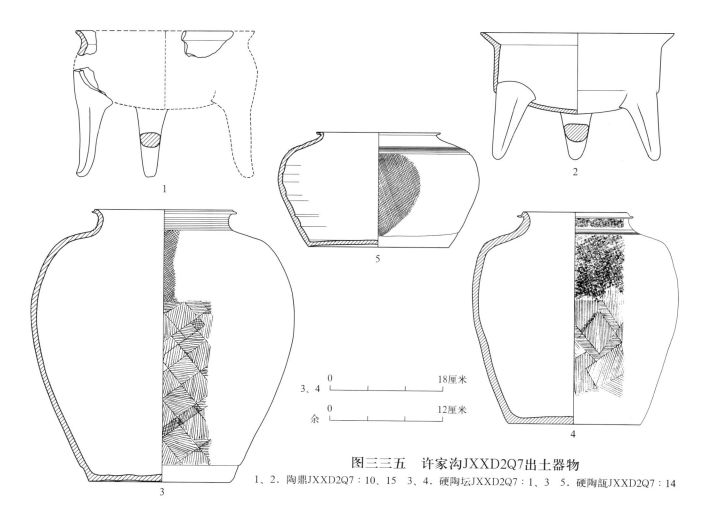

　　　　　　　　　　　　　图三三五　许家沟JXXD2Q7出土器物

1、2. 陶鼎JXXD2Q7：10、15　3、4. 硬陶坛JXXD2Q7：1、3　5. 硬陶瓿JXXD2Q7：14

瓿　1件。

JXXD2Q7：14，硬陶，黄色胎，器表灰色。侈口，尖圆唇，卷沿，沿面有一道凹槽，短束颈，平弧肩，扁鼓腹，平底略凹。肩部饰弦纹，腹部饰方格纹。腹与底相接处可见接缝及刮痕。口径13.2、底径15.0、高12.6厘米（图三三五，5；彩版二二六，1）。

碗　5件。

原始瓷。灰白胎。敛口，尖唇，内折沿。器内有螺旋纹，外底有线切割痕。

JXXD2Q7：2，上腹斜直，下腹弧收，平底。施黄绿色釉外不及底，剥落较甚。口径9.6、底径5.0、高3.6厘米（图三三六，1；彩版二二六，2）。

JXXD2Q7：5，沿面有一道凹槽，上腹斜收，下腹内弧，平底内凹。施黄绿色釉不及底，剥落殆尽。口径13.8、底径7.6、高3.8厘米（图三三六，2；彩版二二六，3）。

JXXD2Q7：6，沿面有一道凹槽，弧腹，平底。器身略有变形。施黄绿色釉外不及底，釉面有较多黑色杂质。口径9.3、底径5.6、高3.0厘米（图三三六，3）。

JXXD2Q7：11，浅弧腹，假圈足，平底内凹。器身很不规整，变形严重，口部呈椭圆形。施黄绿色釉，剥落较甚。口径13.2、底径7.2、高4.0厘米（图三三六，4）。

JXXD2Q7：12，浅弧腹，假圈足，底心内凹。施青绿色薄釉。口径14.0、底径7.8、高3.9厘米（图三三六，5；彩版二二六，4）。

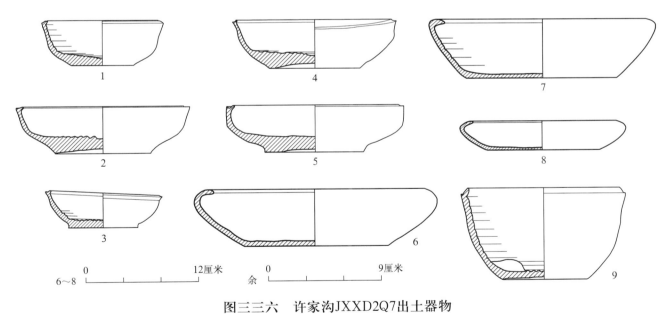

图三三六　许家沟JXXD2Q7出土器物

1～5. 原始瓷碗JXXD2Q7：2、5、6、11、12　6～8. 陶钵JXXD2Q7：4、8、13　9. 原始瓷钵JXXD2Q7：16

钵　5件。

JXXD2Q7：4，灰黄色胎，灰褐色陶衣。敛口，圆唇，弧腹，平底。口径23.2、底径15.2、高6.1厘米（图三三六，6；彩版二二六，5）。

JXXD2Q7：7，泥质红陶。残碎严重，无法复原。

JXXD2Q7：8，泥质黑皮陶，黄色胎。敛口，尖圆唇，弧腹，平底。器内可见轮制旋痕。口径22.0、底径16.0、高6.4厘米（图三三六，7）。

JXXD2Q7：13，泥质灰陶。敛口，圆唇，弧腹，平底。口径15.5、底径11.6、高3.3厘米（图三三六，8）。

JXXD2Q7：16，原始瓷，灰白色胎。敛口，尖唇，折肩，弧腹，平底内凹。器内有螺旋凹槽，外底有线切割痕。器内有一个大鼓泡。施黄绿色釉，釉层较薄。口径12.4、底6.8、高7.6厘米（图三三六，9；彩版二二六，6）。

8．JXXD2Q8

JXXD2Q8位于土墩东南部，中心坐标9.40×-5.50-2.70米。器物放置于第④层层面，被第③层叠压（图三三七；彩版二二七，1）。器物放置的层面较为平整，大致呈东西向摆放在长约1.24、宽约0.70米的范围内。

出土器物5件，其中夹砂陶器2件，泥质陶器、硬陶器、原始瓷器各1件；器形有釜、鼎、罐、碗等。器物正置略斜，陶器破碎严重，瓷碗置于陶鼎内。

鼎　1件。

JXXD2Q8：3，夹砂红陶。侈口，圆唇，折沿，弧腹，圜底近平，舌形足，截面略呈梯形。口径21.6、高18.4厘米（图三三八，1）。

釜　1件。

JXXD2Q8：1，夹砂红陶。残碎严重，仅复原口部。侈口，圆唇，折沿。口径30.0、残高7.9厘米（图三三八，2）。

罐　2件。

JXXD2Q8：4，泥质黑皮陶，黄色胎。残碎严重，无法复原。

JXXD2Q8：2，硬陶，深灰色胎。侈口，卷沿，沿面有一道凹槽，束颈，弧肩略折，鼓腹，平底

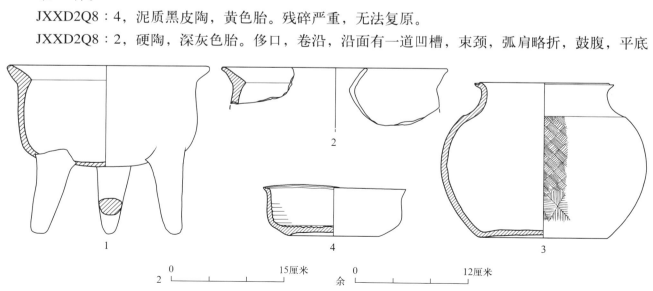

图三三七　许家沟JXXD2Q8平、剖面图
1. 陶釜　2、4. 陶罐　3. 陶鼎　5. 原始瓷碗

图三三八　许家沟JXXD2Q8出土器物
1. 陶鼎JXXD2Q8：3　2. 陶釜JXXD2Q8：1　3. 硬陶罐JXXD2Q8：2　4. 原始瓷碗JXXD2Q8：5

内凹。上腹部饰席纹，下腹部饰菱形填线纹。器内有篦刮痕、指窝痕。口径14.8、底径13.6、高16.8厘米（图三三八，3）。

碗　1件。

JXXD2Q8：5，原始瓷，灰黄色胎。直口，尖圆唇，折沿，沿面有两道凹槽，弧腹，平底内凹。器内有螺旋纹。器身变形。施黄绿色釉。口径15.2、底径9.6、高5.6厘米（图三三八，4；彩版二二七，2）。

9．JXXD2Q9

JXXD2Q9位于土墩西北部边缘，中心坐标−6.05×13.50−5.80米。器物放置于第④层层面，被第③层叠压（图三三九；彩版二二七，4）。器物摆放在约长0.80、宽0.60米的范围内，放置层面较平整，南部略高。

出土泥质陶坛、陶盆各1件，坛向东北倒伏，盆扣于其口部，应作器盖之用。

坛　1件。

JXXD2Q9：1，泥质红陶，腹部无法复原。侈口，尖唇，卷沿，束颈，弧肩，深弧腹，平底略内凹。颈部饰弦纹，肩及上腹部饰席纹，下腹部饰菱形填线纹。口径26.0、底径25.0厘米（图三三九，1）。

盆　1件。

JXXD2Q9：2，泥质灰陶，夹少量的细砂。侈口，尖圆唇，卷沿，沿面有一道凹槽，束颈，折肩，弧腹，平底。腹部饰方格纹，磨蚀殆尽。口径31.0、底径18.8、高16.4厘米（图三三九，2；彩版二二七，3）。

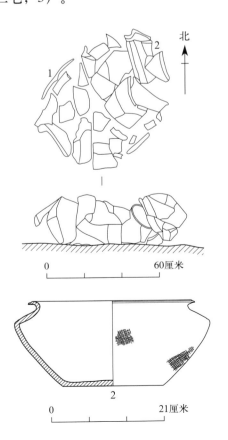

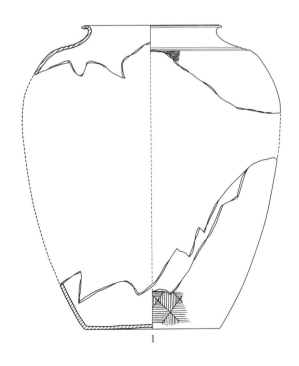

图三三九　许家沟JXXD2Q9及出土器物

1. 陶坛JXXD2Q9：1　2. 陶盆JXXD2Q9：2

10．JXXD2Q10

JXXD2Q10位于土墩北部偏西，中心坐标−3.20×10.70−6.00米。器物放置于第④层层面，被第③层叠压（图三四〇）。放置的层面较为平整。

仅有泥质陶罐1件，正置。

罐　1件。

JXXD2Q10：1，泥质红陶。残碎严重，无法复原。

11．JXXD2Q11

JXXD2Q11位于土墩西南部，中心坐标−3.60×−10.05−4.60米。器物放置于第④层层面，被第③层叠压（图三四一）。放置的层面北高南低。

仅有泥质红陶罐1件，正置。

罐　1件。

JXXD2Q11：1，泥质红陶。残碎严重，无法复原，表面饰有菱形填线纹。

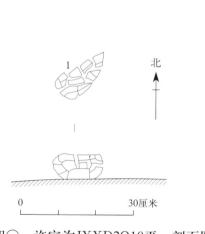

图三四〇　许家沟JXXD2Q10平、剖面图
1. 陶罐

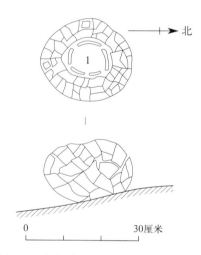

图三四一　许家沟JXXD2Q11平、剖面图
1. 陶罐

12．JXXD2Q12

JXXD2Q12位于土墩南部，中心坐标−0.06×−7.70−5.80米。器物放置于第⑤层层面，被第④层叠压（图三四二；彩版二二八，1）。放置层面较为平整，北部稍高，摆放范围长约1.20、宽0.85米。

出土器物9件，其中夹砂红陶器2件，泥质红陶器2件，原始瓷器2件，硬陶器3件；器形有釜、鼎、坛、罐、碗、盂。夹砂陶鼎JXXD2Q12：4倒置于夹砂陶釜JXXD2Q12：3中，其余器物均正置。

鼎　1件。

JXXD2Q12：4，夹砂红陶。仅复原一足，舌形（图三四三，1）。

釜　1件。

JXXD2Q12：3，夹砂红陶。仅复原口部。侈口，方圆唇，宽折沿。口径32.8、残高6.8厘米（图三四三，2）。

坛　1件。

JXXD2Q12：9，硬陶，红褐色胎，器表灰色。侈口，尖唇，卷沿，沿面有一道凹槽，束颈，溜肩，深弧腹，平底一侧内凹。肩、腹部饰菱形填线纹。器内可见有篦刮痕，口、颈部有爆浆釉。口径19.4、底径16.8、高41.4厘米（图三四三，3；彩版二二八，2）。

罐　3件。

JXXD2Q12：1，泥质红陶。残碎严重，无法复原。

JXXD2Q12：2，硬陶，紫褐色胎，器表灰黄色。侈口，卷沿，沿面内凹，束颈，弧肩，鼓腹，平底。颈部饰弦纹，肩及上腹部饰小菱形填线纹，下腹部饰菱形填线纹。器内有篦刮痕、指窝痕。口径13.7、底径14.0、高24.1厘米（图三四三，4；彩版二二八，3）。

JXXD2Q12：8，泥质红陶。侈口，圆唇，卷沿，沿面有一道凹槽，束颈，溜肩，弧腹，平底略内凹。肩部饰弦纹，腹部饰菱形填线纹，磨蚀严重，漫漶不清。口径21.4、底径15.6、高14.6厘米（图三四三，5；彩版二二九，1）

碗　2件。

JXXD2Q12：5，原始瓷，灰白色胎。敞口，尖圆唇，沿面下凹，弧腹，平底内凹。器内有螺旋纹，外底粘有砂粒。施黄绿色釉。口径15.9、底径9.4、高4.5厘米（图三四三，6；彩版二二九，2）。

JXXD2Q12：6，原始瓷，灰白色胎。敞口，圆唇，折沿，沿面下凹，弧腹，假圈足，平底略内凹。器内有螺旋纹，器内有篦刮痕。施黄绿色釉。口径16.8、底径8.4、高5.6厘米（图三四三，7；彩版二二九，3）。

盂　1件。

JXXD2Q12：7，硬陶，紫褐色胎，器表灰色。敛口，弧腹，平底。器内有螺旋纹，外底有平行切割痕。口径9.4、底径5.2、高3.8厘米（图三四三，8；彩版二二九，4）。

13．JXXD2Q13

JXXD2Q13位于土墩东南部，中心坐标6.90×－8.00－4.80米。器物放置于第⑤层层面，被第④层叠压（图三四四；彩版二三〇，1）。放置层面北高南低，摆放范围长约0.72、宽约0.69米。

出土3件硬陶器，器形为坛、罐、碗，均正置。

坛　1件。

JXXD2Q13：2，灰褐色硬陶胎。侈口，尖唇，卷沿，沿面有一道凹槽，束颈，溜肩，深弧腹，平底。颈部饰弦纹，肩、腹部饰菱形填线纹。器内可见篦刮痕。口径21.6、底径19.6、高46.4厘米

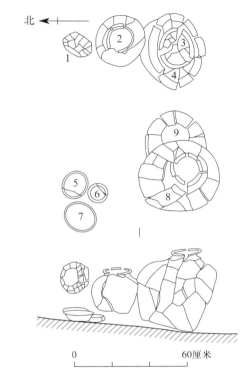

北 ←

图三四二　许家沟JXXD2Q12平、剖面图
1、8. 陶罐　2. 硬陶罐　3. 陶釜　4. 陶鼎　5、6. 原始瓷碗　7. 陶盂　9. 硬陶坛

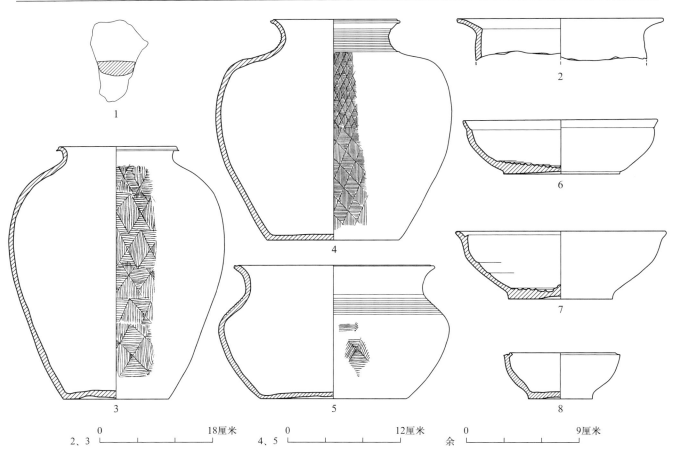

2、3 ⊢0————————————18厘米⊣ 4、5 ⊢0————————12厘米⊣ 余 ⊢0————————9厘米⊣

图三四三　许家沟JXXD2Q12出土器物

1. 陶鼎JXXD2Q12：4　2. 陶釜JXXD2Q12：3　3. 硬陶坛JXXD2Q12：9　4. 硬陶罐JXXD2Q12：2　5. 陶罐JXXD2Q12：8　6、7. 原始瓷碗JXXD2Q12：5、6　8. 硬陶盂JXXD2Q12：7

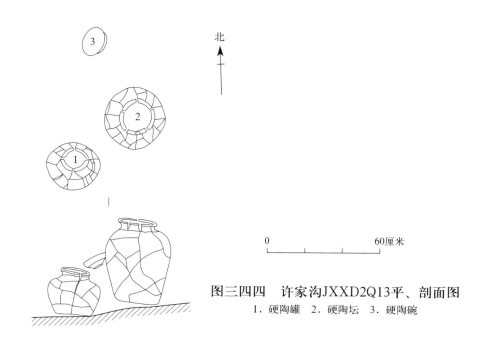

0 ⊢————————————60厘米⊣

图三四四　许家沟JXXD2Q13平、剖面图

1. 硬陶罐　2. 硬陶坛　3. 硬陶碗

（图三四五，1；彩版二三〇，3）。

罐　1件。

JXXD2Q13：1，紫褐色胎，硬陶，器表灰色。侈口，尖唇，卷沿，沿面有一道凹槽，束颈，弧肩，鼓腹，平底。颈部饰弦纹，肩及上腹部饰席纹，下腹部饰方格纹。口径15.6、底径16.0、高26.6厘米（图三四五，2；彩版二三〇，4）。

碗　1件。

JXXD2Q13：3，紫褐色硬陶。敞口，尖唇，折腹，上腹内凹，下腹斜收，平底。口径16.2、底径7.1、高5.4厘米（图三四五，3；彩版二三〇，2）。

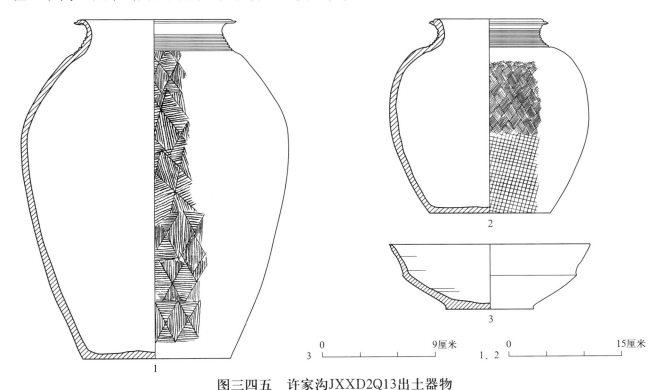

图三四五　许家沟JXXD2Q13出土器物
1. 硬陶坛JXXD2Q13：2　2. 硬陶罐JXXD2Q13：1　3. 硬陶碗JXXD2Q13：3

14. JXXD2Q14

JXXD2Q14位于土墩中部偏东北，中心坐标6.20×2.30－5.20米。器物放置于第⑤层层面，被第④层叠压（图三四六；彩版二三一，1）。放置层面南高北低，摆放范围长约0.64、宽约0.40米。

出土器物5件，其中夹砂陶器1件，泥质陶器2件，硬陶器2件；器形有鼎、罐、瓿、碗。盆JXXD2Q12：4的碎片散布于罐JXXD2Q12：3口部，应作器盖用，器盖JXXD2Q12：2口向上仰置于鼎JXXD2Q12：1之中，鼎、罐、瓿正置。

鼎　1件。

JXXD2Q14：1，夹砂红陶。仅复原口部及足。侈口，圆唇，折沿，锥形足。口径16.0厘米（图三四七，1）。

罐　1件。

JXXD2Q14：3，灰褐色硬陶。侈口，尖唇，窄卷沿，弧折肩，鼓腹，平底。颈部饰弦纹，肩、腹部饰方格纹。口径14.4、底径14.8、高19.8厘米（图三四七，2；彩版二三一，2）。

瓿　1件。

JXXD2Q14：5，硬陶，青灰色胎，器表灰褐。侈口，尖圆唇，窄卷沿，沿面有一道凹槽，束颈，折肩，扁鼓腹，平底。肩、腹部饰方格纹。器内可见篦刮痕、指抹的痕迹以及泥条间的接缝，泥条宽约1.5厘米。口径10.9、最大腹径18.8、底径13.0、高13.8厘米（图三四七，3；彩版二三一，3）。

盆　1件。

JXXD2Q14：4，泥质红陶。残破较甚，无法复原。

器盖　1件。

JXXD2Q14：2，泥质黑皮陶。整体呈覆豆形，喇叭形捉手，弧顶，顶、壁间折，壁内凹，敞口，尖唇。捉手径6.4、口径16.0、高6.2厘米（图三四七，4）。

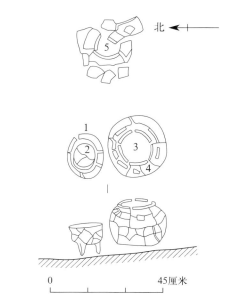

图三四六　许家沟JXXD2Q14平、剖面图
1. 陶鼎　2. 陶器盖　3. 硬陶罐　4. 陶盆　5. 硬陶瓿

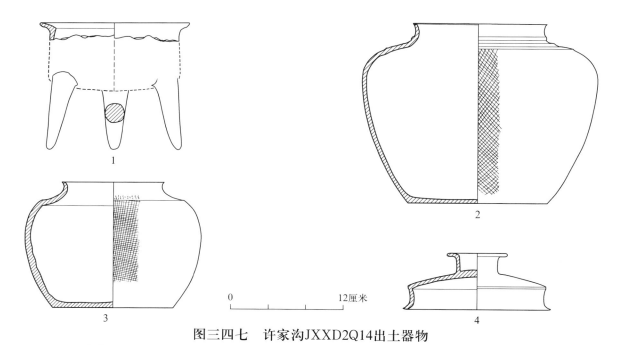

图三四七　许家沟JXXD2Q14出土器物
1. 陶鼎JXXD2Q14：1　2. 硬陶罐JXXD2Q14：3　3. 硬陶瓿JXXD2Q14：5　4. 陶器盖JXXD2Q14：2

15．JXXD2Q15

JXXD2Q15位于土墩西北部，中心坐标-7.80×7.60-5.20米。器物放置于第⑤层层面，被第④层叠压（图三四八；彩版二三二，1、2）。放置层面较为平整，器物集中放置于长约0.95、宽0.70米的范围，总体呈"L"形。

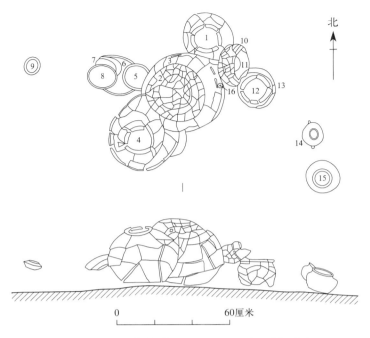

图三四八　许家沟JXXD2Q15平、剖面图

1、14.陶罐　2、7.陶盆　3、4.硬陶坛　5、8.原始瓷碗　6.陶三足盘　9.原始瓷盂　10、13.陶鼎　11.陶碗　12.陶器盖　15.硬陶瓿　16.陶纺轮

　　出土器物共16件，其中夹砂陶器2件、泥质陶器6件、硬陶器5、原始瓷器3件；器形有鼎、坛、罐、瓿、盆、盘、碗、盂、器盖、纺轮等。器物多正置，盆JXXD2Q15∶2倒扣于坛JXXD2Q15∶3上，碗JXXD2Q15∶11倒扣于鼎JXXD2Q15∶10内，作器盖使用，三足盘JXXD2Q15∶7及碗JXXD2Q15∶5、8置于盆JXXD2Q15∶7上。

　　鼎　2件。

　　JXXD2Q15∶10，夹砂红陶。仅复原口部。侈口，圆唇，卷沿。口径24.0厘米（图三四九，1）。

　　JXXD2Q15∶13，夹砂红陶。仅复原足，锥形（图三四九，2）。

　　坛　2件。

　　硬陶，紫褐色胎，器表灰色。侈口，尖唇，卷沿，沿面有一道凹槽，束颈，弧折肩，深弧腹。颈部饰弦纹，肩及上腹部饰席纹，下腹部饰方格纹。器内有篦刮痕。

　　JXXD2Q15∶3，口径18.2、底径17.6、高37.8厘米（图三四九，3；彩版二三三，1）。

　　JXXD2Q15∶4，下腹部局部呈红褐色。口径17.6、底径16.8、高40.8厘米（图三四九，4；彩版二三三，2）。

　　罐　2件。

　　JXXD2Q15∶1，硬陶，灰褐色胎，器表灰黄色。侈口，尖唇，卷沿，沿面有一道凹槽，束颈，弧肩，鼓腹，平底。颈部饰弦纹，肩部饰席纹，腹部饰方格纹。器内有篦刮痕、在肩部有口身相接的痕迹。口径15.4、底径16.4、高18.8厘米（图三四九，5；彩版二三三，3）。

　　JXXD2Q15∶14，泥质灰陶。直口微侈，尖圆唇，窄卷沿，沿面有一道凹槽，平弧肩，扁鼓腹，平底内凹。上腹设一对竖耳，耳宽扁。肩部饰凹弦纹数道，器内有螺旋凹槽和指抹痕。口径7.5、底

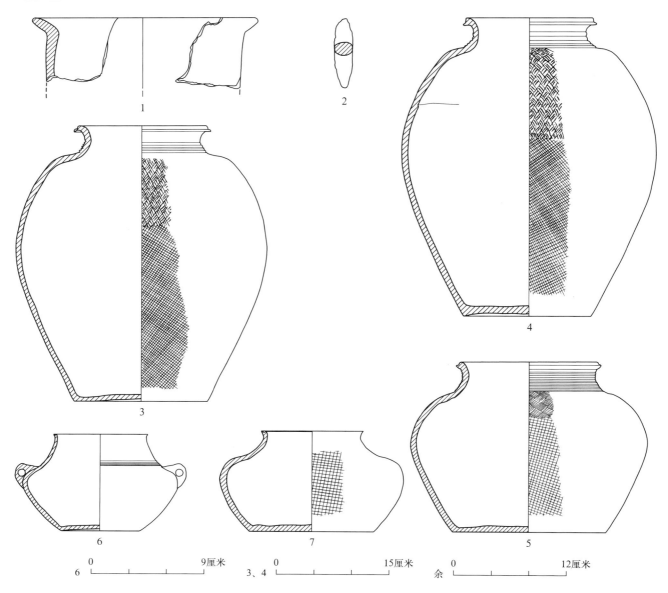

图三四九　许家沟JXXD2Q15出土器物

1、2. 陶鼎JXXD2Q15：10、13　3、4. 硬陶坛JXXD2Q15：3、4　5. 硬陶罐JXXD2Q15：1　6. 陶罐JXXD2Q15：14　7. 硬陶瓿
JXXD2Q15：15

径6.2、高8.1厘米（图三四九，6；彩版二三三，4）。

　　瓿　1件。

　　JXXD2Q15：15，硬陶，红褐色胎，器表灰褐色。侈口，尖唇，窄卷沿，沿面下凹，束颈，弧
肩，扁鼓腹，平底。腹部饰方格纹。器内有篦刮痕。口径10.8、底径13.2、高11.2厘米（图三四九，
7）。

　　盆　2件。

　　JXXD2Q15：2，泥质红陶。残碎严重，无法复原。

　　JXXD2Q15：7，泥质灰陶。仅复原下腹和底部。弧腹，平底内凹。底径4.6、残高3.0厘米（图
三五〇，1）。

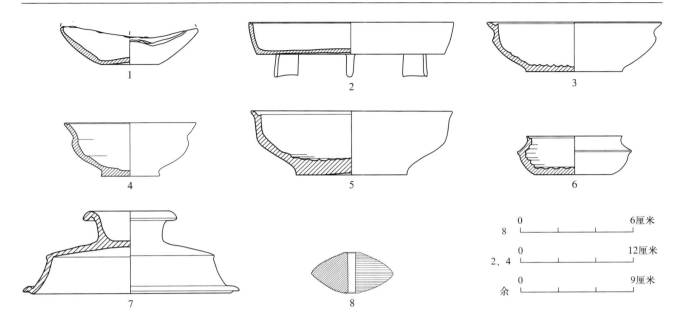

图三五〇　许家沟JXXD2Q15出土器物

1. 陶盆JXXD2Q15：7　2. 陶盘JXXD2Q15：6　3、5. 原始瓷碗JXXD2Q15：5、8　4. 硬陶碗JXXD2Q15：11　6. 原始瓷盂
JXXD2Q15：9　7. 陶器盖JXXD2Q15：12　8. 陶纺轮JXXD2Q15：16

　　盘　1件。

　　JXXD2Q15：6，泥质红陶。敞口，方唇，沿面有一道凹槽，斜直腹，平底略内凹，底部有三扁平足。口径21.8、底径20.0、高6.1厘米（图三五〇，2）。

　　碗　3件。

　　敞口，折沿。器身留有旋痕，外底有线切割痕。

　　JXXD2Q15：5，原始瓷，灰白色胎。沿面有一道凹槽，尖圆唇，折腹，平底。器内有螺旋纹。施黄绿色釉，剥落殆尽。口径13.8、底径7.6、高4.1厘米（图三五〇，3）。

　　JXXD2Q15：8，原始瓷，灰白色胎。圆唇，沿面有一道凹槽，弧腹，假圈足，平底略凹。器内有螺旋纹。施黄绿色釉。口径16.0、底径8.8、高5.2厘米（图三五〇，5）。

　　JXXD2Q15：11，灰色硬陶，器表局部呈砖红色。敞口，圆唇，内沿有一道凹槽，折腹，假圈足，平底。口径14.0、底径6.2、高5.8厘米（图三五〇，4）。

　　盂　1件。

　　JXXD2Q15：9，原始瓷，灰白色胎。敛口，尖唇，斜肩，肩下折收，弧腹，平底。器内有螺旋纹。施黄绿色釉。口径7.6、底径6.2、高3.2厘米（图三五〇，6）。

　　器盖　1件。

　　JXXD2Q15：12，泥质黑皮陶，灰黄色胎。整体呈覆豆形，喇叭形捉手，弧顶，顶壁间折，壁内弧，敞口，尖圆唇，卷沿，沿面有一道凹槽。捉手径7.6、口径17.5、高6.8厘米（图三五〇，7）。

　　纺轮　1件。

　　JXXD2Q15：16，泥质红陶。算珠状，中心穿孔。器身饰弦纹数周。直径4.4、孔径0.8、高2.3厘米（图三五〇，8）。

16．JXXD2Q16

JXXD2Q16位于土墩中部偏东，中心坐标4.90×0.25-5.20米。放置在JXXD2Q19的填土之上，被第⑤层叠压（图三五一；彩版二三四，1）。放置面较为平整，器物呈东西向摆放于长约0.85、宽0.30米的范围。

出土器物4件，其中夹砂陶鼎1件、硬陶瓿1件、原始瓷碗2件。2件原始瓷碗分别倒扣在夹砂陶鼎和硬陶瓿上，作器盖使用，夹砂陶鼎和硬陶瓿正置。

鼎　1件。

JXXD2Q16：4，夹砂红陶。侈口，圆唇，折沿，直腹，圜底近平，腹、底间折，扁锥形足。口径22.4、高15.6厘米（图三五一，4）。

瓿　1件。

JXXD2Q16：2，灰色硬陶。侈口，尖唇，卷沿，沿面有一道凹槽，束颈，弧肩，扁鼓腹，平底内凹。腹部饰席纹。器内肩部可见手指痕，内壁可见泥条接缝。口径13.2、底径14.0、高14.6厘米（图三五一，2；彩版二三四，2）。

碗　2件。

JXXD2Q16：1，原始瓷，灰白色胎。敞口，尖圆唇，折沿，沿面内凹，弧腹，平底内凹。器内有螺旋凹槽。施青绿色釉不及底，釉剥落较甚。口径17.8、底径10.0、高5.2厘米（图三五一，1；彩版二三四，3）。

JXXD2Q16：3，原始瓷，灰白色胎。敞口，尖圆唇，折沿，沿面内凹，浅弧腹，平底内凹。器

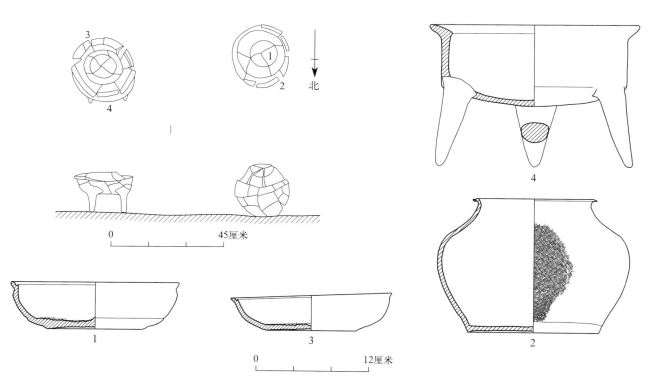

图三五一　许家沟JXXD2Q16及出土器物

1、3．原始瓷碗JXXD2Q16：1、3　2．硬陶瓿JXXD2Q16：2　4．陶鼎JXXD2Q16：4

内有螺旋纹，外底有线切割痕，粘有砂粒。器身不规整，略歪斜。施青绿色釉不及底。口径17.3、底径9.6、高4.2厘米（图三五一，3）。

17．JXXD2Q17

JXXD2Q17位于土墩西北部，中心坐标−10.70×8.40−5.90米。Q17上有独立封土，筑于第⑫层面上，被第⑤层叠压（图三五二）。封土平面呈扁椭圆形，西南部被施工破坏，残长2.54、残宽0.80米，断面呈梯形，高0.40米。封土红褐色，土质较硬，纯净。

出土泥质陶罐2件，破碎严重。

罐　2件。

JXXD2Q17：1，泥质红陶。侈口，圆唇，卷沿，束颈，弧肩，鼓腹，平底略凹。肩部饰弦纹，腹部饰菱形填线纹，磨蚀严重。口径12.5、底径13.6、高17.4厘米（图三五二，1）。

JXXD2Q17：2，泥质红陶。仅复原下腹及底部。弧腹，平底内凹。腹部饰席纹，纹饰部分磨蚀。底径18.8、残高10.4厘米（图三五二，2）。

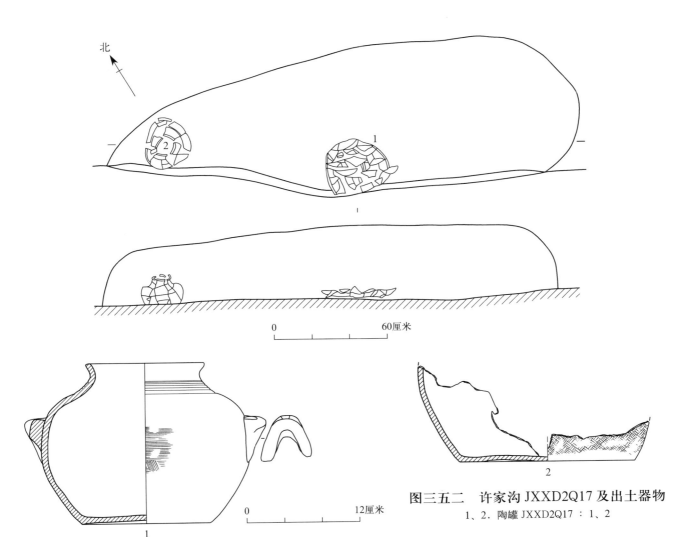

图三五二　许家沟JXXD2Q17及出土器物
1、2．陶罐JXXD2Q17：1、2

18．JXXD2Q18

JXXD2Q18位于土墩东部略偏南，中心坐标8.60×−1.10−5.80米。器物放置于第⑫层层面，被第⑤层叠压（图三五三）。放置面较平整。

出土夹砂陶鼎、硬陶碗各1件，均向南侧倾斜，碗扣置于鼎口部，作器盖使用。

鼎　1件。

JXXD2Q18：2，夹砂红陶。残碎，仅复原口部及足。侈口，圆唇，折沿近平，扁锥形足。口径16.2厘米（图三五三，2）。

碗　1件。

JXXD2Q18：1，灰色硬陶，下部呈砖红色。敞口，尖圆唇，沿面下凹，折腹，上腹内凹，下腹弧收，平底。器壁有旋痕，外底有线切割痕。口径14.8、底径6.6、高5.3厘米（图三五三，1）。

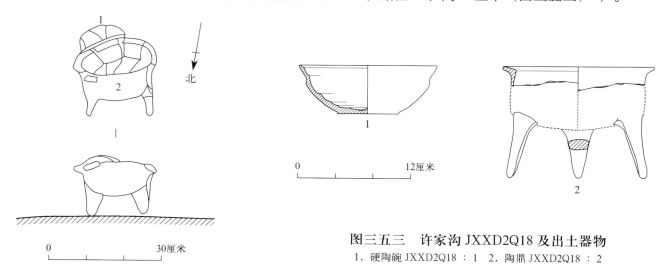

图三五三　许家沟 JXXD2Q18 及出土器物

1．硬陶碗 JXXD2Q18：1　2．陶鼎 JXXD2Q18：2

19．JXXD2Q19

JXXD2Q19位于土墩东部，中心坐标6.10×0.15−5.40米。器物置于坑内，坑开口于第⑤层下，打破第⑥层（图三五四）。坑平面呈长条形，敞口朝向墩外，方向约79°。长约8.80、宽1.37～2.30米，截面略呈梯形，深0.71～1.30米。坑内填土土色红，土质松软，纯净。器物放置于坑北侧，大致排列成一条直线，朝向墩中心。

出土器物10件，其中夹砂陶器1件，泥质陶器5件，硬陶器1件，原始瓷器3件；器形有鼎、坛、罐、碗。器物多正置，泥质陶罐JXXD2Q19：1叠放于硬陶坛JXXD2Q19：2上，原始瓷碗JXXD2Q19：8、9置于夹砂陶鼎JXXD2Q19：6腹内。

鼎　1件。

JXXD2Q19：6，夹砂红陶。残碎严重，仅复原足，扁锥形。足高7.4厘米（图三五五，1）。

坛　1件。

JXXD2Q19：2，硬陶，灰黄色胎，器表呈灰色。侈口，方唇，卷沿，唇面内凹，弧肩，深弧腹，平底稍内凹。颈部饰弦纹，肩部饰菱形填线纹，腹部饰方格纹。器内可见泥条接缝，泥条宽度为2.0～2.6厘米。肩及上腹局部有深绿色爆浆釉。口径27.4、底径23.6、高65.4厘米（图三五五，2）。

罐　6件。

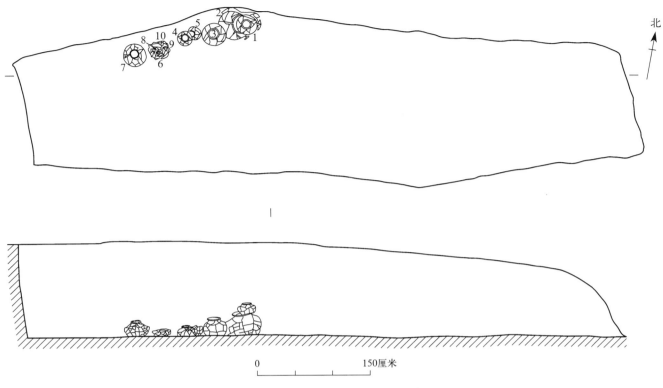

图三五四　许家沟 JXXD2Q19 平、剖面图
1、3～5、7. 陶罐　2. 硬陶坛　6. 陶鼎　8、9. 原始瓷碗　10. 原始瓷罐

JXXD2Q19：1、7，泥质红陶。残碎严重，无法复原。

JXXD2Q19：3，泥质红陶。残碎，仅复原口、底部。侈口，圆唇，卷沿，内侧有一道凹槽，束颈，平底。颈部以下饰弦纹数周，肩、腹部饰菱形填线纹。器内可见泥条接缝和指抹痕。口径18.2、底径19.2厘米（图三五五，3）。

JXXD2Q19：4，泥质红陶。残碎，部分复原口、腹部。侈口，圆唇，卷沿，内侧有一道凹槽，束颈，折肩，弧腹。颈下部饰弦纹，腹部饰菱形填线纹。口径24.4、残高8.8厘米（图三五五，4）。

JXXD2Q19：5，泥质红陶。残碎，仅复原下腹及底部。鼓腹，平底内凹。腹部饰菱形填线纹，纹饰部分磨蚀。底径17.6厘米（图三五五，5）。

JXXD2Q19：10，原始瓷，灰白色胎。直口微侈，尖唇，垂腹，假圈足，平底内凹。上腹部设对称双耳，已残，耳两侧各堆贴"S"形泥条装饰。上腹部饰竖向篦刻纹。器内底部有螺旋凹槽。施青绿色釉。口径6.2、底径8、高7.4厘米（图三五五，6）。

碗　2件。

原始瓷，灰白色胎。器内有螺旋纹，外底有平行切割痕。

JXXD2Q19：8，敞口，圆唇，折腹，上腹内弧，下腹斜收，假圈足，平底略内凹。器内近底处有鼓泡。施青绿色釉。口径16.0、底径8.0、高5.4厘米（图三五五，7）。

JXXD2Q19：9，敛口，尖唇，折沿，沿面有一道凹槽，折肩，弧腹，假圈足，平底略内凹。肩部刻划数道平行短线。器身略歪斜。施黄绿色釉，剥落较甚。口径13.8、底径8.6、高5.0厘米（图三五五，8）。

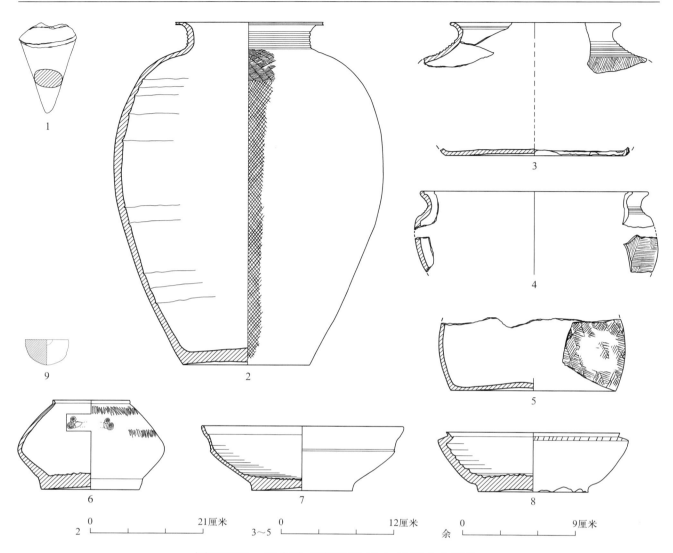

图三五五　许家沟 JXXD2Q19 与地层出土器物

1. 陶鼎 JXXD2Q19：6　2. 硬陶坛 JXXD2Q19：2　3～5. 陶罐 JXXD2Q19：3～5　6. 原始瓷罐 JXXD2Q19：10　7、8. 原始瓷碗 JXXD2Q19：8、9　9. 石泡 JXXD2⑤：1

（三）地层出土遗物

各文化层皆较为纯净，器物较少。在第⑤层中发现1件石泡。

石泡　1件。

JXXD2⑤：1，磨制，半球状，底面平，中部有一圆孔。底径3.4、孔径0.9、高2.1厘米（图三五五，9）。

四　小结

JXXD2墩形高大，底径约32.00、高约6.75米。地层堆积分为13层，其中第⑬层、第⑫层为建墩之初堆筑的平台；第⑪层～⑥层为围绕中心墓JXXD2M9的第一次封土，而第⑤～②层为后期加筑的封土。墩内有器物群共19处，分别位于第③、④、⑤层下，呈散点式分布于土墩四周，位置较墓葬偏外，每个器物群有器物1～16件；JXXD2Q19挖有长条形坑，其余器物坑分别置于第④、⑤、⑫层层面上，JXXD2Q6、Q7、Q12、Q15、Q19器物组合较为完整，放置方式也类似于墓葬，因此很有可能也属于墓葬。墓葬9座，其中JXXD2M9位于墩中心位置，葬于建墩之初的平台上，有长方形浅坑，上有馒头形封土；JXXD2M1、M3开口于第③层下，JXXD2M2、M4～M8均开口于第④层下，JXXD2M4葬于第⑤层平面上，上有长方形封土，属于平地起封类型，其余墓坑挖建于早期土墩之外，围绕墩心呈向心分布。

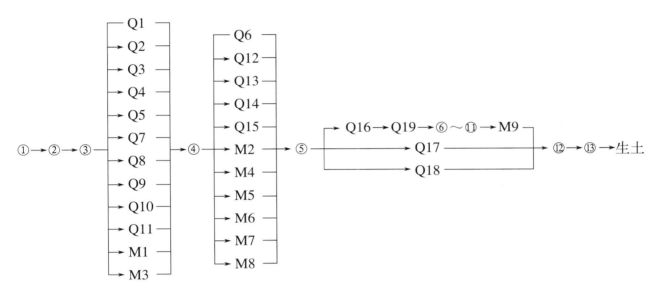

JXXD2内最早的遗迹单元为JXXD2M9，出土的夹砂陶鼎侈口，折沿略窄，深弧腹，足外撇；硬陶器卷沿近平，束颈较长，坛肩部稍平，最大腹径在中上部，下腹内收较剧烈；瓿肩下溜，肩下折收，纹饰为较大的菱形填线纹与方格纹组合；原始瓷豆敞口，折沿较宽，折腹，圈足很矮；上述器物具有春秋早期特征。

JXXD2内最晚的遗迹有JXXD2Q1～Q5、Q7～Q11、Q13、M1、M3，分布于土墩偏外侧位置，其中JXXD2M3器物的晚期特征最为突出。M3出土的夹砂陶鼎宽折沿近平，底近平，足外撇，足尖尖细；硬陶坛卷沿近平，弧肩略折，纹饰为细密的方格纹、席纹与菱形填线纹组合；原始瓷为敞口、深直腹的原始瓷盅；器物具有春秋晚期特征。

因此JXXD2的年代上限为春秋早期，下限为春秋晚期。

第四节　许家沟土墩墓D3

一　概况

许家沟土墩墓D3（编号JXXD3）位于西侧南北向岗地的东面缓坡上，位置略低于JXXD1、D2，其东北约10米处有一较大的水塘，西距连接340省道与茅山公墓的南北向乡村道路80米。其西10米处为JXXD2，东320米处为JXXD4。

在考古队进入现场时，JXXD3土墩上部已被施工破坏。平面大致呈圆形，底径约10.50、土墩顶部至生土面高约0.10米，中心顶部距南侧地表垂直高度约1.50、距北侧地表约0.60米（图三五六）。

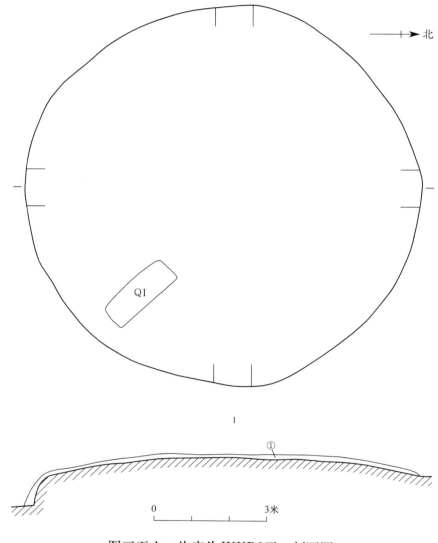

图三五六　许家沟JXXD3平、剖面图

二　地层堆积

JXXD3被破坏严重，地层堆积仅存1层。

第①层：灰褐色，厚0～0.30米。疏松。除局部被施工破坏外，大致布满土墩。本层下有器物群JXXD3Q1。

第①层下即为生土，生土红褐色夹铁锈斑，顶面倾斜，中部高，四周低。

三　遗迹遗物

JXXD3仅发现器物群1座。

JXXD3Q1

JXXD3Q1位于土墩东南部,中心坐标2.90×−2.50−0.30米。开口于第①层下,打破生土(图三五七;彩版二三五,1)。为浅坑,坑口平面呈长方形,方向135°。长2.05、宽0.60~0.70米,直壁,底部倾斜,西北高东南低,深约0.05米。坑中填灰黑色土,器物置于坑中部,大致排列成一条直线,呈西北—东南向。

出土器物共有7件,其中夹砂陶器2件,泥质陶器2件,硬陶器3件;器形有鼎、坛、瓿、盆、钵。

鼎　2件。

JXXD3Q1:2,夹砂红陶。复原口部和足。侈口,圆唇,宽折沿,扁锥形足。口径16.0厘米(图三五八,1)。

JXXD3Q1:4,夹砂红陶。侈口,尖圆唇,宽折沿,直腹,扁锥形足,底部无法复原。口径20.0厘米(图三五八,2)。

坛　2件。

硬陶,灰褐色胎。侈口,卷沿,束颈,弧肩。肩及上腹部饰方格纹,下腹部饰菱形填线纹。

JXXD3Q1:5,器表灰色。残甚,仅复原上半部。尖唇,沿面下凹,肩略折。口径18.0、残高15.2厘米(图三五八,3)。

JXXD3Q1:7,器表灰黄色。方唇,深弧腹,平底。口径18.4、底径21.2、高31.6厘米(图三五八,4;彩版二三五,2)。

瓿　1件。

JXXD3Q1:6,硬陶,灰褐色胎,器表灰色。侈口,尖唇,卷沿,沿面有一道凹槽,弧肩,扁

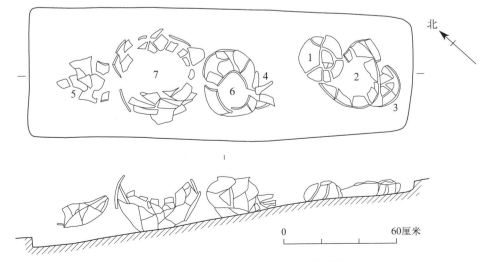

图三五七　许家沟JXXD3Q1平、剖面图
1. 陶钵　2、4. 陶鼎　3. 陶盆　5、7. 硬陶坛　6. 硬陶瓿

鼓腹，平底略凹。颈部饰弦纹，肩及上腹部饰席纹，下腹部饰菱形填线纹。口径17.4、底径23.0、高17.0厘米（图三五八，5；彩版二三五，3）。

　　盆　1件。

　　JXXD3Q1：3，泥质黑皮陶，灰黄色胎。直口略侈，方唇，沿面有一道凹槽，折腹，上腹内弧，下腹弧收，平底。口径21.0、底径11.4、高5.6厘米（图三五八，6；彩版二三五，4）。

　　钵　1件。

　　JXXD3Q1：1，泥质黑皮陶，灰褐色胎。敛口，尖圆唇，浅弧腹，平底。器内可见螺旋纹及旋痕。口径19.2、底径10.2、高4.6厘米（图三五八，7）。

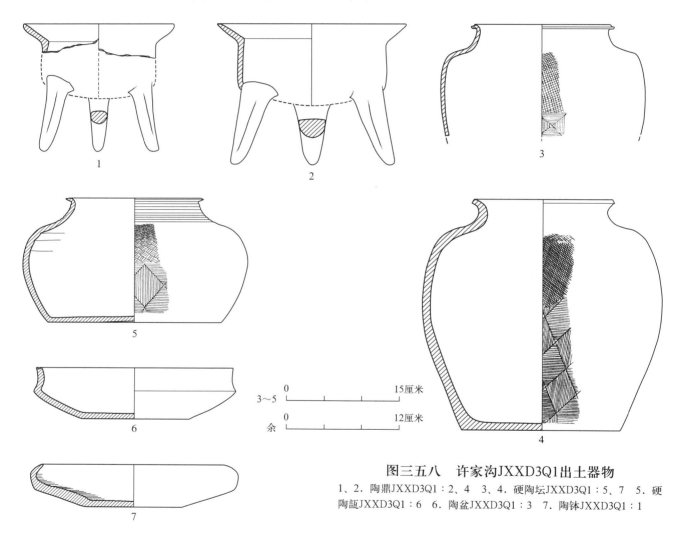

图三五八　许家沟JXXD3Q1出土器物

1、2. 陶鼎JXXD3Q1：2、4　3、4. 硬陶坛JXXD3Q1：5、7　5. 硬陶瓿JXXD3Q1：6　6. 陶盆JXXD3Q1：3　7. 陶钵JXXD3Q1：1

四　小结

　　JXXD3底径较小，破坏严重，地层堆积仅1层。墩内仅发现器物群1处，位于墩东南，开口于第①层下，有浅土坑，方向朝向墩中心。

　　JXXD3M1出土夹砂陶鼎宽折沿，直腹，足细高；硬陶罐、瓿卷沿，弧肩略折，底略宽，纹饰为细密的方格纹、席纹与菱形填线纹组合；器物具有春秋中期偏晚阶段特征。

JXXD3的年代为春秋中期。

第五节　许家沟土墩墓D4

一　概况

许家沟土墩墓D4（编号JXXD4）位于东侧南北向岗地的顶部，其东侧约60米处为340省道与建设中的宁常高速公路交汇处，南距340省道约80、西距JXXD3约320米。

在考古队进入现场时，JXXD4土墩上部已被施工破坏，原植被无存，土墩南侧已因修建高速公路便道削去，仅余北侧。JXXD4残存部分平面呈半圆形，东西底径12.85、墩顶部至生土面高2.25米（图三五九）。

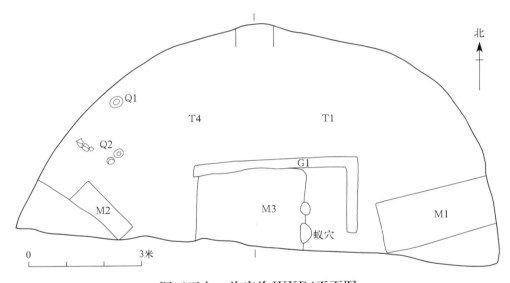

图三五九　许家沟JXXD4平面图

二　地层堆积

根据土质、土色的差异，将JXXD4的堆积分为依次叠压的5层，现以土墩中部南北向剖面为例说明（图三六〇）。

第①层：灰褐色土，厚约0.10米。疏松，夹杂有较多植物的根系。遍布全墩。本层下有器物群JXXD4Q1及墓葬JXXD4M1、M2。

第②层：黄色土，深0.10～0.50、厚0～0.40米。较为松软，纯净，未见遗物出土。土墩底部未见分布。

第③层：黄褐色土，深0.15～1.15、厚0～0.65米。土质较紧密，纯净，未见遗物出土。斜向堆积，主要分布于土墩的边缘。本层中有器物群JXXD4Q2。

第④层：黄色土，深0.25～1.30、厚0～0.95米。中夹杂灰色土块，土质坚硬。纯净，未见遗物出

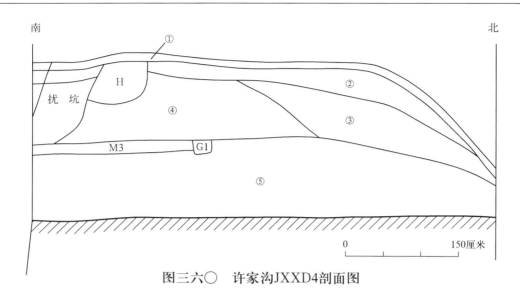

图三六〇　许家沟JXXD4剖面图

土。分布于土墩中部。本层下有墓葬JXXD4M3及沟JXXD4G1。

第⑤层：红褐色土，深0.25～1.20、厚约0.90米。土质坚硬，纯净，未见遗物出土。该层中部表面较平整，全墩分布。

第⑤层下即为生土，生土红褐色夹铁锈斑，坚硬，纯净。

三　遗迹遗物

JXXD4发现的遗迹有器物群、墓葬和沟。器物群2处（编号JXXD4Q1、Q2），位于土墩西北部边缘。墓葬3座（编号JXXD4M1～M3），均为竖穴土坑墓，JXXD4M3位于土墩中部，JXXD4M1、M2分别位于土墩东部和西部。

（一）墓葬

1．JXXD4M1

JXXD4M1位于土墩东部，墓葬东侧及上部被破坏，中心坐标0.85×4.85−0.10米。开口于第①层下，打破第②层（图三六一；彩版二三六，1）。为竖穴土坑墓，坑口面略斜，西高东低。坑口平面为长方形，方向约75°。长3.05、宽1.36米，直壁，墓底较平，深0.20～0.40米。填土灰褐色，松软，纯净。墓内未见人骨和葬具的痕迹。随葬器物都放置于墓坑底部的南侧，排列集中、整齐。硬陶碗JXXD4M1：9仰置于夹砂陶鼎JXXD4M1：10上，夹砂陶鼎JXXD4M1：7正置于硬陶碗JXXD4M1：8上，原始瓷钵、碗JXXD4M1：13～15叠置于硬陶瓿上，其余器物均正置于墓底。

出土器物20件，其中夹砂陶器3件，硬陶器11件，原始瓷器6件；器形有鼎、坛、瓿、钵、碗。

鼎　3件。

JXXD4M1：7，夹砂红陶。残碎，仅复原口部和足。侈口，尖圆唇，宽折沿，扁锥形足，足截面呈椭圆形。口径15.0厘米（图三六二，1）。

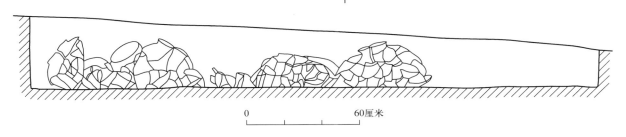

图三六一　许家沟JXXD4M1平、剖面图
1、3、8、9、14. 原始瓷碗　2、12、16~19. 硬陶瓿　4、13、15. 原始瓷钵　5、6、11. 硬陶坛　7、10、20. 陶鼎

　　JXXD4M1：10，夹砂红陶。侈口，圆唇，宽折沿，斜直腹，圜底，无法复原，腹、底间折，柱状足，足截面呈椭圆形。口径19.4厘米（图三六二，2）。

　　JXXD4M1：20，夹砂红陶。残碎严重，无法复原。

　　坛　3件。

　　硬陶。侈口，尖唇，卷沿，沿面下凹，束颈，弧肩略折，深弧腹，平底内凹。颈部饰弦纹，肩及上腹部饰席纹，下腹部饰菱形填线纹。

　　JXXD4M1：5，红褐色胎，器表灰色。器内可见泥条接缝，接缝处有捺窝。口径19.2、底径20.6、高45.3厘米（图三六二，3；彩版二三六，2）。

　　JXXD4M1：6，灰黄色胎，器表灰色。口径19.8、底径22.4、高47.4厘米（图三六二，4；彩版二三六，3）。

　　JXXD4M1：11，紫红色胎，器表灰色。口径15.0、底径19.2、高39.6厘米（图三六二，5；彩版二三七，1）。

　　瓿　6件。

　　硬陶。侈口，尖圆唇，沿面下凹，束颈，弧肩，扁鼓腹，平底。颈部饰弦纹。

　　JXXD4M1：2，灰褐色胎，器表灰色。卷沿。肩及上腹部饰席纹，下腹部饰菱形填线纹。颈、肩连接处可见一周指按痕。口径16.8、底径20.6、高19.2厘米（图三六三，1；彩版二三七，2）。

　　JXXD4M1：12，灰褐色胎，器表灰色。卷沿。肩、腹部饰席纹。器内可见泥条接缝、指窝痕、

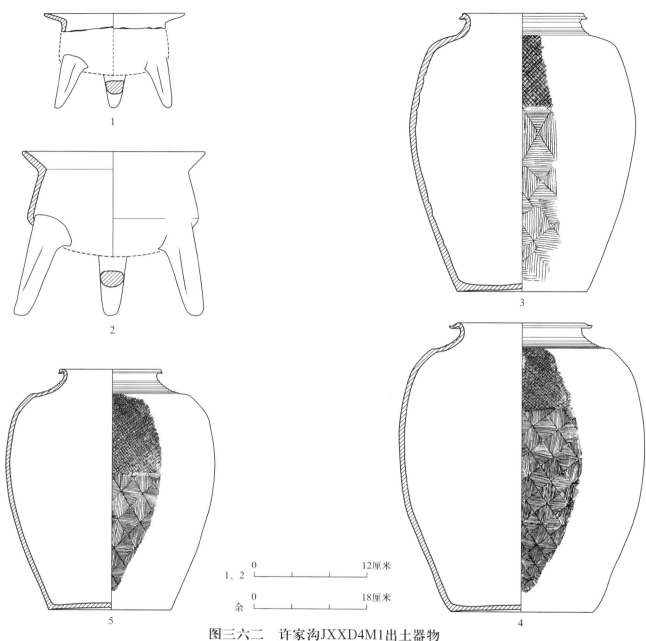

1、2　　0　　　　　　12厘米
余　　　0　　　　　　18厘米

图三六二　许家沟JXXD4M1出土器物
1、2. 陶鼎JXXD4M1：7、10　3~5. 硬陶坛JXXD4M1：5、6、11

刮抹痕以及腹、底交接的痕迹。口径15.4、底径17.2、高15.0厘米（图三六三，2；彩版二三七，3）。

　　JXXD4M1：16，紫红色胎。折沿。腹部饰菱形填线纹，纹饰拍印较乱。器内可见泥条接缝及指窝痕。口径11.8、底径13.4、高10.6厘米（图三六三，3；彩版二三七，4）。

　　JXXD4M1：17，灰色胎。卷沿。肩、腹部饰席纹。口径12.6、底径14.6、高12.0厘米（图三六三，4）。

　　JXXD4M1：19，灰褐色胎。卷沿。肩、腹部饰席纹。口径15.2、底径14.8、高18.8厘米（图三六三，5；彩版二三七，5）。

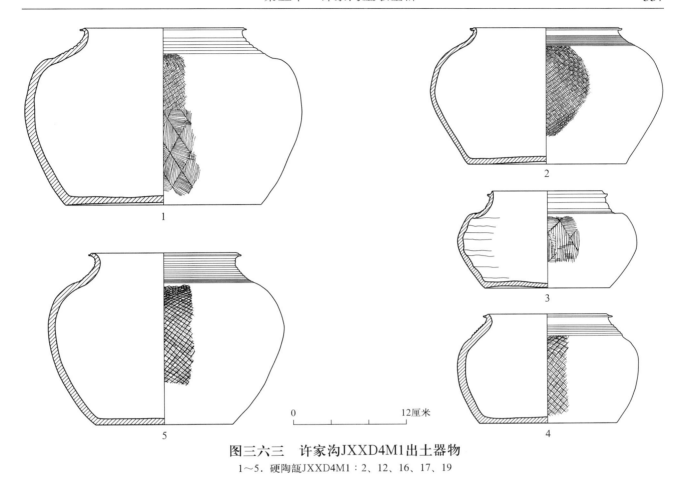

图三六三　许家沟JXXD4M1出土器物

1～5. 硬陶瓿JXXD4M1：2、12、16、17、19

碗　5件。

JXXD4M1：1，原始瓷，灰黄色胎。敛口，尖唇，内折沿，沿面内凹，浅弧腹，假圈足，平底。器内有螺旋纹，外壁有旋痕。施黄绿色釉。口径13.0、底径6.4、高3.7厘米（图三六四，1；彩版二三八，1）。

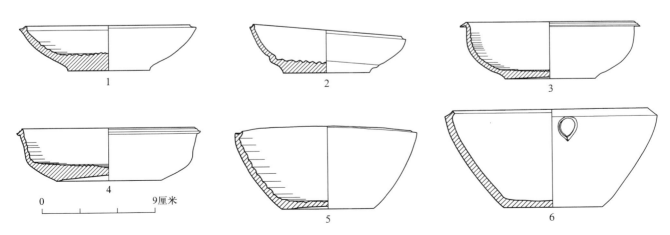

图三六四　许家沟JXXD4M1出土器物

1～4. 原始瓷碗JXXD4M1：1、3、9、14　5、6. 原始瓷钵JXXD4M1：13、15

　　JXXD4M1：3，原始瓷，灰黄色胎。敛口，尖唇，内折沿，沿面下凹，浅弧腹，平底。器身斜歪。器内有螺旋纹，外壁有旋痕。施黄绿色釉。口径12.0、底径6.8、高4.0厘米（图三六四，2；彩版二三八，2）。

　　JXXD4M1：9，原始瓷，灰黄色胎。敞口，尖唇，折沿，沿面有两道凹槽，弧腹，平底略凹。器内有螺旋纹，外壁有旋痕。施黄绿色釉，剥落殆尽。口径13.4、底径7.2、高4.6厘米（图三六四，3；彩版二三八，3）。

　　JXXD4M1：14，原始瓷，灰白色胎。敞口，尖唇，折沿，沿面有两道凹槽，弧腹，平底内凹。器内有螺旋纹，外壁有旋痕。施黄绿色釉，剥落殆尽，外底呈砖红色。口径13.7、底径8.2、高4.3厘米（图三六四，4；彩版二三八，4）。

　　钵　3件。

　　JXXD4M1：13，原始瓷，灰白色胎。敛口，尖唇，内折沿，斜弧腹，平底内凹。器内有螺旋纹。器物变形严重。施青绿色釉。口径13.2、底径7.2、高6.8厘米（图三六四，5；彩版二三八，5）。

　　JXXD4M1：15，原始瓷，灰白色胎。敛口，方唇，内折沿，斜直腹，平底。上腹部堆贴一对环形泥条饰。施青绿色釉。口径15.6、底径7.8、高8.0厘米（图三六四，6；彩版二三八，6）。

2．JXXD4M2

　　JXXD4M2位于土墩西部，中心坐标-4.10×1.10-0.10米。开口于第①层下，打破第②层（图三六五）。为竖穴土坑墓，墓葬残余部分平面为长条形，方向约317°。墓葬上部及南部被破坏，南壁已被破坏无存，现存三面壁直，墓底较平。坑口长1.89、残宽0.40～0.72、残深0.40米。填土为深灰色土，土质较软，纯净。墓内未见人骨和葬具的痕迹，随葬器物放置于墓坑东北侧。

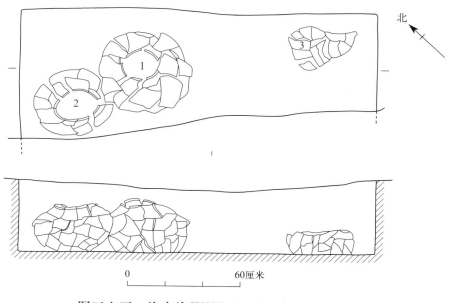

图三六五　许家沟JXXD4M2平、剖面图
1．硬陶坛　2．陶罐　3．陶鼎

出土器物3件，分别为夹砂陶鼎、泥质陶罐和硬陶坛。

鼎　1件。

JXXD4M2：3，夹砂红陶。破碎严重，无法复原。

坛　1件。

JXXD4M2：1，灰色硬陶。侈口，尖圆唇，卷沿，沿面有一道凹槽，束颈，弧肩，深弧腹，平底。颈部饰弦纹，肩部饰席纹，腹部饰方格纹。口径20.2、底径18.2、高42.8厘米。

罐　1件。

JXXD4M2：2，泥质红陶，器胎较薄。残碎严重，无法复原。

3．JXXD4M3

JXXD4M3位于土墩中部，中心坐标-0.10×1.10-1.22米。开口于第④层下，打破第⑤层（图三六六；彩版二三九，1）。为竖穴土坑墓，墓葬南部被破坏，北侧被G1打破。坑口平面推测为长方形，方向92°。东西长2.82、南北残宽1.70～2.33米，直壁，墓底较平，墓深0.10～0.20米。墓坑中发现7块石块，其中5块大致呈一线置于北侧，另外2块分别放在中部和东南角。填土为黄色土与

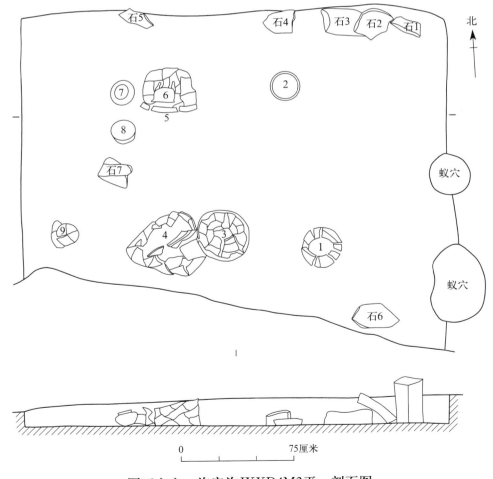

0　　　　　　　75厘米

图三六六　许家沟JXXD4M3平、剖面图

1．硬陶罐　2．陶盘　3、4．硬陶坛　5、6．陶鼎　7．硬陶瓿　8、9．陶罐

灰色土相夹杂的花土，与第④层土一致。JXXD4M3未见人骨和葬具的痕迹。随葬器物置于墓底中部，除1件罐置于墓西侧中部外，其余排列成东西向的两排，相距约0.70米。器形较小的夹砂陶鼎JXXD4M3：6置于器形较大的JXXD4M3：5内，向南侧倒伏，其余器物正置。

出土器物共9件，其中夹砂陶器2件，泥质陶器2件，硬陶器5件；器形有鼎、坛、罐、瓿、盘等。

鼎　2件。

JXXD4M3：5，夹砂陶，红褐色胎。残碎，复原口部和足。侈口，圆唇，宽折沿，扁锥形足。口径32.0厘米（图三六七，1）。

JXXD4M3：6，夹砂陶，红色胎。残碎，复原口部和足。侈口，圆唇，宽折沿，扁锥形足。口径21.0厘米（图三六七，2）。

坛　2件。

硬陶。侈口，尖圆唇，卷沿，沿面边缘有一道凹槽，束颈，深弧腹，平底。颈部饰弦纹，肩部饰菱形填线纹，腹部饰方格纹。

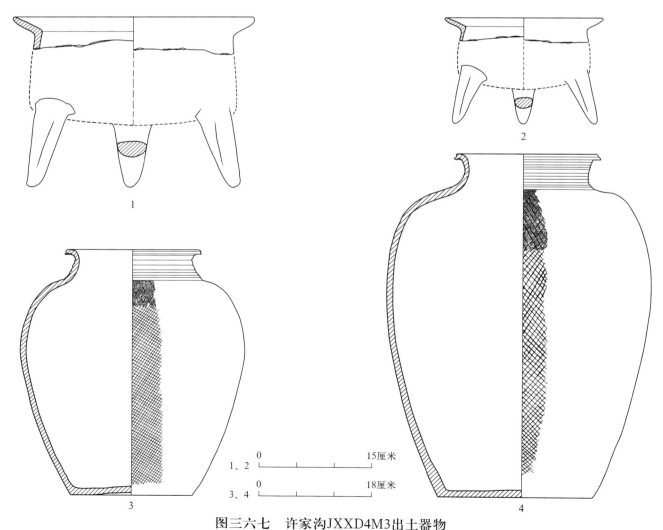

1、2　|—— 0 ——————— 15厘米 ——|

3、4　|—— 0 ——————— 18厘米 ——|

图三六七　许家沟JXXD4M3出土器物

1、2.陶鼎JXXD4M3：5、6　3、4.硬陶坛JXXD4M3：3、4

JXXD4M3：3，紫褐色胎，器表灰褐色。底略凹。器内可见泥条接缝、指按、指抹痕。口径20.8、底径19.4、高40.0厘米（图三六七，3；彩版二三九，2）。

JXXD4M3：4，砖红色胎，器表局部呈灰褐色。口径23.0、底径24.6、高55.8厘米（图三六七，4；彩版二三九，3）。

罐　3件。

JXXD4M3：1，硬陶，紫褐色胎，器表灰褐色。侈口，尖圆唇，卷沿，沿面有凹槽一周，鼓腹，平底。肩部设一对竖耳。颈部饰弦纹，肩及上腹部饰菱形填线纹，下腹部饰方格纹，口径17.0、底径19.0、高23.6厘米（图三六八，1；彩版二四〇，1）。

JXXD4M3：8，泥质红褐陶。残碎严重，仅复原器底。平底略内凹。底径13.0、残高3.2厘米（图三六八，2）。

JXXD4M3：9，泥质红褐陶。残碎严重，无法复原。腹片上饰方格纹。

瓿　1件。

JXXD4M3：7，灰褐色硬陶。敛口，尖圆唇，卷沿，沿面有一道凹槽，束颈，溜肩，扁鼓腹，平底略凹。器外壁饰菱形填线纹。器身多见指窝捏制的痕迹。口径9.6、底径10.4、高8.8厘米（图三六八，3；彩版二四〇，2）。

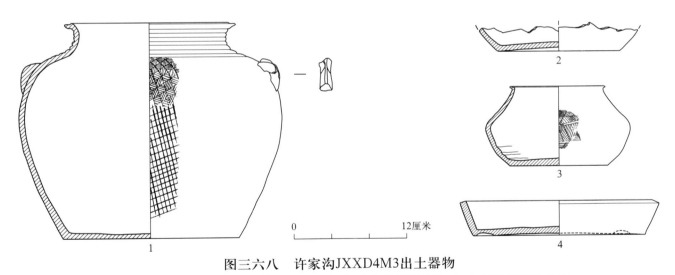

图三六八　许家沟JXXD4M3出土器物

1. 硬陶罐JXXD4M3：1　2. 陶罐JXXD4M3：8　3. 硬陶瓿JXXD4M3：7　4. 陶盘JXXD4M3：2

盘　1件。

JXXD4M3：2，泥质褐陶。残缺。敞口，方唇，斜腹，平底略凹，三足缺失，底面留有三个长方形凹窝。口径19.8、底径18.2、残高3.8厘米（图三六八，4；彩版二四〇，3）。

（二）器物群

1. JXXD4Q1

JXXD4Q1位于土墩西北部，中心坐标−3.60×4.00−1.80米。器物放置于第⑤层层面上，被第①

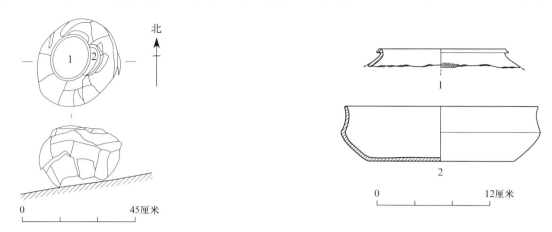

图三六九　许家沟JXXD4Q1及出土器物
1. 陶罐JXXD4Q1：1　2. 陶盆JXXD4Q1：2

层叠压（图三六九；彩版二四〇，5）。器物放置的层面东南高西北低。

出土泥质陶罐和盆各1件，罐正置，盆倒扣在罐上作盖之用。

罐　1件。

JXXD4Q1：1，泥质黑皮陶。残碎，仅复原口部。侈口，圆唇，卷沿，沿面内凹。上腹部饰方格纹。口径14.0、残高2.0厘米（图三六九，1）。

盆　1件。

JXXD4Q1：2，泥质陶，灰褐色胎。直口，方唇，折腹，上腹内弧，下腹弧收，平底。口径20.6、底径15.6、高6.0厘米（图三六九，2；彩版二四〇，4）。

2．JXXD4Q2

JXXD4Q2位于土墩西北部，中心坐标−4.30×2.50−1.35米。器物放置于第③层中（图三七〇；彩版二四一，1），摆放在长约1.35、宽约0.60米的范围内。

出土器物共4件，其中夹砂陶鼎2件，泥质陶瓮和硬陶瓿各1件。器物均正置，2件夹砂陶叠置在一起。

鼎　2件。

JXXD4Q2：2，夹砂红陶。侈口，尖圆唇，折沿，直腹，圜底近平，腹、底间折，舌形足。口径16.0、高12.8厘米（图三七〇，2；彩版二四一，2）。

JXXD4Q2：3，夹砂红陶。残碎严重，无法复原。

瓮　1件。

JXXD4Q2：1，泥质黑皮陶，红褐色胎，黑皮剥落较甚。残碎，复原口部。敛口，圆唇，卷沿，口外侧有一周突棱。肩部饰刻划纹。口径36.0、残高4.8厘米（图三七〇，1）。

瓿　1件。

JXXD4Q2：4，灰色硬陶。侈口，尖唇，卷沿，沿面有一道凹槽，束颈，溜肩，扁鼓腹，平底。颈、肩部饰弦纹，腹部饰席纹。器内留有泥条接缝和指窝痕，并可见身与、口、底交接处的抹刮痕迹，器表可见篦刮痕。口径16.0、底径17.8、高14.8厘米（图三七〇，4；彩版二四一，3）。

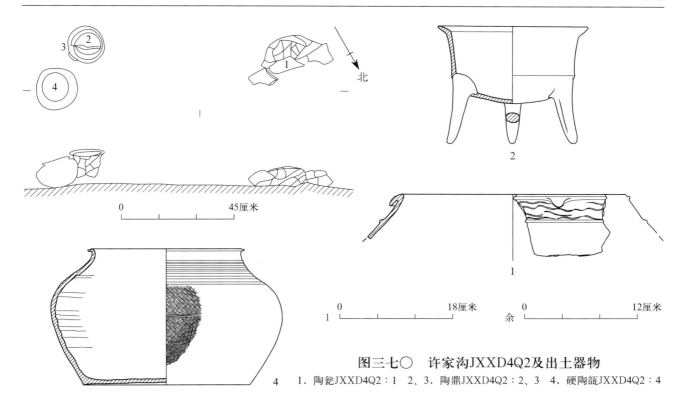

图三七〇　许家沟JXXD4Q2及出土器物
1. 陶瓮JXXD4Q2：1　2、3. 陶鼎JXXD4Q2：2、3　4. 硬陶瓿JXXD4Q2：4

（三）建筑遗存

JXXD4中发现沟1条。

JXXD4G1

JXXD4G1位于土墩中部偏北。开口于第④层下，打破第⑤层和JXXD4M3（图三七一）。平面形状呈"L"形，直壁，底平整，深约0.15米。东西向部分位于JXXD4M3北侧，方向约88°。长

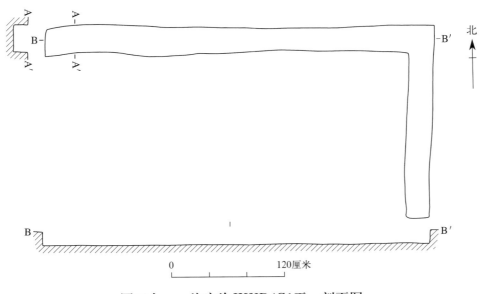

图三七一　许家沟JXXD4G1平、剖面图

约4.15、宽0.26～0.33米，沟底东高西低，落差约0.10米。南北向部分位于JXXD4M3东侧，方向约181°。长约2.10、宽0.25米，沟底近平；沟中填土为黄色土灰色土相互夹杂的花土，土质较硬，纯净，未发现遗物。

四　小结

JXXD4破坏较为严重，仅存北侧一半，地层堆积分为5层。墩内有器物群2处，分布土墩西北偏外侧。墓葬3座，JXXD4M3位于土墩中心位置第⑤层堆积的平台之上，有浅坑；JXXD4M1、M2挖建于墩周边坡面上，有长方形土坑，呈向心分布。

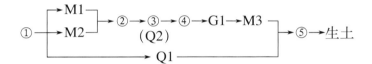

根据土墩的地层堆积和诸遗迹之间的叠压打破关系对土墩的形成过程进行部分复原推测。首先在生土面上堆筑第⑤层土，形成一个平台，于平台中心部挖浅坑葬JXXD4M3，边缘挖JXXD4G1，封第④层土形成土墩。稍后在墩外侧封第③层土，封土的过程中放入JXXD4Q2。其后封第②层土，使土墩继续增大，并在墩的东、西两侧各挖坑葬JXXD4M1、M2，由于土墩遭破坏，JXXD4M1、M2葬入后是否再行封土不得而知。

JXXD4M3是JXXD4内最早的遗迹，出土的夹砂陶鼎宽折沿，腹较直，足较短、粗；硬陶坛、罐，束颈较长，弧肩，纹饰为菱形填线纹与方格纹组合，但上部菱形填线纹已变小；JXXD4M4器物特征具有春秋早、中期特征。

墩内最晚的遗迹是JXXD4Q1、M1、M2，出土的夹砂陶鼎折沿较宽，腹较直，足稍高、略外撇；硬陶坛、瓿的颈下部呈斜坡状，肩部略折；瓿底部略宽，纹饰为细密的席纹与菱形填线纹组合或方格纹；原始瓷碗折沿，沿面较窄，上腹较直；器物具有春秋中期偏晚阶段特征。

JXXD4年代上限为春秋早期，下限为春秋中期。

第六章　裕巷土墩墓群

第一节　概述

裕巷土墩墓群位于金坛市薛埠镇裕巷村东约600米处的岗地上，东距金坛市区约15千米，共有土墩墓6座（编号JXYD1～D6，以下简称D1～D6。裕巷发掘时编号为JXS，整理时发现与上水土墩墓群编号重复，修改为JXY），中心地理坐标为北纬31°43.483′，东经119°25.213′，海拔高35米。

此处为低矮、起伏的丘陵山地，镇溧、宁常两条高速公路在此交汇（图三七二；彩版二四二，1）。本次发掘了6座土墩中的5座。JXYD1、D2保存尚好，JXYD3在考古队进驻工地前已遭到彻底破坏，未能发现遗迹、遗物，JXYD4、D5残存底部。在JXYD1西侧约100米处有水塘一个。

JXYD1报告发表于《考古学报》2009年第3期，本报告编写时略做修改。

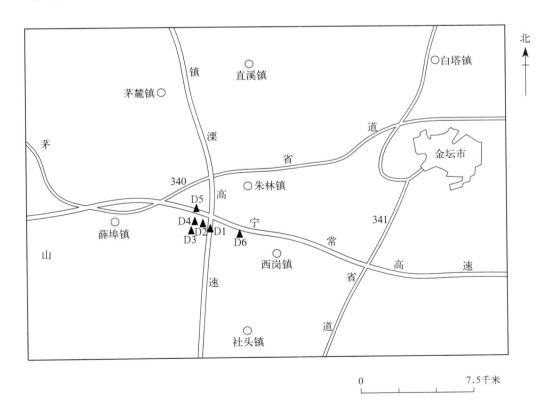

图三七二　裕巷土墩墓群分布平面图

第二节　裕巷土墩墓D1

一　概况

　　裕巷土墩墓D1（编号JXYD1）呈馒头形，平面近圆形，顶部较平，四周坡度较陡，考古队进驻工地时表面封土已遭破坏，现存东西底径约25.00、南北底径约25.50、墩顶至生土面高约2.50米（图三七三；彩版二四二，2）。

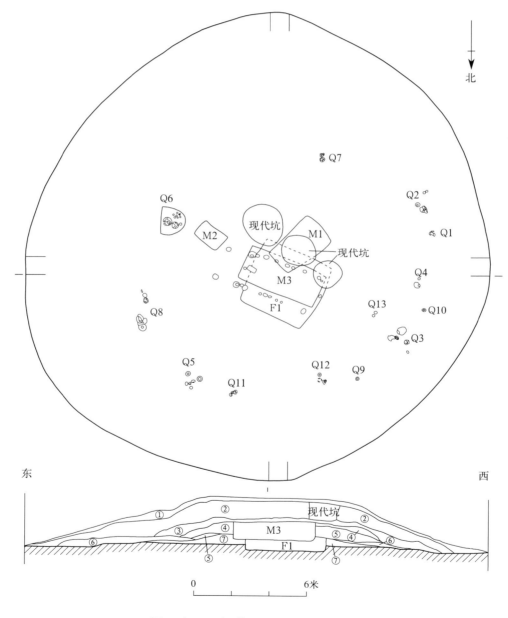

图三七三　裕巷JXYD1平、剖面图

二　地层堆积

根据土质、土色的差异，将JXYD1的地层堆积分为依次叠压的7层（见图三七三；彩版二四三，1、2）。

第①层：红褐色土，厚0.05～0.70米。土质松散，颗粒状，包含草根等杂物。分布于整个土墩表面。本层下有现代坑（山芋窖）3个。

第②层：红褐色土，深0.05～1.10、厚1.10米。土质松散。斜向堆积，分布于整个土墩。本层中有器物群JXYD1Q10，层下有器物群JXYD1Q1～Q9及墓葬JXYD1M1、M2。

第③层：红色土，深0.70～1.75、厚0～0.65米。夹大量黑色颗粒。斜向堆积，分布于土墩中部。本层下有器物群JXYD1Q11～Q13及墓葬JXYD1M3。

第④层：灰褐色土，深0.85～2.05、厚0～0.80米。土质黏软。斜向堆积，分布于土墩中部。

第⑤层：红褐色土，深1.70～2.10、厚0～0.65米。土质黏软，含水量较大。呈环状分布于土墩中部。本层下有房址JXYD1F1。

第⑥层：青灰色土，深0.75～2.25、厚0～0.50米。土质较硬。顶面近平，呈环形分布于土墩四周。

第⑦层：灰白色砂土，深1.60～2.50、厚0～0.45米。平铺于生土之上，为本土墩最先堆筑的一层。

第⑦层下即生土层，为纯净的红褐色土，夹杂大量铁锰结核。

三　遗迹遗物

JXYD1内共出土墓葬3座，器物群13处，房址1座；出土器物107件。

（一）墓葬

1．JXYD1M1

JXYD1M1处于土墩中部偏西南。开口于第②层下，被现代山芋窖打破，打破第③层及JXYD1M3（图三七四；彩版二四四，1）。墓坑呈簸箕状，坑口面倾斜，东北高西南低。坑口为不规则梯形浅坑，方向约234°。长3.15、宽1.35～2.00、深0.02～0.50米，坑直壁，底较平。墓葬内未发现人骨及葬具痕迹。随葬器物集中放置于坑底两侧。

出土器物11件，其中夹砂陶器3件，泥质陶器6件，硬陶器2件；器形有釜鼎、坛、瓿、罐、碗、盂、器盖等。

鼎　2件。

JXYD1M1：1，夹砂红陶。侈口，圆唇，折沿，沿面微内凹，直腹，圜底，腹、底间折，舌形足，其中一足略偏，口径27.6、高22.6厘米（图三七五，1；彩版二四四，2）。

JXYD1M1：6，夹砂红褐陶。残碎，仅复原口部及足。侈口，圆唇，折沿，扁锥形足。口径18.0

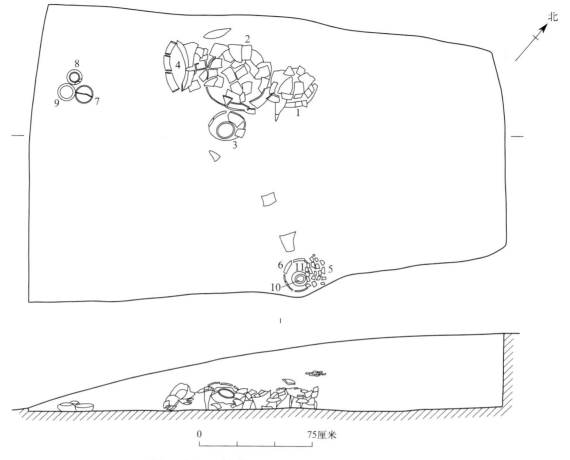

图三七四　裕巷JXYD1M1平、剖面图

1、6. 陶鼎　2. 硬陶坛　3. 硬陶瓿　4. 陶釜　5、10. 陶器　7. 陶碗　8. 小陶罐　9. 陶盂　11. 陶器盖

厘米（图三七五，2）。

釜　1件。

JXYD1M1：4，夹砂红陶。侈口，圆唇，宽折沿，沿面微内凹，直腹，圜底。口径28.0、高20.0厘米（图三七五，3；彩版二四四，3）。

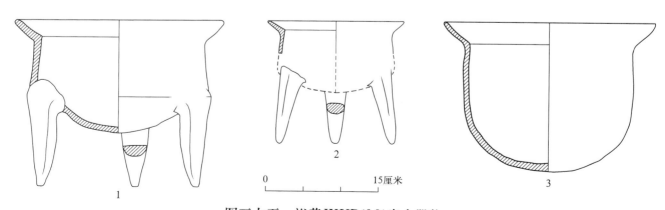

图三七五　裕巷JXYD1M1出土器物

1、2. 陶鼎JXYD1M1：1、6　3. 陶釜JXYD1M1：4

坛　1件。

JXYD1M1：2，灰褐色硬陶。侈口，尖圆唇，卷沿，沿面有一道凹槽，束颈，溜肩，深弧腹，平底。颈部饰弦纹，肩、腹部饰叶脉纹。口径17.4、底径19.6、高42.0厘米（图三七六，1；彩版二四四，4）。

瓿　1件。

JXYD1M1：3，硬陶，红褐色胎，器表灰褐色。侈口，圆唇，卷沿，沿面有一道凹槽，束颈，弧肩，扁鼓腹，平底稍内凹。颈部饰弦纹，肩、腹部饰方格纹。器内有篦刮、指抹及指捺痕，在器内肩、颈交接部位可见有泥胎粘接的痕迹。口径12.2、底径12.8、高13.8厘米（图三七六，2；彩版二四五，1）。

小罐　1件。

JXYD1M1：8，泥质黑皮陶。口部无法复原。斜肩，肩下折收，弧腹，平底。肩部饰弦纹。口径6.6、底径4.2、高5.0厘米（图三七六，3；彩版二四五，2）。

碗　1件。

JXYD1M1：7，泥质黑皮陶。敞口，尖圆唇，沿面内凹，弧腹，平底。口径11.5、底径8.0、高4.2厘米（图三七六，5；彩版二四五，3）。

盂　1件。

JXYD1M1：9，泥质灰陶。侈口，圆唇，折沿，沿面内凹，折腹，平底略内凹。口径9.2、底径5.8、高4.5厘米（图三七六，4；彩版二四五，4）。

器盖　1件。

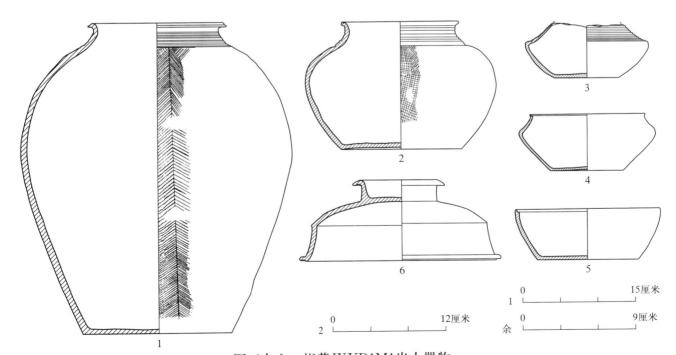

图三七六　裕巷JXYD1M1出土器物

1. 硬陶坛JXYD1M1：2　2. 硬陶瓿JXYD1M1：3　3. 小陶罐JXYD1M1：8　4. 陶盂JXYD1M1：9　5. 陶碗JXYD1M1：7　6. 陶器盖JXYD1M1：11

JXYD1M1：11，泥质黑皮陶。整体呈覆豆形，喇叭形捉手，弧顶，直壁，顶壁间折，敞口，尖圆唇，折沿，沿面有凹槽。捉手径7.0、口径16.0、高6.6厘米（图三七六，6；彩版二四五，5）。

泥质陶器　2件。

JXYD1M1：5、10，灰色胎。破碎严重，无法复原。

2．JXYD1M2

JXYD1M2位于土墩中部偏东南。开口于第②层下（注释1：M2原报告标注在第④层下，但器物特征明显晚于第③层下墓葬、器物群的出土器物，而与第②层下的Q6十分接近，从器物的位置、组合等因素分析，Q6、M2可能属于同一座墓葬，因此将M2地层关系调整为第②层下。），打破第③层（图三七七；彩版二四六，1）。墓坑呈簸箕状，敞口朝向墩外，方向约136°。坑口面倾斜，西北高东南低。坑口平面为长方形，长1.55、宽1.04米，直壁，坑底较平整，西北侧略低，深0～0.43米。墓内未见人骨及葬具痕迹。随葬器物放置于墓坑底部西南侧，大致排列成一条直线。随葬品中泥质陶盘倒扣在硬陶罐上，泥质陶盆滑落于原始瓷罐1侧，均作为器盖使用，夹砂陶鼎置于釜中。

出土器物10件，其中夹砂陶器2件，泥质陶器4件，硬陶器3件，原始瓷器1件；器形有鼎、釜、

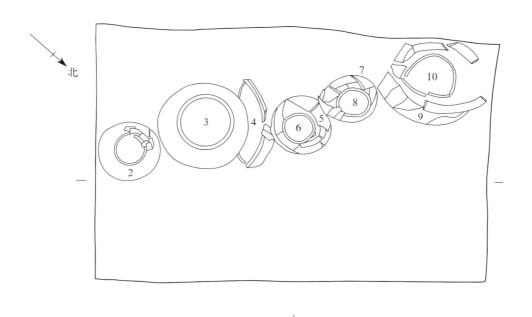

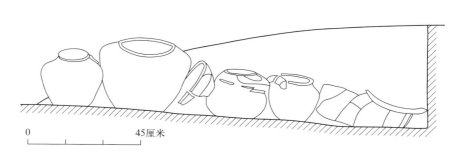

图三七七　裕巷JXYD1M2平、剖面图

1、5、7. 陶盘　2、6. 硬陶罐　3. 原始瓷罐　4. 陶盆　8. 硬陶瓿　9. 陶釜　10. 陶鼎

罐、盆、盘。

　　鼎　1件。

　　JXYD1M2：10，夹砂红陶。直口，圆唇，折沿近平，沿面略内凹，直腹，圜底近平，足扁平，

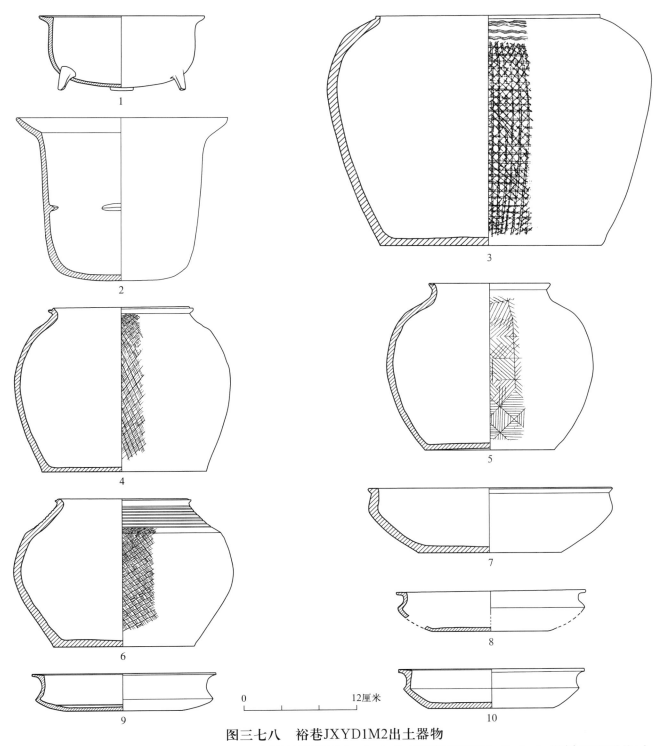

图三七八　裕巷JXYD1M2出土器物

1. 陶鼎JXYD1M2：10　2. 陶釜JXYD1M2：9　3. 原始瓷罐JXYD1M2：3　4、5. 硬陶罐JXYD1M2：2、6　6. 硬陶瓿JXYD1M2：8
7. 陶盆JXYD1M2：4　8～10. 陶盘JXYD1M2：1、5、7

下半部缺失。口径17.5、高8.0厘米（图三七八，1；彩版二四六，2）。

釜　1件。

JXYD1M2：9，夹砂红陶。侈口，圆唇，宽折沿，直腹，圜底近平。腹内壁贴附三泥条箅隔。口径28.0、高22.0厘米（图三七八，2；彩版二四六，3）。

罐　3件。

JXYD1M2：3，原始瓷，灰白色胎。敛口，方唇，弧肩，鼓腹，平底。外沿下饰水波纹，外壁饰窗格纹。器表能看到修整泥条时留下的痕迹，器身略有变形。施青绿色釉，内壁有明显的刷釉痕迹。口径23.8、底径23.4、高25.0厘米（图三七八，3；彩版二四六，4）。

JXYD1M2：2，褐色硬陶。侈口，尖圆唇，卷沿，沿面内凹，短束颈，溜肩，鼓腹，平底。肩、腹部饰席纹。器物表面有烧制时因含气泡而形成的乳丁状突起。口径14.5、底径17.4、高18.0厘米（图三七八，4；彩版二四六，5）。

JXYD1M2：6，褐色硬陶。侈口，尖圆唇，卷沿，沿面有一道凹槽，短束颈，溜肩，鼓腹，平底略内凹。肩、腹部饰菱形填线纹。口径12.8、最大腹径22.0、底径13.8、高18.4厘米（图三七八，5；彩版二四七，1）。

瓿　1件。

JXYD1M2：8，褐色硬陶。侈口，尖唇，卷沿，沿面上有一道凹槽，折肩，扁鼓腹，平底。肩部饰弦纹，腹部饰席纹。口径14.0、底径15.0、高16.0厘米（图三七八，6；彩版二四七，2）。

盆　1件。

JXYD1M2：4，泥质灰陶。直口，尖唇，折沿，弧腹，上腹较直，下腹弧收，平底。口径25.8、底径15.2、高7.0厘米（图三七八，7；彩版二四七，3）。

盘　3件。

泥质黑皮陶。直口，圆唇，平折沿，折腹起棱，上腹内弧，下腹弧收，平底。

JXYD1M2：1，口微侈，下腹部残，无法复原。口径20.0厘米（图三七八，8）。

JXYD1M2：5，器内近底部有一道凹槽。口径19.4、底径12.4、高4.0厘米（图三七八，9；彩版二四七，4）。

JXYD1M2：7，口径19.6、底径13.4、高4.2厘米（图三七八，10；彩版二四七，5）。

3．JXYD1M3

JXYD1M3位于土墩中部略偏西北。开口于第③层下，打破第④层（图三七九；彩版二四八，1）。为竖穴土坑墓，平面呈长方形，方向151°。长4.42、宽1.96米；直壁，平底，深0.75米。墓内不见葬具及人骨痕迹。随葬器物散布于墓底，以东南角和西北角最为集中。软陶类器物或器形较大的器物虽残碎严重，但从其碎片分布规律可知随葬时是完整器，而硬陶坛JXYD1M3：26碎片散布在较大范围，显然是放置时即已打碎。

出土器物共28件，其中夹砂陶器4件，泥质陶器12件，硬陶器9件，原始瓷器2件；器形有鼎坛、罐、瓿、盆、盘、碗、器盖等，另有不明用途的石块1件。

鼎　4件。

JXYD1M3：7，夹砂红褐陶。残碎严重，仅复原口部及足。侈口，圆唇，卷沿，扁锥形足，足

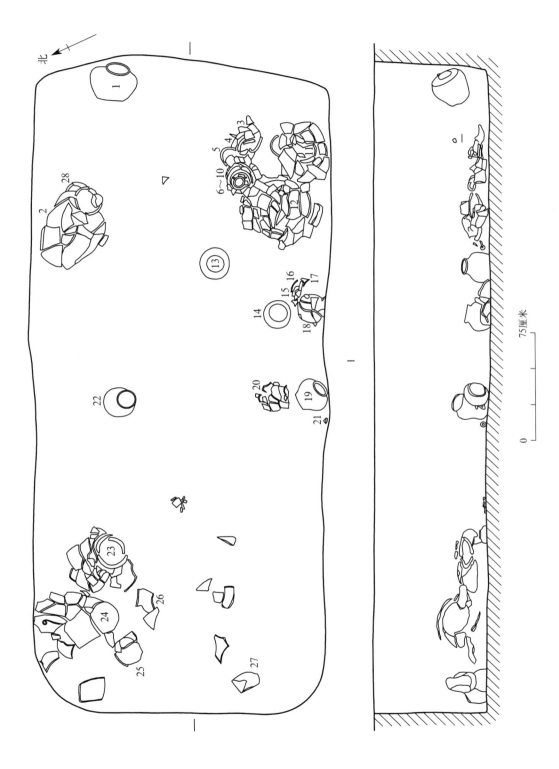

图三七九　裕巷JXYD1M3平、剖面图

1、19、22. 硬陶罐　　2、23、24、26. 硬陶坛　　3、7、12、18. 陶鼎　　4、8、9、16、17. 陶器盖　　5、6. 原始瓷碗　　10、21. 陶器　　11、20. 陶罐
13、14. 硬陶瓿　　15. 陶碗　　25. 陶盆　　27. 石块　　28. 陶盘

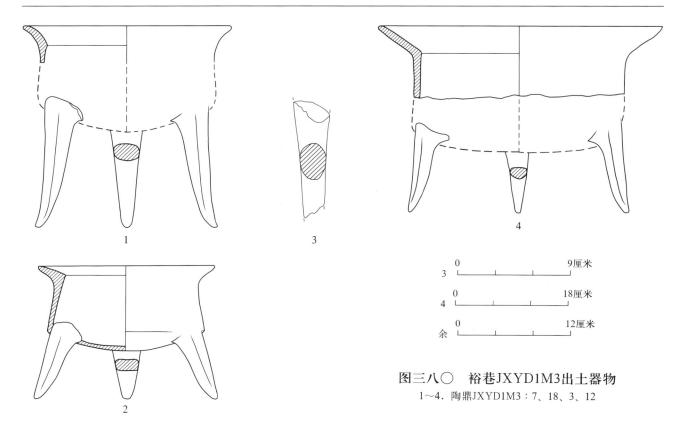

图三八〇　裕巷JXYD1M3出土器物
1～4. 陶鼎JXYD1M3：7、18、3、12

细长，尖略外撇。口径22.0厘米（图三八〇，1）。

JXYD1M3：18，夹砂红陶。侈口，圆唇，折沿，斜直腹，圜底，腹、底间折，扁锥形足。口径18.6、高14.6厘米（图三八〇，2；彩版二四八，2）。

JXYD1M3：3，夹砂红陶。器形较大，残碎严重，无法复原。壁较厚，柱状足，截面呈椭圆形（图三八〇，3）。

JXYD1M3：12，夹砂红陶。侈口，圆唇，宽折沿，直腹，腹下部无法复原，扁锥形足。口径45.0厘米（图三八〇，4）。

坛　4件。

灰色硬陶。侈口，卷沿，沿面有一道凹槽，束颈。颈部饰弦纹。

JXYD1M3：2，圆唇，弧肩略折，深弧腹，平底略内凹。肩、腹部饰菱形填线纹。口径20.0、底径18.0、高42.4厘米（图三八一，1；彩版二四九，1）。

JXYD1M3：23，圆唇，溜肩，深弧腹，平底略内凹。肩、腹部饰席纹。内壁可见泥条接缝，器身略有变形。口径19.2、底径20.4、高46.2厘米（图三八一，2；彩版二四九，2）。

JXYD1M3：24，尖圆唇，溜肩，深弧腹，平底略内凹。肩、腹部堆贴一对泥条堆饰，螺旋环首，辫形尾，上有指捺痕迹。肩及上腹部饰水波纹，下腹部饰菱形填线纹。口径21.4、底径20.2、高44.0厘米（图三八一，3；彩版二四九，3）。

JXYD1M3：26，尖唇，溜肩，弧腹，平底。肩、腹部饰席纹。口径18.4、底径17.8、高33.2厘米（图三八一，4；彩版二四九，4）。

罐　5件。

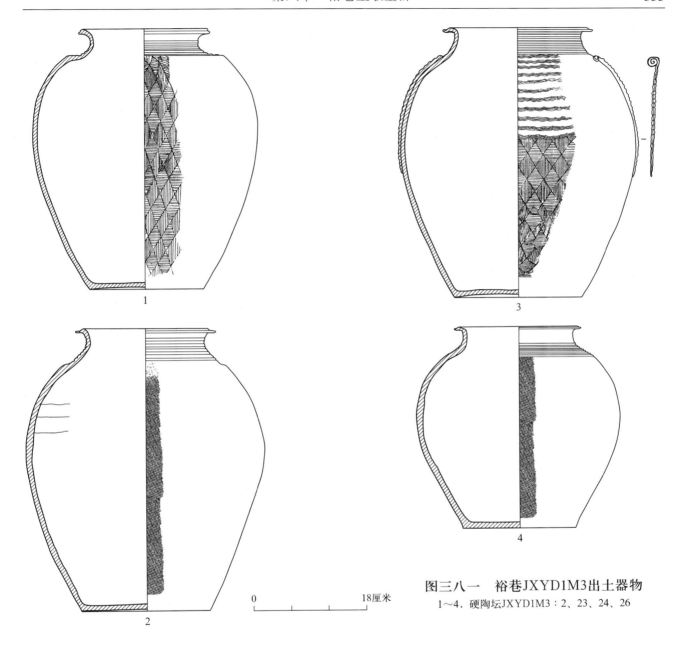

0 _____ 18厘米

图三八一　裕巷JXYD1M3出土器物
1～4. 硬陶坛JXYD1M3：2、23、24、26

　　JXYD1M3：1，灰色硬陶。子母口，尖圆唇，折肩，鼓腹，平底。肩下贴附四只对称环形泥条耳，肩折处堆贴绞索形泥条一周。肩部饰弦纹，上腹部饰双线水波纹，下腹部饰席纹。口径15.5、底径20.6、高24.0厘米（图三八二，1；彩版二四八，3）。

　　JXYD1M3：19，灰色硬陶。侈口，尖唇，卷沿，沿面有一道凹槽，溜肩，鼓腹，平底。颈部饰弦纹，肩、腹部饰叶脉纹。器身明显可见泥条盘筑的痕迹。口径13.4、底径12.6、高15.2厘米（图三八二，2；彩版二五〇，1）。

　　JXYD1M3：22，灰色硬陶。侈口，尖唇，卷沿，沿面有一道凹槽，束颈，弧肩，鼓腹，下腹略向内弧，平底。颈部饰弦纹，肩及上腹部饰席纹，下腹部饰方格纹。口径15.2、底径15.4、高19.2厘米（图三八二，3；彩版二五〇，2）。

　　JXYD1M3：11，泥质红陶。侈口，圆唇，卷沿，沿面有一道凹槽，束颈，弧肩，扁鼓腹，平底。

颈部饰弦纹，肩、腹部饰席纹。口径18.6、底径16.4、高22.0厘米（图三八二，4；彩版二五○，3）。

　　JXYD1M3：20，泥质黑皮陶。侈口，圆唇，卷沿，沿面有一道凹槽，斜颈，鼓腹，平底略内凹。肩部设对称竖耳，耳宽扁。颈、肩部饰弦纹。口径8.2、底径9.6、高14.5厘米（图三八二，5；彩

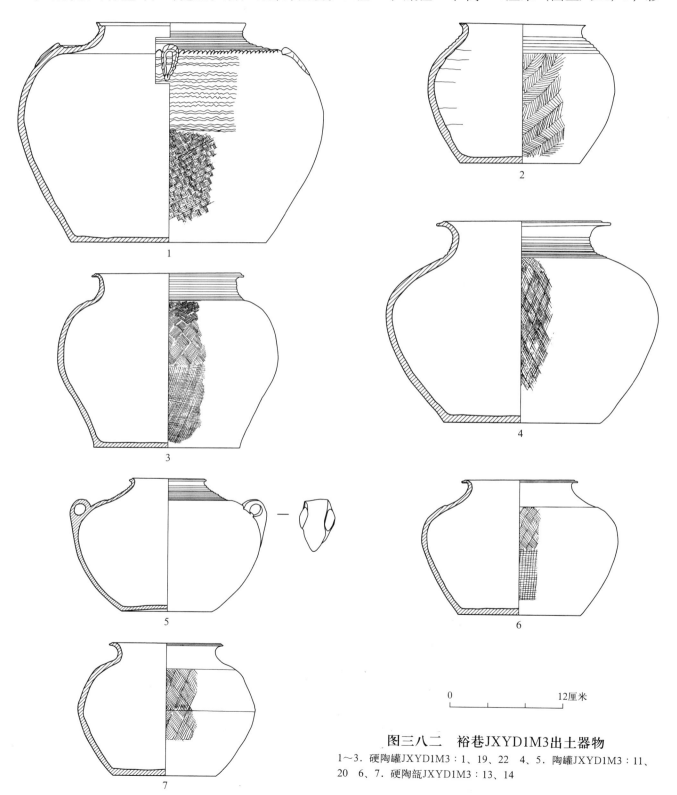

0 ———————— 12厘米

图三八二　裕巷JXYD1M3出土器物

1～3. 硬陶罐JXYD1M3：1、19、22　4、5. 陶罐JXYD1M3：11、
20　6、7. 硬陶瓿JXYD1M3：13、14

版二五〇，4）。

瓿　2件。

灰色硬陶。侈口，圆唇，卷沿，沿面有一道凹槽，束颈，弧肩，扁鼓腹，平底。

JXYD1M3：13，上腹部饰席纹，下腹部饰方格纹。内壁有指捺痕迹。口径12.2、底径13.0、高14.6厘米（图三八二，6；彩版二五〇，5）。

JXYD1M3：14，肩、腹部饰席纹。口径11.6、底径10.8、高14.4厘米（图三八二，7；彩版二五〇，6）。

盆　2件。

JXYD1M3：25，泥质黑皮陶。直口微侈，尖圆唇，折沿，沿面有一道凹槽，折腹起棱，上腹内凹，下腹弧收，平底。上腹饰弦纹。口径22.8、底径11.0、高8.5厘米（图三八三，1；彩版二五一，1）。

JXYD1M3：28，泥质黑皮陶。敞口近直，尖圆唇，卷沿，沿面有一道凹槽，折腹，上腹直略向内凹，下腹弧收，平底。口径25.0、底径10.5、高5.8厘米（图三八三，2；彩版二五一，2）。

碗　4件。

JXYD1M3：15，泥质黑皮陶。敞口近直，方唇，唇面内凹。折腹，上腹直略向内凹，下腹弧收，平底。口径12.0、底径5.6、高4.0厘米（图三八三，3；彩版二五一，3）。

JXYD1M3：5，原始瓷，灰白胎。敞口，圆唇，折沿，沿面下凹，弧腹，假圈足，平底。器内有螺旋纹，外壁留有旋痕。施黄色釉不及底，剥落较甚。外底有线切割痕。口径12.8、底径6.8、高4.3厘米（图三八三，4；彩版二五一，4）。

JXYD1M3：6，原始瓷，灰色胎。敞口，圆唇，折沿，沿面下凹，弧腹，假圈足，平底。器内有螺旋纹，外壁留有旋痕。施青绿色釉，剥落较甚。口径11.8、底径6.8、高4.2厘米（图三八三，5；

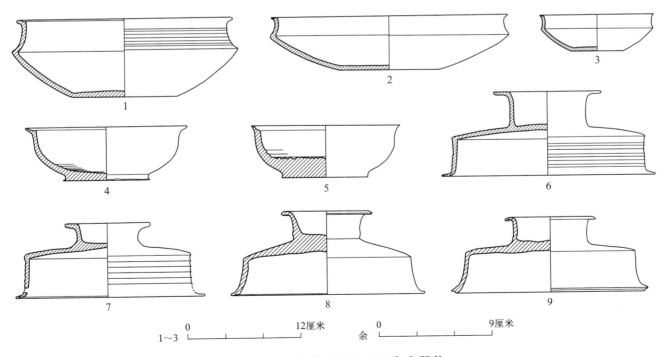

图三八三　裕巷JXYD1M3出土器物

1、2. 陶盆JXYD1M3：25、28　3. 陶碗JXYD1M3：15　4、5. 原始瓷碗JXYD1M3：5、6　6～9. 陶器盖JXYD1M3：8、9、16、17

彩版二五一，5）。

JXYD1M3：29，原始瓷，灰色胎。敞口，圆唇，折沿，沿面下凹，弧腹，假圈足，平底。器内有螺旋纹，外壁留有旋痕。口径11.9、底径6.9、高4.3厘米。

器盖　5件。

泥质黑皮陶。整体呈覆豆形，喇叭形捉手，弧顶，直壁，顶、壁间折，敞口，尖唇，卷沿，沿面有一道凹槽。

JXYD1M3：4，破碎严重，无法复原。

JXYD1M3：8，壁饰弦纹。捉手径8.5、口径17.0、高6.8厘米（图三八三，6；彩版二五二，1）。

JXYD1M3：9，壁饰弦纹。口径15.0、残高6.0厘米（图三八三，7；彩版二五二，2）。

JXYD1M3：16，捉手径6.8、口径15.4、高6.8厘米（图三八三，8；彩版二五二，3）。

JXYD1M3：17，顶近平。捉手径6.4、口径15.6、高6.2厘米（图三八三，9；彩版二五二，4）。

泥质陶器　2件。

JXYD1M3：10、21，残破严重，无法复原，形制不明。

石块　1件。

JXYD1M3：27，形状不规则。

（二）器物群

1．JXYD1Q1

JXYD1Q1位于土墩西部近墩脚处，器物放置于第⑥层层面上，被第②层叠压（图三八四；彩版二五三，1）。器物放置层面呈东高西低的坡势。

出土泥质陶罐、原始瓷碗各1件。泥质陶罐压于原始瓷碗之上。

罐　1件。

JXYD1Q1：1，泥质黑皮陶。敛口，方圆唇，斜颈，折肩，弧腹，平底。肩部饰弦纹。口径11.0、底径10.0、高10.0厘米（图三八四，1；彩版二五二，5）。

碗　1件。

JXYD1Q1：2，原始瓷，灰黄色胎。敞口，尖圆唇，折沿，沿面内凹，弧腹，平底略内凹。器内有螺旋纹。釉剥落。口径13.1、底径6.4、高4.2厘米（图三八四，2；彩版二五二，6）。

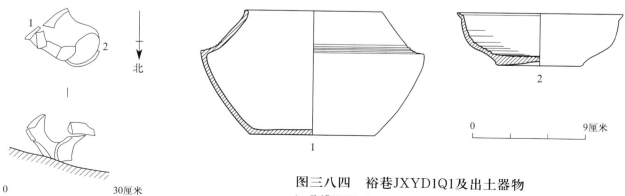

图三八四　裕巷JXYD1Q1及出土器物
1．陶罐JXYD1Q1：1　2．原始瓷碗JXYD1Q1：2

2．JXYD1Q2

JXYD1Q2位于土墩西南部近墩脚处，器物放置于第⑥层层面上，被第②层叠压（图三八五；彩版二五三，2）。器物放置的面较平整，大体呈南北方向摆放。

出土器物5件，其中夹砂陶器2件，泥质陶器1件，原始瓷器2件；器形有釜、鼎、罐、碗、盂。其中鼎置于釜内，碗和盂摆放于釜、鼎、罐的南部。

鼎 1件。

JXYD1Q2：2，夹砂红陶。破碎，仅复原口部和足。侈口，圆唇，折沿，舌形足。口径13.0厘米（图三八六，1）。

釜 1件。

JXYD1Q2：1，夹砂红陶。破碎，仅复原口部。侈口，圆唇，宽折沿。口径26.0厘米（图三八六，2）。

罐 1件。

JXYD1Q2：3，泥质红陶。侈口，尖圆唇，卷沿，沿面内凹，弧肩，扁鼓腹，平底。肩部贴附一对耳状泥饼，器身略变形。腹部饰席纹。口径10.4、底径11.6、高12.0厘米（图三八六，3；彩版二五三，3）。

碗 1件。

JXYD1Q2：4，原始瓷，灰黄色胎。敞口，折沿，沿面下凹，圆唇，弧腹，平底。器内有螺旋纹，外底有线切割形成的痕迹。满施黄色釉，釉层薄，釉部分脱落。口径13.6、底径5.8、高3.9厘米（图三八六，4；彩版二五三，4）。

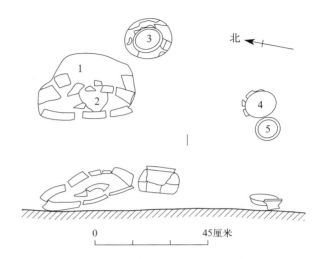

图三八五　裕巷JXYD1Q2平、剖面图

1. 陶釜 2. 陶鼎 3. 陶罐 4. 原始瓷碗 5. 原始瓷盂

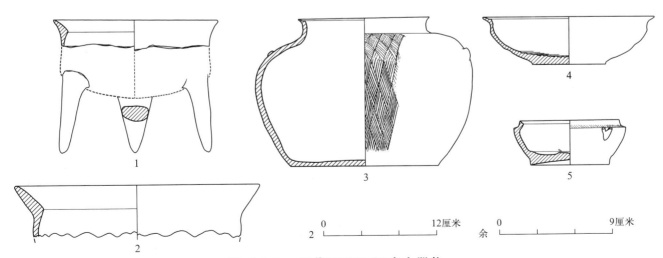

图三八六　裕巷JXYD1Q2出土器物

1. 陶鼎JXYD1Q2：2　2. 陶釜JXYD1Q2：1　3. 陶罐JXYD1Q2：3　4. 原始瓷碗JXYD1Q2：4　5. 原始瓷盂JXYD1Q2：5

盂　1件。

JXYD1Q2：5，原始瓷，灰白色胎。敛口，方唇，折肩，弧腹，平底略内凹。肩部堆贴一对泥条贴饰。肩部饰戳点纹，器内底有一个支钉和两个支钉痕，呈对称分布，器内有轮制旋痕，外底有线切割形成的痕迹。施青绿色釉，剥落较甚。口径7.8、底径6.2、高3.6厘米（图三八六，5；彩版二五三，5）。

3．JXYD1Q3

JXYD1Q3位于土墩西北部近墩脚处，器物放置于第⑥层层面上，被第②层所压（图三八七；彩版二五四，1）。放置的层面呈东南高西北低的缓坡势，器物大体呈南北方向摆放。

出土器物5件，其中夹砂陶器1件，泥质陶器1件，硬陶器3件；器形有鼎、坛、罐、瓿。

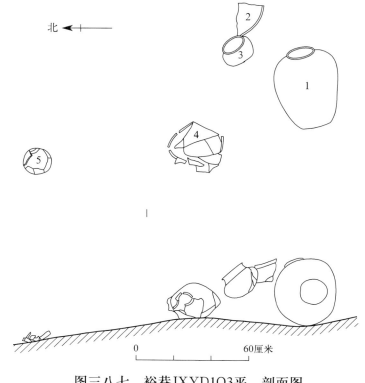

图三八七　裕巷JXYD1Q3平、剖面图
1．硬陶坛　2．陶鼎　3．硬陶瓿　4、5．陶罐

鼎　1件。

JXYD1Q3：2，夹砂红褐陶。破碎严重，仅复原上半部及足下部。侈口，圆唇，宽折沿，腹较直，扁锥形足，根部残。口径23.0厘米（图三八八，1）。

坛　1件。

JXYD1Q3：1，灰色硬陶。敞口，尖唇，卷沿，沿面有一道凹槽，束颈，弧肩略折，深弧腹，平底。颈部饰弦纹，肩及上腹部饰席纹，下腹部饰方格纹。口径19.4、底径20.0、高42.0厘米（图三八八，2；彩版二五四，2）。

罐　2件。

JXYD1Q3：4，硬陶，红褐色胎，器表灰色。侈口，尖唇，卷沿，沿面有一道凹槽，束颈，弧肩，鼓腹，平底略内凹。肩、腹部饰方格纹。内壁有篦刮痕，在肩部内壁位置有口、身相接痕迹。口径13.2、底径16.8、高21.8厘米（图三八八，3；彩版二五四，3）。

JXYD1Q3：5，泥质黑皮陶。弧腹，平底略内凹，腹以上缺失。底径8.4厘米（图三八八，4）。

瓿　1件。

JXYD1Q3：3，灰色硬陶。侈口，尖圆唇，卷沿，沿面内凹，束颈，弧肩较平，扁鼓腹，平底略内凹。肩、腹部饰方格纹。口径12.8、底径14.0、高14.2厘米（图三八八，5；彩版二五四，4）。

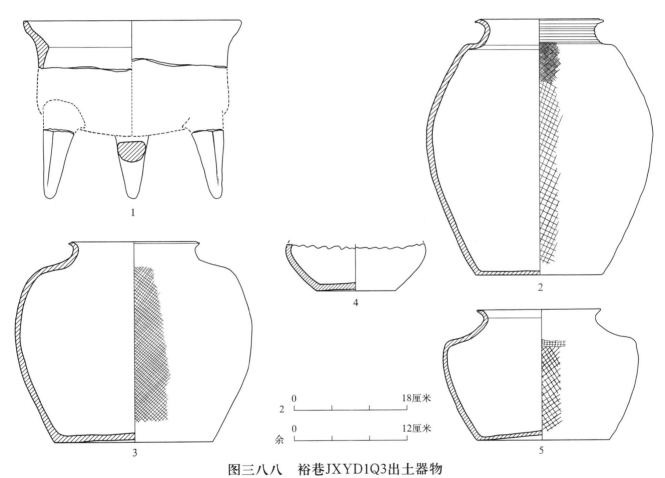

图三八八　裕巷JXYD1Q3出土器物

1. 陶鼎JXYD1Q3：2　2. 硬陶坛JXYD1Q3：1　3. 硬陶罐JXYD1Q3：4　4. 陶罐JXYD1Q3：5　5. 硬陶瓿JXYD1Q3：3

4．JXYD1Q4

JXYD1Q4位于土墩西部近墩脚处，器物放置于第⑥层层面上，被第②层所压（图三八九；彩版二五五，1）。放置面较平整。

出土泥质陶罐、原始瓷碗各1件。罐置于碗的北部。

罐　1件。

JXYD1Q4：1，泥质黑皮陶。破碎较严重，仅复原上半部。敛口，圆唇外垂，折肩，有对称贯

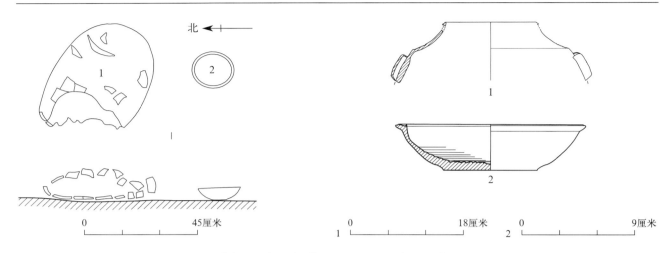

图三八九　裕巷JXYD1Q4及出土器物
1. 陶罐JXYD1Q4：1　2. 原始瓷碗JXYD1Q4：2

耳。口径14.8厘米（图三八九，1）。

碗　1件。

JXYD1Q4：2，原始瓷，灰白色胎。敞口，圆唇，折沿，沿面有两道凹槽，弧腹，平底。内壁及底均有轮制形成的旋痕。釉剥落。口径14.8、底径7.5、高3.7厘米（图三八九，2；彩版二五五，3）。

5. JXYD1Q5

JXYD1Q5位于土墩中偏东北部，器物放置于第⑥层层面上，被第②层叠压（图三九〇）。

出土器物7件，其中夹砂陶器、泥质陶器、硬陶器各1件，原始瓷器4件；器形有鼎、坛、瓿、钵、碗、盂。器物正置或略歪斜，硬陶瓿放置于偏北侧，其余器物大致呈东北至西南方向放置。

鼎　1件。

JXYD1Q5：4，夹砂红陶。残碎，仅复原口部及足。侈口，圆唇，宽折沿，扁锥形足。口径21.0厘米（图三九一，1）。

坛　1件。

JXYD1Q5：2，砖红色硬陶。侈口，圆唇，卷沿，沿面内凹，束颈，弧肩，深弧腹，平底略内凹。颈部饰弦纹，肩及上腹部饰方格纹，下腹部饰菱形填线纹，纹饰拍印较杂乱。器内可见篦刮痕、指抹痕。在颈、肩交接处内壁可见口和器身相接的痕迹。口径18.4、底径19.6、高41.0厘

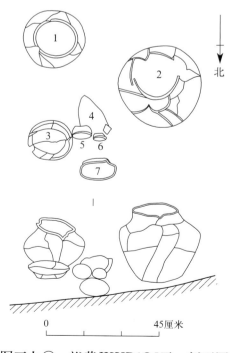

图三九〇　裕巷JXYD1Q5平、剖面图
1. 陶瓿　2. 硬陶坛　3、7. 原始瓷碗　4. 陶鼎　5. 原始瓷钵　6. 原始瓷盂

米（图三九一，2；彩版二五五，2）。

瓿　1件。

JXYD1Q5：1，泥质灰陶，胎夹砂细粒。侈口，尖圆唇，卷沿，束颈，弧肩略折，扁鼓腹，平底略内凹。表面磨损严重，腹部席纹模糊。内壁可见较多指捺纹。口径18.0、底径16.2、高17.4厘米（图三九一，3；彩版二五六，1）。

碗　2件

JXYD1Q5：3，原始瓷，灰白色胎。敞口，圆唇，折沿，沿面下凹，折腹，平底略内凹。器内有螺旋纹，外底可见平行的切割痕。施黄色釉。口径17.0、底径8.5、高5.1厘米（图三九一，4；彩版二五六，2）。

JXYD1Q5：7，原始瓷，灰色胎。敞口，方唇，窄折沿，沿面有两道凹槽，弧腹，平底内凹。器内有螺旋纹，腹底相接处有刮抹痕迹。施黄绿色釉。口径14.5、底径6.8、高5.4厘米（图三九一，5；彩版二五六，3）。

钵　1件。

JXYD1Q5：6，原始瓷，灰白色胎。敛口，尖唇，弧腹，平底粗糙并稍内凹。器内有螺旋纹。灰黄色釉，器外釉已脱落。口径8.5、底径5.6、高3.1厘米（图三九一，6；彩版二五五，4）。

盂　1件。

JXYD1Q5：5，原始瓷，灰白色胎。敛口，方唇，唇缘外突，束颈，平折肩，鼓腹，平底略内

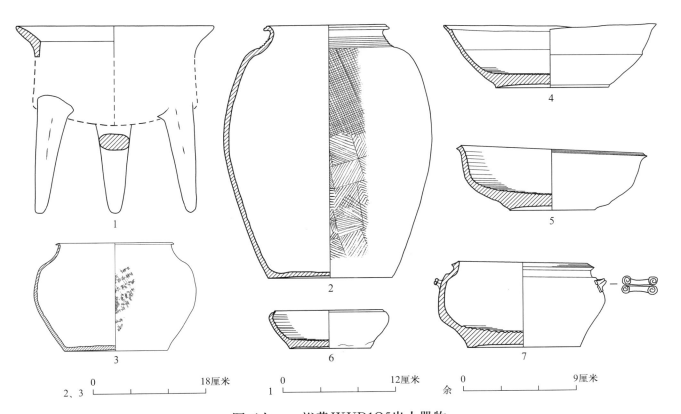

图三九一　裕巷JXYD1Q5出土器物

1. 陶鼎JXYD1Q5：4　2. 硬陶坛JXYD1Q5：2　3. 陶瓿JXYD1Q5：1　4、5. 原始瓷碗JXYD1Q5：3、7　6. 原始瓷钵JXYD1Q5：6
7. 原始瓷盂JXYD1Q5：5

凹。上腹堆贴对称泥条形横耳，耳两端粘贴"S"形泥条。唇面及器内壁可见多周弦纹，外底可见线割痕。施黄色釉。口径10.2、底径9.0、高6.8厘米（图三九一，7；彩版二五六，4）。

6．JXYD1Q6

JXYD1Q6位于土墩中部偏东，挖有簸箕形浅坑，坑开口于第②层下，打破第③层（图三九二；彩版二五七，1）。坑口平面近半圆形，敞口朝向墩外，长1.40、宽1.35、深0～0.50米，壁略倾斜，平底。

器物集中放置于坑底，共13件，其中泥质陶器3件，硬陶器2件，原始瓷器8件；器形有坛、罐、盘、碗、盖盅。2件泥质陶盘出土于硬陶坛中，应作为器盖使用，其余器物均正置；7件原始瓷盖盅紧贴坑壁呈梅花形摆放，原始瓷碗置于中间的盖盅之上；硬陶坛及泥质陶罐按东西向呈"一"字形摆放于盖盅的北侧（彩版二五七，2）。

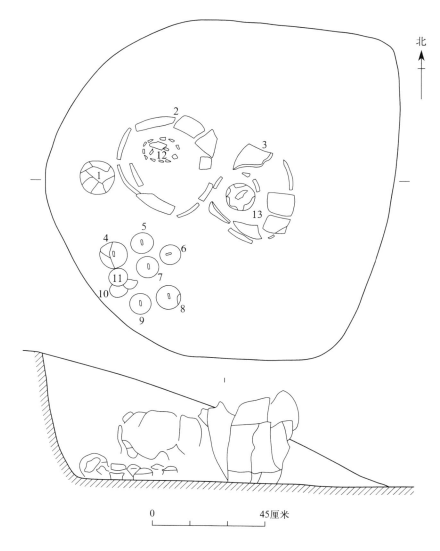

图三九二　裕巷JXYD1Q6平、剖面图
1．陶罐　2、3．硬陶坛　4～10．原始瓷盅　11．原始瓷碗　12、13．陶盘

坛　2件。

侈口，卷沿，沿面有一道凹槽，束颈，深弧腹，平底。颈部饰弦纹，肩及上腹部饰席纹，下腹部饰菱形填线纹。

JXYD1Q6：2，灰色硬陶。肩微折。器肩部内外均可见一周指按窝痕，肩部有爆浆釉。口径20.8、底径21.8、高44.0厘米（图三九三，1；彩版二五八，1）。

JXYD1Q6：3，灰褐色硬陶。溜肩。口径22.0、底径23.8、高45.8厘米（图三九三，2；彩版二五八，2）。

罐　1件。

JXYD1Q6：1，泥质灰褐陶，表面磨蚀严重。陶质软，无法复原。肩部有贯耳（图三九三，3）。

盘　2件。

JXYD1Q6：12，泥质黑皮陶。直口，方圆唇，唇面有一道凹槽，折沿，折腹，上腹略内弧，下腹弧收，平底略内凹。口径20.6、底径14.0、高3.0厘米（图三九三，4）。

JXYD1Q6：13，泥质黑皮陶。唇部缺失。直口，折沿，折腹，上腹略内弧，下腹弧收，平底略内凹。口径约18.0、底径12.0、高3.4厘米（图三九三，5）。

碗　1件。

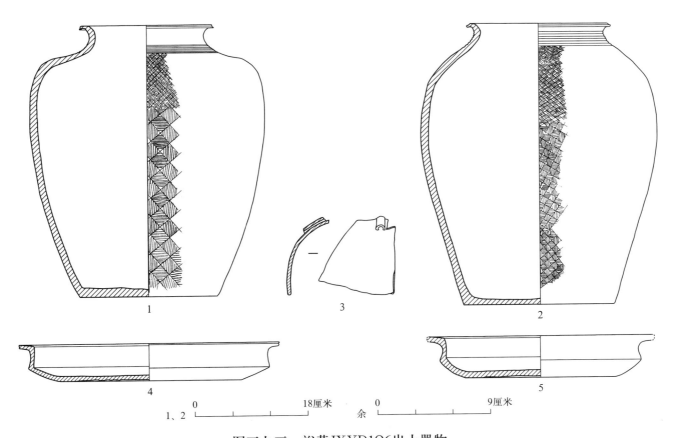

图三九三　裕巷JXYD1Q6出土器物

1、2. 硬陶坛JXYD1Q6：2、3　3. 陶罐JXYD1Q6：1　4、5. 陶盘JXYD1Q6：12、13

　　JXYD1Q6：11，原始瓷，青灰胎。直口，斜方唇，直腹，近底部弧收，平底略内凹。器内有螺旋纹，外底有切割留下的同心弧线纹。釉已全部剥落。口径7.6、底径5.2、高3.25厘米（图三九四，1；彩版二五八，3）。

　　盖盅　7件。

　　原始瓷，灰白色胎。盖顶上设一桥形纽，纽面饰叶脉纹，弧顶，敞口，圆唇。盅子母口，尖唇，斜直腹略向内弧，近底部弧收，平底内凹。器内和盖内均有螺旋纹，外壁有旋痕。盖内和器底不施釉，其他部位施青绿色釉，釉层薄，有积釉、流釉现象，盖面和器表釉剥落较甚。

　　JXYD1Q6：4，盖口径10.5、盅口径11.0、底径5.8、高7.8厘米（图三九四，2；彩版二五八，4）。

　　JXYD1Q6：5，盖口径9.2、盅口径10.3、底径4.8、高7.0厘米（图三九四，3；彩版二五九，1）。

　　JXYD1Q6：6，盖口径9.2、盅口径10.4、底径5.4、高6.8厘米（图三九四，4；彩版二五九，2）。

　　JXYD1Q6：7，盖口径9.5、盅口径10.3、底径5.5、高6.7厘米（图三九四，5；彩版二五九，3）。

　　JXYD1Q6：8，盖口径9.3、盅口径10.0、底径5.4、高7.2厘米（图三九四，6；彩版二五九，4）。

　　JXYD1Q6：9，盖口径9.4、盅口径10.5、底径5.4、高7.0厘米（图三九四，7；彩版二五九，5）。

　　JXYD1Q6：10，盖口径9.6、盅口径10.2、底径5.2、高6.6厘米（图三九四，8；彩版二五九，6）。

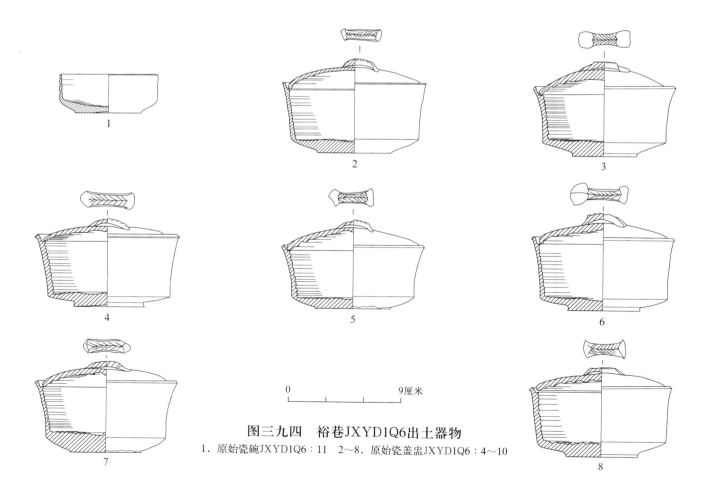

图三九四　裕巷JXYD1Q6出土器物

1. 原始瓷碗JXYD1Q6：11　2～8. 原始瓷盖盅JXYD1Q6：4～10

7．JXYD1Q7

JXYD1Q7位于土墩中部偏南，器物放置于第③层层面，被第②层叠压（图三九五；彩版二六〇，1）。

出土夹砂陶鼎、泥质陶罐、硬陶瓿各1件，原始瓷碗3件。原始瓷碗JXYD1Q7：2正放于泥质陶罐JXYD1Q7：3上。

鼎　1件。

JXYD1Q7：5，夹砂红陶。残碎，复原口部及足。侈口，圆唇，折沿，扁锥形足。口径18.6厘米（图三九六，1）。

罐　1件。

JXYD1Q7：1，泥质红陶。侈口，圆唇，卷沿，束颈，鼓腹，腹中部无法复原，平底。口径20.0、底径18.0厘米（图三九六，2）。

瓿　1件。

JXYD1Q7：3，褐色硬陶。侈口，卷沿，微束颈，弧肩，扁鼓腹，平底。颈部抹光，肩、腹部饰方格纹，纹印痕深。器内可见泥条盘筑痕迹和指窝纹。口径9.0、底径12.6、高11.8厘米（图三九六，3；彩版二六〇，3）。

碗　3件。

原始瓷，灰白色胎。敞口，尖唇，折沿，弧腹。器内有螺旋凹槽，器外有旋痕。

JXYD1Q7：2，沿面有一道凹槽，上腹较直，下腹弧收，假圈足，平底略内凹。外底有线切割

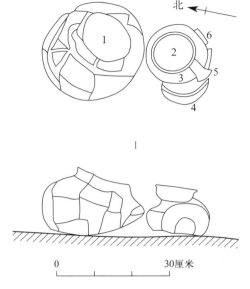

图三九五　裕巷JXYD1Q7平、剖面图
1．陶罐　2、4、6．原始瓷碗　3．硬陶瓿　5．陶鼎

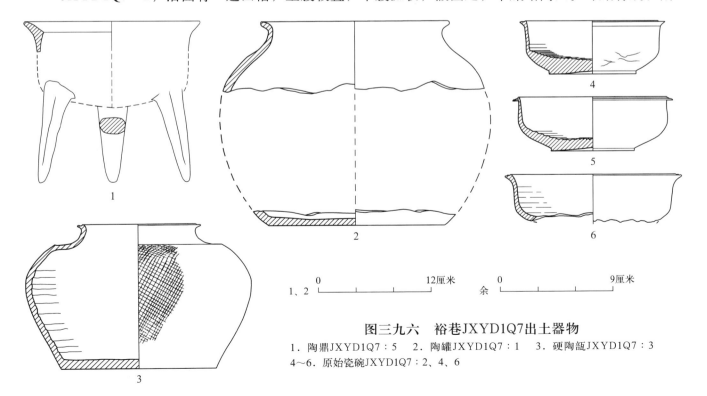

图三九六　裕巷JXYD1Q7出土器物
1．陶鼎JXYD1Q7：5　2．陶罐JXYD1Q7：1　3．硬陶瓿JXYD1Q7：3
4～6．原始瓷碗JXYD1Q7：2、4、6

形成的平行线纹。器下腹及底有多处烧制时形成的裂缝。施青绿色釉，釉层较厚，有积釉、流釉现象。口径10.5、底径6.9、高4.3厘米（图三九六，4；彩版二六〇，2）。

JXYD1Q7：4，沿下垂，沿面有两道凹槽，上腹直，下腹弧收，假圈足，平底略内凹。外底有线切割痕迹。施酱黄色釉，剥落较甚。口径11.8、底径6.6、高4.4厘米（图三九六，5；彩版二六〇，4）。

JXYD1Q7：6，底残。沿面饰两道凹弦纹。施青绿色釉。口径14.0厘米（图三九六，6）。

8．JXYD1Q8

JXYD1Q8位于土墩东部偏北，器物放置于第⑥层层面上，被第②层叠压（图三九七；彩版二六一，1）。器物放置的层面略有高低，器物大体呈南北向排列成2组，之间相距约0.65米。

出土器物6件，其中夹砂陶器2件，泥质陶器2件，硬陶器1件，原始瓷器1件；器形有釜、鼎、罐、碗。原始瓷碗倒扣在硬陶罐上作器盖使用，其余器物正置。

鼎　1件。

JXYD1Q8：6，夹砂红陶，仅复原两件鼎足，扁锥形。

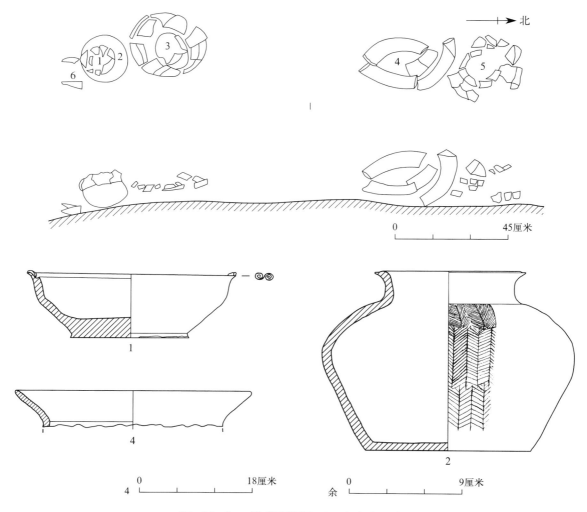

图三九七　裕巷JXYD1Q8及出土器物

1. 原始瓷碗JXYD1Q8：1　2．硬陶瓿JXYD1Q8：2　3、5．陶罐JXYD1Q8：3、5　4．陶釜JXYD1Q8：4

釜　1件。

JXYD1Q8：4，夹砂红陶。残碎严重，仅复原口部。侈口，圆唇，折沿。口径37.4厘米（图三九七，4）。

罐　2件。

JXYD1Q8：3，泥质红陶，破碎严重，无法复原。

JXYD1Q8：5，泥质黑皮陶，破碎严重，无法复原。

瓿　1件。

JXYD1Q8：2，硬陶，黄色胎，器表灰黑色。侈口，尖唇，卷沿，沿面有一道凹槽，束颈，弧肩，鼓腹，平底。肩、腹部饰叶脉纹。口径12.0、底径13.0、高14.6厘米（图三九七，2；彩版二六一，2）。

碗　1件。

JXYD1Q8：1，原始瓷，灰白色胎。敞口，圆唇，折沿，沿面下凹，折腹，上腹稍内凹，下腹弧收，平底。沿面堆贴一对"∽"形泥条堆饰。施青黄色釉。口径16.6、底径9.4、高5.2厘米（图三九七，1；彩版二六一，3）。

9．JXYD1Q9

JXYD1Q9位于土墩西北部近墩脚处，器物放置于第⑥层层面上，被第②层叠压（图三九八；彩版二六一，4）。

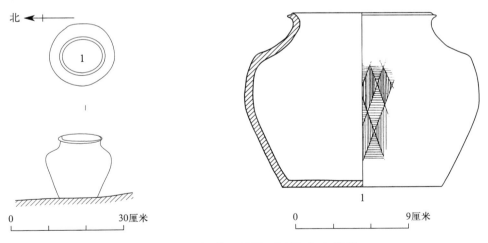

图三九八　裕巷JXYD1Q9及出土器物
1. 硬陶瓿JXYD1Q9：1

出土硬陶瓿1件，正置。

瓿　1件。

JXYD1Q9：1，硬陶。灰褐色胎，器表灰色。侈口，尖圆唇，卷沿，沿面有一道凹槽，束颈，弧肩略折，鼓腹，平底。颈部饰抹而未尽的弦纹，肩、腹部饰菱形填线纹。口径11.6、底径12.8、高14.2厘米（图三九八，1；彩版二六一，5）。

10．JXYD1Q10

JXYD1Q10处于土墩西部偏北近墩脚处，出土于第②层土中（图三九九）。

出土磨制陶片1件。

磨制陶片　1件。

JXYD1Q10：1，泥质灰陶。出土时破碎较严重，似用陶器底部磨制而成，形似"风"字形钺，顶部及侧面边缘磨制平钝，下部较尖锐（图三九九，1）。

11．JXYD1Q11

JXYD1Q11位于土墩北部偏东近墩脚处，器物放置于第⑥层层面上，被第③层叠压（图四〇〇；彩版二六二，1）。

出土夹砂陶鼎1件、泥质陶罐2件。器物正置，紧靠在一起呈西南至东北向摆放。

鼎　1件。

JXYD1Q11：2，夹砂红陶。侈口，圆唇，折沿，腹较直，圜底，腹、底间折，扁锥形足，其中一足歪斜。底部有烟黛痕。口径16.4、高13.8厘米（图四〇〇，2；彩版二六二，2）。

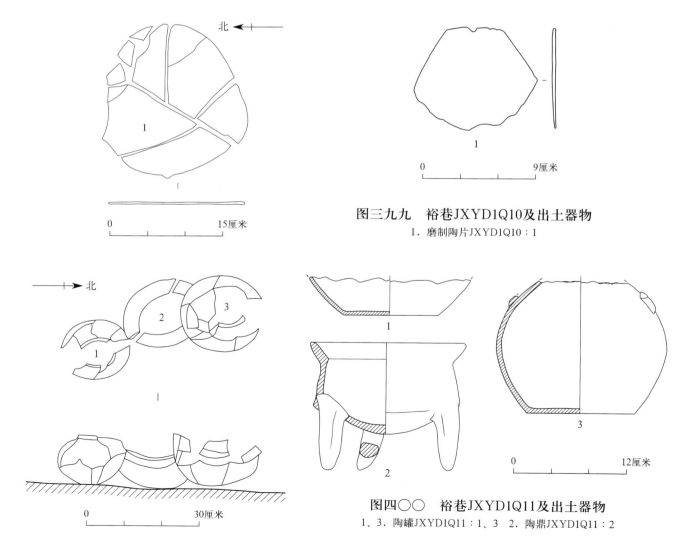

图三九九　裕巷JXYD1Q10及出土器物

1．磨制陶片JXYD1Q10：1

图四〇〇　裕巷JXYD1Q11及出土器物

1、3．陶罐JXYD1Q11：1、3　2．陶鼎JXYD1Q11：2

罐　2件。

JXYD1Q11：1，泥质灰陶。仅复原底部，平底。底径10.0厘米（图四〇〇，1）。

JXYD1Q11：3，泥质灰陶。口部无法复原，肩部两耳已残。鼓腹，平底。底径11.4、残高14.4厘米（图四〇〇，3）。

12. JXYD1Q12

JXYD1Q12位于土墩北部偏西，器物放置于第⑥层层面上，被第③层叠压（图四〇一；彩版二六二，3）。

出土泥质陶罐2件，夹砂陶鼎、硬陶盂、泥质陶器盖各1件。器物紧靠在一起摆放，其中泥质陶器盖扣于夹砂陶鼎上，作为器盖使用，硬陶盂置于夹砂陶陶内。

鼎　1件。

JXYD1Q12：2，夹砂红陶。残碎严重，仅复原下腹部及足。腹、底间折，扁锥形足略外撇（图四〇一，2）。

罐　2件。

JXYD1Q12：4，泥质红陶。破碎严重，无法复原。有环形耳（图四〇一，4）。

JXYD1Q12：5，泥质灰陶。侈口，唇残缺，卷沿，束颈，平弧肩，鼓腹，平底略内凹。肩腹部有对称的辫形堆饰。陶质软，表面磨蚀较甚，划有短斜线。口径10.4、底径9.6、高11.6厘米（图四〇一，5）。

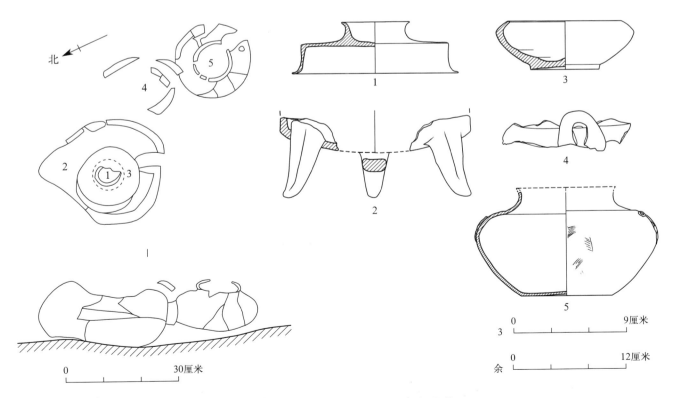

图四〇一　裕巷JXYD1Q12及出土器物

1. 陶器盖JXYD1Q12：1　2. 陶鼎JXYD1Q12：2　3. 硬陶盂JXYD1Q12：3　4、5. 陶罐JXYD1Q12：4、5

盂　1件。

JXYD1Q12：3，硬陶，砖红色胎，器表局部呈灰色。敛口，方圆唇，弧腹，假圈足，平底稍内凹。器壁可见轮制旋痕，外底有线切割留下的平行线纹。口径9.0、底径5.4、高4.0厘米（图四〇一，3；彩版二六二，4）。

器盖　1件。

JXYD1Q12：1，泥质灰褐陶。整体呈覆豆，喇叭形捉手，顶较平，顶、壁间折，壁直，敞口，尖唇，卷沿。陶质软，磨蚀较甚。口径17.6、高5.6厘米（图四〇一，1；彩版二六二，5）。

13．JXYD1Q13

JXYD1Q13位于土墩西北部靠近中间位置，器物放置于⑥层层面上，被第③层叠压（图四〇二；彩版二六三，1）。

出土泥质陶盆、原始瓷碗各1件，均正置。

盆　1件。

JXYD1Q13：2，泥质灰褐陶。直口，平折沿，折腹，平底。口径12.2、底径6.0、高3.5厘米（图四〇二，2；彩版二六三，3）。

碗　1件。

JXYD1Q13：1，原始瓷，灰白色胎。直口略敞，折沿，沿面有两道凹槽，尖唇，弧腹，假圈足，平底略凹。施青黄色釉。口径15.8、底径7.6、高6.4厘米（图四〇二，1；彩版二六三，2）。

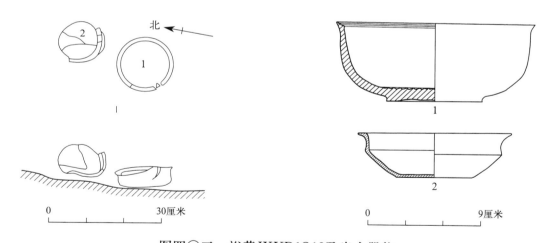

图四〇二　裕巷JXYD1Q13及出土器物
1. 原始瓷碗JXYD1Q13：1　2. 陶盆JXYD1Q13：2

（三）建筑遗存

JXYD1内发现房址1座。

JXYD1F1

JXYD1F1位于土墩底部中间位置，开口于第⑤层下，打破第⑦层（图四〇三；彩版二六三，4）。西侧近正方形坑，南北宽4.00、东西长4.10、深0.50米。发现柱洞23个，柱洞平面有圆形、半圆

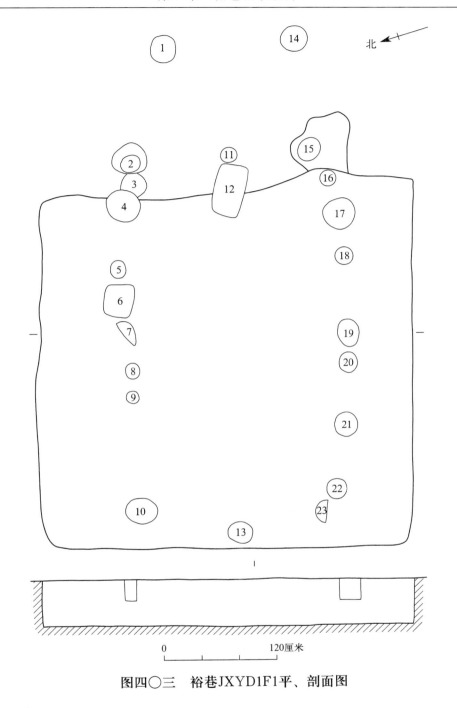

图四〇三　裕巷JXYD1F1平、剖面图

形和方形，直径最大者35、最小者15厘米，柱洞均直壁、平底，深度较浅，大部分柱洞打破坑，所有柱洞构成一个平面呈"凸"字形的棚式建筑，门向朝东。

四　小结

　　JXYD1地层堆积分为7层。第⑥、⑦层是建墩前堆筑土台的堆土，土台上的第④、⑤层是建墩形成寰丘的堆土，第②、③层是葬墓、祭祀放置器物群后堆筑的封土。墩内有器物群13处，散布于土墩偏外侧位置，分布无规律；JXYD1Q10置于第②层中，JXYD1Q1～Q10叠压于第②层、JXYD1Q11～Q13叠压于第③层下，其中JXYD1Q6挖有形状不规则的坑内。墓葬3座，位于在土墩大致中心位置，JXYD1M1、M2为簸箕形状坑，JXYD1M3为竖穴土坑。墩内发现房址1座，位于墩大致中心位置，与JXYD1M3位置相近。

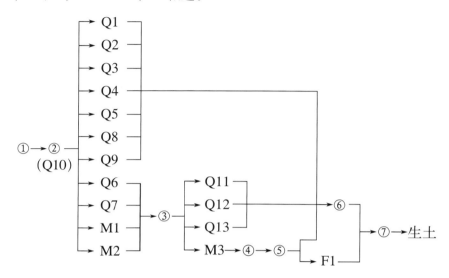

JXYD1内第③层下的JXYD1M3出土的夹砂陶器有釜、鼎，鼎宽折沿，沿面近平，腹稍直；硬陶坛卷沿，肩下溜，最大腹径近中部，硬陶纹饰既较大的席纹与方格纹组合，也有细密的席纹；出土的原始瓷折沿较宽，弧腹；器物具有春秋中期特征。

墩内最晚的遗迹有JXYD1Q1～Q10、M1、M2，其中，JXYD1Q6、M2的器物特征明显偏晚，出土的夹砂陶鼎平折沿，弧腹，足矮外撇；硬陶器肩部略折，纹饰为细密的席纹与菱形填线纹组合；出土直腹原始瓷碗和盅；器物具有春秋晚期特征。

因此JXYD1年代为春秋中、晚期。

第三节 裕巷土墩墓D2

一 概况

裕巷土墩墓D2（编号JXYD2）位于一条南北向的岗地上，处于宁常高速的主线上，隶属于薛埠镇裕巷村，西距该村约600、东距JXYD1约60、西距JXYD4约60米。

JXYD2外观呈馒头形，平面呈椭圆形，东西底径19.5米、南北底径21.5米、墩顶至生土面高约2米。考古队进驻工地时，JXYD2保存尚好，仅表层植被遭施工破坏（图四○四；彩版二六四、二六五）。

二 地层堆积

根据土质、土色的不同，JXYD2的堆积可分为互相叠压的8层（图四○五；彩版二六六，1、2）。

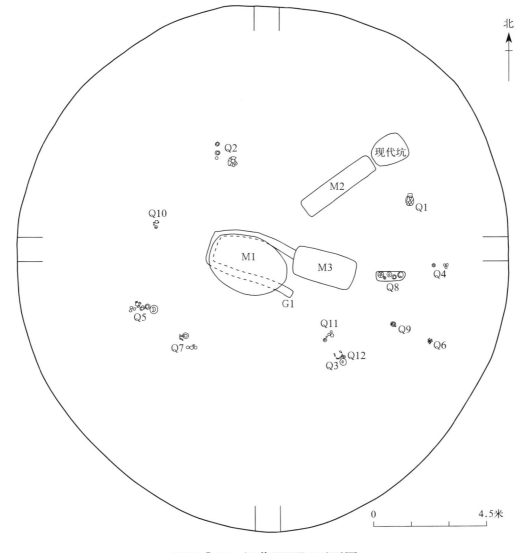

图四〇四　裕巷JXYD2平面图

　　第①层：红褐色土，厚0.15～0.35米。土质松散，呈颗粒状，包含大量植物根茎。分布于整个土墩。

　　第②层：浅红色土，深0.15～0.70、厚0～0.60米。夹杂白色砂土，土质细腻，较软，纯净。斜向堆积，仅分布于土墩北部。

　　第③层：红褐色土，深0.15～1.25、厚0～1.20米。夹杂铁锰结核颗粒，土质黏重，纯净。斜向堆积，平面略呈环状分布于土墩四周。本层中有器物群JXYD2Q4、Q6、Q9，层下有器物群JXYD2Q1～Q3、Q5、Q7、Q8、Q11。

　　第④层：灰黄色土，深0.10～1.45、厚0～0.75米。土质较硬，纯净。斜向堆积，分布于土墩中部。本层下有器物群JXYD2Q10、墓葬JXYD2M1。

　　第⑤层：青灰色土，深0.35～2.00、厚0～1.20米。土质纯净，较软，似是河或塘内淤泥，纯净。斜向堆积，分布于土墩中部。本层下有墓葬JXYD2M3。

　　第⑥层：红褐色土，深0.90～1.80、厚0～1.40米。土质较硬，纯净。顶面中部高四周低，底较

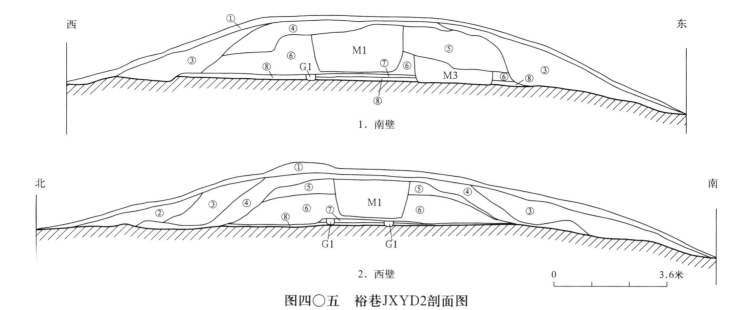

西　　　　　　　　　　　　　　　　　　　　　　　　　　　　　　　　　东

M1

M3

G1

1. 南壁

北　　　　　　　　　　　　　　　　　　　　　　　　　　　　　　　　　南

M1

G1　　G1

2. 西壁　　　　　　　　0　　　　　　　3.6米

图四〇五　裕巷JXYD2剖面图

平，分布于土墩中部。本层中有器物群JXYD2Q12，层下有墓葬JXYD2M2、沟JXYD2G1。

第⑦层：青灰色土，深1.60～1.70、厚0～0.15米。土质纯净、较软，分布于土墩底部中心，水平堆积，范围较小。

第⑧层：灰白色土，深约1.75、厚0～0.10米。土质纯净、松软，应是经过特意的筛选而来。水平堆积，分布于土墩底部。

第⑧层下为生土，红褐色，土质坚硬，纯净，顶面较平整。

三　遗迹遗物

（一）墓葬

JXYD2共发现墓葬3座，分布于土墩中部。

1. JXYD2M1

JXYD2M1位于土墩中心，墓坑开口于第④层下，打破第⑤层（图四〇六；彩版二六七，1）。为竖穴土坑墓，坑口平面呈椭圆形，方向约116°。长3.45、宽1.80米；直壁，平底，底亦呈椭圆形，长3.40、宽1.76、坑深0.81米。坑内填土为青灰色土与红褐色土混杂的花土。随葬器物放置于墓坑底面的西部，排列成东西向的两排，两排相距约0.60米。器物均正置，硬陶碗JXYD2M1：3～5呈品字形放置于泥质陶器JXYD2M1：6内。

出土器物9件，其中夹砂陶器2件，硬陶器7件；器形有坛、罐、瓿、碗。

坛　1件。

JXYD2M1：1，灰褐色硬陶。侈口，圆唇，卷沿，沿面有一道凹槽，束颈，溜肩，深弧腹，平底略内凹。颈部饰弦纹，肩部饰菱形填线纹，腹部饰方格纹。口径18.8、底径15.8、高42.4厘米（图四〇七，1；彩版二六八，1）。

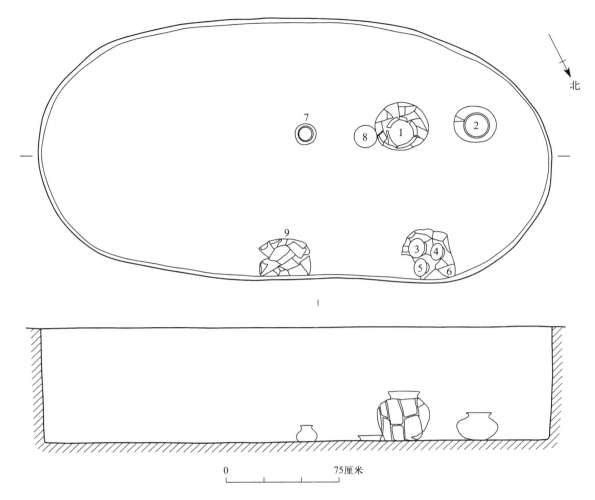

图四○六　裕巷JXYD2M1平、剖面图
1. 硬陶坛　2. 硬陶罐　3～5、8. 硬陶碗　6、9. 陶器　7. 硬陶瓿

罐　1件。

JXYD2M1：2，灰褐色硬陶。侈口，尖圆唇，卷沿，束颈，弧肩，鼓腹，平底内凹。颈部饰弦纹，肩部饰叶脉纹，腹部饰方格纹。下腹有一周手指抹痕。口径17.2、底径14.8、高23.4厘米（图四○七，2；彩版二六七，2）。

瓿　1件。

JXYD2M1：7，灰褐色硬陶。侈口，方唇，卷沿，束颈，弧肩，扁鼓腹，平底内凹。颈部饰弦纹，肩、腹部饰方格纹。器身略有变形。口径10.6、底径11.4、高11.4厘米（图四○七，3；彩版二六七，3）。

碗　4件。

褐色硬陶。敞口，尖圆唇，唇面有一道凹槽，折腹，上腹内弧，下腹弧收，假圈足，平底。外底有线切割痕。器身略有变形。

JXYD2M1：3，口径12.6、底径5.4、高5.2厘米（图四○七，4；彩版二六八，2）。

JXYD2M1：4，口径14.2、底径6.0、高6.0厘米（图四○七，5；彩版二六八，3）。

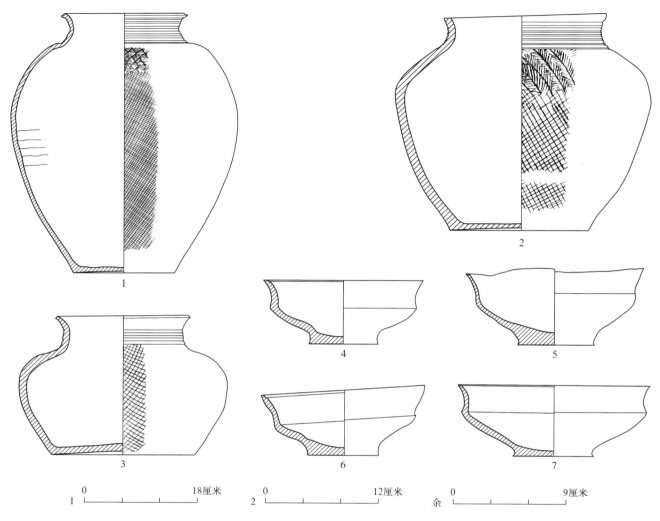

图四〇七　裕巷JXYD2M1出土器物
1. 硬陶坛JXYD2M1∶1　2. 硬陶罐JXYD2M1∶2　3. 硬陶瓿JXYD2M1∶7　4～7. 硬陶碗JXYD2M1∶3～5、8

JXYD2M1∶5，口径13.0、底径5.6、高5.8厘米（图四〇七，6；彩版二六八，4）。

JXYD2M1∶8，口径15.2、底径6.4、高5.8厘米（图四〇七，7；彩版二六八，5）。

夹砂红陶器　2件。

JXYD2M1∶6、9，陶质疏松，破碎严重，无法复原。

2．JXYD2M2

JXYD2M2位于土墩中部略偏东北，中心坐标3.00×3.00－2.03米。墓葬于第⑧层平面上，被第⑥层土叠压（图四〇八；彩版二六九，1）。M2有独立封土，封土平面呈长方形，方向53°。底边长3.30、宽0.75米，截面呈梯形，高0.43～0.58米；封土用红褐色土夹杂白色土堆筑，较硬，纯净。随葬器物放置于第⑧层层面，被封土叠压。器物分两部分放置，西南侧器物大致呈一线排列，东北侧则集中放置3件器形较小的碗，呈品字形排列。

出土器物10件，其中夹砂陶器2件，硬陶器4件，原始瓷器4件；器形有鼎、釜、坛、罐、瓿、

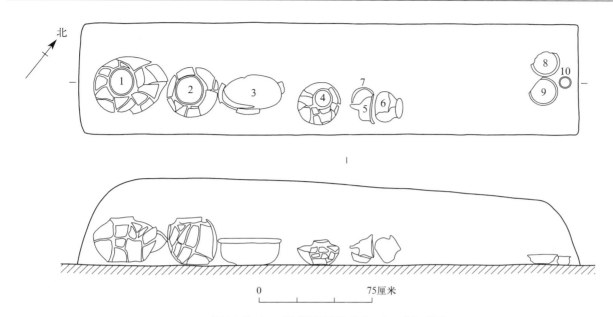

图四〇八 裕巷JXYD2M2平、剖面图
1、2. 硬陶坛 3. 陶釜 4. 陶罐 5. 陶鼎 6. 陶瓿 7~9. 原始瓷碗 10. 原始瓷杯

碗、杯。

鼎 1件。

JXYD2M2：5，夹砂红陶。残破严重，仅复原上部及足。侈口，圆唇，宽折沿，扁锥形足。口径17.0厘米（图四〇九，1）。

釜 1件。

JXYD2M2：3，夹砂红陶。残破严重，无法复原。

坛 2件。

灰褐色硬陶。侈口，卷沿，沿面有一道凹槽，束颈，弧折肩，深弧腹，平底。颈部饰弦纹，下腹饰方格纹。

JXYD2M2：1，尖圆唇。肩及上腹部饰席纹。口径20.0、底径19.0、高49.4厘米（图四〇九，2；彩版二六九，2）。

JXYD2M2：2，尖唇。肩及上腹部饰菱形填线纹。颈、肩部粘合处内外壁皆留有一周连续的指窝痕。口径18.4、底径17.8、高34.4厘米（图四〇九，3；彩版二六九，3）。

罐 1件。

JXYD2M2：4，灰褐色硬陶。侈口，尖唇，卷沿，束颈，弧肩，鼓腹，平底略凹。肩部贴附一对小泥条捏制而成的堆饰。颈部饰弦纹，肩及上腹部饰叶脉纹，下腹部饰方格纹。器内壁有泥条盘筑的接缝以及抹刮痕，颈、肩部粘合处留有一周连续的指窝痕。口径14.0、底径15.4、高22.8厘米（图四〇九，4；彩版二七〇，1）。

瓿 1件。

JXYD2M2：6，灰褐色硬陶。侈口，尖唇，卷沿，沿面有一道凹槽，束颈，溜肩，扁鼓腹，平底略内凹。口径13.0、底径15.2、高14.2厘米（图四〇九，5；彩版二七〇，2）。

碗 3件。

原始瓷，灰白色胎。敞口，圆唇，折沿，沿面有一道凹槽，折腹起棱，平底。施青绿色釉。

JXYD2M2：7，器表多有气泡，外底有线切割痕。釉剥落较甚。口径18.0、底径8.4、高6.2厘米（图四〇九，6；彩版二七〇，3）。

JXYD2M2：8，底略内凹。沿面贴附三个"〜"形堆饰，各以小泥条捏制。器内有螺旋纹。器表釉较厚。口径18.0、底径9.1、高6.6厘米（图四〇九，7；彩版二七〇，4）。

JXYD2M2：9，底略内凹。沿面贴附三个"〜"形堆饰，各以小泥条捏制。器内有螺旋纹。器表釉较厚。口径18.0、底径9.2、高6.4厘米（图四〇九，8；彩版二七〇，5）。

杯　1件。

JXYD2M2：10，原始瓷，灰黄色胎。直口，圆唇，折沿，沿面下凹，垂腹，平底。上腹部堆贴对称的倒"U"形耳状饰，以小泥条捏制。器内有螺旋纹。施黄绿色釉，剥落较甚。口径8.0、底径

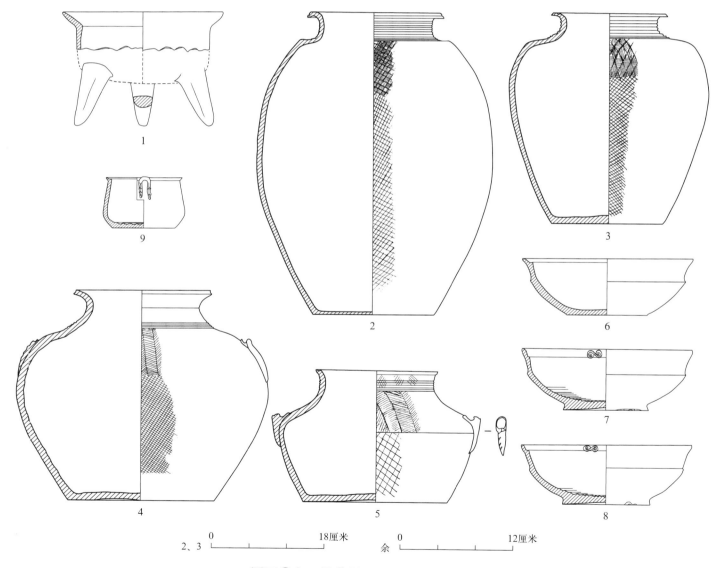

图四〇九　裕巷JXYD2M2出土器物

1. 陶鼎JXYD2M2：5　2、3．硬陶坛JXYD2M2：1、2　4．硬陶罐JXYD2M2：4　5．硬陶瓿JXYD2M2：6　6～8．原始瓷碗JXYD2M2：7～9　9．原始瓷杯JXYD2M2：10

6.6、高5.6厘米（图四○九，9；彩版二七○，6）。

3．JXYD2M3

JXYD2M3位于土墩中部略偏东，中心坐标2.30×−0.70−1.70米。开口于第⑤层下，打破第⑥层（图四一○；彩版二七一，1）。为竖穴土坑墓，坑口面倾斜，西高东低，平面近长方形，方向约112°。长2.47、宽1.10～1.27米，直壁，平底，深0.45～0.85米。填土为红褐色土与青灰色土混

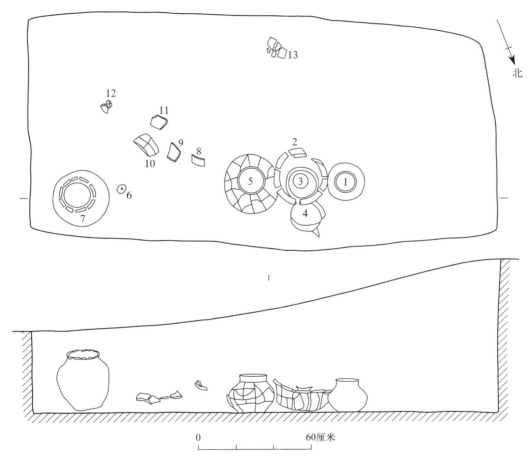

图四一○　裕巷JXYD2M3平、剖面图
1.陶罐　2.陶釜　3.陶器盖　4.陶鼎　5.陶罐　6.陶纺轮　7.陶坛　8～13.陶片

合的花土，土质较软，纯净。随葬器物放置于墓坑底部偏北侧，东南侧填土发现一些残陶片。器盖JXYD2M3：3扣于釜JXYD2M3：2内，其余器物正置。

出土器物7件，其中夹砂陶器2件，泥质陶器5件；器形有釜、鼎、坛、罐、器盖、纺轮等。

鼎　1件。

JXYD2M3：4，夹砂红陶。侈口，圆唇，折沿，直腹稍弧，圜底近平，扁锥形足。口径17.8、高11.8厘米（图四一一，1）。

釜　1件。

JXYD2M3：2，夹砂红陶。残碎，仅复原上半部。侈口，圆唇，宽折沿，腹壁微弧。口径30.0、

残高8.0厘米（图四一一，2）。

坛　1件。

JXYD2M3：7，泥质红陶。侈口，圆唇，卷沿，沿面有一道凹槽，束颈，溜肩，深弧腹，平底。颈部饰弦纹，肩、腹部饰复线三角纹，拍印较杂乱，磨蚀严重。口径19.0、高36.6厘米（图四一一，3；彩版二七一，2）。

罐　2件。

JXYD2M3：5，泥质红陶，残破严重，无法复原。侈口，圆唇，卷沿，沿面有一道凹槽。

JXYD2M3：1，泥质红陶。直口，方唇，沿面有一道凹槽，溜肩，鼓腹，平底。口径10.4、底径13.4、高16.8厘米（图四一一，4；彩版二七一，3）。

器盖　1件。

JXYD2M3：3，泥质黑皮陶。残破严重，无法复原。喇叭状捉手。

纺轮　1件。

JXYD2M3：6，泥质灰陶。算珠形，圆形穿孔。直径4.2、孔径0.7、高2.6厘米（图四一一，5；彩版二七一，4）。

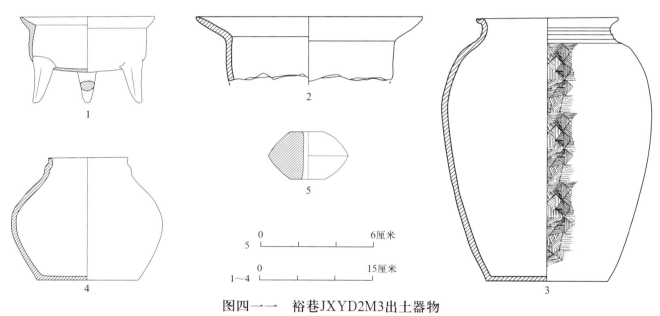

图四一一　裕巷JXYD2M3出土器物

1. 陶鼎JXYD2M3：4　2. 陶釜JXYD2M3：2　3. 陶坛JXYD2M3：7　4. 陶罐JXYD2M3：1　5. 陶纺轮JXYD2M3：6

（二）器物群

JXYD2共发现器物群12处。皆分布于土墩的外围，围绕墩心。

1. JXYD2Q1

JXYD2Q1位于土墩东部偏北，中心坐标5.65×2.00－1.62米。器物放置于第④层层面，被第③层叠压（图四一二；彩版二七二，1）。放置层面较为平整。

出土硬陶坛1件，向北侧倒伏。

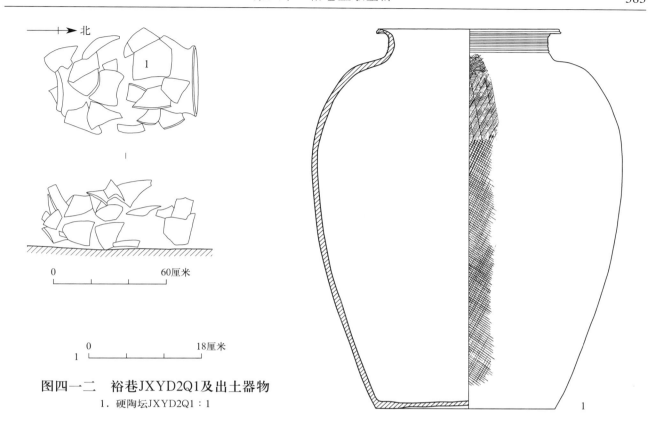

图四一二　裕巷JXYD2Q1及出土器物
1. 硬陶坛JXYD2Q1：1

坛　1件。

JXYD2Q1：1，灰褐色硬陶。侈口，尖圆唇，卷沿，沿面有一道凹槽，束颈，弧肩，深弧腹，平底略内凹。颈部饰弦纹，肩及上腹部饰菱形填线纹，下腹饰方格纹。口径28.8、底径28.0、高62.0厘米（图四一二，1；彩版二七二，2）。

2．JXYD2Q2

JXYD2Q2位于土墩北部略偏西，中心坐标-1.85×3.85-1.50米。器物放置于第④层层面，被第③层叠压（图四一三）。

出土器物4件，皆为硬陶器，器形有坛、罐、瓿、碗。Q2的北侧有一个较大的蚁穴，北侧2件器物落入其中，高度与其余器物有明显落差。

坛　1件。

JXYD2Q2：1，灰褐色硬陶。侈口，尖唇，卷沿，束颈，弧肩略折，深弧腹，平底。颈部饰弦纹，肩及上腹饰菱形填线纹，下腹部饰方格纹。器内颈和肩部粘合处有一周连续的指窝痕。口径17.6、底径18.2、高36.0厘米（图四一三，1；彩版二七三，1）。

罐　1件。

JXYD2Q2：4，灰色硬陶。侈口，圆唇，卷沿，沿面略下凹，束颈，溜肩，鼓腹，平底。颈部饰弦纹，肩部饰席纹，腹部饰方格纹。口径15.5、底径16.6、高20.3厘米（图四一三，4；彩版二七三，2）。

瓿　1件。

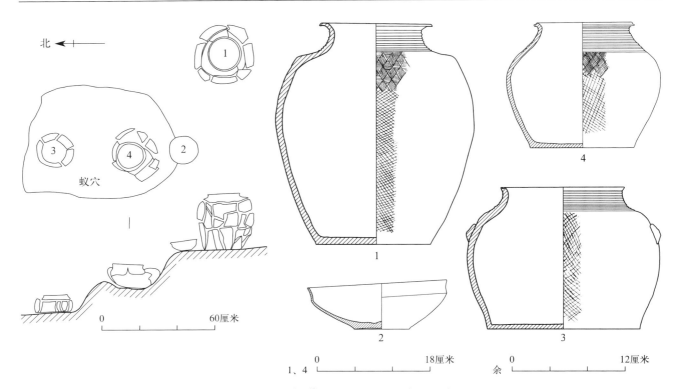

图四一三　裕巷 JXYD2Q2 及出土器物

1. 硬陶坛 JXYD2Q2：1　2. 硬陶碗 JXYD2Q2：2　3. 硬陶瓿 JXYD2Q2：3　4. 硬陶罐 JXYD2Q2：4

JXYD2Q2：3，灰黄色硬陶。侈口，圆唇，沿稍卷，沿面有一道凹槽，束颈，弧肩，扁鼓腹，平底。腹部贴附一对竖向泥条装饰。颈部饰弦纹，腹部饰方格纹。器身有较多烧制时形成的鼓泡。口径13.0、底径16.0、高15.4厘米（图四一三，3；彩版二七三，3）。

碗　1件。

JXYD2Q2：2，灰褐色硬陶。敞口，圆唇，折腹起棱，上腹稍内凹，下腹弧收，平底内凹。器身变形。口径14.8、底径5.8、高5.4厘米（图四一三，2；彩版二七三，4）。

3．JXYD2Q3

JXYD2Q3位于土墩东南部，中心坐标2.80×−4.35−1.75米。器物放置于第④层层面上，被第③层叠压（图四一四；彩版二七二，3）。器物放置的层面略斜，北部较高。

出土器物2件，为夹砂陶鼎和硬陶罐，均正置。

鼎　1件。

JXYD2Q3：1，夹砂红陶。侈口，圆唇，宽折沿，弧腹，圜底，舌形足，足尖残缺。口径26.2、残高19.4厘米（图四一四，1；彩版二七二，4）。

罐　1件。

JXYD2Q3：2，硬陶，器身一半红色，一半灰色。侈口，卷沿，束颈，弧肩，鼓腹，平底略内凹。颈部纹饰抹平，肩、腹部饰方格纹。口径15.3、底径16.0、高23.0厘米（图四一四，2；彩版二七二，5）。

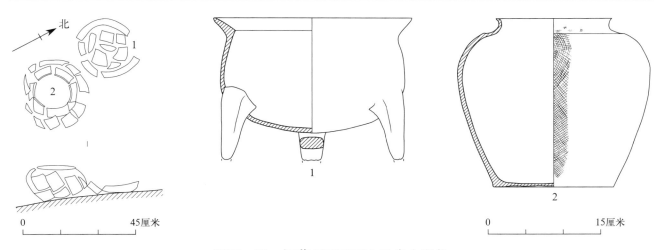

图四一四　裕巷 JXYD2Q3 及出土器物

1. 陶鼎 JXYD2Q3：1　2. 硬陶罐 JXYD2Q3：2

4. JXYD2Q4

JXYD2Q4位于土墩东部近墩脚处，中心坐标6.80×-1.00-2.20米（图四一五）。器物出土于第③层土中，呈东西向放置。器均正置，高度大致持平，3件碗呈品字形分布，与罐相距约0.4米。

出土器物共4件，其中泥质陶瓿1件、原始瓷碗3件。

瓿　1件。

JXYD2Q4：4，泥质红陶。侈口，圆唇，卷沿，束颈，溜肩，鼓腹，平底。腹部饰方格纹。口径9.6、底径11.8、高10.4厘米（图四一五，4；彩版二七四，1）。

碗　3件。

JXYD2Q4：1，原始瓷，灰黄色胎。直口微侈，尖唇，窄折沿，折腹，上腹略向内弧，下腹弧收，平底。器内有螺旋纹，外底部有线割痕。施青黄色釉，剥落殆尽。口径11.9、底径7.6、高4.7厘米（图四一五，1；彩版二七四，2）。

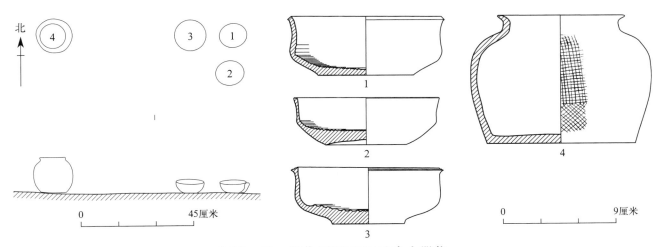

图四一五　裕巷JXYD2Q4及出土器物

1～3. 原始瓷碗JXYD2Q4：1～3　4. 陶瓿JXYD2Q4：4

JXYD2Q4：2，原始瓷，灰白色胎。直口，方唇，沿面有一道凹槽，折腹，上腹较直，下腹弧收，平底。器身有多个鼓泡。器内有螺旋纹，外底部有线割痕。施青绿色釉。口径11.4、底径6.4、高3.8厘米（图四一五，2；彩版二七四，3）。

JXYD2Q4：3，原始瓷，灰黄色胎。直口，尖唇，窄折沿，沿面有两道凹槽，上腹较直，下腹弧收，平底。器内有螺旋纹，外底部有线割痕。釉已剥落。口径12.2、底径5.6、高4.6厘米（图四一五，3；彩版二七四，4）。

5．JXYD2Q5

JXYD2Q5位于土墩西部偏南，中心坐标−5.00×−2.50−1.70米。器物放置于第④层层面，被第③层叠压（图四一六；彩版二七五，1）。器物放置的层面西部略高，器物分布在长约1.10、宽约0.45米的范围内，大致排列呈东西向的一条直线。

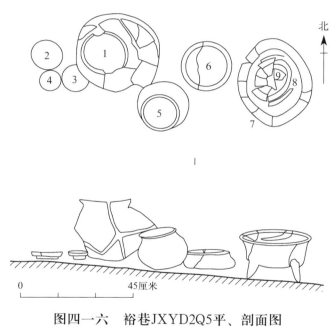

图四一六　裕巷JXYD2Q5平、剖面图

1、5. 硬陶罐　2~4. 原始瓷碗　6. 陶大口罐　7~9. 陶鼎

出土器物共9件，其中夹砂陶器3件，泥质陶器1件，硬陶器2件，原始瓷器3件；器形有鼎、罐、碗。器物均正置，3件原始瓷碗呈“品”字形分布；较小夹砂陶鼎JXYD2Q5：9放在较大的JXYD2Q5：8中，然后叠放于更大的另1件JXYD2Q5：7中。

鼎　3件。

JXYD2Q5：7，夹砂红陶。侈口，圆唇，宽折沿稍卷，直腹，圜底近平，腹、底间折，舌形足。口径31.4、高26.0厘米（图四一七，1；彩版二七五，2）。

JXYD2Q5：8，夹砂红陶。侈口，圆唇，卷沿，弧腹，圜底，舌形足。口径18.0、高14.6厘米（图四一七九，2；彩版二七五，3）。

JXYD2Q5：9，夹砂红陶。侈口，圆唇，折沿，弧腹，圜底近平，足残缺。口径16.0、残高6.4厘米（图四一七，3）。

罐　3件。

JXYD2Q5：1，灰褐色硬陶。侈口，尖圆唇，卷沿，沿面有一道凹槽，束颈，弧肩，鼓腹，平底略内凹。肩及上腹部饰叶脉纹，下腹部饰方格纹。口径16.8、底径17.2、高24.8厘米（图四一七，4；彩版二七六，1）。

JXYD2Q5：5，灰色硬陶。侈口，尖唇，卷沿，沿面有一道凹槽，弧肩略折，鼓腹，平底。颈部饰弦纹，肩及上腹部饰席纹，下腹部饰菱形填线纹。口径13.2、底径15.0、高22.0厘米（图四一七，5；彩版二七六，2）。

JXYD2Q5：6，泥质灰陶。直口，方唇，直颈，扁鼓腹，平底。口径17.5、底径17.8、高7.8厘米（图四一七，6；彩版二七六，3）。

碗　3件。

原始瓷。折腹，上腹近直略内弧，下腹弧收。器内有螺旋纹，外壁有旋痕，外底有线切割痕。

JXYD2Q5：2，灰白色胎。直口，尖唇，唇面有一道凹槽，内折沿，平底内凹。施青黄色釉，剥

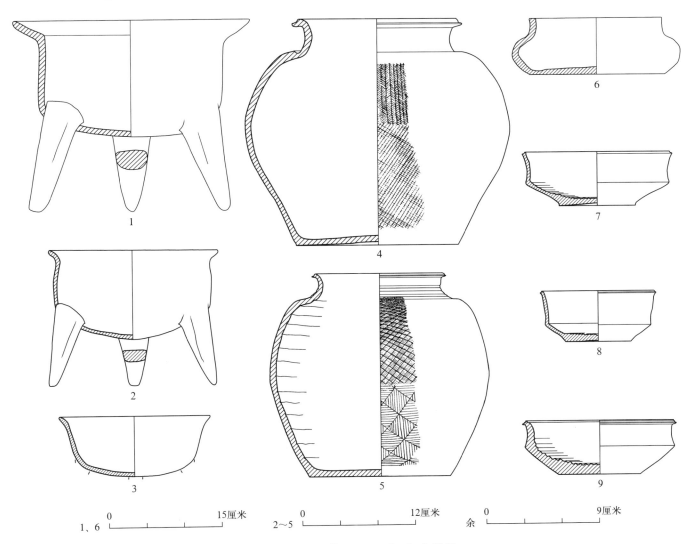

图四一七　裕巷JXYD2Q5出土器物

1～3.陶鼎JXYD2Q5：7～9　4、5.硬陶罐JXYD2Q5：1、5　6.陶罐JXYD2Q5：6　7～9.原始瓷碗JXYD2Q5：2～4

落殆尽。口径11.5、底径6.1、高4.4厘米（图四一七，7；彩版二七六，4）。

JXYD2Q5：3，灰黄色胎。直口，方唇，唇面有一道凹槽，平底略内凹。施青黄色釉。口径8.9、底径5.1、高4.1厘米（图四一七，8；彩版二七六，5）。

JXYD2Q5：4，灰白色胎。直口，尖唇，折沿，沿面有两道凹槽，平底。施黄绿色釉。口径11.8、底径6.6、高4.4厘米（图四一七，9）。

6．JXYD2Q6

JXYD2Q6位于土墩东南部近墩脚处，中心坐标6.40×−3.80−2.20米。器物放置于第③层土中（图四一八）。

出土泥质红陶器1件，破碎严重。

泥质红陶器 1件。

JXYD2Q6：1，残破严重，无法复原，形制不明。有对称两耳，耳宽扁（图四一八，1）。

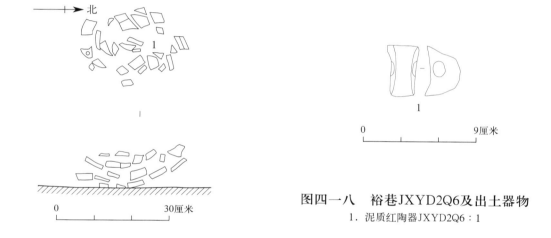

图四一八 裕巷JXYD2Q6及出土器物
1．泥质红陶器JXYD2Q6：1

7．JXYD2Q7

JXYD2Q7位于土墩西南部，中心坐标−3.25×−3.85−1.80米。器放置于第④层层面，被第③层叠压（图四一九）。

出土器物共6件，集中分布于长约0.75、宽约0.75米的范围内，放置层面较为平整，其中泥质陶器1件，硬陶器5件；器形有坛、罐、瓿、盆、碗、盂，出土现场器形较大的器物破碎较甚。

坛 1件。

JXYD2Q7：1，硬陶，灰色胎，器表大部分呈灰黄色，偏下部局部呈褐色。侈口，方唇，卷沿，唇面内凹，束颈，弧肩，深弧腹，平底。颈部饰弦纹，肩及上腹部饰菱形填线纹，下腹部饰方格纹。口径20.0、底径19.8、高38.7厘米（图四一九，1；彩版二七七，1）。

罐 1件。

JXYD2Q7：3，灰色硬陶。侈口，窄卷沿，束颈，弧肩，鼓腹，平底。肩部贴附一对泥条装饰。颈部饰弦纹，肩部饰菱形填线纹，腹部饰方格纹。口径14.4、底径15.0、高22.8厘米（图四一九，3）。

瓿 1件。

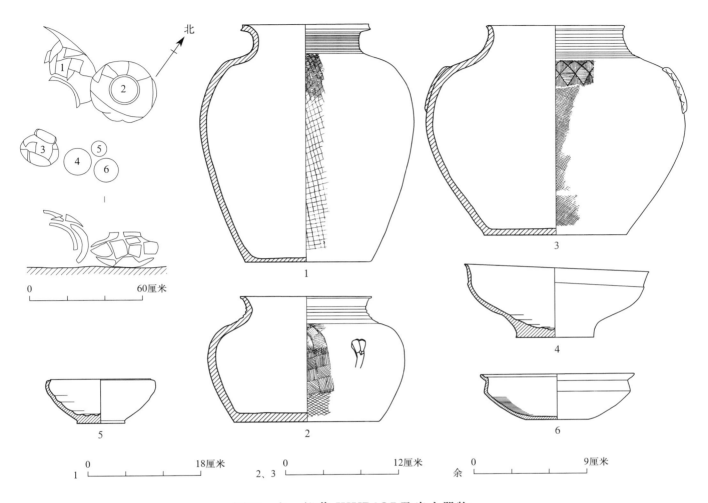

图四一九　裕巷 JXYD2Q7 及出土器物

1. 硬陶坛 JXYD2Q7：1　2. 硬陶瓿 JXYD2Q7：2　3. 硬陶罐 JXYD2Q7：3　4. 硬陶碗 JXYD2Q7：4　5. 硬陶盂 JXYD2Q7：5　6. 陶盆 JXYD2Q7：6

JXYD2Q7：2，灰色硬陶。侈口，尖圆唇，卷沿，束颈，弧肩，扁鼓腹，平底。上腹部贴附一对泥条装饰。颈部饰弦纹，肩及上腹部饰菱形填线纹，下腹部饰方格纹。口径13.8、底径15.4、高13.8厘米（图四一九，2；彩版二七七，2）。

盆　1件。

JXYD2Q7：6，泥质黑皮陶。侈口，尖圆唇，折沿，沿面有一道凹槽，折腹，上腹斜直，下腹弧收，平底。内壁有弦纹。口径12.2、底径5.0、高3.8厘米（图四一九，6；彩版二七七，3）。

碗　1件。

JXYD2Q7：4，灰褐色硬陶，下腹至足底呈砖红色。敞口，尖唇，上腹内凹，下腹弧收，假圈足，平底。器内有螺旋纹。口径14.6、底径6.2、高6.0厘米（图四一九，4；彩版二七七，4）。

盂　1件。

JXYD2Q7：5，黑褐色硬陶。敛口，尖唇，弧腹，平底。器内有螺旋纹。口径8.0、底径3.8、高3.6厘米（图四一九，5；彩版二七七，5）。

8．JXYD2Q8

JXYD2Q8位于土墩东部略偏南，中心坐标5.00×−1.00−2.48米。挖有浅坑，坑开口于第③层下，打破第⑧层（图四二〇；彩版二七八，1）。坑口平面近长条形，大致东西向，东西两壁弧形，坑口面略倾斜，西高东低。坑口长1.22、宽0.55米，壁略倾斜，平底，深0.07～0.22米。坑内填土与第③层土一致。器物放置于坑底，均正置，东部的器物高出坑口平面。

出土器物5件，其中夹砂陶器3件，泥质陶器和硬陶器各1件；器形有鼎、罐、瓿。

鼎　3件。

JXYD2Q8：1，夹砂陶，红色胎。残破严重，无法复原。侈口，圆唇，折沿，舌形足。

JXYD2Q8：2，夹砂陶，红色胎。侈口，圆唇，折沿，直腹，圜底，腹、底间折，扁锥形足。口径13.0、高11.8厘米（图四二一，1；彩版二七八，2）。

JXYD2Q8：4，夹砂陶，红褐色胎。敛口，方圆唇，弧腹，圜底，足残缺。口径16.4、残高12.4厘米（图四二一，2）。

罐　1件。

JXYD2Q8：5，泥质黑皮陶，黑皮剥落较甚。侈口，圆唇，卷沿，平弧肩，鼓腹，平底。颈部饰弦纹，肩及上腹部饰方格纹，下腹部饰菱形填线纹。口径18.0、底径21.0、高25.0厘米（图四二一，3）。

瓿　1件。

JXYD2Q8：3，灰色硬陶。侈口，圆唇，卷沿下垂，沿面有一道凹槽，折肩，扁鼓腹，底内凹。颈部饰弦纹，肩、腹部饰方格纹。口径15.0、底径15.8、高14.6厘米（图四二一，4；彩版二七八，3）。

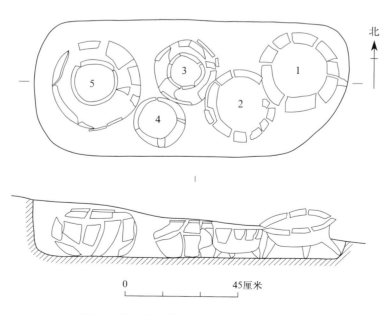

图四二〇　裕巷JXYD2Q8平、剖面图

1、2、4．陶鼎　3．硬陶瓿　5．陶罐

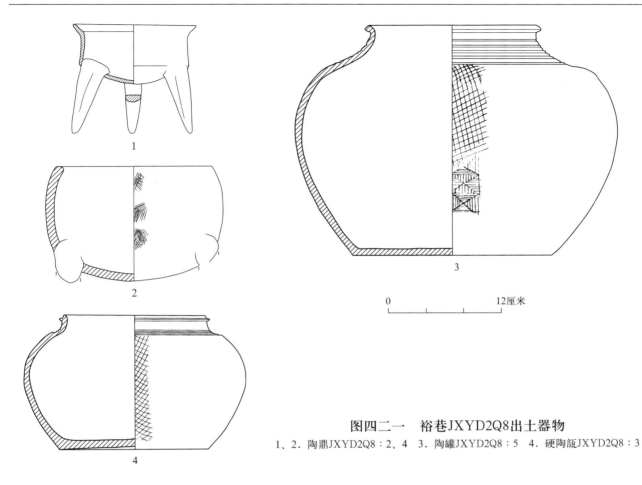

图四二一　裕巷JXYD2Q8出土器物
1、2. 陶鼎JXYD2Q8：2、4　3. 陶罐JXYD2Q8：5　4. 硬陶瓿JXYD2Q8：3

9．JXYD2Q9

JXYD2Q9位于土墩东南部，中心坐标5.00×-3.20-2.15米。器物置于第③层土中（图四二二）。

出土夹砂陶鼎1件，正置。

鼎　1件。

JXYD2Q9：1，夹砂红陶。侈口，宽折沿，直腹，圜底，腹、底间折，扁锥形足，足尖残。口径

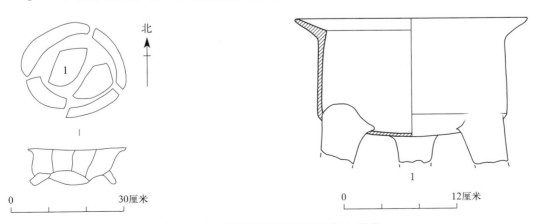

图四二二　裕巷JXYD2Q9及出土器物
1. 陶鼎JXYD2Q9：1

24.6、残高15.4厘米（图四二二，1）。

10．JXYD2Q10

JXYD2Q10位于土墩中部偏西，中心坐标−4.50×1.00−1.52米。器物放置于第⑥层层面，被第④层叠压（图四二三；彩版二七九，1）。器物集中放置在长约0.52、宽约0.47米的范围内，放置层面略平整。

出土器物5件，其中夹砂陶器2件，泥质陶器2件，硬陶器1件；器形有鼎、瓿、纺轮。

鼎　2件。

JXYD2Q10：2，夹砂红陶。侈口，圆唇，卷沿略折，弧腹下垂，圜底，扁方足，足尖略外撇。口径20.0、高21.8厘米（图四二三，2；彩版二七九，2）。

JXYD2Q10：3，夹砂红陶。侈口，圆唇，折沿，直腹，圜底近平，腹、底间折，圜底，舌形足，足尖残。口径18.6厘米（图四二三，3）。

瓿　2件。

JXYD2Q10：1，灰色硬陶。侈口，尖唇，卷沿，沿面有一道凹槽，束颈，溜肩，扁鼓腹，平底。颈部饰弦纹，肩、腹部饰变体凤鸟纹。口径12.6、底径14.6、高12.0厘米（图四二三，1；彩版二七九，3）。

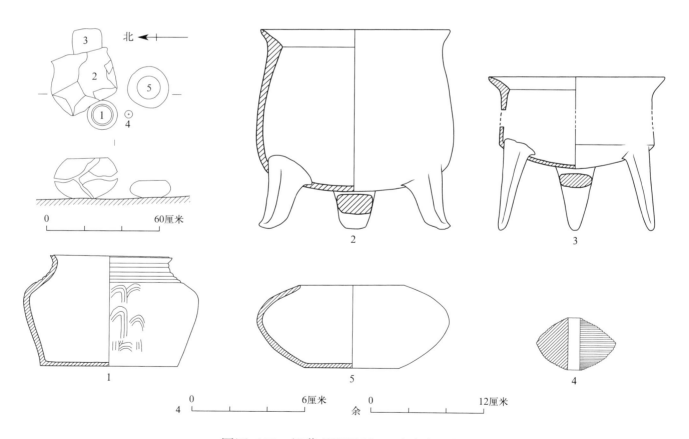

图四二三　裕巷 JXYD2Q10 及出土器物

1．硬陶瓿 JXYD2Q10：1　2、3．陶鼎 JXYD2Q10：2、3　4．陶纺轮 JXYD2Q10：4　5．陶瓿 JXYD2Q10：5

JXYD2Q10：5，泥质灰陶。敛口，圆唇，扁鼓腹，平底。口径11.0、底径10.0、高9.0厘米（图四二三，5；彩版二七九，4）。

纺轮　1件。

JXYD2Q10：4，泥质红陶。算珠形，中间有穿孔。表面划弦纹。直径4.2、孔径0.6、高2.8厘米（图四二三，4；彩版二七九，5）。

11．JXYD2Q11

JXYD2Q11位于土墩中部偏东南，中心坐标2.90×−3.60−2.01米。器物放置于第④层层面，被第③层叠压（图四二四；彩版二八〇，1）。集中放置在长约0.70、宽约0.47米的范围内，放置层面倾斜，东北高西南低。

出土器物5件，其中夹砂陶器2件，泥质陶器1件，硬陶器2件；器形为鼎、罐、瓿，均正置。

鼎　2件。

JXYD2Q11：2，夹砂红陶。侈口，圆唇，折沿，直腹，圜底近平，扁锥形足。口径17.0、高16.0厘米（图四二五，1；彩版二八〇，2）。

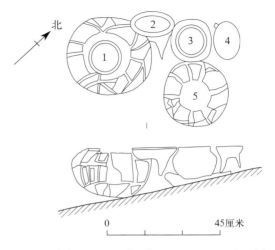

图四二四　裕巷JXYD2Q11平、剖面图
1、3. 硬陶罐　2、4. 陶鼎　5. 陶瓿

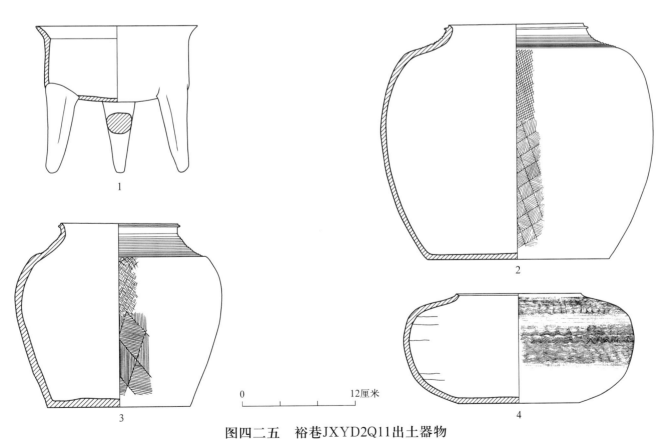

图四二五　裕巷JXYD2Q11出土器物
1. 陶鼎JXYD2Q11：2　2、3. 硬陶罐JXYD2Q11：1、3　4. 陶瓿JXYD2Q11：5

JXYD2Q11：4，夹砂红陶。残破严重，无法复原。

罐　2件。

JXYD2Q11：1，硬陶，灰褐色胎，器表局部呈红褐色。侈口，尖圆唇，卷沿，沿面有一道凹槽，弧肩，鼓腹，平底。颈部饰弦纹，肩及上腹部饰方格纹，下腹部饰菱形填线纹。口径14.2、底径19.0、高25.6厘米（图四二五，2；彩版二八〇，3）。

JXYD2Q11：3，灰色硬陶。侈口，尖圆唇，卷沿，沿面有一道凹槽，束颈，弧折肩，弧腹，平底。颈部饰弦纹，肩及上腹部饰席纹，下腹部饰菱形填线纹。口径12.2、底径15.2、高20.0厘米（图四二五，3；彩版二八〇，4）。

瓿　1件。

JXYD2Q11：5，泥质黑皮陶，黑皮剥落殆尽。敛口，方唇，平弧肩，扁鼓腹，平底。肩、腹饰水波纹和弦纹相间的纹饰。口径13.2、底径12.8、高12.0厘米（图四二五，4；彩版二八〇，5）。

12．JXYD2Q12

JXYD2Q12位于土墩东南部，中心坐标2.65×−4.50−1.82米（图四二六）。

出土泥质陶器盖1件，放置于第⑥层土中。

器盖　1件。

JXYD2Q12：1，泥质灰陶。整体呈覆豆形，喇叭状捉手，平顶，顶、壁间折，直壁，略向内弧，敞口，尖圆唇，卷沿，沿面有一道凹槽。捉手径7.2、口径14.8、高5.2厘米（图四二六，1；彩版二八〇，6）。

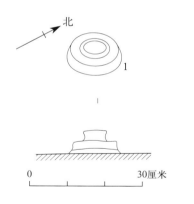

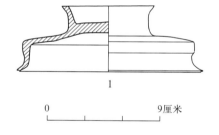

图四二六　裕巷JXYD2Q12及出土器物
1. 陶器盖JXYD2Q12：1

（三）建筑遗存

有沟1条。

JXYD2G1

JXYD2G1位于土墩中部，开口于第⑥层下，打破第⑦层，其东北部被JXYD2M3打破（图四二七）。平面呈"U"形，敞口朝向东南，围成的区域东西长约3.80、南北宽1.80～2.30米。JXYD2G1宽0.25～0.40、深约0.20米，直壁，平底。沟内填土为红褐色土夹杂青灰色土，土质松软，纯净，未发现遗物。

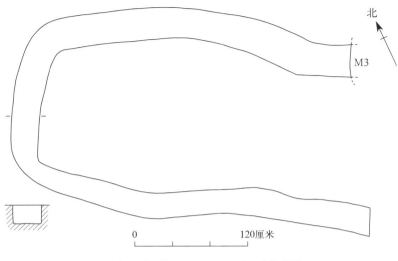

图四二七　裕巷JXYD2G1平、剖面图

四　小结

JXYD2地层堆积共8层，第⑧、⑦层为建墩之初堆筑的平台，第⑥层为最初的封土，第⑤～②层为后期叠加的封土，其中第⑤层位于墩中部位置，第④～②层叠加于土墩周边，为倾斜状堆积的封土。

JXYD2内的遗迹有器物群12处。器物群散布于墩周边，主要处于第③层中、第③层下，④层以下较为少见；JXYD2Q2置于阶梯状层面，JXYD2Q8置于不规则的浅坑内，其余器物群放置在大致水平或略倾斜的面上。墓葬3座；JXYD2M2为平地掩埋型，位于土墩东北位置，随葬器物置于一水平层面上，上有独立封土；JXYD2M1、M3有竖穴土坑，JXYD2M1位于大致中心位置，坑平面呈长椭圆形，JXYD2M3位于墩中心大致偏东位置，坑平面长方形。JXYD2G1平面呈"U"形，位于墩大致中心位置。

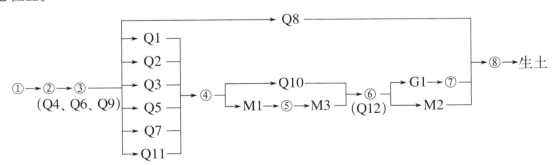

JXYD2内三座墓葬出土器物特征较为接近，出土的夹砂陶鼎折沿，弧腹，鼎足稍矮；硬陶坛卷沿近平，颈长内弧，弧肩，瓿卷沿、肩部略折、有象征性的附耳，纹饰为方格纹、席纹、菱形填线纹、叶脉纹，并出有硬陶碗；原始瓷碗折沿较宽，弧腹；器物具有春秋早期特征。

JXYD2内第③层中及层下的JXYD2Q1～Q9、Q11年代较晚，其中的JXYD2Q5、Q8、Q11出土的夹砂陶宽折沿鼎，腹深直，足细长；硬陶罐、瓿肩部略折，罐窄卷沿，底面较宽，纹饰为以细密的席纹、方格纹与菱形填线纹组合；原始瓷碗折沿很窄，略鼓的弧腹或直腹，具有春秋中期特征。

因此，JXYD2年代上限为春秋早期，下限为春秋中期。

第四节　裕巷土墩墓D4

一　概况

裕巷土墩墓D4（编号JXYD4）位于一条南北向岗地的顶部，处于镇溧、宁常高速公路薛埠枢纽的匝道上，隶属于薛埠镇裕巷村，西距该村约600、东距JXYD2约60米。

2004年7月进行先期调查时，JXYD4为一座高约2米、底径20米左右的馒头状土墩。2005年4月考古队进驻工地时发现该土墩已被推平，地层堆积遭破坏。地表采集到几件残破器物及一些硬陶片。

考古人员在原土墩所处位置布10米×10米探方两个（编号T1、T2），方向依地形布置，西北壁方向为37°。发掘显示探方内已无早期地层堆积，T1内有一层施工扰动形成扰土层，厚约0.05米，黄褐色，土质松软，其下发现有墓葬1座（JXYD4M1）和柱洞7个。

扰土层下即为生土，生土红褐色，土质坚硬，生土面平整。

二　遗迹遗物

T1中发现墓葬1座，柱洞7个，均打破生土（图四二八）。T2内没有发现任何遗迹、遗物。

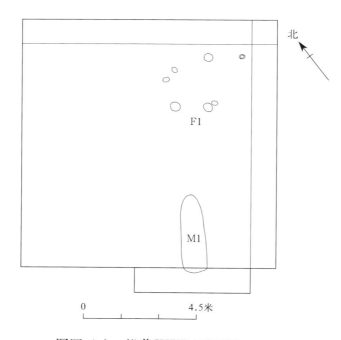

图四二八　裕巷JXYD4平面图

（一）墓葬

JXYD4M1

JXYD4M1为竖穴土坑墓，位于T1南部（图四二九；彩版二八一，1）。坑口平面呈长条形，方向约231°。长3.10、宽约1.00米，直壁，平底，残深0.08～0.12米。墓内填土呈灰褐色，质硬。随葬器物放置于墓西南端底部，破碎严重，器形较大的器物上部已被破坏。

出土器物4件，其中夹砂陶器2件，泥质陶器2件；器形有鼎、坛等。

鼎　1件。

JXYD4M1：1，夹砂红陶。侈口，圆唇，宽折沿，直腹，圜底近平，腹、底间折，扁锥形足。口径24.4、高17.0厘米（图四二九，1；彩版二八一，2）。

坛　1件。

JXYD4M1：3，泥质红陶。口及上腹残缺，下腹弧收，平底。腹部饰方格纹。底径18.0、残高20.0厘米（图四二九，3）。

泥质灰陶器　1件。

JXYD4M1：2，破碎严重，无法复原。

夹砂红陶器　1件。

JXYD4M1：4，破碎严重，无法复原。

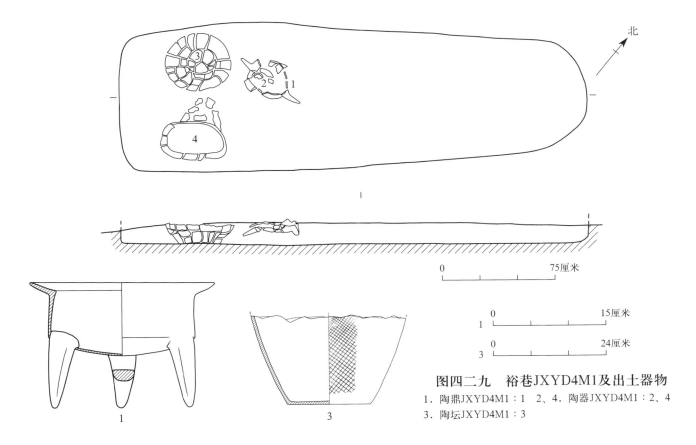

北

0　　　　　　　　75厘米

0　　　　　　　　15厘米
1

0　　　　　　　　24厘米
3

图四二九　裕巷JXYD4M1及出土器物
1. 陶鼎JXYD4M1：1　2、4. 陶器JXYD4M1：2、4
3. 陶坛JXYD4M1：3

（二）建筑遗存

JXYD4柱洞

在T1北部偏东发现柱洞7个，其中JXYD4ZD1～ZD6围成的范围大体呈长方形（图四三〇），长约2.10、宽约2.00米。柱洞平面圆形或椭圆形，直径0.20～0.40、深0.15～0.25米，壁近直，底略弧。柱洞填土基本相同，灰褐色，土质较软。

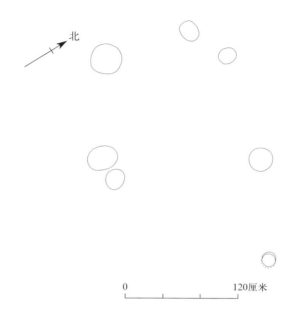

北

0　　　　　　　120厘米

图四三〇　裕巷JXYD4ZD1～ZD6平面图

（三）采集

瓿　1件。

JXYD4采：1，紫色硬陶。侈口，圆唇，卷沿，沿面内凹，束颈，平弧肩，扁鼓腹，平底。颈部饰弦纹，肩、腹部饰菱形填线纹。口径12.0、底径10.7、高11.2厘米（图四三一，1；彩版二八一，3）。

罐　1件。

JXYD4采：3，灰色硬陶。侈口，尖圆唇，卷沿，沿面有一道凹槽，束颈，弧肩，鼓腹，平底略内凹。肩部饰席纹，腹部饰方格纹。口径11.6、底径13.2、高18.0厘米（图四三一，2；彩版二八一，4）。

盂　1件。

JXYD4采：2，原始瓷，灰白色胎。子母口，尖唇，唇面下凹，折肩，斜直腹，平底。肩部贴附一对耳，以小泥条捏制。内壁留有较多指窝。施黄绿色釉。口径7.4、底径6.0、高5.2厘米（图四三一，3；彩版二八一，5）。

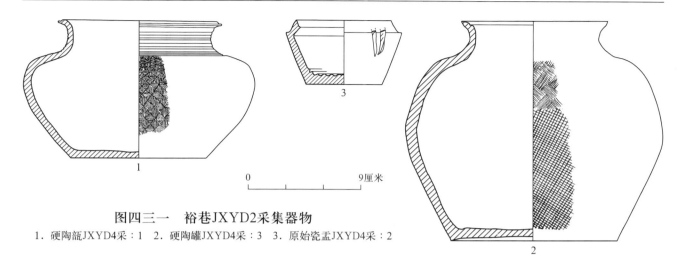

图四三一　裕巷JXYD2采集器物

1. 硬陶瓿JXYD4采：1　2. 硬陶罐JXYD4采：3　3. 原始瓷盂JXYD4采：2

三　小结

JXYD4在考古发掘之前该土墩已被破坏殆尽，除扰土外，生土面上已无早期地层堆积。墩内发现的遗迹有墓葬1座，墓葬有长条形的浅土坑；柱洞1组，分布范围大体呈长方形。

JXYD4M1出土的夹砂陶鼎宽折沿近平，直腹，足较细；泥质陶坛不完整，饰方格纹；器物具有春秋时期特征。

第五节　裕巷土墩墓D5

一　概况

裕巷土墩墓D5（编号JXYD5）位于一条东西向岗地的顶部，处于宁常高速公路的主线上，隶属于薛埠镇裕巷村，西距该村约800、南距JXYD4约200米。

JXYD5已几乎被推土机推平，呈现较为平缓的漫坡状，土墩的形状已不太明显，平面大致呈圆形，东西底径18.00、南北底径19.00、墩顶至生土面残高约0.25米（图四三二）。

二　地层堆积

根据土质、土色和包含物的差别，JXYD5残存的堆积可分为3层（见图四三二）。

第①层：灰黄色土，厚约0.05米。土质疏松。分布于土墩表面，层下有器物群JXYD5Q1。

第②层：红褐色土，深0.10～0.25、厚0～0.15米。土质疏松。斜向堆积，呈环形分布于土墩四周。墓葬JXYD5M2打破该层，本层下有器物群JXYD5Q2。

第③层：灰褐色沙土，深约0.10～0.25、厚0～0.15米。土质疏松。堆积较为平整，分布于土墩的中部。墓葬JXYD5M1打破该层。

第③层下为生土，红褐色，土质坚硬。

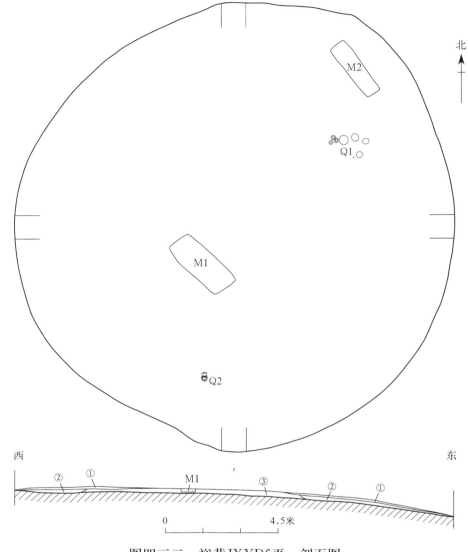

图四三二　裕巷JXYD5平、剖面图

三　遗迹遗物

　　JXYD5发现的遗迹有器物群和墓葬，这些遗迹封土已不存，原开口层位不详，其中的大件器物上部已被破坏。墓葬2座，分布于土墩中部和东北部。器物群2处，分布于土墩的偏外侧。

（一）墓葬

1．JXYD5M1

　　JXYD5M1位于土墩中部，中心坐标−1.50×1.50−0米。其上部被破坏，坑口暴露于地表，打破第③层（图四三三；彩版二八二，1）。为竖穴土坑墓，坑口平面为不规则长方形，方向约140°。长2.85、宽0.96~1.16米，直壁，平底，残深0.03~0.08米。坑内填土灰褐色，土质较硬。随葬器物放

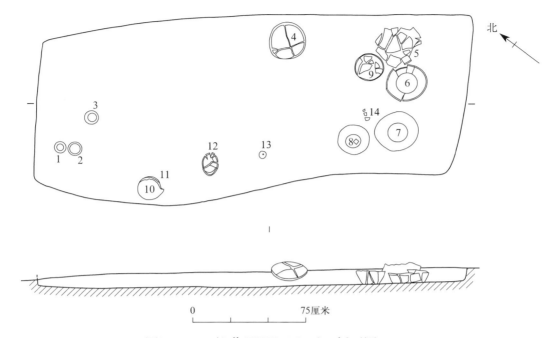

图四三三　裕巷JXYD5M1平、剖面图

1~3. 原始瓷盂　4. 陶盘　5、6. 硬陶坛　7、8. 陶罐　9. 硬陶罐　10、11. 硬陶碗　12. 原始瓷碗　13. 陶纺轮　14. 陶器

置于墓坑底部，器形较大的坛、罐、盆类器物置于东南部，上部已被破坏，仅存底部，器形较小的碗、盂类器物置于西部。原始瓷盂JXYD5M1：1、3及泥质陶盘JXYD5M1：4倒扣于墓底，其余器物正置。

出土器物14件，其中夹砂陶器1件，泥质陶器4件，硬陶器5件，原始瓷器4件；器形有坛、罐、盘、碗、盂、纺轮等。

坛　2件。

JXYD5M1：5，灰褐色硬陶。口及上腹部残缺。下腹斜收，平底。饰菱形填线纹。底径18.0、残高10.8厘米（图四三四，1）

JXYD5M1：6，灰褐色硬陶。口及上腹部残缺。下腹斜收，底内凹。饰菱形填线纹。底径19.2、残高12.0厘米（图四三四，2）。

罐　3件。

JXYD5M1：7，泥质黑皮陶。口及上腹部残缺。下腹弧收，平底。

JXYD5M1：8，泥质黑皮陶。口及上腹部残缺。下腹弧收，平底。底径10.0、残高8.0厘米（图四三四，3）。

JXYD5M1：9，灰色硬陶。口及上腹部残缺。下腹弧收，平底。腹部饰套菱纹。底径12.0、残高9.6厘米。

盘　1件。

JXYD5M1：4，泥质黑皮陶。直口，圆唇，卷沿近平，沿面下凹，折腹，平底。口径22.6、底径11.6、高4.4厘米（图四三四，4）。

碗　3件。

　　JXYD5M1：10，灰褐色硬陶。敞口，尖唇，折腹，上腹内弧，下腹弧收，假圈足。器表有爆浆釉。口径15.0、底径5.8、高5.6厘米（图四三四，5；彩版二八二，2）。

　　JXYD5M1：11，灰褐硬陶。敞口，尖唇，折腹，上腹内弧，下腹弧收，平底。口径14.4、底径5.4、高4.8厘米（图四三四，6；彩版二八二，3）。

　　JXYD5M1：12，原始瓷，灰色胎。侈口，折沿，沿面下凹，圆唇，上腹略向内弧，下腹弧收，平底。器内有螺旋纹。施黄绿色釉，剥落较甚。口径13.0、底径8.0、高3.8厘米（图四三四，7）。

　　盂　3件。

　　JXYD5M1：1，原始瓷，灰白色胎。子母口，圆唇，折肩，弧腹，平底。器内有螺旋纹。施黄绿色釉。口径7.8、底径5.6、高3.0厘米（图四三四，8；彩版二八二，4）。

　　JXYD5M1：2，原始瓷，灰白色胎，施黄绿色釉。子母口，圆唇，折肩，弧腹，平底。器内有螺旋纹。口径8.2、底径6.0、高2.8厘米（图四三四，9；彩版二八二，5）。

　　JXYD5M1：3，原始瓷，灰白色胎。子母口，圆唇，折肩，弧腹，平底。器内有螺旋纹。施黄绿色釉。口径8.1、底径3.1、高2.7厘米（图四三四，10）。

　　纺轮　1件。

　　JXYD5M1：13，泥质红陶。算珠状，中间有穿孔。直径3.2、孔径0.45、高1.8厘米（图四三四，

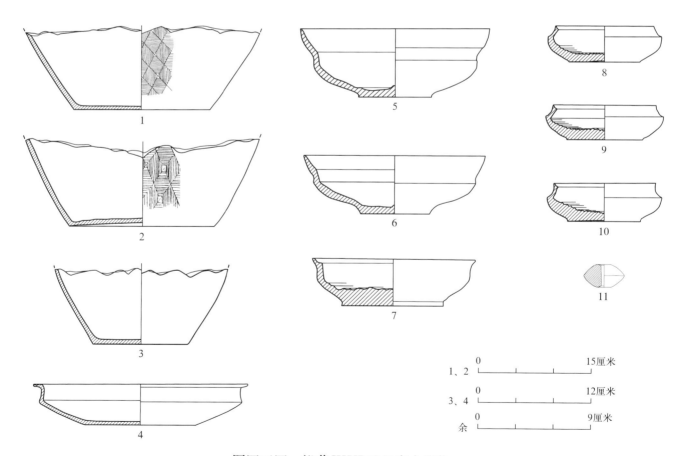

图四三四　裕巷JXYD5M1出土器物

1、2. 硬陶坛JXYD5M1：5、6　3. 陶罐JXYD5M1：8　4. 陶盘JXYD5M1：4　5、6. 硬陶碗JXYD5M1：10、11　7. 原始瓷碗JXYD5M1：12　8～10. 原始瓷盂JXYD5M1：1～3　11. 陶纺轮JXYD5M1：13

11）。

　　夹砂红陶器　1件。

　　JXYD5M1：14，残破严重，无法复原。

2．JXYD5M2

　　JXYD5M2位于土墩东北部近墩脚处，中心坐标6.50×5.00-0.40米。其上部被破坏，坑口暴露于地表，打破第②层（图四三五；彩版二八三，1）。坑口平面略呈长方形，方向约124°。长2.55、宽0.75～0.85米，直壁，平底，残深0.02～0.10米。坑内填土灰褐色，土质较硬。随葬器物大多放置于墓坑底部的西北侧，器形较大的器物上部已被破坏。硬陶坛向北侧倒伏，其余器物正置。

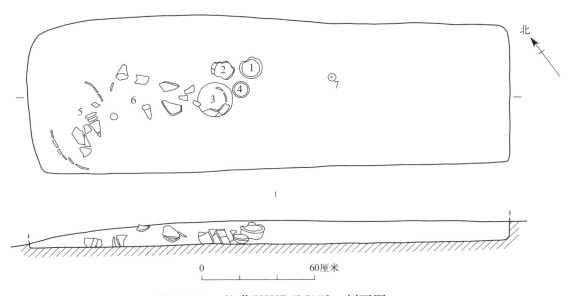

图四三五　裕巷JXYD5M2平、剖面图
1、2. 原始瓷碗　3. 硬陶瓿　4. 原始瓷盂　5. 陶坛　6. 陶鼎　7. 陶纺轮

　　出土器物7件，其中夹砂陶器1件，泥质陶器1件，硬陶器2件，原始瓷器3件；器形有鼎、坛、瓿、碗、盂、纺轮。

　　鼎　1件。

　　JXYD5M2：6，夹砂红陶。残破严重，仅存扁锥形足。足残长11.4厘米（图四三六，1）。

　　坛　1件。

　　JXYD5M2：5，灰色硬陶。残碎严重，无法复原。

　　瓿　1件。

　　JXYD5M2：3，灰色硬陶。侈口，尖唇，卷沿，沿面下凹，折肩，扁鼓腹，平底内凹。颈、肩部饰弦纹，腹部饰席纹。口径11.2、底径16.4、高11.6厘米（图四三六，2；彩版二八三，2）。

　　碗　2件。

　　JXYD5M2：1，原始瓷，灰白色胎。子母口，尖圆唇，弧腹，假圈足，平底内凹。口沿外侧贴附一对环状泥条饰，器内有螺旋纹。施青绿色釉。口径12.6、底径7.4、高5.2厘米（图四三六，3；彩版二八三，3）。

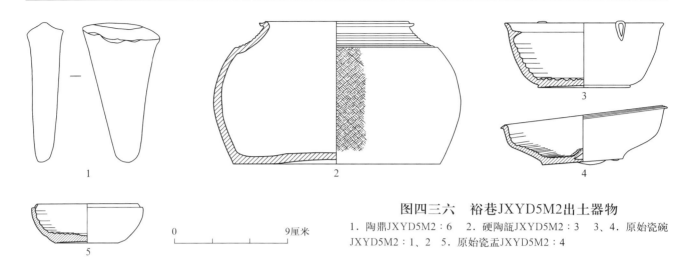

图四三六　裕巷JXYD5M2出土器物
1. 陶鼎JXYD5M2：6　2. 硬陶瓿JXYD5M2：3　3、4. 原始瓷碗
JXYD5M2：1、2　5. 原始瓷盂JXYD5M2：4

JXYD5M2：2，原始瓷，灰色胎。敞口，尖唇，折沿下垂，沿面有两道凹槽，弧腹，平底。器内有螺旋纹，外底有线割痕，器底有烧制时形成的鼓泡，器身略有变形。施黄绿色釉，剥落殆尽。口径12.4、底径6.4、高4.5厘米（图四三六，4；彩版二八三，4）。

盂　1件。

JXYD5M2：4，原始瓷，灰白色胎。敛口，尖圆唇，内折沿，弧腹，平底内凹。施黄绿色釉。口径8.0、底径5.0、高3.2厘米（图四三六，5；彩版二八三，5）。

纺轮　1件。

JXYD5M2：7，泥质灰褐陶。算珠形，中有圆形穿孔。直径3.3、孔径0.45、高2.0厘米。

（二）器物群

1. JXYD5Q1

JXYD5Q1位于土墩东北部，中心坐标5.00×7.00－0.05米。器物放置于第②层层面，被第①层叠压（图四三七）。器物放置层面较为平整，分布在长约1.40、宽约1.08米的范围内，其中2件放置于南侧，北侧器物较多，大致排成一条直线。器物多正置，部分器物暴露于地表，上部已不存。3件原始瓷碗呈品字形分布，泥质陶盆、原始瓷钵分别扣在夹砂陶鼎和另1件陶器上，作器盖使用。

出土器物9件，其中夹砂陶器2件，泥质陶器1件，硬陶器2件，原始瓷器4件；器形有鼎、坛、罐、盆、钵、碗。

鼎　1件。

JXYD5Q1：9，夹砂红陶。侈口，圆唇，卷沿，

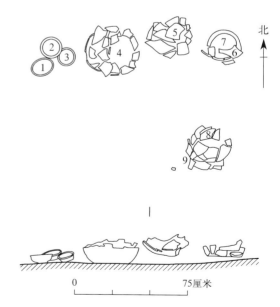

图四三七　裕巷JXYD5Q1平、剖面图
1~3. 原始瓷碗　4. 硬陶罐　5. 硬陶坛　6. 原始瓷钵
7. 陶器　8. 陶盆　9. 陶鼎

直腹，圜底，腹、底间折，扁锥形足。口径23.0、高17.6厘米（图四三八，1；彩版二八四，1）。

坛 1件。

JXYD5Q1：5，灰色硬陶。口及上腹残缺。下腹弧收，平底略内凹。下腹部饰菱形填线纹。底径19.0、残高14.8厘米（图四三八，2）。

罐 1件。

JXYD5Q1：4，灰色硬陶。侈口，尖唇，卷沿，沿面内凹，束颈，弧肩略折，鼓腹，平底。颈部饰弦纹，肩及上腹部饰方格纹，下腹部饰菱形填线纹。内壁可见泥条盘筑的接缝。口径18.8、底径20.6、高22.8厘米（图四三八，3；彩版二八四，2）。

盆 1件。

JXYD5Q1：8，泥质黑皮陶。口部无法复原，折腹，平底。底径11.6、残高5.0厘米（图四三八，4）。

碗 3件。

原始瓷。敞口，尖唇，窄折沿，上腹较直，下腹弧收，假圈足，平底。器内有螺旋纹，外壁留有旋痕，器身略变形。黄绿色釉，凹槽中有积釉。

JXYD5Q1：1，灰黄色胎。沿面有两道凹槽。口径12.3、底径6.4、高4.9厘米（图四三八，5；彩版二八四，3）。

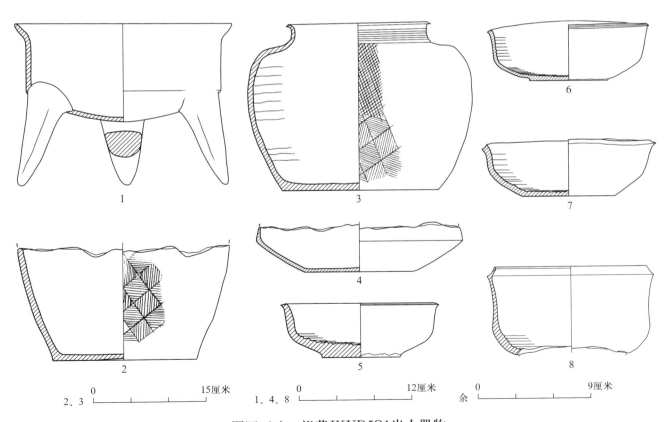

图四三八 裕巷JXYD5Q1出土器物

1. 陶鼎JXYD5Q1：9　2. 硬陶坛JXYD5Q1：5　3. 硬陶罐JXYD5Q1：4　4. 陶盆JXYD5Q1：8　5~7. 原始瓷碗JXYD5Q1：1~3
8. 原始瓷钵JXYD5Q1：6

JXYD5Q1：2，灰白色胎。沿下垂，沿面略凹。口径13.0、底径7.4、高4.6厘米（图四三八，6；彩版二八四，4）。

JXYD5Q1：3，灰黄色胎。沿面有两道凹槽，器底制作较粗糙。口径12.6、底径6.2、高4.4厘米（图四三八，7；彩版二八四，5）。

钵　1件。

JXYD5Q1：6，原始瓷，灰白色胎。敛口，方唇，折肩，上腹略向内弧，下腹弧收，底部残缺。器壁有旋痕。施青绿色釉。口径16.0、残高9.6厘米（图四三八，8）。

夹砂红陶器　1件。

JXYD5Q1：7，残破严重，无法复原。

2．JXYD5Q2

JXYD5Q2位于土墩南部略偏西近墩脚处，中心坐标−1.25×−5.25−0.40米。器物放置于第③层层面，被第②层叠压（图四三九）。器物放置层面北部略高。

出土硬陶罐2件，紧靠在一起，1件正置，另1件向北侧歪斜。

罐　2件。

JXYD5Q2：1，灰褐色硬陶。直口，方唇，弧肩，鼓腹，平底。外壁饰窗格纹。口径12.2、底径12.8、高14.6厘米（图四三九，1；彩版二八四，6）。

JXYD5Q2：2，灰色硬陶。侈口，圆唇，卷沿，沿面下凹，溜肩，鼓腹，平底。肩、腹部饰方格纹。器外有爆浆釉，剥落较甚。口径13.4、底径16.4、高16.0厘米（图四三九，2）。

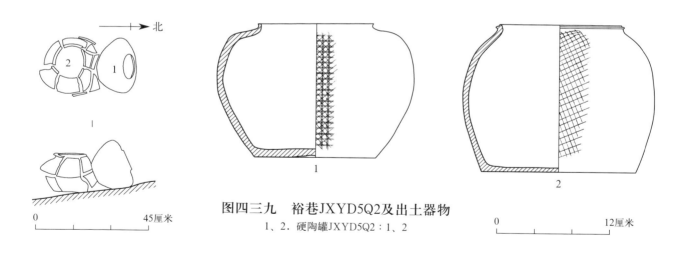

图四三九　裕巷JXYD5Q2及出土器物
1、2．硬陶罐JXYD5Q2：1、2

四　小结

JXYD5破坏严重，顶部均较平坦，残高仅约0.25米，地层堆积仅3层。墩内发现的遗迹较少，其中器物群2处，位于墩边缘位置，分别在第①层、第②层下。墓葬2座，均有浅土坑，开口层位已不详，JXYD5M1位于墩内大致中心位置，JXYD5M2位于墩边缘位置。

①→Q1
　　　　┐
M2 ┘　②→Q2
　　　　┐
M1 ┘　③→生土

　　JXYD5内各遗迹出土器物特征接近，出土的夹砂陶鼎折沿较宽，直腹，足较高、略外撇。硬陶器有坛、罐、瓿，坛均不完整；罐、瓿窄卷沿，肩部略折或下溜，饰方格纹、席纹、菱形填线纹、窗格纹。出土的原始瓷有碗、钵，碗既有窄折沿、弧腹略鼓型，也有折沿、弧腹型。器物具有春秋中期特征。

　　JXYD5的年代大致为春秋中期。

第七章　结语

第一节　遗迹概述

金坛薛埠片区发掘土墩墓22座，茅东林场D6、许家沟D3及裕巷D3、D4几乎完全破坏，地层堆积已不存。茅东林场D1、D3、裕巷D5破坏严重，顶面呈漫坡状，地层堆积厚仅0.10～0.55米，层次简单，堆筑过程已不清楚。

其余15座土墩保存相对较好，呈馒头形，地层堆积较厚、层次较多。每个土墩堆积的过程不同，有各自的特点，但大部分都经过3～4个步骤。

首先，平整地面。地层剖面显示各个土墩生土面较为平整，应经过人工修整，而茅东林场D3、D5、上水D3等土墩则通过在低矮处垫土从而形成较为平整的面。

然后，堆筑土墩基础。在中心部堆筑1～3层土，形成平面呈圆形、顶部较平的土台。土台一般较低矮，高度仅0.30米左右，但也有如许家沟D4这样高达1米以上的土台。上水D2在基础土台的中心位置堆筑了一个较小的土台，然后挖坑葬墓。茅东林场D7先葬墓M5、M6，然后再堆筑土台；石家山林场D1、东进D1是先葬墓后封土，没有堆筑土台。

再后，封土成墩。一般堆筑土台后会在其上葬墓或挖柱洞搭建房屋，然后在其上进行封土，封筑成最初的土墩，土墩通常位于整个大土墩中心位置，我们称之为中心墩。中心墩的形态各异，一部分如许家沟D1、D2这类土墩，其中心墩较高，十分饱满；而另一部分如茅东林场D5这类土墩，其中心墩较矮、平，顶部呈漫坡状。

最后，在中心墩外逐步封土。大多数的土墩都经过多次封土，使土墩逐步增大、增高，过程中多伴随有葬墓、放置器物群等活动。有些封土是在中心墩外整体封筑，有些则偏于一侧。这类封土一般是斜向堆积，贴附在早期封土之外；由于历经两千多年的自然或人为破坏，有些土墩封土的上半部已不存，形成了发掘显示的类似环形的分布格局。

茅东林场D2的堆筑过程较为特殊。平整地面后，先堆筑了一处内低、外高的环形丘垄，然后在内侧较低处堆土，其上葬墓，在墓葬上封土形成中心墩。

土墩墓内发现的遗迹现象有墓葬、器物群、房址（柱洞）、土垄、沟、坑、窑等；其中墓葬55座，器物群139处，房址及柱洞6座（组），土垄4处，沟3条，坑2个，窑2座（表二）。

1. 墓葬

墓葬共55座，其中茅东林场D7M6是新石器时期墓葬，D7M1是一座汉代砖室墓，因此此次发掘清理的周代墓葬为53座。茅东林场D6、许家沟D3、裕巷D3破坏严重，未发现墓葬；石家山林场

D1、东进D1、上水D2、茅东林场D1、裕巷D4等5座土墩墓内仅发现墓葬1座；其余14座土墩墓中各发现2~9座墓葬。

表二　金坛薛埠土墩墓遗迹统计表

土墩编号		底径（米）	高（米）	墓葬	器物群	房址	柱洞	土台	土垄	沟	坑
石家山林场	D1	20.6×20.5	2.1	1	7						
东进	D1	22.8×21.6	1.3	1	6						
上水	D1	22×17	2	2	6						1
	D2	20×19.5	3	1	8	1		1			
	D3	18×16	1.5	3	1		1				
	D4	22×19	1.5	2	8	1			1	1	1
茅东林场	D1	15.5×15	0.55	1	2						
	D2	25.6×24.9	3.6	4	9				1		
	D3	22.5×19.5	0.5	2	3						
	D4	21.5×11	1.6	2	5				1		
	D5	35×33	3.5		25						
	D6		0								
	D7	21×21	1.2	6	3	1					
许家沟	D1	34.8×33.6	7.6	7	7				1		
	D2	32×24.3	6.75	9	19						
	D3	10.5×10.5	0.1		1						
	D4	12.85	2.25	3	2					1	
裕巷	D1	25.5×25	2.5	3	13	1					
	D2	21.5×19.5	2	3	12					1	
	D3		0								
	D4		0.1	1			1				
	D5	19×18	0.2	2	2						
合计				55	139	4	2	1	4	3	2

发现1座墓葬的5座土墩墓中墓葬大致位于墩平面中部位置，方向无规律。发现2座以上墓葬的14座土墩墓中，上水D4、茅东林场D2、D4、D7、许家沟D1、D2、D4、裕巷D1、D2的墓葬呈向心结构分布；其中许家沟D1、D2最为典型，在平整生土面后先堆筑基础土台，并在土台上挖浅坑葬墓，然后封土成中心墩，其后的墓葬、放置器物群、封土都围绕着中心墩进行。另外5座土墩墓葬分布规律不明显。

石家山林场D1M1、东进D1M1、茅东林场D3M1、M2、茅东林场D7M5、M6直接开口于生土面上，早于墩内最早的堆积，是先葬墓然后再进行封土。其余各墩最早的墓葬一般葬在堆筑的基础平台之上，一般位于土墩平面的中心，多为大致东西向；其余墓葬都晚于中心墩。

墓葬的形式有平地掩埋型和竖穴土坑型两种。平地掩埋型3座，是指在一个较平整的层面上安葬死者，放置随葬品，然后封土的埋葬方式。属于这种类型的墓葬有茅东林场D2M4、许家沟D2M4、裕巷D2M2，封土平面呈长方形，截面呈梯形；许家沟D2M4墓底铺垫有植物编织成的席子。

竖穴土坑型共50座。墓坑平面形状不太规整，壁近垂直，壁面不甚平整。土坑有长方形、椭圆形、簸箕形、不规则形4种类型。开挖在早期封土的斜面上，墓坑坑口斜坡状，内侧较高，向外渐低。其中许家沟D1M1～M3、M5～M7、裕巷D1M1、M2墓坑簸箕形，一端敞开，开口朝向墩外。

墓葬底部大多较平，少部分略凹凸或倾斜，许家沟D1M3两侧挖有长条形沟槽。茅东林场D5M2、许家沟D1M6墓底筑有土台；茅东林场D5M2土台偏于一侧，平面呈长方形，器物围绕着土台放置，应为安放墓主人的空间；许家沟D1M6的土台位于墓底后部及一侧，平面呈"L"形。

茅东林场D2M4、许家沟D4M3墓边有石框。茅东林场D2M4周边用石块围成大致长方形的空间，一端留有缺口，随葬器物大多放置于长方形空间的边缘位置。许家沟D4M3破坏严重，仅在一侧发现有不连续的石块，另有2块放置于墓中部。许家沟D1M2墓底放置8块石块，较平坦的一面朝上，其中6块放置于墓底一侧，应是用于支垫葬具的石床，另2块放置于墓外口，似乎起到分隔作用。

墓葬中仅茅东林场D7M5内发现有骨骸，仰身直肢，头部朝向东侧；出土石块的4座墓葬大致可以推测墓主人头向，许家沟D2M5、M7及茅东林场D2M3朝向墩内，茅东林场D2M4朝向墩外。

每座墓葬出土0～52件随葬器物，除上水D3M3、上水D4M2外每座墓葬都有器物出土，墩形较大、较高的茅东林场D2、D5、许家沟D1、D2单座墓葬出土器物最多。随葬器物多集中放置，器物较多时有叠置现象，大部分墓葬的器物都放置于墓坑边缘位置，或排列成一条直线，或排列成"L"形，或集中置于一端，保留有埋葬空间。个别墓葬如茅东林场D7M5器物放置于墓中部，放置在墓主人之上。釜、鼎、坛、罐、瓿一般正置于墓底，多设器盖，可见器内可能放置有食物；除专用器盖外，盆、钵大多扣置在坛、罐、瓿类器物口部，作为器盖使用；碗一部分作为器盖使用，另一部分成组放置于墓底，排列成"品"字形或梅花状。玦、串珠类饰品仅出土于茅东林场D2、许家沟D2等少数墓葬，一般放置于墓葬中部，应为墓主人身体位置。

2．器物群

器物群共139处，每个土墩有0～25处不等。器物群在这里是一个广义的、描述性的概念，是土墩中发现的不能确定为墓葬随葬品的单个或成组放置的器物总称；其中一些应是举行与祭祀有关的活动时放入的器物，少数如上水D2Q2、Q4、Q5、Q6、Q8是取土过程中夹入的较为集中的早期遗物组合，另有一些可能是形制不明的墓葬随葬品。

多数器物群出土器物在10件以下，少数在10～20件，20件以上仅有上水D2Q8，出土器物达27件。器物群大多位于土墩中部偏外侧，围绕墩中心呈散点式分布，少数如茅东林场D5分布十分杂乱，规律不明显。每个器物群器物放置一般较为集中，石家山林场D1Q1～Q3、Q7、东进D1Q1、Q2、Q4～Q6、茅东林场D3Q3、茅东林场D4Q3、茅东林场D5Q6、Q9、Q11、Q15、Q21～Q23、许家沟D1Q1、Q5、Q6、许家沟D2Q2～Q4、Q6、Q7、Q12～Q17、Q19、许家沟D4Q2、裕巷D2Q4、Q5、Q8、裕巷D5Q1、Q2等器物群的器物排列较有规律，大致排列成一、两行或"L"形，其方向一般朝向墩中心，其余器物群器物排列的规律不明显。

器物群大多放置于土墩的各地层层面上，放置的层面一般较平整，少数放置在凹凸不平或倾斜的层面上；上水D1Q1、上水D4Q1、Q3、Q4、Q6、茅东林场D2Q1、Q7、茅东林场D7Q1、许家沟

D1Q4、Q6、裕巷D1Q6、裕巷D2Q8等12处器物群挖有浅坑，器物放置于坑底，坑的平面形状不规则，挖建在早期封土斜面上的坑呈簸箕形，敞口朝向墩外。另有如东进D1Q2、Q3、上水D1Q4～Q6等15处器物群放置于土墩的地层中，是在封土过程中放入的。

器物群与周边地层层面同时被土墩的封土叠压，上水D2Q8、上水D3Q1、茅东林场D5Q20、Q21、Q23、许家沟D2Q17、Q19等7处器物群上有范围较小的独立封土。

发掘显示，茅东林场D2Q2、D2Q5、D5Q9、D5Q10、D5Q13～D5Q15、D5Q18的器物十分残碎，残片较分散，可能是放入时即已打碎。其余器物群的绝大多数器物在最初放置时是完整的，多正置，部分上置器盖，可能盛有食物。

3．房址、柱洞
共6座（组），发现于上水D2、D3、D4、茅东林场D7、裕巷D1、D4。

房址4座，均大致位于土墩中心位置，筑于土墩最早一层堆土形成的土台上，平面平坦。

上水D2F1发现柱洞20个，内有柱子痕迹，柱洞分布较乱，房址平面略呈长方形，西南至东北向。

上水D4F1发现柱洞54个，有基槽、门道，房址平面呈长方形，大致东西向，中心位置有上水D4M2。

茅东林场D7F1发现柱洞13个，分南、北两行大致呈直线排列，房址平面略呈长方形，大致东西向，位置与茅东林场D7M4大致重合。

裕巷D1F1发现柱洞23个，分两行排列，房址平面近正方形，西北至东南向。

上水D3、裕巷D4各发现1组柱洞，平面布局较乱。上水D3柱洞13个，位于土墩中部，筑于顶面较平的第5层之上，开口于第5层面上的上水D3M1位置方向接近，其中一个柱洞打破该墓。裕巷D4破坏较严重，柱洞的地层关系不详。

4．土台
除各土墩底部最初堆筑的中心基础土台外，上水D2在此台面上堆积一个较小的土台，土台位于土墩的中部，该土墩唯一的墓葬开口于台面上，堆筑此土台可能葬墓的需要。土台平面略呈椭圆形，断面呈梯形，上小下大，顶面平整。

5．土垄
土垄遗迹4处，分为两种类型。

第一类有上水D4、茅东林场D4发现的2处。上水D4土垄平面略呈弧状包围墩心，南部敞开，北部有缺口将土垄分为两段，土垄截面呈圆弧形，底宽1.10～1.60、高约0.60米。土垄在建墩之前已堆成，位于早期土墩的外围，可能是该土墩墓早期的界域标志，随着土墩的逐步扩大，土垄被包入土墩。土垄用红色土堆积而成，土质坚硬、细腻，纯净不含杂质，这种土不见于土墩其他堆积以及土墩附近的自然地层，当是专门选自于离土墩较远的某处地点。

茅东林场D4发现的土垄分为2段，分别位于土墩西部、东北部。两条土垄平面皆为长条形，截面呈半圆形；底宽0.40～0.80、高0.45～0.55米。土垄晚于早期土墩，在其外围，可能属于界域标志。

第二类发现于茅东林场D2、许家沟D1，土垄位于土墩内最早墓葬的前端，方向与墓葬接近，平面呈长条形，截面呈梯形。此类土垄与墓葬有关。

6．沟

3处，分别为上水D4G1、许家沟D4G1、裕巷D2G1。

上水D4G1开口于生土面，围成的范围平面呈圆角长方形，宽0.20～0.30、深约0.22米。许家沟D4G1开口于土墩基础土台的顶面，平面呈"L"形，宽0.25～0.33、深约0.15米。裕巷D2G1开口于土墩基础土台的顶面，平面呈"U"形，敞口朝向东略偏南，宽0.25～0.40、深约0.20米。

沟均直壁，平底。位于土墩中心，大致东西向，可能起到标志作用。

7．坑

2个。上水D1H1开口于生土面上，平面近梯形，斜壁，平底。上水D4H1开口于土墩中心土台的顶面，平面长条形，长边呈弧形，壁近直，平底。

坑内未发现任何遗物，其作用不明。

8．窑

2座。为上水D3Y1、茅东林场D5Y1。均为汉代以后的遗迹，从填土中包含物分析，应用于烧制青砖。

第二节　出土器物型式分析

金坛薛埠片区土墩墓发掘出土器物1410件，主要出土于器物群、墓葬中，少量为地层中出土或扰土中采集。由于这些器物有明确的组合和叠压关系，对于这一时期器物的组合规律和器物演变规律有重要意义，因此下面对本片区及句容浮山果园片区出土的一些主要类型器物作简要的型式分析。

金坛片区出土器物以陶瓷类为主，另有少量石器、铜器；其中夹砂陶器227件、泥质陶器365件、硬陶器461件、原始瓷器345件、石器10件、铜器2件（表三）。

茅东林场D7M6是新石器时期的墓葬，出土的夹砂陶缸、泥质陶壶不见于其他墓葬和器物群。上水D2Q2、D2Q4、D2Q5、D2Q6、D2Q8出土较多商代泥质陶和硬陶残片，这些残片也见于上水土墩墓群的其他土墩墓地层中，器形有簋、盆、钵、豆、器盖，这类器物与土墩墓内其他墓葬和器物群出土器物明显不同，而与距离不远的一处属于商代的遗址——新浮遗址出土器物相同，推测上水土墩墓群所在位置周边有一处商代遗存，这类器物应为取土源中夹带而来。以上两类器物不纳入型式分析。

1．夹砂陶器

夹砂陶器227件。红褐色胎，烧结程度较差，较为破碎，相当一部分器物无法复原。器形主要有鬲、鼎、釜、缸、器盖，以鼎的数量最为多见，釜次之，其余均较少。除1件夹砂陶缸外，均为素面。

表三　金坛薛埠土墩墓出土遗物统计表

土墩编号		夹砂陶器	泥质陶器	硬陶器	原始瓷器	其他	合计
石家山林场	D1	8	7	11	10		36
东进	D1	9	7	20	6		42
上水	D1	2	4	13	6		25
	D2	4	20	34	4		62
	D3	3	2	5	2		12
	D4	2	2	13	2		19
茅东林场	D1	1	6	10			17
	D2	28	70	47	54	3	202
	D3	4	4	6	6	1	21
	D4	4	6	12	8		30
	D5	24	34	40	30		128
	D6						
	D7	7	16	12	8	2	45
许家沟	D1	26	56	82	75		239
	D2	53	60	75	80	6	274
	D3	2	2	3			7
	D4	8	7	15	8		38
裕巷	D1	18	40	24	25		107
	D2	18	14	28	10		70
	D3						
	D4	2	2				4
	D5	4	6	11	11		32
合计		227	365	461	345	12	1410

鬲　1件。

标本茅JXMD7M5：1，出土时鬲倒扣于墓主人身上。夹砂红褐陶。侈口，圆唇，卷沿，矮弧裆，袋足。口径18.7、高11.8厘米。

鼎　162件。

大多数墓葬及器物组合完整的器物群都有出土，一般正置，其上扣有器盖或碗。鼎身、鼎足分制拼接；鼎身手制，部分经轮修，鼎足手制，少数足根部设角状耳。质地较疏松，破损严重。共复原75件，以腹部、口部形状分为四型。

A型　25件。弧腹。

A型Ⅰ式　8件。卷沿。此型鼎身手制，制作规范程度较差，未见轮修痕迹，沿较窄。

标本上JXSD1M2：8，夹砂红陶。侈口，圆唇，卷沿，弧腹，圜底，扁锥状足。口径11.6、高8.0厘米。

标本上JXSD3M2：5，夹砂红陶。侈口，圆唇，卷沿，弧腹，圜底，扁锥形足。口径16.8、高

15.1厘米。

A型Ⅱ式　10件。折沿。

标本许JXXD2Q4：7，夹砂红陶。侈口，圆唇，折沿，弧腹，圜底，扁锥形足。器形较矮。口径18.0、高10.3厘米。

标本茅JXMD3M1：1，夹砂红褐陶。侈口，圆唇，折沿，沿面略凹，束颈，弧腹，圜底，舌状足外斜。口径18.0、高13.0厘米。

A型Ⅲ式　7件。折（卷）沿近平。

标本茅JXMD5M2：19，夹砂红陶。敞口，方唇，平折沿，浅弧腹，圜底，舌形足。口径26.0、底径16.0、高9.4厘米。

标本裕JXYD1M2：10，夹砂红陶。直口，圆唇，折沿近平，沿面略内凹，直腹，圜底近平，足扁平，下半部缺失。口径17.5、高8.0厘米。

B型　47件。直腹，腹、底间折。

B型Ⅰ式　15件。折沿。

标本茅JXMD2M2：9，夹砂红陶。侈口，圆唇，折沿，直腹，圜底，腹、底间折，扁锥形足。腹、底部有烟炱痕。口径21.0、高17.5厘米。

标本裕JXYD1Q11：2，夹砂红陶。侈口，圆唇，折沿，腹较直，圜底，腹、底间折，扁锥形足，其中一足歪斜。底部有烟熏痕。口径16.4、高13.8厘米。

B型Ⅱ式　32件。宽折沿。

标本许JXXD2Q7：15，夹砂红陶。侈口，尖圆唇，宽折沿，直腹，圜底，腹、底间折，扁锥形足。口径20.6、高14.0厘米。

标本裕JXYD4M1：1，夹砂红陶。侈口，圆唇，折沿，直腹，圜底近平，腹、底间折，扁锥形足。口径24.4、高17.0厘米。

C型　3件。敛口。

标本裕JXYD2Q8：4，夹砂红褐陶。敛口，方圆唇，弧腹，圜底，足残缺。口径16.4、残高12.4厘米。

釜　55件。

茅东林场、许家沟、裕巷土墩墓群的部分墓葬、器物群出土，一般正置或略歪于墓底或层面。大多数釜的器形较大，破碎严重，可复原者很少，其口沿宽折，腹较直，寰底，内壁设3个箅隔。

标本茅JXMD2Q9：7，夹砂红陶。侈口，圆唇，折沿，直腹，圜底。内壁有三条箅隔。口径36.6、高28.0厘米。

标本茅JXMD7M2：2，夹砂红陶。侈口，圆唇，折沿，弧腹，圜底。腹内壁有3个略呈三角形的箅隔。口径33.0、高20.0厘米。

器盖　5件。

仅见于许家沟D2M4、M7、M9及茅东林场D2M2。扣于硬陶坛之上。胎较薄，破碎严重。均为半球形，以纽的形状分为两式。

Ⅰ式　4件。环形纽。

标本茅JXMD2M2：1，夹砂红陶。半球形，环形纽，弧顶，弧腹，敞口，圆唇。顶、腹部器壁薄，腹部未能复原。口径25.6厘米。

　　Ⅱ式　1件。柱形纽。

　　标本许JXXD2M4：18，夹砂红陶。残碎严重，无法复原。柱形纽，盖身呈半球形。口径24.0厘米。

2．泥质陶器

365件。大多为灰色胎，少量为砖红色胎，部分表面有黑皮。烧结程度较差，胎质疏松，十分破碎，能完全复原的数量较少。器形有坛、罐、瓶、瓮、盆、钵、盘、豆、碗、盂、杯、器盖、大口器、纺轮。其中罐最多，盆、钵、器盖次之，其余较少。

　　坛　6件。

　　造型、纹饰与硬陶坛一致，为同一类器物，只是烧制火候较低，胎呈砖红色，并入硬陶进行分析。

　　罐　107件。

　　几乎每座墓葬都有发现，一般正置。泥条盘筑，部分经轮修。一类素面，型式多样，器形变化规律不明显。另一类表面印有各类几何纹饰，一般器形稍大，破碎严重，能复原者较少。

　　素面罐　复原23件。

　　除标本裕JXYD1Q7：1、裕JXYD2M3：1为泥质红陶外，其余均为泥质灰陶，部分表面有黑皮。以腹部形状分为三型。

　　A型　12件。鼓腹。

　　Aa型　9件。肩部设一对耳。

　　标本许JXXD2Q15：14，泥质灰陶。直口微侈，尖圆唇，窄卷沿，沿面有一道凹槽，斜颈，平弧肩，扁鼓腹，平底内凹。肩部设一对竖耳，耳宽扁。肩部饰凹弦纹数道，器内有螺旋凹槽和指抹痕。口径7.5、底径6.2、高8.1厘米。

　　标本许JXXD1Q5：7，泥质黑皮陶，灰黄色胎，器表磨光。直口略侈，方唇，唇面有一道凹槽，弧肩，鼓腹，平底。上腹部对称设一对横贯耳，耳宽扁。肩部及耳面饰弦纹。口径11.8、底径11.4、高16.3厘米。

　　Ab型　3件。无耳。

　　Ab型Ⅰ式　1件。敛口，斜颈。

　　标本茅JXMD1M1：6，泥质黑皮陶，灰白色胎。直口，尖圆唇，折肩，鼓腹，平底略内凹。口径10.8、底径10.0、高12.0厘米。

　　Ab型Ⅱ式　2件。侈口，束颈。

　　标本裕JXYD1Q7：1，泥质红陶。侈口，圆唇，卷沿，束颈，鼓腹，腹中部未能复原，平底。口径20.0、底径18.0厘米。

　　B型　8件。钵式罐，折腹。

　　标本许JXXD2Q4：1，泥质灰陶。敛口，方唇，斜直颈，折肩，弧腹，平底略有凹凸。上腹部饰有弦纹。口径7.9、最大腹径10.4、底径4.0、高4.2厘米。

　　标本裕JXYD1Q1：1，泥质黑皮陶。敛口，方圆唇，斜直颈，折肩，弧腹，平底。肩部饰弦纹。

口径11.0、底径10.0、高10.0厘米。

C型　2件。垂腹。

标本茅JXMD5Q20：8，上有盖，盖为灰色胎，罐为灰黄色胎。盖环形纽，以两条泥条捏制而成，平顶，子口，尖唇。口径10.2、顶径13.2、高3.2厘米。罐直口微侈，尖圆唇，溜肩，垂腹，平底，底部有三乳突状矮足。肩部设一对竖耳，耳宽扁。口径12.4、底径16.4、高14.4厘米。

纹饰罐　复原20件。

基本都为泥质红陶，陶胎砖红色，少部分呈黄褐色。以腹部形状分为三型。

A型　18件。鼓腹。

A型Ⅰ式　9件。长束颈，全部为泥质红陶，火候较低，表面饰席纹或菱形填线纹，个别饰方格纹。

标本茅JXMD2M3：3，泥质红陶，砖红色胎。侈口，尖圆唇，卷沿，沿面有一道凹槽，束颈，弧肩，鼓腹，平底。颈部饰弦纹，肩、腹部饰席纹，器表磨蚀严重。口径20、底径16.4、高27.2厘米。

标本许JXXD2M6：3，泥质红陶。侈口，圆唇，卷沿，沿面有一道凹弦纹，束颈，弧肩，鼓腹，平底。颈部饰弦纹，肩及腹部饰席纹。口径17.6、底径16.4、高24.2厘米。

A型Ⅱ式　9件。束颈。

标本裕JXYD2Q8：5，泥质黑皮陶，黄褐色胎。侈口，卷沿，圆唇，平弧肩，鼓腹，平底。颈部饰弦纹，肩及上腹部饰方格纹，下腹部饰菱形填线纹。口径18.0、底径21.0、高25.0厘米。

标本茅JXMD4M2：1，泥质红陶。侈口，尖圆唇，卷沿，弧肩略折，鼓腹，平底。肩部以下饰折线纹和回纹的组合纹饰，纹饰印痕较杂乱。口径10.0、底径10.6、高13.5厘米。

B型　2件。弧腹。

标本许JXXD2Q12：8，泥质红陶。敞口，圆唇，卷沿，沿面有一道凹槽，束颈，溜肩，鼓腹，平底略内凹。肩部饰弦纹，腹部饰菱形填线纹，磨蚀严重，漫漶不清。口径21.4、底径15.6、高14.6厘米。

标本茅JXMD5Q8：2，泥质灰褐陶。侈口，圆唇，卷沿，束颈，腹部未能复原，平底。颈部饰弦纹，腹部饰席纹，席纹拍印较乱。口径32.8、底径24.4厘米。

瓿　16件。

器形与罐接近，但较矮，器宽明显大于器高。

素面瓿　8件。

多为泥质灰陶，少量胎泛黄色。以口沿形状分为三式。

Ⅰ式　3件。敛口。

标本裕JXYD2Q10：5，泥质灰陶。敛口，圆唇，扁鼓腹，平底。口径11.0、底径10.0、高9.0厘米。

Ⅱ式　3件。直口。

标本许JXXD1Q1：2，泥质陶，黄色胎，外施灰褐陶衣，脱落较甚。直口，方唇，扁鼓腹，平底。口径14.5、底径16.2、高13.3厘米。

Ⅲ式　2件。卷沿。

标本茅JXMD1Q2：1，泥质灰陶。直口微敛，圆唇，窄卷沿，弧肩，扁鼓腹，平底。肩部划凹弦纹一周。口径17.2、底径19.2、高18.6厘米。

纹饰瓿　8件。

以腹部形状分为两型。

A型　3件。敛口。均为泥质黑皮陶，表面戳点纹或划水波纹、弦纹。

标本茅JXMD1M1：4，泥质黑皮陶。敛口，方唇，唇缘外突，扁鼓腹，平底。腹部贴附一对竖耳，耳用双股泥条捏制而成，下有长尾。上腹饰横叶脉状戳点纹一周。口径9.2、底径14.2、高12.0～12.5厘米。

标本上JXSD2M1：11，泥质黑皮陶，灰褐色胎，黑皮剥落较甚。敛口，圆唇，扁鼓腹，平底。肩部饰弦纹和水波纹，部分磨蚀。口径12.6、底径14.0、高12.4厘米。

标本裕JXYD2Q11：5，泥质黑皮陶，黑皮剥落殆尽。敛口，方唇，平弧肩，扁鼓腹，平底。肩、腹饰水波纹和弦纹相间的纹饰。口径13.2、底径12.8、高12.0厘米。

B型　6件。侈口或直口。均为泥质红陶，表面拍印饰菱形填线纹、席纹、方格纹。

标本东JXDD1Q4：4，泥质红陶。侈口，圆唇，卷沿，沿面有一道凹槽，溜肩，束颈，扁鼓腹，平底。肩部对称堆贴泥条装饰性耳。颈部饰弦纹，肩部饰菱形填线纹，腹部饰方格纹，近底部抹平。口径11.0、底径14.6、高13.0厘米。

盆　72件。

大多数扣于硬陶坛、罐上，作为器盖使用，少量正置。轮制，绝大多数为泥质灰陶，部分表面有黑皮。复原56件，以腹部形状分为三型。

A型　5件。弧腹，束颈。

标本许JXXD2Q9：2，泥质灰陶，夹少量的细砂。侈口，尖圆唇，卷沿，沿面有一道凹槽，束颈，折肩，斜直腹，平底。腹部饰方格纹，磨蚀殆尽。口径31.0、底径18.8、高16.4厘米。

标本许JXXD1M1：24，泥质黑皮陶，灰色胎。侈口，圆唇，卷沿，束颈，弧腹，平底。器内底凹凸不平。口径24.2、底径16.6、高7.8厘米。

B型　43件。折腹，上腹近直或略向内弧。

标本茅JXMD2M2：5，泥质黑皮陶，灰色胎。侈口，圆唇，卷沿，沿面有一道凹槽，折腹，上腹较直，下腹斜弧收，平底。上腹部饰弦纹。口径25.4、底径12.0、高10.0厘米。

标本茅JXMD5Q20：4，泥质黑皮陶，灰黄色胎，黑皮剥落较甚。侈口，尖圆唇，折沿，折腹，上腹内弧，下腹弧收，平底，底面不平整。器表磨光，沿面饰弦纹。口径28.2、底径17.4、高9.6厘米。

标本许JXXD1M4：12，泥质红陶。直口，方唇，沿面有一道凹槽，折腹，上腹内弧，下腹斜收，平底内凹。口径30.0、底径15.2、高约9.0厘米。

C型　8件。器形略小，敞口，折沿。

标本茅JXMD2M3：44，泥质黑皮陶，灰色胎，黑皮部分脱落。侈口，圆唇，折沿，沿面下凹，束颈，折腹，下腹弧收，平底略内凹。口径12.5、底径6.0、高4.1厘米。

钵　61件。

大多数扣于硬陶坛、罐上，作为器盖使用，少量正置。轮制，绝大多数为泥质灰陶，部分表面有黑皮。复原48件，以腹部形状分为三型。

A型 46件。弧腹。

标本茅JXMD7M4：6，泥质黑皮陶。敛口，尖圆唇，弧腹，平底。口外有一道凹弦纹。口径20.0、底径14.4、高8.6厘米。

标本许JXXD1M1：31，泥质灰陶。敛口，尖圆唇，弧腹，平底。器身略变形。口径20.4、底径10.8、高4.6厘米。

B型 1件。鼓腹。

标本许JXXD2M8：14，泥质灰陶。敛口，尖唇，弧腹，平底略内凹。口径19.6、底径16.8、高8.8厘米。

C型 1件。折肩。

标本许JXXD2Q6：11，泥质红陶。敛口，方唇，折肩，弧腹，平底。口径24.0、底径18.4、高10.0厘米。

盘 17件。

轮制，绝大多数为泥质灰陶，部分表面有黑皮。复原15件，以底足形状分为三型。

A型 2件。圈足。

A型Ⅰ式 1件。弧腹。

标本茅JXMD7M5：5，泥质黑皮陶。敞口，方唇，弧腹，圜底，圈足外撇。口下划4道弦纹。口径17.4、底径12.8、高6.6厘米。

A型Ⅱ式 1件。直腹。

标本上JXSD4Q7：1，泥质黑皮陶。敞口，尖圆唇，卷沿，直腹，圈足，圜底近平。腹部有轮旋痕迹。口径16.4、底径13.6、高5.4厘米。

B型 2件。三足盘。

标本许JXXD2Q15：6，泥质红陶。敞口，方唇，沿面有一道凹槽，斜直腹，平底内凹，底部有三扁平足。口径21.8、底径20.0、高6.1厘米。

C型 11件。平底，其造型、用法与盆相近，腹较浅。

C型Ⅰ式 10件。折腹。

标本茅JXMD2M3：34，泥质灰陶。敞口，圆唇，卷沿，沿面有一道凹槽，折腹，上腹内弧，下腹弧收，平底略内凹。器表磨光。口径24.6、底径10.8、高5.2厘米。

标本裕JXYD1Q6：12，泥质黑皮陶。直口，方圆唇，唇面有一道凹槽，折沿，折腹，上腹略内弧，下腹弧收，平底略内凹。口径20.6、底径14.0、高3.0厘米。

C型Ⅱ式 1件。弧腹。

标本石JXSJD1M1：2，泥质灰陶。敛口，尖唇，浅弧腹，平底。器内有螺旋纹。口径15.6、底径8.8、高3.6厘米。

豆 1件。

标本茅JXMD7M5：3，泥质黑皮陶，褐色胎。敛口，尖圆唇，折腹，圜底，圈足外撇。上腹部划弦纹。口径11.8、底径8.0、高6.9厘米。

盂 1件。

标本裕JXYD1M1：9，泥质灰陶。侈口，圆唇，折沿，沿面内凹，折腹，平底略内凹。口径9.2、底径5.8、高4.5厘米。

碗 1件。

标本裕JXYD1M1：7，泥质黑皮陶。敞口，尖圆唇，沿面内凹，弧腹，平底。口径11.5、底径8.0、高4.2厘米。

大口器 1件。

轮制。呈倒"几"字形，平底。这类器物在句容浮山果园、鹅毛岗土墩墓曾有出土，大多作为器盖使用。

标本茅JXMD5Q20：6，泥质褐陶。侈口，尖唇，卷沿，颈微束，肩下折收，腹内弧，平底。肩部饰弦纹，腹部饰席纹，纹饰磨蚀严重。口径45.2、底径16.2、高21.6厘米。

器盖 37件。

均为泥质灰陶，部分表面有黑皮。复原25件，以整体造型分为两型，以A型为主，B型很少。

A型 23件。覆豆形。

A型Ⅰ式 18件。弧顶。

标本许JXXD2Q14：2，泥质黑皮陶。喇叭形捉手，捉手卷沿，弧顶，顶、壁间折，壁内凹，敞口，尖唇。捉手径6.4、口径16.0、高6.2厘米。

标本茅JXMD5Q25：1，泥质黑皮陶。喇叭状捉手，捉手敞口，弧顶，顶、壁间折，壁向内弧，敞口，圆唇，卷沿，沿面有一道凹槽。器表磨光。捉手径8.6、口径17.4、高8.0厘米。

A型Ⅱ式 5件。顶部近平。

标本裕JXYD1Q12：1，泥质灰褐陶。整体呈覆豆，喇叭形捉手，顶较平，顶、壁间折，壁直，敞口，尖唇，卷沿。陶质软，磨蚀较甚。口径17.6、高5.6厘米。

B型 2件。平顶。

标本许JXXD1M2：9，泥质黑皮陶，灰黄色胎。环形纽，仅存根部，平顶，弧腹，敞口，方唇。顶径15.2、口径17.5、通高2.8厘米。

标本许JXXD1M6：3，泥质黑皮陶，磨光，灰黄色胎。纽残，顶部略凹，弧腹，敞口，方唇。口径19.4、残高2.3厘米。

C型 1件。弧顶。

标本茅JXMD2M1：20，泥质黑皮陶，褐色胎。桥形纽，弧顶，弧壁，敛口，圆唇。口径20.0厘米。

纺轮 20件。

一般放置于随葬器物边缘靠近埋葬空间位置，少量独立于其他器物，单独放置于埋葬空间，另有许JXXD1Q1：10、D1M2：10、D2Q2：8置于其余随葬器物内。轮制。

标本上JXSD1M2：12，泥质黑皮陶，褐色胎。算珠形，中有圆形穿孔。器表饰弦纹。直径4.4、孔径0.4、高2.2厘米。

标本许JXXD2M5：11，泥质陶，红褐色胎，器表局部呈黑色。算珠状，中间有一圆形穿孔。直径4.4、孔径0.4、高2.55厘米。

标本裕JXYD2M3：6，泥质灰陶。算珠形，圆形穿孔。直径4.2、孔径0.5～0.7、高2.6厘米。

3．硬陶器

461件。为各类器物中数量最多。多为紫褐色胎，烧结程度高，胎质致密，部分器物上半部有爆浆釉，有些器物胎体有鼓泡。器形有坛、罐、瓿、钵、豆、碗、盂、纺轮。

坛、罐、瓿在大多数墓葬和器物群中都有发现，一般正置，部分上有器盖，应盛有食物。泥条盘筑制成，口、底另制拼接，拼接部保留有指抹、修刮痕迹。口、颈部轮修，颈部几乎都饰有弦纹；肩、腹部表面都印有纹饰，纹饰类型以折线纹、回纹、菱形填线纹、席纹、方格纹为主，水波纹、叶脉纹、窗格纹、变体鸟形纹数量较少，外壁近底部因修刮将纹饰抹平。

坛　179件。

器形较罐、瓿稍大、稍高。复原150件，以腹部形状分为三型。

A型　3件。深弧（鼓）腹，最大腹径位于中上部，颈短直。纹饰仅有折线纹与回纹组合、弦纹夹套菱形纹与方格纹组合。

标本东JXDD1M1：2，灰色硬陶。侈口，尖圆唇，卷沿，束颈，弧肩微耸，深弧腹，平底。颈部饰弦纹，肩、腹部饰折线纹和回纹的组合纹饰，近底部纹饰被抹平。平底内凹，下腹部变形严重。口径14.8、底径18.8、高37.8厘米。

标本上JXSD2M1：10，灰黑色硬陶。侈口，方唇，卷沿，束颈，耸肩，深弧腹，平底。颈部饰弦纹，肩、腹部饰折线和回纹的组合纹，纹饰印痕深，近底部抹平。器内口、肩拼接部留有密集的指窝痕。口径16.8、底径18.4、高42.0厘米。

B型　40件。深弧（鼓）腹，最大腹径位于近中部，颈较长、内束。

B型Ⅰ式　30件。弧肩或溜肩。

标本上JXSD1M2：5，灰褐色硬陶。侈口，方唇，唇面内凹，卷沿，沿面内凹，束颈，溜肩，深弧腹，平底。颈部饰弦纹，肩部饰席纹，腹部饰方格纹，纹饰近底部有指抹痕迹。口径20.8、底径18.2、高43.8厘米。

B型Ⅱ式　10件。弧肩略折。

标本许JXXD1M3：7，灰褐色硬陶。侈口，尖圆唇，卷沿，沿面下凹，束颈，弧肩略折，深弧腹，平底略内凹。颈部饰弦纹，肩及上腹部饰席纹，下腹部饰菱形填线纹。纹器内见篦刮痕，器内颈部位置有口、身交接痕迹。口径23.2、底径22.8、高48.0厘米。

C型　107件。深弧（鼓）腹，最大腹径偏上部，颈较长、内束。

C型Ⅰ式　41件。弧肩。

标本许JXXD2M8：11，灰褐色硬陶。侈口，尖圆唇，卷沿，沿面有一道凹槽，束颈，弧肩，深弧腹，平底内凹。颈部饰弦纹。肩部饰席纹，腹部饰方格纹。器内可见抹刮痕、指窝。口径18.1、底径19.8、高38.4厘米。

C型Ⅱ式　37件。肩部弧折略窄。

标本许JXXD1M2：11，灰色硬陶。侈口，尖圆唇，卷沿，沿面下凹，束颈，弧肩略折，深弧腹，平底稍内凹。颈部饰弦纹，肩及上腹部饰方格纹，下腹部饰菱形填线纹。器内有篦刮痕，肩、颈交接处有口、身粘接时指窝按捺痕。口径20.6、底径20.8、高41.2厘米。

C型Ⅲ式　28件。肩部弧折略宽。

标本茅JXMD2Q9：5，灰色硬陶。侈口，尖唇，卷沿，沿面有凹槽，束颈，折肩，深弧腹，平底内凹。颈部饰弦纹，肩及上腹饰席纹，下腹部饰菱形填线纹。内壁可见泥条间的接缝以及指窝，腹与底粘接处可见刮抹痕。口径18.2、底径20.6、高44.0厘米。

C型Ⅳ式　1件。折肩，双耳。

标本茅JXMD5Q24：1，硬陶，器表上半部砖红色，下半部灰黑色。直口，圆唇，沿微卷，沿面有一道凹槽，折肩起棱，深弧腹，平底略内凹。上腹部对称贴附两组共4条辫形堆饰。肩部饰弦纹，上腹饰水波纹，下腹部饰席纹。内壁可见明显的指窝和泥条盘筑的接缝。口径16.0、底径22.4、高38.0厘米。

罐　77件。

器形较坛稍矮。复原71件，以腹部形状分为两型。

A型　68件。鼓腹，侈口。

A型Ⅰ式　2件。颈短直，弧肩略耸。

标本上JXSD4Q6：7，灰色硬陶。侈口，尖唇，卷沿，沿面内凹，束颈，耸肩，鼓腹，腹、底接合部内束成假圈足状，平底略内凹。上腹贴附一对泥条捏制成的竖耳。颈部饰弦纹，肩、腹部饰折线纹和回纹的组合纹饰，纹饰印痕较浅。口径14.0、底径19.0、高22.4厘米。

A型Ⅱ式　38件。束颈，弧肩。

标本许JXXD1Q6：4，灰褐色硬陶。侈口，尖唇，卷沿，沿面内凹，束颈，弧肩，弧腹，平底。肩部堆贴一对泥条耳形堆饰。颈部饰弦纹，肩部及上腹部饰菱形填线纹，下腹部饰方格纹。口径17.8、底径16.8、高26.0厘米。

标本许JXXD4M3：1，灰褐色硬陶。侈口，尖圆唇，卷沿，沿面有凹槽一周，弧腹，平底。肩部设一对竖耳。颈部饰弦纹，肩及上腹部饰菱形填线纹，下腹部饰方格纹，口径17.0、底径19.0、高23.6厘米。

A型Ⅲ式　28件。束颈，肩弧折。

标本裕JXYD2Q5：5，灰色硬陶。侈口，尖唇，卷沿，沿面有一道凹槽，弧肩略折，鼓腹，平底。颈部饰弦纹，肩及上腹部饰席纹，下腹部饰菱形填线纹。口径13.2、底径15.0、高22.0厘米。

标本许JXXD1M6：24，灰色硬陶。侈口，圆唇，卷沿，沿面有一道凹槽，束颈，弧肩，鼓腹，平底。肩部饰弦纹和抹而未尽的方格纹，腹部饰方格纹。器内有篦刮痕。口径17.3、底径18.4、高20.4厘米。

B型　3件。垂腹。

标本茅JXMD2M2：13，灰褐色硬陶。侈口，圆唇，卷沿，沿面有一道凹槽，溜肩，垂腹，平底。肩部贴附一对倒"U"形耳，耳以泥条捏制与器身连接。肩、腹部饰叶脉纹。内壁留有抹刮痕。口径11.8、底径16.4、高14.3厘米。

瓿　125件。

器形较罐矮，器宽大于器高。以口部形状分为两型。

A型　117件。侈口或直口。

Aa型　6件。短束颈。饰折线纹及折线纹与回纹组合纹饰，少量饰弦纹夹套菱形纹，纹饰较粗深。

Aa型Ⅰ式　3件。腹扁矮。

标本上JXSD4Q8：1，灰褐色硬陶。侈口，尖唇，卷沿，沿面内凹，沿下垂，束颈，耸肩，扁鼓腹，平底。上腹贴附一对由两股泥条捏制成的竖耳。肩、腹部饰折线纹。口径10.9、底径11.4、高7.2厘米。

标本茅JXMD7M5：2，灰褐色硬陶。侈口，圆唇，卷沿，束颈，弧肩，扁鼓腹，平底。颈部饰弦纹，肩及上腹部饰折线纹，下腹部饰回纹，印纹较深和杂乱。口径11.4、底径14.0、高12.0厘米。

Aa型Ⅱ式　3件。腹略高。均有双耳。

标本上JXSD2Q3：1，灰色硬陶。直口，尖圆唇，卷沿，沿面有一道凹槽，弧肩，鼓腹，平底内凹。肩、腹部堆贴一对竖耳，残缺，腹、底交接处捺、抹成类似假圈足形状。颈部饰弦纹，肩及上腹部饰折线纹，下腹部饰回纹。口径10.8、底径11.4、高12.0厘米。

Ab型　64件。颈内束，下腹弧收较剧。多数有双耳或双盲耳。

Ab型Ⅰ式　18件。平弧肩，肩腹部略折。纹饰以菱形填线纹与方格纹组合为绝大多数，席纹与方格纹组合较少，另有菱形填线纹、方格纹、席纹单一纹饰少量。

标本东JXDD1Q4：2，灰褐色硬陶。侈口，尖唇，卷沿，沿面有一道凹槽，束颈，平弧肩。扁鼓腹，平底。颈部饰弦纹，肩部饰菱形填线纹，腹部饰方格纹，近底部抹平。口径15.0、底径15.5、高15.0厘米。

标本上JXSD3Q1：1，灰褐色硬陶。侈口，尖唇，卷沿，束颈，平弧肩，扁鼓腹下收，平底内凹。肩下设对称的竖耳。颈部饰弦纹，肩部饰席纹，腹部饰方格纹，纹饰印痕较浅。口径14.8、底径12.0、高13.2厘米。

Ab型Ⅱ式　15件。溜肩。纹饰以菱形填线纹与方格纹组合为绝大多数，席纹与方格纹组合较少，另有菱形填线纹、方格纹、席纹、水波纹、叶脉纹少量，纹饰较浅。

标本许JXXD2M9：7，灰褐色硬陶。侈口，尖唇，卷沿，沿面有一凹槽，束颈，溜肩，扁鼓腹，平底内凹。颈部饰弦纹，肩部饰菱形填线纹，腹部饰方格纹。肩部设一对竖耳。口径11.8、底径12.0、高14.4厘米。

标本东JXDD1Q5：2，褐色硬陶。侈口，尖圆唇，卷沿，沿面有一道凹槽，束颈，溜肩，扁鼓腹，平底。肩部设一对竖耳，已残。颈部饰弦纹，肩部饰菱形填线纹，腹部饰方格纹，近底部纹饰被抹平。口径11.8、底径13.5、高15.2厘米。

Ab型Ⅲ式　31件。弧肩略折。纹饰既有菱形填线纹与方格纹组合，也出现席纹、方格纹与菱形填线纹组合。

标本许JXXD2Q2：6，灰色硬陶。侈口，尖唇，卷沿，沿面有一道凹槽，束颈，弧肩，肩腹交接处略折，扁鼓腹，平底略内凹。肩、腹部饰菱形填线纹。器内可见篦刮、指抹、指窝按捺的痕迹。口径16.2、最大腹径25.6、底径17.8、高17.8厘米。

Ac型　47件。束颈，颈下部呈斜坡状。无耳。以小席纹、方格纹为主，另有少量饰方格纹与菱形填线纹、席纹与菱形填线纹。

Ac型Ⅰ式　46件。弧肩及弧折肩，底部较宽。

标本许JXXD1M1：6，灰色硬陶。侈口，尖唇，卷沿，沿面下凹，束颈，弧肩。扁鼓腹，平底。肩部饰弦纹。器内有篦刮痕。腹部饰方格纹。器内有指痕。口径12.9、底径15.4、高13.4厘米。

标本茅JXMD2M1：45，灰色硬陶。侈口，尖唇，卷沿，沿面有凹槽，束颈，肩略折，扁鼓腹，平底内凹。肩及上腹部饰方格纹，下腹部饰菱形填线纹，印纹较浅。口径16.4、底径17.6、高17.2厘米。

Ac型Ⅱ式　11件。折肩。

标本裕JXYD1M2：8，褐色硬陶。侈口，尖唇，卷沿，沿面上有一道凹槽，折肩，鼓腹，平底。肩部饰弦纹，腹部饰席纹。口径14.0、底径15.0、高16.0厘米。

B型　8件。敛口。

标本上JXSD4Q6：2，灰色硬陶。敛口，尖唇，折肩，扁鼓腹，腹、底接合部内束成假圈足状，平底略内凹。颈部饰弦纹，上腹对称贴附由两股泥条捏制成的竖耳。肩及上腹部饰折线纹，下腹部饰回纹。口径9.4、底径11.8、高11.4厘米。

标本上JXSD1M2：6，灰褐色胎。敛口，方唇，斜肩，扁鼓腹，平底。上腹部有3系，各以3根泥条捏制而成。颈部饰弦纹，肩腹部饰菱形填线纹，腹部饰方格纹。口径10.0、底径11.8、高11.4厘米。

碗　32件。

一部分正置作为盛器，另一部分作为器盖使用，扣在鼎、瓿等口径稍小的器物上。轮制，器形较为接近，部分器内有螺旋纹，外底均有线切割痕。

标本许JXXD2M7：4，褐色硬陶。敞口，尖圆唇，沿面有一道凹槽，折腹，平底内凹。器内有螺旋纹，外壁有旋痕，外底有线切割痕。口径16.8、底径5.4、高5.4厘米。

盂　24件。

一般正置，多见与碗组合放置，作为器物组合中的一类；也有如上水D1Q3～Q6单独放置于层面或封土中。轮制。器形较一致，多数器内有螺旋纹。

标本茅JXMD1M1：3，红褐色硬陶。敛口，尖圆唇，弧腹，假圈足，平底。外底有线切割痕迹。口径8.2、底径5.6、高3.8厘米。

标本东JXDD1Q6：2，灰色硬陶。敛口，尖唇，窄折沿，折腹，平底。器内有螺旋纹，外底留有平行的切割痕。口径10.4、底径4.4、高4.0厘米。

纺轮　1件。

与泥质陶纺轮为同一类器物，造型一致，只是火候较高。

4．原始瓷器

345件。胎质较坚硬，火候高，一般完好无缺。灰白或灰黄色胎，施青釉，釉色泛黄或泛绿，外底不施釉，有些器物胎、釉结合较差，剥落严重。器类有罐、瓿、钵、豆、碗、盅、盂、杯；罐、瓿数量较少，发现于许家沟D1、D2、茅东林场D2、D5、裕巷D1等几个墩形较大、遗迹及遗物较为丰富的土墩，其余类型器物各土墩常见。

罐　12件。

一般正置，部分有盖。泥条盘筑，轮修。以腹部形状分为四型。

A型　5件。鼓腹

A型Ⅰ式　1件。侈口，卷沿。

标本许JXXD1土垄：2，侈口，方唇，卷沿，束颈，溜肩，鼓腹，平底。肩部贴附一对横耳。

肩、腹部饰变体凤鸟纹。器内留有泥条盘筑后的篦刮痕。施青绿釉外不及底，局部剥落。口径13.7、底径15.7、高16.3厘米。

A型Ⅱ式　1件。侈口，卷沿，鼓腹较深。

标本茅JXMD2M2：16，灰白色胎。侈口，圆唇，卷沿，沿面有三道凹槽，溜肩，鼓腹，平底内凹。肩部贴附一对绞索状横耳，耳以泥条捏制，两端贴塑"S"形堆饰。肩、腹部饰对称弧形纹。器表施青绿色釉。口径14.6、底径15.2、高21.6厘米。

A型Ⅲ式　2件。敛口，肩部堆贴倒"U"形堆饰。

标本许JXXD1M1：30，灰白色胎。敛口，尖唇，沿外卷，折肩，弧腹，平底内凹。肩部贴附一对泥条捏成的倒"U"形堆饰。肩部饰水波纹，腹部饰窗格纹。施青黄色釉。口径22.5、底径21.2、高26.4厘米。

A型Ⅳ式　1件。敛口，肩部无倒"U"形堆饰。

标本裕JXYD1M2：3，灰白色胎。敛口，方唇，弧肩，鼓腹，平底。外沿下饰水波纹，外壁饰窗格纹。施青绿色釉，内壁有明显的刷釉痕迹。口径23.8、底径23.4、高25.0厘米。

B型　3件。鼓腹下垂，肩部一对横耳。

标本许JXXD2M8：12，灰黄色胎。子母口，尖圆唇，折沿，折肩，鼓腹，平底。上腹部设一对横耳，耳制成三股泥条状，两端各堆贴一竖向"S"形泥条装饰。颈至上腹部饰水波纹。内壁近底部留有螺旋凹槽。施青绿色釉。口径7.8、底径9.4、高10.8厘米。

标本许JXXD2Q19：10，灰白色胎。侈口，尖唇，垂腹，假圈足，平底内凹。上腹部设对称双耳，已残，耳两侧各堆贴"S"形泥条装饰。上腹部饰竖向篦刻纹。器内底部有螺旋凹槽。施青绿色釉。口径6.2、底径8.0、高7.4厘米。

C型　4件。筒形腹。

标本许JXXD1M5：3，灰白色胎。折沿，沿面有两道凹槽，折肩有凸棱，筒形腹。肩部堆贴一对倒"U"形绞索状耳。腹部饰变体凤鸟纹。施黄绿色釉，脱落较甚。口径18.6、底径15.2、高24.6厘米。

标本许JXXD1M7：2，灰白色胎。侈口，折沿，沿面有一道凹槽，束颈，折肩，斜弧腹，凹底。上腹部贴附一对倒"U"形耳。颈、肩部饰水波纹，腹部饰变体凤鸟纹，腹部纹饰拍印较乱。器内有流釉现象，且釉汁中含较多细砂也粘附在器身。腹下部有一较大的鼓泡。施青绿色釉。口径21.0、底径11.2、高18.2～19.2厘米。

瓿　8件。

扁鼓腹。

标本许JXXD2M8：2，灰白色胎。侈口，折沿，沿面有两道凹槽，尖唇，溜肩，扁鼓腹，平底。肩部贴附一对横耳。颈下部饰水波纹，肩、腹部饰变体凤鸟纹。内壁留有泥条盘筑痕迹。施青绿色釉。口径12.6、底径13.9、高12.1厘米。

标本许JXXD1M6：22，灰白色胎。侈口，折沿，沿面有两道凹槽，颈微束，弧肩，扁鼓腹，平底略凹。肩部贴附一对横耳，一耳残。外壁有弦痕。施黄绿色釉。口径11.9、底径11.9、高11.2厘米。

钵　14件。

单件或成组放置，正置。轮制。器内基本都有螺旋凹槽。以腹部形状分三式。

Ⅰ式　8件。深弧腹。

标本许JXXD2Q6：12，灰白色胎。子口内敛，方唇，唇面内凹，折肩，深弧腹，平底内凹。上腹部贴附一对泥条捏制而成的环形耳。器内有螺旋纹。施青绿色釉，有积釉现象。口径11.6、底径7.2、高9.2厘米。

Ⅱ式　5件。斜弧腹。

标本许JXXD4M1：13，灰白色胎。敛口，尖唇，内折沿，弧腹，平底内凹。器内有螺旋纹。施青绿色釉。口径11.6～13.2、底径7.2、高6.4～6.8厘米。

Ⅲ式　1件。三足。

标本许JXXD1M1：13，灰白色胎。敛口，方唇，沿面内凹，折肩，弧腹，平底略内凹，下设三扁足。上腹等距堆贴3根竖向泥条装饰。器内外见有制作时留下的旋痕。施黄绿色釉。口径17.2、底径10.3、通高6.2厘米。

豆　24件。

主要出土于上水D1～D4、许家沟D2M6、M8、M9，另茅东林场D3、D4、D7各出土1～2件，单独或成组放置，正置或歪向一侧。轮制，盘、足分制拼接。

A型　6件。圈足。

A型Ⅰ式　1件。敞口，盘较浅。

标本茅JXMD7M5：4，灰黄色胎。敞口，圆唇，沿面内凹，折腹，上腹内弧，下腹弧收，圆底，圈足外撇。内外壁有多道凹弦纹。施黄绿色釉，剥落较甚。口径12.4、底径5.6、高5.1厘米。

A型Ⅱ式　5件。敞口，盘较深。

标本上JXSD2M1：12，足为红色胎，豆盘为灰色胎。敞口，圆唇，折腹，上腹内弧，下腹弧收，圆底，圈足。内壁折腹处饰弦纹，外壁有轮制形成的旋痕，器身制作不甚规整。施薄青釉，已大部脱落。口径14.2、圈足径5.0、高6.2厘米。

B型　18件。矮圈足。

B型Ⅰ式　8件。敞口。

标本上JXSD2M1：3，灰白色胎。上腹稍内弧，下腹弧收，矮圈足。内壁留有螺旋纹，外壁有旋痕。整体略有变形，器外表制作粗糙，留有切刮痕迹。施绿色釉，圈足内不施釉。口径10.8、圈足径5.4、高4.2厘米。

B型Ⅱ式　10件。敞口，折沿。

标本许JXXD2M8：21，原始瓷，灰色胎。敞口，圆唇，折沿，沿面下凹，折腹，圈足外撇。沿面堆贴三处"S"形泥条装饰。施青绿色釉。口径18.8、底径10.1、高7.8厘米。

碗　245件。

大多数土墩都有出土，其中一部分是作为器盖使用，另一部分单个或成组放置，成组放置时排列成"品"字形或梅花状。轮制，造型变化较多。器内多见螺旋凹槽。以有无圈足及腹部形状分为四型。

A型　5件。矮圈足或饼足。

标本许JXXD2M8：18，灰白色胎。敞口，折沿，沿面下凹，折腹，矮圈足略外撇。沿面堆贴三

横 "S" 形泥条装饰。器内有螺旋纹。施酱黄色釉。口径13.4、底径8.2、高4.5厘米。

标本许JXXD2M9：24，灰色胎。敞口，圆唇，折沿，沿面下凹，折腹，上腹内凹，下腹弧收，饼足，平底略凹。沿面贴附有三处 "S" 形泥条装饰。施灰绿釉。口径13.8、底径7.2、高5.2厘米。

B型　179件。弧腹。

B型Ⅰ式　121件。折沿，沿面有一、两道凹槽。

标本许JXXD1M4：6，灰色胎。敞口，圆唇，折沿，沿面下凹，弧腹，平底略内凹。器内有螺旋纹。施青绿色釉。口径14.6、底径8.2、高4.5厘米。

标本茅JXMD2M3：32，灰色胎。敞口，圆唇，折沿，沿面有一道凹槽，弧腹，平底略凹。器内有螺旋纹，外壁有旋痕。施黄绿色釉。口径18.8、底径10.6、高5.2厘米。

B型Ⅱ式　36件。窄折沿，沿面一般下垂。

标本许JXXD1M2：2，灰褐色胎。敞口，尖唇，窄折沿，沿面有两道凹槽，弧腹，假圈足，平底略内凹。器内有螺旋纹。施青黄色釉。口径14.7、底径6.7、高4.6～4.8厘米。

标本茅JXMD2M1：35，灰黄色胎。敞口，尖唇，窄折沿，沿面有凹槽，弧腹下收，底略内凹。器内有螺旋纹，外底有线切割痕。施青黄色釉。口径16.0、底径8.0、高5.0厘米。

B型Ⅲ式　22件。敛口。

标本茅JXMD2M1：8，浅灰褐色胎。侈口，尖唇，窄折沿，沿面微凹，弧腹略鼓，平底内凹。外底有线切割痕。施青绿色釉。口径8.0、底径4.9、高3.8厘米。

标本许JXXD4M1：1，灰黄色胎。敛口，尖唇，内折沿，沿面内凹，弧腹，假圈足，平底。器内有螺旋纹，外壁有旋痕。施黄绿色釉。口径13.0、底径6.4、高3.7厘米。

C型　54件。弧腹略鼓。

C型Ⅰ式　35件。折沿。

标本许JXXD1M1：15，灰白色胎。直口，尖唇，窄折沿，沿面有两道凹槽，弧腹略鼓，平底。器内有螺旋纹。施青绿色釉。口径7.3、底径4.9、高2.6～3.2厘米。

标本茅JXMD4Q3：8，灰黄色胎。直口，尖唇，窄折沿，沿面有两道凹槽。弧腹略鼓，平底略内凹。器内有螺旋纹。施黄绿色釉。口径13.9、底径6.0、高4.8厘米。

C型Ⅱ式　19件。方唇。

标本茅JXMD5M2：16，灰白色胎。敞口，方唇，沿下微束，弧腹，假圈足，平底略内凹。器内有螺旋纹，外底有线割痕。施黄绿色釉。口径13.6、底径7.0、高5.6厘米。

D型　6件。直腹。

标本茅JXMD5Q6：4，灰白色胎。直口，尖唇，窄折沿下垂，直腹，近底部斜收，平底稍内凹。器内有螺旋纹，外壁有旋痕，外底有线切割痕。施青黄色釉。口径12.7、底径5.4、高4.5厘米。

盅　19件。

出土于许家沟D1Q4、D2M3、裕巷D1Q6、D2M2。一般多件成组或与碗、盂组合放置，正置。轮制。直口或子母口，直腹。内壁有螺旋凹槽。裕巷D1Q6出土的盅上有盖。

标本茅JXMD5Q20：9，灰白色胎。子母口，方唇，唇缘外突，直腹近底部弧收，平底略凹。器内有螺旋纹，外壁有旋痕，外底部有线切割痕。施黄绿色釉。口径11.7、底径7.8、高5.2厘米。

标本许JXXD2M3：15，灰白色胎。子母口，尖唇，直腹，平底。器内有螺旋纹，外壁有旋痕，外底有线切割痕。施青绿色釉。口径9.4、底径4.4、高6.4厘米。

标本裕JXYD1Q6：4，灰白色胎。上置盖，盖顶面设一桥形纽，纽面饰叶脉纹，弧顶，敞口，圆唇。盅子母口，尖唇，斜直腹略向内弧，近底部弧收，平底内凹。器内和盖内均有螺旋纹，外壁有旋痕。施青绿色釉。盖口径10.5、盅口径11.0、底径5.8、高7.8厘米。

盂　15件。

一般与碗成组放置，正置。轮制。

A型　14件。弧腹。

标本许JXXD2M8：16，灰白色胎。子母口，圆唇，沿面下凹，折肩，弧腹，平底内凹。肩部堆贴横向"S"形泥条装饰。施黄绿色釉。口径6.8、底径6.0、高4.2厘米。

标本许JXXD2Q6：9，灰白色胎。敛口，尖唇，内折沿，折肩，弧腹，假圈足，平底。上腹部饰曲齿纹，腹中部刻划一道弦纹。器内有螺旋纹，外底部有线切割痕。施黄绿色釉。口径8.6、底径5.4、高3.6厘米。

B型　1件。鼓腹。

标本裕JXYD1Q5：5，灰白色胎。敛口，方唇，唇缘外突，束颈，平折肩，鼓腹，平底略内凹。上腹堆贴对称泥条形横耳，耳两端粘贴"S"形泥条。唇面及器内壁可见多周弦纹，外底可见线割痕。施黄色釉。口径10.2、底径9.0、高6.8厘米。

杯　1件。

标本裕JXYD2M2：10，灰黄色胎。直口，圆唇，折沿，沿面下凹，垂腹，平底。上腹部堆贴对称的倒"U"形耳状饰，以小泥条捏制。器内有螺旋纹。施黄绿色釉，剥落较甚。口径8.0、底径6.6、高5.6厘米。

5．石器

器物群及墓葬中出土石器10件（组）。器形有玦、串、刀、镞。

玦　6件。

分别出土于茅东林场D2M3、M4及许家沟D2M5、M7。为墓主人的饰品，出土于埋葬空间。磨制而成，圆形。石均绿色，孔雀石质，风化严重，一般置于墓内侧中心，独立于其他器物单独放置，许JXXD2M5内与串珠同出。

串珠　2组。

出土于许家沟D2M5、M8。M5中出土于埋葬空间，M8中出土于墓葬边缘位置。风化严重，形制、数量不明。

刀　1件。

标本茅D3M1：5，单独放置于墓底。残缺，磨制而成。背部尖圆，弧刃，刃部较锋利。

镞　1件。

标本茅D7M2：11，放置于墓底随葬器物之间。磨制而成。梭形。

6．铜器

2件，分别为铜管、铜钱。

铜管　1件。标本许JXXD2M4：6，置于1件泥质陶盆内。残件，尖端较细。

铜钱　1枚。出土茅东林场D7M1扰土中。窄缘，圆形，方穿，钱文"货泉"。

第三节　分期与年代

一　分期

金坛薛埠片区、句容浮山果园片区共发现周代器物群156处、墓葬133座，绝大多数土墩中都有两个或两个以上的遗迹，这些器物群、墓葬有明确的叠压关系，出土器物丰富，是研究该区域土墩墓变化规律十分理想的材料。金坛薛埠片区的许家沟D1、D2、裕巷D2及句容浮山果园片区的浮山果园D29、东边山D1、谷城D1地层堆积层次较多，叠压关系清楚，土墩内的遗迹、遗物丰富，同一土墩内出土器物的型式演变规律明确，因此我们重点考察了这几座土墩，并在此基础上兼及其他各座土墩。

根据典型关系墓葬和一般关系墓葬以及出土器物种类的组合和型式，以器物群和墓葬的地层关系为基础，以出土器物为依据进行分期。

经过分析，金坛薛埠片区土墩墓的墓葬、器物群分为六期（表四）。

1．第一期

墓葬仅1座，为茅东林场D7M5。

墓内存有骸骨，仰身直肢葬，墓主人头朝东向。该墓位于土墩最早的堆土之下，显然早于土墩；墓内随葬器物均位于墓主人骸骨位置上，大多倒扣，墓葬形制与其余墓葬的差异明显，可能是本区域的早期葬式。

随葬器物5件，组合为夹砂陶鬲、泥质陶盘、豆、硬陶瓿、原始瓷豆。

夹砂陶鬲卷沿，矮弧裆，袋足。

泥质陶盘为A型Ⅰ式，弧腹，圈足宽大。豆为A型Ⅰ式，敛口，折腹，圈足外撇。

硬陶瓿为Aa型Ⅰ式，短直颈，弧肩。表面饰折线纹与回纹，纹饰粗、深。

原始瓷豆为A型Ⅰ式，敞口，浅盘，圈足。

2．第二期

墓葬8座、器物群11处。均属于东进、上水土墩墓群，东进、上水土墩墓群位于此次金坛薛埠片区发掘的6个土墩墓群偏西位置，靠近茅山。

一期的器形不再出现，器物具有一、三期的过渡特征。

夹砂陶器仅有鼎，鬲不再出现。鼎型式为A型Ⅰ式，弧腹，卷沿，器形规整程度较差，少部分鼎的足根有耳。

泥质陶器数量较少，器形有瓿、盘、器盖、纺轮，盘为A型Ⅱ式。

硬陶坛、罐、瓿既有早期的短、直颈型式，也开始出现晚期长、内束颈的型式。坛有A型、B型Ⅰ式、C型Ⅰ式；罐有A型Ⅰ式、Ⅱ式；瓿新出现Aa型Ⅱ式、Ab型Ⅰ式、B型，而Aa型Ⅰ式不再出现。表面均拍印几何纹饰，纹饰趋浅细，既有折线纹与回纹组合、弦纹夹套菱形纹、折线纹，也有席纹或菱形填线纹与方格纹，并见少量叶脉纹。碗、盂类小型器开始出现。

原始瓷器仅见豆，新出现A型Ⅱ式及矮圈足的B型豆。

表四 金坛薛埠土墩墓遗迹分期表

土墩编号		第一期	第二期	第三期	第四期	第五期	第六期	备注
石家山林场	D1				Q1～Q7、M1			
东进	D1		M1	Q1～Q6				
上水	D1		Q3、M2	Q1、Q2、Q4～Q6、M1				
	D2		Q7、M1	Q1、Q3				Q2、Q4～Q6、Q8是商代陶片放置在地层中
	D3		Q1、M1、M2、M3					Y1是晚期窑址
	D4		Q1～Q8、M1、M2					
茅东林场	D1			Q1、Q2、M1				
	D2			M4	Q5、Q6、M2	Q1～Q4、Q7～Q9、M1、M3		
	D3			M1、M2		Q1～Q3		
	D4				Q2、Q5、M1、M2	Q1、Q3、Q4		
	D5			Q3、Q7～Q10、Q12～Q16、Q18、Q24、Q25、M1	Q1、Q2、Q5、Q11、Q17、Q19、Q21～Q23、M2	Q6、Q20		Y1是晚期窑
	D7	M5		Q1～Q3、M2～M4				M1是汉代墓葬、M6是新石器时期墓葬
许家沟	D1			M4	Q5～Q7、M5、M7	Q1～Q3、M1～M3、M6	Q4	
	D2			Q12～Q19、M5～M9	Q1～Q6、Q8、Q9、M2、M4	Q7、M1	M3	
	D3					Q1		
	D4				M3	Q1、Q2、M1、M2		
裕巷	D1				Q1～Q5、Q7～Q9、Q11～Q13、M1、M3		Q6、M2	
	D2			Q10、Q12、M1～M3	Q1～Q3、Q7	Q4～Q6、Q8、Q9、Q11		
	D4					M1		
	D5				M1	Q1、Q2、M2		

3．第三期

墓葬17座、器物群28处。茅东林场、许家沟、裕巷开始堆筑土墩墓。墓葬、器物群数量大大增加。

夹砂陶器有釜、鼎、器盖。釜、器盖为新出现器类；釜数量较少，折沿，直腹。器盖为Ⅰ式，半球形，环形纽。鼎有A型Ⅱ式、B型Ⅰ式，折沿，造型规整，轮修的痕迹明显。

泥质陶器数量增多，罐开始出现，有Aa型、Ab型Ⅰ式、B型素面罐和A型Ⅰ式、B型纹饰罐。圈足的盘、豆不再出现；盆、钵、盘类平底器物出现，但数量较少。

硬陶坛、罐、瓿颈部长、内束、弧肩。A型坛、A型Ⅰ式罐不再出现；新出现Ab型Ⅱ式、Ⅲ式瓿。纹饰较浅细，有方格纹、席纹、菱形填线纹，少见水波纹、叶脉纹、折线纹，以组合纹饰为主，其中菱形填线纹、席纹与方格纹组合纹饰占绝大多数，早期硬陶器上的折线纹与回纹组合已不再出现。

原始瓷豆数量明显减少，A型豆不再出现，仅见矮圈足的B型豆。新出现原始瓷碗，有A型、B型Ⅰ式，出现少量原始瓷罐、盂、杯。

4．第四期

墓葬13座、器物群50处。主要分布于石家山林场、茅东林场、许家沟、裕巷4个土墩墓群，东进、上水土墩墓群未发现此期遗迹。

夹砂陶器有釜、鼎、器盖。釜数量增多。A型Ⅰ式鼎不再出现，有耳的鼎亦不再出现；B型鼎数量增加，新出现B型Ⅱ式鼎，折沿较宽；少见敛口的C型鼎。Ⅰ式器盖仍出现，又出现少量Ⅱ式器盖，柱形纽。

泥质陶器有Aa型、Ab型Ⅱ式、B型素面罐和A型Ⅰ式、Ⅱ式、B型纹饰罐；盆、钵、盘数量增多。

硬陶坛、罐、瓿出现向颈下部呈斜坡状、肩部弧折的方向变化的趋势。新出现C型Ⅱ式硬陶坛、A型Ⅲ式、B型硬陶罐。Aa型硬陶瓿不再出现，Ab型Ⅰ式、Ⅱ式硬陶瓿减少。纹饰有方格纹、席纹、菱形填线纹，少见水波纹、叶脉纹；硬陶坛、罐以组合纹饰为主，其中菱形填线纹、席纹与方格纹组合纹饰仍较多，新出现席纹与大单元的菱形填线纹组合，瓿除组合纹饰外，席纹或方格纹单一纹饰增多。纹饰有变小、变浅趋势。

原始瓷豆及A型碗等圈足器已不再出现，代之以平底器。碗的数量明显增多，新出现B型Ⅱ式、Ⅲ式，沿面变窄并略下垂。

5．第五期

墓葬12座、器物群37处。分布于茅东林场、许家沟、裕巷3个土墩墓群。

夹砂陶器有釜、鼎，器盖不再出现。以B型鼎为主，A型Ⅱ式鼎不再出现；新出现A型Ⅲ式鼎，平折沿。

泥质陶器有Aa型、Ab型Ⅱ式、B型、C型素面罐和A型Ⅰ、Ⅱ式纹饰罐。盆、钵、盘数量仍较多。

硬陶坛、罐、瓿颈较短，下部呈斜坡状，肩部弧折，瓿的底部较宽。B型I式坛、A型II式罐及Ab型、B型瓿不再出现，新出现C型III式坛、Ac型I式型瓿。纹饰有席纹、方格纹、菱形填线纹，新出现窗格纹，少见水波纹、变体鸟纹；坛、罐以组合纹饰为主，以细密的席纹、方格纹与大单元的菱形填线纹组合为主，瓿以细密的席纹、方格纹单一纹饰为主。硬陶碗、盂类小型器明显减少。

原始瓷B型I式碗不再出现。新出现III式钵、C型碗，其中C型碗面窄，弧腹略鼓，特征较突出。

6. 第六期

墓葬2座、器物群4处。

夹砂陶器有釜、鼎。鼎仅见A型III式，平折沿，腹较浅，足尖扁平外撇。

泥质陶器有罐、盆、盘、大口器，但数量大大减少。

硬陶器B型坛、Ac型I式瓿不再出现，瓿为Ac型II式。纹饰有席纹、方格纹、菱形填线纹，少见叶脉纹，坛、罐以组合纹饰为主，以细密的席纹、方格纹与大单元的菱形填线纹组合为主，瓿饰细密的席纹、方格纹单一纹饰。

原始瓷器B、C型碗都不再出现，新出现直腹的D型碗及盅。

第一期至第六期器物呈连续、渐进式变化。夹砂陶鼎、泥质陶罐、硬陶坛、罐、瓿及原始瓷豆、碗等数量较多，从早到晚器形变化规律较为明显。夹砂陶鬲、釜、器盖、泥质陶盆、钵、大口器、硬陶碗、盂及原始瓷罐、钵、盅仅见于少数几期，器形变化规律不明显（表五、六）。

表五　金坛薛埠土墩墓各期遗物统计表

期别	夹砂陶器		泥质陶器		硬陶器		原始瓷器		其他	
	数量（件）	比例（%）	数量（件）	比例（%）	数量（件）	比例（%）	数量（件）	比例（%）	数量（件）	比例（%）
一期	1	20	2	40	1	20	1	20	0	0
二期	14	14.9	14	14.9	44	46.8	22	23.4	0	0
三期	55	16.9	83	25.4	122	37.4	57	17.5	9	2.8
四期	71	17.6	95	23.6	136	33.8	100	24.8	1	0.2
五期	73	15.1	135	27.9	138	28.6	136	28.2	1	0.2
六期	10	15.4	14	21.5	15	23.1	26	40	0	0

夹砂陶鬲仅在一期墓葬茅东林场D7M5中发现1件，矮弧裆，袋足，一期以后不再出现。釜数量较句容浮山果园片区多，一般每座墓仅1件，少数墓2件。从第三期开始少量出现，第四、五期数量增多，至第六期还有少量发现。夹砂陶器盖数量较少，出现第三、四期。

鼎是夹砂陶器中最多的一类器物，各期大多数墓葬和器物组合较完整的器物群中均有发现，数

表六　金坛薛埠土墩墓典型遗物型分期表

期别	夹砂陶 鬲	夹砂陶 釜	夹砂陶 鼎	夹砂陶 器盖	泥质陶 素面罐	泥质陶 纹饰罐	泥质陶 盆	泥质陶 钵	泥质陶 盘	泥质陶 豆	泥质陶 大口器	泥质陶 器盖	硬陶 坛	硬陶 罐	硬陶 瓿	硬陶 碗	硬陶 盂	原始瓷 罐	原始瓷 钵	原始瓷 豆	原始瓷 碗	原始瓷 盘	原始瓷 盂	原始瓷 杯	其他 玦
一期	▲								A I	A I															
二期		▲	A I	I					A II				A、B I、C I	A I、A II	Aa I	▲	▲			A I					
三期		▲	A II、B I、B II、C	I、II	Aa、Ab I、B	A I、B	B、C	A、B	B			A I	B I、C I	A II	Aa II、Ab I、B	▲	▲	A I、B		A II、B I	A、B I		A	▲	▲
四期		▲	A II、B I、B II、C		Aa、Ab II、B	A I、A II、B	A、B、C	C	B、C I、C II			A I、A II、B、C	B I、B II、C I、C II	A II、A III、B	Ab I、Ab II、Ab III、B	▲	▲	A II、B、C	I、II	B I、B II	B I、B II、B III		A、B		
五期		▲	A III、B I、B II、C		B、C	A I、A II	A、B、C	A	C I			A I、A II、B、C	B II、C II、C III	A III	Ac I		▲	A III	I、II、III		B II、B III、C I、C II		A		▲
六期			A III		C		B		C I		▲		C II、C III	B	Ac II			A IV			D	▲			

量1～5件不等，一般正置，部分上置盖。仅有的一期墓葬茅东林场D7M5未发现鼎；第二期鼎均为弧（鼓）腹的A型，卷沿，形状不太规整，轮修痕迹不明显；第三期直腹鼎开始出现，鼎造型趋规整，轮修的痕迹明显；第四、五期直腹鼎居主要地位，但弧（鼓）腹鼎仍并存，器形趋规整。鼎沿的变化较为明显，整体是由卷向折、由窄向宽发展，第五期的一部分鼎沿趋平，至第六期鼎沿面近平。早期的鼎足较足根粗壮稍向内聚，向晚足稍细、高，第六期鼎足足尖扁平并向外撇。有耳鼎发现于第二、三期，第三期以后不再出现。

泥质陶罐第一、二期未见，第三期开始出现，第四、五期数量较多，第六期仅见C型垂腹素面罐。瓿从第二期开始出现，表面有纹饰的数量较少，纹饰主要为水波纹与弦纹组合，另有1件戳横叶脉状戳点纹，素面瓿从第三期出现，第四、五期较多。有较宽圈足的豆、盘仅出现在第一、二期，第三期后不再出现。平底器如盆、钵、盘大多作器盖使用，从第三期开始出现，第四、五期数量增多，第六期数量减少。器盖、纺轮各期基本都有发现，型式变化不大。

硬陶坛、罐、瓿出土较多，在各期的变化趋势较为明显，颈、肩部变化趋势类似。第二期至第六期发现坛、罐，颈部由短、直向长、束颈发展，第四期后变为下部呈斜坡状的束颈；肩部由耸肩向弧肩、弧折肩变化。瓿从第一期至第六期均有发现，且数量较多，颈部变化与坛类似，由短、直向长、束颈发展，第四期后变为下部呈斜坡状的束颈；肩部变化趋势为弧肩—平弧肩—溜肩—弧折肩，器底变化趋势为宽—窄—宽。硬陶坛、罐、瓿表面饰各类几何纹，坛、罐大多饰组合纹饰，少数坛、罐及多数瓿饰单一纹饰；第一期饰折线纹与回纹组合，第二、三期开始出现席纹或菱形填线纹与方格纹组合，第四期开始出现席纹、方格纹与大单元的菱形填线纹组合；纹饰由粗、深向浅、细发展。碗、盂类小型器第二期开始出现，第三、四期数量较多，第五期数量减少，至第六期消失，各期器形变化不大。

原始瓷罐、瓿的数量较少，发现于第三～六期，第三、四期表面多饰对称弧形纹，少量饰水波纹；第五、六期多饰窗格纹。原始瓷豆仅在第一～三期出现，圈足由高向矮变化。碗第三期开始出现，第三期尚有少量有矮圈足的碗，至第四期起全部为平底碗，碗的造型变化规律为弧腹—弧鼓腹—直腹；折沿—窄折沿（一般略下垂）—方唇，至第六期出现深直腹、子母口的盅（表七）。

二　年代

金坛薛埠土墩墓群第一期至第六期遗迹有叠压关系，因此年代的早晚关系明确。第一期与第二期器物特征差别较大，因此年代应有一定差距。而第二期至第六期器物的型式呈连续、渐进式的变化，因此年代是连续的。

由于本地区的土壤环境使得有机质很难保存，本次考古未能取得科技测年的标本，因此有关年代判断主要依据以往的分期研究资料及发掘材料（表八）。依据的相关分期研究材料有邹厚本《江苏南部土墩墓》[1]、刘建国《论土墩墓分期》[2]及陈元甫《论浙江地区土墩墓分期》[3]；依据

[1]　邹厚本：《江苏南部土墩墓》，《文物资料丛刊（第6辑）》，文物出版社，1982年。

[2]　刘建国：《论土墩墓分期》，《东南文化》1989年第4、5期。

[3]　陈元甫：《论浙江地区土墩墓分期》，《纪念浙江省文物考古研究所建所二十周年论文集（1979～1999）》，西泠印社，1999年。

表七　金坛薛埠土墩墓典型遗物型式分期表

分期	年代	夹砂陶鬲	夹砂陶鼎	硬陶坛	硬陶瓿
第一期	西周晚期	茅东JXMD7M5：1			Aa型Ⅰ式 茅东JXMD7M5：2
第二期	两周之交		A型Ⅰ式 上水JXSD1M2：8	B型 上水JXSD1M2：5	Ab型Ⅰ式 上水JXSD3Q1：1
第三期	春秋早期		B型Ⅰ式 茅东JXMD2M4：32	C型Ⅰ式 许家沟JXXD2M8：11	Ab型Ⅱ式 许家沟JXXD2M9：18
第四期	春秋中期		B型Ⅱ式 裕巷JXYD1M3：18	C型Ⅱ式 裕巷JXYD1Q5：2	Ab型Ⅲ式 裕巷JXYD1M3：13
第五期	春秋中期		B型Ⅱ式 茅东JXMD4Q3：5	C型Ⅲ式 许家沟JXXD1M1：7	Ac型Ⅰ式 许家沟JXXD1M3：23
第六期	春秋晚期		A型Ⅲ式 裕巷JXYD1M2：10	C型Ⅲ式 许家沟JXXD2M3：4、6	Ac型Ⅱ式 裕巷JXYD1M2：8

泥质陶豆	原始瓷罐	原始瓷豆	原始瓷碗	原始瓷盉
茅东JXMD7M5：3		A型Ⅰ式 茅东JXMD7M5：4		
		B型Ⅰ式 上水JXSD2M1：3		
	A型Ⅰ式 许家沟JXXD1土垄：2		A型 许家沟JXXD2M8：18 B型Ⅰ式 许家沟JXXD1M4：6	
	A型Ⅱ式 茅东JXMD2M2：16		B型Ⅱ式 许家沟JXXD1M7：1	
	A型Ⅲ式 许家沟JXXD1M1：30		C型Ⅰ式 茅东JXMD5Q11：2	
	A型Ⅳ式 裕巷JXYD1M2：3		D型 茅东JXMD5Q6：4	许家沟JXXD2M3：12

的相关发掘材料有《句容鹅毛岗土墩墓发掘报告》[1]、《萧山柴岭山土墩墓》[2]、《德清火烧山——原始瓷窑址发掘报告》[3]、《江苏镇江大港华山马脊墩土墩墓发掘简报》[4]、《丹徒镇四脚墩西周土墩墓发掘报告》[5]、《江苏丹徒磨盘墩西周墓发掘简报》[6]、《江苏丹徒南岗山土墩墓》[7]、《江苏镇江大港庄连山春秋墓地发掘简报》[8]、《真山东周墓地——吴楚贵族墓地的发掘与研究》[9]。

第一期茅东林场D7M5出土的典型器物有夹砂陶鬲、A型Ⅰ式硬陶瓿、A型Ⅰ式泥质陶盘、A型Ⅰ式原始瓷豆，从器物特征分析略晚于丹徒镇四脚墩M6、镇江大港华山马脊墩土墩墓。四脚墩M6年代为西周晚期偏早阶段；镇江大港华山马脊墩土墩墓碳−14测年校正结果为B.P.2870～B.P.2760（B.C.920～B.C.810），年代上限已达西周中期，因此第一期年代为西周晚期偏早阶段。

第六期出土的A型Ⅲ式夹砂陶鼎、C型Ⅲ式硬陶坛、Ac型Ⅱ式硬陶瓿、D型原始瓷碗、原始瓷盅，器物特征与德清火烧山原始瓷窑址第八期、真山东周墓地D9M1一致，年代应为春秋晚期。

表八　其余各期年代大致推断表

年代	句容浮山果园	金坛薛埠	江苏南部土墩墓	论土墩墓分期	论浙江地区土墩墓分期	句容鹅毛岗	萧山柴岭山	德清火烧山	其他
西周中期	一		二	二	四		三		马脊墩、四角墩M6
西周晚期		一		三	四	一二	四		
两周之交	二	二		三	五	三	四	一	磨盘墩
春秋早期	三	三	三	四	六	四五	五	二三四	
春秋中期（偏早）	四	四	三	五	七	六	六	五	丹徒南岗山
春秋中期（偏晚）	五	五	三	五	七	六	六	六七	庄连山
春秋晚期	六	六	四	六	八		七	八	真山东周墓地D9M1

[1]　镇江博物馆：《句容鹅毛岗土墩墓发掘报告》，江苏大学出版社，2013年。
[2]　杭州市文物考古研究所、萧山博物馆：《萧山柴岭山土墩墓》，文物出版社，2013年。
[3]　浙江省文物考古研究所、故宫博物院、德清县博物馆：《德清火烧山——原始瓷窑址发掘报告》，文物出版社，2008年。
[4]　镇江博物馆：《江苏镇江大港华山马脊墩土墩墓发掘简报》，《东南文化》2015年第3期。
[5]　镇江博物馆：《丹徒镇四脚墩西周土墩墓发掘报告》，《东南文化》1989年第4、5期。
[6]　南京博物院、丹徒县文管会：《江苏丹徒磨盘墩西周墓发掘简报》，《考古》1985年第11期。
[7]　南京博物院：《江苏丹徒南岗山土墩墓》，《考古学报》1993年第2期。
[8]　镇江博物馆：《江苏镇江大港庄连山春秋墓地发掘简报》，《东南文化》2015年第3期。
[9]　苏州博物馆：《真山东周墓地——吴楚贵族墓地的发掘与研究》，文物出版社，1999年。

第四节 金坛片区土墩墓发掘收获

本次发掘的最大收获就是凭借考古层位学还原青铜时代江南土墩墓的营造过程及其社会面貌，并且在土墩墓的形制结构、丧葬习俗等诸多方面取得新的突破，不仅廓清了长期以来学术界对土墩墓的模糊认识，同时也为江南地区青铜时代的社会结构和土著文化，土墩墓的源流、分期与分区，以及土墩墓的保护和利用等重大课题的深入研究提供了翔实的第一手资料。

一 一墩一墓与一墩多墓并存

一墩一墓就是在一座土墩中仅埋葬一座墓葬，一墩多墓就是一座土墩中埋葬多座墓葬。土墩墓自1974年第一次发掘以来，在考古界一直存在着是"一墩一墓"还是"一墩多墓"的争议。

金坛片区发掘的22座土墩中茅东林场D6、许家沟D3及裕巷D3已遭破坏，未发现墓葬。石家山林场D1、东进D1、上水D2、茅东林场D1、裕巷D4等5座土墩内仅发现1座墓葬，属一墩一墓类型。其余14座土墩各发现2~9座墓葬，属一墩多墓类型，如许家沟D2除中心墓葬D2M9外，在周边还先后埋有8座墓葬。

这次发掘充分说明，江南土墩墓不仅存在一墩一墓，而且存在一墩多墓，本区域一墩多墓的现象明显较一墩一墓普遍。

二 平地掩埋与竖穴土坑共存

以往学术界普遍认为，作为先秦时期有别于其他地区的特殊葬俗的江南土墩墓一般没有墓坑，采用平地掩埋、平地起封的特殊方式安葬。后来也发现有土坑现象，但并不普遍。

金坛片区发掘清理周代墓葬53座，绝大多数均有墓坑，同时在一些墓葬中还发现了人骨痕迹，不仅从另一个方面佐证这些竖穴土坑就是墓葬，而且为江南地区青铜时代土著居民的人类学研究提供了宝贵的科学资料。

平地掩埋现象仅属个别，茅东林场D2M4、许家沟D2M4、裕巷D2M2属平地掩埋，平地先起小封土，然后整体封筑，许家沟D2M4底部还铺垫有植物编织成席子。竖穴土坑普遍，墓坑形状不甚规整，有长方形、簸箕形、椭圆形、不规则形多种，墓坑的开口或平或斜，主要取决于墓葬在土墩中的位置。此次发掘丰富了土墩墓丧葬习俗的内涵，也为研究中国古代墓葬封土起源提供重要资料。

三 一墩多墓的向心布局

这次发掘表明，一墩多墓土墩在墓葬布局方式多样，其中向心结构的布局方式较为特别，与中原及周边地区的墓地布局有着显著的差别，具有浓郁江南土著特色，在土墩墓考古中也是首次发现。

向心式布局即在土墩中心墓葬周围的不同层面安葬的多座墓葬方向均朝向中心墓葬。许家沟D1、D2明确存在这一布局方式，为深入研究青铜时代江南土墩墓的葬俗和社会结构提供了非常宝贵的考古学资料。

四　墓地界域

本次发掘中有2座土墩有用于标志界域的土垄，这在土墩墓发掘中首次发现。茅东林场D4发现2段长条形土垄，筑于中心墩外，将土墩及早期的器物群、墓葬包含在内。上水D4的土垄建造于生土面上，平面呈弧形，南部敞开，北部留有缺口，建墩之初挖沟、搭建筑、葬墓、封土，都在土垄范围内。从发掘情况看，土垄起到确定墓地四至的作用。

没有明显界域、土垄的土墩，其墓地的界域与土墩的基础范围大体一致，墩子堆积包括墓葬和祭祀器物群等活动基本在基础范围内，除最后覆土外，溢出现象少见。同时在墩子基础土台铺垫完后，墓地的范围也就确定了，尚未见改变墓地基础的现象。这些说明土墩作为墓地在建造之初就有了明确的规划。

五　明确土墩营造过程

因发掘对象的情况特殊，土墩墓的发掘普遍采用四分法和探方法相结合。在发掘过程中严格根据土质、土色的不同堆积层次和遗迹单位，收到良好的效果，不仅找出墓坑等遗迹现象，同时对土墩的营造过程有了明确的了解。

从发掘的情况看，土墩的营造大致经历这样一个过程：首先平整土地；再在其上铺垫1～3层土，形成土墩的基础土台，现有资料显示基础完成，也就确定了墩子的范围，即确定了墓地的范围；在基础土台的中心部位建造中心墓葬及相关建筑，封土形成最早的坟丘。也有在土墩中部生土面或基础面上建造祭祀性建筑，后在建筑基础上堆土再建造中心墓葬；以后不同的时期在坟丘上堆土埋墓，或进行祭祀活动；在一定时期后再进行一次封土，停止埋墓和祭祀活动，完成该土墩即墓地的经营过程。

多数土墩的同层堆积的土色、土质较为一致，不同层位的堆积土色差异明显。土墩的基础普遍用纯净的青灰土和浅红土或黄土铺垫成，有一定数量的土墩最后用红褐土或棕红土覆盖。这些现象说明在土墩的营造过程中，普遍存在选土现象。

六　一组具有明确地层关系的遗物

金坛片区发掘出土器物1400多件，器物种类丰富、型式多样，基本包括了本地区以前发掘的同期器物类型。

由于发掘时较好的把握了遗迹与地层、遗迹与遗迹的关系，因此各类器物横向的组合清楚，纵向的先后关系明确，对于今后研究西周晚期至春秋晚期的分期具有重要作用。

本次发掘也进一步说明土墩墓的复杂性，土墩墓经过多次葬墓、多次封土，叠压打破关系十分复杂；这类在较短的时间、较小的空间内形成的墓地，给考古发掘中各类遗迹的判断和阐释造成了很大的困难，因此发掘中有许多不足，需要我们加以总结，为以后的发掘提供有益的经验。

附表一　石家山林场D1登记表　　　　　　　（单位：米）

土墩平面形状及尺寸	遗迹				遗物						期别	备注
	编号	平面位置	层位关系	形制与尺寸 长×宽－深	夹砂陶	泥质陶	硬陶	原始瓷	其他	合计		
平面圆形 长径20.6× 短径20.5 －高2.1	Q1	D1东部 略偏南	①→Q1→②	器物置于 ②层面上	鼎1	器盖1	坛2			4	四	
	Q2	D1东南部	①→Q2→②	器物置于 ②层面上	鼎2	盆1 器盖1	坛2 罐1	碗1		8	四	
	Q3	D1东北部	②→Q3→③	器物置于 ③层面上	鼎2	罐2	瓿1	罐1 碗3		9	四	
	Q4	D1西北部	②→Q4→③	器物置于 ③层面上			坛1			1	四	
	Q5	D1东部 略偏南	②→Q5→③	器物置于 ③层面上	鼎1		瓿1			2	四	
	Q6	D1南部	①→Q6→②	器物置于 ②层面上		罐1				1	四	
	Q7	D1中部 偏南	②→Q7→③	器物置于 ③层面上	鼎1		坛2 瓿1	碗4		8	四	
	M1	D1中部偏 东北	③→M1→生土	长方形竖穴土坑 2.55×0.99～ 1.11－0.15	鼎1	盘1		瓿1		3	四	
										36		

附表二　东进D1登记表 　　　　（单位：米）

土墩平面形状及尺寸	遗迹				遗物						期别	备注
	编号	平面位置	层位关系	形制与尺寸长×宽-深	夹砂陶	泥质陶	硬陶	原始瓷	其他	合计		
平面圆形长径22.8×短径21.6-高1.3	Q1	D1中部偏北	②→Q1→③	器物呈一线摆放于③层面上	鼎1	盆1	坛1罐1	碗1		5	三	
	Q2	D1中部偏东	③层中	器物呈一线摆放于③层中	鼎4		坛2罐1瓴1碗1盂1	碗2盂1		13	三	
	Q3	D1中部偏东	③层中	器物水平摆放于③层中		器盖1残器1	罐1			3	三	
	Q4	D1中部偏南	③→Q4→生土	器物呈一线摆放于生土面上		罐1瓴1	瓴1碗1	碗1		5	三	
	Q5	D1西部近墩脚处	③→Q5→生土	器物摆放于生土面上	鼎3不明器形1	罐1	瓴2碗1			8	三	
	Q6	D1中部偏北	②→Q6→③	器物摆放于③层面上		器盖1	瓴1盂2	碗1		5	三	
	M1	D1中心	③→M1→生土	长方形竖穴土坑1.8×0.8-0.38			坛2罐1			3	二	

附表三 上水D1登记表 （单位：米）

土墩平面形状及尺寸	遗迹				遗物						期别	备注
	编号	平面位置	层位关系	形制与尺寸 长×宽－深	夹砂陶	泥质陶	硬陶	原始瓷	其他	合计		
平面椭圆形 长径22× 短径17 －高2	Q1	D1北部略偏东	④→Q1→⑤	簸箕状浅坑 0.33×0.28～0.6 －0～0.14			瓿1			1	三	
	Q2	D1中部偏西南	④→Q2→⑤	器物摆放于⑤层面上		罐1	瓿1			2	三	
	Q3	D1东北部	⑥→Q3→生土	器物摆放于生土面上				豆1		1	二	
	Q4	D1西南部	④层中	器物放于④层中			碗1			1	三	
	Q5	D1中部偏西南	④层中	器物放于⑤层中			盂1			1	三	
	Q6	D1东北部	⑤层中	器物放于⑤层中			盂1			1	三	
	M1	D1中部略偏东南	④→M1→⑤	近长方形竖穴土坑 3.8～3.95×0.95 ～1.15－0.76	鼎1		盂1碗2			4	三	
	M2	D1中心	⑤→M2→⑥	长方形竖穴土坑 3.15×1.7－0.15	鼎1	罐1盆1 纺轮1	坛2瓿3	豆3		12	二	
	H1	D1北部略偏东	⑥→H1→生土	平面梯形 0.72～0.85×0.65 －0.46								
										23		

附表四　上水D2登记表　　　　　　　　　　　　　　　　（单位：米）

土墩平面形状及尺寸	遗迹				遗物						期别	备注
	编号	平面位置	层位关系	形制与尺寸 长×宽-深	夹砂陶	泥质陶	硬陶	原始瓷	其他	合计		
平面椭圆形 长径20× 短径19.5 -高3	Q1	D2西南部	②→Q1→③	器物放于 ③层面上			盂1			1	三	
	Q2	D2西北部	②→Q2→③	器物放于 ③层面上		器底1豆 圈足1簋 1器盖3 豆盘1杯 1				8		Q2系一层 平铺的陶 片
	Q3	D2东部 偏北	③层中	器物放于 ③层中		不明器 形1	瓿1			2	三	
	Q4	D2西部 偏北	②→Q4→③	器物放于 ③层面上		簋2罐1 器盖1				4		Q4系平铺 陶片
	Q5	D2东部	③→Q5→④	器物放于 ④层面上	罐1	罐1				2		Q5系平铺 陶片
	Q6	D2西南部 近墩脚处	③层中	器物放于 ③层中		簋1				1		Q6系平铺 陶片
	Q7	D2西南部	⑤→Q7→⑥	器物放于 ⑥层面上		盂1	瓿1盂1			3	二	
	Q8	D2东部	土台 →Q8→F1	独立封土 6.04×2.67 -1.15（高）	鬲1	罐2簋1	钵7 豆6器 盖9器 底1			27		Q8系陶片 平铺于⑥ 层面上， 其上有封 土
	M1	D2中部	⑤→M1→土 台	长方形土坑 竖穴 3.2×1.1-0.7	鼎2	瓿1	坛2罐1 瓿1碗1 盂2	豆4		14	二	
	F1	D2底部 中心	Q8→F1→⑥	平面近方形 5.2×5								由20个柱 洞组成
	土台	D2中部	⑤→土台 →Q8	剖面梯形 顶径4.5～5.1 底径4.7～6 高0.45～1.1								
										62		

附表五　　上水D3登记表

（单位：米）

土墩平面形状及尺寸	遗迹				遗物						期别	备注
	编号	平面位置	层位关系	形制与尺寸长×宽-深	夹砂陶	泥质陶	硬陶	原始瓷	其他	合计		
平面近圆形长径18×短径16-高1.5	Q1	D3中部	④→Q1→M1	器物置于M1填土表面	鼎1		罐1瓿1			3	二	独立封土1.65×0.91-0.27
	M1	D3中部	④→M1→⑤	长方形竖穴土坑2.23×0.85-0.2		器盖1		豆2		3	二	
	M2	D3中部偏北	③→M2→⑦	长方形竖穴土坑1.9×0.85-0.15~0.3	鼎2	罐1	罐1瓿1盂1			6	二	
	M3	D3中部	⑥→M3→⑦	略呈长梯形竖穴土坑2.1×0.52~0.63-0.42						0		墓坑有独立封土2.28×0.69-0.23
	柱洞	D3底部中间	④→柱洞→⑤									共13个柱洞，分布杂乱
	Y1	D3西部墩脚处	①→Y1→②	平面长方形								不早于汉代
										12		

附表六　上水D4登记表

（单位：米）

土墩平面形状及尺寸	遗迹				遗物						期别	备注
	编号	平面位置	层位关系	形制与尺寸 长×宽-深	夹砂陶	泥质陶	硬陶	原始瓷	其他	合计		
平面近圆形 长径22× 短径19 －高1.5	Q1	D4东南部 近墩脚处	②→Q1→③	近长方形竖穴 土坑0.9×0.8－ 0.1~0.18			瓿1			1	二	
	Q2	D4东南部	③→Q2→④	器物放于 ④层面上			瓿1			1	二	
	Q3	D4东部	④→Q3→⑧	簸箕状土坑 1.2×0.76－0~ 0.46			瓿1			1	二	
	Q4	D4中部 偏东南	④→Q4→⑧	簸箕状土坑 1.05×0.7~ 1.05－0~0.25	鼎1		碗2			3	二	
	Q5	D4中部 略偏东南	⑨→Q5→⑩	器物放于 ⑩层面上			罐1			1	二	
	Q6	D4中部 偏南	⑦→Q6→⑪	圆角长方形竖穴 土坑1×0.46－ 0.25	鼎1	盆1	罐1 瓿2		豆2	7	二	
	Q7	D4中部 偏东	⑨→Q7→⑩	器物放于 ⑩层面上		圈足盘1				1	二	
	Q8	D4中心	⑨→Q8→⑩	器物放于 ⑩层面上			瓿2			2	二	
	M1	D4中部	①→M1→⑧	长方形竖穴土坑 2.2×1.2－1.1			坛1 罐1			2	二	
	M2	D4中部	⑩→M2→⑪	长方形竖穴土坑 2.25×0.5~0.6 －0.8						0		
	土垄	D4北部	⑪→土垄 →生土	弧形，分为两 段，分别长11、 17，宽1.1~ 1.6、高约0.6								
	F1	D4中心	⑩→F1→M2	平面近方形 4.4×4.8								由柱洞和基槽 组成，柱洞
	G1	D4中部	⑪→G1 →生土	沟长21、宽0.2 ~0.3、深约 0.22								沟围绕的范围 呈圆角长方形
	H1	D4北部略 偏西	④→H1→⑪	长条形 4.2×0.84－1.2 －0.26								
										19		

附表七　茅东林场D1登记表

（单位：米）

土墩平面形状及尺寸	遗迹				遗物						期别	备注
	编号	平面位置	层位关系	形制与尺寸 长×宽－深	夹砂陶	泥质陶	硬陶	原始瓷	其他	合计		
平面近圆形 长径15.5× 短径15 －高0.55	Q1	D1南部略偏东近墩脚处	②→Q1→生土	器物置于生土面		罐1				1	三	
	Q2	D1西部	③→Q2→生土	器物置于生土面上	鼎1	瓿1	罐1 碗3 盂1			7	三	
	M1	D1中部略偏东	②→M1→③	长条形竖穴土坑 5.05×0.6～1.27 －0.32～0.55	罐1 瓿1 盆1 纺轮1		坛1 碗1 盂3			9	三	
										17		

附表八　茅东林场D2登记表　　　　　　　　　（单位：米）

土墩平面形状及尺寸	遗迹				遗物						期别	备注
	编号	平面位置	层位关系	形制与尺寸长×宽－深	夹砂陶	泥质陶	硬陶	原始瓷	其他	合计		
平面椭圆形长径25.6×短径24.9－高3.6	Q1	D2北部	⑥→Q1→⑦	圆角梯形浅坑1.6×0.6~1.2－0.28	鼎2	罐1纺轮1	罐1瓿1			6	五	
	Q2	D2西南近墩脚处	⑪→Q2→⑫	器物放于⑫层面上	鼎2	罐2	坛1瓿1	瓿1碗3		10	五	
	Q3	D2东部近墩脚处	④→Q3→生土	器物放于生土面上	鼎1	罐1钵1	瓿1	碗2		6	五	
	Q4	D2西南部	⑩→Q4→⑪	器物放于⑪层面上		罐1器盖1				2	五	
	Q5	D2南部偏西墩脚处	⑪→Q5→⑫	器物放于⑫层面上		盆1	坛1			2	四	
	Q6	D2西南部	⑪→Q6→⑫	器物放于⑫层面上	鼎1			碗1		2	四	
	Q7	D2东部	④→Q7→M3	簸箕状土坑1.12×0.65－0~0.23		罐1		碗1		2	五	
	Q8	D2西部墩脚处	⑩→Q8→⑪	器物置于⑪层层面上		盆1纺轮1		碗1		3	五	
	Q9	D2南部偏西	⑪→Q9→⑫	器物放置于第12层层面上	釜1	钵1	坛3	碗3		8	五	
	M1	D2南部	⑪→M1→⑫	长条形竖穴土坑4.9×0.8~2－0.28~0.39	鼎4不明器形1	盆1钵14纺轮3器盖1	坛7瓿5	罐2瓿1碗13		52	五	
	M2	D2中部偏南	⑪→M2→⑫	长方形竖穴土坑残长4.23×1.42~1.52－0.37~1.3	釜1鼎2器盖1	罐1盆5	坛4罐3瓿2	罐2钵1碗8		30	四	
	M3	D2东部	④→M3→⑤	簸箕状浅坑9.9×4.1~4.6－0~3.15	釜2鼎4	罐5盆10盘1器盖2	坛5罐1瓿2纺轮1	碗11盂1	石块1	46	五	有墓道，坑底有熟土二层台
	M4	D2中部略偏西	⑭→M4→⑮	有石框4.5×2.1~3	釜2鼎4	坛1罐4瓿1盆1盘1器盖5不明器形1	坛3罐2瓿3	碗3	石块2	33	三	石框内填草木灰，南部没有石块，器物置于草木灰上
	土垄	D2西南部	⑫→土垄→⑬	平面长条形6.8×1.2~1.6－0.15~1.3						0		
	红烧土	D2南部偏西墩脚处	⑪→红烧土→⑫	平面圆形直径0.4最厚0.02						0		
										202		

附表九　茅东林场D3登记表

(单位：米)

土墩平面形状及尺寸	遗迹				遗物						期别	备注
	编号	平面位置	层位关系	形制与尺寸 长×宽－深	夹砂陶	泥质陶	硬陶	原始瓷	其他	合计		
平面近圆形长径22.5×短径19.5－高0.5	Q1	D3东部偏北	②→Q1→③	器物置于③层面上			罐1盂1			2	四	
	Q2	D3东部偏南	②→Q2→③	器物置于③层面上		罐1				1	五	
	Q3	D3中部偏东	②→Q3→③	器物置于③层面上	釜1鼎1	罐1	坛3	碗4		10	五	被蚁穴扰乱
	M1	D3中部偏北	③→M1→生土	长方形竖穴土坑2×0.4~0.6－0.1~0.14	鼎2		盂1	豆1	石刀1	5	三	
	M2	D3中部偏东	③→M2→生土	长方形竖穴土坑2.4×1－0.1		器盖1纺轮1		盂1		3	三	
										21		

附表一〇　茅东林场D4登记表 （单位：米）

土墩平面形状及尺寸	遗迹				遗物						期别	备注
	编号	平面位置	层位关系	形制与尺寸长×宽−深	夹砂陶	泥质陶	硬陶	原始瓷	其他	合计		
残余部分平面半圆形长径21.5×短径11−高1.6	Q1	D4西部	②→Q1→⑤	器物置于⑤层面上							五	残存少量泥制红陶片
	Q2	D4中部略偏西	⑧→Q2→⑩	器物置于⑩层面上			坛1瓿1			2	四	
	Q3	D4中部偏西北	④→Q3→⑦	器物置于⑦层面上	鼎2不明器形1	瓿1盆1	坛2瓿3	碗5		15	五	
	Q4	D4西部偏北	④→Q4→⑦	器物置于⑦层面上		罐1器形不明2				3	五	
	Q5	D4中部偏西	⑪→Q5→生土	器物置于生土面上				豆1		1	四	
	M1	D4西部	⑧→M1→⑩	长方形竖穴土坑2.61×1.16−0.1~0.2			坛2罐1	碗2		5	四	墓葬南部遭破坏
	M2	D4东部	⑦→M2→⑧	长方形竖穴土坑残长2.19×0.36~0.64−0.12	鼎1	罐1	罐1盂1			4	四	墓葬南部遭破坏
	土垄1	D4西部	④→土垄→⑥	长条形长4.5、底宽0.5、高0.55								
	土垄2	D4东北部	④→土垄→⑥	长条形长6、底宽0.4~0.8、高0.45								
										30		

附表一一　茅东林场D5登记表

（单位：米）

土墩平面形状及尺寸	遗迹				遗物						期别	备注
	编号	平面位置	层位关系	形制与尺寸 长×宽-深	夹砂陶	泥质陶	硬陶	原始瓷	其他	合计		
平面椭圆形 长径35× 短径33 -高3.5	Q1	D5东南部近墩脚处	②→Q1→⑦	器物置于⑦层面上			瓿2			2	五	
	Q2	D5东南部近墩脚处	②→Q2→⑦	器物置于⑦层面上		盆1	瓿1			2	五	
	Q3	D5东部略偏北	⑦→Q3→⑪	器物放于⑪层面上			盂1			1	四	
	Q4	D5东北部近墩脚处	①→Q4→②									Q4实为近代墓
	Q5	D5东部偏南	②→Q5→⑦	器物放于⑦层面上		罐1				1	五	
	Q6	D5东南部	②→Q6→⑦	器物放于⑦层面上			坛2	碗2		4	六	
	Q7	D5东南部	⑦→Q7→⑧	器物放于⑦层面上	釜1	罐1		碗1		3	四	
	Q8	D5北部略偏东近墩脚处	⑦→Q8→⑪	器物置于⑪层面上	鼎1	罐1	坛1			3	四	
	Q9	D5东北部近墩脚处	⑪→Q9→生土	器物置于生土面上	釜1		坛1			2	四	
	Q10	D5东部略偏南	⑦→Q10→⑪	器物置于⑪层面上			坛1			1	四	
	Q11	D5东南部	⑤→Q11→⑥	器物置于⑥层面上	釜1 鼎1		罐1 瓿2	碗1		6	五	
	Q12	D5中部偏东南	⑦→Q12→⑧	器物置于⑧层面上			瓿1			1	四	
	Q13	D5中部偏东南	器物置于⑦层中	器物置于⑦层中		罐1	坛1			2	四	
	Q14	D5西北部	⑪→Q14→生土	器物置于生土面上		罐1	坛1			2	四	
	Q15	D5西北部	⑦→Q15→⑧	器物置于⑧层面上	鼎1	瓿1	坛2			4	四	
	Q16	D5东部略偏南	⑪→Q16→生土	器物置于生土面上	鼎2	罐1 小盆2		碗1		6	四	
	Q17	D5东略偏北坡脚处	②→Q17→⑦	器物置于⑦层面上	鼎1	罐1		碗1		3	五	

土墩平面形状及尺寸	遗迹				遗物						期别	备注
	编号	平面位置	层位关系	形制与尺寸长×宽-深	夹砂陶	泥质陶	硬陶	原始瓷	其他	合计		
平面椭圆形长径35×短径33-高3.5	Q18	D5东部略偏北	器物置于⑦层中	器物置于⑦层中		罐1	坛1			2	四	
	Q19	D5中部	⑤→Q19→⑦	器物呈品字形，置于⑦层面上				钵3		3	五	
	Q20	D5中部偏西南	②→Q20→⑤	器物置于⑤层面上和封土中	釜1鼎2	盖罐1盆2大口器1	坛4	碗4盅4		19	六	独立馒头形封土3.62×3.98-0.8
	Q21	D5北部	⑤→Q21→⑦	器物置于⑦层面上	釜1鼎2	钵1	坛1瓿3碗2盂1	碗3		14	五	独立馒头形封土5.55×3.1-0.65
	Q22	D5北部偏西	⑥→Q22→⑦	器物置于⑦层面上	釜1鼎1	坛2罐1瓿2盘1钵1不明器形1	坛1瓿2			13	五	
	Q23	D5中部偏西北	⑤→Q23→⑦	器物置于⑦层面上	鼎2		坛1	碗1		4	五	独立馒头形封土4.9×3.76-0.55
	Q24	D5北部近墩脚处	器物置于⑦层中	器物置于⑦层中	鼎1	罐1器盖1	坛1			4	四	
	Q25	D5中部	⑨→Q25→⑩	器物置于⑩层面上	鼎1	瓿1器盖1				3	四	
	M1	D5中部略偏东南	⑦→M1→⑧	长方形竖穴土坑2.9×0.9~0.98-0.15~0.21			坛1			1	四	
	M2	D5中部略偏东北	⑤→M2→⑦	长方形竖穴土坑3.3×1.6~1.9-0.35	鼎3	罐1盆3钵1	坛4瓿1	瓿1碗7钵1		22	五	
	Y1	D5东北部	Y1→②									Y1暴露于地表
										128		

附表一二　茅东林场D7登记表

（单位：米）

土墩平面形状及尺寸	遗迹				遗物					合计	期别	备注
	编号	平面位置	层位关系	形制与尺寸 长×宽－深	夹砂陶	泥质陶	硬陶	原始瓷	其他			
平面近圆形长径21×短径21－高1.2	Q1	D7西北部	②→Q1→③	近方形浅坑 0.4×0.4－0.06		瓿1				1	四	
	Q2	D7东南部近墩角处	③→Q2→生土	器物置于生土面上				罐1		1	四	
	Q3	D7西南部近墩脚处	③→Q3→生土	器物置于生土面上			瓿1			1	四	
	M1	D7西部	①→M1→②	砖室墓					铜钱1	1		汉墓，被开口于于①层的扰坑严重破坏，扰坑不规则
	M2	D7中部偏东	⑤→M2→⑥	长方形竖穴土坑 3.9×1.7～1.8－0.25	釜1鼎1	罐1盆2器盖1	坛1瓿2	碗1	石镞1	11	三	
	M3	D7中部略偏西南	⑤→M3→⑥	长方形竖穴土坑 3.2×1.3～1.5－0.23～0.4	釜1	罐1器盖2纺轮1	坛2	盂1		8	三	
	M4	D7中部	⑥→M4→⑦	长方形竖穴土坑 3.75×2.1－0.22	釜1鼎1	罐2钵1	坛1瓿2碗2	豆1碗3		14	三	
	M5	D7中部	⑦→M5→生土	刀把形竖穴土坑 2.65×0.42～0.6－0.22～0.28	鬲1	圈足盘1豆1	瓿1	豆1		5	一	墓坑底部东侧有生土二层台，高0.03～0.06米。墓坑内残留人骨碎屑，仰身直肢
	M6	D7南部偏东近墩脚处	⑦→M6→生土	长方形竖穴土坑 3.2×1.2－0.25	缸1	罐1壶1				3		为新石器时期墓葬，墓坑内残存一截人的下肢，骨质疏松，破碎严重
	F1	D7中部	⑥→F1→⑦	由13个柱洞组成，平面长方形 4.02×1.82～1.99								12、13号柱洞开口于⑥层下，打破⑦层，余皆发现于M4坑底且紧贴墓坑两侧排列
										45		

附表一三　许家沟D1登记表　　　　　　（单位：米）

土墩平面形状及尺寸	遗迹				遗物						期别	备注
	编号	平面位置	层位关系	形制与尺寸 长×宽－深	夹砂陶	泥质陶	硬陶	原始瓷	其他	合计		
平面近圆形 长径34.8× 短径33.6 －高7.6	Q1	D1东南部	③→Q1→④	器物置于 ④层面上		瓿1纺轮1	坛3	碗5		10	五	
	Q2	D1北部 近墩脚处	③→Q2→生土	器物置于 生土面上		罐1盆1				2	五	
	Q3	D1西北部 近墩脚处	③→Q3→生土	器物置于 生土面上		钵1	坛1			2	五	
	Q4	D1北部	②→Q4→③	器物置于 ③层面上	鼎1	罐1		盅2		4	六	
	Q5	D1东南部	⑥→Q5→⑦	器物置于 ⑦层面上	鼎3	罐1	瓿2	碗1		7	四	
	Q6	D1东南部	⑥→Q6→⑦	簸箕状浅坑 2.85×1.58 －0～0.45	釜1	盆1	坛1 罐1			4	四	
	Q7	D1南部 偏东	⑥→Q7→⑦	器物置于 ⑦层面上	鼎2		瓿1	碗1		4	四	
	M1	D1南部 偏西	③→M1→④	簸箕状土坑 6.32×3.8 －0～2.02	釜1鼎2	盆1 钵13	坛8 罐1 瓿5	罐1三 足钵1 碗4		37	五	南端应是开口，西南角被破坏。墓底东西两侧有熟土二层台，北侧有一沟槽
	M2	D1东南部	⑤→M2→⑥	簸箕状浅坑 4.1×1.1～ 1.82－0～0.11	釜1鼎2	瓿1钵5 器盖1 纺轮1	坛3 瓿3	碗7		24	五	墓底西侧放八块石块，推测为石床
	M3	D1西部 偏南	③→M3→④	簸箕状土坑残 长4.92×2.62 －0～1.8	鼎1	盆4钵7	坛5 罐2 瓿5	瓿1碗 11		36	五	墓底南北两侧各有一条沟槽，中部铺一层白灰
	M4	D1中部	⑩→M4→⑫	长方形竖穴土坑5.2×2.85～ 2.9－0.2	釜1 鼎2 盆1	罐1瓿1 盆4	坛5 罐1 瓿5 碗3	碗3		27	三	
	M5	D1南部略 偏东	⑥→M5→⑦	簸箕状土坑 2.58×1.25～ 1.77－0～0.82	釜1鼎2	纺轮1	坛1 罐2	罐1碗7 盂1		16	四	
	M6	D1西北部	④→M6→⑤	簸箕状土坑 3.96×1.62～ 2.05－0～1.05	釜1鼎3	罐1钵3 器盖1	坛7 罐2 瓿3	瓿1碗9		31	五	墓底南侧和东侧有熟土二层台
	M7	D1中部 偏北	⑧→M7→⑨	簸箕状土坑 4.2×2.3～2.4 －0～1.8	釜1鼎1	瓿1盆2	坛6 罐5	罐1碗 15钵1		33	四	
	土垄	D1东部略 偏北	⑨→土垄 →⑫	平面梯形 7.5×1.3～2.5 －0.7～1.65				罐1碗1		2		土垄被⑥⑦⑧⑨四层土叠压
										239		

附表一四　许家沟D2登记表

（单位：米）

土墩平面形状及尺寸	遗迹				遗物						期别	备注
	编号	平面位置	层位关系	形制与尺寸 长×宽－深	夹砂陶	泥质陶	硬陶	原始瓷	其他	合计		
平面近圆形长径32×短径24.3－高6.75	Q1	D2西南部墩脚处	③→Q1→④	器物置于④层面上	鼎1	瓿1盆1	瓿1			4	四	
	Q2	D2东北部近墩脚处	③→Q2→④	器物置于④层面上	釜1鼎1	瓿1纺轮1	瓿1	瓿1碗3		9	四	
	Q3	D2东北部近墩脚处	③→Q3→④	器物置于④层面上	釜1	罐1盆1				3	四	
	Q4	D2北部略偏东近墩脚处	③→Q4→④	器物置于④层面上	釜1鼎1	罐2盆2	罐1			7	四	
	Q5	D2东部偏北	③→Q5→④	器物置于④层面上			罐2瓿1	碗1		4	四	
	Q6	D2东北部	④→Q6→⑤	器物置于⑤层面上	釜1鼎1	罐1钵1盘1	坛1	钵2碗6盂1		15	四	
	Q7	D2南部略偏东	③→Q7→④	器物置于④层面上	釜1鼎2	钵4	坛2瓿1	碗5钵1		16	五	
	Q8	D2东南部	③→Q8→④	器物置于④层面上	釜1鼎1	罐1	罐1	碗1		5	四	
	Q9	D2西北部边缘	③→Q9→④	器物置于④层面上		坛1盆1				2	四	
	Q10	D2北部偏西	③→Q10→④	器物置于④层面上		罐1				1	四	
	Q11	D2西南部	③→Q11→④	器物置于④层面上		罐1				1	四	
	Q12	D2南部	④→Q12→⑤	器物置于⑤层面上	釜1鼎1	罐2	坛1罐1盂1	碗2		9	三	
	Q13	D2东南部	④→Q13→⑤	器物置于⑤层面上			坛1罐1碗1			3	三	
	Q14	D2中部偏东北	④→Q14→⑤	器物置于⑤层面上	鼎1	盆1器盖1	罐1瓿1			5	三	
	Q15	D2西北部	④→Q15→⑤	器物置于⑤层面上	鼎2	罐1盆2三足盘1器盖1纺轮1	坛2罐1瓿1碗1	碗2盂1		16	三	
	Q16	D2中部偏东	⑤→Q16→Q19	器物置于Q19封土上	鼎1		瓿1	碗2		4	三	
	Q17	D2西北部	⑤→Q17→⑫	器物置于⑫层面上		罐2				2	三	独立封土残长2.54×残宽8－0.4
	Q18	D2东部略偏南	⑤→Q18→⑫	器物置于⑫层面上	鼎1			碗1		2	三	

土墩平面形状及尺寸	遗迹				遗物						期别	备注
	编号	平面位置	层位关系	形制与尺寸 长×宽-深	夹砂陶	泥质陶	硬陶	原始瓷	其他	合计		
	Q19	D2东部	⑤→Q19→⑥	器物置于⑪层面上	鼎1	罐5	坛1	罐1碗2		10	三	
	M1	D2南部偏西	③→M1→④	长方形竖穴土坑 2.92×1～1.2 -0.1～0.7	釜1鼎1		坛1瓿2	碗3		8	五	
	M2	D2西北部	④→M2→⑤	梯形竖穴土坑 2.96×0.9～1.34 -0.08～0.26	釜1鼎2	盆2	坛3罐1瓿1	碗6		16	四	
	M3	D2东南部	③→M3→④	长方形竖穴土坑 2.86×0.93～1.06-0.04～0.15	釜1鼎2盆1	盆3	坛3	盅5		15	六	
平面近圆形 长径32× 短径24.3 -高6.75	M4	D2东部	④→M4→⑤	器物置于⑤层面上	釜2鼎2器盖1	盆1	坛3罐1	碗7	铜管1	18	四	独立封土 3.03× 1.86～2.05 -0.48
	M5	D2中部偏南	④→M5→⑤	长方形竖穴土坑 3.82×2.45～2.59 -0.36～0.4	釜1鼎3	纺轮1	坛3罐2	碗3	石块2 串珠1套	16	三	
	M6	D2北部	④→M6→⑤	梯形竖穴土坑 3.16～3.5×1.2～1.89 -0.36～0.8	釜1	罐1盆1	坛4	豆1碗2		10	三	
	M7	D2北部偏西	④→M7→⑤	长条形竖穴土坑 5.63×0.76～1.53 -0.1～0.74	釜1鼎2器盖2	罐1盆1钵1	坛3罐1瓿1碗1	碗7	石块1	22	三	
	M8	D2西部	④→M8→⑤	长方形竖穴土坑 残长4.34×1.93～2.35 -0.36～0.7	釜1鼎1	罐1钵1纺轮1	坛4瓿3碗1盂1	罐2瓿1豆1碗2盂1	串珠1套	22	三	墓坑西部被破坏
	M9	D2中部	⑪→M9→⑫	长方形竖穴土坑 4.54×2.48～2.51-0.3～0.44	鼎5器盖1	罐1钵4	坛3罐1瓿5	豆5碗2盏1		28	二	
										273		

附表一五　　许家沟D3登记表　　(单位：米)

土墩平面形状及尺寸	遗迹				遗物						期别	备注
	编号	平面位置	层位关系	形制与尺寸长×宽-深	夹砂陶	泥质陶	硬陶	原始瓷	其他	合计		
平面圆形长径10.5×短径10.5-高0.6~1.5	Q1	D3东南部	①→Q1→生土	长方形竖穴土坑2.05×0.6~0.7-0.05	鼎2	盆1钵1	坛2瓿1			7	五	墓葬上部遭破坏

附表一六　　许家沟D4登记表　　(单位：米)

土墩平面形状及尺寸	遗迹				遗物						期别	备注
	编号	平面位置	层位关系	形制与尺寸长×宽-深	夹砂陶	泥质陶	硬陶	原始瓷	其他	合计		
残存部分平面半圆形长径12.85×短径6.1-高2.25	Q1	D4西北部	①→Q1→⑤	器物置于⑤层面上		罐1盆1				2	五	
	Q2	D4西北部	器物置于③层中	器物置于③层中	鼎2	瓮1	瓿1			4	五	
	M1	D4东部	①→M1→②	长方形竖穴土坑3.05×1.36-0.2~0.4	鼎3		坛3瓿6	钵3碗5		20	五	墓葬东侧及上部被破坏
	M2	D4西部	①→M2→②	长条形竖穴土坑1.89×0.4~0.72-0.4	鼎1	罐1	坛1			3	五	墓葬南部遭破坏
	M3	D4中部	④→M3→⑤	长方形竖穴土坑2.82×1.7~2.33-0.1~0.2	鼎2	罐2三足盘1	坛2罐1瓿1			9	四	墓葬南部遭破坏，北部被G1打破
	G1	D4中部偏北	④→G1→⑤	平面L形南北长2.1、东西长4.15、宽0.23~0.33、深0.15						0		
										38		

附表一七　裕巷D1登记表　　　　　　　　（单位：米）

土墩平面形状及尺寸	遗迹				遗物						期别	备注
	编号	平面位置	层位关系	形制与尺寸长×宽－深	夹砂陶	泥质陶	硬陶	原始瓷	其他	合计		
平面椭圆形长径25.5×短径25－高2.5	Q1	D1西部近墩脚处	②→Q1→⑥	器物置于⑥层面上		罐1		碗1		2	四	
	Q2	D1西南部近墩脚处	②→Q2→⑥	器物置于⑥层面上	釜1鼎1	罐1		碗1盂1		5	四	
	Q3	D1西北部近墩脚处	②→Q3→⑥	器物置于⑥层面上	鼎1	罐1	坛1罐1瓿1			5	四	
	Q4	D1西部近墩脚处	②→Q4→⑥	器物置于⑥层面上		罐1		碗1		2	四	
	Q5	D1中部偏东北	②→Q5→⑥	器物置于⑥层面上	鼎1	瓿1	坛1	钵1碗2盂1		7	四	
	Q6	D1中部偏东	②→Q6→③	簸箕状浅坑1.4×1.35－0～0.5		罐1盘2	坛2	碗1盖盅7		13	六	
	Q7	D1中部偏南	②→Q7→③	器物置于③层面上	鼎1	罐1	瓿1	碗3		6	四	
	Q8	D1东部偏北	②→Q8→⑥	器物置于⑥层面上	釜1鼎1	罐2	瓿1	碗1		6	四	
	Q9	D1西北部近墩脚处	②→Q9→⑥	器物置于⑥层面上			罐1			1	四	
	Q10	D1西部偏北近墩脚处	器物置于②层中	器物置于②层中		磨制陶片1				1		
	Q11	D1北部偏东近墩脚处	③→Q11→⑥	器物置于⑥层面上	鼎1	罐2				3	四	
	Q12	D1北部偏西	③→Q12→⑥	器物置于⑥层面上	鼎1	罐2器盖1	盂1			5	四	
	Q13	D1西北部	③→Q13→⑥	器物置于⑥层面上		盆1		碗1		2	四	
	M1	D1中部偏西南	②→M1→③	簸箕状竖穴土坑3.15×1.35～2－0.02～0.5	釜1鼎2	小罐1碗1盂1器盖1不明器形2	坛1瓿1			11	四	
	M2	D1中部偏东南	②→M2→③	簸箕状竖穴土坑1.55×1.04－0～0.43	釜1鼎1	盆1盘3	罐2瓿1	罐1		10	六	
	M3	D1中部偏西北	③→M3→④	长方形竖穴土坑4.42×1.96－0.75	鼎4	罐2盆2碗1器盖5不明器形2	坛4罐3瓿2	碗3	石块1	29	四	
	F1	D1中部	⑤→F1→⑦									
										108		

附表一八　裕巷D2登记表

（单位：米）

土墩平面形状及尺寸	编号	平面位置	层位关系	形制与尺寸 长×宽-深	夹砂陶	泥质陶	硬陶	原始瓷	其他	合计	期别	备注
平面椭圆形长径21.5×短径19.5-高2	Q1	D2东部偏北	③→Q1→④	器物置于④层面上			坛1			1	四	
	Q2	D2北部略偏西	③→Q2→④	器物置于④层面上			坛1罐1瓿1碗1			4	四	
	Q3	D2东南部	③→Q3→④	器物置于④层面上	鼎1		罐1			2	四	
	Q4	D2东部近墩脚处	器物置于③层中	器物置于③层中			瓿1	碗3		4	五	
	Q5	D2西部偏南	③→Q5→④	器物置于④层面上	鼎3	罐1	罐2	碗3		9	五	
	Q6	D2东南部近墩脚处	器物置于③层中	器物置于③层中			不明器形1			1	五	
	Q7	D2西南部	③→Q7→④	器物置于④层面上		盆1	坛1罐1瓿1碗1盂1			6	四	
	Q8	D2东部略偏南	③→Q8→④	近长方形浅坑1.22×0.55-0.07~0.22	鼎3	罐1	瓿1			5	五	
	Q9	D2东南部	器物置于③层中	器物置于③层中	鼎1					1	五	
	Q10	D2中部偏西	④→Q10→⑥	器物置于⑥层面上	鼎2	瓿1纺轮1	瓿1			5	三	
	Q11	D2中部偏东南	③→Q11→④	器物置于⑥层面上	鼎2	瓿1	罐2			5	五	
	Q12	D2东南部	器物置于⑥层中	器物置于⑥层中		器盖1				1	三	
	M1	D2中心	④→M1→⑤	椭圆形竖穴土坑3.45×1.8-0.81	不明器形2		坛1罐1瓿1碗4			9	三	
	M2	D2中部略偏东北	⑥→M2→⑧	器物置于⑧层面上	釜1鼎1		坛2罐1瓿1	碗3杯1		10	三	独立封土3.3×0.75-0.43~0.58
	M3	D2中部略偏东	⑤→M3→⑦	长方形竖穴土坑2.47×1.1~1.27-0.45~0.85	釜1鼎1		坛1罐2器盖1纺轮1			7	三	
	G1	D2中部	⑥→G1→⑦	平面U形宽0.25~0.4、深约0.2								
										70		

附表一九　　裕巷D4登记表

（单位：米）

土墩平面形状及尺寸	遗迹				遗物						期别	备注
	编号	平面位置	层位关系	形制与尺寸长×宽－深	夹砂陶	泥质陶	硬陶	原始瓷	其他	合计		
原平面圆形长径20×短径20－高2	M1	T1南部偏东	M1→生土	长条形竖穴土坑3.1×1～0.08－0.12	鼎1不明器形1	坛1不明器形1				4	五	墓葬上部被破坏
	柱洞	T1北部偏东	柱洞→生土	柱洞围成的平面2.1×2						0		共7个柱洞，平面圆形或近圆形

附表二○　　裕巷D5登记表

（单位：米）

土墩平面形状及尺寸	遗迹				遗物						期别	备注
	编号	平面位置	层位关系	形制与尺寸长×宽－深	夹砂陶	泥质陶	硬陶	原始瓷	其他	合计		
平面近圆形长径19.00×短径18.00－高0.25	Q1	D5东北部	①→Q1→②	器物置于②层面上	鼎1不明器形1	盆1	坛1罐1	钵1碗3		9	五	
	Q2	D5南部偏西近墩脚处	②→Q2→③	器物置于③层面上			罐2			2	五	
	M1	D5中部	M1→③	近长方形竖穴土坑2.85×0.96～1.16－0.03～0.08	不明器形1	罐2盘1纺轮1	坛2罐1碗2	碗1盂3		14	四	墓葬上部遭破坏，部分器物暴露于地表
	M2	D5东北部近墩脚处	M2→②	长方形竖穴土坑2.55×0.75～0.85－0.02～0.10	鼎1	纺轮1	坛1瓿1	碗2盂1		7	五	墓葬上部遭破坏，部分器物暴露于地表
										32		

金坛薛埠土墩墓群发掘报告

（下）

南 京 博 物 院
常 州 博 物 馆　编著
镇 江 博 物 馆
金 坛 博 物 馆

文物出版社

Excavation Report on Burial Mounds at Xuebu in Jintan

(II)

by

Nanjing Museum
Changzhou Museum
Zhenjiang Museum
Jintan Museum

Cultural Relics Press

彩版目录

1. 土墩墓外形

2. 土墩墓发掘工作照

彩版一　薛埠土墩墓群

1. 考古成果汇报会

2. 专家座谈会

彩版二 薛埠土墩墓群发掘工作照

1. 2005年12月18日，张忠培先生指导整理工作

2. 2005年12月18日，李伯谦先生指导整理工作

彩版三　薛埠土墩墓群发掘工作照

1. 参与整理人员合影

2. 整理工作照

彩版四　薛埠土墩墓群发掘工作照

1. 石家山林场JXSJD1发掘前

2. 石家山林场JXSJD1地层剖面

彩版五　石家山林场JXSJD1

1. 石家山林场JXSJD1M1

2. 原始瓷瓿JXSJD1M1：1

3. 陶盘JXSJD1M1：2

彩版六　石家山林场JXSJD1M1及出土器物

1. 石家山林场JXSJD1Q1

2. 陶鼎JXSJD1Q1：4

3. 硬陶坛JXSJD1Q1：1

4. 硬陶坛JXSJD1Q1：2

彩版七　石家山林场JXSJD1Q1及出土器物

1. 石家山林场JXSJD1Q2

2. 陶鼎JXSJD1Q2：3

3. 硬陶罐JXSJD1Q2：5

4. 陶盆JXSJD1Q2：8

彩版八　石家山林场JXSJD1Q2及出土器物

1. 硬陶坛JXSJD1Q2：6

2. 硬陶坛JXSJD1Q2：7

3. 原始瓷碗JXSJD1Q2：2

4. 陶器盖JXSJD1Q2：4

彩版九　石家山林场JXSJD1Q2出土器物

1. 石家山林场JXSJD1Q3

2. 硬陶瓿JXSJD1Q3：4

3. 原始瓷碗JXSJD1Q3：3

4. 原始瓷碗JXSJD1Q3：7

5. 原始瓷碗JXSJD1Q3：9

彩版一〇　石家山林场JXSJD1Q3及出土器物

1. 原始瓷罐JXSJD1Q3：8

2. 硬陶坛JXSJD1Q4：1

3. 石家山林场JXSJD1Q4

彩版一一　石家山林场JXSJD1Q3、Q4及出土器物

1. 石家山林场JXSJD1Q5

2. 陶鼎JXSJD1Q5：2

3. 硬陶瓿JXSJD1Q5：1

4. 石家山林场JXSJD1Q6

彩版一二　石家山林场JXSJD1Q5、Q6及出土器物

1. 石家山林场JXSJD1Q7

2. 陶鼎JXSJD1Q7：2

3. 硬陶坛JXSJD1Q7：4

彩版一三　石家山林场JXSJD1Q7及出土器物

1. 硬陶瓿JXSJD1Q7：1

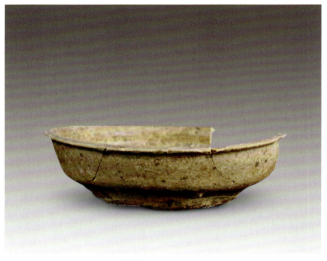

2. 原始瓷碗JXSJD1Q7：6

3. 原始瓷碗JXSJD1Q7：7

4. 原始瓷碗JXSJD1Q7：8

5. 原始瓷碗JXSJD1Q7：3

彩版一四　石家山林场JXSJD1Q7出土器物

1. 东进JXDD1发掘前

2. 东进JXDD1地层剖面

彩版一五　　东进JXDD1

1. 东进JXDD1M1

2. 硬陶坛JXDD1M1：3

3. 硬陶罐JXDD1M1：1

彩版一六　东进JXDD1M1及出土器物

1. 东进JXDD1Q1

2. 陶鼎JXDD1Q1：5

4. 硬陶罐JXDD1Q1：3

3. 硬陶坛JXDD1Q1：2

彩版一七　东进JXDD1Q1及出土器物

1. 东进JXDD1Q2

2. 硬陶坛JXDD1Q2∶7

3. 硬陶坛JXDD1Q2∶8

彩版一八　东进JXDD1Q2及出土器物

1. 硬陶罐JXDD1Q2：12

2. 硬陶瓿JXDD1Q2：5

3. 原始瓷碗JXDD1Q2：2

4. 原始瓷碗JXDD1Q2：11

5. 原始瓷盂JXDD1Q2：1

6. 硬陶盂JXDD1Q2：3

彩版一九　东进JXDD1Q2出土器物

1. 东进JXDD1Q4

2. 硬陶瓿JXDD1Q4：2

3. 陶瓿JXDD1Q4：4

4. 原始瓷碗JXDD1Q4：1

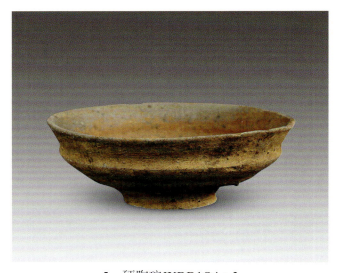

5. 硬陶碗JXDD1Q4：3

彩版二〇　东进JXDD1Q4及出土器物

1. 东进JXDD1Q5

2. 硬陶瓿JXDD1Q5：2

3. 硬陶瓿JXDD1Q5：6

4. 硬陶碗JXDD1Q5：3

彩版二一　东进JXDD1Q5及出土器物

1. 东进JXDD1Q6

2. 硬陶瓿JXDD1Q6：4

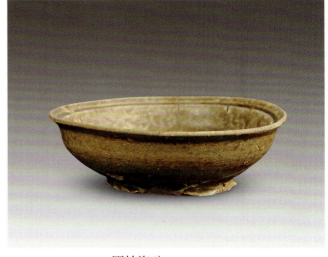

3. 原始瓷碗JXDD1Q6：3

4. 硬陶盂JXDD1Q6：1

5. 硬陶盂JXDD1Q6：2

彩版二二　东进JXDD1Q6及出土器物

1. 上水土墩墓JXSD1、D2、D4

2. 上水JXSD1发掘前地貌

彩版二三 上水土墩墓

1. 发掘工作照

2. 发掘工作照

彩版二四　上水土墩墓发掘发掘工作照

1. 上水JXSD1地层剖面

2. 上水JXSD1地层剖面

彩版二五　上水JXSD1

1. 上水JXSD1M1

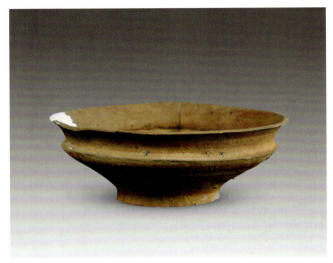

3. 硬陶碗JXSD1M1：2

4. 硬陶碗JXSD1M1：3

2. 陶鼎JXSD1M1：4

5. 硬陶盂JXSD1M1：1

彩版二六　上水JXSD1M1及出土器物

1. 上水JXSD1M2

2. 上水JXSD1M2底部红烧土

彩版二七　上水JXSD1M2

1. 陶鼎JXSD1M2：8

2. 硬陶瓿JXSD1M2：7

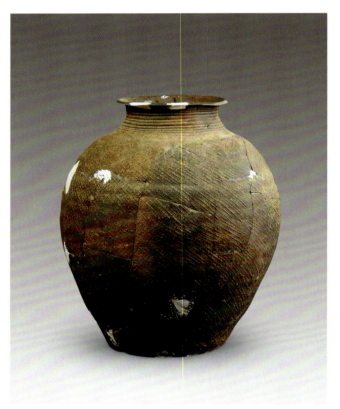

3. 硬陶坛JXSD1M2：4

4. 硬陶坛JXSD1M2：5

彩版二八　上水JXSD1M2出土器物

1. 硬陶瓿JXSD1M2：6

2. 硬陶瓿JXSD1M2：2

3. 原始瓷豆JXSD1M2：10

4. 原始瓷豆JXSD1M2：11

5. 原始瓷豆JXSD1M2：9

彩版二九　上水JXSD1M2出土器物

1. 上水JXSD1Q1

2. 硬陶瓿JXSD1Q1：1

3. 硬陶瓿JXSD1Q2：2

4. 上水JXSD1Q2

彩版三〇　上水JXSD1Q1、Q2及出土器物

1. 上水JXSD1Q3

2. 原始瓷豆JXSD1Q3：1

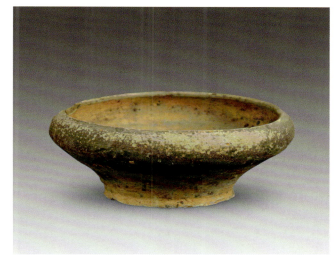

3. 硬陶盂JXSD1Q5：1

4. 上水JXSD1Q5

彩版三一　上水JXSD1Q3、Q5及出土器物

1. 上水JXSD2

2. 上水JXSD2地层剖面

彩版三二　　上水JXSD2

1. 上水JXSD2M1

2. 上水JXSD2M1

彩版三三　上水JXSD2M1及出土器物

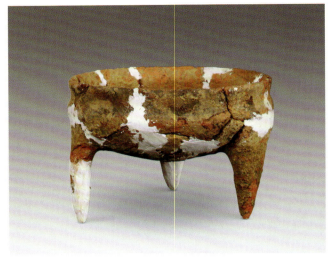

1. 陶鼎JXSD2M1∶5

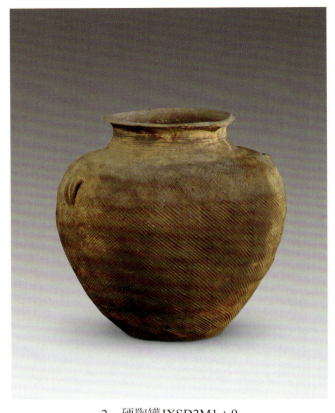

2. 硬陶罐JXSD2M1∶9

3. 硬陶坛JXSD2M1∶7

4. 硬陶坛JXSD2M1∶10

彩版三四　上水JXSD2M1出土器物

1. 硬陶瓿JXSD2M1：6

2. 陶瓿JXSD2M1：11

3. 原始瓷豆JXSD2M1：3

4. 原始瓷豆JXSD2M1：12

5. 原始瓷豆JXSD2M1：13

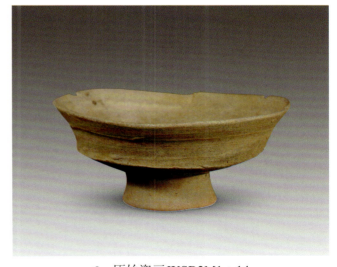

6. 原始瓷豆JXSD2M1：14

彩版三五　上水JXSD2M1出土器物

1. 硬陶碗JXSD2M1：4

2. 硬陶盂JXSD2M1：1

3. 硬陶盂JXSD2M1：2

4. 硬陶盂JXSD2Q1：1

5. 上水JXSD2Q1

彩版三六　上水JXSD2M1、Q1及出土器物

1. 上水JXSD2Q2

2. 上水JXSD2Q3

3. 硬陶瓿JXSD2Q3：1

彩版三七　上水JXSD2Q2、Q3及出土器物

1. 上水JXSD2Q7

2. 硬陶瓿JXSD2Q7：3

3. 陶盂JXSD2Q7：1

4. 硬陶盂JXSD2Q7：2

彩版三八　上水JXSD2Q7及出土器物

1. 上水JXSD2Q8

2. 硬陶豆JXSD2Q8：1

3. 硬陶豆JXSD2Q8：8

4. 硬陶豆JXSD2Q8：15

5. 硬陶豆JXSD2Q8：19

彩版三九　上水JXSD2Q8及出土器物

1．硬陶钵JXSD2Q8：22

2．硬陶钵JXSD2Q8：10

3．硬陶钵JXSD2Q8：21

4．硬陶钵JXSD2Q8：13

5．硬陶钵JXSD2Q8：17

6．硬陶钵JXSD2Q8：20

彩版四〇　上水JXSD2Q8出土器物

1. 硬陶器盖JXSD2Q8：3

2. 硬陶器盖JXSD2Q8：5

3. 硬陶器盖JXSD2Q8：18

4. 硬陶器盖JXSD2Q8：12

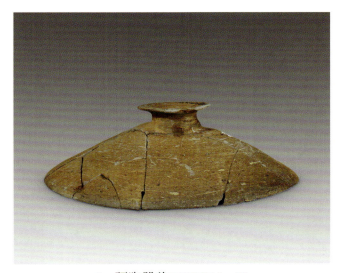

5. 硬陶器盖JXSD2Q8：23

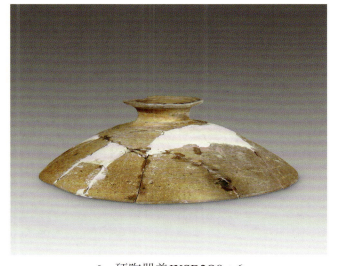

6. 硬陶器盖JXSD2Q8：6

彩版四一　上水JXSD2Q8出土器物

1. 上水JXSD2土台

2. 上水JXSD2F1柱洞

彩版四二　上水JXSD2土台与柱洞

1. 上水JXSD3发掘前地貌

2. 上水JXSD3

彩版四三　上水JXSD3

1．上水JXSD3地层剖面

2．上水JXSD3地层剖面

彩版四四　上水JXSD3

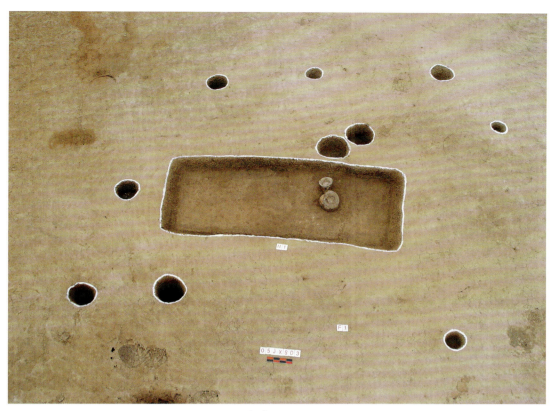

1. 上水JXSD3M1

2. 上水JXSD3M1

彩版四五　上水JXSD3M1

1. 原始瓷豆JXSD3M1：2

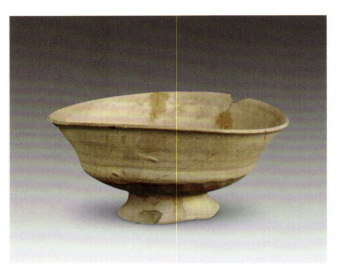

2. 原始瓷豆JXSD3M1：3

3. 陶器盖JXSD3M1：1

4. 上水JXSD3M3

彩版四六　上水JXSD3M1、M3及出土器物

1. 上水JXSD3M2

2. 陶鼎JXSD3M2：2

3. 硬陶罐JXSD3M2：1

4. 硬陶瓿JXSD3M2：4

5. 硬陶盂JXSD3M2：3

彩版四七　上水JXSD3M2及出土器物

1. 陶鼎JXSD3Q1：2

2. 硬陶瓿JXSD3Q1：1

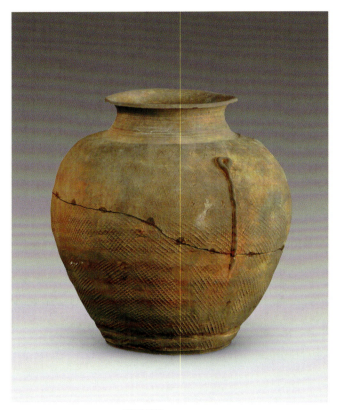

3. 硬陶罐JXSD3Q1：3

4. 上水JXSD3Y1

彩版四八　上水JXSD3Q1、Y1及出土器物

1. 上水JXSD4工作照

2. 上水JXSD4地层剖面

彩版四九　上水JXSD4

1. 上水JXSD4M1

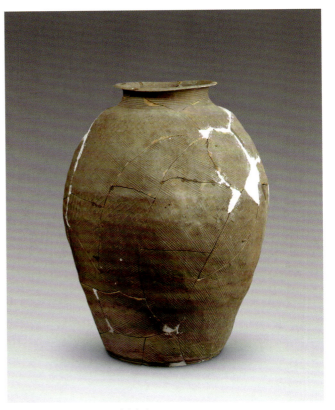

2. 硬陶坛JXSD4M1：2

3. 硬陶罐JXSD4M1：1

彩版五〇　上水JXSD4M1及出土器物

1. 上水JXSD4M2

2. 上水JXSD4Q1

彩版五一　　上水JXSD4M2与Q1

1. 硬陶瓿JXSD4Q1：1

2. 硬陶瓿JXSD4Q2：1

3. 上水JXSD4Q2

彩版五二　上水JXSD4Q1、Q2及出土器物

1. 上水JXSD4Q4

2. 硬陶碗JXSD4Q4：1

3. 硬陶碗JXSD4Q4：2

4. 上水JXSD4Q5

5. 硬陶罐JXSD4Q5：1

彩版五三　上水JXSD4Q4、Q5及出土器物

1. 上水JXSD4Q6

2. 硬陶罐JXSD4Q6：7

3. 硬陶瓿JXSD4Q6：2

4. 硬陶瓿JXSD4Q6：6

5. 陶盆JXSD4Q6：1

彩版五四　上水JXSD4Q6及出土器物

1. 原始瓷豆JXSD4Q6：4

2. 原始瓷豆JXSD4Q6：5

3. 上水JXSD4Q7

4. 圈足盘JXSD4Q7：1

5. 硬陶瓿JXSD4Q8：1

6. 硬陶瓿JXSD4Q8：2

彩版五五　上水JXSD4Q6～Q8及出土器物

1. 上水JXSD4F1柱洞

2. 硬陶坛JXSD4采：1

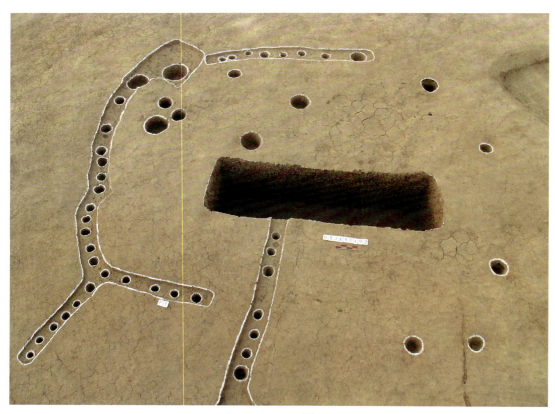

3. JXSD4M2及G1

彩版五六　上水JXSD4建筑遗迹及采集器物

1. 茅东林场JXMD1~D6

2. 茅东林场土墩墓群发掘人员合影

彩版五七　茅东林场土墩墓群

1．硬陶坛JXMD1M1∶7

2．陶罐JXMD1M1∶6

3．陶瓿JXMD1M1∶4

4．硬陶碗JXMD1M1∶8

5．硬陶盂JXMD1M1∶1

彩版五八　茅东林场JXMD1M1出土器物

1. 硬陶盂JXMD1M1：2

2. 硬陶盂JXMD1M1：3

3. 陶罐JXMD1Q1：1

4. 陶鼎JXMD1Q2：6

5. 硬陶罐JXMD1Q2：5

6. 硬陶碗JXMD1Q2：2

彩版五九　茅东林场JXMD1M1、Q1、Q2出土器物

1. 茅东林场JXMD1Q2

2. 硬陶碗JXMD1Q2：4

3. 硬陶碗JXMD1Q2：7

4. 硬陶盂JXMD1Q2：3

彩版六〇　茅东林场JXMD1Q2出土器物

1．茅东林场JXMD2

2．茅东林场JXMD2

彩版六一　茅东林场JXMD2

1. 茅东林场JXMD2地层剖面

2. 茅东林场JXMD2地层剖面

彩版六二　　茅东林场JXMD2

1. 茅东林场JXMD2M1

2. 茅东林场JXMD2M1墓底漆皮

彩版六三　茅东林场JXMD2M1

1．硬陶坛JXMD2M1：25

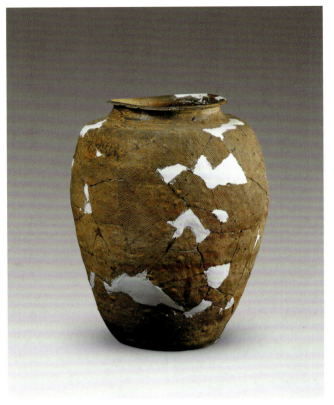

2．硬陶坛JXMD2M1：29

3．硬陶坛JXMD2M1：41

4．硬陶坛JXMD2M1：51

彩版六四　茅东林场JXMD2M1出土器物

1. 硬陶坛JXMD2M1：33

2. 硬陶坛JXMD2M1：40

3. 原始瓷罐JXMD2M1：19

4. 原始瓷小罐JXMD2M1：4

彩版六五　茅东林场JXMD2M1出土器物

1. 原始瓷瓿JXMD2M1：1

2. 硬陶瓿JXMD2M1：27

3. 硬陶瓿JXMD2M1：45

4. 硬陶瓿JXMD2M1：2

5. 硬陶瓿JXMD2M1：15

6. 硬陶瓿JXMD2M1：3

彩版六六　茅东林场JXMD2M1出土器物

1. 陶盆JXMD2M1：16

2. 原始瓷碗JXMD2M1：8

3. 原始瓷碗JXMD2M1：9

4. 原始瓷碗JXMD2M1：46

5. 原始瓷碗JXMD2M1：47

6. 原始瓷碗JXMD2M1：49

彩版六七　茅东林场JXMD2M1出土器物

1. 原始瓷碗JXMD2M1：13

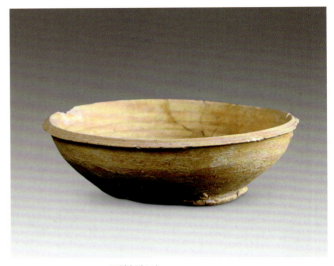

2. 原始瓷碗JXMD2M1：11

3. 原始瓷碗JXMD2M1：10

4. 原始瓷碗JXMD2M1：14

5. 原始瓷碗JXMD2M1：35

6. 原始瓷碗JXMD2M1：48

彩版六八　茅东林场JXMD2M1出土器物

1. 陶钵JXMD2M1：21

2. 陶钵JXMD2M1：28

3. 陶钵JXMD2M1：31

4. 陶钵JXMD2M1：34

5. 陶纺轮JXMD2M1：5

6. 陶纺轮JXMD2M1：7

彩版六九　茅东林场JXMD2M1出土器物

1. 茅东林场JXMD2M2、M3

2. 茅东林场JXMD2M2

彩版七〇　茅东林场JXMD2M2、M3

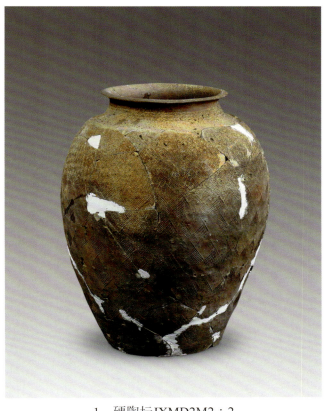

1. 硬陶坛JXMD2M2：2

2. 硬陶坛JXMD2M2：4

3. 硬陶坛JXMD2M2：8

4. 硬陶坛JXMD2M2：6

彩版七一　茅东林场JXMD2M2出土器物

1. 陶罐JXMD2M2：12

2. 硬陶罐JXMD2M2：13

3. 硬陶罐JXMD2M2：14

4. 硬陶罐JXMD2M2：27

5. 原始瓷罐JXMD2M2：15

6. 原始瓷罐JXMD2M2：16

彩版七二　茅东林场JXMD2M2出土器物

1. 硬陶瓿JXMD2M2：9

2. 硬陶瓿JXMD2M2：23

3. 陶盆JXMD2M2：5

4. 陶盆JXMD2M2：11

5. 原始瓷碗JXMD2M2：21

6. 原始瓷碗JXMD2M2：18

彩版七三　茅东林场JXMD2M2出土器物

1. 原始瓷碗JXMD2M2：19

2. 原始瓷碗JXMD2M2：22

3. 原始瓷碗JXMD2M2：24

4. 原始瓷碗JXMD2M2：28

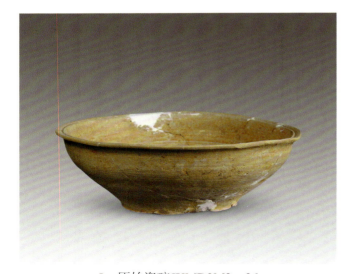

5. 原始瓷碗JXMD2M2：26

6. 原始瓷钵JXMD2M2：30

彩版七四　茅东林场JXMD2M2出土器物

1. 茅东林场JXMD2M3墓道

2. 茅东林场JXMD2M3

彩版七五　茅东林场JXMD2M3

1. 陶鼎JXMD2M3∶9

2. 硬陶坛JXMD2M3∶2

3. 硬陶坛JXMD2M3∶28

彩版七六　茅东林场JXMD2M3出土器物

1. 硬陶坛JXMD2M3：35

2. 硬陶坛JXMD2M3：37

3. 硬陶坛JXMD2M3：40

4. 陶罐JXMD2M3：3

彩版七七　茅东林场JXMD2M3出土器物

1. 陶罐JXMD2M3：18

2. 硬陶罐JXMD2M3：22

3. 陶罐JXMD2M3：41

4. 钵形罐JXMD2M3：12

5. 钵形罐JXMD2M3：27

6. 硬陶瓿JXMD2M3：10

彩版七八　茅东林场JXMD2M3出土器物

1. 硬陶瓿JXMD2M3：15

2. 陶盆JXMD2M3：13

3. 陶盆JXMD2M3：19

4. 陶盆JXMD2M3：39

5. 陶盘JXMD2M3：34

6. 原始瓷碗JXMD2M3：7

彩版七九　茅东林场JXMD2M3出土器物

1. 原始瓷碗JXMD2M3∶33

2. 原始瓷碗JXMD2M3∶43

3. 原始瓷碗JXMD2M3∶20

4. 原始瓷碗JXMD2M3∶17

5. 原始瓷碗JXMD2M3∶14

6. 原始瓷碗JXMD2M3∶31

彩版八〇　茅东林场JXMD2M3出土器物

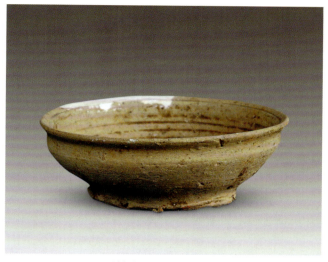

1. 原始瓷碗JXMD2M3：29

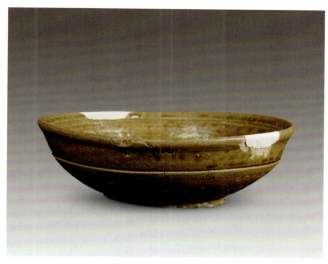

2. 原始瓷碗JXMD2M3：23

3. 原始瓷盂JXMD2M3：6

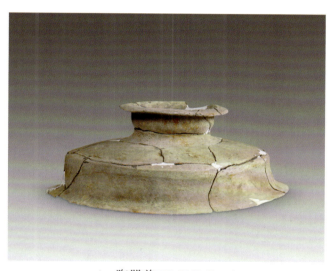

4. 陶器盖JXMD2M3：8

5. 陶纺轮JXMD2M3：26

6. 石玦JXMD2M3：25

彩版八一　茅东林场JXMD2M3出土器物

1. 茅东林场JXMD2M4

2. 茅东林场JXMD2M4

彩版八二　茅东林场JXMD2M4

1. 硬陶坛JXMD2M4：7

2. 硬陶坛JXMD2M4：12

彩版八三　茅东林场JXMD2M4出土器物

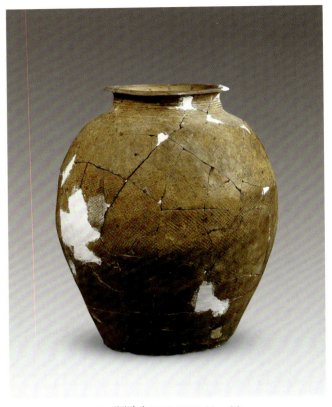

1．硬陶坛JXMD2M4：29

2．陶坛JXMD2M4：8

3．硬陶罐JXMD2M4：2

4．硬陶罐JXMD2M4：26

彩版八四　茅东林场JXMD2M4出土器物

1. 钵形罐JXMD2M4：3

2. 硬陶瓿JXMD2M4：6

3. 硬陶瓿JXMD2M4：18

4. 硬陶瓿JXMD2M4：21

5. 陶瓿JXMD2M4：20

6. 陶盘JXMD2M4：25

彩版八五　茅东林场JXMD2M4出土器物

1. 原始瓷碗JXMD2M4：1

2. 原始瓷碗JXMD2M4：23

3. 原始瓷碗JXMD2M4：24

4. 陶器盖JXMD2M4：31

5. 石玦JXMD2M4：16

6. 石玦JXMD2M4：17

彩版八六　茅东林场JXMD2M4出土器物

1. 茅东林场JXMD2Q1

2. 陶罐JXMD2Q1：2

3. 硬陶罐JXMD2Q1：3

4. 硬陶瓿JXMD2Q1：1

彩版八七　茅东林场JXMD2Q1及出土器物

1. 茅东林场JXMD2Q2

2. 硬陶坛JXMD2Q2：1

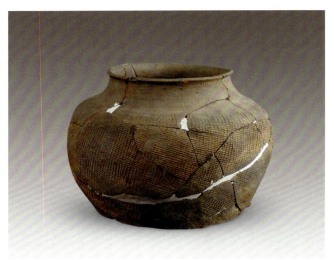

3. 硬陶瓿JXMD2Q2：6

4. 原始瓷瓿JXMD2Q2：9

彩版八八　茅东林场JXMD2Q2及出土器物

1. 原始瓷碗JXMD2Q2：4

2. 原始瓷碗JXMD2Q2：7

3. 原始瓷碗JXMD2Q2：10

4. 陶罐JXMD2Q4：1

5. 茅东林场JXMD2Q4

彩版八九　茅东林场JXMD2Q2、Q4及出土器物

1. 茅东林场JXMD2Q3

2. 硬陶瓿JXMD2Q3：4

3. 原始瓷碗JXMD2Q3：3

4. 原始瓷碗JXMD2Q3：5

彩版九〇　茅东林场JXMD2Q3及出土器物

1. 茅东林场JXMD2Q5

2. 硬陶坛JXMD2Q5：2

3. 陶盆JXMD2Q5：1

4. 原始瓷碗JXMD2Q6：1

彩版九一　茅东林场JXMD2Q5、Q6及出土器物

1. 茅东林场JXMD2Q7

2. 陶罐JXMD2Q7：2

3. 原始瓷碗JXMD2Q7：1

4. 陶盆JXMD2Q8：3

5. 原始瓷碗JXMD2Q8：2

6. 陶纺轮JXMD2Q8：1

彩版九二　茅东林场JXMD2Q7、Q8及出土器物

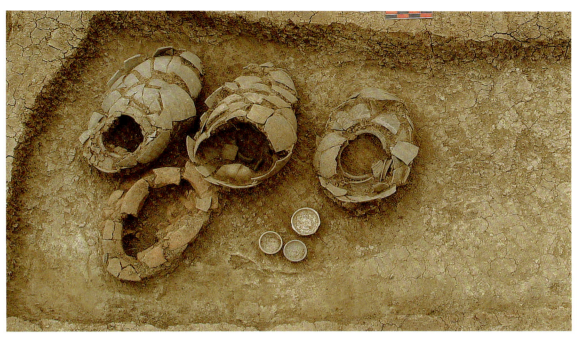

1. 茅东林场JXMD2Q9

2. 硬陶坛JXMD2Q9：1

3. 硬陶坛JXMD2Q9：6

彩版九三　茅东林场JXMD2Q9及出土器物

1．陶釜JXMD2Q9：7

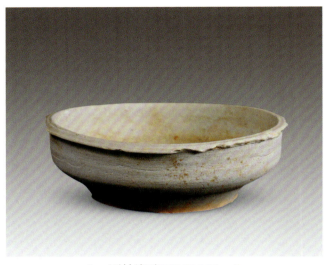

3．原始瓷碗JXMD2Q9：2

2．硬陶坛JXMD2Q9：5

4．原始瓷碗JXMD2Q9：3

5．原始瓷碗JXMD2Q9：4

彩版九四　茅东林场JXMD2Q9出土器物

1. 茅东林场JXMD2环丘及M4石框

2. 茅东林场JXMD2M4土垄

彩版九五　茅东林场JXMD2环丘及石棺床

1. 茅东林场JXMD3地层剖面

2. 茅东林场JXMD3M1发掘前

彩版九六　茅东林场JXMD3M1

1. 茅东林场JXMD3M1

2. 陶鼎JXMD3M1：1

3. 原始瓷豆JXMD3M1：4

4. 硬陶盂JXMD3M1：2

5. 石刀JXMD3M1：5

彩版九七　茅东林场JXMD3M1及出土器物

1. 茅东林场JXMD3M2

2. 原始瓷盂JXMD3M2：1

3. 陶器盖JXMD3M2：2

4. 陶纺轮JXMD3M2：3

彩版九八　茅东林场JXMD3M2及出土器物

1. 硬陶罐JXMD3Q1：2

2. 硬陶盂JXMD3Q1：1

3. 原始瓷碗JXMD3Q3：6

4. 原始瓷碗JXMD3Q3：7

5. 原始瓷碗JXMD3Q3：8

6. 原始瓷碗JXMD3Q3：10

彩版九九　茅东林场JXMD2Q1、Q3出土器物

1. 茅东林场JXMD4

2. 茅东林场JXMD4隔梁地层剖面

彩版一〇〇　茅东林场JXMD4

1. 硬陶罐JXMD4M1：3

2. 茅东林场JXMD4M2

3. 陶罐JXMD4M2：1

4. 硬陶罐JXMD4M2：4

5. 陶盂JXMD4M2：2

彩版一〇一　茅东林场JXMD4M1、M2及出土器物

1. 硬陶瓿JXMD4Q2：1

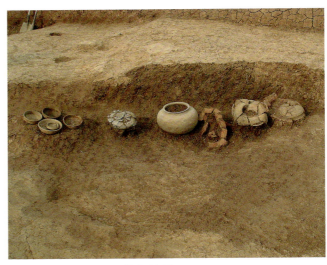

2. 茅东林场JXMD4Q3

3. 硬陶坛JXMD4Q3：13

4. 硬陶坛JXMD4Q3：14

彩版一○二　茅东林场JXMD4Q2、Q3及出土器物

1．陶瓿JXMD4Q3：7

2．硬陶瓿JXMD4Q3：3

3．硬陶瓿JXMD4Q3：4

4．硬陶瓿JXMD4Q3：6

5．陶盆JXMD4Q3：1

6．原始瓷碗JXMD4Q3：8

彩版一〇三　茅东林场JXMD4Q3出土器物

1. 原始瓷碗JXMD4Q3：9

2. 原始瓷碗JXMD4Q3：10

3. 原始瓷碗JXMD4Q3：11

4. 原始瓷碗JXMD4Q3：12

5. 原始瓷豆JXMD4Q5：1

彩版一〇四　茅东林场JXMD4Q3、Q5出土器物

1. 茅东林场JXMD4土垄

2. 茅东林场JXMD4土垄剖面

彩版一〇五　茅东林场JXMD4土垄

1. 茅东林场JXMD5M1

2. 茅东林场JXMD5M2

彩版一○六　茅东林场JXMD5M1、M2

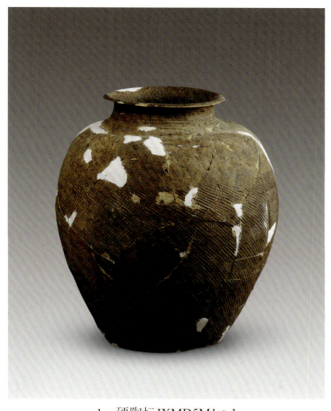

1. 硬陶坛JXMD5M1：1

2. 硬陶坛JXMD5M2：1

3. 硬陶坛JXMD5M2：3

4. 硬陶坛JXMD5M2：6

彩版一〇七　茅东林场JXMD5M1、M2出土器物

1．陶鼎JXMD5M2：19

2．原始瓷瓿JXMD5M2：10

3．硬陶瓿JXMD5M2：11

4．陶盆JXMD5M2：9

5．原始瓷碗JXMD5M2：13

6．原始瓷碗JXMD5M2：14

彩版一〇八　茅东林场JXMD5M2出土器物

1. 原始瓷碗JXMD5M2：15

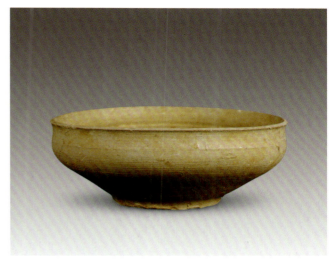

2. 原始瓷碗JXMD5M2：16

3. 原始瓷碗JXMD5M2：18

4. 原始瓷碗JXMD5M2：20

5. 陶钵JXMD5M2：2

6. 原始瓷钵JXMD5M2：21

彩版一〇九　茅东林场JXMD5M2出土器物

1. 茅东林场JXMD5Q1

2. 硬陶瓿JXMD5Q1：1

3. 硬陶瓿JXMD5Q1：2

4. 硬陶瓿JXMD5Q2：1

5. 陶盆JXMD5Q2：2

彩版一一〇　茅东林场JXMD5Q1、Q2及出土器物

1. 茅东林场JXMD5Q3

2. 硬陶盂JXMD5Q3：1

3. 茅东林场JXMD5Q5

4. 原始瓷碗JXMD5Q6：4

5. 原始瓷碗JXMD5Q6：2

彩版一一一　茅东林场JXMD5Q3、Q5、Q6及出土器物

1. 茅东林场JXMD5Q6

2. 硬陶坛JXMD5Q6：1

3. 硬陶坛JXMD5Q6：3

彩版一一二　茅东林场JXMD5Q6及出土器物

1. 茅东林场JXMD5Q7

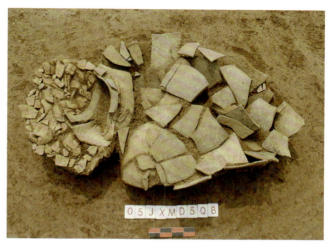

3. 茅东林场JXMD5Q8

2. 原始瓷碗JXMD5Q7：1

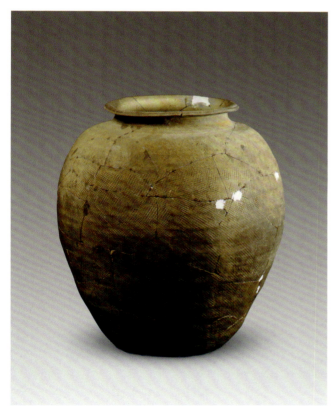

4. 硬陶坛JXMD5Q8：1

5. 硬陶坛JXMD5Q9：1

彩版一一三　茅东林场JXMD5Q7～Q9及出土器物

1. 茅东林场JXMD5Q10

2. 硬陶坛JXMD5Q10：1

3. 茅东林场JXMD5Q12

4. 硬陶瓿JXMD5Q12：1

彩版一一四　茅东林场JXMD5Q10、Q12及出土器物

1. 茅东林场JXMD5Q11

3. 硬陶瓿JXMD5Q11：5

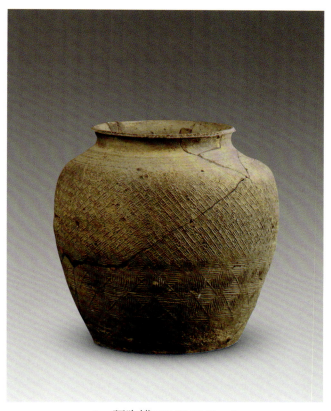

2. 硬陶罐JXMD5Q11：1

4. 硬陶瓿JXMD5Q11：6

5. 原始瓷碗JXMD5Q11：2

彩版一一五　茅东林场JXMD5Q11及出土器物

1. 茅东林场JXMD5Q13

2. 硬陶坛JXMD5Q13：1

3. 茅东林场JXMD5Q14

4. 硬陶坛JXMD5Q14：1

彩版一一六　茅东林场JXMD5Q13、Q14及出土器物

1. 茅东林场JXMD5Q15

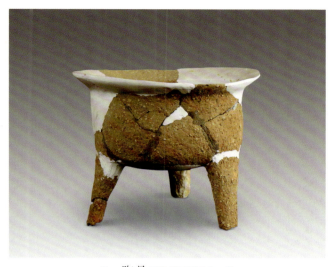

2. 陶鼎JXMD5Q15：2

3. 茅东林场JXMD5Q16

4. 小陶盆JXMD5Q16：6

5. 原始瓷碗JXMD5Q16：2

彩版一一七　茅东林场JXMD5Q15、Q16及出土器物

1. 茅东林场JXMD5Q17

2. 原始瓷碗JXMD5Q17：3

3. 硬陶坛JXMD5Q18：1

4. 茅东林场JXMD5Q18

彩版一一八　茅东林场JXMD5Q17、Q18及出土器物

1. 茅东林场JXMD5Q19

2. 原始瓷钵JXMD5Q19:1

3. 原始瓷钵JXMD5Q19:2

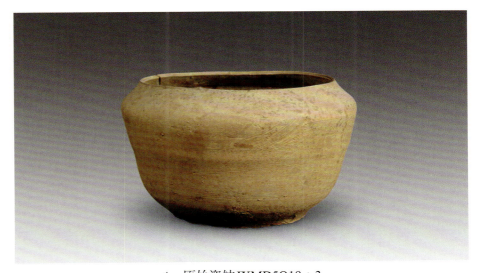

4. 原始瓷钵JXMD5Q19:3

彩版一一九　茅东林场JXMD5Q19及出土器物

1. 茅东林场JXMD5Q20

2. 陶鼎JXMD5Q20：3

3. 盖罐JXMD5Q20：8

4. 陶大口器JXMD5Q20：6

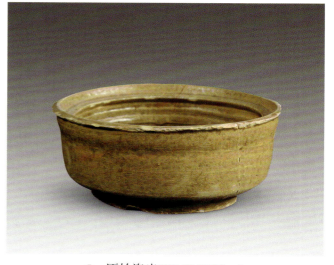

5. 原始瓷盅JXMD5Q20：9

彩版一二○　茅东林场JXMD5Q20及出土器物

1. 硬陶坛JXMD5Q20：1

2. 硬陶坛JXMD5Q20：5

3. 硬陶坛JXMD5Q20：7

4. 硬陶坛JXMD5Q20：18

彩版一二一　茅东林场JXMD5Q20出土器物

1．原始瓷盅JXMD5Q20：10

2．原始瓷盅JXMD5Q20：11

3．原始瓷盅JXMD5Q20：12

4．原始瓷碗JXMD5Q20：13

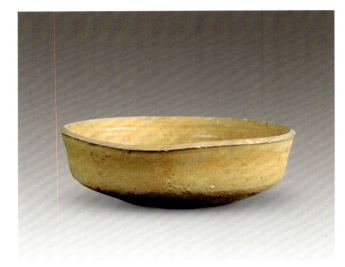

5．原始瓷碗JXMD5Q20：15

6．原始瓷碗JXMD5Q20：16

彩版一二二　茅东林场JXMD5Q20出土器物

1．茅东林场JXMD5Q21

2．硬陶坛JXMD5Q21：7

3．硬陶瓿JXMD5Q21：3

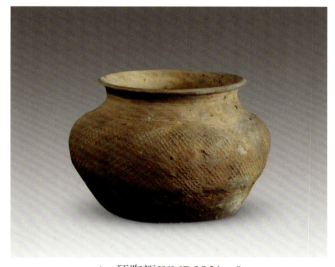

4．硬陶瓿JXMD5Q21：8

5．硬陶瓿JXMD5Q21：11

彩版一二三　茅东林场JXMD5Q21及出土器物

1. 原始瓷碗JXMD5Q21：2

2. 硬陶碗JXMD5Q21：9

3. 原始瓷碗JXMD5Q21：13

4. 硬陶碗JXMD5Q21：14

5. 陶钵JXMD5Q21：6

6. 硬陶盂JXMD5Q21：4

彩版一二四　茅东林场JXMD5Q21出土器物

1. 茅东林场JXMD5Q22

2. 陶坛JXMD5Q22：1

3. 陶坛JXMD5Q22：2

彩版一二五　茅东林场JXMD5Q22及出土器物

1. 硬陶坛JXMD5Q22：4

3. 硬陶瓿JXMD5Q22：5

4. 硬陶瓿JXMD5Q22：9

2. 陶罐JXMD5Q22：11

5. 陶钵JXMD5Q22：12

彩版一二六　茅东林场JXMD5Q22出土器物

1. 茅东林场JXMD5Q23

3. 原始瓷碗JXMD5Q23：1

2. 硬陶坛JXMD5Q23：2

4. 硬陶坛JXMD5Q24：1

彩版一二七　茅东林场JXMD5Q23、Q24及出土器物

1. 茅东林场JXMD5Q25

2. 陶瓿JXMD5Q25：3

3. 陶器盖JXMD5Q25：1

4. 茅东林场JXMD5Y1

彩版一二八　茅东林场JXMD5Q25、Y1及出土器物

1. 茅东林场JXMD7地层剖面

2. 茅东林场JXMD7M1

彩版一二九　茅东林场JXMD7

1. 茅东林场JXMD7M2

2. 陶釜JXMD7M2∶2

3. 硬陶瓿JXMD7M2∶6

4. 硬陶坛JXMD7M2∶1

彩版一三〇　茅东林场JXMD7M2及出土器物

1. 硬陶瓿JXMD7M2：8

2. 陶盆JXMD7M2：9

3. 陶盆JXMD7M2：10

4. 原始瓷碗JXMD7M2：7

5. 陶器盖JXMD7M2：3

6. 石镞JXMD7M2：11

彩版一三一　茅东林场JXMD7M2出土器物

1. 茅东林场JXMD7M3

2. 硬陶坛JXMD7M3：6

3. 原始瓷盂JXMD7M3：5

4. 陶纺轮JXMD7M3：8

彩版一三二　茅东林场JXMD7M3及出土器物

1. 茅东林场JXMD7M4

2. 硬陶坛JXMD7M4：5

3. 硬陶瓿JXMD7M4：8

4. 硬陶瓿JXMD7M4：12

彩版一三三　茅东林场JXMD7M4及出土器物

1．原始瓷豆JXMD7M4：11

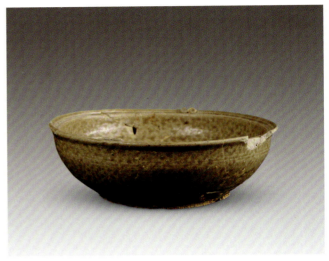

2．原始瓷碗JXMD7M4：1

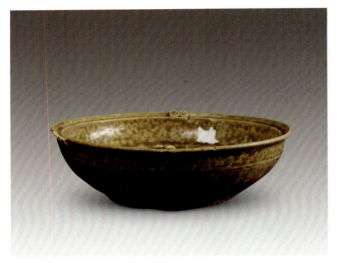

3．原始瓷碗JXMD7M4：2

4．原始瓷碗JXMD7M4：3

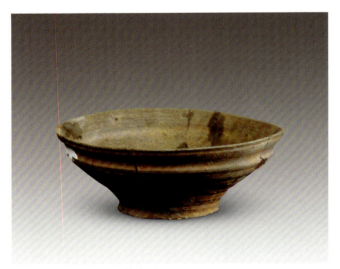

5．原始瓷碗JXMD7M4：14

6．陶钵JXMD7M4：6

彩版一三四　茅东林场JXMD7M4出土器物

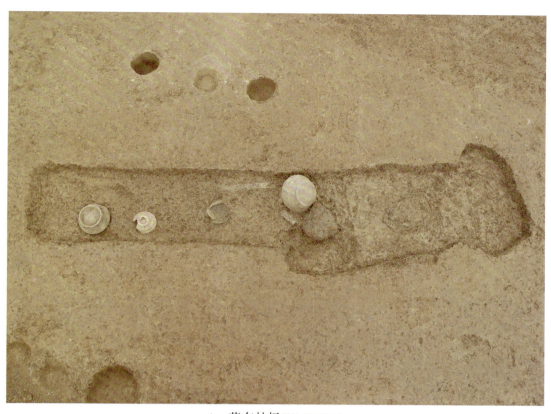

1. 茅东林场JXMD7M5

2. 茅东林场JXMD7M5头骨

3. 茅东林场JXMD7M5肢骨

1. 陶鬲JXMD7M5：1

2. 硬陶瓿JXMD7M5：2

3. 陶豆JXMD7M5：3

4. 原始瓷豆JXMD7M5：4

5. 陶圈足盘JXMD7M5：5

彩版一三六　茅东林场JXMD7M5出土器物

1. 茅东林场JXMD7M6

2. 陶缸JXMD7M6：1

3. 茅东林场JXMD7Q1

4. 陶瓿JXMD7Q1：1

彩版一三七　茅东林场JXMD7M6、Q1及出土器物

1．茅东林场JXMD7Q2

2．原始瓷罐JXMD7Q2：1

3．茅东林场JXMD7Q3

4．硬陶瓿JXMD7Q3：1

彩版一三八　茅东林场JXMD7Q2、Q3及出土器物

1. 许家沟JXXD1、D2发掘前

2. 许家沟JXXD1、D2发掘中

彩版一三九　许家沟土墩墓发掘工作照

1. 清理墓葬工作照

2. 摄影工作照

彩版一四〇　许家沟土墩墓发掘工作照

1. 许家沟JXXD1发掘前地貌

2. 许家沟JXXD1

彩版一四一　许家沟JXXD1

1. 许家沟JXXD1T2西壁

2. 许家沟JXXD1T4南壁

彩版一四二　许家沟JXXD1

1. 许家沟JXXD1关键柱北面

2. 许家沟JXXD1下部关键柱

1. 许家沟JXXD1M1发掘前

2. 许家沟JXXD1M1发掘后

彩版一四四　许家沟JXXD1M1

1. 许家沟JXXD1M1剖面

2. 许家沟JXXD1M1白灰

彩版一四五　许家沟JXXD1M1

1. 许家沟JXXD1M1局部

2. 许家沟JXXD1M1墓底沟槽

彩版一四六　许家沟JXXD1M1

1. 陶鼎JXXD1M1：32

2. 硬陶罐JXXD1M1：19

3. 原始瓷罐JXXD1M1：30

4. 硬陶瓿JXXD1M1：4

5. 硬陶瓿JXXD1M1：6

6. 硬陶瓿JXXD1M1：21

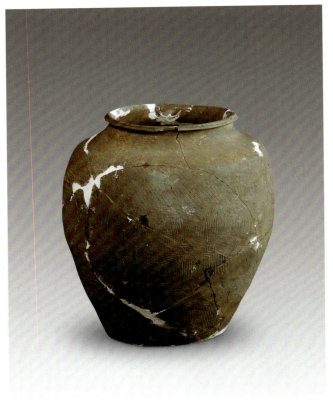

1. 硬陶坛JXXD1M1：2

2. 硬陶坛JXXD1M1：7

3. 硬陶坛JXXD1M1：9

4. 硬陶坛JXXD1M1：10

彩版一四八　许家沟JXXD1M1出土器物

1. 硬陶坛JXXD1M1：12

2. 硬陶坛JXXD1M1：27

3. 硬陶坛JXXD1M1：29

4. 硬陶坛JXXD1M1：35

彩版一四九　许家沟JXXD1M1出土器物

1. 硬陶瓿JXXD1M1：23

2. 硬陶瓿JXXD1M1：37

3. 陶盆JXXD1M1：24

4. 原始瓷碗JXXD1M1：14

5. 原始瓷碗JXXD1M1：15

6. 原始瓷碗JXXD1M1：16

彩版一五〇　许家沟JXXD1M1出土器物

1. 原始瓷碗JXXD1M1：17

2. 陶钵JXXD1M1：3

3. 陶钵JXXD1M1：5

4. 陶钵JXXD1M1：8

5. 陶钵JXXD1M1：18

6. 陶钵JXXD1M1：20

彩版一五一　许家沟JXXD1M1出土器物

1. 陶钵JXXD1M1：22

2. 陶钵JXXD1M1：26

3. 陶钵JXXD1M1：28

4. 陶钵JXXD1M1：31

5. 陶钵JXXD1M1：36

6. 原始瓷三足钵JXXD1M1：13

彩版一五二　许家沟JXXD1M1出土器物

1. 许家沟JXXD1M2

2. 许家沟JXXD1M2

彩版一五三　　许家沟JXXD1M2

1．陶鼎JXXD1M2：3

2．陶鼎JXXD1M2：19

3．硬陶瓿JXXD1M2：1

4．硬陶瓿JXXD1M2：5

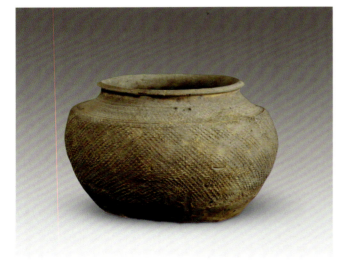

5．硬陶瓿JXXD1M2：21

6．原始瓷碗JXXD1M2：2

彩版一五四　许家沟JXXD1M2出土器物

1．硬陶坛JXXD1M2：7

2．硬陶坛JXXD1M2：11

3．硬陶坛JXXD1M2：24

4．原始瓷碗JXXD1M2：13

彩版一五五　许家沟JXXD1M2出土器物

1. 原始瓷碗JXXD1M2：16

2. 原始瓷碗JXXD1M2：17

3. 原始瓷碗JXXD1M2：20

4. 原始瓷碗JXXD1M2：14

5. 原始瓷碗JXXD1M2：15

彩版一五六　许家沟JXXD1M2出土器物

1. 陶钵JXXD1M2：4

2. 陶钵JXXD1M2：8

3. 陶钵JXXD1M2：12

4. 陶钵JXXD1M2：23

5. 陶器盖JXXD1M2：9

6. 陶纺轮JXXD1M2：10

彩版一五七　许家沟JXXD1M2出土器物

1. 许家沟JXXD1M3

2. 许家沟JXXD1M3

彩版一五八　许家沟JXXD1M3

1. 许家沟JXXD1M3剖面

2. 许家沟JXXD1M3墓底沟槽

彩版一五九　许家沟JXXD1M3

1. 硬陶坛JXXD1M3:17

2. 硬陶坛JXXD1M3:11

3. 硬陶坛JXXD1M3:7

4. 硬陶坛JXXD1M3:13

彩版一六○　许家沟JXXD1M3出土器物

1. 硬陶坛JXXD1M3：15

3. 硬陶罐JXXD1M3：25

4. 硬陶瓿JXXD1M3：21

2. 硬陶罐JXXD1M3：19

5. 硬陶瓿JXXD1M3：23

彩版一六一　许家沟JXXD1M3出土器物

1．陶盆JXXD1M3：18

2．硬陶瓿JXXD1M3：30

3．硬陶瓿JXXD1M3：34

4．硬陶瓿JXXD1M3：35

5．原始瓷瓿JXXD1M3：9

6．陶盆JXXD1M3：10

彩版一六二　许家沟JXXD1M3出土器物

1. 陶盆JXXD1M3：22

2. 陶盆JXXD1M3：28

3. 原始瓷碗JXXD1M3：1

4. 原始瓷碗JXXD1M3：2

5. 原始瓷碗JXXD1M3：3

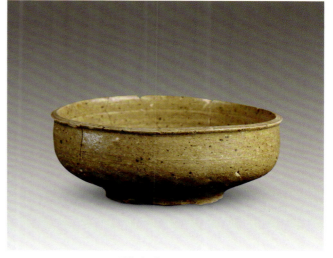

6. 原始瓷碗JXXD1M3：4

彩版一六三　许家沟JXXD1M3出土器物

1. 陶钵JXXD1M3：24

2. 原始瓷碗JXXD1M3：5

3. 原始瓷碗JXXD1M3：8

4. 原始瓷碗JXXD1M3：31

5. 原始瓷碗JXXD1M3：32

6. 陶钵XXD1M3：14

彩版一六四　许家沟JXXD1M3出土器物

1. 许家沟JXXD1M4

2. 陶鼎JXXD1M4：17

3. 硬陶坛JXXD1M4：11

4. 硬陶坛JXXD1M4：25

彩版一六五　许家沟JXXD1M4及出土器物

1. 硬陶坛JXXD1M4：13

2. 硬陶坛JXXD1M4：23

3. 硬陶坛JXXD1M4：26

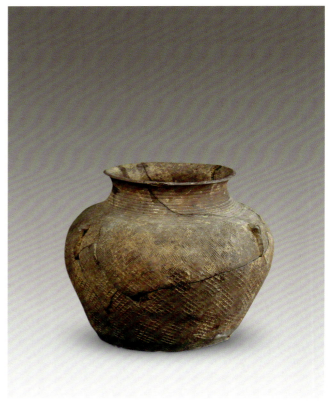

4. 硬陶罐JXXD1M4：19

彩版一六六　许家沟JXXD1M4出土器物

1. 硬陶瓿JXXD1M4∶18

2. 陶盆JXXD1M4∶20

3. 硬陶瓿JXXD1M4∶3

4. 硬陶瓿JXXD1M4∶1

5. 硬陶瓿JXXD1M4∶4

6. 硬陶瓿JXXD1M4∶21

彩版一六七　许家沟JXXD1M4出土器物

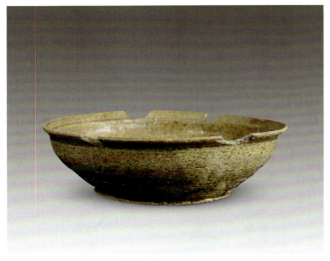

1. 原始瓷碗JXXD1M4：6

2. 原始瓷碗JXXD1M4：8

3. 原始瓷碗JXXD1M4：9

4. 硬陶碗JXXD1M4：5

5. 硬陶碗JXXD1M4：7

6. 硬陶碗JXXD1M4：10

彩版一六八　许家沟JXXD1M4出土器物

1. 许家沟JXXD1M5

2. 许家沟JXXD1M5

彩版一六九　　许家沟JXXD1M5

1．陶鼎JXXD1M5：8

2．硬陶坛JXXD1M5：11

3．硬陶罐JXXD1M5：1

4．硬陶罐JXXD1M5：7

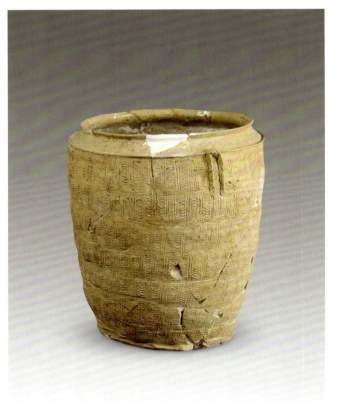

5．原始瓷罐JXXD1M5：3

彩版一七〇　许家沟JXXD1M5出土器物

1. 原始瓷碗JXXD1M5：2

2. 原始瓷碗JXXD1M5：9

3. 原始瓷碗JXXD1M5：13

4. 原始瓷碗JXXD1M5：14

5. 原始瓷碗JXXD1M5：15

6. 原始瓷盂JXXD1M5：12

彩版一七一　许家沟JXXD1M5出土器物

1. 许家沟JXXD1M6

2. 许家沟JXXD1M6

彩版一七二　　许家沟JXXD1M6

1．陶鼎JXXD1M6：6

2．陶鼎JXXD1M6：19

3．陶鼎JXXD1M6：30

4．硬陶坛JXXD1M6：16

5．硬陶坛JXXD1M6：2

彩版一七三　许家沟JXXD1M6出土器物

1. 硬陶坛JXXD1M6：17

2. 硬陶坛JXXD1M6：18

3. 硬陶坛JXXD1M6：23

4. 硬陶坛JXXD1M6：25

彩版一七四　许家沟JXXD1M6出土器物

1. 硬陶坛JXXD1M6：26

2. 原始瓷瓿JXXD1M6：22

3. 硬陶罐JXXD1M6：24

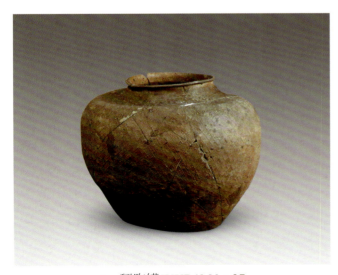

4. 硬陶罐JXXD1M6：27

5. 硬陶瓿JXXD1M6：28

彩版一七五　许家沟JXXD1M6出土器物

1. 原始瓷碗JXXD1M6：5

2. 原始瓷碗JXXD1M6：7

3. 原始瓷碗JXXD1M6：8

4. 原始瓷碗JXXD1M6：9

5. 原始瓷碗JXXD1M6：10

6. 原始瓷碗JXXD1M6：11

彩版一七六　许家沟JXXD1M6出土器物

1. 原始瓷碗JXXD1M6：12

2. 原始瓷碗JXXD1M6：13

3. 原始瓷碗JXXD1M6：20

4. 陶钵JXXD1M6：15

5. 陶钵JXXD1M6：29

彩版一七七　许家沟JXXD1M6出土器物

1. 硬陶坛JXXD1M7：6

2. 硬陶坛JXXD1M7：7

3. 硬陶坛JXXD1M7：9

4. 硬陶坛JXXD1M7：19

彩版一七八　许家沟JXXD1M7出土器物

1. 硬陶坛JXXD1M7：21

3. 原始瓷罐JXXD1M7：2

4. 硬陶罐JXXD1M7：4

2. 硬陶坛JXXD1M7：22

5. 硬陶罐JXXD1M7：10

彩版一七九　许家沟JXXD1M7出土器物

1. 硬陶罐JXXD1M7：25

2. 硬陶罐JXXD1M7：27

3. 陶盆JXXD1M7：5

4. 陶盆JXXD1M7：29

5. 原始瓷碗JXXD1M7：1

6. 原始瓷碗JXXD1M7：3

彩版一八〇　许家沟JXXD1M7出土器物

1. 原始瓷碗JXXD1M7：11

2. 原始瓷碗JXXD1M7：12

3. 原始瓷碗JXXD1M7：13

4. 原始瓷碗JXXD1M7：14

5. 原始瓷碗JXXD1M7：15

6. 原始瓷碗JXXD1M7：16

彩版一八一　许家沟JXXD1M7出土器物

1. 原始瓷碗JXXD1M7：17

2. 原始瓷碗JXXD1M7：18

3. 原始瓷碗JXXD1M7：23

4. 原始瓷碗JXXD1M7：26

5. 原始瓷碗JXXD1M7：32

6. 原始瓷钵JXXD1M7：30

彩版一八二　许家沟JXXD1M7出土器物

1. 硬陶坛JXXD1Q1：1

2. 硬陶坛JXXD1Q1：8

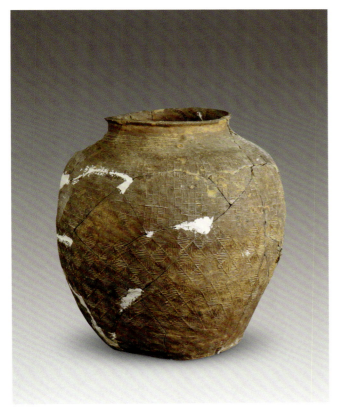

3. 硬陶坛JXXD1Q1：9

4. 陶瓿JXXD1Q1：2

彩版一八三　许家沟JXXD1Q1出土器物

1. 原始瓷碗JXXD1Q1：3

2. 原始瓷碗JXXD1Q1：4

3. 原始瓷碗JXXD1Q1：5

4. 原始瓷碗JXXD1Q1：6

5. 原始瓷碗JXXD1Q1：7

6. 陶纺轮JXXD1Q1：10

彩版一八四　许家沟JXXD1Q1出土器物

1. 许家沟JXXD1Q2

3. 许家沟JXXD1Q3

2. 陶盆JXXD1Q2：2

4. 硬陶坛JXXD1Q3：2

5. 陶钵JXXD1Q3：1

彩版一八五　许家沟JXXD1Q2、Q3及出土器物

1. 许家沟JXXD1Q4

2. 硬陶罐JXXD1Q4：2

3. 原始瓷盅JXXD1Q4：3

4. 原始瓷盅JXXD1Q4：4

彩版一八六　许家沟JXXD1Q4及出土器物

1. 许家沟JXXD1Q5

2. 陶罐JXXD1Q5：7

3. 硬陶瓿JXXD1Q5：1

4. 硬陶瓿JXXD1Q5：2

5. 原始瓷碗JXXD1Q5：3

彩版一八七　许家沟JXXD1Q5及出土器物

1. 许家沟JXXD1Q6

2. 硬陶坛XXD1Q6：1

3. 硬陶罐XXD1Q6：4

4. 陶盘XXD1Q6：3

彩版一八八　许家沟JXXD1Q6及出土器物

1. 许家沟JXXD1土垄

2. 许家沟JXXD1土垄边覆白土剖面

彩版一八九　许家沟JXXD1土垄

1. 许家沟JXXD2发掘前

2. 许家沟JXXD2发掘中

彩版一九〇　许家沟JXXD2

1. 许家沟JXXD2T4

2. 许家沟JXXD2第④层下墓葬

彩版一九一　许家沟JXXD2

1．许家沟JXXD2T4西壁剖面

2．许家沟JXXD2T2西壁剖面

彩版一九二　许家沟JXXD2

1. 许家沟JXXD2关键柱

2. 许家沟JXXD2树叶痕迹

3. 许家沟JXXD2树叶痕迹

彩版一九三　　许家沟JXXD2

1. 许家沟JXXD2M1

2. 陶鼎JXXD2M1：2

3. 硬陶瓿JXXD2M1：1

4. 硬陶坛JXXD2M1：5

彩版一九四　许家沟JXXD2M1及出土器物

1. 硬陶瓿JXXD2M1：4

4. 原始瓷碗JXXD2M1：8

2. 原始瓷碗JXXD2M1：6

3. 原始瓷碗JXXD2M1：7

5. 硬陶罐JXXD2M2：11

彩版一九五　许家沟JXXD2M1、M2出土器物

1. 许家沟JXXD2M2

2. 许家沟JXXD2M2

彩版一九六　　许家沟JXXD2M2

1. 硬陶坛JXXD2M2：1

2. 硬陶坛JXXD2M2：9

3. 硬陶坛JXXD2M2：10

4. 陶盆JXXD2M2：12

彩版一九七　许家沟JXXD2M2出土器物

1. 原始瓷碗JXXD2M2：3

2. 原始瓷碗JXXD2M2：4

3. 原始瓷碗JXXD2M2：5

4. 原始瓷碗JXXD2M2：6

5. 原始瓷碗JXXD2M2：7

6. 原始瓷碗JXXD2M2：16

彩版一九八　许家沟JXXD2M2出土器物

1. 许家沟JXXD2M3

2. 许家沟JXXD2M3

彩版一九九　许家沟JXXD2M3

1. 陶鼎JXXD2M3：1

2. 陶鼎JXXD2M3：10

5. 陶盆JXXD2M3：3

3. 硬陶坛JXXD2M3：2

4. 硬陶坛JXXD2M3：4

彩版二〇〇　许家沟JXXD2M3出土器物

1. 陶盆JXXD2M3：7

2. 原始瓷盅JXXD2M3：11

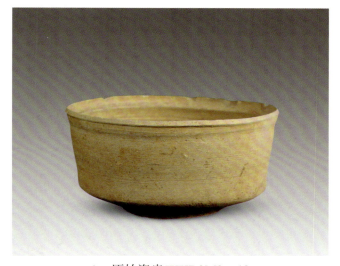

3. 原始瓷盅JXXD2M3：12

4. 原始瓷盅JXXD2M3：13

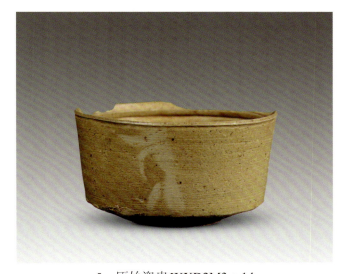

5. 原始瓷盅JXXD2M3：14

6. 原始瓷盅JXXD2M3：15

彩版二〇一　许家沟JXXD2M3出土器物

1. 许家沟JXXD2M4

2. 陶鼎JXXD2M4：3

3. 原始瓷碗JXXD2M4：2

彩版二○二 许家沟JXXD2M4及出土器物

1. 硬陶坛JXXD2M4：13

2. 硬陶坛JXXD2M4：15

3. 硬陶坛JXXD2M4：17

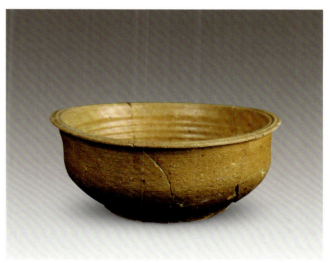

4. 原始瓷碗JXXD2M4：7

彩版二〇三　许家沟JXXD2M4出土器物

1．原始瓷碗JXXD2M4：8

2．原始瓷碗JXXD2M4：9

3．原始瓷碗JXXD2M4：10

4．原始瓷碗JXXD2M4：11

5．原始瓷碗JXXD2M4：12

6．铜管JXXD2M4：6

彩版二〇四　许家沟JXXD2M4出土器物

1. 许家沟JXXD2M5

2. 许家沟JXXD2M5串珠出土情况

3. 许家沟JXXD2M5石玦出土情况

彩版二〇五　　许家沟JXXD2M5

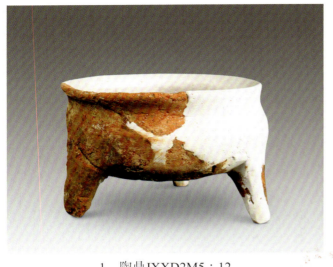

1. 陶鼎JXXD2M5：12

2. 硬陶坛JXXD2M5：3

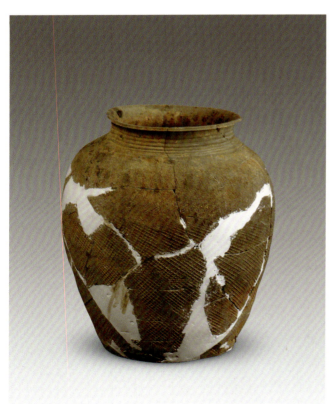

3. 硬陶坛JXXD2M5：7

4. 硬陶坛JXXD2M5：15

彩版二〇六　许家沟JXXD2M5出土器物

1. 硬陶罐JXXD2M5：4

2. 硬陶罐JXXD2M5：6

3. 原始瓷碗JXXD2M5：9

4. 原始瓷碗JXXD2M5：10

5. 陶纺轮JXXD2M5：11

6. 石玦JXXD2M5：1、2

彩版二〇七　许家沟JXXD2M5出土器物

1. 许家沟JXXD2M6

2. 原始瓷豆JXXD2M6：9

3. 原始瓷碗JXXD2M6：5

4. 原始瓷碗JXXD2M6：10

彩版二○八　许家沟JXXD2M6及出土器物

1. 硬陶坛JXXD2M6：7

2. 陶罐JXXD2M6：3

3. 硬陶坛JXXD2M6：4

4. 硬陶坛JXXD2M6：6

彩版二〇九　许家沟JXXD2M6出土器物

1. 许家沟JXXD2M7

2. 硬陶坛JXXD2M7：14

3. 硬陶坛JXXD2M7：16

彩版二一〇　许家沟JXXD2M7及出土器物

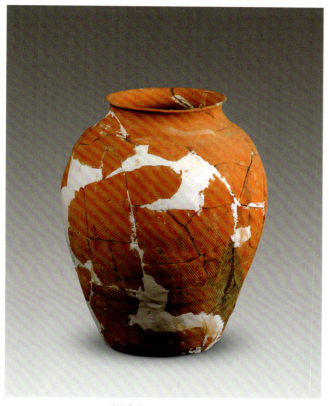

1. 硬陶坛JXXD2M7：18

3. 陶罐JXXD2M7：19

4. 硬陶瓿JXXD2M7：1

2. 硬陶罐JXXD2M7：3

5. 陶钵JXXD2M7：6

彩版二一一　许家沟JXXD2M7出土器物

1. 原始瓷碗JXXD2M7：7

2. 原始瓷碗JXXD2M7：8

3. 原始瓷碗JXXD2M7：9

4. 原始瓷碗JXXD2M7：10

5. 原始瓷碗JXXD2M7：20

6. 石玦JXXD2M7：22

彩版二一二　许家沟JXXD2M7出土器物

1. 许家沟JXXD2M8

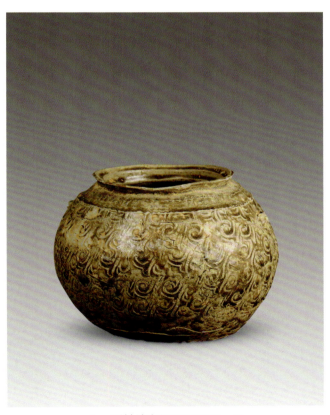

2. 原始瓷瓿JXXD2M8：2

3. 原始瓷罐JXXD2M8：3

彩版二一三　许家沟JXXD2M8及出土器物

1. 硬陶坛JXXD2M8：5

2. 硬陶坛JXXD2M8：8

3. 硬陶坛JXXD2M8：11

4. 硬陶坛JXXD2M8：13

彩版二一四　许家沟JXXD2M8出土器物

1. 原始瓷罐JXXD2M8：12

2. 硬陶瓿JXXD2M8：6

3. 硬陶瓿JXXD2M8：9

4. 硬陶瓿JXXD2M8：10

5. 原始瓷豆JXXD2M8：21

彩版二一五　许家沟JXXD2M8出土器物

1. 硬陶碗JXXD2M8：17

2. 原始瓷碗JXXD2M8：18

3. 原始瓷碗JXXD2M8：19

4. 陶钵JXXD2M8：14

5. 原始瓷盂JXXD2M8：16

6. 硬陶盂JXXD2M8：20

彩版二一六　许家沟JXXD2M8出土器物

1. 许家沟JXXD2M9

2. 硬陶瓿JXXD2M9：11

3. 硬陶瓿JXXD2M9：12

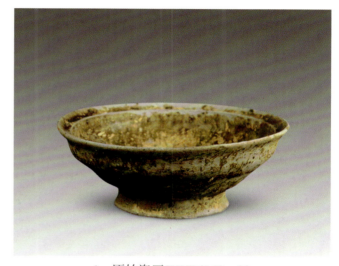

4. 原始瓷豆JXXD2M9：22

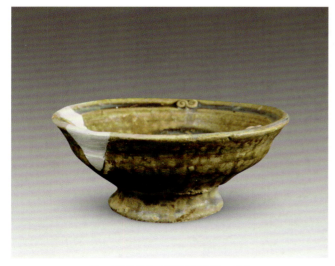

5. 原始瓷豆JXXD2M9：25

6. 原始瓷盏JXXD2M9：23

彩版二一七　许家沟JXXD2M9及出土器物

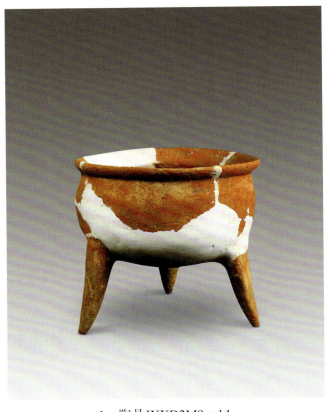

1．陶鼎JXXD2M9：14

2．硬陶坛JXXD2M9：1

3．硬陶坛JXXD2M9：4

4．硬陶坛JXXD2M9：8

彩版二一八　许家沟JXXD2M9出土器物

1. 许家沟JXXD2Q2

2. 陶鼎JXXD2Q2：1

3. 硬陶瓿JXXD2Q2：6

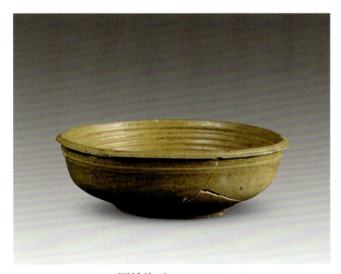

4. 原始瓷碗JXXD2Q2：2

5. 原始瓷碗JXXD2Q2：4

彩版二一九　许家沟JXXD2Q2及出土器物

1. 许家沟JXXD2Q4

2. 陶鼎JXXD2Q4：7

3. 硬陶罐JXXD2Q4：6

4. 陶盆JXXD2Q4：1

5. 陶盆JXXD2Q4：5

彩版二二〇　许家沟JXXD2Q4及出土器物

1. 许家沟JXXD2Q5

2. 许家沟JXXD2Q5

彩版二二一　许家沟JXXD2Q5

1. 硬陶罐JXXD2Q5：1

2. 硬陶罐JXXD2Q5：2

3. 硬陶瓿JXXD2Q5：3

4. 原始瓷碗JXXD2Q5：4

彩版二二二　许家沟JXXD2Q5出土器物

1. 许家沟JXXD2Q6

2. 硬陶坛JXXD2Q6：10

3. 陶罐JXXD2Q6：2

4. 原始瓷盂JXXD2Q6：9

彩版二二三　许家沟JXXD2Q6及出土器物

1. 原始瓷碗JXXD2Q6：4

2. 原始瓷碗JXXD2Q6：7

3. 原始瓷碗JXXD2Q6：8

4. 陶钵JXXD2Q6：11

5. 原始瓷钵JXXD2Q6：6

6. 原始瓷钵JXXD2Q6：12

彩版二二四　许家沟JXXD2Q6出土器物

1. 许家沟JXXD2Q7

3. 硬陶坛JXXD2Q7：1

2. 陶鼎JXXD2Q7：15

4. 硬陶坛JXXD2Q7：3

彩版二二五　许家沟JXXD2Q7及出土器物

1. 硬陶瓿JXXD2Q7∶14

2. 原始瓷碗JXXD2Q7∶2

3. 原始瓷碗JXXD2Q7∶5

4. 原始瓷碗JXXD2Q7∶12

5. 陶钵JXXD2Q7∶4

6. 陶钵JXXD2Q7∶16

彩版二二六　许家沟JXXD2Q7出土器物

1. 许家沟JXXD2Q8

2. 原始瓷碗JXXD2Q8：5

3. 陶盆JXXD2Q9：2

4. 许家沟JXXD2Q9

彩版二二七　许家沟JXXD2Q8、Q9及出土器物

1. 许家沟JXXD2Q12

2. 硬陶坛JXXD2Q12：9

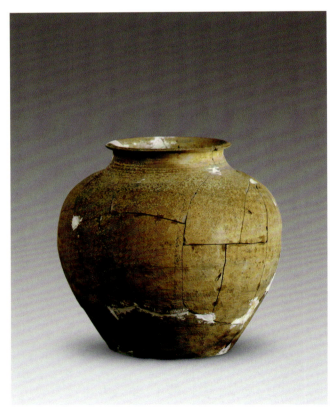

3. 硬陶罐JXXD2Q12：2

彩版二二八　许家沟JXXD2Q12及出土器物

1. 陶罐JXXD2Q12：8

2. 原始瓷碗JXXD2Q12：5

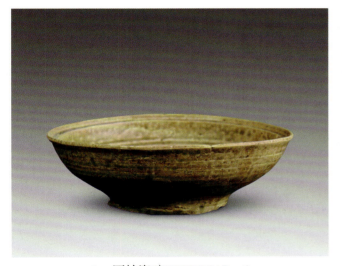

3. 原始瓷碗JXXD2Q12：6

4. 硬陶盂JXXD2Q12：7

1. 许家沟JXXD2Q13

3. 硬陶坛JXXD2Q13：2

2. 硬陶碗JXXD2Q13：3

4. 硬陶罐JXXD2Q13：1

彩版二三〇 许家沟JXXD2Q13及出土器物

1. 许家沟JXXD2Q14

2. 硬陶罐JXXD2Q14：3

3. 硬陶瓿JXXD2Q14：5

彩版二三一　许家沟JXXD2Q14及出土器物

1. 许家沟JXXD2Q15

2. 许家沟JXXD2Q15

彩版二三二　许家沟JXXD2Q15

1. 硬陶坛JXXD2Q15：3

2. 硬陶坛JXXD2Q15：4

3. 硬陶罐JXXD2Q15：1

4. 陶罐JXXD2Q15：14

1. 许家沟JXXD2Q16

2. 硬陶瓿JXXD2Q16：2

3. 原始瓷碗JXXD2Q16：1

彩版二三四　许家沟JXXD2Q16及出土器物

1. 许家沟JXXD3Q1

2. 硬陶坛JXXD3Q1：7

3. 硬陶瓿JXXD3Q1：6

4. 陶盆JXXD3Q1：3

彩版二三五　许家沟JXXD3Q1及出土器物

1. 许家沟JXXD4M1

2. 硬陶坛JXXD4M1∶5

3. 硬陶坛JXXD4M1∶6

彩版二三六　许家沟JXXD4M1及出土器物

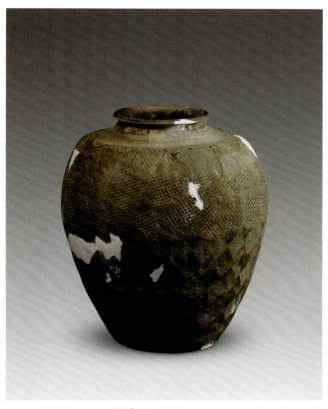

1. 硬陶坛JXXD4M1：11

3. 硬陶瓿JXXD4M1：12

4. 硬陶瓿JXXD4M1：16

2. 硬陶瓿JXXD4M1：2

5. 硬陶瓿JXXD4M1：19

彩版二三七　许家沟JXXD4M1出土器物

1．原始瓷碗JXXD4M1：1

2．原始瓷碗JXXD4M1：3

3．原始瓷碗JXXD4M1：9

4．原始瓷碗JXXD4M1：14

5．原始瓷钵JXXD4M1：13

6．原始瓷钵JXXD4M1：15

彩版二三八　许家沟JXXD4M1出土器物

1. 许家沟JXXD4M3

2. 硬陶坛JXXD4M3：3

3. 硬陶坛JXXD4M3：4

彩版二三九　许家沟JXXD4M3及出土器物

1. 硬陶罐JXXD4M3：1

2. 硬陶瓿JXXD4M3：7

3. 陶三足盘JXXD4M3：2

4. 陶盆JXXD4Q1 ：2

5. 许家沟JXXD4Q1

彩版二四○　许家沟JXXD4M3、Q1及出土器物

1. 许家沟JXXD4Q2

2. 陶鼎JXXD4Q2：2

3. 硬陶瓿JXXD4Q2：4

彩版二四一　许家沟JXXD4Q2及出土器物

1. 裕巷JXYD1、D2发掘现场（西南—东北）

2. 裕巷JXYD1周围祭祀器物群全景

彩版二四二　　裕巷土墩墓群

1. 裕巷JXYD1 T2北壁剖面

2. 裕巷JXYD1 T3北壁剖面

彩版二四三　裕巷JXYD1

1. 裕巷JXYD1M1

2. 陶鼎JXYD1M1：1

3. 陶釜JXYD1M1：4

4. 硬陶坛JXYD1M1：2

彩版二四四　裕巷JXYD1M1及出土器物

1. 硬陶瓿JXYD1M1：3

2. 陶罐JXYD1M1：8

3. 陶碗JXYD1M1：7

4. 陶盂JXYD1M1：9

5. 陶器盖JXYD1M1：11

彩版二四五　裕巷JXYD1M1出土器物

1. 裕巷JXYD1M2

2. 陶鼎JXYD1M2：10

3. 陶釜JXYD1M2：9

4. 原始瓷罐JXYD1M2：3

5. 硬陶罐JXYD1M2：2

彩版二四六　裕巷JXYD1M2及出土器物

1. 硬陶罐JXYD1M2：6

3. 陶盆JXYD1M2：4

2. 硬陶瓿JXYD1M2：8

4. 陶盘JXYD1M2：5

5. 陶盘JXYD1M2：7

彩版二四七　裕巷JXYD1M2出土器物

1. 裕巷JXYD1M3

2. 陶鼎JXYD1M3∶18

3. 硬陶罐JXYD1M3∶1

彩版二四八　裕巷JXYD1M3及出土器物

1. 硬陶坛JXYD1M3：2

2. 硬陶坛JXYD1M3：23

3. 硬陶坛JXYD1M3：24

4. 硬陶坛JXYD1M3：26

彩版二四九　裕巷JXYD1M3出土器物

1. 硬陶罐JXYD1M3：19

2. 硬陶罐JXYD1M3：22

3. 陶罐JXYD1M3：11

4. 陶罐JXYD1M3：20

5. 硬陶瓿JXYD1M3：13

6. 硬陶瓿JXYD1M3：14

彩版二五〇　裕巷JXYD1M3出土器物

1．陶盆JXYD1M3：25

2．陶盆JXYD1M3：28

3．陶碗JXYD1M3：15

4．原始瓷碗JXYD1M3：5

5．原始瓷碗JXYD1M3：6

彩版二五一　裕巷JXYD1M3出土器物

1. 陶器盖JXYD1M3：8

2. 陶器盖JXYD1M3：9

3. 陶器盖JXYD1M3：16

4. 陶器盖JXYD1M3：17

5. 陶罐JXYD1Q1：1

6. 原始瓷碗JXYD1Q1：2

彩版二五二　裕巷JXYD1M1、Q1出土器物

1. 裕巷JXYD1Q1

3. 陶罐JXYD1Q2：3

2. 裕巷JXYD1Q2

4. 原始瓷碗JXYD1Q2：4

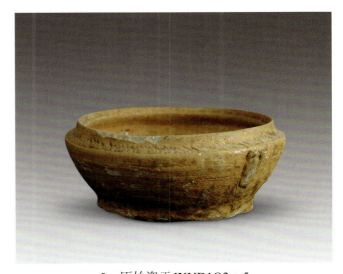

5. 原始瓷盂JXYD1Q2：5

彩版二五三　裕巷JXYD1Q1、Q2及出土器物

1. 裕巷JXYD1Q3

3. 硬陶罐JXYD1Q3：4

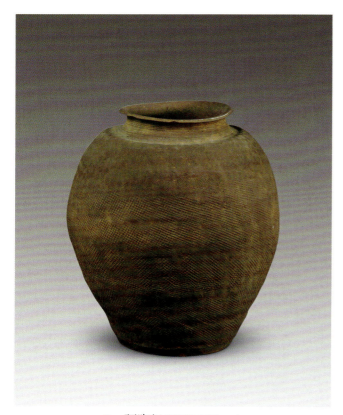

2. 硬陶坛JXYD1Q3：1

4. 硬陶瓿JXYD1Q3：3

彩版二五四　裕巷JXYD1Q3及出土器物

1. 裕巷JXYD1Q4

2. 硬陶坛JXYD1Q5：2

3. 原始瓷碗JXYD1Q4：2

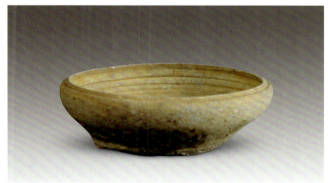

4. 原始瓷钵JXYD1Q5：6

彩版二五五　裕巷JXYD1Q4、Q5及出土器物

1. 陶瓿JXYD1Q5：1

2. 原始瓷碗JXYD1Q5：3

3. 原始瓷碗JXYD1Q5：7

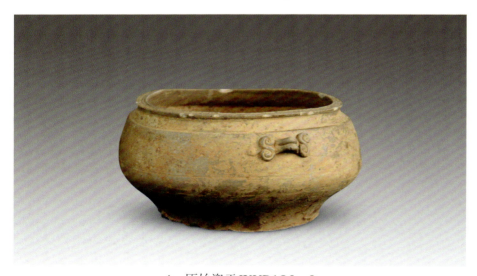

4. 原始瓷盂JXYD1Q5：5

彩版二五六　裕巷JXYD1Q5出土器物

1. 裕巷JXYD1Q6

2. 裕巷JXYD1Q6原始瓷盅组合

彩版二五七　裕巷JXYD1Q6

1. 硬陶坛JXYD1Q6：2

2. 硬陶坛JXYD1Q6：3

3. 原始瓷碗JXYD1Q6：11

4. 原始瓷盅JXYD1Q6：4

彩版二五八　裕巷JXYD1Q6出土器物

1. 原始瓷盅JXYD1Q6：5

2. 原始瓷盅JXYD1Q6：6

3. 原始瓷盅JXYD1Q6：7

4. 原始瓷盅JXYD1Q6：8

5. 原始瓷盅JXYD1Q6：9

6. 原始瓷盅JXYD1Q6：10

彩版二五九　裕巷JXYD1Q6出土器物

1. 裕巷JXYD1Q7

2. 原始瓷碗JXYD1Q7：2

3. 硬陶瓿JXYD1Q7：3

4. 原始瓷碗JXYD1Q7：4

彩版二六〇　裕巷JXYD1Q7及出土器物

1. 裕巷JXYD1Q8

2. 硬陶瓿JXYD1Q8：2

3. 原始瓷碗JXYD1Q8：1

4. 裕巷JXYD1Q9

5. 硬陶瓿JXYD1Q9：1

彩版二六一　裕巷JXYD1Q8、Q9及出土器物

1. 裕巷JXYD1Q11

2. 陶鼎JXYD1Q11：2

3. 裕巷JXYD1Q12

4. 硬陶盂JXYD1Q12：3

5. 陶器盖JXYD1Q12：1

彩版二六二　裕巷JXYD1Q11、Q12及出土器物

1. 裕巷JXYD1Q13

2. 原始瓷碗JXYD1Q13：1

3. 陶盆JXYD1Q13：2

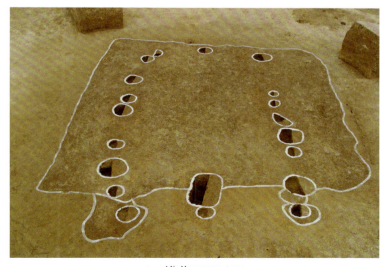

4. 裕巷JXYD1F1

彩版二六三　裕巷JXYD1Q13、F1及出土器物

1. 裕巷JXYD2发掘前地貌

2. 裕巷JXYD2发掘现场

彩版二六四　　裕巷JXYD2

1. 裕巷JXYD2T3、T4

2. 裕巷JXYD2T2、T1

彩版二六五　裕巷JXYD2

1. 裕巷JXYD2T1南壁剖面

2. 裕巷JXYD2T4南壁剖面

彩版二六六　裕巷JXYD2

1. 裕巷JXYD2M1

2. 硬陶罐JXYD2M1：2

3. 硬陶瓿JXYD2M1：7

彩版二六七　裕巷JXYD2M1及出土器物

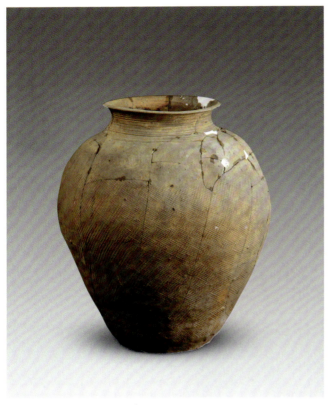

1. 硬陶坛JXYD2M1：1

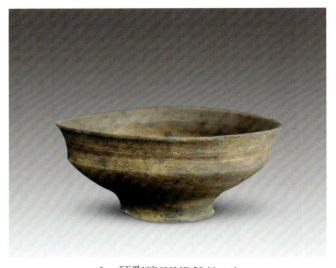

3. 硬陶碗JXYD2M1：4

4. 硬陶碗JXYD2M1：5

2. 硬陶碗JXYD2M1：3

5. 硬陶碗JXYD2M1：8

彩版二六八　裕巷JXYD2M1出土器物

1. 裕巷JXYD2M2

2. 硬陶坛JXYD2M2：1

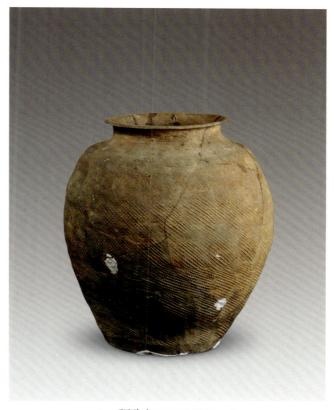

3. 硬陶坛JXYD2M2：2

彩版二六九　裕巷JXYD2M2及出土器物

1. 硬陶罐JXYD2M2：4

2. 硬陶瓿JXYD2M2：6

3. 原始瓷碗JXYD2M2：7

4. 原始瓷碗JXYD2M2：8

5. 原始瓷碗JXYD2M2：9

6. 原始瓷杯JXYD2M2：10

彩版二七〇　裕巷JXYD2M2出土器物

1. 裕巷JXYD2M3

3. 陶罐JXYD2M3：1

2. 陶坛JXYD2M3：7

4. 陶纺轮JXYD2M3：6

彩版二七一　裕巷JXYD2M3及出土器物

1. 裕巷JXYD2Q1

3. 裕巷JXYD2Q3

2. 硬陶坛JXYD2Q1：1

4. 陶鼎JXYD2Q3：1

5. 硬陶罐JXYD2Q3：2

彩版二七二　裕巷JXYD2Q1、Q3及出土器物

1. 硬陶坛JXYD2Q2：1

2. 硬陶罐JXYD2Q2：4

3. 硬陶瓿JXYD2Q2：3

4. 硬陶碗JXYD2Q2：2

彩版二七三　裕巷JXYD2Q2出土器物

1. 陶瓿JXYD2Q4：4

2. 原始瓷碗JXYD2Q4：1

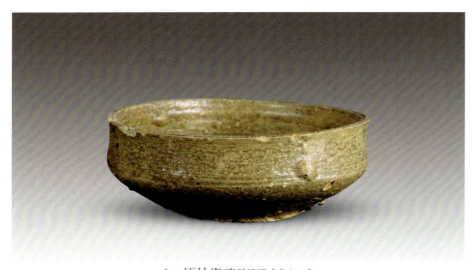

3. 原始瓷碗JXYD2Q4：2

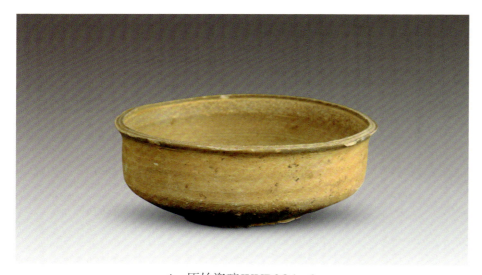

4. 原始瓷碗JXYD2Q4：3

彩版二七四　裕巷JXYD2Q4出土器物

1. 裕巷JXYD2Q5

2. 陶鼎JXYD2Q5：7

3. 陶鼎JXYD2Q5：8

彩版二七五　裕巷JXYD2Q5及出土器物

1. 硬陶罐JXYD2Q5：1

3. 陶罐JXYD2Q5：6

4. 原始瓷碗JXYD2Q5：2

2. 硬陶罐JXYD2Q5：5

5. 原始瓷碗JXYD2Q5：3

彩版二七六　裕巷JXYD2Q5出土器物

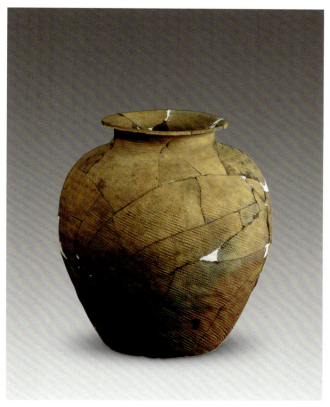

1. 硬陶坛JXYD2Q7：1

3. 陶盆JXYD2Q7：6

4. 硬陶碗JXYD2Q7：4

2. 硬陶瓿JXYD2Q7：2

5. 硬陶碗JXYD2Q7：5

彩版二七七　裕巷JXYD2Q7出土器物

1. 裕巷JXYD2Q8

2. 陶鼎JXYD2Q8：2

3. 硬陶瓿JXYD2Q8：3

彩版二七八　裕巷JXYD2Q8及出土器物

1. 裕巷JXYD2Q10

2. 陶鼎JXYD2Q10：2

3. 硬陶瓿JXYD2Q10：1

4. 陶瓴JXYD2Q10：5

5. 陶纺轮JXYD2Q10：4

彩版二七九　裕巷JXYD2Q10及出土器物

1. 裕巷JXYD2Q11

2. 陶鼎JXYD2Q11：2

3. 硬陶罐JXYD2Q11：1

4. 硬陶罐JXYD2Q11：3

5. 陶瓿JXYD2Q11：5

6. 陶器盖JXYD2Q12：1

彩版二八〇　裕巷JXYD2Q11、Q12及出土器物

1. 裕巷JXYD4M1

2. 陶鼎JXYD4M1：1

3. 硬陶瓿JXYD4采：1

4. 硬陶罐JXYD4采：3

5. 原始瓷盂JXYD4采：2

彩版二八一　裕巷JXYD4M1及采集器物

1. 裕巷JXYD5M1

2. 硬陶碗JXYD5M1：10

3. 硬陶碗JXYD5M1：11

4. 原始瓷盂JXYD5M1：1

5. 原始瓷盂JXYD5M1：2

彩版二八二　裕巷JXYD5M1及出土器物

1. 裕巷JXYD5M2

2. 硬陶瓿JXYD5M2：3

3. 原始瓷碗JXYD5M2：1

4. 原始瓷碗JXYD5M2：2

5. 原始瓷盂JXYD5M2：4

彩版二八三　裕巷JXYD5M2及出土器物

1. 陶鼎JXYD5Q1：9

2. 硬陶罐JXYD5Q1：4

3. 原始瓷碗JXYD5Q1：1

4. 原始瓷碗JXYD5Q1：2

5. 原始瓷碗JXYD5Q1：3

6. 硬陶罐JXYD5Q2：1

彩版二八四　裕巷JXYD5Q1、Q2出土器物